国家哲学社会科学成果文库
NATIONAL ACHIEVEMENTS LIBRARY
OF PHILOSOPHY AND SOCIAL SCIENCES

中日货币战争史
（1906—1945）

燕红忠　著

社会科学文献出版社
SOCIAL SCIENCES ACADEMIC PRESS (CHINA)

燕红忠 现任上海财经大学讲席教授、博士生导师，入选教育部青年"长江学者"。主要研究领域为金融史、商业史与经济发展。在《经济研究》《历史研究》《经济学（季刊）》《中国经济史研究》等国内外学术期刊发表论文70余篇；出版《货币、信用与贸易：在东北探寻近代金融（1860—1931）》《中国的货币金融体系（1600—1949）》《晋商与现代经济》《中国金融史》等专著、教材多部；主持国家社科基金重大项目及其他国家级项目多项。

《国家哲学社会科学成果文库》
出版说明

为充分发挥哲学社会科学研究优秀成果和优秀人才的示范带动作用，促进我国哲学社会科学繁荣发展，全国哲学社会科学工作领导小组决定自2010年始，设立《国家哲学社会科学成果文库》，每年评审一次。入选成果经过了同行专家严格评审，代表当前相关领域学术研究的前沿水平，体现我国哲学社会科学界的学术创造力，按照"统一标识、统一封面、统一版式、统一标准"的总体要求组织出版。

全国哲学社会科学工作办公室
2021 年 3 月

国家社科基金重大项目（16ZDA133）资助

目　　录

Contents

导　论

　　货币战争亦称"货币战"，一般是指资本主义国家或集团之间，为争夺世界市场及金融霸权在货币领域展开的斗争。虽然在不同时期资本主义国家之间的货币战争表现形式有所差异，但其主要内容都是利用汇率和外汇市场来争夺对国际贸易市场和国际金融霸权的控制权。本书所考察的近代中日之间的货币战争，并不完全等同于一般意义上两国之间的货币战争，而是在近代特定政治经济背景下，中日之间围绕货币和金融领域展开的一场侵略与反侵略的对抗斗争，其斗争的表现、形式、内容和发展演变过程更为复杂丰富。

　　从 1894 年的甲午战争到 1945 年的侵华战败，日本对中国发动了不断扩大的侵略战争，在部分中国领土上实施了长达数十年的殖民统治。这数十年里，日本在其殖民渗透和侵华经济政策中，不断动用货币金融手段，诸如设立银行、发行银行券和纸币、干预货币制度、掠夺白银和黄金、操控汇率、实施通货膨胀等，来影响经济交易中的利益分配，获取扩大侵略行为的经济资源。同时，日本在对华殖民渗透和经济侵略过程中所采取的货币金融策略不断遭到中国各层面（如民族工商业者、北洋政府、国民政府等）的反抗和抵制，也受到老牌帝国主义国家的排挤与遏制，以维护他们自身的权益。总体来看，近代时期中日之间围绕货币金融领域的争夺和对抗，对当时的中国经济发展、中日经济关系、抗日战争走向、中国统一进程都产生了深远的影响。

　　然而，到目前为止，学术界围绕近代中日货币战争的研究，主要集中在抗日战争时期。早在战争进行之时，中日双方货币金融政策的参与者、学者就已经注意到货币和银行政策对动员战争资源的重要作用，认识到货币战争的重要性并不亚于军事战争，货币战争的胜负可以决定战争的最终结果。在全面抗战爆发一年之后，周宪文和贾士毅等就发表论著讨论战争与财政金融之间的关系。① 同一时期国民出版社、独立出版社先后编辑出版两部《中日货币战》文集，通过翻译、收录中外报刊中的相关文献，以及蒋介石和孔祥熙的讲话，展现了当时中日货币战争的现状、发展阶段，探讨了如何抵抗敌人的金融侵略、法币与日圆集团的斗争及其前景等问题。② 这是围绕中日货币战争的一批最早论著，反映了时人对货币战争的基本看法。同时，围绕战时法币发行政策、外汇黑市政策、银行发展政策、中日经济政策等问题也有专门的讨论。③ 与此同时，日本的金融侵略机构朝鲜银行、横滨正金银行，参与对华货币金融政策的制定者与执行者也对当时的货币战争进行了总结和评价，④ 同时也对中国的货币金融和抗战力进行了大量调查研究。⑤

战后，日本学术界和一些战时亲历者不断对战时货币金融政策进行反思、披露，如20世纪60年代桑野仁对日本战时"通货工作"和货币战争进行的总结和评论；⑥ 1983年，多田井喜生对日本战时货币政策资料进行整理，并在资料解说中对中日之间的货币战争进行了评论和反思；⑦ 1990年，岩武照彦探讨了20世纪30年代中国的货币改革及之后中日之间的全面货币对抗。⑧ 在关于中日战争的综合研究中，也或多或少涉及货币斗争策略，诸如臼井胜美的《日中战争：和平还是扩大战线》、冈田西次的《日中战争的背后》、浅田乔二的《日

① 参见周宪文、孙礼榆《抗战与财政金融》，商务印书馆1938年版；贾士毅等编《抗战与财政金融》，独立出版社1939年版。

② 参见国民出版社编《中日货币战》，国民出版社1939年版；独立出版社编《中日货币战》，独立出版社1939年版。

③ 参见邹宗伊《中国战时金融管制》，财政评论社1943年版；张锡昌等《战时的中国经济》，科学书店1943年版；陈安仁：《中日战时经济之比较》，中华正气出版社1943年版；郑伯彬：《日本侵占区之经济》，鸿福印书馆1945年版等。

④ 战时的主要代表著作如，今村忠男『支那新通貨工作論』高山書院、1939；斉藤栄三郎『大東亜共栄圏の通貨工作』光文堂、1942；宮下忠雄『支那戰時通貨問題一斑』日本評論社、1943；東亜研究所『支那占領地経済の発展』龍渓書舎、1944 等。

⑤ 如大藏省大臣官房財政経済調査課編『法幣制度と日支事変』大藏省大臣官房財政経済調査課、1939；『国民政府の戦時金融対策』東京銀行集会所、1939；朝鮮銀行調査課編『法幣を繞る支那経済の動向』朝鮮銀行、1939；『支那抗戦力調査委員会総括資料』満鉄調査部支那抗戦力調査委員会、1940；日本学術振興会『支那の通貨と貿易』有斐閣、1942；『時局下に顕れ隠れた金融界の旧人や新人』中山経済研究所、1944；等等。

⑥ 桑野仁『戦時通貨工作史論：日中通貨戦の分析』法政大学出版局、1965。

⑦ 多田井喜生編『続・現代史資料11　占領地通貨工作』みすず書房、1983。

⑧ 岩武照彦『近代中国通貨統一史：十五年戦争期における通貨闘争』みすず書房、1990。

本帝国主义下的中国——中国占领区经济研究》等研究。① 一些战争亲历者也通过回忆录、文稿或撰写论著等方式对战时货币政策的真实状况和诸多细节进行了披露，曾任日本财务省理财局长、日本藏相的青木一男回忆了当时日本对华的货币政策，以及"中储券"与军票之间的矛盾等问题。② 1980 年，冈田芳政撰文描述了日本在中国伪造法币的状况及其效果；③ 1984 年，曾任登户研究所第三科科长的山本宪藏撰写《陆军赝币作战：计划和执行者眼中日中战争幕后的秘密》一书，披露制造假币的杉机关的诸多细节以及伪币制造、发行和流通状况。④ 此外，日本银行调查局编辑出版多卷本《日本金融史资料·昭和编》、大藏省则编辑出版《战时财政金融史》，收录出版大量战时货币金融史原始档案文件。⑤ 也就是说，对于战时中日之间的货币战，日本有很多研究，史料整理也非常丰富。其代表性成果主要依据银行资料和战史资料，以及外交史资料从经济史、货币金融史，或者从政治史角度进行了不同的研究。但这些研究的主要目的之一是反思日本对华战争背后的货币政策失误问题，很少考虑中国的历史发展演进进程，甚至否认存在对华持续的金融侵略倾向，认为九一八事变和全面抗战之前的对华金融政策仅仅是正常的经济关系。

在国内，20 世纪 80 年代以来，陈建智、赵学禹、戴建兵、吴景平、齐春风、张天政、姚会元等学者先后围绕抗日战争时期有关中日货币战争方面的一些问题发表论文，对相关问题进行了考察。⑥ 台湾学者林美莉挖掘台湾

---

① 参见，臼井胜美『日中戦争：和平か戦線拡大か』中央公論社、1967；岡田酉次『日中戦争裏方記』東洋経済新報社、1974；浅田喬二『日本帝国主義下の中国—中国占領地経済の研究』楽游書房、1981。

② 青木一男『わが九十年の生涯を顧みて』講談社、1981。

③ 岡田芳政「中国紙幣偽造事件の全貌」『歴史と人物』1980 年 10 月号。

④ 山本憲藏『陸軍贋幣作戦：計画・実行者が明かす日中戦秘話』現代史出版会、1984。

⑤ 日本銀行調査局編『日本金融史資料・昭和編』大蔵省印刷局、1964—1973；大蔵省編『戦時財政金融史』大蔵省大臣官房調査企画課、1978。

⑥ 参见陈建智《抗日战争时期国民政府对日伪的货币金融战》，《近代史研究》1987 年第 2 期；赵学禹：《抗日战争时期日寇的货币侵略》，《武汉大学学报》（社会科学版）1989 年第 2 期；戴建兵：《抗战时期的中日货币战》，《党史文汇》1995 年第 1 期；齐春风：《抗战时期大后方与沦陷区间的法币流动》，《近代史研究》2003 年第 5 期；张天政：《上海银行公会与国民政府对日伪的货币金融战》，《抗日战争研究》2005 年第 4 期；戴建兵：《抗日战争时期国民政府货币战时策略初探》，《抗战史料研究》2012 年第 1 期；吴景平：《抗战时期天津租界中国存银问题——以中英交涉为中心》，《历史研究》2012 年第 3 期；姚会元：《探研日本侵华战争中的货币战》，《福建论坛》（人文社会科学版）2015 年第 9 期。

馆藏的大量档案资料撰写《抗战时期的货币战争》一书，以法币消长为中心，分阶段探讨了抗日战争时期国统区、沦陷区和中共边区三大政权的货币活动，推动了战时中日货币战争研究的深入。

可以看出，尽管中日学术界关于战时货币战争已经积累大量资料，并取得一定研究进展，但这些研究基本上是依据各自的档案资料和立场而展开。本书将在上述已有资料和研究的基础上，将中日档案资料和研究结合起来，对战时货币战争进行重新整理和梳理，希望能对战时金融史的研究有所推进。另外，更为重要的是，本研究将拓展研究时段，不仅仅将中日货币战争局限于抗战时期，还从货币战争的视角重新审视自日本势力进入中国到抗战胜利的全过程。

一 中日货币战争的主要内容

货币制度、金融秩序历来是影响贸易格局和资源分配的主导因素。近代中日之间的货币对抗从日本殖民势力进入中国开始，先后围绕扩大对华贸易、抢占经济权益、殖民渗透、币制改革与直接的经济和金融资源掠夺而展开，在不同时期相互对抗的形式、内容和关注重点也有所不同。

（一）贸易扩展和民间货币体系之间的冲突

19 世纪 60 年代以后，随着外国金融资本的侵入，地方政治权力增强和政府对货币市场的干预，中国各地币制日趋紊乱。虽然各方都有币制改革和统一货币的要求，但在列强与清廷之间，至少对币制紊乱和统一币制等概念的含义是完全不同的。清廷所说币制紊乱，包含外币发行增加与基于私人信用的纸币和信用货币的通行，这些构成扰乱财政收入的因素。而列强所说的币制紊乱，则是指银两、银元和铜钱共存，以及各地地区性规定造成的多种货币流通的状态，这给其商业和贸易以及投资都带来很大风险。外国列强统一中国币制的基本目标大体上是在中国推行和实施金本位制，以统一中国货币。清政府整理币制与统一货币的目标和内容则要复杂得多，因此导致内部在货币形制、本位等诸多问题上反复争论。

由于当时的商业行会和民间金融机构在地区性货币发行和商品交易中具有很强的势力，清廷所说的统一币制，首先是将货币主导权从商人手中收归官府，这在中央和地方政府的目标中是一致的。由于商人对铸币的运用是以其含银量为基准通过货币交易进行，币值不仅仅取决于成色和重量，也取决于货币供求。这一点恰恰对列强商人在华活动构成阻碍，因此列强主张的统一币制，也是由中央政权发行统一铸币和纸币以及统一度量衡，消除日常兑换率计算带来的繁杂和各种币值的不断变动。其次，随着中央集权大大削弱，各省纷纷设立银元局、造币厂、官钱局，创办各种官办企业以扩充财权，货币发行权和财权下移，各地督抚为获取铸币税，铸币往往采取不同的成色和重量规定，这成为引发币制进一步紊乱的原因之一。因此，清廷希望在省一级首先统一币制，在此基础上再实现全国统一，从而将货币发行权收归中央。最后，随着外国货币在中国的流通，清廷也想通过币制改革，收回货币发行权，并抵制外来经济势力的入侵。但由于清廷积贫积弱，在列强争夺中国经济权益的大趋势下，中国各地逐渐形成以地区为中心的交易市场和货币体系，这是商人团体借助传统制度抵御列强争夺的表现之一。各地商人团体主导的地区性商业交易体制，尤其是以传统信用为核心的地区货币制度安排成为币制的主流，构成最初对抗列强争夺中国商权的防卫体系。这一体系对于阻止外国金融机构的直接渗透，防止掠夺式贸易对地方经济的直接打击，延缓经济殖民化进程起到了重要作用；同时也为地方工商业按自身规律的发展演变创造了一定空间。

近代中日之间的货币对抗正是在上述背景下展开的。作为后起的主要资本主义国家，日商早在东北开港后就逐渐进入中国，但直到 19 世纪末之前，外商和相继侵入中国的俄日金融机构，仍然无力改变中国内贸形成的交易和支付体制，出于盈利和降低交易成本的考虑，反而不得不积极利用营口与上海间汇兑机制以求扩大对本国的贸易。由于不适应中国的货币和信用体系，许多日本贸易商在进出口贸易中惨遭失败。到日俄战争时期，日本殖民势力正式进入东北。殖民当局与蜂拥而来的日商首先遇到的强敌就是中国商人，他们运用根植于中国商业自治体系的交易制度与区域货币安排构筑的防御体系，是殖民势力控制东北经济的最大障碍。因此，如何利用和摧垮中国传统经济秩序，成为当时日本殖民势力经济上的主要目标。营口军政署与横滨正金银行认为，妨碍日商进行东北贸易的主要障碍是过炉银制度，便合谋通过强迫决算一举废除这一货币和信用制度。这一企图遭到华商一致抵制后，又退而求其次强迫银炉公开账目，进而以此为要挟强制修改银炉章程，企图将过炉银制度改为对外资和小资本有利的制度，以排除华商对日商的竞争能力。在军管期间，日本军政署对营口经济一直实施高压管制政策，对华商的贸易和金融业造成严重的摧残。

日俄战争之后，作为殖民金融机构代表的横滨正金银行，对摧垮东北的地区货币体系更是不遗余力，它们利用战争和动乱造成的危机，以种种手段渗入和摧垮当地商业和金融体系，以实现其攫夺货币发行权、主导东北币制、扶植殖民势力的目的。尽管有日本政府给予的种种特权，横滨正金银行在东北最初的业务开展并不顺利。当时，横滨正金银行主要采取了以下几方面的对策来扩大影响：第一，尽力拓展对中国各地尤其是对上海的汇兑业务，以争夺作为主要交易货币的地位；第二，以华商为主要交易对象，展开吸收存款和提供信用贷款业务，以获取华商信任；第三，利用日本殖民当局，摧垮东北原有商业自治与信用货币制度，为日商进入扫清道路；第四，力主银本位制，以独占日本对华货币发行权，贯彻由日本金融资本控制中国贸易主导权的方针。面对日本以国家为后盾侵蚀和争夺东北商贸主导权的行为，营口商人乃至后来的大连商人，以国内市场和传统的商业秩序为依托与之展开长期对抗，并逐渐占据上风。以大连商人为主体，为规避农矿业商品交易风险而形成的汇市交易、平衡金银差价交易，成为影响上海汇市乃至后来标金市场的强大金融势力，也是通过上海金融市场左右日圆定价和世界银市的主要势力之一。

另外，日俄战争是两大帝国主义国家为争夺东北权益与势力范围的战争，其战后安排却是通过转让俄国在东北权益的形式进行的，日本继承了俄国的旅大租借地和中东路南段长春到大连的所有权益，设置机构和铁路公司，开始在租界施政，并运营铁路和港口，对中国主权形成极大挑战。日俄战争期间，日本以旧日本银洋 1 元为本位，在东北发行多达 1.8 亿日元[①]的军票，用于军队开支和筹措战时物资。1905 年下半年，日本政府在做战后安排时，又将回收剩余的 5000 余万日元军票的职能委托给横滨正金银行实

① 为明晰书中对日本"圆"和中国"元"的讨论，特以"日元"表示日本货币"日圆"的数量单位，下文同。

施。主权国的货币发行权受到侵害,也引起清廷的忧虑。在这一背景下,盛京将军赵尔巽出资设立奉天官银号,铸造和发行小洋为主的金属铸币和小洋票,出现了以东北地方官府为主体与日本殖民金融势力之间,围绕东北货币主导权的第一轮正式对抗。这一过程同时也贯穿着官方控制与民间金融自治之间的矛盾斗争。官方金融机构特别是官银号的设立和发展,与日本的货币入侵形成有力的竞争,但随着双方的斗争及各类货币发行额的迅速增加,东北市场上货币紊乱与割据的程度也在不断加深。

(二) 围绕奉票兑换、货币市场竞争和币制借款等问题的相互博弈

民国初年,日本殖民机构利用侨民挤兑制造货币危机,以介入东北货币发行,又利用日本商会压迫华商改变币制和交易方式,以方便日资进入。兑换问题一度在中日货币对抗中占据核心地位,这是由于货币兑换直接关系日本商人的切身利益,也是当时日本政府推行日系货币的重要手段。面对日本挑起的货币危机,由东北地方军阀主导,在华商及中国银行的配合下,逐渐回收过量发行的货币,挽救了货币发行危机。兑换问题的主要转折点是由小洋本位向大洋本位的转换。这一转换的完成,标志着日方从攻势转向守势,由优势一方逐渐转变为弱势一方。兑换问题以中方的完全停兑而结束,并对日本在东北推行日圆货币政策形成强有力的制约。另外,朝鲜银行在旅大和满铁附属地发行与日圆挂钩的银行券金票,企图迫使商民在农产品与钱钞交易中以金本位货币结算。面对日本在大连交易所强制通行金票的企图,大连华商联合罢市,拒绝入场交易,使其在东北扩展日系货币的企图落空。在东北市场上,金银本位货币和中日货币长期同时并行。

20世纪20年代初,日本经济陷入慢性萧条,其对东北贸易和货币发行权的争夺也有所放缓。但到20年代中期以后,日本再次挑起奉天票风波,意图干涉东三省财政金融以攫取权益。日本军方对东三省财政、金融、货币体系展开秘密调查,为未来侵略战争做准备。但在北伐战争为代表的中国民族解放战争的压力下,日本不得不放弃在货币方面与地方军阀的争斗,以确保其在东北的"特殊权益"。这一时期,日本向中国政府提出的诸如维持奉票与金票的行市、聘请日本人做顾问以及成立中日合资银行的建议,都是对东北地区直接利益的诉求,但都没有达到日本政府所预期的效果。

皇姑屯事件发生后，张学良政权逐渐走向与日本殖民机构的全面对立。这一时期，官银号在对日本商社的大豆货源之争中逐渐占据上风，内地所产日用品也逐渐在东北取代日货，东北与内地的经济联系逐步加强。同时，东北地方政权制订和实施修建葫芦岛港、修建与满铁平行的铁路计划，以切断满铁主要利益来源；实施禁止将土地房屋租给日本人和朝鲜人、压制朝鲜移民进入中国等政策，以消除土地商租权的影响。华商在东北地方政权和内地支持下，逐渐收回失去的市场与权益。

同一时期，日本也倾全力在中国内地争夺权益。清廷灭亡之后，日本以商业银行团对华私人和官方提供大量贷款的方式换取权益，并趁机买占中国的矿山和其他资源。在第一次世界大战期间，日本提出"二十一条"，企图将北洋军阀政府变为傀儡政府，提供"西原借款"继续争夺在华权益。币制借款是西方列强瓜分中国利权的重要手段，日本最初是作为列强诸国银行团中的一员参与联合贷款。随着局势的变化，日本逐渐开始寻求独占中国市场，在货币金融领域挤占其他国家的利权，在除东北以外的广阔地区进一步实现对中国市场的独霸。结果，日本单方面出资的"西原借款"未能落实，《金券条例》受到中国国内多方抵制无法实行，币制借款受阻，日本全面控制中国金融的野心也归于失败，暂时退入守势。与此同时，日本对华资本输出呈现明显的上升态势，其在华直接和间接投资有了大规模增长，金融活动和对华借债也更加频繁，进而引发一系列金融冲突和相关权益的斗争。

总体来看，从日俄战争到九一八事变前，尽管总的态势是日本殖民势力步步进逼、抢占权益，中国民族危机日益深重。但就中日双方在东北商业、贸易、货币、金融领域的对抗来说，日本殖民势力并非占绝对优势，中日双方基本处于均势状态。最终打破这一均势的关键要素是日军对东北的军事占领。1930年，奉系为参加中原大战将主力全部调往关内，为关东军阴谋的实现提供了机会，国民党政权在九一八事变发生后的不抵抗政策，是导致东北沦陷的根本原因。与此对应的东北地方政权对抗日本的经济政策也随之夭折。

（三）围绕币制统一和法币改革的斗争

在北伐战争中，日本动用了外交甚至军事手段阻挠中国的统一，但并没能阻止北伐军的军事胜利和日本扶植的傀儡政权垮台，反而促使蒋介石与中国民族资本结合，成为英、美两国在中国利益的代言人，同时也使日本成为中国民族主义的矛头所向。1928年，中国在形式上完成政治统一，国民政府开始将币制改革提上日程，并着手制订和论证币制改革方案，实施海关金单位和废两改元等准备工作。日本担心中国的改革会强化政治统一，增强经济实力，进而使其失去在华的"特殊权益"，加之大萧条对日本经济造成巨大冲击，于是，日本一方面发动九一八事变占领东北，设立伪满洲中央银行发行纸币并与日圆进行固定联系；另一方面在政治、军事、外交方面设置重重障碍，阻止中国的币制改革。

1934年6月，美国实施《白银收购法案》，世界市场上的白银价格急剧上涨，对中国的货币、财政和经济造成巨大冲击。随着危机的不断加深，1935年初国民政府分别与美、英、日等国进行沟通，请求贷款以支持中国币制改革。1935年3月14日，日本政府正式向中国表明态度："对华借款应符合中国的长久利益并尊重日本在东亚的地位，且不能成为日中亲善的障碍；最重要的是，中国应着眼于国内的和平及对外关系的安定，通过自力更生解决当前的问题。"① 日本政府不仅拒绝单独或者联合对华借款的建议，而且反对就此召开列强会议。英国特使李滋罗斯来华前，于1935年9月初先到日本，希望与日本共同采取行动，为国民政府提供贷款，帮助中国进行币制改革，但遭到了日本的拒绝。

1935年11月3日，国民政府在国内出现金融恐慌之际断然宣布实施法币的币制改革。币制改革在促进全国经济统一、做好反侵略战争准备方面，无疑有着重要的作用。但鉴于当时严峻的国内国际形势，国民政府实施了不刺激日本军部的外交政策和宣传政策。第一，积极利用英日矛盾，借李滋罗斯来华，积极筹备币制改革；第二，积极争取美国财政援助，预先秘密安排出售白银协议；第三，向日本政府提出废除不平等条约的要求，进行收回关税自主权、取消租界、废除领事裁判权的谈判；第四，在不丧失领土主权的前提下对日实行缓和外交，冷却处理局部中日冲突。对外宣告中尽量强调银

---

① 外務省亜細亜局『「リースロス」ノ渡支』（昭和十一年6月）、多田井喜生編『続・現代史資料11 占領地通貨工作』、63—64頁。

价高涨造成的危机，避免涉及币制改革促进政治统一的效果。然而，尽管国民政府采取了低姿态的做法，中国的币制改革依然在日本各界，尤其是日本军事当局中引起极大震动，遭到其有预谋的排挤和破坏。

由于法币改革的实施，打乱了日本变华北为第二个东北的预谋，日本军部上至参谋本部、驻华武官，下至关东军和中国驻屯军①，都极力阻挠和破坏法币改革。他们一面压制国内外舆论、宣扬币制改革必定失败的论调；一面阻止华北白银南运，积极策动华北实力派独立。同时，策划成立华北中央银行，威逼利诱华北军政界、金融界接受他们的方案。想通过舆论、外交、军事几方面的压力，迫使国民政府接受日本的"援助、指导"，重新进行币制改革。但是，日本军部对于华北实力派的策动和纠合各国银行拒绝将存银交给国民政府的阴谋最终归于失败。它们期待的地方实力派的对抗和列强各国的干涉，最终都没有出现。劫夺河北银行的计划，也由于英国租界当局的抵制成为泡影。当国民政府在英、美支持下，通过与英镑和美元的挂钩而成功实现法币改革，进而带动中国经济不断恢复发展、融合统一之时，日本军部担心等待下去将丧失灭亡中国的机会，这进而在一定程度上促使了日本发动全面侵华战争。

（四）围绕摧垮或动员"抗战经济力"的对抗

发生在1937—1945年的全面抗日战争，是中华民族解放过程中的主要进程。在全面抗战中，正面战场和敌后战场的军事对抗，无疑是直接对抗军事侵略的主要手段。但另外，金融、财政、货币、物资、争取海外援助等经济政策，则是支持军事行动的物质基础，是关系坚持抗战的决定性因素。换言之，抗战期间的经济政策是"抗战力"的重要指标，是能否坚持抗战的决定性要素，而经济政策中的核心要素就是货币政策。

法币改革为战前中国经济统一和抗战期间经济资源的动员提供了基础。抗战期间，日本的货币政策以摧毁中国"经济抗战力"为首要目标，采取设立傀儡银行，强制推行"联银券"、"蒙银券"、"华兴券"、"中储券"和

---

① 辛丑条约签订后，日本获得在中国驻军的特权。其驻军最初称为清国驻屯军，进入民国后改称为中国（支那）驻屯军。1936年初，中国驻屯军司令官升为和关东军司令官同等的天皇亲任官，为了与关东军相对应，之后多称为"华北驻屯军"，又因其司令部设在天津，也称为"天津驻屯军"。

军票等日伪币，强制贬低法币对伪币汇率，设立外贸银行渗入贸易结算，制造假币、套取法币等一系列金融手段展开货币攻击，并辅以物资管制、经济封锁、通货膨胀等其他政治经济手段，企图通过货币战使法币崩溃，进而灭亡中国。

面对日方以摧毁中国"经济抗战力"和掠夺战略物资为主要内容的货币攻击，国共两党也采取一系列货币政策予以应对。国民政府在抗战初期主要采取临时性的紧急金融管制措施维持法币的稳定，之后逐渐强化战时金融管理机构，有目的地制定了一系列计划措施对日伪货币进行反击，包括以维持币值、防止套购、利用租界维持贸易、贸易结汇中反渗透、开放市场吸引走私为主的对抗措施。太平洋战争后，国民政府进一步采取全面的战略物资管制和破坏日伪币信用等手段予以对抗。中国共产党领导下的根据地发行了一系列"边币""抗币"抵制日伪的货币金融侵略，按照各个根据地的具体状况采用灵活多样的合作和斗争方式，为根据地开展独立自主的抗战活动奠定了经济基础，并最终取得货币战争的全面胜利。

二　中日货币战争的主要特点

近代中日货币战争是一场侵略与反侵略的对抗和斗争，主要表现为以下几个特点。

第一，近代时期的中日货币战争虽然在各个时期采用不同的对抗形式和内容，但各个阶段都存在着内在的密切联系，构成了一个长期持续的历史过程。

晚清时期，日本商人很难适应并融入中国传统的信用交易和支付体系，对东北贸易不断受挫。日本农商务省的调查报告认为，"大屋子"[①] 交易体制是妨碍日商进入东北贸易的主要因素，也是造成"外商屡遭破产的原因"。[②] 日本外务省的调查报告也指出，"拥有同等资本规模的日商，可利用的过炉银额度不及华商的十之一二。只要过炉银制度不废，营口进口贸易将

---

① 大屋子是当时东北地区一种经营商品批发和中介业务的商号。
② 農商務省商工局編『商工彙纂第三十四号　上海及営口事情』、農商務省商工局、1915、65 頁。

不会衰退……此为辽河贸易兴盛、满铁贸易不振之原因"。[①] 从而促使日本贸易商人和金融资本家借助殖民势力，干预东北商业贸易和过炉银制度，并在日俄战争之后试图用银本位钞票统一东北币制，在不平等条约的保护下争夺贸易、金融主导权。但其结果是加剧了东北货币市场的混乱，成为民国初年兑换危机的源头之一。到 20 世纪一二十年代，日本在货币兑换和奉票问题中的斗争失败，标志着其通过市场竞争在东北扩展日系货币的破产，这直接促成其在九一八事变后东北地区金融统制政策的实施。而以伪满洲中央银行为核心的金融统制政策，则使日本成功控制了东三省金融，为其资源掠夺和扩大侵略创造了有利条件。1935 年日本分裂华北，并试图制造华北金融独立阴谋，在很大程度上就是因袭其在伪满洲国的金融经验。与此同时，国民政府的法币改革，也是日本发动全面侵华战争的诱因之一。因此，从这一长期视角来观察，日本在 1937—1945 年的对华军事及金融侵略，正是其自甲午战争以来为全面占领中国所采取的最终手段，也是中日长期政治经济矛盾的总爆发。

第二，近代中日之间的货币对抗，在地域上呈现从局部地区逐步扩散的过程；在对抗主体和方式上则表现为由民间为主到官方主导，从经济手段为主逐渐转向政治、经济和军事相结合的综合斗争方式。

日本通过甲午战争侵占我国台湾，日俄战争后又获得旅大租借地、南满铁路及其附属地，当时很多日本人认为，日俄战后东北实质上已经是其半殖民地。东北地区土地广阔，同时存在日俄殖民势力和中国地方政权的交错，因此直到九一八事变之前，一直是中日货币对抗和争夺的核心地区。进入民国时期后，日本不但寻求在东北地区建立独占性优势，更是谋求在内蒙古东部、山东等地区逐渐扩大利权；九一八事变和伪满洲中央银行成立以后，日本彻底统制东北的金融，并开始策动华北金融独立，企图侵占华北；全面抗战爆发后，日本进一步侵占我国华北、华中和华南的广大地区，中日之间的货币对抗也经历了从东北到华北，再到全国范围内展开的历程。

九一八事变前，中日货币斗争主要是在官方筹划或支持之下的市场主体之间进行，主要围绕货币发行、货币兑换、金融机构的设立、交易货币制度

---

① 外务省通商局编『鉄嶺事情』外务省通商局、1908、86 頁。

（本位）、币制借款和投资等，采用经济手段和市场竞争方式，并辅以外交交涉和舆论压力等手段，民间商业团体和主要银行机构则是其相互斗争的代理人和具体实施者。九一八事变后，政治、军事和外交手段凸显并走向前台，逐渐成为实施货币对抗政策的主要基础。中日之间的货币斗争也开始围绕伪银行和伪币发行、汇率管制、制造假币、通货膨胀等，采用政治、经济、军事相结合的综合方式。

第三，在中日货币政策的主要对抗过程中，同时也存在各方内部的多层次矛盾交织和复杂博弈。

中日货币战争最初表现为日本殖民势力与中国民间商业金融团体之间的矛盾，随着东北地方政府的加入，逐渐演变为中国官府、民间商业行会和日本金融资本之间的对立和博弈。在日方内部，又有产业资本及侨民中小工商业者与金融资本家不同主张的对立，最初表现为横滨正金银行和关东都督府、满铁之间的争论，后则逐渐演变为朝鲜银行与横滨正金银行两大阵营之间的长期斗争，造成日本政府在华推行货币政策上的摇摆不定和政策的不连贯。在民国初年围绕兑换问题的斗争中，相关参与者包括中国商人、日本商人、东北地方政府、中央政府、日本政府，同时还包括其他国家的商民和政府等，中日商人之间既有对立又有合作；中央政府与东北地方政府既有对外的一致性，也存在利益上的矛盾和分歧；日本政府主要借助日本侨民和商业团体的挤兑来进行殖民渗透，而日本政府和侨民团体理解的政策含义和彼此的利益诉求并不一致。各方势力的相互牵制、相互作用，使得围绕兑换问题的货币斗争也在不断反复。各方势力的相互博弈，使得民间货币过炉银制度能够在中日货币对抗的夹缝中长期延续下来。

在20世纪30年代国民政府的币制改革进程中，既有中国、日本和英美集团相互博弈的国际背景，也有国民政府和地方新军阀之间斗争的国内背景。而在日方内部，中国驻屯军、外务省、民间工商业团体等之间也持有不同的态度和主张。全面抗战时期，国民政府的法币、日伪货币和共产党根据地的"边币""抗币"之间都存在相互竞争和斗争，而且在国共两党之间、日军和伪政府之间也存在复杂的合作和斗争关系。特别是日本政府和其派遣军、日本海军和陆军、日军和伪政权之间以及不同占领区（华北、华中、华南等）各个伪政权之间在推行货币政策和货币发行上的矛盾更为突出。

相对而言，在近代中国民族主义不断高涨和民族解放的进程中，中方各阵营、阶层之间的共识在不断凝聚，一致性逐渐大于相互分歧。而日方在推行殖民渗透和殖民侵略过程中，长期以来不同团体的多头货币政策，则是导致其在近代中日货币战争对抗中最终走向失败的主要原因。

三　研究意义与框架结构

（一）研究意义

史料是史学研究基础，之前学术界对于近代中日货币战争的关注点主要局限于全面抗战时期，很大程度上这是受到晚清和民国初年相关资料缺乏的制约。本研究的推进很大程度上得益于对大量日文调查资料、中日官方档案、海关报告，以及时人在报刊上发表的报道和论述等资料的挖掘和利用。特别是当时日本银行、学术机构、特务机构的调查资料和电报信函，日本内阁、陆军省、大藏省、外务省的各种有关文件（具体参见书末参考文献），在很大程度上弥补了晚清和民国初年中文文献资料的不足。我们通过系统收集整理各类资料，在考辨其形成的背景、过程，并尽可能剔除资料形成过程中参与人立场观点的基础上，澄清了诸多历史发展史实。如东北最重要的金融机构东三省官银号在产生、发展过程中，与日本金融资本、民间商业行会之间围绕货币发行权的争夺和博弈过程，以及东北地方货币体系的发展变化；日本在拓展殖民金融政策过程中的金银货币本位之争、演变过程及其影响；九一八事变前的兑换问题和奉票危机的发生过程、本质及其影响；国民政府的币制改革、华北危机与抗日战争之间的关系等。

本研究从关注战时经济背后的货币和金融策略，拓展至整个近代时期商业、贸易和产业政策背后的国际货币金融对抗。通过考察货币金融发展的国际因素和内外部力量的交互影响，期待能够对近代中国货币和金融发展史有所贡献。同时，本研究通过对大量调查资料、档案资料的充分发掘，澄清了近代中日货币战争的表现、形式、内容、演变及影响等客观历史事实，有助于我们从长期历史的视角理解政治和军事战争背后货币和金融的争夺和对抗。此外，在当今中国经济实力不断增强和复杂的国际经济关系背景下，对历史时期中日间货币战争的研究，也有利于我们深入理解中国当前与其他国家之间的贸易竞争、货币金融竞争的历史渊源，并可以在一定程度上为人民币的国际化策略，以及处理国际金融和贸易关系提供历史镜鉴。

（二）框架结构和内容安排

按照近代中日货币战争的主要内容，本书的框架结构大体上分为四个部分，共十五章。第一部分为第一章和第二章，中日之间的货币战争最初主要围绕东北贸易和货币主导权的冲突而展开。从时段上看，这一时期主要为晚清时期，特别是在日俄战争前后随着日本商业、金融和殖民势力的侵入而不断加深。第一章分析日俄战争前后随着日本殖民势力的侵入，日本对东北民间货币和信用——过炉银制度和汇兑市场的干预，通过发展铁路、建立新集散市场，"扶植大连、抑制营口"来争夺东北贸易的主导权。第二章探讨随着东北地方政府势力的兴起，围绕东三省（奉天）官银号的设立，日本金融资本、东北地方政府和民间商业行会之间对货币发行权的争夺和博弈。

第二部分大致从清末至1931年，包括第三章至第八章共六章内容，中日之间主要围绕奉票兑换问题、奉票和金票的市场竞争、币制借款和投资等问题相互博弈。清末到民国初年，东北地区是中日两国货币发行争夺和竞争的中心地区。第三章分析考察日方不同利益团体之间围绕在中国东北推行货币政策过程中的金银本位争论，以及由此造成的对其货币政策和经济侵略的影响。第四章集中讨论民国初期的奉票兑换危机，这是中日之间围绕纸币兑现问题的直接交锋，兑换问题以完全停兑和发行不兑现纸币而结束，也导致第五章中奉票与日本金票在市场上的直接对抗和竞争。第六章关注中日货币争夺漩涡中的民间货币即过炉银制度的演变，特别是围绕西义顺破产案的救济中日之间进行的博弈。

在九一八事变前，除东北这一核心地区外，日本殖民势力也积极向中国内地进行渗透，同时也涉及与货币金融相关的权益争夺。第七章探讨民国初期的中日币制借款，日本企图在货币金融领域挤占其他国家的利权，独占中国金融市场，但受到来自中国国内、国际列强和日本国内不同意见方的夹击，最终宣告失败。第八章讨论九一八事变前日本对华投资和资本输入状况，中日之间围绕废除不平等条约等权益的谈判和对抗，以及大萧条的冲击与九一八事变之间的关系。

第三部分大致从 1932 年至 1937 年，包括第九章至第十一章三章，主要分析中日双方围绕币制统一和法币改革进行的斗争。第九章考察九一八事变后，日本通过傀儡政权伪满洲国成立的伪满洲中央银行对东北货币金融进行统制的过程，包括对货币发行和流通中货币的整理，采取各种措施维系伪满洲中央银行券的价值，完成货币统一，并利用伪满洲中央银行券套汇等。第十章着重分析国民政府在进行废两改元和法币改革过程中，日本的反应和干预，以及中国、日本与英美之间的关系。第十一章探讨日本分裂华北与"华北金融独立"的阴谋，即在国民政府进行法币改革和日本完成对伪满洲国金融货币统制的背景下，日本在侵略华北过程中，中日之间围绕货币金融的斗争。

第四部分从 1937 年至 1945 年，包括第十二章、十三章、十四章三章，主要围绕摧垮或动员"抗战经济力"而展开。第十二章考察全面抗战开始后，日军在沦陷区先后建立伪银行，强行发行各种伪币，通过货币金融手段掠夺资源的过程。第十三章探讨太平洋战争爆发后，日本"以战养战"及其货币政策的实施，以及中日之间围绕制造假币、套购物资、通货膨胀和货币信用的对抗。第十四章讨论面对日方以摧毁中国"经济抗战力"和掠夺战略物资为主要内容的货币攻击，国共两党所采取的一系列货币政策及其效果。

最后一章即第十五章对全文的研究进行简短总结，归纳了竞争性货币市场、货币本位、货币兑换与汇率冲击等在近代中日货币战争中的表现及其影响机制。

第 一 章
日本对东北民间货币干预和贸易竞争

日俄战争前后，东北的经济环境发生很大变化。传统的营口贸易以辽河水运为支撑，通江口和铁岭为最大集散地。传统贸易港与集散地之间的关系是通过进口货物中转批发、出口货物采购运输、采购与销售资金提供等业务联系起来的。这种关系的解体，首先是因为日本殖民势力的入侵和战争的破坏，其次是铁路开通后出口货物流向变化所导致。

日俄瓜分东北权益，日本获得旅大殖民地、长春至大连铁路经营权及一切附属的不平等权益，设立关东都督府与满铁等殖民地经营机构，开始以铁路和出口港为工具争夺东北经济贸易主导权，并通过殖民地的经济、金融政策不断扩大其在东北经济中的影响。1907 年大连正式开港，日本在旅大实施进出口商品免税政策，东北对日贸易中心迅速转移到旅大，大连港与满铁沿线的豆货集散、运输、仓储、加工、交易等职能逐渐发达。与此同时，一直作为东北主要贸易港的营口正在发生着如下变化：作为传统物流支撑体系的过炉银金融信用和辽河水运及集散中心在战争与动乱中受到沉重打击，战后又成为日本殖民势力蚕食和攻击的对象；东盛和破产引发营口金融危机，其影响也波及各水运集散中心，至危机恢复后，营口商界已经无力对市场变化做出有力回应；长期以来影响东北豆价形成的期粮交易被清廷严厉禁止，导致豆价形成机制缺失。

以上经济环境变化在此后数年间逐渐引起东北经济与市场结构的根本性变化。铁路和出口港的变化引起商品流向的变化，铁路两侧产地受运输成本影响改为向最近的铁路站运送，满铁沿线各站成为新集散中心，运往大连的货物迅速增加。豆饼出口需求的增加促进铁路沿线豆饼运销量的增大，新兴集散地与大连的油坊业逐渐发达。1908 年，大豆开始大量出口欧洲，交易主要在冬季进行，促使铁路运输量和大连港口的地位进一步提高。欧洲采购引起豆货价格暴涨，外商的抢购大战引发当地投机风潮，外商高价买占和提高现金预付比例，传统交易习惯和决算方式被破坏，市场构造也逐渐发生变化。

一　对过炉银的干预与汇兑市场的争夺

（一）日俄战争时期的日本货币政策与军票发行

日俄战争时期，俄国货币政策的目标主要是以卢布纸币收购银块，以支撑卢布的购买力，以此发行了大量卢布纸币。由于购买对俄汇兑有利可图，巨额卢布纸币被商人用于汇兑投机，成为套利手段。奉天华商从天津大量进口银元用于套利，长春华俄道胜银行分店俄币汇兑投机掀起热潮，以致"天津市场银币枯竭"。[①] 在军需物资方面，因交通不便，俄军大部分物资靠当地商人筹集，用当地商人作为军需品采购者和供给者。

日军进入东北后，以旧日本银洋为兑换准备发行军票，用于采购和征调民夫，"日商为供应日本军需而来，一时间多达数万人"。[②] 日本商品也作为军需品被大量运进中国。从 1904 年夏起，日本海军封锁山东、辽东海岸，拦截、捕获为俄军提供军需的船只。对于一般商船所运货物，也照战时规定进行扣押和没收，营口多家商人和银炉从上海运来的大量银洋被截获，以帮助俄国人稳定币值为借口被宣判没收。1904 年 7 月 11 日、17 日，英国开平矿务局所属船只西平号、北平号分别在山东半岛附近公海被日舰捕获，北平号载有营口银炉晋泰丰号小洋 10 箱、世昌德号墨银 6 箱，西平号载有营口 40 余商户各种物资，包括小洋 47 箱、墨银 40 箱，全部

---

① 1904 年 11 月 5 日，（日本）辽东守备军参谋长发第三军司令部有贺博士电文。関東都督府陸軍部編『明治三十七、八年戦役満洲軍政史』第一卷、小林又七印刷所、1916、1278 頁。

② 外務省通商局編『満洲事情第四輯』（第二回）（牛莊）、外務省通商局、1921、98 頁。

被判没收。①

日军的军票发行后相当长时期不能兑换银洋，开始兑换后兑换窗口也集中于个别城市并限制数量，这使得华人对军票不信任，导致军票价格下跌。后有商家将其用于汇兑，并在货币市场进行套利交易，军票价格开始浮动。很快出现专事军票投机的中国小商人，利用军票兑换不便的特征，拉开军票与银辅币价格差，再以银辅币收购军票营利。日军经理部为防止军票价格下跌，采取内外两种对策。在军内尽量控制银辅币流出，对民间明示纸币兑换银洋条件，以军票支付所有军人、军属的薪饷，对希望领取银洋者按日方所定比价以配额方式少量兑换，账簿和有价证券必以票面价值记入，所有军需品和军内消费品须以军票标价并销售等。在外部，由奉天军政署与盛京将军交涉，允许在奉天全省范围内以军票一元对银洋一元比价缴纳赋税，军票对铜钱比价最初曾由奉天府尹下令按规定比价交换，后改为按市场交易行情决定。

有关军票发行额与适用范围，战后陆军省经理局曾提交报告，指出："军用手票被用于所有方面，无处不见其流通，完全成为满洲主要货币。由此不仅达到军票发行目的，也使国库得益不少，间接地节约几分军费。其原因首推战胜之威，尤其是中央当局者之苦心经营，而出征当局者也功不可没，属三十七八年战史应大书之功绩之一。从开战之初至三十八年九月，军用手票使用额实际达一亿七千余万元之巨。其中以汇兑等方式回收约为一亿二千余万元，抛去上述部分约五千万元常流通于市场。"② 至1906年2月，日军实际在东北地区使用军票额合计达到 1.9 亿元以上。为扩大军票使用范围，日本军政官强制命令在各地军政开支、捐税征收中接受军票，同时随着开放大连贸易，强令大连出入船只及商人交易全部使用军票，其军事开支和征调物资劳力也全部支给军票。为维持军票价格，采取开设营口对上海、芝

---

① 参见『高等捕獲審檢所檢定書並抗議書類（明治 37、8 年戦役）39・北平号載貨』、『佐世保捕獲審檢所書類 15、北平号捕獲事件訴願記録 3』国立公文書館アジア歴史資料センター、A06040007200、A06040033400；『明治 37—38 年戦時書類巻 72　拿捕船舶（1）没収之部（1）明治 37—38』国立公文書館アジア歴史資料センター、C09020125000。

② 陸軍省経理局主計課『自明治 36 年 5 月至明治 39 年 5 月　明治 37—8 季戦役に関する業務詳報』、1405 頁、国立公文書館アジア歴史資料センター、C10071721000。

界、天津等地军票相互汇兑，① 对民间接受军票兑换日本银洋并逐步扩大兑换比例，扩大日本商人活动地区，对前往东北的日商扩大发行签证等措施。

这些军票后来大部分通过汇兑、邮政储蓄等渠道回收。但至 1906 年 2 月末，军票市场流通额仍达 4369.8 万元。② 日本政府除令横滨正金银行回收外，还在营口和铁岭按市价收购军票，由银行和日本邮局开设对日汇兑等进行回收，至 1906 年 5 月为止，流散于市场的约 5000 万元军票回收了三分之二。③ 其余大部分也在 1906 年底前后回收。但 50 钱以下军票小额纸币被用作辅币，至第一次世界大战结束时，仍有 30 余万元在流通。

（二）日本军政署废除过炉银的方针

横滨正金银行开设牛庄支店是在 1900 年。当时东北主要的外国进口商品，如棉布、棉纱、杂货，都经上海转口输入，贸易结算主要在上海进行。为节省汇兑费用，贸易结算通过在上海寻求进出口冲抵汇兑进行。在东北各地有汇市交易的长春、奉天、吉林等市场，当地商人也多以汇水（会水）交易结算，经银行结算者极少。加之，营口"汇兑货币全部使用过炉银，在组成汇兑时根据过炉银对现银加色和对方现汇行情决定，若非熟知过炉银和上海金融市场行情，常会遭受难以预料的损害"④。这种汇兑结算方式，不仅对外国银行介入当地贸易汇兑构成阻碍，也使日商很难参与当地大宗贸易。因此，横滨正金银行从进入东北时起，就将矛头对准当地的金融汇兑体制。

庚子事变后的 1901 年秋，"横滨正金银行牛庄支店与华俄道胜银行，共同逼迫当时负责市行政的俄国民政厅下令，让银炉按照旧例实施决算，过炉银对小洋比价定为八十一元五角"⑤。当时现银几乎退出市面，各种硬通货

---

① 陆军省経理局主计课『自明治 36 年 5 月至明治 39 年 5 月　明治 37—8 季戦役に関する業務詳報』、1399 頁、国立公文書館アジア歴史資料センター、C10071721000。

② 陆军省経理局主计课『自明治 36 年 5 月至明治 39 年 5 月　明治 37—8 季戦役に関する業務詳報』、附表四『（明治）三十九年二月末軍用手票流通額調査』、1420 頁、国立公文書館アジア歴史資料センター、C10071721000。

③ 陆军省経理局主计课『自明治 36 年 5 月至明治 39 年 5 月　明治 37—8 季戦役に関する業務詳報』、1406—1412 頁、国立公文書館アジア歴史資料センター、C10071721000。

④ 外務省通商局編『満洲事情第二輯』（牛莊、安東）、外務省通商局、1911、210—211 頁。

⑤ 関東都督府陸軍部編『明治三十七、八年戦役満洲軍政史』第五巻、小林又七印刷所、1915、649 頁。

中小洋流通额最多。这一提案表面上打着恢复商业秩序的旗号，但实际上暗含着以小洋代替过炉银的企图。对俄国临时民政厅的无理要求，公议会做出待债务者归来后再行决算的决议。商人联合向俄国临时民政厅提出请愿，终于迫使其放弃强迫决算的决定。当时市面小洋流通额不足以决算全部过炉银债务，仅决算了与外国银行间的借贷，银炉与华商的决算依然无法进行。[①]

日军占领营口之后，日本军政官员听从横滨正金银行的献策，认为"过炉银制度颇为复杂，对外国人来说理解和利用都颇困难，故银炉对商人以过炉银为贸易上唯一武器，而当地商人将其作为对我国（日本）人，乃至对其他外国人之最佳武器。即过炉银制度是满洲贸易上我国人很难逾越的障碍，故若要永久扶持我国权，应该现在就废止过炉银制度"。[②]"公议会不如说是银炉业团体，即使银炉舞弊也无法矫正"，[③]将过炉银视为日本商人进入的最大障碍，并与横滨正金银行合谋，欲一举废除过炉银制度。

军政署于 1904 年 9 月、11 月分别发出布告，强硬地要求银炉按惯例实施决算。1904 年 9 月 10 日的布告说："查本港过炉银方法方便商业，但其害处亦不少，历来三、六、九、十二月为决算期。自本军政官上任营口已历数月，然据闻三、六、九月三期尚未决算，此恐酿成他日商业纷扰之因，故晓谕一般商民，须依旧例办理，以防他日纷争于未萌，违者严厉纠治。" 11月 15 日的布告说："关于过炉银已分别在三个卯期谕示实施，然因商民拒不实行，阻碍商业之处不少。为期不再延误而更设详细规定，即应于当年十二月初一日决算所有交易，若银两不足者，应以五十三两五钱之比例换算外币，十二月一日付三分、二十日付二分、次年二月一日付二分、三月一日付三分、于以上期限全部清算完毕……至明年三月一日，当更设其他规定谕示。而后银炉等各宜遵奉办理，若有阳奉阴违者当直接处罚。"[④]

如布告所示，银炉自 1904 年农历三月已经停止决算。日本军政署以恢

---

① 这也是横滨正金银行在日俄战争中企图再次废除过炉银时，预先准备巨额贷款的原因。参见大藏次官若槻礼次郎致外务次官珍田舍巳第三八五六号、『過炉銀整理』、1906 年 4 月 9 日、国立公文書館アジア歴史資料センター、B10074217300。其内容是转送横滨正金银行总裁发大藏省理财局长水町裂袋六的该行牛庄支店报告。

② 関東都督府陸軍部編『明治三十七、八年戦役満洲軍政史』第五巻、667 頁。

③ 関東都督府陸軍部編『明治三十七、八年戦役満洲軍政史』第五巻、661 頁。

④ 関東都督府陸軍部編『明治三十七、八年戦役満洲軍政史』第五巻、579—581 頁。

复商业秩序为名，要求实施农历十二月决算。决算必以现银，或按过炉银一锭兑军票 73 元的比例支付，二者选其一。但银炉至期依然未行决算。军政署进一步施压，要求商民在 1905 年农历三月必须实施决算，并提出"若力所不能，应制作资产负债表，明确区分前后卯期"，要求银炉提交经营资料以说明原因。众商只得以放弃眼前商业利益换取制度的维持，一面通过公议会请愿，要求中止三月一日决算；一面设法提高过炉银价值以稳定物价。过炉银加色从农历一月后开始下降，至农历二月末降至 13 两以下，至公历 4 月末降至 10 两 8 钱，物价逐步趋向稳定。

其时营口有银炉 26 家，其管理历来由公议会实施，清廷并不干涉。公议会会员多数本身是银炉业者或与银炉有密切关系者。银炉并无公布账目义务，外间也无从知道其投下资本多寡。日本军政署为寻求废除过炉银制度的依据，于 1905 年四月强迫银炉提交营业状况、资本金、创设年限等报告，并据此对银炉实施查账。过炉银本是营口贸易的本位货币，自日本占领营口后，市场上购买日常用品交易皆以军票进行，"军票完全替代了大小洋的位置，但另一方面，这也许是劣币驱逐良币的结果，总之在过炉银信用坚固之时，军票信用也被维持，其流通基本圆滑毫无滞隙"。[①]

军政署强制将军票价格与过炉银联系起来，并对当时营口最大银炉裕字号、义字号实施查账。尤其是裕字号银炉为裕盛长、裕盛增、裕盛源三家联号，与仁裕号同为来自广东潮州潮阳县商户，分别创立于 1886 年、1889 年和 1893 年，是创设历史最长，日俄战争前势力最大，经营最成功的银炉。裕字号银炉不仅本身具有代理豆货交易机能，也经营码头与大屋子，裕盛长及联号裕盛源同为公议会会员。但自日本占领营口之后，裕字号银炉连遭打击。1904 年 7 月营口各银炉托西平号和北平号从上海运营口的小洋 40 余万元被日本军舰以运送战时禁运品名义没收，[②] 其中裕盛长与裕盛源损失最

---

① 関東都督府陸軍部編『明治三十七、八年戦役満洲軍政史』第五卷、658—659 頁。

② 据日方审问记录，西平号载有裕盛长托运银洋 17 箱（70200 元）、裕盛源 20 箱（80000 元）、仁裕号 5 箱（20000 元）。北平号载有裕盛源 2 箱（8000 元）、裕盛长 5 箱（22000 元）、仁裕 8 箱（32000 元）、世昌德 6 箱（30000 元）、晋泰丰 10 箱（40000 元），即每箱小洋 4000 元。西平号和北平号合计载有从上海运营口的银元 40 余万元，全部被日军没收。参见防衛省防衛研究所『明治 37—38 年戦時書類卷 72 拿捕船舶（1）没収之部（1）明治 37—38』国立公文書館アジア歴史資料センター、C09020125300。

重，分别为 92200 元与 88000 元。1905 年春裕盛源因战时打击一时停业，失去公议会会员的资格；同年四月裕盛增遭到强制查账；裕盛长掌柜王荫堂（字兴诗）被日军以曾为俄军提供军粮为由逮捕，受尽折磨。[①] 裕字号银炉此后营业大受打击，勉强支撑到 1907 年，因东盛和破产而再遭打击，三家联号相继停业。

当时，营口大宗商品皆以过炉银定价，加色上升表示过炉银价下跌和物价上升，加色下跌为过炉银升值和物价下降。商品价格虽受供求状况影响，但也很大程度上受加色涨落左右。1905 年春，营口商人因战时通货膨胀的影响，当年进口商品订货成本过高，不得不一面提高过炉银加色防止物价回落，一面通过汇市维持上海九八规银的高汇率，以创造消化高价进口商品的条件。日本军政署恰在此时逼迫银炉决算，其实际目的在于迫使过炉银制度自动解体。此后军政署继续施压，银炉也屡陈当地商业不振，再三表明不能决算，又延至农历六月一日。"总之，虽未公然对军政署命令表示不服，但私下里百般拖延以图久计"[②]。公议会的理由是，"自去岁腊月以来，本港贸易商陆续向上海等地发出各种订货，今年开河以来货物陆续运抵。但时值开河后上海汇兑日益下跌（即上海银与过炉银差价逐渐缩小），过炉银加色又极端下落，各物价也随之下落，进口品成本与售价无法相抵，交易也无利润，只能堆放库中；输出品也同样，需求地行情太低，无法出口"[③]。即眼下商户资金大部分被固定为货物，手中无现银，若强行决算，必导致商界大恐慌，进而影响全市。陷于危境者绝不止银炉，全市大小商贾皆受其累，势必引发东北经济全面萧条，实际上是向军政署提出警告。

日军政官认为，"目前困境实因商人诡计而生。本港主要贸易商多半与过炉银有关，他们互相串通，利用无形信用滥发过炉银购买上海汇兑，大量

---

① "裕盛长掌柜王荫堂被人在军署指控供给俄军粮食、传递军情，经日军捕拏，定欲照军律处置，职商当邀传各商会议营救……无如均皆畏祸、退缩不前。职商迫得独立向日官陈说，略谓该商向来安分，必无此等情事，可保无他。解说再三，始允保释，虽受刑责，尚存性命也！"参见《叶亮卿开呈节略第二件》，载罗怡《东盛和债案报告》卷一，商务印书馆 1908 年版，第 45 页。

② 关东都督府陆军部编『明治三十七、八年戦役満洲軍政史』第五卷、664 页。

③ 关东都督府陆军部编『明治三十七、八年戦役満洲軍政史』第五卷、664—665 页。

进口商品，眼下困境实是自招"。但是，"考虑到若用过激手段，难保不引起经济社会的巨大恐慌，有慎重处置必要"。[1] 即军政官也怕引发破产风潮危及东北经济，最终接受商人请求，将决算期延至六月一日。

最初，军政署利用货物抵港时机逼迫实施决算，造成买家持币观望、卖家因无利而不愿销售的局面，不仅进口商品滞销，出口豆类、豆饼价格也因收购价过高而无法出口，当地商业陷入极度萧条的境地。之后军政署因怕真的引起恐慌，影响其军事采购，转而要求查阅银炉账簿，再以查账为要挟，迫使公议会接受日商参与修改过炉银发行规定。

（三）废除过炉银制度的目的

上述日本营口军政署强迫营口银炉业决算并非偶然，其背后是横滨正金银行的密谋策划。1906 年 3 月横滨正金银行总裁给大藏省理财局长的一封信揭露了其中的真相："以整理过炉银为目的，贷出二三百万元已预先得到你应允，而且之后也与军政官、领事等进行了商谈。但现处在军事占领下，当地无清国官吏等可交涉的对象，也无法找到符合预想条件的具体方案，不得已只有待统筹店设置后，由董事或顾问与来当地的清国大官协商决定。"[2] 即横滨正金银行已经备好废除过炉银制度后所需资金，该项资金也早已经过该行总裁批准。废除过炉银的计划也与当地日方军政主官、领事协商过，但正式实施需要与中方官员交涉，还需在当地设立能把银炉取而代之的机构，但现在条件不具备，一是找不到可交涉的清廷官员，二是横滨正金银行统筹东北支店尚未设立，只有等该店设立后其货币发行量和对上海汇兑足以取代了银炉，再与当地官员达成协议后才能实施。这说明横滨正金银行早有废除过炉银制度的预案和资金安排，军政署强制决算已经为其创造了实施预案的条件，但因该行当地机构不具备资质，尚无法取而代之，只能待下一步条件具备后再行动。

接着，说明了必欲摧毁过炉银制度的原因："然对紊乱已极的过炉银放任不管，对本国商人妨碍不少，也对与本国贸易造成很大障碍。而且军政署

---

① 関東都督府陸軍部編『明治三十七、八年戦役満洲軍政史』第五巻、665 頁。

② 大蔵次官若槻礼次郎致外務次官珍田舍巳第三八五六号、『過炉銀整理』、1906 年 4 月 9 日、国立公文書館アジア歴史資料センター、B10074217300。

命令不行，亦关系其威严。故应讲求设立规定、严厉取缔之策。"① 即过炉银制度不仅妨碍日商介入贸易，也妨碍日本金融机构争夺贸易和金融主导权，且涉及军政署面子，因此必欲强制取缔。营口众商为阻止强制决算，曾提交银炉的出资额、流通额报告，但这些报告一概被横滨正金银行职员斥为"虚假报告"，并向军政署提议，"趁机由军政署选定委员，命其检查银炉账簿"。但华商当然不会答应如此无理要求，展开拼死抵抗。众商通过三井物产向军政署传话，"若实施检查账簿，将完全暴露商业秘密，终致无法营业，全市商家悉数关门，本港商业全归毁灭。因此请求军政官停止查阅账簿"。② 华商一面对军政署发出不惜鱼死网破的警告，一面在实际业务上做出回收资金、准备关闭营业的姿态，整个营口商界呈现危机将至的景象。

军政署的原意只是想获得较真实的银炉数据，但营口银炉业彻底对抗的态度迫使其知难而退，停止查账。此间，横滨正金银行再度进言，作为交换条件，胁迫公议会接受日商参与修改银炉现行规约。军政署委托日清实业协会选派日方委员，由其讨论并提交能"防范银炉专横，杜绝其以不决算过炉银等手段弊端"的方法，并扬言"只有日商参与制定的方案得到军政官认可，方能暂缓查账"。讨论中，华商委员基本不发表限制银炉行为的意见，"反而致力于设立有利银炉方面的规定"。日商委员则秉承横滨正金银行的旨意，一味要求严厉监督银炉行为，"以日本银行条例约束银炉，令其不得滥发滥用过炉银，在巩固其基础的同时，使（日商）小资本也易于从事大交易，欲杜绝其易于与本国（日本）商人竞争之路"。③ 对此，华商代表坚守原则决不让步，整个协议过程极为困难。最终，华商代表迫使日商做出妥协，达成下述银炉开设章程协议。

第一款 开银炉之家必当遵守下列章程;

① 大藏次官若槻礼次郎致外务次官珍田舍巳第三八五六号，『過炉銀整理』、1906 年 4 月 9 日、国立公文書館アジア歴史資料センター、B10074217300。

② 大藏次官若槻礼次郎致外务次官珍田舍巳第三八五六号，『過炉銀整理』、1906 年 4 月 9 日、国立公文書館アジア歴史資料センター、B10074217300。

③ 大藏次官若槻礼次郎致外务次官珍田舍巳第三八五六号，『過炉銀整理』、1906 年 4 月 9 日、国立公文書館アジア歴史資料センター、B10074217300。

第二款　开银炉之家经由公议会禀明监督报名存案，即资本、东家、铺位、店名；

第三款　过炉银每年三六九腊四卯开卯后，来往银钱用借揭券为凭，订明与外国人交易宜用契券，与本国人交易宜用折子为凭，以照信实；

第四款　既有三六九腊四卯为期，宜于卯前十五天斟定卯色率由旧章，俾殷实者得见，待需者藉兹周转，市面融通，贸易日旺；

第五款　凡开银炉之家，必要与人通融炉银出入，如有应过某炉之款，必当依例收账，如有违抗，由协会禀官停其事业；

第六款　银炉之家而无铺保，自今整顿以后，由公议会取具保结，不准以敷衍了事；

第七款　整顿银法必照三六九腊卯期，准以一百元手票、横滨正金银行钞票抵炉银七十三两三钱，无论存欠，一律照数算清，倘存至期不付者，惟公议会保人肩承办理，公议会有权将银炉货物发卖抵七十三两三钱之数；

第八款　届卯存款银炉照章以七十三两三钱付给一百元手票、钞票，惟小洋钱亦可通融付款，随时作价，如有存款之家不愿领受小洋钱者，银炉须要交付手票、钞票；

第九款　炉房到卯谨守谕规，各完各事，清结而后，求值年赴衙门报名，如有违抗越理等情，交日清实业协会禀官核办。

众银炉如下：

晋太丰、信昌恒、志发合、恒有长、恒有为、同聚兴、裕盛源、世昌德、庆丰、永惠兴、大盛亨、东生长、天合义、恒义利、裕盛长、东和泰、兴顺全、永发祥、义盛德、会通锦、天合瀛、正祥孚、厚记银局、义顺厚、鸿盛利、鸿盛玉、天德和、同茂昌。

公议会保人如下：

元盛茂、东永茂、厚发合、东盛和、长隆泰、西义顺、裕发祥、永同庆、天合达、仁裕、同兴宏、兴顺魁、义泰德。[1]

---

[1]　大藏次官若槻礼次郎致外务次官珍田舍巳第三八五六号，『過炉銀整理』、1906 年 4 月 9 日、国立公文書館アジア歴史資料センター、B10074217300。此时，营口实际营业的银炉为 26 家，但协议时包含了两家正准备设立的银炉，故为 28 家。公议会为银炉提供担保的商号共 13 家，为公议会主要成员。

过炉银决算以军票和横滨正金钞票进行。钞票成为过炉银定价货币之一。横滨正金银行在报告中说，此结果"令我窃喜，待将来军票完全回收之时，钞票独占局面将形成"。此后，日本军政署主要依据这一修改后章程对银炉业实施管理，横滨正金银行后来的报告也提到，"上述规则在帝国官员手中施行运转毫无遗憾之处"，① 可知以军事管制命令对营口银炉业造成长期的压制。1905 年 6 月以后，由于营口与内陆交通逐渐恢复，加上上年因战争而积压部分商品，当年出口创开港以来新高，达 7000 万海关两以上。出口与交易的活跃也使过炉银发行创出新高，当年交易旺季的过炉银发行额达 2000 万两以上，是过去最高发行额两倍以上。② 但当年 9 月日俄和约的签订完全出乎商界预料，市场状况急转直下进入战后萧条。加上日本军政署的一再逼迫，1906 年农历三月一日银炉进行了日俄战争以来首次决算。不利状况下的决算带来深重灾难，从此时起到 1908 年初，半数以上原有银炉破产或关闭。

（四）将战时规定永久化的企图

早在 1905 年修改银炉开设章程阶段，横滨正金银行牛庄支店就曾设想，利用日军压力使日本参与下改订的银炉章程在战后也能继续通行，并提议日本政府与清廷交涉，援引庚子事变后归还天津之例，"令其保证现在军政署发布各法令告示仍持续有效"。③ 1906 年初，日军开始准备撤退，横滨正金银行以发展中日贸易、统一东北币制、扩大军票和钞票流通范围为理由，请日本政府助其获得战后经手营口海关和钞关收入的特权。该行董事小田切万寿之助将要求以请愿形式发给大藏大臣，要其通过陆军省知会军政官和领事助其实现。

俄军占领前，牛庄海关、营口钞关税金收入由永成银号（称为官银号）经手。俄国占领后，该号被迫关闭，其收入由华俄道胜银行接手。当时缴纳

① 小田切万寿之助『営口還附条件に関する横浜正金銀行請願』1906 年 6 月 7 日、国立公文書館アジア歴史資料センター、C03027371900。此文为下述函件的附件，即大藏大臣阪谷芳郎致陆军大臣寺内正毅（官房秘）第一八七号函件，1906 年 6 月 22 日。

② 南満洲鉄道株式会社調査課編『南満洲経済調査資料 第六 営口』第三篇、南満洲鉄道調査課、1911、20 頁。

③ 大藏次官若槻礼次郎致外务次官珍田舍巳第三八五六号、『過炉銀整理』、1906 年 4 月 9 日、国立公文書館アジア歴史資料センター、B10074217300。

关税的主要货币为纳税者发行的私帖。日军占领后，1905 年 4 月由横滨正金银行经手，最初仍以私帖缴纳。后来，横滨正金银行以私帖信用不可靠、增强军票流通等为由，废除以私帖缴纳，规定以 100 元军票对营平 69 两、海关两 63 两 5 钱 9 分的比价缴纳。横滨正金银行董事小田切万寿之助在请愿中指出，若不让横滨正金银行经手该项业务，"又将回到以私帖缴纳状态，军票和横滨正金银行钞票将失去已获地位。这不仅使横滨正金银行过去努力白费，丧失已获得权益，也有悖于帝国政府统一满洲币制的大方针"。①请求日本政府出面交涉，欲在归还营口后仍由横滨正金银行操纵关税收入。

小田切万寿之助请愿的第二点要求是"交还营口前修改过炉银管理章程，交还后令清官吏厉行之"。其理由是，过炉银制度构成贸易一大障碍，"至今未能打破，因其根底很深，一朝摧之恐将致市场经济紊乱"。他认为，过炉银制度之所以能对日商贸易构成妨碍，是因官方监督决算不充分，以致各银炉能拖延决算，并利用发行额谋取不当利益，造成过炉银价格波动。随着营口贸易规模的增大，近年来滥发之势尤显著。1905 年日本军政署虽制定规则以救其弊，但该规则中制裁方法过分宽大。而且所谓宽大也不过是鉴于当时状况的一时怀柔之计，并非军政署和横滨正金银行本意。因为有军政署为后盾，所以该规则的运行才能"毫无遗憾"。但若以现状还给清廷而"无专门监督制裁机构，过银炉必将再度恢复势力，长期难有摧毁之机，其显然构成妨碍统一满洲币制之大障碍"。② 因此，小田切万寿之助希望大藏大臣与陆军大臣联合对当地军政官和领事发令，做出如下安排："设立详尽规则，严定监督制裁之责，归还后也能令清国官吏厉行之。"并要求对军政署 1905 年制定的银炉开设章程做出如下改正：

在第三款中增加：银炉对其发行过炉银总额必保持四分之一以上现银准备；

在第七款加入以下两条：

---

① 小田切万寿之助『営口還附条件に関する横浜正金銀行請願』、1906 年 6 月 7 日、国立公文書館アジア歴史資料センター、C03027371900。

② 小田切万寿之助『営口還附条件に関する横浜正金銀行請願』、1906 年 6 月 7 日、国立公文書館アジア歴史資料センター、C03027371900。

　　a 监督官厅可随时检查银炉账目，若发现不符之处，可暂停或禁止其营业，暂停营业情况下由公议会承担整理，待其完了后，得到监督官员许可，可再开营业。

　　b 禁止营业情况下，应根据上条处置，可由利害关系人及外国领事向监督官府请求检查银炉账簿。①

　　在 1905 年制定的银炉设立章程中追加上述条款的目的，表面上是"为让清廷官吏尽监督之责，使过炉银发行者自知应戒备，以减少滥发过炉银之弊"，实际目的却是为大幅度降低银炉利润，使其作为货币体系的实力趋于衰微，不再是日商及日本金融机构的妨碍。其用意十分明显，即章程由日方主持改订，却要中国官吏在日军撤出后也照其实施。但是，其改订章程中所包含的查阅账簿条款，包藏了横滨正金银行以不正当手段窃取商业机密、打击对手的企图，这是在战时军事管制高压下也无法实现的，在清廷管理下更是无从谈起。但长期的军事管制压迫和随之而来的战后萧条，使营口商界陷入深重灾难，1906 年、1907 年银炉业出现大量破产。日军撤出后，清廷官方虽拒绝承认日本战时制定的章程，但也试图通过将公议会纳入商务总会，以及官方参与公定决算价格加强对营口商业的干预。

　　关于日本政策的评价，有实际营口银业经历的两个日本商人的主张值得参照。旦睦良等认为，过炉银起源于货币不足，货币不足导致其准备金不足，将未决算余额转入下期使用的做法使过炉银常常走低，因而债权和债务双方利益对立，银炉作为交易商号的联号，大量购买硬通货，散布消息都可以导致其波动，即过度依赖信用也是其弱点，因此需要整理。他指出，"无任何监督，也无任何法律依据，单靠严守自治规范，只有口头约定公定决算价的办法，曾维持了每年四次的决算整理，也曾致力于互相救济，得以消极地防止危险的膨胀发行。……我等既不希望过炉银继续存在，也并非急于废除其制度者，盖因此制度是多年来因自然需要而形成的习惯，无法很快破除。而且若无一定量可替代货币存在，更无从谈起"。由于实行

---

① 小田切万寿之助『営口還附条件に関する横浜正金銀行請願』、1906 年 6 月 7 日、国立公文書館アジア歴史資料センター、C03027371900。

币制改革的种种条件尚不具备，"不能不说过炉银的寿命尚长"。① 即过炉银曾经在商业自治体制下长期维持稳定，作为一种长期存在、方便的商业习惯无法很快破除；而欲废除首先需要一定量的替代货币；而替代货币的发行机构需要至少具备国立银行资格的银行。这两个条件若无法达到，过炉银制度仍将继续存在。

另一位曾任中日合办银炉——正隆银行副经理的深水静认为，废除过炉银制度问题"在俄国军政时代已发生，日本军政时代也曾大力提倡。……在言必行、令必从的两个军政时期尚且未能实现目的，其原因究竟为何？我认为主张废止者应好好研究，但绝非仅因中国人贪图其方便。我考虑有以下几点原因：（1）废除过炉银后，取而代之的应是有形货币，还是一种加了附带条件的过炉银？（2）若使用有形货币，必须用某种货币，但本位制如何？或由何地输入这些货币？（3）若使用带附带条件的过炉银，其条件又如何？（4）如何在不使市场发生动荡的条件下以代用币替换过炉银？（5）代用币与过炉银比价采用何种标准决定？（6）与代用币交换时期为何时？（7）交换方法与条件如何？此外还会发生很多问题……现在东盛和事件发生，营口市场非常困难，所有行情都一时中止，这种情况绝非偶然。但时至今日，对过炉银研究的要点不应在于期待废除，而应在于寻求可实施的方法和手段"。② 即过炉银制度不仅仅提供了方便，还是基于商业习惯的货币体系，欲取而代之不仅需要有一定量的货币准备，还需要替代的货币制度和货币政策的准备。俄日两个军政署完全靠强制，而无任何货币和货币体系的准备，不仅未能实现废除的目标，甚至连表面标榜的恢复商业秩序的目标都未达到；但其强制力迫使银炉业付出半数以上破产的代价。

（五）争夺汇兑与放款市场

庚子事变后，东北市场现银缺乏益甚，过炉银价格实际上通过与上海九八规银汇兑比价决定。营口进口贸易主要经上海进行，这是华商主导贸易的结果。这一结果也使营口进出口贸易主要靠上海汇市结算。对于营口与上海

---

① 旦睦良、池永省三『満洲通貨及金融』上巻、満洲日日新聞社、1912、33 頁。
② 『東亜同文会ノ清国内地調査一件/営口駐在班ノ部』第三巻、1907、28 頁、国立公文書館アジア歴史資料センター、B03050511600。

汇市的关系，当时有两种解释，一种从贸易需求角度去解释，一种从汇兑投机角度去解释。前者认为上海汇市行情与加色涨落间有无形联系。日俄战争前，过炉银与上海九八规银（以下称九八规银）比价基本相等或稍高。战争开始后，每1000两过炉银对九八规银比价很快降至1000两以下，当1905年2月下旬加色升至35两左右时，每1000两过炉银只能买九八规银661两左右。其后，随着过炉银加色下降，过炉银比价开始上升，至4月29日加色降至10两8钱时，对九八规银比价也回升到876两。随着过炉银信用的恢复，两者间差价进一步缩小。这种解释认为，上海汇市动荡是打击营口贸易的主要因素，至其基本稳定前，以过炉银定价的主要贸易汇兑交易表现为暂时停止。

后者认为上海汇市变动由投机支配。过去营口加色涨落是导致过炉银对九八规银汇价变动的原因，但日俄开战后出现变化，不是加色上升影响汇率，而是九八规银汇率影响加色，九八规银汇率上升是因对其汇兑需求骤然增大所致。这种汇兑需求增大非一般商业需求增加所致，而是银炉及与之声气相通的少数商家操纵所致。这种看法认为，银炉利用国内动荡之机，煽动购买上海汇水以套利，从而导致其汇价上升。[1] 横滨正金银行也持这一看法，见表1—1营口横滨正金银行牛庄支店1905年2月21日开设上海汇兑后到4月24日约两个月的成交额，这一期间还处于牛庄封河期，但成交额达军票291.6万元之多。横滨正金银行认为，其上海汇兑业务被营口银炉和商人利用为套利手段。其交易额多为银炉及其他各商人从事的，与其说为贸易，不如说是为套利而以军票购买的上海汇兑。其行市虽每日高低不同，但据说当时百元军票对上海银比价为69两左右。[2]

当时，营口商人从事进出口贸易，必须一面买卖汇兑以确保收付货款，一面在货币市场买卖所收货币以确保收入，目的是收入信用最坚实的货币。货币市场与上海汇市为其提供了保值手段，汇市和货币市场发展必然伴生套利交易。山西票号这一时期就有通过上海汇市营造有利过炉银腊卯决算条件的操作。这在币值升降不定、无统一币制的中国市场本是商家必然的行动。但日商和殖民机构习惯在固定币值下交易，很难适应币值浮动，因而将汇市

---

① 関東都督府陸軍部編『明治三十七、八年戦役満洲軍政史』第五巻、656—657頁。

② 関東都督府陸軍部編『明治三十七、八年戦役満洲軍政史』第五巻、657頁。

和货币市场交易一概斥为"投机"，这也是其在旅大和满铁附属地营造日币支付区的原因。

表 1—1　1905 年 2—4 月营口横滨正金银行牛庄支店上海汇兑成交额

时期	成交额（两）	时期	成交额（两）
2 月 21 日至 22 日	288000	至 3 月 25 日	89000
至 3 月 4 日	150000	至 3 月 30 日	518978
至 3 月 13 日	55000	至 4 月 5 日	136000
至 3 月 16 日	150000	至 4 月 17 日	641000
至 3 月 23 日	335000	至 4 月 24 日	553600
合计成交额		2916578	

资料来源：関東都督府陸軍部編『明治三十七、八年戦役満洲軍政史』第五巻、657 頁。

日俄战争期间，俄国和日本都曾将营口作为军事采购市场，处于交战区却又持中立国立场的营口商人，必须做任意一方取胜的两手打算。他们不得不进口商品以对应战争带来的商品需求增大，否则将因日俄两国货币增发引起恶性通货膨胀，从而导致整个交易制度崩溃。同时，尽管汇率利率都已上升，仍不得不高价收购原料制造出口商品，否则进口商将会失去支付手段，这将导致过炉银汇率进一步下跌，过炉银影响力进一步减小，终至被外国货币所取代。在实际商品交易遭到阻滞的情况下，按照以往商业周期，为贸易支付做准备的先行汇兑交易，最终因货币需求不足不得不以套利的结果完结。俄日两国为筹集战争物资所发行的大量战时货币，在当地引发通货膨胀，日本军政署为防止军票下跌却强制规定日系通货与过炉银兑换比率，因此东北通货膨胀表现为其贸易货币被强制贬值，被用于支持外国战争货币。

"战争景气"和投机导致营口汇兑商在上海汇市买卖日币、俄币的规模都在增大。卢布汇兑交易在停战后依然持续，部分由于俄国北满和远东经略方针的调整和华商被获准入俄境投资而产生，这段时期不仅北满对俄进出口商品需求依然保持旺盛，对俄投资和由俄汇回收入也有相当的需求。这些需求支撑了相当一段时期的卢布汇兑供给。表现为日俄战时与战后长春卢布汇兑交易的盛行，也由此引发部分华商通过卢布汇兑的投机风潮。战争时期，俄国为从中国采购商品，曾采取以纸币收购银块的政策，"华俄道胜银行不断出售以俄币计价的上海汇兑，价格上给予相当折扣。但当时……只有少数人交易，由此获暴利，一日成交三十万卢布亦属平常。此信传开，一般商人态度骤变，生出以此牟利一族。山西票号则采用经当地向莫斯科汇款，再经上海、营口回归的复杂方式。时值投机风起，市场向此交易狂奔，也有因此受巨额损失者。中方官员以此为患，采取种种措施禁止，然其势奔腾，措施几乎皆无效，以致若询华商'行市'，其必答俄币行情。此现象持续至俄国政治经济势力重大下挫的战后两年余，已沦为纯粹投机，令人不可思议"。①

以过炉银为基础的货币交易和汇兑交易也是同样的情况。日本军政署官员对过炉银的解释实际上自相矛盾。一面承认其具有在缺乏现银情况下提供了交易媒介、组织汇兑、调节金融需求、保证商业运行的作用；一面又指责其具有"以个人信用为基础，无官方监督和法律规制，交易旺季发行额迅速膨胀超出准备金，加色飞涨"等缺点。一面承认甲午战争、庚子事变、日俄战争是造成过炉银价格异常的原因；一面又指责商人通过汇兑市场、货币市场交易保值措施是不正当的。并以横滨正金银行提供的材料来说明这一点："今试举横滨正金银行支店发现之彼等奸猾手段一二以说明，以过炉银购买上海汇兑，在当地账上记为将过炉银若干交付，在上海是接受现银，能将其融通使用；在当地以过炉银，即无形信用煽动购买上海汇兑，提高行市，寻机抛出先前所购汇兑以获取暴利。最初以过炉银购买的现银，抬高加色后出售，回收过炉银获取暴利。军票也可以同样手法用于获利，奸计百出，危害实大。"②

此例中指出营口商人购买上海汇兑的基本方法，即以过炉银买上海汇兑，在上海收现银，在营口待汇价发生变动后出售上海汇兑的交易。实际上平衡两地各种货币间差价是汇市交易的基本机能之一。由于大宗交易可以造成两地汇价变动，大交易者也以此影响过炉银加色涨落。横滨正金银行开设上海汇兑业务后，军票也被利用于汇市投机。事实上，营口港由于冬季三个月是交易淡季，银炉和票号等巨商会将资本调出买卖上海汇兑，以创造促进

---

① 参见 1909 年 12 月日本驻长春领事报告，『各国事情関係雑纂／支那ノ部／長春』第一卷、国立公文書館アジア歴史資料センター、B03050390700。

② 関東都督府陸軍部編『明治三十七、八年戦役満洲軍政史』第五卷、666—667 頁。

进口商品销售、有利腊卯决算的加色行情等，通过套利交易也可轧平两地利息和各种货币汇价差额。

日本军政署曾对 1906 年夏秋之交营口汇市变动的原因进行调查，得出影响营口汇市的主要因素如下。第一，进出口关系。因对外国贸易入超形成的单向汇兑、封冻前后的贸易高潮、封冻中的贸易停止是不同时期影响汇市的主要原因。第二，不同本位制货币关系。营口外贸对象主要是金本位国，加之中国币制不统一，金银比价变动频繁，尤其是营口通行着 24 种内外货币，为保证贸易运行不得不如此。第三，过炉银与军票、钞票之间的关系。① 这是营口特有现象，日军通过强制决算将过炉银与军票、钞票价格挂起钩来，中国商人虽无法对抗入侵者的强制，却因此获得以过炉银买卖各种货币，操纵行市变化以套利的机会，因此当地汇市除有由经济规律引起的变动外，还有人为操纵引起的波动，在变动因素较多的营口，操纵汇市变化比较容易。第四，回收军票引起变动。军票是银洋定价的纸币，随着回收军票的进行，货币流通额减少导致当地银价上涨。②

以上调查显示了日俄战争以后影响营口汇市的主要因素，即贸易关系、多元币制、套利、回收军票。日军在日俄战争中一直致力于维持军票价格，但是人为地指定军票与过炉银比价，导致货币市场上两者实际价值比价的差价加大，加剧货币与汇市交易中的套利行为，其操作必然带来与军政署期待目标相反的结果。所以军政署将其视为与自身政策对抗的因素而大加排斥。所谓"变动因素多"，实际是战争造成的各种剧烈变动下，宝银退藏导致过炉银失去本位货币，对上海九八规银汇率几乎成为其唯一价格支撑的状况，这也必然导致货币投机的加剧。日本军政署和其金融机构不检讨自身强制性货币政策的漏洞，而将汇兑交易一概贬斥为"商人奸计"，其用意无非是通过曲解过炉银定价机制，以制造废除过炉银口实。

二　扶植日商介入银炉的经营

从 1904 年 7 月日军占领营口之后，营口公议会就受到日本军政署强制

---

① 这里的"钞票"是指横滨正金银行发行的银本位纸币，下同。
② 关东都督府陆军部编『明治三十七、八年戦役満洲軍政史』第五卷、667—669 頁。

实施过炉银决算的压力，之后又面临强制查账，让日商参与改订银炉营业规约等种种无理要求。日本军政署在对过炉银制度进行干预的同时，还试图直接扶植日商介入银炉的经营，为此所采取的主要手段就是由日本商人设立一家民营银行——正隆银行，并强迫中国商人出资入股。

（一）正隆银行的设立与增资

正隆银行创始人深水十八，日本熊本县人，1889 年毕业于日军大尉荒尾在上海创设的日清贸易研究所。毕业后于 1899 年进入横滨正金银行，后被派驻营口支店，1905 年为创设私人银行而辞职。1906 年 7 月经日本军政署许可在营口设立正隆银行及附属洋行正隆号。① 正隆银行的设立主要"靠军政官兴仓中佐的热心同情和濑川领事、黑泽副税务司的有力援助，以及其他居住营口各先辈的赞成，作为营口一产物而受到欢迎"。② 即其设立本身，就有日本营口军政署、营口领事馆、营口海关日本副税务司以及当地日商的支持。

正隆银行的注册申请中说，"商人等现拟同出资本在营口开设银炉生理，兹将字号商业坐落地方资本银数财东姓名列记于左，恳请注册"。注册资本 16 万日元，实缴一半，日本出资者四名共 10 万日元，华人出资者奉天商务总会总理赵国庭、营口油坊仁裕、东盛和共出资 6 万日元，合计 16 万日元。其营业项目是"银炉生理"，出资者中日本人全部为匿名出资，将 14 万日元资本金记在赵国庭名下，另有东盛和、仁裕各 1 万日元。军政署批文为："特批准以上深水十八所经理银炉正隆银行之永远银炉营业。"其附属的洋行商号名为隆记洋行，资本金 2 万日元，营业内容是"贸易品委托买卖业"，后附说明"进口日本诸器械及其他杂品、并从事委托销售，接受在日本及清国各港大豆、豆饼、豆油等委托采购，将其出口"。③ 从正隆银行的

---

① 参见驻牛庄领事濑川浅之进致外务大臣林董第五号函件，『本邦外国間合弁銀行関係雑件/正隆銀行』第一卷、1907 年 1 月 15 日、国立公文書館アジア歴史資料センター、B10074243600。

② 参见驻牛庄领事濑川浅之进致外务大臣林董第五号函件附件，『株式合資会社満州興業銀行目論見書』、『本邦外国間合弁銀行関係雑件/正隆銀行』第一卷、1907 年 1 月、国立公文書館アジア歴史資料センター、B10074243600。

③ 『正隆起源及経過』第三章旧資本主及規約、『本邦外国間合弁銀行関係雑件/正隆銀行』第一卷、1907 年 1 月、国立公文書館アジア歴史資料センター、B10074243600。

设立计划可以发现，其最初设立目的实际上就是想搞一家"日本人经营的银炉"。

在正隆银行筹集资本过程中，营口军政署的最高长官兴仓喜平起到了关键作用。此人不仅是与横滨正金银行相勾结，企图借战时危机一举废除过炉银制度的主谋，也是让日商参与过炉银发行章程改订的始作俑者。而投资于正隆银行的华商，也是兴仓利用军政压力"明里暗里"指导或"直接间接"威逼利诱的结果。正隆银行刚刚设立，就很快面临资金不足，经理深水十八重施故技，趁着日军政署撤退前再度央求兴仓喜平出面令华商帮其增资，并通过"指导"营口日商实行假出资，以此换取华商的真出资，从而达到助其完成增资的目的。军政官兴仓喜平不仅同意其计划，还亲自为其介绍营口公议会首脑，劝说华商进行投资。兴仓喜平 1906 年 11 月 11 日在正隆银行增资股东大会上发表演讲时说："我常说，日清两国人应合作做事……现日清实业协会已设立，渐成盛会，但光坐在一起交谈交谈，实在是令我无法安心。要想结出合作果实，就须利害一致、共担责任，或出资共同事业最好，前已有自来水公司，但对我来说这远不够，我想在此之上打入更强力的楔子。"[1] 如这段表白所示，其真正用意是利用军政期间的高压态势，迫使华商接受与日商共同经营，或者接受日商进入华商交易体系。

为了争取生存空间，时任营口公议会会首的东永茂财东潘雨田（字达球）、副会首西义顺财东李序园不得不出面召集营口众商分摊出资额，使营口的主要银炉、油坊、"大屋子"成为正隆银行的股东。根据正隆银行资本主出资人名及出资额的记载，正隆银行的股票每股面额为军票 200 元，营口公议会 13 户大商家除合记认缴 5 股外各认缴 15 股以上，18 户银炉除和记认缴 5 股外各认缴 10 股以上，23 家杂货商各认缴 1 股到 5 股，此外还有大油坊太古元、太古盛、太古行、海仁的掌柜 4 人以个人名义认缴 40 股。加上赵国庭代表奉天商人认缴的 50 股，华商共认缴 585 股，银 11.7 万元。日本人"也听从军政官指导"，由小寺洋行、加藤洋行、饭冢工程局等募集 350 股，7 万银洋，10 月 10 日已交齐。正隆银行的日方出资者最初为大竹贯一

---

① 『正隆起源及經過』第五章增资与营业方法的变更、『本邦外国間合弁銀行関係雑件/正隆銀行』第一卷、1907 年 1 月、国立公文書館アジア歴史資料センター、B10074243600。

300 股，向野坚一100 股，三谷末次郎和深水十八各50 股。这次增资后，原出资者比例变为深水十八275 股、三谷末次郎25 股、大竹贯一150 股、向野坚一50 股，即大竹贯一和三谷末次郎、向野坚一各撤回出资的一半，深水十八出资额增加了225 股。新增加小寺壮吉、加藤定吉、饭冢松太郎各50 股，合计650 股13 万元。①

1906 年11 月11 日正隆银行召开增资股东大会，日本军政署、领事馆、副税务司、横滨正金与三井的当地经理全部到场，将东永茂财东潘玉田推为会议主席，潘玉田在发言中也提到，"此次正隆银行的增资是靠军政官、濑川领事、黑泽副税务司及其他各位明里暗里努力的结果"。② 但其后的事实表明，正隆银行1906 年11 月增资中所谓"日本人参与增资"实际上是个骗局，小寺洋行等实际上并未缴纳允诺的出资额。日本军政官的"指导"，与日本机构一整套的表演都是为了骗取当地华商的出资。

（二）正隆银行假出资内幕的暴露与整理

正隆银行的体制极为怪异，由负无限责任的深水十八和负有限责任的股东构成。之所以采用这一体制，是因为深水既想利用中国当时对传统银行业和贸易无官方管理的状况，以此绕过日本设立银行严格的法律程序，同时又不愿放弃作为拥有治外法权的日资企业及现代银行制度带来的好处。其业务中既包含发行过炉银和中介买卖等传统交易，也包括新式银行的各种业务，企图兼收对华商和日商营业的双重好处。但由于其体制怪异，并且未按照规定的设立银行程序申请，而是经军政署许可设立后，再向日本领事馆申报备案的。也就是说，其最初并不具备银行的素质，而是钻中日两国法律的空子，在军政的非常时期，由军政署这一非常机构许可而设立。

正隆银行开业后，深水十八发现银行业务极为繁杂，以其微小资本根本不足以应付，于是将业务全集中于贷款，主要对大银行不接待的顾客提供抵押贷款，对银炉提供短期拆借，预想的商务也未能开展。1906 年11 月增资

---

① 参见『正隆起源及經過』第六章资本主出资人名及出资额、『本邦外国間合弁銀行関係雑件/正隆銀行』第一卷、1907 年1 月、国立公文書館アジア歴史資料センター、B10074243600。
② 参见『正隆起源及經過』第五章增资与营业方法的变更、『本邦外国間合弁銀行関係雑件/正隆銀行』第一卷、1907 年1 月、国立公文書館アジア歴史資料センター、B10074243600。

后，正隆银行资金缺乏的局面并未改变，由于日方出资者并未缴纳允诺的金额，反而让深水十八陷于极为尴尬的地步。为筹集资金，深水十八不得不将目光转向日本国内，于1907年1月向领事馆提交设立名为满洲兴业银行的投资银行计划，将名义资本增加到400万日元，实缴1/4，即将实缴资本金提高到100万日元，试图以新增资金掩盖实缴资本不足的事实。① 深水十八提交这一计划后，将银行业务交给其部下，以集资为名返回日本，之后便杳无音讯。

正隆银行未按日本银行条例设立，其出资者又多是华人，日方官员也无法干涉其行为，处于自由放任状况。深水十八走后，该银行到期未按承诺对股东提交决算报告，导致华商股东不满，要求其迅速提交报告。领事馆接报后与之联系，该行才提交了有关其设立经过和摆平各种数字的近期营业报告。领事认为，要改变该银行无管理现状，应断然令其按日本银行条例在领事馆重新登记。② 在领事馆一再催促下，深水十八才于1907年10月返回营口，10月底根据华人股东要求公布决算报告书。

营业报告和经营业绩表明，正隆银行成立16个月以来，经营者并无意银行本业，而是热心十以现有本金吸引更多他人投资，在增资未果后，又列出高额亏损，欲令股东承认。这种欺瞒在先，要赖于后，意在侵吞股金的手法，使华商股东彻底丧失了对深水十八的信任。股东大会上多数华商股东提出要撤出资本，解散该行，深水十八无奈之下请求日本领事馆出面为其设法维持。③ 日本驻牛庄领事软硬兼施、百般劝说，才使华商股东同意允许正隆银行继续营业。但华商允许其营业的前提条件是，该行必须按照日本银行法设立正式的银行。④ 日领事请示了外务省，外务省同意由牛庄领事全权办理

　　① 参见驻牛庄领事窪田文三致外务大臣林董第三七号函件，『在营口正隆银行に关する件』、『本邦外国间合弁银行关系杂件／正隆银行』第一卷、1907年8月13日、国立公文书馆アジア歴史资料センター、B10074243700。

　　② 参见驻牛庄领事窪田文三致外务大臣林董第三七号函件，『在营口正隆银行に关する件』、『本邦外国间合弁银行关系杂件／正隆银行』第一卷、1907年8月13日、国立公文书馆アジア歴史资料センター、B10074243700。

　　③ 营口领事窪田文三致外务大臣林董第四一号电文，『本邦外国间合弁银行关系杂件／正隆银行』第一卷、1907年11月8日、国立公文书馆アジア歴史资料センター、B10074243800。

　　④ 营口领事窪田文三致外务大臣林董第三号密码电文，『本邦外国间合弁银行关系杂件／正隆银行』第一卷、1908年1月20日、国立公文书馆アジア歴史资料センター、B10074243800。

此事，由其发给正隆银行营业许可。① 牛庄领事接到全权委任后，开始进行该行善后处理，委托三井物产当地支店人员传话给商务总会总理东永茂财东潘雨田，令其设法说服华商股东。令横滨正金银行支店经理和三井物产参事负责调查正隆银行账目，根据查账结果考虑善后方略。但华商仍然难于相信深水十八，总商会经开会讨论后于 1907 年 11 月 6 日通过解散该行的决议。然而，就在次日发生了东盛和破产事件，使营口商界陷入深刻的危机之中，华商一时无暇顾及决议实施，对正隆银行的处理被暂时搁置。

实际上牛庄领事早已知悉正隆银行增资的内幕。1907 年 11 月 12 日，横滨正金银行总裁高桥是清来营口时，曾向牛庄领事了解情况。牛庄领事为其介绍情况后指出，"该行资金虽说是日清合资，但清方早已全部认缴完毕，日方却有很多未缴，而且总经理深水十八名下股份是用存款抵充，成为既是股份又是存款的怪异资金。清方原本对此有疑问，决算报告又有亏损，益发引起不满，故有解散决议。若本次不能根本廓清其资金和内部组织，确立营业方法，最终无法救助。尤其如此状态将来在营业上无法获得贵行眷顾，其运营将极为困难"。② 高桥也指出，"早听说该行内部组织不完善、欠缺颇多，今日必须断然厘革，若改革得当，成为正式银行，我个人认为这种银行还是需要的，横滨正金银行当不会拒绝给予其相应保护，总之要待整理有充分成果"。③ 但由于华商股东对深水十八极不信任，且考虑到未来的发展，日本领事与高桥还达成了物色日本金融界有力人物经营该行的口头协议。

1907 年 12 月 21 日，日本牛庄领事召集商务总会总理潘雨田、协理李序园、横滨正金银行和三井物产驻营口支店经理，会商正隆银行的善后事宜。最终达成充实欠缺资本，改选董事会等协议。之后对该行实施整顿，将日方

---

① 外务大臣林董致营口窪田文三领事第一六四号密码电文，『本邦外国間合弁銀行関係雑件/正隆銀行』第一巻、1908 年 1 月 22 日、国立公文書館アジア歴史資料センター、B10074243800。

② 营口领事窪田文三致外务大臣林董第三号函件，『正隆銀行善後処分ニ関スル件』、『本邦外国間合弁銀行関係雑件/正隆銀行』第一巻、1908 年 2 月 1 日、国立公文書館アジア歴史資料センター、B10074243800。

③ 营口领事窪田文三致外务大臣林董第三号函件，『正隆銀行善後処分ニ関スル件』、『本邦外国間合弁銀行関係雑件/正隆銀行』第一巻、1908 年 2 月 1 日、国立公文書館アジア歴史資料センター、B10074243800。

未交股金部分全部舍去，不足部分由日侨会在日侨中招募补足。为了消除华商股东的不信任，部分股金由三井物产支店经理和顾问名义登记，令深水十八将其全部存款制作存款证书交关东都督府经理部保存，删除其存款名义。又于 1908 年 1 月 12 日召开股东大会，改选董事，于 1 月 18 日按照日本银行条例向领事馆申请登记，28 日登记手续完成，重新开始营业。2 月 5 日提交新章程、董事名单和营业报告。① 经过改组和改选，到 1909 年正隆银行经营状态方见好转，1910 年也维持了盈利，1911 年正隆银行开始谋求在日本内部寻求资金支持，几经周折，安田财阀终于正式决定，接手正隆银行增资问题，年中该行华人董事只剩一名，基本完全由安田财阀所掌控。

总之，正隆银行是日商介入营口银炉业的尝试，但其并未得到银炉经营的基本方法和专有知识，导致其经营很难取得成功。安田财阀兼并正隆银行后，将总行迁到大连，意味着日本势力彻底放弃了介入过炉银发行的企图。与此同时，正隆银行是在营口尚处于日军军事管制背景下设立的，反映了日本军政对东北商业压迫和金融资源的掠夺方式，以及日本民营资本对中国金融业的渗透；而其后来的改组过程则反映了日本金融资本兼并中小银行介入殖民地金融机构的过程。

三　对东北贸易的竞争

（一）轮船与帆船的竞争

19 世纪 90 年代以前，营口海运业的竞争主要在轮船、西洋帆船、中国帆船间展开②。进入 19 世纪 90 年代后，西洋帆船迅速衰退，中国帆船运输业也处于起伏不定的状态，以太古、怡和、招商为主的三大轮船公司成为营口航运业主流。此外还有租船市场，一般在上海和华南签订租船契约，所以

---

① 营口领事窪田文三致外务大臣林董第八号函件，『正隆银行营业报告书等送付之件』、『本邦外国間合弁银行関係雑件/正隆银行』第一卷、1908 年 2 月 5 日、国立公文書館アジア歴史資料センター、B10074243800。

② 19 世纪 70 年代每年有多达二三百艘的洋式帆船出入营口港，进入 1890 年后锐减到 100 艘以下，甲午战后减少到不足 20 艘。参见加藤末郎編『清国出張復命書』农商務省商工局、1899、27—28 頁。

粤商在租船上比营口其他商人更具有优势。① 营口粤商东永茂、泰裕、东盛和三家租有定期船，不定期租船数量也为数不少。1897 年以前，营口华商利用欧洲各国的竞争关系，租用德国、瑞典船只从事货运，日本船加入租船市场后，因对日运输增加，日船比欧船具有条件比较宽松、更易沟通、守规矩等特点，因此营口商人租用日本船只数量逐年增加。据日本驻营口领事的报告，1898 年进入营口的轮船总数中，日本船居第二位，1897 年对日运输的船中日船只数量占 35%，次年跃居 65%。② 当时营口出港船基本去往上海和华南，其中去往厦门、汕头、广东的占七八成，去往上海的占二三成，太古公司在上海设立转运仓库后，营口对上海的输出转向增加。③ 根据表 1—2中的数据，从 1900 年开始的 10 年间，营口轮船与帆船出入港发生了很大变化。1909 年外轮出入港比 1900 年增加了 70% 以上，吨位增加约 1 倍，同期中国帆船入港总数和吨位则逐渐下降。帆船中，上海、宁波、福建、广东船仅占 6% 左右，一般载重在 1000 担到 2500 担之间。④

表 1—2　营口港出入港船只状况的变化

年份	轮船出港		帆船出港		1909 年出港帆船所属地区		1903 年出港帆船所属地区	
	艘数	英吨	艘数	英吨	船只所属地	出港数（艘）	船只所属地	出港数（艘）
1900	373	319429						
1901	538	470238	5132					
1902	644	537352	8089	892014	锦州	252	金州附近	586
1903	652	588911	8293	914511	盖州	2052	盖州附近	256
1904	404	346576	4062	447937	天津	980	山海关附近	6989
1905	600	495719	5728	631655	山东各港	398	山东各港	262

① "除上述三大公司外，还有挪威、德国船，应华人租船者居多，皆在上海香港缔约。该港居住粤商一般以一个半月或半年、一年契约租船，大致以半年契约为多。虽有时因租船费而可能遭受损失，但为了联系两地商业关系以定期租用为便"。参见外务省通商局编（楢原陈政）『清国商况视察复命书』元真社、1902、104—105 页。

② 参见加藤末郎编『清国出张复命书』、28—30 页。

③ 参见外务省通商局编（楢原陈政）『清国商况视察复命书』、104—105 页。

④ 1896 年时，上海沙船载重为 2000—3000 担，每年出入港 200 余艘；福州乌船载重量约 2800 担，每年出入港 50 艘左右；宁波船重 2700—3500 担，每年 70 艘左右。山东船只载重 600—3500 担，天津船只 700—4000 担，两者数目不详。参见外务省通商局编（楢原陈政）『清国商况视察复命书』、104—105 页。

续表

年份	轮船出港		帆船出港		1909 年出港帆船所属地区		1903 年出港帆船所属地区	
	艘数	英吨	艘数	英吨				
1906	716	636206	6975	769168	上海、宁波	180	上海附近	156
1907	559	524972	不详	不详	福州	42	福建各港	44
1908	518	531129	4846	534393	合计	3905	合计	8293
1909	643	669553	3905	430625				

资料来源：小松正则『満洲卜大豆』、『豆、豆粕関係雑件』第一卷、1911 年 3 月 1 日、国立公文書館アジア歴史資料センター、B11091343300。另据東亜同文会《清国商業綜覧》第 2 卷、東京丸善株式会社、1908、441 頁表增补。

（二）日本货物与英美货物的竞争

营口从日本的进口贸易始于 19 世纪 90 年代初。19 世纪末，营口进口商品中生产资料和原料占很大部分，进口大宗商品中棉纱占首要地位，其次是棉布和西洋杂货、新旧铁原料、煤炭等，从华南输入大宗商品为土布、砂糖，但前者处于减少，后者处于增加之势。洋布进口同为大宗商品，美国货占七成，英国货占二三成。东北进口品销售构造中，棉纱市场以新民屯、奉天、宽城为主，前两者春夏季批发者多，宽城及吉林冬季批发者多。这是因为两市距离遥远，只能趁冬季马车运豆油之际，返程货物运回棉纱。当时进口日本棉纱极少，三井物产颇下力推销却收效甚微，于是采取降价倾销政策，日本纱比同等孟买纱每包价格低 2 海关两多，依然销量很少。[1] 如表 1—3 所示，日本棉织品尚不足与英美竞争，仅依靠低成本在棉纱市场获得了一定份额。

日俄战后，日本国内织布工业迅速兴起，开始与英美争夺东北市场。但日本小厂林立、品牌繁杂，虽然结成输出棉布公会全力推销，因东北民众重视传统的消费习惯，日货很难与美货竞争，以致很多日本推销商损失惨重。但 1907 年，曾为营口最大批发商的东盛和破产引发金融体系动荡，导致所有经销美货商人在财务上受到极度压迫，上海金融市场也为防止风险蔓延对营口实施紧缩，金融阻滞导致美国棉布一时间无法进口，日本商品又趁机扩

---

[1] 参见外務省通商局編（榊原陳政）『清国商況視察復命書』、81—85 頁。

大推销，东盛和破产引发的金融动荡持续两年，引起日货与美货的进口额的逆转。如表1—4所示，到了危机解决后的1909年，日本产粗布进口总额已超过美货。

表1—3　19世纪末营口海关进口棉纱棉布状况

单位：海关两

年份	棉纱进口金额			棉布、棉织品进口金额		
	总额	日货	日货比例	总额	日货	日货比例
1897	2913767	305611	10.49%	4016676	15907	0.40%
1898	3125391	298249	9.54%	4595254	19313	0.42%
1899	5489965	682438	12.43%	7397578	102541	1.39%
1900	1055849	230390	21.82%	2707275	28775	1.06%
1901	4209584	455598	10.82%	7346279	81998	1.12%

资料来源：外务省通商局『北清地方巡回復命書・長江沿岸視察復命書・清国輸入本邦貨物ノ販路并清国釐金事情』、外务省通商局、1903、52—56頁。

表1—4　营口美、日、英花旗布（粗布）进口量的变化

单位：匹

年份	美国	日本	英国
1905	252165	60266	10905
1906	336951	2440	1350
1907	258460	127195	3520
1908	515193	499518	15650
1909	601541	681592	26115

资料来源：外务省通商局编『満洲事情第二輯』（牛莊、安東）、138—139頁。

　　进口贸易整体状况也能反映出上述变化，表1—5为营口进口贸易的推移，以及船舶、直接进口、内外商品比例的变化。数据显示，1907年以前，进口额平均占贸易总额的约66%甚至更高，这表明营口进口贸易涵盖了具有独立贸易能力的其他地区，内地一些区域虽不经其出口商品，却经此地采购进口商品。但这一状况在1907年以后发生变化，此后营口贸易退缩到进口略大于出口水平，表明其进口涵盖区域和商品数量的减小。另外，1905年日俄战时进口过热主要因洋货进口增加所致，过量订货加上战后萧条，直接压迫1906年的进口额。1907年东盛和破产尤其对帆船进口、国内转进

口、国内商品进口产生了深刻影响，至 1908 年尚未恢复。1909 年国内转口虽一时恢复，次年以日货为主的直接进口额增幅更大。表明当时日本与英美的进口竞争极为激烈，日货逐渐占据上风。

表 1—5　营口进口贸易的变化

单位：海关两

年份	进口贸易地位			船舶与进口额			国内转进口与国外进口			进口总额中的内、外商品		
	贸易总额	进口额	比例	轮船	帆船	比例	国内转进口	直接进口	比例	外国商品	国内商品	比例
1901	59109875	33906483	57%	23623460	10283023	44%	27612746	4293737	16%	17199532	16706951	49%
1902	61006734	37659378	62%	25245612	12213766	48%	32313072	5346306	17%	18322556	19336822	51%
1903	62339231	38203347	61%	27979662	10223685	37%	32352352	5850995	18%	20486451	17716896	46%
1904	52843276	36046791	68%	29441210	6605581	22%	31815647	4231144	13%	19297717	16749074	46%
1905	74004126	59700209	81%	49955070	9745139	20%	49761449	9938760	20%	31179910	28520299	48%
1906	54742685	37231317	68%	30070875	7160442	24%	31221259	6009058	19%	14029339	23201978	62%
1907	39936527	21727572	54%	17047769	4679803	27%	16286657	5440915	33%	10960613	10766959	50%
1908	53518739	28449851	53%	21827810	6622041	30%	22189116	6260735	28%	15334010	13115841	46%
1909	70442493	38727017	55%	29090776	9636241	33%	31685209	7041808	22%	19172654	19554147	50%
1910	65601200	36070451	55%	27931812	8138639	29%	27298498	8771953	32%	18946798	17122653	47%

注：表中比例为各比较栏目中后项与前项的比较，最后一栏的比例为国内商品占内外商品合计额的比例。此外，表中数据加入了常关贸易的数值。

资料来源：南満洲鉄道株式会社調査課編『南満洲経済調査資料　第六　営口』第一篇、南満洲鉄道調査課、1911、50—51 頁。

（三）日商与华商的竞争

至甲午战争爆发为止，清末日本对华贸易基本由华商所垄断。但是到了"甲午战时，华商大都相率归国，昔日商权半归外人所有，停战后虽大部再来，但势力为之一蹶，已不复往昔之盛"。[1] 尽管如此，日本的华商到第一次世界大战开始前后仍在海产品、棉纱、棉布、杂货等商品的对华出口方面保有很强势力。正如当时日本调查报告所称，"观我国对外贸易趋势，近年进出口中由我国商人直接从事者显著增加，所谓租界贸易逐渐衰退。但是对华贸

---

[1]　農商務省商務局『対清貿易ノ趨勢及取引事情』農商務省商務局、1910、17 頁。

易上，至今清商实力仍较强大，我国除三井物产及其他二三公司之外并无直营贸易的有力商贾，除棉纱洋布类、煤炭、铜、木材、啤酒之外，如火柴、海产、洋伞、香菇、纸、砂糖等，几乎全为清商垄断，其他杂货也大部分由清商输出。……虽然近年我商人对关东州及满洲直接贸易有了长足进步，但对其他各省贸易中清商仍显示出强大势力"。[①] 这是由于日本中小制造业者无力直接经营对外直接出口，而大代理商如三井物产的手续费远比华商高。而且其目标总是盯在交易规模、订货数量上，在当地的销售完全不顾货主利益，一味根据当地行市甩卖。因此中小制造业者不得不求助于在日华商。再加上日俄战争后日本棉布生产开始过剩，日本输出港对华商推销廉价工业品的大量中介商的存在，东北纺织品和杂货进口中，日货进口比例迅速增加。[②]

在日本进口方面，旅大殖民地的设立对日本华商主导的贸易影响巨大。日本由东北进口主要商品有大豆、豆饼、麻、芝麻、棉花、羊毛、柞蚕茧、鸡蛋、铁、铁矿石、兽骨等，其中鸡蛋、铁、铁矿石已完全由日商经手。据神户海关调查，1908 年该港进口的大豆、豆饼、棉花和羊毛总额中，华商的经手比例为大豆约 239 万元中约 14 万日元，棉花 1016 万日元中约 489 万日元，豆饼 786 万日元中约 331 万日元，其余皆主要由日商经手。日本各贸易港华商经手贸易额及所占比例见表1—6。

表1—6 日本各贸易港华商经手贸易额及所占比例

单位：日元

各港		1906 年	占总额千分比	1907 年	占总额千分比	1908 年	占总额千分比
神户	出口	23383527	212	17320988	161	13538058	161
	进口	17735078	93	18103525	81	14842440	78
长崎	出口	2337736	406	2411650	518	1495595	402
	进口	3229095	164	2348568	145	3312580	226
大阪	出口					4215771	89
	进口					1467722	57

资料来源：農商務省商務局『対清貿易ノ趨勢及取引事情』、18—21 頁。

---

① 農商務省商務局『対清貿易ノ趨勢及取引事情』、1 頁。

② 農商務省商務局『対清貿易ノ趨勢及取引事情』、62—65 頁。

正如日本当时的调查所称，"近来本国人在当地设置支店或办事处，或预贷款给经纪，或直接到产地采购进口者逐渐增加，此事去年达到引起德国人抗议的程度，可知进口比出口国人势力大为扩张"。[①] 也就是说，日俄战争后一段时间内，日本货物在中国迅速扩张，部分由于华商的活动，部分是日系银行、殖民机构及日商的活动所促进。因为日俄战争后其国内棉织品突然过剩，急于打开海外销路，而东北消费者极重视传统，促使日本很多制造商为打开销路而仿冒美欧商品和商标展开竞争。花旗布和褡裢布为东北消费最多的棉布品种，"日俄战争后日本国内织布业急剧发达，国内生产过剩，开始向满洲扩张销路"。日本各棉纺公司"达成扩大销路协定，组织日本棉布满洲输出组合，于1906年2月开始委托三井物产做代理商推销，当时将满洲销路最好的美国花旗布仿造品在一定商标下销售，更于每年四月定期实行之，其后虽经几多波澜曲折，然有地利且价格低廉，终于实现了扩大销路，明治44年（1911）完全实现了对英美棉布地位的逆转"。[②]

（四）营口贸易中华商的优势

营口在进口贸易中优势地位的维持主要是由于传统金融制度和交易制度的支持，此外还有东北消费习惯与产业构造，中国棉纺业的兴起，帆船运输等因素的支持。营口以经纪业为核心展开，"大屋子"严格地说并非进口商，而是进口商品最大的收购者和中介商。"大屋子"的经营模式首先在于只分担一段交易的风险，将风险降低到少量投资可控范围内；其次，无论其商号形态、资本投入还是客户选择、商品交易，无不体现这一特点。1915年日本农商务省发表的一份调查中，曾专辟"商务难"一章归纳从事营口贸易的难点，指责"大屋子"交易体制是妨碍外商进入的主要因素。第一，进口货物购买力来自农民当年收入，随农业丰歉而变动，所以很多商品需求难以预测和维持一定需求水平。而且，其交易方式因赊销多而缺乏灵活性，进口商品中生活必需品占绝大多数，故其交易利幅很小，而其各种货币比价变动幅度很大，"这是外商屡遭破产的原因"。第二，营口商业主导权为山东人所掌握，山东

---

① 農商務省商務局『対清貿易ノ趨勢及取引事情』、23—24頁。

② 関東都督府民政部庶務課編『満洲ニ於ケル棉布及棉絲』関東都督府民政部庶務課、1915、59、63—64頁。

因历来人口过剩、生活困难，有四处求生的习惯，长期漂泊的丰富阅历使山东商人具有在商业上"性格狡黠、长于术数、锱铢必较"的特点。第三，华商即使是小商人也派员赴大阪川口，将营口日商售价与大阪批发价加运费形成的营口交货价进行对比，选择商品中价低者在川口集中采购、租轮船运至营口。这比日商小批、单个发运的运费低得多。近来华商还派人到大连研究商品价格，其经营具有"忍薄利而孜孜不倦"的精神。第四，"若观（外）商资金薄弱，预想其急于出售，大屋子会联手不与交易，待其疲惫而甩货。日商经手棉纱棉布的失败者多因此，既损己也连累同业"。寓居"大屋子"的商人可利用过炉银贷款给地方商人，外商无法与之拮抗，常因此失败。"大屋子"虽号巨商，也兼营零售，且其零售与批发价同样，杂货让三分、棉纱棉布让二分，不问数量多少一概交易，这使资本薄弱的中小商人全无施展余地。第五，当地消费者购买习惯注重熟悉的商标，对新商标不屑一顾，购买时必先比较所有商店标价后，在最低之处购买。这是日货难以推广的原因。也有商人趁此仿造商标，导致营口市场仿造货很多，当地曾出现腿带子、饮料、酱油等模仿商标的问题。第六，购物者争之毫厘，商人进货则必争减价更多，以致制造者收支难以相抵，只能提供更廉价的低端品。商人总是在寻求价格更廉的替代品，对质优价高者不闻不问。制造者或外商若想扩大销路，必先提供若干免费样品试用。日俄战争后欧、美、日商人为争夺东北市场竞争激化，导致部分批发商只为收样品而无交易诚意，引起交易秩序的破坏。①

将上述论点再结合其他资料，可以勾画出营口"大屋子"的商业模式和交易特点：第一，购买力来自农民，而农民手头缺乏现金，故其具有购物谨慎、采购有季节性、需求难预测、需要赊销等特点，"大屋子"通过对地方商人提供金融支持，助其购销，使推销进口货的外商往往无法打开地方市场；第二，进口商品中生活必需品占主导，因此其交易多数利幅很小，而其进价却因银价和货币比价变动而常变化，导致各商品品种和需求量难以预测，加之1900年后外来因素引发危机的风险明显增大，这使"大屋子"尤其重视价格竞争；第三，为分散风险，"大屋子"与进口商及地方商人形成分工和互利的商品组合方式，进口商选择进口商品时会持多品种少量的方

---

① 農商務省商工局編『商工彙纂第三十四号　上海及營口事情』、64—66頁。

针，"大屋子"对确有利润的商品进行收购，对其他商品提供中介服务，也将相当于其货值的大部分金额以过炉银提供借贷，助其周转和采购，虽然华南和营口商人各自经营项目都有所偏重，但考虑运输成本和分散风险，以及相互提供方便等因素，会选择看似无利可图的商品进口；① 第四，地方商人也同样，尽管将豆货或其他商品运往大连销售成本较低，但运往营口销售能够获得过炉银和顺带采购到各国的商品，而运往大连销售只能采购日货；第五，直接进口商品的"大屋子"无论在国内和国外采购时，都进行极其严格的价格、运费等综合对比，不断寻求价格更低的替代品，以确保自身利润；第六，相对短期风险大的经营环境，营口华商一般采取每三年一次决算利润的方式，② 即不会以单年度得失而轻易改变营业政策，因而能较长期地展开经营，在提供服务、维持交易关系、降低成本、商品构成等方面具有极强的竞争力；第七，在商号投资方面，营口商家基本实现了商号和财东家产分开，但对于较大的固定资产投资，一般由财东私人购入后交由商号运营、计股分红，因此固定资产往往不算对商号的投资，但在破产时财东对所欠债务负有无限责任，这种出资方式使外国人无法了解商号真实的资本实力。因此，这种贸易模式在很大程度上阻碍外商的直接进入，保护了中国传统商人的商业利益。

四　铁路与水运的竞争

日俄战争前，东北的贸易是以营口一港为中心的贸易体制，这通过营口交易体系与过炉银金融机能而实现。其货物集散主要依靠辽河水运，铁岭和

---

① "从帆船运货物特点来看，天津、山东船只以对营进口为主，回航货不多；上海、福建、宁波船只以输出营口货为主，输入货物为辅，船货主以输出豆货获利为主，输入货物只是为交换而载，并未预期从所载进口货中盈利，且为避免风险，并不单独大量装载单一货物。故华南船只装货10品之中盈利者不过一二品，余皆不免损失为常。然自上海输出布类为20日付款，其间利息为利润，且有省去汇兑费之利，加之西关税则比海关税率轻，合计利润非少。"参见外务省通商局编（楢原陈政）『清国商况视察复命书』，105页。

② 据实务者所言，该店以资本额24000两开业，年交易额五六十万两。初年营业成本12000两，从次年开始减为9000两（其中房租2500两），至第三决算获纯利13000两。这应是极一般的算法。参见南满洲铁道株式会社调查课编『南满洲经济调查资料　第六　营口』第一篇、63页。

通江口是最大的水运集散地，宽城子是最大的陆运集散地。日俄媾和条约1905 年 10 月已生效，铁岭的军管却一直持续到 1906 年 8 月。1905 年末，日军命令日商铺设从铁岭经通江口至昌图和法库门的轻便铁路。该路采用人力和马拉为动力，由日本官方借给材料建设。因涉及土地使用等关系，名义上日方官营，实际上由日商承包，主要从事军事运输。日本军政署本打算以之代替铁岭至马蜂沟及产地的马车运输，由日商垄断当地的短程运输，引发了当地马车对轻便铁路的竞争。1906 年 8 月 1 日起，此路交关东都督府运营，后因物资设备难以为继而停办。[①] 在其营运期间，在冬季也能将大豆从产地运至铁路沿线，这成为加速通江口衰退的原因之一。

满铁接管铁路以后，开始致力于与水运争夺货物，其通过制定优惠运费政策吸引豆货运往大连。加上大连日商采购增加，铁路沿线运大连货物增加，铁路各站成为新集散地。满铁线路在辽东半岛以北几乎完全与辽河平行。铁路货运直接影响水运，也对营口与大连的贸易地位发生影响。据日本外务省调查，铁岭是水陆运输竞争最激烈的地区，1907 年经马蜂沟运出大豆 21 万—25 万石，铁岭站运出大豆为 153197 石、豆饼 181334 石，加上铁岭自身消费 1 万石，铁岭集散豆货总量约为 55 万石。[②] 这一时期，铁路沿线的豆饼几乎完全由铁路运输，但大豆和棉纱、棉布及其他进口货依然大部分靠水运。因此，日本调查者认为营口不会很快衰落。其原因是"水运运费低廉，金融体系支持，商业机构完善"。[③] 表 1—7 是铁岭至营口的铁路与水路运输运费比较。铁路运费按每车皮计算比水运运费高约四成弱。但中国商户习惯上以往返综合运费平均计算运费成本，"单从粮石运费看，一石运费仅四五百文之差，但如棉布棉纱杂货等进口品，可利用运大豆返回空船，运费只有陆路的三分之一"。尽管运输时间长，但基本为季节性交易，"较之'时间'的价值，'实际费用'影响更大，水运虽远比铁路花时间，但却能使其赢利，故清商更依赖辽河水运。更何况满铁现在运力尚不完备，往往造

---

① 参见関東都督府陸軍部編『明治三十七八年戦役　満洲軍政史』第九巻、東京小林又七印刷所、1915、316—337 頁。

② 对此外务省通商局的调查报告《鉄嶺事情》（1908 年）中前后记载并不一致，在此综合各部分以及其他资料的记载进行归纳。

③ 外務省通商局編『鉄嶺事情』、84—85 頁。

成货物积压，下大力招揽来的货物却空耗时日"。① 满铁保管设施不完善也会造成货主损失。

表1—7　铁岭至营口铁路运费与水路运费比较

铁路运费单位：每车皮160石		水路运费单位：160石	
运费	118.50 元	运费（含铁岭马车费）	130.00 元
装卸费	8.85 元	船店手续费	7.00 元
出货马车费	8.00 元	船夫伙食费	2.50 元
装车麻袋费	32.00 元	营口装卸入仓费	4.00 元
缝口费	10.00 元		
至市内马车费	20.00 元		
合　计	197.35 元	合　计	143.50 元

注：表中货币单位使用横滨正金银本位钞票1元单位。

资料来源：南満洲鉄道株式会社調査課編『南満洲経済調査資料　第三』南満洲鉄道調査課、1911、12頁。

过炉银的影响主要表现在信用交易上，"过炉银……可仅通过转账完成交易，且每年决算四次，至少在相同卯期之间，即三个月内可不动现金完成交易，到期时只要支付一定卯色即可延至下期使用。极端地说，无现金也可从事大笔交易，从商业上比较，在大连购货成本上虽有微利，却需现金，决非得策"。"与大连粮石交易的现金买卖日益兴盛相比较，进口商品依然在可利用信用的营口进行。华商贸易主流倾向于营口，可说是势所必然！而且，拥有同等资本规模的日商，可利用的过炉银额度不及华商的十之一二。只要过炉银制度不废，营口进口贸易将不会衰退……此为辽河贸易兴盛、满铁贸易不振之原因！"关于商业机构，大豆在冬季封冻季节由四方集来，铁岭贸易开河后4月到11月最盛。"近来日商采购增加，经满铁运输者多，故冬季豆货运输也很兴盛，而到春季河开后让位于华商，形成'马蜂沟贸易期'"。② 水运由船店、栈行经手，满铁贸易多由日商自理，或十数家日本运输业者代办。为统一步调，1907年2月成立铁岭运输业组合，与马蜂沟水运展开竞争。但辽河水运发货者多为行栈，其依照出口合同、运费综合计算及传

① 外務省通商局編『鉄嶺事情』、85頁。

② 外務省通商局編『鉄嶺事情』、85—86頁。

统商业关系行事，尽管日商加强销售攻势，尚不足以压倒辽河水运。

但是，辽河水运本身受自然条件影响很大。1907 年解冻后，4 月初头帮船发营口约 700 艘，载豆约 3 万石。夏季干旱持续，河水大减，舟运断绝。7 月下旬降雨，二帮船载大豆赴营口。其后再枯水，滞留马蜂沟船只 1500只以上。各船因水量不足，不得不半载航运。当年经船店运大豆约 22 万石。马蜂沟各店中，顺源庆约 7 万石、广生贞约 6 万石、永源庆约 4 万石、庆升昌约 5 万石，广元店歇业。1908 年 3 月底解冻，"4 月 1 日渐有上游船到港……载黄土压舱而来船约 600 只。4 月 10 日头帮船陆续启航，至 20 日计发 380 余只。数量……计约 37000 石。各船店经手量为庆升昌 9000 石、永源庆 13000 石、顺源庆 15000 石。已开航者约 22800 石，未出发者约 14200石。其余装载完毕，待下雨开航，即二帮船，已装百余只，未装者 140 余只。今春水量因去冬降雪多……故解冻后可迅速启航。但其后无雨，河水渐减，目前每船减载一半只 30 石……现在铁岭各粮行存豆约 25 万石"。[1]

出口港金融状况也对集散地有重大影响。1907 年 10 月爆发东盛和破产案，同时发生银价暴跌。受其牵连，运营口豆款到 1908 年初尚未支付。"船主不少滞留营口，甚至有尚未卸载又遇银价暴跌而无法销售者，损失惨重。由铁岭船店主垫付款项也因上述原因，预计年内很难偿还"。[2] 与营口关系密切的铁岭因东盛和破产影响，各店损失合计达 20 万元。适逢新豆上市，最需小洋。"营口与华南汇兑一时中断，导致市面小洋告罄，采购大豆极难，金融壅塞之极"。当年铁岭集散大豆只有 36.8 万石，与历年 55 万石的集散量相比，只有 65% 强。[3] 东盛和破产案直到 1908 年底方才初步解决，营口华商资本积累严重削弱，导致当年秋季豆货价格降到数年来最低水平。

反观满铁方面，1907 年铁岭站运量虽有较大增长，但仍不能与水运相匹敌。因为其"运营未脱野战时代旧习，各种设备不完善，运输不能如意；运费居高不下；华商不了解铁路安全方便的特点"。当年 4 月，铁路由日军铁道提理部转交满铁，满铁一面改善设备，一面对运大连货物实施特别减

---

① 『1908 年 4 月 24 日驻铁岭日本领事分馆报告』、外务省通商局『通商彙纂』第 28 號、外务省通商局、1908、64 頁。

② 参见外务省通商局编『铁岭事情』、38—39 頁。

③ 参见外务省通商局编『铁岭事情』、121—122 頁。

价。7 月 1 日满铁实施改订费率，将所有货物分为三级来制订运费。对由铁岭以北运大连、营口的货物实施统一费率，改为每英吨 7.4 日元。10 月 15 日，为与水运竞争，对运大连的豆货实施每英吨 6.25 日元的特别费率。以致"历来由通江口、马蜂沟、三面船水运营口货物，如今也出现委托铁路倾向"。满铁还实施改筑宽轨铁路计划，预想其完成将对水运形成重大打击。①

1908 年 3 月报告显示，"自 1907 年秋到 1908 年 3 月 17 日，铁岭共集散大豆 472900 石，其中已由铁路运出 10 万石，由马蜂沟运出 5500 石，油坊消费 7.8 万石。当地钱粮行与油坊还存有大豆 289400 石"。② 如表 1—8 所示，铁岭 12 家大钱粮行平均保有 1 万石以上，约占铁岭库存的 2/3。后 3 家兼营油坊，而其他油坊也有存豆 61200 石，粮行和杂货商存豆 33800 石。无论豆饼运销及油坊存豆的比例都有明显增加，显示了铁岭商业模式正在发生变化。

表 1—8　1908 年春铁岭各钱粮行所存大豆数量

单位：万石

商号	所在地	囤藏数量	商号	所在地	囤藏数量
礼发合	城内	2.20	世有号	东关	1.80
大德亨	城内	1.05	广泉益	东关	1.70
广积金	西关	1.30	世义恒	西关	1.60
西义顺	西关	1.60	襄昌大	西关	1.30
会泉成	南关	1.30	顺源恒	西关	1.10
世隆当	城内	1.00	合计		18.05
义庆成	东关	2.10			

资料来源：外务省通商局『通商彙纂』第 23 号、外务省通商局、1908、9—10 頁。

表 1—9 和表 1—10 为 1907—1908 年日本驻铁岭领事分馆管区内满铁沿线豆货运出状况与马蜂沟水运的比较。铁岭以北经铁路运出大豆和豆饼数量分别比上年增加 1.35 倍和 1.2 倍以上。1908 年后开原站运出量迅速增大，大豆和豆饼的数量都超过了铁岭；无论开原还是铁岭，豆饼所占数量和比例都在增大。马蜂沟水运数量则逐年下降。铁岭以北铁路沿线的开原、四平街、公主岭等地都成为大规模集散地。新集散市场的兴起，一是因产地到集

---

① 外务省通商局编『鉄嶺事情』、40—42 頁。
② 『1908 年 2 月 25 日駐鉄嶺日本領事分館報告』、外务省通商局『通商彙纂』第 23 号、9 頁。

散地的马车运费的影响；二是粮商为赚取产地与大连价格差的采购运销活动。新市场分散了旧市场城镇的集散数量，造成两者地位对比的变化。开原本是个小村镇，比铁岭距产地更近，与铁岭关系并不紧密，铁岭的交易秩序和过炉银不适用于开原。但对一般的现金采购者来说，开原是个相对自由的新市场。铁岭是个传统商业势力较强的优质大豆市场，因豆质好，卖家价格上涨预期强，往往受整体市场豆价走势影响，很难轻易达成交易。其豆价经常超然于大连、开原之外，较之高3分到4分。这使一般买家绕开铁岭赴开原采购。加之辽河淤积年年加重，人们不得不在水运和铁路之间作出取舍，若选择铁路就没必要运到铁岭。1908年以后，开原站集散量年年增加，铁岭则逐渐衰退。除了运输原因外，还有交易成本的因素。开原站市场位于满铁附属地内，在此交易可避免重复纳税和节约运费，也可脱离清廷限制和压迫。因其交易上种种方便，不仅吸引一般采购商，也吸引原出口港和集散地商人来此设立分号，以摆脱清廷管辖。汇集开原交易的大豆也越来越多。通江口此时已经衰退，每年集散量仅八九万石，其货源被满铁沿线各站吸收。因此有调查认为，"通江口衰退成为开原发达的原因"。①

表1—9　日本驻铁岭领事分馆管区内满铁各站豆货运出量比较

单位：美吨

站名	1907 年		1908 年	
	大豆	豆饼	大豆	豆饼
新台子	4158	2391	5031	4769
铁　岭	17666	25830	22541	30959
开　原	8875	13000	39373	36570
昌　图	9128	2871	15890	9970
双庙子	2904	4152	12036	15450
四平街	13052	3376	36363	17215
合　计	55783	51620	131234	114933

资料来源：日本驻铁嶺领事馆『管内事情送付ノ件1』、『各国事情関係雑纂/支那ノ部/鉄嶺』、1909 年 7 月 15 日、国立公文書館アジア歴史資料センター、B03050403000。

---

①　駐鉄嶺領事代理酒匂秀一致外相加藤高明（机密）第九号函件，『開原取引所設置ニ関スル件』附件二"集散輸送状態の変化"、『取引所関係雑件/開原取引所、鉄嶺取引所　附関東州内重要物産取引市場ニ関スル勅令改正ノ件』第一巻、1915 年 1 月 28 日、国立公文書館アジア歴史資料センター、B11090111000。

表 1—10　马蜂沟大豆水运运出量变化

年份	数量
1906	27 万石
1907	25 万石
1908	22 万石

资料来源：日本駐鉄嶺領事館『管内事情送付ノ件 1』、『各国事情関係雑纂/支那ノ部/鉄嶺』、1909 年 7 月 15 日、国立公文書館アジア歴史資料センター、B03050403000。

　　表 1—11 反映的是铁岭站与马蜂沟水运与铁路的竞争状况，从表中可以看到，铁路在 1908—1909 年大豆的运输量突然增加，1911 年突然减少，其后基本持平。这是由于 1907 年以后满铁为与水运竞争实施特别运费规定，铁岭站运出大豆迅速增加。1911 年，铁岭至马蜂沟轻便铁路因维修停运，满铁撤销特殊运费，导致水运量增大。水运在 1908 年以后 4 年间保持稳定上升，这是因为营口逐渐从危机中恢复。1912 年以后逐渐减少，既是受辛亥革命的影响，也与铁岭集散地位下降有关。表 1—12 是满铁各站对大连和营口的特定运费比较，由其可知，从长春到铁岭的集散市场，距离营口比距离大连平均近 135 英里以上，但两者的豆货运费水平一样，或只稍低一点。这种运费差别在主要集散地的铁路运费方面比营口更具有优势。

表 1—11　铁岭站与马蜂沟发送豆货数量比较

单位：美吨

年份 \ 种类	大豆		豆饼		豆油	
	铁路	水运	铁路	水运	铁路	水运
1908	24221	40000	38338	111	1962	110
1909	63590	47273	32988	136	263	51
1910	43065	50909	8617	70	629	18
1911	13723	66000	15307	40	562	34
1912	38325	45455	17081	32	618	26
1913	38271	32727	21153	50	782	20
1914	7859	10881	6615	24	511	18

　　注：大豆年度指当年 10 月至次年 9 月（以当年产大豆运销期为准），1914 年为至 12 月末数据，单位美吨。水运年度为当年 4 月到 10 月，尤其进入 10 月后，因水浅历来航行船只很少，由马蜂沟发运豆货也很少，可视为本年度至 9 月已完。

　　资料来源：驻铁岭领事代理酒匂秀一致外相加藤高明（机密）第九号函件，『開原取引所設置に関する件』附件二"集散輸送状態の変化"、『取引所関係雑件/開原取引所、鉄嶺取引所　附関東州内重要物産取引市場ニ関スル勅令改正ノ件』第一巻、1915 年 1 月 28 日、国立公文書館アジア歴史資料センター、B11090111000。

表 1—12　满铁各站至大连、营口特定运费比较

车站名	大连		营口	
	至大连港（英里）	30 美吨车皮运费（日元/美吨）	至营口（英里）	30 美吨车皮运费（日元/美吨）
宽城子	439.0	8.30	302.0	8.30
长　春	437.5	8.30	300.5	8.30
范家屯	418.7	8.20	281.7	8.20
公主岭	399.0	8.00	262.0	7.86
郭家店	382.1	7.70	245.1	7.35
四平街	365.7	7.30	228.7	6.86
双庙子	348.2	6.90	211.2	6.33
昌　图	332.3	6.40	195.6	5.86
开　原	313.3	5.70	176.3	5.28
铁　岭	292.5	5.00	155.5	4.66
新台子	275.9	4.60	138.9	4.16
奉　天	248.7	4.00	111.7	3.35
苏家屯	238.0	3.80	101.3	3.03
辽　阳	208.0	3.50	71.0	2.13
大石桥	150.4	3.30	13.4	0.40

注：（1）营口的特定运费为宽城子、长春、范家屯三站，与其他各站关系按照普通运费即每美吨英里 0.03 日元计算。（2）其装载数量相对 30 美吨基本按以下方式计算：1 美吨为 1512 斤，换算为日本石即 "215 斤为 1 石"，约等于 7 石。大豆一袋约 150 斤，按 300 袋；豆饼一张大饼 46 斤，960—970 张，小饼 27 斤，1700—1760 张。（3）除以上运费外，发到手续费为每美吨 0.3 元。

资料来源：拓殖局编『拓殖局报第二五　大豆ニ関スル調査』博文館、1911、323 頁。

五　新集散市场的发展

（一）铁路附属地市场的发展：以长春为代表

长春位于南满铁路最北端，在营口贸易体系下是连接三江流域和辽河流域的陆运集散地，1908 年成为最大的铁路豆货集散地。中东路宽城子站和南满路长春站相对而设，是日俄争夺焦点。满铁长春至铁岭段有长春、范家屯、公主岭、四平街、开原、铁岭等主要站点，这些车站位于商品化大豆生

产中心地区，是日俄战争后成长最迅速的市场，对于东北贸易有举足轻重的影响。

满铁沿线其他站铁路附属地基本是继承俄国权益获得，长春站附属地却是另行收购的。这是由于日俄《朴次茅斯和约》中约定以长春为界分割中东路，双方都按照有利于己方角度解释条约，引发宽城子站争议。后经协商，最终商定平分宽城子站。但日方担心受俄影响，遂将分得的铁路附属地出售给俄方，另在长春城附近设满铁长春站，在头道沟附近划定附属地，秘密收购50万坪（日本传统计量面积单位）土地作为其用地。这一动向被当地华商探知，长春官府与商界联手收购土地，干扰日方计划。日方只得正面通知长春地方官其收购计划，警告当地衙门和商界不得干扰。整个费用只花了约30万日元，每坪用地价格不足1日元。满铁附属地开设后，其商业价值显示出来，很多华商也在附属地内开设分号。尤其是附属地在粮食交易上具有节省马车运费、避免重复缴纳交易税、利用铁路运输方便等优点。如表1—13所示，附属地内粮行迅速增加，其投资者不仅有头道沟的，也有长春粮行、营口银炉和来自其他地区的。

表1—13　长春的大粮行（1910年11月）

长春城内店铺					
商号	所在地	财东原籍	商号	所在地	财东原籍
东发店	西三道街	直隶永平府乐亭	广益店	东二道街	长春
广远店	北大街	乐亭	宝泰店	西二道街	长春
人和店	西三道街	长春	福兴德	西三道街	伊通州
益发栈	西关	乐亭	广源栈	东三道街	长春
裕发栈	南关	乐亭	会成栈	北大街	长春
永盛栈	南关	乐亭	福兴栈	北门外	伊通州
万德栈	西三道街	乐亭	广顺泰	西三道街	山东省
福义店	西三道街	乐亭	会合成	北大街	山东省
公升合	北大街	乐亭	万亿栈	东三道街	乐亭
涌巨号	东二道街	乐亭	顺成东	东三道街	长春
万增栈	东二道街	乐亭	东和店	东四道街	长春
长升合	北大街	乐亭	万发合	北大街	乐亭
万兴栈	南关	山东省	万发兴	北大街	乐亭

续表

长春城内店铺					
商号	所在地	财东原籍	商号	所在地	财东原籍
成发栈	南关	长春	恒昌店	西三道街	乐亭
涌发合	东二道街	长春	谦益庆	西三道街	乐亭
万发东	西二道街	长春	广盛店	东三道街	乐亭
发记	西三道街	长春	裕昌源	北门外	乐亭
合发店	南关	乐亭	益发栈	北大街	乐亭
世鸿泰	西三道街	乐亭	三井栈	西四道街	三井物产代理
铁路附属地（头道沟）					
裕昌北栈	发记北栈	宝泰栈	裕昌顺	广顺泰北栈	万兴北栈
三盛栈	天兴福	广远北栈	万发兴北栈	汇昌源	万亿北栈
庆昌栈	大成栈	天德涌	积德昌	东发北栈	万德北栈
公升长	万增北栈	万发东北栈	双和栈	福通栈	广义北栈
晋太丰	同顺兴	德源裕			

资料来源：小松正则『長春に於ける大豆事情』、『豆、豆粕関係雑件』第一卷、1910、40—41頁、国立公文書館アジア歴史資料センター、B11091343300。

　　附属地谷物交易和城内交易方法大同小异，其税金和费用等也大致相同。大豆交易主要由粮行进行，粮行是粮店、粮房、粮栈的统称。粮店以经纪为主，粮房以现货买卖为主，粮栈以仓储为主。三者原本各营本行，但1907年以后一个商号兼营三种业务的增加，三者实际无法严格区分[1]。而且关于谷物交易有粮车皆住粮行的规定，各粮行都兼营大车店。谷物交易的支付工具现金或抹兑钱（一种记账交易货币），都通过城内钱庄决算。但附属地在交易成本上比长春城内稍低，这是由于附属地距离车站近，不仅马车运费低，还有纳税方面的长处。长春粮行将从产地农民或粮店购买的大豆卖给老客，此时的大豆本已纳税完毕，因为在产地农民或粮店卖给长春粮行时已纳税，买卖双方本无再纳税义务。但大豆在以铜钱标价的情况下，城内卖主每买卖一次就需纳税一次。而在附属地内，缴纳一次交易税后，无论再转手多少次也不会再课税。老客对粮店要交用钱2分，缝口费60文（每麻袋）以及住店钱。此类交易以现金支付为主，也有不超过五日的延期支付，或者

---

[1]　参见河野清『長春地方大豆事情』上編、1912、76—77頁、国立公文書館アジア歴史資料センター、B11091383900。

以购买其他物品的支付互抵。但在长春城内除了钞票定价的交易外，都需再交税金。当时，附属地拒绝承认清廷对商品的征税权，清廷则在附属地各个出入口设卡征税，双方处于相持不下的局面。

附属地的治外法权特性被当地粮商所利用。1909 年 8 月头道沟商务会通过粮行暂行规定，决定设立期货市场，进行大豆期货交易。与此前营口期货市场及铁岭等集散地期货市场规定相比较，增加了保证金规定、补仓规定、解约限制等规定，交易制度更为完善，这是传统市场向现代市场的过渡形式。长春头道沟商务会粮市一直开设到关东都督府对铁路附属地交易所实施公营以前。从交易上比较长春城内与附属地，城内每石大豆比后者要多付马车费二三百文。附属地内无论用钞票或官帖（头道沟商务会以官帖交易）定价交易，纳税一次后对该项货物不再课税。但城内行栈采购马车豆时课税一次，作为囤豆再出售时还需按规定再课税，所以囤豆承担的税金也比马车豆高。附属地内大豆交易条件优于城内。

1908 年大豆开始对欧洲出口后，很多外商也来当地从事采购。1909 年外国商号在当地从事采购者有三井、伊陵、日清、臼井、信泰、小寺、大仓、穗积、丸重、怡德、怡和、中满、祥茂，共 13 家。满铁附属地是其运输和仓储的主要依托，上述外商中采购规模最大的是日商三井和洋商祥茂、怡德、伊陵及大连刘姓华商，满铁专门为其开设专用线，提供运输方便。[①]

（二）1909 年交易风潮的影响

1907 年秋季，清廷禁止期粮市场并取缔期粮交易，使整个大豆市场价格形成机制出现重大缺陷。在期粮交易被严厉禁止后的一段时间，东北整体豆货走势呈现各自为政、忽高忽低、此高彼低的状况，总体豆价走势变得无法预测。终于导致 1909 年的交易危机。

1908 年东北大豆远销欧洲，适逢欧洲市场其他油料作物歉收，销路迅速扩大。1908 年 5 月，三井物产向英商利物浦洋行成交大豆 100 英吨，该公

---

① 1908 年满铁改建宽轨成功，运输能力提高到原来的 4 倍。开始对大客户提供专用线服务，长春设专用线的商户有山口公司、吉新公司（以上为运输业）、三井洋行、祥茂洋行、怡德洋行、伊陵洋行（以上为贸易商）、刘（大连公议会长、豆商）。参见小松正则『長春に於ける大豆事情』、『豆、豆粕関係雑件』第一巻、1910、51—52 頁、国立公文書館アジア歴史資料センター、B11091343300。

司将其制成饼、油试销。油被用作肥皂原料，饼用于饲料，获得好评。英国肥皂大厂商理查公司、华特森公司等开始以豆油为原料生产，当年末大豆出口量达 1 万英吨左右，巨额合同接踵而来。1909 年对欧洲出口显著增加，成为影响大连港贸易的最重要商品。[①] 1909 年欧美商人加入大豆收购，因上年大丰收，至 11 月中旬为止，市价基本维持稳定。进入 11 月后，因市面存货减少，出现买占现货，豆价开始暴涨。恰在此时，长春农产公司与洋商签巨额期货订单消息传出，市价开始奔腾。而俄国也通过优惠运费吸引豆货北运，长春及周边地区成为中东路和满铁竞争焦点。据日本当时的调查报告，当年俄运费政策导致约 30 万石长春周边产地大豆流向北满。而且，当年夏秋产量预测一直存在偏差，直到新豆上市才发现产量远不及上年。加之农民惜售，新豆上市数量意外的少。市场基本供求失衡引起白热化的采购竞争，"尤其大连外轮入港与对欧洲成交传言对市场影响极大"。[②] 外商的采购竞争引发投机交易风潮，"长春豆价行情完全独立，不再跟随大连，长春以南各站也大同小异。从 1909 年 10 月到 1910 年 4 月间，一直维持大连价低而内地价高的态势，与上年价格走势完全相反"。各种消息导致市场预期混乱，"粮商预想价格仍将走高，对各种消息陷于神经过敏，完全不理会大连价格走势，豆价很快被推到无利可图之地步。采购者只得到产地采购，或全额支付现金以购买期货，整个市场陷于投机狂热"。[③]

首先，抢购风潮引发铁路附属市场的交易活跃和大豆流向变化。历来大量采购必经营口商人代理，营商对集散地商人采购，多用过炉银，以信用为担保，采用预付或不付定金方式交易；货主靠抵押或转卖"飞子"获取贷款并支付采购。这是一个相对封闭的体系，外商很难插足。集散地商人对产地商人及农户的采购，采用代理销售和提供信贷助其采购、发行钱帖或现金结算等多种方式。然而，对欧洲大豆出口需求的大增和供求失衡的结果引起外商进入满铁沿线各集散地以现金抢购货源，或者通过提高预付比例与集散

①　関東都督府民政部『満蒙経済事情』第 8 號、関東都督府民政部、1917、26 頁。

②　小松正則『満洲の大豆』、『豆、豆粕関係雑件』第一巻、1910 年 12 月—1911 年 2 月、325 頁、国立公文書館アジア歴史資料センター、B11091343300。

③　投機之风兴起过程，参见小松正則『満洲の大豆』、『豆、豆粕関係雑件』第一巻、1910 年 12 月—1911 年 2 月、325 頁、国立公文書館アジア歴史資料センター、B11091343300。

地粮商成交，多数契约是预付全额。其结果是大量豆货直接由产地或集散地流向大连，原有四级市场中资本规模最大的营口市场被架空，大集散地铁岭和通江口的机能部分或全部失效，开原、四平街、长春等铁路沿线市场成为新集散市场，新集散市场又有相当部分是集中于铁路附属地开业而避开了传统市场规则的约束。

其次，豆价高涨也对油坊业的生产造成沉重打击。各地油坊业因原料不足只能停工或半停工，特别是对当时油坊业中心的营口及营口豆饼的出口造成很大影响。营口冬季海运虽断，与东北内陆交通却络绎不绝，每周往来运货的马车达数千辆。"去冬运输极旺，今冬却不见远地来车，附近马车也大为减少。此因内地豆价高，农民觉得与其外销，不若就地出售，故营口一反往年状况，今冬储存量出乎意料地少。当然随着辽河解冻自然会有大量大豆运来，业者并不会比往年太惨。因豆价高涨最受影响的，是一直以豆饼为肥料的华南及日本的农民"[1]。即大豆对欧出口的基本影响为：出口季节有利铁路，不利水运；交易港口有利大连，不利营口；满铁有利大连的运费设定，也对大连对日出口份额的增加形成有利影响；豆价过度上涨，对油坊业生产以及传统消费地的需求形成打击。

最后，投机风潮导致大量交易纠纷，也引发集散地商人大量毁约或破产，迫切需要建立新的期货交易市场和市场秩序。原本粮行只是介绍买卖双方交易，并作为履行契约的保证人。由于价格变动幅度过大，其作为保证人所承担的风险完全超过收受的交易手续费。在农户和产地粮行签约后却因价格上升拒交现货时，履行合同的责任就完全落在粮商身上，但资本薄弱的新集散地粮行完全无力赔偿，只剩停止营业之一途。而且，外商白热化的竞争抢购是导致当年期货合同存在根本缺陷的原因。日本领事馆调查就曾指出，"本国商人相互竞争，结果导致措施疏漏。助长了期货交易先付全额货款的坏习惯，甚至对于状态不明的华商也不设保证人，就将数万元货款交付。……最终只能向清官吏要求给予相当公平的处置"[2]。卖方收款后因价

---

[1] 関東都督府陸軍経理部『満洲誌草稿』第一輯巻三、クレス出版、2000、1199頁。

[2] 奉天総領事館『清商永興海及聚順東対本邦商三井洋行、期餅飛子事件ニ関シ奉天商業会議所仲裁ノ件報告』、『豆、豆粕関係雑件』第一巻、1910年1月26日、国立公文書館アジア歴史資料センター、B11091342900。

格进一步上升需承担损失而不愿交货，最终履行合同的义务和赔偿责任都落到保证人身上，甚至有收款后逃走，伪装破产的情况，导致整个信用体制和交易体制发生危机。

1910 年初，各地粮行破产、倒账案件频发，其影响不仅打击了当地粮行、油坊，也波及从事豆货贸易的外商。比如，"当地著名大豆行栈泰兴顺因积年亏损，再加最近豆价暴涨使其在履行期货合同方面处于极端困境，终至宣布破产。泰兴顺所欠债务，华商方面……合计小洋 67000 元，日商方面三井物产 13368 元，横滨正金银行约 1 万元（正金银行若设抵押，估计无损失），日清豆饼 10827 元，松隆洋行 10963.84 元，永顺洋行 17956 元，合计小洋 63114.84 元。两项共计达 13 万余元"。[1] 这里提到"豆价暴涨使其在履行期货合同方面的极端困境"，就是指价格上涨后的交货违约现象。具体过程为，"去年 10 月左右，签了未来一两个月的期货合同（货款全付），但豆、饼市价在交货期到来前暴涨，结果引发四处不交现货，内外商因此受损者不少。如合同当时约定饼一张均价 9 角，市价涨至 1 元 1 角至 1 元 2 角；豆则约定每斗六七角却涨至 1 元以上。导致立于贸易商与农民间从事经纪的华商粮行、油坊等无法完全履行其合同，更无法承担其债务，或破产或停业，甚至有财东杀死或虐待掌柜的事件，其贻害所及几无法估计"。[2] 满铁沿线新台子、开原、四平街三站的华商粮行破产及外商交易损害情况如表 1—14 所示。

表 1—14　满铁沿线华商粮行破产及外商交易损害

车站	破产华商粮行	受损外商及损害额	备注
新台子	福升庆	铁岭三井洋行 12000 元 木下兄弟商会 5000 元	
	世凝庆	铁岭三井洋行 2000 元	

　　① 奉天総領事館『奉天大豆問屋泰興順破産ニ関スル件』、『豆、豆粕関係雑件』第一卷、210 頁、国立公文書館アジア歴史資料センター、B11091342900。

　　② 鉄嶺領事分館『特産物取引ニヨリ本邦人ノ蒙リタル損害調査報告ノ件　明治四十三年二月』、『豆、豆粕関係雑件』第一卷、214 頁、国立公文書館アジア歴史資料センター、B11091342900。

续表

车站	破产华商粮行	受损外商及损害额	备注
开原	德聚栈	铁岭三井洋行 9000 元 铁岭永顺洋行 2500 元 松隆洋行损害 4500 元 铁岭狩野公司 2000 元	三井将其房屋、机器等全扣押，当无大损 永顺从西丰县某油坊扣押应交豆饼，当无大损
	魁盛东	松隆洋行　不详 铁岭三井洋行　不详	两者对损害额秘而不宣，估计皆为 6000 元
	万合盛、大有栈、福有栈、永逢昌、福盛厚	他国商人损害也不少，但与本国商无关，故省略	当地行栈油坊以此 5 家为首，几乎全处破产状态
四平街	广隆长	铁岭三井洋行 2000 元	

资料来源：鉄嶺領事分館『特産物取引ニヨリ本邦人ノ蒙リタル損害調査報告ノ件　明治四十三年二月』、『豆、豆粕関係雑件』第一巻、214 頁、国立公文書館アジア歴史資料センター、B11091342900。

由于传统期粮市场运行失效，市场对当年大豆产量估计出现错误，对欧洲的新需求完全无知，巨大的供求缺口引起市场混乱和投机狂潮，外商为争夺货源而无视交易习惯和市场规则，引发预期交易支付系统混乱。各集散地商人按历来方式签约代理买卖合同，导致定期契约价格过低；外商急于控制货源，通过提高预付比例与集散地粮商成交，多数契约是预付全额。欧洲大量需求的涌入，引发 11 月下旬价格突然暴涨，价格异变导致定期合同带来的巨额损失，引起集散地商人大量毁约或破产。当年经手豆货出口的内外商人交易量虽在增大，却无不在交易中蒙受巨额损失。此次交易风潮的打击，以及日商在各集散地的纠纷和损失表明，建立包容新加入者的市场秩序和豆价形成机制已成为刻不容缓的问题。这促使日本殖民机构开始逐步在铁路附属地筹建期粮交易，进而在大连设立交易所，从而进一步促进了大连交易市场的发展。

六　营口与大连的竞争

（一）在油坊业上的竞争

油坊业与出口密切相关，主要油坊兼有"坊"和"行"，即制造与交易的双重机能，这使其在营口贸易发展阶段处于牵引者和调节者的地位，即运用直接出口商品从外部获取货币收入，以及根据饼与豆的需求和价格状况决定制造量，调节饼、油、豆各形态的出口量。油坊业交易机能包括采购或者代客采购原料、销售所产饼和油、代理东北各地饼和油销售、代理出口豆货收购和装船，或将自身存储大豆出售给贸易商。由于油坊业掌控了制成品销售，并在原料交易中占有重要份额，加之其资金流转快速，所有交易皆可以过炉银定价和结算的特点，使其成为营口出口贸易的核心。

经过日俄战争，整个东北政治和金融环境都发生变化。1907 年以后，日本占有旅大租界并开始殖民统治，殖民政权和满铁对大连和安东实行优惠的运费和关税政策，并在满铁沿线和旅大租界强制通用日系货币。这些措施使大连日商对营口华商的竞争环境发生根本变化。大连日商能完全以日系货币计算交易成本，作为整个投资计算依据的价格体系已不再是秘密，同时日本在大连采取鼓励投资油坊的政策，日系油坊业开始与营口华商展开竞争。

表 1—15 是 1907—1908 年日本调查的油坊业成本构造和中国油坊提交的成本结构比较。日方调查的 5 个案例表明，辽河开河期间的 3 月到 10 月之间，由于成品销售价、原料采购价、过炉银与钞票比价的变动，油坊成本处于不断变化之中，因此得出以下结论："据上述计算来看，每有行情变动都会导致损益产生很大差距，如此可知整体的盈亏全赖原料采购和商品销售中交涉之巧拙。油坊工业的性质与其说是赚取加工费的产业，不如说是重点置于交易的产业，榨油不过是将豆粒变形为豆饼和豆油这些主要商品的手段。"[①] 这一结论还算中肯，案例 6 东盛和的预算也表明这一点，其中加工费远比日方估计的低，平均 5 张豆饼和 21 斤豆油毛利润为银 0.8 两。这是东盛和根据多年经验得出的数据，其可信度较高，而日方显然是根据日本油坊数据得出，必须考虑套现成本。由此可知，营口仍能在后来一段时期与大连抗衡，是因为华商和日商的这种成本差异的存在。

---

① 外务省通商局编『满洲事情第二辑』（牛庄、安东）、239 页。

表1—15 关于1907—1908年中日油坊业成本构造调查的比较

项目	案例1 1908年3月20日		案例2 1908年4月25日		案例3 1908年4月25日	
行情	豆饼10张	13.200两	豆饼10张	13.200两	豆饼10张	10.000两
	豆油100斤	9.000两	豆油100斤	9.500两	豆油100斤	9.200两
	钞票百元对过炉银	0.892两	钞票百元对过炉银	0.932两	钞票百元对过炉银	0.955两
	原料1石价格	11.45元	原料1石价格	10.25元	原料1石价格	7.20元
销售	豆饼10张	14.8元	豆饼10张	14.15元	豆饼10张	10.47元
	豆油46斤	4.64元	豆油46斤	4.68元	豆油46斤	4.43元
	合计销售额	19.44元	合计销售额	18.83元	合计销售额	14.90元
成本	原料大豆1石6斗	18.32元	原料大豆1石6斗	16.40元	原料大豆1石6斗	13.07元
	机器油坊加工费	0.60元	机器油坊加工费	0.66元	机器油坊加工费	0.66元
	合计成本	18.98元	合计成本	17.06元	合计成本	13.73元
合计	利润	0.46元	利润	1.77元	利润	1.17元

项目	案例4 1908年8月上旬采购 9月上旬交货		案例5 1908年8月至9月上旬 采购9月中旬交货		案例6 1907年11月东盛和 的预算	
行情	豆饼10张	11.200两	豆饼10张		两家油坊年运转资金	5万两
	豆油100斤	9.200两	豆油100斤		当时每石豆价	8.5两
	钞票100元过炉银	0.903两	钞票100元过炉银		年产16万垛平均纯利	0.7两
	原料1石价格	7.73元	原料1石价格	7.20元	合计1年利润	11万余两
销售	豆饼10张	12.04元	豆饼10张	10.31元	豆饼5张	6.1两
	豆油46斤	4.55元	豆油46斤	4.74元	豆油21斤	1.9两
	合计销售额	16.59元	合计销售额	14.90元	合计销售额	8.0两
成本	原料大豆1石6斗	12.07元	原料大豆1石6斗	15.48元	原料8斗	6.8两
	机器油坊加工费	0.66元	机器油坊加工费	0.66元	加工费	0.4两
	合计成本	13.03元	合计成本	16.14元	合计成本	7.2两
合计	利润	3.56元	利润	-1.14元	平均每垛大豆加工毛利	0.8两

资料来源：外务省通商局编『满洲事情第二辑』（牛庄、安东），236—239页；大清营口银行『东盛和债案报告』卷一、42页。

到了1910年，日本占据大连的威胁逐渐显示出来，当年营口有机械油坊18间、传统油坊1间，日产豆饼能力达到63200张，但10月某日的实际产量仅为32700张，只达到一半的生产能力。除日本小寺油坊和新昌号油坊全开工外，其余油坊平均开工率只有不到四成。[1] 反之，1909 年时，大连有油坊十余家，到 1913 年就已经增长至 52 家。[2] 而 1908 年是营口输出额超过大连的最后年份，1910 年是营口进出口总额超过大连的最后年份，原因是新增豆货出口完全转到大连和安东，这表明经济实力和市场覆盖面的对比在这一时期已经发生根本性变化。1910 年前后，营口覆盖的市场范围逐渐缩小，其原因就是运输和油坊业交易构造的变化。其一，长春和新民屯等连接松花江流域的远隔地区因运输条件的限制，原来主要运出豆油，而豆饼因重量过大、利润较低，大多数在当地消化。但 1907 年以后，其豆饼运销量随着铁路的发达逐渐增大，1909 年 10 月到 1910 年 9 月，经营口出口的豆饼为24.4 万吨，其中 8.7 万吨来自奉天和新民屯等地，营口出产仅 15.7 万吨。其二，营口油坊业本身成本的上升导致竞争力弱化，很多旧式油坊歇业或关门。其三，大连油坊数迅速增加，铁路沿线城市也转向运往大连。其四，对日出口豆货逐渐被日商控制，1908 年后日商和北满俄商开始向欧洲出口大豆，引发其后大豆采购竞争和东北各地原有商业秩序的混乱，豆货贸易格局发生根本变化。[3]

（二）豆货出口的变化

1906 年开始的战后萧条直接打击了以营口为中心的豆货贸易，次年的东盛和破产案对华南豆油贸易造成沉重打击，加上过炉银体系的信用危机，营口商界在 1906 年到 1908 年陷入极度紧缩萧条之中。而此时恰是大连正式开港时期，营口与大连相比在自然环境和港口设施上的不利因素，也使营口华商和外商之间弥漫着一种衰退即将到来的危机感。在这种大的背景之下，随着大连贸易迅速增长和贸易结构的变化，新加入的移民与内地华商，及原有华商的投资流向也开始利用这一变化趋势，这种投资动向促成营口与大连势力对比的转化。

1909 年，营口终于走出东盛和破产造成的危机，其贸易额较前两年有

①　外务省通商局编『满洲事情第二辑』（牛庄、安东）、214—217 页。
②　雷慧儿：《东北的豆货贸易：1907—1931》，"'国立'台湾师范大学历史研究所专刊（7）"，"国立"台湾师范大学历史研究所，1981，第 75 页。
③　拓殖局编『拓殖局报第二五　大豆ニ関スル调查』、161—165 页。

了较大回升。但对外贸易的发展却越来越不利于营口，对日本的出口原本由营口垄断，但满铁为助大连争夺出口份额，为运往大连豆货设立特殊运费，对日出口相当一部分为大连所夺。新的对欧洲的贸易则基本被大连垄断，其原因除了对欧出口是在冬季进行外，还因往返欧洲船只皆为大型船，出入牛庄港不便，导致营口很难参与。到1910年前后，营口在铁路运输和大连港口的竞争下失去很多传统市场及客户，整体规模趋于缩小，残留市场地区和客户多是为从营口采购杂货，考虑往返运输和货物销售的综合利益而维持交易。营口整个商界也由历来的以出口贸易带动市场成长的进取态势，转向以进口贸易防止市场份额被侵蚀的保守态势。如表1—16所示，1910年与大连相比较，营口大豆和豆油贸易量上已处于下风，仅在豆饼出口量上还具有微弱优势，但1911年大连豆饼出口量也超过营口，其差距此后不断拉大。

表1—16　1910—1915年南满地区各港口出口量比较

单位：海关两

年份	港口	大豆	豆饼	豆油
1910	大连	5065688	3945227	259817
	营口	1574678	4752219	174105
	安东及大东沟	3052	255309	2244
	合计	6643418	8952755	436166
1911	大连	3788955	6852188	487860
	营口	1498580	5583436	162588
	安东及大东沟	85180	613991	6585
	合计	5372715	13049615	657032
1912	大连	2428607	5632003	496459
	营口	1011277	3954590	112764
	安东及大东沟	101601	709290	8376
	合计	3541485	10295883	617599
1913	大连	2119862	8459484	580712
	营口	854108	4228905	112971
	安东及大东沟	123925	558456	2883
	合计	3097895	13246846	696566

续表

年份	港口	大豆	豆饼	豆油
1914	大连	4054369	8012983	640435
	营口	819063	3186825	41844
	安东及大东沟	228551	438223	2468
	合计	5101984	11638031	684747
1915	大连	4215593	10036860	855816
	营口	1423831	4086022	60276
	安东及大东沟	346343	763316	7833
	合计	5985767	14886198	923925

注：按原书数据展示。

资料来源：関東都督府民政部編『満蒙経済事情』第 8 號、関東都督府民政部、1917、24—25 頁。

综上所述，20 世纪初东北的贸易逐渐由营口向大连进行转移。这一方面是由于铁路的修建，新港口的开放等基本经济格局的变化；另一方面，也由于 1900 年后的一系列动乱与列强战争，日俄殖民势力的入侵、强占中国主权等人为要素的影响。尤其是日本殖民势力进入后，实行扶植大连与安东、打压营口的经济和交通政策，日商也大量进入中国，在不平等条约保护下开始争夺东北贸易的权益。一直作为东北主要贸易港的营口，其作为传统物流支撑体系的辽河水运及集散中心，在战争与动乱中受到沉重打击，日俄战争后又成为满铁蚕食和攻击的对象。东盛和的破产引发营口金融危机，其影响也波及各水运集散中心。

1907 年大连正式开港，日本在旅大实施进出口商品免税政策，东北对日贸易中心迅速转移至旅大，大连港与满铁沿线的豆货集散、运输、仓储、加工、交易等机能逐渐发达。铁路和出口港的变化引起商品流向的变化，铁路两侧产地受运输成本影响改为向最近的铁路站点运出，满铁沿线各站成为新的集散中心，运往大连的货物迅速增加。豆饼出口需求的增加促进铁路沿线豆饼运销量的增大，新兴集散地与大连的油坊业逐渐发达。1908 年大豆开始大量出口欧洲，其交易主要在冬季进行，促使铁路运输量和大连的地位进一步提高。1910 年以后，东北大豆交易中心已转移至大连，其转移的基本原因是国际需求的变化使大连成为最大的国际豆货出口市场，同时也由于日本殖民体系建立之初，出于争夺贸易资源的需要对市场限制较为宽松，而运输渠道的转换也带来了集散地的更替。在这种局面下，营口华商逐渐失去主导东北贸易的优势，不得不运用传统的经济秩序保护自身经济利益，整个营口的经济和贸易秩序也开始发生变化。

在此背景下，1910 年前后东北华商行为方式也出现一些变化。其一，在满铁附属地、铁路沿线长春、四平、公主岭、开原等地设分号和派员常驻的商号增加，对新集散地以定期来交易的集中采购加强，以此增大在当地豆货贸易中的利润分配，此方式成为至九一八事变为止东北华商乃至军阀势力与外国势力对峙的主要方式。其二，营口作为主要出口港的作用虽然减弱，但其利用"大屋子"的优势以及各国与日本的矛盾，发展与各国的进口贸易，并以进口商品采购和对华南贸易为手段，吸引内地豆货到营口交易，维持营口在贸易中的地位。其三，利用在大连和满铁附属地的分号和驻员，越过清廷限制、恢复期粮交易。大连在 1908 年 5 月利用满铁码头仓库开设粮市，长春 1909 年 8 月在铁路附属地开设粮市交易，两者的交易量都在无任何外力干预下持续扩大，但其发展成果后来都被日本殖民机构所窃取。在此后一段时间内，日本争夺东北贸易的方式也转向设置大豆交易市场，吸引华商在交易所内进行交易。

第 二 章
中日合资银行案与奉天官银号

晚清民国时期，东北的通货缺乏和币制紊乱比关内尤甚，东三省官银号的设立和发展过程，也是日本金融资本、东北地方政府和民间商业行会之间对货币发行权的争夺和博弈过程。然而，关于赵尔巽主政时期在币制方面的建设，中国留下来的史料主要有《奉天通志》和徐世昌本人于1909年前后撰写的《东三省纪略》。《奉天通志》中有关东北币制的记述最晚到奉天票问题的发生，以及东三省金融整理委员会的成立，此书的出版则到了伪满洲国设立后的1934年。有关日俄战争到1909年的货币资料多取自《东三省纪略》。也就是说，较为翔实地记录当时货币政策的资料只有《东三省纪略》，但徐世昌的《东三省纪略》对自己政绩多有夸大，对前任建树往往只一笔带过，或指斥其非。对赵尔巽设立官银号与日本政府的货币政策进行对抗的过程并无提及。因此，有关记录只能从日本大藏省和外务省记录中获得。

当日俄战争还在进行时，日本政府就预想战后军票回收，规划了以横滨正金银行的纸币统一东北币制的方针。赵尔巽设立奉天官银号的目标，显然是想借军票回收之机夺回货币发行主导权。而被徐世昌指为奉天官银号缺点的部分，如隶属财政局下，直接经手财税收入，不符合一般银号营业规范等，则是赵尔巽对日本政府所采取的直接强制或横滨正金银行设法争夺的防范措施。设立官银号本身，也是防止日方银行以无中方金融机构经手为由，提出经手地方财政要求的防范措施。日本政府派员直接交涉或采取措施，日本军政署的直接强制，或以行政手段间接压制等环境，到了日军撤退后已不复存在，日本也一直未公布过其在这段时期的货币政策意图。到目前为止，关于这一时期中日之间围绕货币发行主导权的斗争的研究仍然处于空白。本章通过挖掘日本大藏省和外务省当时的记录和调查资料，并结合《东三省纪略》《奉天通志》等文献，围绕日本合资银行策略和东三省官银号的设立和发展过程，对日俄战争后中日之间关于东北货币发行主导权的争夺进行考察，并探讨东北地方货币体系的变化及对商业贸易的影响。

一　清廷回收权益及其货币政策

日俄战争是两大帝国主义国家为争夺东北权益与势力范围的战争，其战后安排却是通过转让俄国在东北权益的形式进行的，日本继承了俄国的旅大殖民地和中东路南段长春到大连的所有权益，设置了殖民机构和殖民铁路公司，开始在租界施政，并对铁路、港口进行运营。很多日本人认为，日俄战后东北已经是日本的半殖民地。[①]

在这一背景下，中日之间爆发了围绕日俄战争后东北货币主导权的第一轮争夺。日俄战争期间，日本以旧日本银洋1元为本位，在东北发行了多达1.8亿日元的军票，用于军队开支和筹措战争物资。1905年下半年，日本政府在做战后安排时，又将回收剩余5000余万元军票的职能委托给横滨正金银行实施，横滨正金银行首脑企图利用这一权力一举掌控东北货币发行权。[②] 主权国的货币发行权受到侵害，也引起清廷忧虑，盛京将军赵尔巽出资设立奉天官银号，铸造和发行小洋为主的金属铸币和小洋票，中日双方围绕东北货币发行权展开了第一次较量。这场争夺表面上是双方金融机构的对抗，其背景却是日本殖民化的企图与中国回收权益主张的对立。日本动用政治、外交、军事、经济等手段有计划地侵占和扩张在东北的权益，中国则出现了以官府和商民为主体，持久而广泛的回收权益行动。

（一）回收权益与官银号设立的背景

日俄战争期间，日本为维持军票价格，强迫清廷承认军票可用于缴纳捐

[①] 例如，从1906年开始，满铁、关东都督府和日本工商会议所的代表就相继提出，作为日本的势力范围和殖民地，日本政府应在东北推行与日圆一致的金本位货币制度。

[②] 关于日本军票的发行和回收数据，参见陆军省经理局主计课『自明治36年5月至明治39年5月　明治37—8季戦役に関する業務詳報』、国立公文書館アジア歴史資料センター、C10071721000。

税厘金等公课，压迫商民以军票用于清算过炉银，逐步扩大军票兑换日本银元以抬升其价格。停战协议签订前，日本政府预想军票撤出后将出现市场空缺，决定由横滨正金银行作为军票回收机构，以扩大其货币发行量，夺取东北货币发行主导权。战争结束后，日本政府将政府回收军票和发行兑换支票的权力转交给横滨正金银行，允许其根据自身扩张需要回收军票，并给予其在华货币发行权和在日本控制地区和侨民间的强制通行权，令其所有在华机构对横滨正金银行予以必要的协助，企图将横滨正金银行扶植为东北主要的货币发行机构，以其发行的纸币为东北主要货币。

比日本做出战后货币安排稍晚的 1905 年 11 月，盛京将军赵尔巽设立了奉天官银号，开始发行小洋和小洋票等货币。这一动向立刻被视为对横滨正金银行的敌对行为，引起日本政府的高度关注。日本最高当局动用政治、军事、经济、外交等一切手段企图扼杀、兼并或压制其活动，由此引发中日间第一轮货币斗争。盛京将军赵尔巽也动用一切可利用的资源，一面在外交上与日本当局周旋，一面通过迅速发行钱票和银元票占领市场，同时兼并民间金融机构以拓展市场窗口，通过银元局和财政局提供的铸币和财政支持，在半年左右时间里迅速确立了官银号的经营基础。同期，中国发生自上而下的回收权益运动，对日本当局直接对官银号采取强制措施形成遏制，民间商业资本从内地进口大量小洋投入市场，填补了市场的急切需求，抑制了横滨正金钞票的发行和业务展开，对官银号的活动形成有力支持。

对于当时中国兴起的回收权益，发展经济的热潮，1909 年日本外务省动员其驻华各使领馆做过详细调查："近年来清国自上而下兴起回收权益主张，出现延及各方面的排外思想，不仅在政治上，在产业上也出现保护国内产业政策，呈现出在振兴土货名义下创立中国人自营企业、上下一心从中国市场逐渐驱逐外国货的潮流。清国市场为本国海外贸易重要市场，此风渐长对本国产业影响不小，故预先调查事实、讲求对策，实为当务之急。"[①] 其设定的调查项目包括：（1）清政府和人民自营工业及银行；（2）官商合办企业或受政府特别保护的华商企业；（3）政府保护及援助政策；（4）设立

---

① 『清国二於ケル利権回収熱二基ク各種企業及保護政策ノ調査二関スル件』、1909 年 9 月 17 日、国立公文書館アジア歴史資料センター、B11090794800。

企业的具体状况，如企业形式、章程、销路、成绩和预想；（5）有无外资输入；（6）内外合资、中日合资企业的状况；（7）中国自营企业对日本产业的影响。

该调查报告对中国回收权益运动做了如下分析："清人所说回收或保全权益，不单是回收利源和保全权利，也意味着回收国权。故广义上回收权益主义者，不仅意味着经济上的保护政策或运动，而且包含收回政治上丧失的国权和维护将受危害的国权。……狭义的回收权益主义者，是恢复已失权益或保护将失权益者，保护产业是其主要主张。……中国官民不懈地回收权益的同时，完善矿山条例及其他各种经济法典，致力于振兴实业教育、发展交通机构、修正币制与度量衡，间接直接地保护和培育产业，即为努力保护权益的重要事实，此等皆属于所谓狭义回收权益者，我们所称回收权益者主要指后者。"[1]

也就是说，以1903年设立商部为开端，清廷逐渐实施改革制度，开办银行与发展实业的新政，中国民间也兴起声势浩大的回收路权与矿权运动，以及各种针对外国势力侵犯和无视中国主权行为的抵制运动。其中，东北的回收权益运动虽然由官方主导，包括设立官银号和官办企业，及中方参股外资矿产开发企业等。但是，回收权益主张也获得了广泛的民众支持，构成抵制外国经济侵略的舆论基础，迫使日本政府也不得不在制定政策或采取行动时有所忌惮。另外，官银号的设立不仅是从列强手中回收货币发行权，也包含逐渐从商民手中回收货币发行权，改由政府统一发行，逐渐实现统一币制的目标。

（二）日方对官银号设立的阻挠

日本政府早在1905年8月2日的第二十二次军票委员会议上，已决定由横滨正金银行实施军票回收与兑换支票发行的方针，"不仅为保证军票顺利回收，也明示了使该支票随着军票的回收而流通，构成当地货币基础，确保日本权益的长远大计"。[2] 日本大藏、外务两省于当年末具体制定横滨正

① 　外务省通商局『清国ニ於ケル利権回収熱ニ基ク各種企業並ニ保護政策調査報告』第一輯、1910、20—21頁、国立公文書館アジア歴史資料センター、B10070479800。
② 　大蔵省編『明治大正財政史』第15巻、財政経済学会、1938、316頁。

金银行驻华机构改组和业务程序等，在对其业务程序的命令中，不仅要由横滨正金银行经手中国各种财税收入，还计划由其统一东北币制，"以期逐渐限制和禁止各种信用不确切的交易媒介物如银两、过炉银、制钱钱票等，实行以日本一元银币为基础的币制"。① 横滨正金银行早在日俄战争中，就曾策划废除过炉银的阴谋，并一直视小洋为仇敌。1905 年秋，横滨正金银行顾问小田切万寿之助到东北活动，② 听说盛京将军赵尔巽为整理钱票有设立银行的计划，小田切万寿之助觉得若任由盛京将军行动可能对横滨正金银行整理军票和业务扩张形成妨碍，但若压制这一计划，横滨正金银行的其他要求就会遭到抵制。于是想出一个先设立共同出资银行，再设法使其被横滨正金银行兼并的办法。小田切万寿之助在得到日军指挥官赞同后，多次与赵尔巽会谈，达成初步意向。双方商定的条件是，银行附属造币局，一半由横滨正金银行出资，另一半由清官商共同出资，若中方一时筹措不齐，可由横滨正金银行贷给所需投资款，董事采用双方平等的人数。小田切万寿之助的实际想法是"以其希望阻止其行动"，想通过虚幻的好处换取对方的等待。但赵尔巽也指出，此事须先经北京政府批准，盛京将军不得擅作主张。于是，小田切万寿之助后又去北京与那桐商谈，得到其当面的承诺。③

　　日方的举动并未能迷惑住奉天当局，1905 年 11 月，奉天官银号由赵尔巽拨官银 30 万两设立，次年追加 30 万两，附属在财政局治下开办。官银号采取传统的银号方法，其营业受官府全面保护，归属于财政局并经手财政收入，其初期目标是在钱票市场中全力展开范围。同时，由盛京将军下令禁止奉天钱庄和商户发行过码钱，拨公款 57 万余两由银元局大量铸造当十、当

---

　　① 参见大藏大臣给正金银行的业务程序指令（官方秘）第三四八七号，『軍用切符発行並満洲ニ於テ横浜正金銀行一覧払手形発行一件（清人趙爾巽横浜正金銀行ト協同出資ノ銀行設立計画ノ件）』、1905 年 12 月 16 日、国立公文書館アジア歴史資料センター、B11090633100。

　　② 小田切万寿之助 1887 年起进入外务省任书记官，1895 年甲午战争中曾参与日本收购台湾至福州海底电缆交涉，曾任一等领事兼驻杭州日本邮局长，后于 1905 年辞职，被横滨正金银行延揽为董事兼顾问。由于长期参与日本对华交涉，因此被任命为横滨正金银行驻"满洲"总店经理，全权负责与盛京将军交涉。

　　③ 参见大藏大臣阪谷芳郎致外务大臣西园寺公望（秘）第六五八号函件附件"1906 年 3 月 14 日机密送第二十六号函件"，『軍用切符発行並満洲ニ於テ横浜正金銀行一覧払手形発行一件（清人趙爾巽横浜正金銀行ト協同出資ノ銀行設立計画ノ件）』、1906 年 3 月 17 日、国立公文書館アジア歴史資料センター、B11090632800。

二十两种铜元对外发行，通过制造危机强制兼并公议银号。盛京将军"赵尔巽以官本银六十万两创设官银号于奉省而附属于财政局，时战争甫息，羌帖纸币充斥市上，所恃以交易者惟外币是赖。而我之小银币又有商人垄断，计其盈余出入悉由簿记，视银价之伸缩而取其余，名曰过码钱，名实交病，即设银号，首革禁之"。① 这种设置和经营特点，实际上都暗含着防止日本干涉的意图。

1906 年 1 月，尽管官银号采取了低姿态，依然引起了日方的高度关注，横滨正金银行当地支店到军政署要求对盛京将军提出紧急抗议。② 日本大藏大臣以"事先未与日方商谈，且银元与军票定价不同，有排斥军票的倾向"为由，通知关东都督府民政长官、奉天军政署，要其直接采取措施设法制止和打压设立官银号的计划。但此时中国正兴起回收权益热潮，日本驻华机构不愿与之正面为敌，因此军政署在回信中，坚决反对制止官银号营业。关东都督府民政长官则认为，该行只发行数百万吊钱票，影响微小，而且很难对其直接实施禁止营业措施，不如寻找其他备选方案。③

同期，日驻华公使约见瞿鸿机（时任外务部尚书），要其下令让赵尔巽中止官银号，转与日方合作。瞿鸿机拿出赵尔巽给户部书信指出，"横滨正金银行认为，设立中日共同银行对其无利，并不希望介入"。④ 驻华公使无功而返，大藏大臣不得不出面对此做出解释，"横滨正金银行认为单独专营

---

① 参见《奉天通志》卷一百四十七，《财政三·币制》，1934 年奉天省公署刊印，第 26 页。此处所说过码钱，又称抹兑钱、抹钱，是粮商和钱庄发行的一种记账支付的信用货币，是解决东北市场上通货短缺，影响商业交易的变通办法，结算由钱庄记账进行。1905 年末，大粮行的破产导致钱票危机，各钱庄银号也大受牵连，导致过码钱信用大跌。盛京将军宣布禁止发行过码钱后，造成奉天银业危机，此后一年左右奉天约半数钱庄破产。

② 参见横滨正金银行总裁相马永胤致大藏省理财局长水町袈裟六电文附件"横滨正金银行奉天出张所给总行 1 月 8 日电"，『軍用切符発行並満洲ニ於テ横浜正金銀行一覧払手形発行一件（清人趙爾巽横浜正金銀行ト協同出資ノ銀行設立計画ノ件）』、1906 年 3 月 9 日、国立公文書館アジア歴史資料センター、B11090632800。

③ 参见大藏大臣阪谷芳郎致外务大臣西园寺公望（秘）第六五八号函件附件"1906 年 3 月 14 日机密送第二十六号函件"，『軍用切符発行並満洲ニ於テ横浜正金銀行一覧払手形発行一件（清人趙爾巽横浜正金銀行ト協同出資ノ銀行設立計画ノ件）』、1906 年 3 月 17 日、国立公文書館アジア歴史資料センター、B11090632800。

④ 驻北京公使内田致外务大臣西园寺公望第七四号密码电文，『軍用切符発行並満洲ニ於テ横浜正金銀行一覧払手形発行一件（清人趙爾巽横浜正金銀行ト協同出資ノ銀行設立計画ノ件）』、1906 年 4 月 3 日、国立公文書館アジア歴史資料センター、B11090632800。

满洲银行是本来目的，但若不与之合作恐很难找到实现目标之突破口，故此才有以将来与横滨正金银行满洲部合并为前提，先设日清共同银行之议"。[①]由此可知，其提案既无诚意，又无实际准备，本身是用来干扰和恐吓盛京将军的权宜之计，以拖延官银号进展，为横滨正金银行争取时间。

此为日方的第一次合资银行提案，目的是以其取代官银号，或以之为借口迫使盛京将军中止官银号计划。此计划包含由盛京将军将官银号和主要中方传统金融机构资本合并，与日方共同出资的内容，意在一举扫清中国传统金融机构的阻碍。但由于中国回收权益热潮的兴起和日本驻华机构不愿惹火烧身，未能对官银号营业构成实际威胁。

二　日方合资银行提案

（一）日方合资银行提案的意图

1905 年底，横滨正金银行任命小田切万寿之助为其驻东北总行主管，小田切万寿之助为等候与将归国的驻华公使会谈，加上日本政府换届，迁延到 1906 年 3 月底才赴东北。行前，小田切万寿之助向日本政府要求，日本所有驻华机构要为实现日本政府方针的横滨正金银行行动给予一切必要的支持，日本政府全部接受其请求。[②] 大藏大臣专为小田切万寿之助发出训令，将其请求和训令内容全文转发日本驻华机构。[③] 这个训令包括八个方面的内容：（1）驱逐当地货币；（2）发行兑换支票填补军票空白，并成为当地主要货币；（3）设法使日本银元成为当地货币发行的基础；（4）为将来清廷公开承认兑换支票创造实质基础；（5）严厉打击伪造改造兑换支票；（6）盛京将军现行的官银号计划，若与横滨正金银行计划相抵触，期望将其废止，但鉴

---

① 大藏大臣阪谷芳郎致外务大臣西园寺公望（官房秘）第九四四号电文，『軍用切符発行並満洲ニ於テ横浜正金銀行一覧払手形発行一件（清人趙爾巽横浜正金銀行ト協同出資ノ銀行設立計画ノ件）』、1906 年 4 月 6 日、国立公文書館アジア歴史資料センター、B11090632800。

② 大蔵省編『明治大正財政史』第 15 巻、317—318 頁。

③ 大藏大臣阪谷芳郎致外务大臣西园寺公望（官房秘）第九六一号电文，『軍用切符発行並満洲ニ於テ横浜正金銀行一覧払手形発行一件（清人趙爾巽横浜正金銀行ト協同出資ノ銀行設立計画ノ件）』、1906 年 4 月 7 日、国立公文書館アジア歴史資料センター、B11090632800。

于实情有必要与清国官民合作时，以他日与横滨正金银行满洲部合并之考虑，暂时帮助上述官银号，尽管其妨碍了设立新的日清共同银行，但应正常保持彼此亲密关系，不失统一币制目标的原则为要；（7）尽所有驻华机构的所有手段，助横滨正金银行负责人实现目的；（8）为防止毁坏日方信用，加强对日本人银行贷款业的监督。

1906 年 4 月初，驻华公使内田康哉再次约见瞿鸿机，要求盛京将军就不与日本商量，单独设立官银号问题做出回答。瞿鸿机称尚未接到回复，避免了正面回答，但瞿引述赵尔巽给户部尚书铁良的信，"设立官银号是为发行钱票，不会影响军票时价"。内田康哉要求清廷下令给赵尔巽，"一切都要与横滨正金银行协商，讲求对双方都方便的办法"。并恫吓说，"奉天尚在日军占领下，军政官有因赵将军作法而做出行动的准备"。其实，此时小田切万寿之助已赴当地与赵尔巽会谈并达成了协议，北京总理衙门也收到其报告。除报告与小田切万寿之助会谈基本内容外，赵尔巽还指出，"关于奉省官银号事，乃我地方财政自主权所在，故此断不能归他人掌中"，"目下市场日本军票时价不高，有日本人随时高价收购军票交换横滨正金银行纸币，若此情况持续一年，横滨正金银行纸币将充斥奉省，日本设立日清银行也是为此。内田公使称官银号若发行纸币，日本军票有蒙受大打击之虞云云，不过通词而已"。赵尔巽对于日方意图和动向把握得十分准确，与此相反，日本公使却未收到日方相关报告，只有其收买内奸的密报，对其将信将疑，在谈判中处处受制。但内田康哉通过交涉也认定了密报属实，指责外务省有未及时通报信息之失，要其今后随时通报信息。①

对付奉天官银号的各种对策，实际由大藏省直接制定。大藏省所担心的不仅是官银号干扰其垄断东北货币的计划，还唯恐引起其他列强染指。对此，日本银行界上层已收到确切信息，"盛京将军设立官银号发行纸币的目的，是在整顿市面伪装下悄悄侵蚀横滨正金银行的业务领域。奉天官

---

① 有关这次会谈，参见驻华特命全权公使内田康哉致外务大臣（机密）第三九号函件及其附件"外交部致盛京将军电"和"盛京将军回电"，『軍用切符発行並満洲ニ於テ横浜正金銀行一覧払手形発行一件（清人趙爾巽横浜正金銀行ト協同出資ノ銀行設立計画ノ件）』、1906 年 4 月 6 日、国立公文書館アジア歴史資料センター、B11090632800。

银号背后有袁世凯之子支持，其欲利用袁的势力遏制日本"。① 加上此时也有德国资本将介入的传言，大藏省整理的至 4 月下旬交涉过程概要也表明了这一点。

（1）奉天报，盛京将军设立官银号，大藏大臣于 1905 年 12 月 18 日照会外务大臣，令其训令驻华公使，采取一切手段令将军中止该计划。

（2）1906 年 3 月接奉天报，奉天官银号发行银元票、银两票，8 日大藏大臣向外务大臣转发该电，照会令内田公使加强对北京政府的交涉。

（3）驻华公使报，对清廷交涉状况，3 月 17 日大藏大臣向外务大臣转送交涉始末。

（4）奉天报，盛京将军衙门财政局收到上海送来银元票 11 万元，其中约 1 万元已付出。大藏大臣于 3 月 16 日将此电转送外务大臣。

（5）接上海报，就盛京将军设立官银号发行兑换支票，不迅速回收军票，并与横滨正金银行兑换支票极为相似，不宜用于交换军票等项，向北京政府发电表示反对。于 3 月 16 日由（大藏省）理财局长向（外务省）政务局长抄送该电。

（6）4 月 6 日大藏大臣答内田公使质询，"我方本意虽在于由横滨正金银行单独经营满洲银行，但在不得已情况下，可暂由日中共同经营"。接天津报，有德资欲出资奉天官银号传言，照会驻华公使对此持相当警惕。

（7）接天津来信，报德国出资传言问题，于 4 月 19 日由理财局长转发政务局长。

（8）内田公使问德资传言由何而来，4 月 20 日大藏大臣答外务大臣，此事由阪西少佐（袁顾问）出差天津时所闻，由横滨正金银行天

---

① 横滨正金银行总裁高桥是清致日本银行总裁松尾函件附件 "明治三十九年四月三日天津支店来函"，『軍用切符発行並満洲二於テ横浜正金銀行一覧払手形発行一件（清人趙爾巽横浜正金銀行卜協同出資ノ銀行設立計画ノ件）』、1906 年 4 月 16 日、国立公文書館アジア歴史資料センター、B11090632800。

津支店长报告。①

由这一概要可知，对于官银号问题，日方一直保持大藏大臣与外务大臣、驻华公使及各机构的最高级别对应，其所有对策都是为了禁止、延迟、压制官银号活动，同时防范其他列强的参与。

按照大藏省设计的路线图，为扩大日本在东北权益，需尽快发展对东北贸易，但其认为发展贸易必须首先统一币制，即除去当地传统币制对日本商人活动构成的妨碍。他们认为日本军票已获得东北主要货币地位，因此只要以横滨正金银行兑换支票填补军票空白，就可将其扶上东北主要货币的宝座。盛京将军设立官银号发行纸币，对其实现企图构成实际的妨碍，因此不得不设法排除之。从这个意义上说，"盛京将军对小田切谈判的方向"，与日方下一步举动密切相关。② 4 月初小田切万寿之助与盛京将军再次会谈，达成的协议要点为：（1）东北新发行货币应与日本 1 日元银币同质同量；（2）目前东北小洋质量不好，盛京将军应开铸一定数量小洋以供所需，并以此获得财源；（3）设立奉天银元局，所需资金可由横滨正金银行贷给；（4）设立中日共同出资银行，发行兑换支票，可用于缴纳捐税，横滨正金银行占一半资本；（5）中日合资银行与横滨正金银行相互对所发纸币给予同等对待；（6）合资银行董事长为华人，经理为日本人，董事双方各占一半，华人与日人股东权利对等。③

小田切万寿之助做出为盛京将军出谋划策的姿态，建议开设银元局和共同出资银行，允诺给予所需贷款和出资。以出资和贷款为条件，换取新纸币以日本银元为单位，新设银行对横滨正金银行发行的纸币给予同等对待的好

---

①　大藏省理财局长致外务省政务局长函件所附"迄今为止交涉过程整理"，『軍用切符発行並満洲ニ於テ横浜正金銀行一覧払手形発行一件（清人趙爾巽横浜正金銀行ト協同出資ノ銀行設立計画ノ件）』、1906 年 4 月 24 日、国立公文書館アジア歴史資料センター、B11090632800。

②　大藏大臣阪谷芳郎致外务大臣西园寺公望（官房秘）第一二四六号函件，『軍用切符発行並満洲ニ於テ横浜正金銀行一覧払手形発行一件（清人趙爾巽横浜正金銀行ト協同出資ノ銀行設立計画ノ件）』、1906 年 5 月 5 日、国立公文書館アジア歴史資料センター、B11090632800。

③　外务大臣对驻华公使内田康哉转发大藏大臣函，据发送者标明日期为 4 月 4 日，转发内容为高桥是清向日本银行总裁呈送小田切万寿之助与赵尔巽协议内容的信及附件，『軍用切符発行並満洲ニ於テ横浜正金銀行一覧払手形発行一件（清人趙爾巽横浜正金銀行ト協同出資ノ銀行設立計画ノ件）』、1906 年 5 月 9 日、国立公文書館アジア歴史資料センター、B11090632800。

处。在此期间，日本大藏省次官若槻礼次郎和外务省政务局长山座圆次郎也到东北考察，小田切万寿之助提案是经过其同意的。^① 此为日本的第二次共同出资银行提案，此时盛京将军已明确表示"官银号乃我财政权所在"的态度，因此这一提案并不涉及官银号的去留，而是另行设立合资银行，根本意图在于换取清官方对横滨正金银行及其纸币与国内银行同等对待的好处，通过竞争使官银号经营搁浅。

（二）合资银行案的破产

小田切万寿之助方案的正式交涉遭到意外的耽搁，原因是奉天总领事刚到任，以不熟悉迄今交涉过程，手头又压了数桩盛京将军提出的交涉事项为由，提出先按将军意思处理一两桩交涉案，获得筹码之后再提出银行提案交涉的建议。小田切万寿之助虽认为应马上提出交涉，但从以往的经验出发，唯恐无领事到场做证协议会无效，只好迁就对方。外务大臣也听从总领事提议，批准暂时搁置交涉。^② 大藏省此时也根据小田切万寿之助建议调整了方案，"若废除该官银号代之以共同出资银行的小田切方案难以实施，可暂不动官银号而取另设共同出资银行，给予其充分权利，令官银号自然衰微为上策"，提出了对财政局，对盛京将军的两个交涉方案。对财政局的方案是设法通过财政局强化官银号对横滨正金银行的资金依赖；对盛京将军的方案是提出可行的合资银行案。总的原则是抛出好处，引其上钩。^③

但实际交涉中，对财政局的提案被对方当场回绝，仅委托横滨正金银行购买其所需准备金日本银洋四五万元，并要其与官银号总办直接商议办理。对于盛京将军的交涉，因总领事不配合，无法马上提出正式交涉，小田切万

---

①　驻沈阳大使馆书记官萩原守一致外务大臣第四号密码电文，『軍用切符発行並満洲ニ於テ横浜正金銀行一覧払手形発行一件（清人趙爾巽横浜正金銀行ト協同出資ノ銀行設立計画ノ件）』、1906 年 5 月 17 日、国立公文書館アジア歴史資料センター、B11090632800。

②　外务大臣西园寺对奉天萩原守一第一一六四号电文，『軍用切符発行並満洲ニ於テ横浜正金銀行一覧払手形発行一件（清人趙爾巽横浜正金銀行ト協同出資ノ銀行設立計画ノ件）』、1906 年 5 月 17 日、国立公文書館アジア歴史資料センター、B11090632800。

③　大藏大臣阪谷芳郎致外务大臣林董（官房秘）第一五七八号函件及第一号、第二号附件，『軍用切符発行並満洲ニ於テ横浜正金銀行一覧払手形発行一件（清人趙爾巽横浜正金銀行ト協同出資ノ銀行設立計画ノ件）』、1906 年 5 月 28 日、国立公文書館アジア歴史資料センター、B11090632900。

寿之助只得为正式交涉探寻盛京将军的意思，对意外情况预做安排。① 到了预定提出交涉的 6 月初，奉天货币市场的情况已发生根本性变化。随着军票流通的逐渐减少，奉天商民从内地进口大量小洋投放市场。官银号从 3 月开始发行银元票，其发行额随着小洋流通增大而扩展，两者占到货币市场份额的八成。财政局与官银号从 2 月中旬开始的强制兼并公议商局及其当铺的计划，到 6 月初也取得了决定性进展，官银号获得了面向市场的发行渠道。

此时奉天总领事才意识到事态严重，发电要外务省采取紧急补救措施，派人调查奉天官银号状况，并计划紧急向盛京将军提出合资银行提案。② 但此时，大藏省已经派理财局长水町袈裟六到当地调查并采取对策，外务省指示要奉天总领事与之协商办理。③ 日本关于奉天官银号的调查很快有了回报。（1）官银号于光绪三十一年十月（1905 年 11 月）在奉天城内南门大街设立，现任财政局长史念祖为督办，财政局会办叶某、学政总办钱某为官银号会办，以下职员七十余名。该号财源为省内各地租税和厘金，最初计划发行纸币 30 万元，根据流通状况逐渐增加额度，现已发行半额，在各地流通状况极好。（2）每处分号各以资本金 15 万两设立，除东北各城市外还计划在内地各城市设立，已在宽城子、铁岭、营口、锦州、天津、上海各地设分号营业。（3）该号方针是低利供给当地官民创业资金以谋回收权益，因此其营业宗旨与一般银行不同，一概不接受民间存款，也不贷给外国人资金。其内部规定为，专供清国官民所需，对因创业希望借贷资本者，官府以公文、民间交担保，且考察其事业状况，对预想能成功者，可很容易地贷给其数十万资金。（4）在利息方面，对奉天城内外以每月八厘（每百元月利八

---

① 横滨正金银行董事小田切万寿之助致总裁高桥是清信函，『軍用切符発行並満洲ニ於テ横浜正金銀行一覧払手形発行一件（清人趙爾巽横浜正金銀行ト協同出資ノ銀行設立計画ノ件）』、1906 年 5 月 18 日、国立公文書館アジア歴史資料センター、B11090632900。

② 驻奉天总领事萩原守一致外务大臣林董第二六号、第二七号密码电文，『軍用切符発行並満洲ニ於テ横浜正金銀行一覧払手形発行一件（清人趙爾巽横浜正金銀行ト協同出資ノ銀行設立計画ノ件）』、1906 年 6 月 3 日、国立公文書館アジア歴史資料センター、B11090632900。

③ 大藏大臣阪谷芳郎致外务大臣林董（官方秘）第一六七八号电文，『軍用切符発行並満洲ニ於テ横浜正金銀行一覧払手形発行一件（清人趙爾巽横浜正金銀行ト協同出資ノ銀行設立計画ノ件）』、1906 年 6 月 6 日、国立公文書館アジア歴史資料センター、B11090632900。

分）收取，在其他各城镇以年利一分二厘收取。①

　　官银号并不像日方设想的那么简单和软弱，从钱票市场开始，很快进入发行银票和贷款市场，仅数月已获得市场承认。"奉天市场近来明显可见小洋和以其为本位的奉天官银号纸币的跋扈，除制钱、铜元、银两、钱票之外，坊间流通货币以比例划分，十成中小洋占六成，官银号纸币占二成，军票仅占其二成。其中官银号纸币，将军衙门每有机会便用于种种付出，其发行额已达七八十万以上，不能不说这是该号取得的巨大成功"。② 小洋和小洋票的大量流通，迫使当地日商在销售商品时也不得不接受小洋和官银号小洋票支付。但日商收到的小洋因横滨正金银行不办理小洋业务而无法处理，逐渐积累成为经营负担。

　　奉天官银号获得成功的原因，不仅有中国官民的拥护，也有竞争对手体制和经营不完善而促成的原因。其表现主要有：第一，横滨正金银行汇兑支票形似货币，实际上却类似贴现票据，只能到发行分店才能得到足额承兑，在其他分店须付一定折扣率，这不仅使中国人不愿接受，日本驻华机构也不愿接受，而且横滨正金银行发行支票放不开手脚，只能眼看着官银号银票的迅速扩张；第二，"本行一向持排斥小洋主义，不受理小洋存款或小洋汇兑"，因此造成对日商手中收取的小洋爱莫能助的局面，但若横滨正金银行受理小洋业务，又恐其行情变动风险完全由自己承担，东北货币市场硬通货缺乏，小洋价格被提到比关内高二成到三成，按实际价值兑换则会有行无市，若单设小洋账户，接受以小洋存款和支付，表面上虽无问题，一旦需汇款他地，当地小洋价高问题立现，小洋价格变动风险将完全由商人承担。这些问题靠横滨正金银行自身无力解决；第三，日商因业务往来需与官银号联系时，横滨正金银行无相应手段对其提供帮助。换言之，由于横滨正金银行所发货币形式不便，又画地为牢，拒收小洋，官银号反而得以坐收增发纸币

---

① 奉天总领事萩原守一致外务大臣（机密）第二六号函件及附件"奉天官银号的设立和经营方针"，『軍用切符発行並満洲ニ於テ横浜正金銀行一覧払手形発行一件（清人趙爾巽横浜正金銀行ト協同出資ノ銀行設立計画ノ件）』、1906 年 6 月 4 日、国立公文書館アジア歴史資料センター、B11090632900。

② 驻奉天总领事萩原守一致外务大臣林董第二六号、第二七号密码电文，『軍用切符発行並満洲ニ於テ横浜正金銀行一覧払手形発行一件（清人趙爾巽横浜正金銀行ト協同出資ノ銀行設立計画ノ件）』、1906 年 6 月 3 日、国立公文書館アジア歴史資料センター、B11090632900。

和增加小洋存款的双重好处。①

对此，奉天总领事萩原守一提出，能否"一段时间停止回收军票，暂且令其原样流通"，"采取暂时不仅不回收，反根据情况将相当额再流回市场的办法"。待横滨正金银行做好准备后，再回收市场剩余军票。并且暗示，回收时间长可以用马贼掠夺，农民收藏储蓄等为理由搪塞。进一步措施可考虑将政府回收责任以某种形式转到横滨正金银行头上，令其按照自身的盈亏计算从事回收和付出，利用办理市场现有军票回收业务的机会扩大其发行地盘，形成对官银号和小洋的抵制。"若照现状持续下去，官银号纸币流通将更为增加，本国商人和横滨正金银行日益陷于困境，而官银号一旦占有稳固地位，就更难容他日实施满洲币制改革时于我有利之条件"②。

由此可知，从此时起中日双方围绕官银号的态度不约而同地发生了改变。中国方面，清廷为迫使日本表明对中日协约的态度，决定停止一切有关中日共同事业的谈判。③ 奉天官银号体制逐渐形成，其纸币发行也逐渐占领市场，盛京将军对日方提案态度也趋于明朗。日本方面，奉天总领事提案与大藏省理财局长的意思不谋而合，两者商定了以实力抢占东北货币市场的方略：在北满以军票谋取当地货币发行优势，在南满尽量发行横滨正金银行的兑换支票抢占市场。④

1906 年 7 月，市面军票流通规模已减少到 1500 万元左右，日本政府决定采纳上述大藏省理财局长与奉天总领事提出的方案，"鉴于已到横滨正金

---

① 奉天总领事萩原守一致外务大臣（机密）第二七号函件，"关于奉天金融状况的报告"及其附件"横滨正金银行奉天支店长调查抄件"，『軍用切符発行並満洲ニ於テ横浜正金銀行一覧払手形発行一件（清人趙爾巽横浜正金銀行ト協同出資ノ銀行設立計画ノ件）』、1906 年 6 月 4 日、国立公文書館アジア歴史資料センター、B11090632900。

② 奉天总领事萩原守一致外务大臣（机密）第二七号函件"关于奉天金融状况的报告"及其附件"横滨正金银行奉天支店长调查抄件"『軍用切符発行並満洲ニ於テ横浜正金銀行一覧払手形発行一件（清人趙爾巽横浜正金銀行ト協同出資ノ銀行設立計画ノ件）』、1906 年 6 月 4 日、国立公文書館アジア歴史資料センター、B11090632900。

③ 大蔵大臣阪谷芳郎致外务大臣林董（官房秘）第一七零五号函件，『軍用切符発行並満洲ニ於テ横浜正金銀行一覧払手形発行一件（清人趙爾巽横浜正金銀行ト協同出資ノ銀行設立計画ノ件）』、1906 年 6 月 7 日、国立公文書館アジア歴史資料センター、B11090632900。

④ 驻奉天总领事萩原守一致外务大臣林董第三七号密码电文，『軍用切符発行並満洲ニ於テ横浜正金銀行一覧払手形発行一件（清人趙爾巽横浜正金銀行ト協同出資ノ銀行設立計画ノ件）』、1906 年 6 月 19 日、国立公文書館アジア歴史資料センター、B11090632900。

银行接手的适当时机，本次内阁会议决定于八月一日将其全部交给横滨正金银行，由政府交付其兑换基金，以该行责任进行兑换"。① 至此，对双方来说，设立共同银行交涉已变为互探动向的虚招，迅速安排横滨正金银行建立回收军票体制成为日方当务之急。大藏大臣立刻经外务省将这一决定发至各有关领事馆，要求其协助横滨正金银行的活动，以确立其优势地位。

1906 年 6 月 5 日，日本奉天总领事萩原守一向盛京将军正式递交交涉公文和备忘录，② 但其在提交前已预想会遭到拒绝，只是打算作为临机手段继续向对方施压。盛京将军于 6 月 24 日正式回复其交涉，以一无资金，二无人才，三无权限为由拒绝其请，进而指出，"至中日合资一节，既不免利源外溢之虞，且恐滋列强籍（藉）口之渐甚，非所宜想"。③

接到回信，萩原守一又以盛京将军有排外思想，④ 要求转达北京政府及北洋大臣，⑤ 两次提出交涉公文。盛京将军一一回复，明确指出，"不能以不合资设立银行即为禁止通商，且各国在华经营商务亦无不准中国收回利权之意"，⑥ 明示回收权益为正当请求，对其要求也已转呈北京政府。9 月中

---

① 大藏次官若槻礼次郎致外务次官珍田舍巳（官房秘）第二一一九号函件，『軍用切符発行並満洲ニ於テ横浜正金銀行一覧払手形発行一件（清人趙爾巽横浜正金銀行卜協同出資ノ銀行設立計画ノ件）』、1906 年 7 月 21 日、国立公文書館アジア歴史資料センター、B11090632900。

② 奉天総領事萩原守一致外務大臣林董（机密）第三四号函件，『日清合資機関銀行設立に関する件』、1906 年 6 月 9 日、国立公文書館アジア歴史資料センター、B11090632900。

③ 奉天総領事萩原守一致外務大臣林董（机密）第四七号函件附件"盛京将军赵尔巽致日本驻奉天总领事照会"，『軍用切符発行並満洲ニ於テ横浜正金銀行一覧払手形発行一件（清人趙爾巽横浜正金銀行卜協同出資ノ銀行設立計画ノ件）』、1906 年 6 月 24 日、国立公文書館アジア歴史資料センター、B11090632900。

④ 参见奉天総領事萩原守一致外務大臣林董（机密）第五七号函件，『日清合資機関銀行開設ノ件ニ関シ更ニ将軍ヘ照会ノ件』、1906 年 7 月 13 日、国立公文書館アジア歴史資料センター、B11090632900；奉天総領事萩原守一致外務大臣林董（机密）第七三号函件，『日清合資機関銀行開設ノ件ニ関シ再ヒ将軍ヨリ回答ノ件』、1906 年 7 月 31 日、国立公文書館アジア歴史資料センター、B11090633000。

⑤ 奉天総領事萩原守一致外務大臣林董（机密）第九一号函件，『日清合資機関銀行開設ノ件ニ関シ更ニ将軍ヘ照会ノ件』、1906 年 8 月 16 日、国立公文書館アジア歴史資料センター、B11090633000；奉天総領事萩原守一致外務大臣林董（机密）第九六号函件，『日清合資機関銀行開設ノ件ニ関シ将軍ヨリ回答ノ件』、1906 年 8 月 24 日、国立公文書館アジア歴史資料センター、B11090633000。

⑥ 盛京将军赵尔巽致日本驻奉天总领事照会，『軍用切符発行並満洲ニ於テ横浜正金銀行一覧払手形発行一件（清人趙爾巽横浜正金銀行卜協同出資ノ銀行設立計画ノ件）』、1906 年 7 月 28 日、国立公文書館アジア歴史資料センター、B11090633000。

旬，外务省接到驻华公使林权助回报，盛京将军态度"如在对萩原信中屡次提到，并非对此置之不理，而是预想北京政府必不采用。而且，将军本身认为此方案会侵蚀其地方财政权，决心要使其破产"。[①] 林权助认为，盛京将军将此问题转交北京无非将拒绝的责任推给政府和北洋大臣，本交涉至此已经完全无望，继续纠缠只能招致被断然拒绝的后果，于事无补。只能将现状作为将来的突破口，待中国一旦有与他国的类似计划，可据此强调日本的优先权。至此，双方围绕设立官银号的外交纷争告一段落。

三　小洋票的发行及市场竞争

奉天官银号设立前后，遭到日本政府及其所有驻华机构的种种干扰和打压，这反而促使盛京将军下决心独立经营。官银号的实际意图在于掌握辽宁省的货币发行，官银号暂行试办章程中，设有官方保护，维持秩序，纸币发行几方面的条款。如第七条"本号系公家资本，即归公家保护，凡遇市面银钱交迫，应由财政总局发专款接济，本号仍认息按期缴还"；第十六条"本号为币制整齐，凡有奸商把持垄断市面，任意抬抑各项币价，为害地方时，由本号禀请财政总局从严查处"；第十七条"本号发行纸币其数之多寡，应由总商会同总理，详查市面情形，随时增减，可报明财政总局备案，并刊刻特别印章三个，令总理、总商、总稽查分持，一切纸币必经会同盖印后方准行使，银币之关系尤重，应由财政总局盖割印，然后准行用"。[②]

根据奉天官银号章程，可对铜钱、银元、银锭等各种硬通货发行纸币。官府本意是推行大洋票，因此发行大洋票时盛京将军曾发布告，规定可以大洋票缴纳钱粮税厘等一切公课，可与现银等价向官银号请求兑现，任何人不得拒绝接受，对伪造者处罚等规定。[③] 但官银号纸币中流通最广者是小洋票，

---

① 参见驻北京公使林权助致外务大臣西园寺公望密码电文二三三号，『軍用切符発行並満洲ニ於テ横浜正金銀行一覧払手形発行一件（清人趙爾巽横浜正金銀行ト協同出資ノ銀行設立計画ノ件）』、1906年9月14日、国立公文書館アジア歴史資料センター、B11090633000。

② 小山秋作『奉天官銀号ニ関スル調査報告』、1906年3月5日、国立公文書館アジア歴史資料センター、C13010133300。

③ 南満洲鉄道株式会社庶務部調査課編『奉天票と東三省金融』満蒙文化研究会、1926、5頁。

因为当时奉天交易以小洋为主，大洋不为商民所接受，其流通也局限于某些领域，以致后来官银号不得不将大洋票加盖小洋元印后作为小洋票流通。小洋票最初有 1 角、2 角、5 角三种，1906 年 6 月新发行 10 角票，至 1913 年发行 50 角、100 角票。最初预定发行额为大洋票 50 万元，小洋票 350 万元。

此时，日本政府的行动也转向尽早确立横滨正金银行的经营体制。首先，令横滨正金银行指定牛庄支店为总店，任命牛庄领事为监理官监督营业。1906 年 "8 月 1 日以后军票和兑换支票都将移交横滨正金银行接手，其后军票及支票的发行和交换，应全由该行按自我核算方式经营……今后军票和支票的供给和付出，将全应市场需要，依其方便的运作形式进行，该行也将因补充满洲通货不足而得以扩张"，命监理官随时报告该行状况。对奉天总领事也发出类似指令，令其协助监督，随时报告当地流通实况。[①] 其次，批准横滨正金银行在东北各支店开始公布小洋与军票、兑换支票牌价，并经手兑换业务。[②] 再次，派监理官每月进行临检，监督横滨正金银行的业务进展状况。根据其 8 月到 10 月的四次检查报告，发现该行具有以下问题：（1）账簿不能按时整理；[③]（2）无专任负责人负责在东北的业务；[④]（3）部分大藏省规程尚未通知到该行；（4）其公布的小洋牌价，按照小洋的实际含银量，加运往日本运费及保险费等决定，定为每 100 元小洋兑军票 85 元 5 角，但市场小洋实际兑换行情为 100 小洋兑军票 92 元左右，每百元小洋差价高达 6.5 元左右，这导致该行牌价有行无市。[⑤] 及至第四次临检报告，监理官干脆指出，"8 月 31 日以后曾进行两三次临检，关于其总店业务成绩无任何可

①　参见大藏大臣阪谷芳郎致外务大臣林董（官方秘）第二一九六号、第二一九七号函件，『軍用切符発行並満洲ニ於テ横浜正金銀行一覧払手形発行一件（清人趙爾巽横浜正金銀行ト協同出資ノ銀行設立計画ノ件）』、1906 年 8 月 3 日、国立公文書館アジア歴史資料センター、B11090632900。

②　参见大藏大臣阪谷芳郎致外务大臣林董（官方秘）第二二四四号函件，『軍用切符発行並満洲ニ於テ横浜正金銀行一覧払手形発行一件（清人趙爾巽横浜正金銀行ト協同出資ノ銀行設立計画ノ件）』、1906 年 8 月 10 日、国立公文書館アジア歴史資料センター、B11090633000。

③　横浜正金銀行監理官瀬川浅之進致大藏省（監机密）第一号，『横浜正金銀行満洲統括店臨検ニ関スル報告ノ件』、1906 年 8 月 20 日、国立公文書館アジア歴史資料センター、B11090633000。

④　横浜正金銀行監理官瀬川浅之進致大藏省（監机密）第二号，『横浜正金銀行満洲統括店臨検ニ関スル報告ノ件』、1906 年 8 月 31 日、国立公文書館アジア歴史資料センター、B11090633000。

⑤　横浜正金銀行監理官瀬川浅之進致大藏省（監机密）第三号，『横浜正金銀行牛荘支店ニ於テ小銀貨取引開始後ニ於ケル状況報告ノ件』、1906 年 10 月 17 日、国立公文書館アジア歴史資料センター、B11090633000。

观之处。总之，小田切董事以下无专任总店干部在当地，自然形成这种状态"。① 最后，横滨正金银行的兑换支票，因其流通性差，不仅中国人不愿接受，安东等地的日本机构也不愿接受，纷纷要求继续支付军票。② 为解决这一问题，日本政府9月14日公布敕令第247号，准许横滨正金银行在旅大殖民地和中国发行以日本银洋为单位的银行券，并给予其强制通行的权力。③

　　实际上，日本政府自8月起对横滨正金银行实施严厉监督的背后，还隐藏着一个针对小洋和官银号的巨大阴谋。当时，小洋和小洋票迅速扩大流通，使横滨正金银行兑换支票越发难以发行，横滨正金银行上层曾提出一个计划，通过汇兑大量接受小洋，将其毁铸为银两，以此为基础挑起对官银号小洋票的挤兑，迫使其收缩，以此扩展横滨正金银行兑换支票的流通，以实现独占货币发行的目标。横滨正金银行将此计划上报大藏大臣，获得批准后开始准备实施，但如上述临检报告所示，横滨正金银行所定牌价是按小洋实际含银量所定，而当时东北因通货缺乏，小洋价格较关内各地高得多。导致横滨正金银行的牌价有行无市，起不到诱导当地小洋价格下降的作用，小洋时价始终未能达到其理想水平，横滨正金银行又不肯承担亏损，最终不得不放弃这一计划。④ 之后，日方将这些问题产生的根源都归结到兑换支票流通不便上，进而采取允许横滨正金银行在华发行纸币的步骤。然而，日方通过挤兑官银号纸币以打击中国币制的构想并未从此消散，在官银号纸币发行进一步扩大后的民国初期，日商曾以大挤兑形式诱发当地纸币的兑换危机。

　　1906年8月末，官银号第一期发行大小洋票400万元的计划已基本完成。1906年底，奉天货币市场上流通着小洋约500万元，官银号纸币约600万元，"早已无横滨正金银行纸币发行的余地"。⑤ 至此，中日第一次货币争

　　① 横滨正金银行监理官濑川浅之进致大藏省（监机密）第四号，『横浜正金銀行満洲統括店ニ関スル件』、1906年10月22日、国立公文書館アジア歴史資料センター、B11090633000。
　　② 大藏省理财局长水町袈裟六致外务省政务局长山座圆次郎（国秘）第九九二号电文，『軍用切符発行並満洲ニ於テ横浜正金銀行一覧払手形発行一件（清人趙爾巽横浜正金銀行ト協同出資ノ銀行設立計画ノ件）』、1906年9月12日、国立公文書館アジア歴史資料センター、B11090633000。
　　③ 日本政府敕令第二四七号，『軍用切符発行並満洲ニ於テ横浜正金銀行一覧払手形発行一件（清人趙爾巽横浜正金銀行ト協同出資ノ銀行設立計画ノ件）』、1906年9月14日、国立公文書館アジア歴史資料センター、B11090633000。
　　④ 大藏省編『明治大正財政史』第15巻、321頁。
　　⑤ 大藏省編『明治大正財政史』第15巻、325頁。

夺以奉天官银号确立经营基础，其纸币占领奉天市场而告终。

综观上述日本政府和横滨正金银行对于官银号设立问题的一系列应对政策，可以发现在其政策序列中，官银号问题属于其基本货币方针制定后的突发性干扰事件，其对应策略以外交上临时性、干扰性政策为主。无论是日本大藏省，还是横滨正金银行，都不仅对军票流通原因，还有中国币制的传统，以及东北与内地的联系均无充分的考量，对其一再主张的中日合资银行提案也仅仅作为干扰和施压的工具，并无实际准备，这是导致其失败的根本原因。

军票是在战时军事需求突然增大，伴随军队强制征发而扩散的，虽然有便于携带、方便交易的特点，但若无后来的无限制兑换银元的条件，是不会被中国民间接受的。其所谓"无限信用"是军票纸钞方便货币和汇兑市场套利活动而创出的神话，而其"广泛流通"反而印证了劣币驱逐良币的规律。当时东北货币市场存在着大宗交易与日常交易所用货币脱节的现象，大额军票和卢布被作为货币和汇市套利工具，而日常商品交易却面临小额货币不足的情况，尤其是年末山东农民返乡的工钱支付和内地陆路运往港口的粮食交易，形成了对小额货币的需求高峰，而交易市场上最传统的支付、储藏的需求，恰恰形成对传统硬通货支付习惯最强有力的支持。直到九一八事变前，小额军票辅币有数十万元一直未能回收，可为其证据之一。东北商民有进出口硬通货的商业习惯和资力，交易通货缺乏会引起货币兑换价格变动，随时引起直接运输货币的套利行为，这是小洋迅速弥漫的根本原因。

官银号以大洋和小洋为单位发行银元票，以东钱票为单位发行钱帖，适应了当时东北对日常货币、交易货币都极端缺乏的需要，其行动迅速、时机得宜，因而获得显著的成果。但大洋票、银两票的停滞与小洋票、钱票的畅行相比较，可知当地交易中小额货币缺乏更甚。而横滨正金银行一方面强力抢占权益，另一方面却不具备业务素质，其不受理小洋交易，或受理后与市场脱节的牌价，也是任官银号坐大的原因之一。

这一轮的货币争夺，从官银号设立时起到1907年4月日本实际放弃以横滨正金银行纸币统一东北币制方针为止，持续约一年半。最初的斗争之后，随着铁路和港口等交通运输条件的进步，两大列强以铁路、港口、势力范围争夺东北经济主导权的格局形成，东北商业和贸易随着出口市场扩大和土地开垦规模迅速增大，货币金融需求规模也持续增大。此后一段时间，中国银行、交通银行相继进入东北，以小洋和大洋为基础发行纸币；吉林官帖局、黑龙江官银号相继设立，以多样形式发行货币，迅速填补了地方交易货币的不足，满足了商业贸易的需要。中国铸币与纸币的迅速扩张，不仅填补了军票撤出后的货币市场空缺，也抑制了横滨正金银行的活动，在维护中国货币主权的同时，打破了日本经济界以统一币制为口实，实则欲以日本银行券直接控制进口商品市场的企图。奉天官银号后改组为东三省官银号，在奉系军阀兴起后到九一八事变前，在与日本的货币斗争中，逐渐成长为东三省"中央银行"。

四　围绕钱票发行权的官商斗争

清廷设立奉天官银号的意图，一方面是从列强手中回收货币发行权，另一方面是从商人手中夺回对货币发行的掌控。其主要步骤是将在商界有权威性的公议会改为官办的商务总会，同时将奉天公议会控制下的钱帖发行机构——公议商局收为官银号的下属机构，以扩大其影响。但是，这两个企图都遭到了商民的抵抗。日本机构也趁机插手其间，欲扩大矛盾从中渔利。因此围绕设立奉天商务总会和兼并公议商局的幕后，也有盛京将军与横滨正金银行的斗争。

（一）商务总局与公议会的对立

官银号最初为表示并无与横滨正金银行竞争之意，选择了钱票市场作为其纸币发行的第一步。但奉天是公议会势力强大的地区，作为发行钱票机构，有公议会设立的银号和当铺，这是与中小商铺利益息息相关的金融机构。而且长期以来，官府对钱币市场并无全面而系统的干预。在东北内地，虽在不同时期有过官方发行纸币以补充货币不足的事例，但并无长期和全面的计划。因此可以说至官银号设立为止，币制规定权主要在民间，其主体则是负责商业交易的行会。及至官府设立商务总会和官银号时，因涉及商业主导权和货币发行主导权的问题，盛京将军与公议会发生了严重对立。而且此时尚处在日本军政时期，也给了日本军政署拉拢公议会，挑拨官商对立的机会。

赵尔巽于1905年10月设立直属将军衙门的商务总局，任命彭道台为总办。计划在奉天设立沈阳商务总会，在各重要城市设商务会，以沈阳商务总会统辖全省商务会，以商务总局作为商务总会的监督指导机构。但商务总局是官方机构，商务总会是民设公共团体，两者本无统属关系。当局的打算是废除公议会，仿效国外商会体制对其组织和机能进行改良，把公议会变成商务会。因属新政，盛京将军分东、南、西、北四路各任命考察委员二人，东路考察新民府及锦州方向，西路考察凤凰城、岫岩、安东、宽甸等各地，南路考察辽阳、海城、盖平及其他重要城市，北路考察铁岭、开原、昌图、通江口、法库门等地，积极劝导各地商民设立商务会。但这些委员督办设立的机构，待其离去后多名存实亡，商民依然运用原来的公议会组织。

商务总局将商务总会置于自身管辖下的安排，对素有自治传统的奉天公议会的权威形成挑战。商务总局从 1905 年初冬开始准备，次年 1 月末向商人分发设立商务总会意向书，征求其同意。但商人既担心官府干涉商业，又恐商务团体归官管后，无法抑制政府巧立名目、征收税赋，因此无人赞同。商务总局官员百般拉拢，先说服与官府关系最近的票号和钱庄，令其赞成设立新商会作为行业公会，又于 2 月初再次向商人发出通知，列出种种优越条件，如设立合股公司、保护运输、提供销货方便、救助破产、调停争议等，劝诱商人加入。并召集公议会会董和各分会会长到商务局，说明商务总会宗旨，劝其尽早入会。但公议会与商人进行公议，认为当地已有公议会，并无不便，不需再叠床架屋地搞组织。商人们还认为，商业团体一旦归官府，不免事事受牵制，受强索捐税之苦。若从新政角度确有革新必要，只需改造公议会、改选会董、改订规则即可，没有解散旧团体，设立新团体的必要。[①] 两者首次交涉失败。

商务总局看到一般手段难达目的，便以票号、钱庄业推荐的孙百解为总理，梁维康为协理，安雅山为协理候补，其余董事皆由商务总局任命，于 2 月 28 日成立沈阳商务总会，征用长安寺公议会隔壁房屋办公，在公议会门口挂上商务总会招牌。商务总局一面声言要不择手段地拉人入会，消灭顽固的公议会；一面向盛京将军报告已在商人赞同下成立商务总会。此举招致商人进一步反感，益发坚定其对抗意志，进一步引发了官商冲突。

商务总局于 1906 年 3 月 11 日在长安寺设商业讲习所，举办商业报告会倡导商业改革的必要，向各商铺印发商务总会规则及会费规定，又召集公议

---

① 参见関東都督府陸軍部編『明治三十七、八年戦役満洲軍政史』第七卷、小林又七印刷所、1915、473—474 頁。

会董及各行会长到商务局，总办彭道台指责商人不支持政府新政："不仅蔑视官府，不服命令，且有擅自接触外国人之形迹。日军政署架设电话，尔等便率先加入，一有开办日商博览会之议，尔等便极表赞同。我政府亦有架设电话计划，尔等何苦加入外国人所架电话，仅此一桩尔等便应受处罚。"公议会派据理反驳，并指出："参照中外各地商埠习惯，商业团体亦皆由商人运营，唯当地须归官府管辖，道理何在？"① 谈判最终决裂，此后数次会商都以失败而告终。

商务总局的强势引起民间责难，政府内部也有意见认为其处置不当。商务总局进退两难，万般无奈之下，于 6 月提出折中办法，欲将商务总会与公议会合并，仍由商人运营，条件是保留商务总局任命的会董，但此建议仍遭拒绝。最终，商务局不得不放弃自身主张，全盘接受商人意见。商务总会完全由商人运营，会董由商人公选，市内 70 个行会各公选 2 名代表，之后由代表人互选会董。将各商户分为上户、中户、下户三等交纳会费，上户每年 24 元，中户每年 12 元，下户每年 6 元。零散商人和下户不能按规定交纳会费者，准予随意增减会费额加入，不愿写入会册者听从其便。②

在商务总局与公议会的对立期间，由公议会开设的钱庄公议商局遭到挤兑，商务总局想通过打击公议商局来压服公议会，采取了袖手旁观的态度。但日本军政署为拉拢其对抗中国官方，趁机介绍横滨正金银行贷款给公议商局，助其解脱了危机。这一来引发了更剧烈的官商对立，商务总局的企图也因此落空。

（二）公议商局的挤兑危机及其影响

公议商局是义和团事件后千余户商户合股组织的，当时官府逃亡，盗贼劫掠，全市陷于一片混乱。为了恢复秩序，保境安民，由留在奉天的公议会会董召集主要商家紧急合议，由各商家共同出资 2 万两，设立名为公议商局的钱庄，发行钱票和贷款帮助商民重开营业，同时还设立公议东当、公议西当两家当铺。其钱票发行额最高时达约 480 万吊，对庚子事变后的奉天经济恢复起到了关键作用。尽管公议商局不求盈利，但 3 年后决算时，获纯利 3

① 関東都督府陸軍部編『明治三十七、八年戦役満洲軍政史』第七卷、475 頁。
② 関東都督府陸軍部編『明治三十七、八年戦役満洲軍政史』第七卷、476 頁。

万两，公议会决定用于增资，总资本上升到 5 万两。到 1906 年时，公议商局有资本 7 万两，信用卓著，在奉天商界居领袖地位。其发行钱票总额约 400 万吊，折合小洋约 55 万元。①

官银号设立后即开始发行钱票，两个月后已发行 200 万吊。为了保证官银号纸币流通，盛京将军赵尔巽在官银号开业的同时，下令禁止奉天票号、钱庄、钱行、油坊业者私铸制钱和发行过码钱（一种记账交易货币）。这一禁令加上银价变动，战后需求急速冷却，日本回收军票等因素，也造成了极强的紧缩效果，奉天钱庄和商号大量破产。

据日本军政官的归纳，造成奉天钱庄和商号破产的直接原因有：（1）奉天粮栈破产的影响；（2）辽阳拒收钱票的影响；（3）军票流通的打击；（4）钱庄滥发钱票。上述原因中，第 1 点和第 2 点是相互联系的，奉天原有大粮栈 13 户，因 1905 年夏秋两季银价和谷价的暴跌而蒙受巨额损失，至 1906 年 1 月有 7 家破产，3 家停业。粮栈是发行钱票大户，其总发行额在 500 万和 800 万吊之间。粮栈破产造成银号贷款无法回收，粮栈钱票也停止兑换，许多商家因此受其牵连，导致辽阳拒收奉天钱票。第 4 点实际上起因于第 3 点，即原有的自我完结的钱票交易体系中，出现军票这一强大外来因素，完全超出其市场容量。当地原有钱庄 44 户，其中 5 户发行钱票。1906 年 1 月，除公议商号和阜丰号之外的 3 家，早已回收所发钱票后停业。所剩公议商号和阜丰号两家并无资不抵债的问题，但"军票的圆滑流通，一面导致钱票无用之感，也成为煽动进一步猜忌钱票的要素"，可知钱庄并无滥发情由，而主要受军票影响。因上述因素的交互影响，1906 年 1 月下旬到 2 月上旬，奉天有 8 家钱庄关门，100 多商户停业。钱庄关门的原因中，除 1 家财东抽回资本，1 家改行外，3 家是贷款无法回收，3 家是财东破产。商号则多为受粮栈牵连无法弥补亏空。2 月 19 日，钱庄阜丰号因被挤兑而停止支付，挤兑风潮一下子转向公议会开设的钱庄公议商局。

公议商局遭到第一次挤兑时，正是商务总局与公议会对立时期，盛京将军对挤兑坐观成败。阜丰号在危机之际曾向官银号求助，被财政局严词拒

---

① 小山秋作『奉天ニ於ケル経済界ノ恐慌報告』、1906 年 2 月 29 日、国立公文書館アジア歴史資料センター、C13010133000。其内容为对主管上司关东总督府参谋长落合丰的报告，下同。

绝。公议商局只得向日本军政署提出从横滨正金银行借款请求。据日本军政官自述，其接受请求是出于下述目的：第一，稳定市面可间接帮助日本侨民；第二，抵制奉天财政局势力扩张和对金融业的控制；第三，收买奉天商界和金融界的人心；第四，假手公议商局抵制官银号。日本军政署不仅令横滨正金银行贷给公议商局 5 万元，还发出告示证实公议商局的信用，止息挤兑风波，公议商局因此而获救。①

公议商局遭挤兑之时，官银号的银票尚未发行，财政总局发出告示："照得本总局昔为维持市面，呈请将军设立官银号，行用纸币以济钱荒，并委员制造银票、银元票、钱票三种，凡在奉省地面，准以该纸币完纳钱粮厘税，已呈请将军，通饬各属，使一体遵照，经查在案。前项银票、银元票、钱票兹已刷印，到达奉天，命陆续发行使用，省会商民称其便。诚恐乡僻愚民未能周知，难期推广，查该银号洋银钱各票准纳钱粮税厘，与现款无异，极为便利，自应再由局通饬晓谕，以使众咸知，维持国法。除申报并通饬外，为此谕商民人等，仰一体遵照。嗣后官银号银票、银元票、钱票三种，均准完纳钱粮税厘，有阻难抑勒者，一经查出，定即严惩不贷，特示勿违。光绪三十二年正月二十三日告示。"② 当时官银号银票和银元票正在委托上海、天津印制，此时银票尚未送抵，官银号一面催促尽快印造发运，一面在告示中做出银票已流通的假象，目的是扩大宣传，探测市场需要。银票 3 月上旬运抵后陆续开始发行，其票面额有 10 元、5 元、1 元、5 角、2 角、1 角六种。此后以小洋票为主，其发行额急速扩大。

第一次挤兑虽告止息，但公议商局危机并未过去。商务总局强令解散公议会的同时，指责公议商局名称不妥，令其更换。众商合议后，决定将公议商局增资到 20 万元，改组为公益商业银行。计划向横滨正金银行借款 20 万元，但经交涉横滨正金银行仅承诺借 3 万元抵押贷款。公议会只得再次开会，决定增募资本 8 万两。公议会一面向商务总局申请设立银行，一面开始印刷和分发公益商业银行章程，募集股金。但银行章程和招股说明散发之

---

① 小山秋作『奉天ニ於ケル経済界恐慌ノ救済』、1906 年 3 月 7 日、国立公文書館アジア歴史資料センター、C13010133000。

② 小山秋作『奉天官銀行紙幣発行ノ状況』、1906 年 3 月 10 日、国立公文書館アジア歴史資料センター、C13010133500。

后，盛京将军却突然发出告示称，开设银行必须先向政府申请，待获得政府许可后方可着手实际设立程序。公议会尚未获得批准就私自印发公益商业银行章程，擅自收集股金，极为不妥。应从速回收并销毁其印刷物，若有已应募者，应从速将其所交股金退还。

盛京将军告示引发了商民的恐慌，尤其持有公议商局钱票的市民，误以为该钱庄会被官方禁止营业，或可能破产关店，开始挤兑现钱，公议商局再次陷于危机。危机中，公议会曾向横滨正金银行提出贷款请求，但因横滨正金银行主要经营者不在当地，未获得明确的答复。其间，公议商局因挤兑越发岌岌可危，连夜召集董事会议，开始商讨清算关门的问题。

恰在此时，盛京将军发出由官银号救济公议商局的命令。官银号对公议商局的贷款条件是，公议商局改为官商合办，当铺两间转给官银号经营，公议会只得接受。双方达成协议后，官银号出面代为应对兑换请求，商务总局也发出告示指出，挤兑钱票极为不当，公议商局所发钱票可如历来一样流通。一场挤兑风波立刻消于无形。公议商局是奉天硕果仅存的钱票发行机构，其当铺也占奉天市场半壁江山，最终完全落入官银号掌控，这大大加强了官银号对市场联系的渠道。[1]

1906 年 6 月，官银号与公议会及公议会会长赵国庭共同出资，将公议商局改组为官商合办公济钱号。公济钱号以官商合办形式运营两年，1908年撤去商股，增加官股，完全成为官方钱票的发行机构。1919 年增资到 100万奉大洋，更名为公济平市钱号，成为东三省官银号的最大分号。[2]

从上述商务总会设立过程和对公议商局的两次挤兑过程，可以发现在日本军政署与清廷地方政权并立情况下，公议会在商务总会问题、公议商局问题上，与盛京将军及商务总局对立的背后，都有日本军政署和横滨正金银行的影响。商务总会虽然避免了官府的直接干预，却不得不接受官府垄断货币发行权的现实，其银号和当铺被官银号兼并。而官银号通过兼并公议商局及其当铺不仅增添了商股，也获得了直接与市场联系的发行窗口和经营资源，其发行额迅速增大。从而使奉天及东北的货币发行逐渐变为以官银号和银行为主导。

---

① 关于公议银号第二次挤兑，参见奉天总领事萩原守一致外务大臣林董（机密）第四十号函件，『公議会銀行ニ関スル件』、1906 年 6 月 25 日、国立公文書館アジア歴史資料センター、B10074241600。

② 王元澂：《东三省官银号之沿革》，《东三省官银号经济月刊》第 1 卷第 1 期，1929 年，第 11 页。

五 官银号的扩张与货币整理

（一）官银号的经营与扩张

官银号最初由赵尔巽以官款开办，1906 年支出沈平银 30 万两，次年再支出 30 万两，资本金为 60 万两。官银号最初商股，是兼并公议商号时所加入，1908 年改组为东三省官银号后退去商股，完全成为官办银行，只有地方分号有商股加入。1907 年 4 月，赵尔巽转任四川，徐世昌被任命为东三省总督，官银号由其接手。官银号的基本营业，除经手租税和官款收支、汇兑、保管外，也从事一般贷款发放、汇兑、发券业务。其对北京、上海、天津等各地汇款每百元收取 1 元手续费；贷款利息为每千元月息 1 分；经手存款为定期存款每千元半年月息 2 厘，6 个月以上为 4 厘。其银票发行额最初预定为小洋票 350 万元，大洋票约 50 万元，其中流通于奉天以外者约 150 万元。

尽管日本政府从官银号设立时起就策划并采取了各种干扰和打压措施，但由于作为当时执行机构的奉天军政署及关东都督府民政署，与日本政府货币决策机构大藏省的意见不一，加之作为竞争机构的横滨正金银行素质不备，以及中方回收权益运动形成的舆论压力，使得日本政府未能对奉天官银号的活动施加实质性打击。到了 1906 年 7 月底，日本撤销军政。8 月，横滨正金银行失去实施挤兑小洋计划的时机之后，官银号已度过创立初期的危机，其纸币发行随着军票的撤出和交易需要而迅速扩张。至 1906 年底，官银号发行的小洋票和钱票已在奉天货币市场占据主导地位。

除发行钱票和银票外，赵尔巽还为银元局添购机器，并拨用官本 57 万余两，使用部颁钢模铸造 10 文、20 文两种铜元，铜元停铸后又开始改铸银元。其最主要流通银元为小洋，"自清季奉省设造币厂，流行渐多，成东北普通之用币"。[①] 表 2—1 是 1905 年至 1908 年的官银号营业成绩，1906 年以后每年获纯利约 20 万元。表 2—2 和表 2—3 为其分支机构的扩张状况。1906 年设分号 7 处，兼并公济银号 1 处、当铺 2 处；1907 年开设分号 2 家，

---

① 《奉天通志》卷一百四十七，《财政三·币制》，第 26—27 页。

增设当铺 2 家；1908 年度内，开设分号 7 家，包括单独出资的黑龙江东三省官银分号和哈尔滨分号，当铺 6 家。据日方所得信息，每处分号资本额约小洋 15 万元。无论从数量还是规模来看，其扩张速度都是十分惊人的。

表 2—1 东三省（奉天）官银号 1905—1908 年盈余比较

年份	盈率（两）	年份	盈率（两）
光绪三十一年（1905）	818	光绪三十三年（1907）	192606
光绪三十二年（1906）	202299	光绪三十四年（1908）	185349

资料来源：徐世昌：《东三省政略》卷七，《财政附东三省币政》，台湾文海出版社 1965 年版，第 14 页。

表 2—2 东三省官银号附设各地分号表

地 址	创办年月	执事员衔名	籍贯
营 口	光绪三十一年（1905）十二月	惠几铭	直隶抚宁
锦 州	光绪三十二年（1906）二月	罗桂芬	直隶临榆
彰 武	光绪三十二年（1906）四月	谢庆恩	奉天绥中
辽 阳	光绪三十二年（1906）五月	孙彦龄	直隶昌黎
上 海	光绪三十二年（1906）五月	绫体箴	山西灵石
长 春	光绪三十二年（1906）五月	委员纪经麟、执事陈海	直隶临榆、直隶抚宁
奉天省城公济银号	光绪三十二年（1906）六月，资本银 6 万两	王子兴	山西盂县
安 东	光绪三十二年（1906）九月	刘炳奎	直隶临榆
铁 岭	光绪三十三年（1907）二月	龙复来	直隶昌黎
新 民	光绪三十三年（1907）八月	宋春海	直隶昌黎
天 津	光绪三十四年（1908）三月	齐桂章	直隶昌黎
海 龙	光绪三十四年（1908）三月	康吉泰	直隶临榆
洮 南	光绪三十四年（1908）三月	王毓麟	直隶临榆
黑龙江官银分号	光绪三十四年（1908）四月，资本沈平银 167593 两 5 钱	总办刘德全、总商富瑞山	湖北武昌、直隶临榆
昌 图	光绪三十四年（1908）五月	委员张廷翰、执事单鸿飞	河南商城、直隶抚宁
山城子	光绪三十四年（1908）五月	委员王兰台、执事李鹤瑞	直隶静海、直隶临榆
烟 台	光绪三十四年（1908）十月	杨荣熙	直隶临榆
哈尔滨	宣统元年（1909）正月，资本金小洋 20 万元	总办孟锦绶、总商吴岩苏	顺天宛平、直隶天津
通 化	宣统元年（1909）闰二月	苏岫云	直隶昌黎
附注	长白府银号由该府借款二万，于宣统元年（1909）二月分设		

资料来源：徐世昌：《东三省政略》卷七，《财政附东三省币政》，第 15 页。

表 2—3　东三省官银号附设质库

地　址	资　本	开办年月	执事姓名、籍贯
奉天省城鼓楼南	正当一处 5 万元	光绪三十二年(1906)闰四月	李冠英　直隶昌黎
奉天省城鼓楼南	分当一处并未另拨资本	光绪三十二年(1906)闰四月	土廷榘　直隶抚宁
大东关	分当一处并未另拨资本	光绪三十三年(1907)七月	刘宗岱　直隶临榆
辽　阳	5 万元	光绪三十三年(1907)八月	杨大富　直隶临榆
营　口	5 万元	光绪三十四年(1908)四月	胡奉菜　直隶临榆
山城子	5 万元	光绪三十四年(1908)七月	陆芜安　分号委员兼司稽查　直隶抚宁
昌　图	5 万元	光绪三十四(1908)年十二月	李巨林　分号委员兼司稽查　直隶昌黎
附　注	西丰县典当由该县借号款 5 万元，于光绪三十四年二月分设　东平县典当由该县借号款 4 万元，于光绪三十四年四月分设　朝阳镇典当由海龙府代该镇铺商借款 3 万元，于光绪三十四年十一月分设		

资料来源：徐世昌：《东三省政略》卷七，《财政附东三省币政》，第 16 页。

　　官银号最初资本总额虽少，却既有纸币发行权，又经手官款和税收，并由银元局供应银元铸造用于营业。日本沈阳总领事报告指出，"其资源极为丰富，足以垄断商界利润，远非民间钱庄所能匹敌"。据其得到的密报和推测，1907 年徐世昌接手官银号时，继承该号利润 42 万两，1909 年该号利润规模为 74.5 万两，自开业到 1909 年所获利润，实际达到本金的 10 倍。[①] 由其后官银号的扩张资金完全来自其营业收入这一点来判断，可知这种推测并不完全是夸张。

（二）徐世昌的货币整理

　　赵尔巽当政时期尚处于战时，且权限所限，其货币政策只能涉及奉天及周边地区，吉黑两省鞭长莫及。但当时南满地区是东北人口最密集、经济最发达的地区，北满的长春以北依然是俄国人的势力范围，因此其掌握奉天已足以抵制日本的企图。当时长春与昌图以北地区，尚处于俄国控制之下，在

　　[①] 『在奉天帝国総領事館管轄区域内事情』、1909 年 10 月、国立公文書館アジア歴史資料センター、B03050396500。

货币区域上形成了日本军票与俄国卢布纸币对阵的局面，吉林将军和黑龙江将军只能以尽量扩大传统币制的方式来谋求财政自保。

徐世昌上任之后，日本在各地的军政已全部撤销，日俄之间通过合约及密约达成势力范围的划分，内地与港口及中心城市间交通也已恢复。日方此时的外交目标转为尽快解决日俄战争的遗留问题，如继承俄国租界，划定缓冲地带，海关问题、东北开放，战时未经中方允许擅自修建的铁路，擅自在沿线开掘的矿山等的归属和处理等一系列问题，日方欲通过谈判确保这些权益归于日本，因此对其行政权的干预远不如赵尔巽任期期间那么强。相反，为了换取利益对其采取了尽量避免干预，讨其欢心的态度。加之，东三省总督比盛京将军对民政和财政的权限有所扩大，这也使徐世昌能够比较通盘地考虑东北三省的财政问题。

据《东三省政略》所述，当时东三省钱币混乱比关内为甚，货币种类有现银、帖银、过炉银、大小银元、铜元、制钱、中钱、东钱、过码钱、屯帖。因硬通货缺乏，各种新旧通货都在流通，占主要地位的是各省输入的大小银元，"其余过炉银之类辗转寄划，并无母金。屯帖之滥，并不能行于他屯"，即转账信用货币，仅能支持交易，各地所发私帖，缺乏流通能力。另外，1900年以后俄国纸币沿中东路由北向南，由东向西扩展；日俄战争中日本军票和横滨正金银行支票、钞票蔓延于南满。战后，华俄道胜银行、横滨正金银行两银行全力展开角逐，争夺东北货币主导权，其所发行的纸币"储蓄既便，汇划亦灵"，逐渐被东北民众所接受。

针对这一现状，徐世昌时期的货币政策，主要采取了在东北三省内促进铸币、纸币流通和强化东北三省各个货币发行机构的措施。其在东北三省范围内强化铸币、纸币流通的措施有：第一，让天津造币厂代铸大小银元各若干万，作为准备金；第二，改奉天官银号为东三省官银号，设齐齐哈尔和哈尔滨分号，统一三省内储蓄和汇兑；第三，在北京、上海、天津派经理人以方便在外省流通；第四，通过指定奉天官铸银元价格，规定可以以其缴纳捐税公课，实施"变通过炉银，禁止过码钱，限制屯帖"等限制和禁止商民信用的措施，建立了奉天银元的流通基础。但因价格固定导致商民不愿接受奉天银元，"乃改随时价"，扩大了奉天银元的流通范围。即通过强化东北三省间铸币发行和汇兑联系，限制商民的信用货币流通，放开对本省所铸银元的价格限制，扩大了其银元的流通范围。徐世昌还屡屡奏请清廷，欲设立"统一东三省币制，抵拒两强之财力"的大银行，但始终未获批准。

在东三省中，首先强化和改组奉天官银号：第一，将其改组为东三省官银号，作为三省统一的官方货币机构；第二，由隶属财政局改为面向市场的独立经营，作为财政后援；第三，以官府所铸银元为准备金；第四，修改官银号章程，增设吸收商股的规定；第五，进一步增设各地分号，强化分号间的联系，方便三省汇划。

与此同时，根据吉林、黑龙江两省状况，对其原有金融机构进行整顿。吉林将军延茂于1898年开设永衡官帖局，拨库银3万两开印官帖，制定借用章程，贷给商人流通。令商人每月按7厘纳息，以充官帖局费用，规定借用官帖时二成付现的原则。1900年该局改为官督商办，其发行方法改变为不动本金，以每年利润的二成作局费，五成作资本，三成交公。但如果资本累积多了，则收入八成归公，二成为局费。其后因官帖发行漫无节制，资本过少，纸币充斥市面。徐世昌到任后，在局内设发行银币处，名为官钱局，官钱、官帖分立账目，不再混为一谈。1909年又将两局合并一处，城外设官帖分局四处，城内设总局。由于二成付现原则依然存在，对发行官帖数额形成自然限制。但之后仍有发行数额过大之嫌，每年发行额达数百万缗，好在吉林钱荒，依然处于求大于供趋势，1908年仅官帖局利息收入就达30万两。

黑龙江省原有将军程德全于1904年以荒价款20万两、招商股31万余两设立的广信公司，在各地设有分公司，专门从事发行纸币业务。从1904年到1908年共发行凭帖1900余万缗，并在北京、上海、天津、营口和黑龙江省内各厅设庄汇兑，维持凭帖价格。但由于商董营私，经营散漫，公司虽有盈利，但到1908年，纪凤台、李馨等对垦局的欠款数十万两，都转到公司手中，其他欠款难以回收者也达巨额，官本几乎被侵蚀殆尽。徐世昌开始设法补救，在公司内设稽查员监督营业，设收支员清理收支账目，严格出纳制度，削减不必要的开支，同时规定贷款须有抵押，对贷款对象进行严格审查。在机构上采取了兼并汇庄，裁撤分庄的措施。整顿之后，将清理出的公司存银10万两、银元53万两、他行纸币1300万缗用于买卖谷物，以虚换实。又设海伦分公司、呼兰当铺等，靠商业交易弥补了借贷亏损。到1909年，该公司已有现银150万两，度支部借用额也有100余万两。

经过整理后，吉林永衡官帖局、黑龙江广信公司的经营体制逐渐建立，加上东三省官银号、黑龙江分号、哈尔滨分号、东三省银元局、吉林银元局，基本构筑了东北三省的硬币和纸币发行系统。上述政策起到了扩大官银号纸币和小洋流通区域的作用，但并未真正改变东北三省各自为政的币制。这是由于各省出于维持自身商业贸易发展，财政收入需要而自然形成的格局，这种格局也对日俄币制的侵蚀企图构成了很强的抵制作用。

在上述各种金融机构之外，1907 年大清银行，1908 年交通银行也先后进入东北，各自依照当地习惯发行纸币。到了民国初年，东北各地以小洋为主的实币和各行号发行的纸币开始泛滥成灾，成为引发货币市场动荡和挤兑的隐患。日俄战争后，奉天行使的实币有小洋、现大洋、铜元；纸币则有大洋票、小洋票、银两票以及钱票。除上述硬通货与纸币之外，当地中国货币还有吉林官帖、黑龙江官帖、铜元票、过炉银、镇平银。外国货币有日本正金银行券、朝鲜银行券、日本银行券、第一银行券、俄国纸币、墨银、香港银、日本各种辅币等，各自拥有一定的流通区域和用途，可谓币制混乱之极。

主要实币小洋，"自清季奉省设造币厂，流行渐多，成东北普通之用币。于是流行愈广，需用愈繁，造币厂得利愈厚，铸造愈多，遂致供过于求，币价大跌。迨民国以来，奉票为唯一通货，小银元之流通益狭，跌落益猛，每降至实料以下，故多流出境外或熔毁，计该项货币约有千万两之巨"。[①] 小洋在进入民国后，由于奉票的通行，在货币市场上价格开始跌落，因市场价格跌至含银量实际价值以下，而有不少被输出或融毁，不再作为东北的主要货币。

官银号的小洋票发行，最初颇有节制，主要发行 1 角、2 角小洋票，根据市场需要发行和回收。但至"民国以后，内省之协款已绝，军政实用均形支绌，乃向官银号挪借款项以济公用，而许银号以增发纸币权。自是发行日多，民国二年已达千万元之巨。其时，交通银行之银元票行使亦达五六百万元，市面纸币渐觉充斥，致小洋票相因跌落，官银号遂限制兑现，于是票

---

① 《奉天通志》卷一百四十七，《财政三·币制》，第 26—27 页。

价跌落益猛，民国五年后官银号乃发大洋券，每奉大洋一元兑换小洋十二角"。① 民国初年，当地政权以纸币增发权与随意挪借款项相交换，造成了小洋票的滥发和贬值。

由以上可知，小洋票发行以日俄战争后奉天官银号为始，清末伴随着小洋发行额的增加和各银行的设立，发行额迅速增加。一方面成为东北的主要交易货币，另一方面其滥发无度也成为民国初币制动荡和通货膨胀的根源。

综上所述，日俄战争后到民国初年，日本金融资本企图在中国发行银本位货币，取代中国传统的金融机构，并统一东北币制，进而争夺中国货币的主导权，为促使亚洲贸易和金融中心转移到日本这一目标服务。但东北中方金融机构特别是官方主导的官银号的设立和发展，与日本的货币入侵形成有力的竞争，随着双方的斗争及各种实币和纸币发行额的迅速增加，东北市场币制紊乱与割据的程度都在不断加深，其问题的积累在民国初年引发了进一步的矛盾和冲突。币制主导权的分散，一方面加强了应对外来经济势力的灵活性，另一方面也加剧了统一币制的困难，为日后军阀割据提供了经济基础。

---

① 《奉天通志》卷一百四十七，《财政三·币制》，第27—29页。

第 三 章

金银本位制之争与日本对东北货币政策演变

1816 年英国采用金本位制以后，金本位浪潮在 19 世纪中后期席卷全球，到 19 世纪末期，主要资本主义国家陆续确立金本位制度。随后，金本位制度作为经济扩张的手段来到东亚，率先在日本确立。日本在明治维新后走上侵略扩张的道路，并于 1897 年正式确立金本位制度。在日本侵略朝鲜后向中国东北扩张的进程中，中国长期使用银钱并行的货币体系而导致双方货币金融制度不统一的问题逐渐显现，日本在对华经济侵略时不得不对货币本位问题做出选择，由此引发自日俄战争后直到伪满洲中央银行成立前后的金银本位之争，其表现形式既有日本内部关于金银本位的论战，也有在政策实施层面上的对立。货币本位之争使得日本对中国东北的货币政策缺乏连贯性，而金银货币并行及其风险也严重影响到其经济侵略的效果。本章主要对日本货币政策中的金银货币本位之争、货币政策转变过程及其特点进行系统考察。

一　以银本位统一东北币制的企图及争论

自俄国入侵到日俄战争结束，作为中国东北地区对外窗口的营口港，其货币金融机能遭到压制，票号、钱庄、银炉等传统金融机构在危机中被迫自保，中国新兴银行体系尚未建立，东北处于新旧货币制度交替的空白期，这种状况引发了日本金融资本野心的膨胀，日本政府欲以日本银本位货币横滨正金银行券统一中国东北币制的计划就是在这个背景下出台的。日本政府虽决定确立以横滨正金银行券统一东北币制的方针，但面对市场上广泛流通的小洋和小洋票，横滨正金银行也一筹莫展。同时，日本殖民体制内部也生出对其基本方针的干扰因素，这些因素使得日本政府的政策自相矛盾，最终导致其货币政策的摇摆与变化。

（一）银本位货币政策的确立及分歧

日俄战争时，日本在东北地区发行了军票作为战时流通货币。战争结束后，由于横滨正金银行已在牛庄、奉天等地营业并发行了日本银元支票，而且其牛庄支店积极参与战后货币政策制定，日本决定由横滨正金银行负责军票的整理回收。日本政府也趁战后处理之机，强化了横滨正金银行的地位。1905 年 12 月 19 日，陆军省发出军票善后决定，由横滨正金银行发行见票即付的银本位钞票（即横滨正金银行银票）以替换军票，并声称此票经过日本政府认可，以银币为兑换准备，令民众相信并使用此票。[①] 日方这样做的原因也十分明显，"正是由于收兑军用票，产生了横滨正金银行的银票。……此举不但巧妙地把收兑搞成了以纸币换纸币，而且通过这一行动，播下了满洲日本金融势力的第一批种子"[②]。日本政府欲以横滨正金银行钞票（银票）作为统一的东北货币，借回收整理军票之机扩大其发行额，目标是驱逐当地各种货币，营造将来逼使清廷承认其为统一货币的既成事实。自此，横滨正金银行获得了在中国东北发行钞票并强制流通的权利。

然而，日本政府只是赋予横滨正金银行相对于其他日本金融机构的优先权，并不能直接主导东北地区的金融市场。1906 年 8 月，小洋和小洋票成为东北地区的最主要货币。如果要获得东北地区货币主导权，就必须与小洋进行竞争。尽管日本政府和横滨正金银行想尽一切办法在政策上推动横滨正金银行钞票在东北地区的流通，但其流通情况远不如预期。于是，横滨正金银行董事会于当年 9 月 18 日做出决议，请求日本政府出面规定在中国东北以日本 1 元银元为法定货币，强制用于一切交易。然而，日本当时在东北势力有限，无法从外交上与中国地方政府进行交涉并强制推行。横滨正金银行

---

① 関東都督府陸軍部編『明治三十七、八年戦役満洲軍政史』第一巻、1283—1284 頁。

② 侯树彤：《满洲的日本银行钞票》，《燕京政治科学学报》1931 年第 13 期，第 1—5 页。转引自中国人民银行总行参事室编《中华民国货币史资料（第一辑）》，上海人民出版社 1986 年版，第 1010 页。

又对日本大藏省提出建议，要求"原则上所有支付以横滨正金银行钞票和日本银元进行，因不得已的原因接受小洋时，必须按照横滨正金银行所定牌价兑换"①，同时要求经手满铁的一切现金业务。日本政府部分接受了这一建议，虽然并没有令横滨正金银行直接接管满铁，但于当年 11 月 13 日令满铁援助横滨正金银行的业务。

　　然而，刚刚成立的满铁公司对于这样的安排难以接受，其本身对于横滨正金银行钞票就存在怀疑。满铁的基础业务是铁路运输，由于机车和钢轨都是从日本运来，购买时必须以金本位的日圆进行，但其在东北的运费等收入要以小洋等银本位货币结算。1906 年世界性银价暴跌，其收入折算成日圆出现大幅下降，使其在实际经营中不愿以银本位来进行结算。而此时金银本位货币并行的局面已经在东北地区形成——除小洋流通日益扩大外，日圆和第一银行券等日系货币也有相当一部分已经流入市场，对横滨正金银行券的发行和流通形成干扰。由于日本国内在甲午战后成功推行了金本位，在东北的日本人大都习惯使用金本位货币，对使用银票有抵触情绪，因此横滨正金银行钞票的流通情况并不如预期。政府和银行想尽一切办法，采取一切可以采取的手段致力于增加钞票的流通额，但都事与愿违，反而是金本位日圆的流通额不断增加。据日方 1906 年末的调查，安东、大连、旅顺流通着日圆和第一银行券约 66 万元，加上其他各地的流通额，总额达 76.5 万元。日圆流通的增加，主要是日本侨民增多而带入，以及当年 9 月以后银价暴涨引发的利用日圆的套利活动所致。由于以钞票购买对日汇兑最有利，日圆的增加实际上冲抵了钞票的份额。当年 8 月底军票和横滨正金银行券合计市场流通额约 960 万元，但到 12 月末降到 683 万元。② 这种状况使横滨正金银行经营方针发生混乱，1907 年 3 月的董事会决定对大藏省提出意见书，计划未来在东北腹地发行小洋票，在大连、旅顺、安东并行日圆和钞票，对满铁收支允许其以军票、日圆、钞票、小洋四种货币结算。大藏省在维持原定货币方

----

① 关于横滨正金银行券的无限制通用法定地位的确立，参见敕令『御署名原本・明治三十九年・勅令第二百四十七号・横滨正金银行ノ关东州及清国ニ於ケル银行券ノ发行ニ关スル件』日本国立公文書館アジア歴史資料センター、A03020684900。关于以横滨正金银行牌价兑换，参见大藏省编『明治大正财政史』第 15 卷、324 页。

② 大藏省编『明治大正财政史』第 15 卷、324—326 页。

针条件下默许了上述意见，相继制定了以上三港及其他地区的允许通行两种币制的暂行办法。这意味着横滨正金银行为扩展营业需要，自主放弃了对钞票的强制通行权的规定，也意味着日本政府实质放弃以日本银元统一东北币制的方针和计划。

（二）横滨正金银行与满铁的金银本位论战

作为日本最重要的国策会社之一，满铁非但没有执行日本政府制定的辅助横滨正金银行钞票统一东北币制的方针，反而在1907年时要求以多种货币结算，随后更直接成为与横滨正金银行争夺币制主导权的对手。事实上，不仅满铁与横滨正金银行利益诉求不同，代表日本在东北推行殖民政策的关东都督府也与横滨正金银行有着明显的矛盾和对立倾向。

横滨正金银行钞票是银本位纸币，以银本位制纸币与华商争夺贸易主导权，是以高桥是清为代表的日本金融资本家的政策主张，横滨正金银行作为国家外汇银行，以日本政府所存银元为支付准备，通过对华贸易收支调节银币需求。但钞票随国际银价涨落而变动，银价的波动对于殖民机构、以满铁为代表的大型企业和进入中国东北的日本商人的实际收入都有着直接影响。1906年起国际银价暴跌，引发钞票价值剧烈变动。为避免银价变动造成的损失，满铁开始将运费收入及其他价款改为以日圆支付，关东都督府将所有税收项目和工资发放改为以日圆计算，随后对于驻留军人、军属俸给也以金本位货币交付。到1909年10月为止，大藏省又规定日本在东北金库收支以日圆为准，并进一步开放携带日圆出入东北的限制。[①] 至此，日本图谋用银本位货币统一东北币制的政策开始逐步发生转变。

日俄战争后，代表日本在东北推行殖民政策的关东都督府与满铁相继设立，两者迅速成为横滨正金银行争夺东北币制主导权的对手，日俄战后日本政府制定的以横滨正金银行发行钞票统一东北币制的方针，也受到上述两者实际货币政策的挑战。从而引发了横滨正金银行与两者间关于东北应实施何种本位的论战。论战的一方是以明治维新后的四大财阀为首，以高桥是清为代表的日本财界名流，代表了日本大金融资本家集团的利益；另一方则是

---

① 参见大藏省编『明治大正财政史』第15卷、331—334页。

以关东都督府、满铁为代表的殖民机构与代表日本侨民经济利益的中小资本家以及第一次世界大战前后兴起的日本产业资本家。这场论战从日俄战争后开始发源，最初表现为横滨正金银行与关东都督府、满铁的对立，同时穿插着日本政府与侨民关于殖民金融机构的论战；后期表现为金融资本家通过经济手段争夺贸易和金融主导权的目标，与产业资本家及侨民中小资本家希望以政治军事行动迅速获取殖民地权益的目标之间的冲突。

1. 以满铁为首的金本位派观点

满铁从当时的实际情况出发，在列举了实行银本位制之后经营情况的基础上，指出银本位制的弊端。由于银价暴跌对于满铁公司的运输收入有很大影响，当时满铁公司理事犬塚信太郎担心银价下跌会对公司的经营造成打击，于是主张运费应该实行金本位制。在他看来，假如背负着4000万元负债和拥有1.2亿元资本的满铁公司以银本位进行收支结算的话，当银价下跌时，公司的收入将随之减少。然而，公司支出的大部分是面向日本人以及其他金本位制国家的支付，和收入减少的结果形成对比，支付却不能减少。大部分学者经过计算后认为，受此影响，满铁公司每半年都将损失100万元到150万元的纯利润，当然也有人认为影响虽然存在，但利润的减少并没有那么多。不管怎样，由于银价下跌将对公司发行的债券的信用以及公司的基础产生影响，因此，运费结算应该建立在金本位制基础之上，以保证收支口径一致，规避汇兑风险。该意见也得到了满铁其他理事的认同。满铁公司于1906年10月决定，使用金本位制进行运费结算。[①] 这一时间点，甚至早于日本政府令其援助横滨正金银行业务的时间。

犬塚信太郎的意见在满铁公司占据绝对主流。负责金融方面工作的理事久保田政周不仅在会议上极力主张应实行金本位制，而且在1907年12月10日通过书面长篇文章向横滨正金银行行长高桥是清陈述了银本位制的种种弊端，进而发表了关于东北地区货币制度发展方向的意见书。[②] 其主要观点为四点。（1）横滨正金银行钞票对日本人来说并不方便，还要承担与其他货

① 篠崎嘉郎『満洲金融及財界の現状』上巻、大阪屋號書店、1927、172頁。
② 篠崎嘉郎『満洲金融及財界の現状』上巻、176頁。

币比价变动的风险。（2）满铁已于 1906 年 10 月 1 日改为收受日圆，再改回去是否有效，靠满铁规定能否禁止日圆流通都很成问题。（3）满铁沿线已经是日本的势力范围，其币制应为日本人的利益考虑，以保护其贸易。而且从殖民地角度来看，不应将旅大和满铁沿线视为外国，日本人虽少，但一切制度应从方便宗主国即日本商人的角度出发。（4）从经营看，靠 1.2 亿元资本金和 4000 万元公司债运营的满铁，若以钞票计算收支，一旦银价下跌会致收入减少。而其支出大部分是日本员工的工资及对其他金本位制货币支付，无法缩减，即使微小下降也会导致每季决算额变动，影响公司债信用，危及其"国策公司"的地位。

除了陈述银本位制的弊端外，满铁还对横滨正金银行直接提出了质疑。例如针对小洋作为本位币的看法，满铁认为东北地区流通的通货种类很多，并没有一个标准的本位货币。虽然小洋可以被视为一种主要货币，但是对于小洋能否作为东北地区的通货永久流通，能否作为物价的尺度起到货币应有的作用，能否顺应经济上的发展需要等问题则大大存疑。小洋的流通是由于日俄战争后为回收军票和东北地区货币制度出现动摇时从各省流入的暂时性现象，可以说是一种非正常表现。这样的非正常表现恐怕并不能发展成为常态。小洋将随着经济发展而经历变革。无论是通过银两还是其他银本位货币取而代之，还是直接采用金本位尚不可知，但这项改革并非在短期内就可以一蹴而就。因此，现在需要研究的是日本商民在中国东北地区开展经营活动时，究竟采用怎样的货币制度对日本人有利，在对与中国进行贸易时采用怎样的货币更有利。如果建立在这个立论的基础上，那么日本商民当然希望使用和本国相同的金本位制度，这无疑将有利于保持资金筹集的稳定，可以让资本家安心投资，有利于日本在东北地区的经济利益。

同时，横滨正金银行以银本位统一东北币制的初步尝试并未成功，这也成为建立金本位设想的理论基础。横滨正金银行钞票并未起到核心作用，由于中国商人只认可小洋，日本商人持日本发行的金本位货币与中国商人交易会受到阻碍，不得不先将金本位货币兑换成横滨正金银行钞票，再用钞票兑换小洋，横滨正金银行钞票只是一个兑换中介，并未起到与小洋竞争的作用，多次兑换反而给日本商人增加汇兑成本。因此，满铁希望能直接发行金本位货币，在保证日本商民利益的基础上，在市场中进行竞争流通。

营口一直是东北地区具有统治性经济地位的港口城市，而现在这种情况随着大连的崛起开始有了变化，因此满铁方面认为日本政府应该以大连为首的南满铁路沿线以及安东作为势力范围重点进行扶持，这才有利于尽快使东北地区"脱离"中国。作为日本最重要的殖民情报机关，满铁精于中国地区的调查与情报活动，通过调查后分析认为大连的区位优势要远远优于营口，营口是一个冻港，一年中有三个月无法通航。大连作为一个不冻港，可以对其进行各项设施的规划建设。与此同时，还可以依靠海路交通的便利，开通至中国沿岸各地特别是上海的航线，陆路也可以和长春以北地区建立交通网络。如果能进一步通过西伯利亚铁路进行对接，就可以将大连建设成世界级的商业港口。大连的繁荣程度将是营口所无法比拟的。在日本的势力范围的培育过程中，也必然促进金本位货币的流通，在调查中也发现，在大连、旅顺、安东等日本人聚集地，金本位货币正在流通使用。因此，在这些地区的经营过程中使用金本位货币的优势是不言自明的。另外，安东等地和朝鲜接壤，如果东北地区使用金本位，与朝鲜的金本位制度相互呼应，将对贸易格局产生更有利的影响。

同时，在贸易中心已经开始由营口转向大连的时候，建立金本位对于贸易发展十分有利。大连港的进出口额中的三分之二是和日本有关的贸易，如果在东北地区流通使用金本位货币，双方不存在兑换问题，就规避了汇率损失，这在贸易结算时将会使日本得到更多的利益，贸易上产生的金银比价行情的风险都是由中国人承担。当然，如果东北实行金本位制，中国可能会将与日本进行的贸易中的出口转移到上海等其他银本位市场去，这种担心有理论上的可能，但实际上并不一定会发生，原因是通过上海以及其他市场运入东北的大部分货物，在进口时几乎是以金本位货币进行采购的，之后只不过是向东北地区进行转卖而已。

2. 以横滨正金银行为首的银本位派观点

钞票流通受挫并没有让横滨正金银行放弃推行银本位的计划。面对满铁方面的指责，横滨正金银行倚仗政府的支持，采取了积极的对抗措施。高桥是清通过介绍营口过炉银和小洋的流通状况，既回应了满铁关于小洋认可程度的抨击，又说明满铁方面对于形势的研判有误："商业交易有必要充分考虑交易对方状况……如在安东，由第一银行发行金本位日圆，横滨正金银行发行银本位货币，但中国人只是在欲从金银比价变动中得利情况下才会利用这两个银行，只要走出日本人聚居区一步，通行货币就只有小洋。"① 从东北的谷物交易来看，与农民交易的货币主要是小洋，银两只用于大宗交易，其比价也会因供求而变化。因此，横滨正金银行试图通过发行比小洋币值还要稳定的钞票来经手存款业务，号称通过帮助华人避免币值变动造成的损失来吸引交易，不过无法让中国商民信任。一旦采取日圆等金本位货币来交易，中国人就会只去用银本位货币的市场，而不来日本人的市场。

1907 年 5 月，高桥是清在与满铁总裁讨论了币制问题后，又亲赴东北与满铁展开论战，试图说服对方按政府的既定方针办事。② 高桥是清的主要立论点在于，关东州以外的东北地区的主要贸易商品是大豆和豆粕等产品，其中有六成流向东北南部地区，四成左右出口到日本。而诸如棉纱和棉布等产品则基本从日本进口。这些商贸交易都是以银本位货币进行，如果不对贸易过程中使用的货币进行统一，必然对日本产生不利的影响。虽然东北地区一向以小洋作为本位币，但市面上的货币种类仍十分复杂，中国商民对此已经十分熟悉，但是在华日本人对这些不成文的规定不甚了解。因此高桥认为，横滨正金银行发行的银本位制货币，应逐渐让中国人适应后再逐步扩大发行，潜移默化地将货币发行权握到日本手中，为以横滨正金银行统一东北币制打下基础。

进一步地，横滨正金银行方面认为所有日本殖民机构政策也应服从这一需要，在交易中完全以横滨正金钞票为本位计算工资和收入。这不仅会促进贸易往来，还能避免中国货币需求对于日本黄金外汇储备的冲击。如果按照满铁的意见，在中国直接使用日圆或其他金本位制货币，日本将会代替中国承担币值波动的风险——因为中国商民可以在需要的时候兑换黄金，这就相当于为中国专设黄金储备，得不偿失。同时，采用日本通货会使华商产生不便，会使中国商人选择在营口交易，而不去大连。从贸易竞争角度看，将日本神户和大阪开放为自由港，开放商品和贵金属交易，采

---

① 『高橋正金頭取対満鉄側の満洲通貨論争』、満洲経済研究会編『満洲国通貨問題の研究並に資料』満洲経済研究会、1935、101—102 頁。

② 『高橋正金頭取対満鉄側の満洲通貨論争』、満洲経済研究会編『満洲国通貨問題の研究並に資料』、89—116 頁。

取鼓励措施将银本位货币贸易结算中心置于大连，将金本位货币结算中心置于神户，就可以夺取上海作为东亚货物集散中心的地位。高桥是清的想法是潜移默化地把握中国货币发行权，以夺取中国贸易地位，从而事实上将中国经济变为日本经济的附属。他认为，日本为达此目的应采取与中国现状相符的银本位货币。①

横滨正金银行不满足于仅仅获得东北对日汇兑业务，也想获得营口对上海汇兑的主导权，因此相对满铁"建立以日圆为基础货币银行"的主张，横滨正金银行方面指出："即使此时建立金本位货币的银行，也不能光靠经手对日本汇款业务，也需要视上海、牛庄的汇市供求操作，对日本人交易问题很明显，一味地贷出过多，吸收的日圆存款却很少。吸收存款必须靠天津、上海、北京的中国人，存款才是银行唯一的力量。"② 由此可知，横滨正金银行这一时期营业重点在于华商。因此其认为，如果在东北地区实行金本位制，中国商民在营口和牛庄等主要城市完成银本位交易，然后又不得不在日本的势力范围内进行金本位交易，这会给他们带来不便。如此一来，会让他们怀疑是否还有必要在日本的势力范围内进行买卖交易。从对外贸易来看，作为货物集散地，以神户和大连为中心从事商品进出口贸易以及金银交易是十分方便的。然而，如果不能维持住神户的金本位结算中心地位，同时将银本位货币交易的结算市场设在大连，并将在上海进行的结算业务转移至大连，货物集散地的地位终将被上海夺走。因此，为了贸易的发展昌盛，要从大局着眼建立日本的货币政策。

事实上，横滨正金银行与关东都督府、满铁的地位完全不同，因此才有了不考虑银价变动而完全依照其政策目标行事的局面。当时，日本对东北居于入超地位，日本政府并未新铸银元，因此横滨正金银行在东北筹集兑换准备金颇为不易。与此同时，日本对华南处于出超地位，于是横滨正金银行为避免在东北兑换的烦琐，规定一律以上海规银兑现，持有钞票者请求兑换时，皆转为上海规银支付。即使在大连交易所发生定价货币争论时期，横滨

---

① 『高橋正金頭取対満鉄側の満洲通貨論争』、満洲経済研究会編『満洲国通貨問題の研究並に資料』、92—94 頁。

② 『高橋正金頭取対満鉄側の満洲通貨論争』、満洲経済研究会編『満洲国通貨問題の研究並に資料』、112 頁。

正金银行仍然从政策立场，实行上海规银汇兑兑换。[1]

3. 金银本位货币并行

这场论战双方相持不下，并未达成一致意见。日本各殖民机构、银行、公司之间也在争论不休。日本政府当然清楚推行金本位有利于其经济侵略，但华商在贸易中的优势地位让其进退维谷。"贸易主导权由中国人掌控，此为一般外国人都承认之显著现象……然以输入为主的港市，其业务逐年被华商所夺，外商破产闭店旋踵"。[2] 即便是从国外进口的商品，华商也能熟练掌握进口贸易操作，即最初经外商进口的货物，随着华商熟悉交易流程，改由较大口岸直接输入，不再让外商居间盘剥。同时，华商采取价格竞争的策略，以薄利经营中国人所需商品，价格仍比外商便宜。华商在贸易上的主动地位，使日本政府无法通过金本位货币占据主动权，也就无法否认高桥是清提出的意见。

而横滨正金银行虽然仍然坚持银本位统一东北币制的方针，但作为商业银行，在钞票流通不利的情况下也不得不做出改变。1907 年 3 月，横滨正金银行董事会向大藏省递交计划在东北发行小洋票的建议书，并建议在大连、旅顺、安东并行日圆和钞票，且允许满铁的营业收支以军票、日圆、钞票、小洋四种货币结算。大藏省默许了上述意见，相继制定了以上三港及其他地区允许使用两种币制的暂行办法。[3] 这意味着横滨正金银行主动放弃了钞票的强制流通权，也意味着日本政府实质上放弃以发行单一银本位货币来统一东北币制的政策。东北地区的实际货币流通状况呈现金银本位并用、中日货币并行的局面。

但是，金银本位货币并行毕竟只是权宜之计，实际上是论战双方在日本政府的权威之下的某种暂时性妥协，双方不但对货币本位的选择有着自己的算盘，而且对于政府放任的态度也持有反对意见。例如，满铁方面的立论角度看似堂而皇之，实际上则是为自身服务，为了完成日本所谓的"开发东北"的目的，仅满铁一家公司在短期内需要承担的部分就高达数千万元之巨，满铁除了铁路收入之外，还经营铁路沿线各种实业，如抚顺煤矿，当时

---

① 栃倉正一『満洲中央銀行十年史』、満洲中央銀行、1942、51 頁。

② 支那調査会編『支那通商』文献社、1901、42—43 頁。

③ 大藏省編『明治大正財政史』第 15 巻、326—328 頁。

每年的收入也高达 2000 万元左右。因此，日本围绕东北地区经营的收支总额除了一般的商业资金之外，仅满铁和关东都督府部分每年就将达到 4000 万元以上。① 这其中大部分收支额都要用当地的货币进行结算，如果采用金银本位并行，在被迫使用银本位的交易中就可能遭到亏损。因此，满铁方面对于政府的安排有着强烈的不满情绪。

横滨正金银行对于金银本位并行也存在着怀疑的态度。高桥是清认为，由于金银货币之间存在价差，中国商人熟悉行情涨落的一般规律，在金银比价波动中经常能够获利，或者至少能够避免损失，而对此不熟悉的日本人则往往会大受其害。同时，发行金本位货币意味着日本银行不仅需要在日本国内，并且需要在国外进行兑换准备。在兑换制度上已经存在着风险的情况下，再对东北地区金本位制下发行的货币进行兑换准备，对于日本银行来说考验很大，甚至有可能动摇日本的外汇政策，对宏观经济层面产生较大冲击。② 在双方无法达成共识的情况下，货币本位并行也只不过是达到了短期博弈均衡，并无可持续性。无论是论战双方，还是日本政府，都不可能在屡屡受到金银比价波动导致亏损的情况下，长期维持双本位的格局。

二　由银本位向金本位为主的货币政策转变

1910 年前后，是日本近代史上民主化运动的兴起时期，日俄战争未获得赔款而导致战后财政困难，民众纳税负担加重，引发了日本政党政治家利用民众力量迫使藩阀出身的桂太郎内阁下台的"大正政变"。在这一运动中，日本各地商工会议所相互串联、提出诉求，起到了重要作用，中小工商业者等产业资本家开始在政治舞台上发挥作用。随着日本及其殖民地朝鲜对东北农作物进口需求和对东北工业品出口依赖程度的增大，在中国东北地区的日本侨民逐渐增加，满铁与关东都督府对基础设施投资也随之增加。关东都督府和满铁、日本侨民对于夺取东北货币主导权，使用金本位货币，将东

---

① 篠崎嘉郎『満洲金融及財界の現状』上巻、177—178 頁。
② 参见『高橋正金頭取対満鉄側の満州通貨論争』、満洲経済研究会編『満洲国通貨問題の研究並に資料』、114—115 頁。

北直接作为殖民地经营的呼声日益高涨，加上第一次世界大战中日本产业资本实力的加强，终于压倒日本金融资本的一贯政策主张，朝鲜银行取代横滨正金银行，成为日本在东北实施经济殖民化政策的货币发行和贷款机构。

1907 年到 1917 年也正是日本对东北经济政策特别是货币金融政策发生转换的重要时期，金银本位之间的论战在实际政策施行方面也产生了更深层次的作用，由发行银本位货币逐渐夺取东北币制主导权，转向直接发行金本位货币，将中国东北作为其殖民地对待。

（一）日本币制方针的转变

日本政府早就意图控制东北地区的金融领域，在具体方案上，一直备有利用满铁、横滨正金银行或重新设立新组织三个方案。由于横滨正金银行一直在东北地区活动，1909 年 10 月，日本政府决定仍由横滨正金银行代为经营东北地区业务。日本中小工商业者对此十分不满，不同于日本金融资本以银本位制货币统一东北币制，通过经济竞争获取对华贸易主导权的方针，日本侨民要求直接在东北通行日圆或实施殖民地币制，设立专对侨民提供创业资金和长期贷款的特殊金融机构，帮助其争夺商业贸易、矿产开发、产业发展方面的主导权，目标是以金本位制货币统一东北币制。在 1909 年由满洲商工会议所联合会向第 25 届日本议会提出建立特殊金融机构的提案获得通过，这表明日本中小工商业者和产业资本与日本金融资本之间关于殖民地货币方针的对立进一步加剧。

不仅如此，侨民提案还直接显示出对横滨正金银行的不满："当地虽有横滨正金银行，但政府根本不该让商业银行贯彻经营满洲的目的。"[1] 满铁与关东都督府作为金本位的倡导者，公开表示支持商工会议所的主张，但当时的日本内阁受到财阀控制，完全无视议会的决议，继续令横滨正金银行承担该业务。1910 年 5 月，日本大藏省迫于压力，支持在东北设立特设金融机关，但仍由横滨正金银行经营。[2] 1913 年 2 月，"大正政变"发生，桂太郎内阁在民众压力下垮台，山本权兵卫内阁上台，开始部分地接受工商业者

---

①　大藏省编『明治大正财政史』第 15 卷、343 頁。

②　篠崎嘉郎『满洲金融及财界の现状』上卷、2—3 頁。

要求，对大藏省和农商省进行改编，令横滨正金银行在华发行银本位钞票的同时，开设金本位制账户业务，从 1913 年 7 月起发行与日圆同本位的金票，并规定以 5 年为试验期，同时放宽日本企业在东北设立金融机构的限制。如此一来，"原本就复杂的币制，加上日圆、横滨正金金票、朝鲜银行金票，以及日本辅币及银元、军票、横滨正金银行钞票等多种货币，更形混乱"。①日本政府同时令横滨正金银行发行钞票和金票，本意是要稳定币制，为日本机构和企业、侨民抢占权益提供方便，但其前后政策互相矛盾，反而带来交易不便，阻碍了日本势力在东北的扩展。

正值第一次世界大战开战前，日本政府因日俄战争期间外债拖累陷于极度财政危机之中，无更多财力解决此事，因此暂时以横滨正金银行经营东北事务，金票发行规模也并不大。但日本政府同时放松了对侨民设立金融机构的限制，东北各城市日资金融机构由此开始簇生。第一次世界大战期间，战时军需订单和海运业带动经济景气上升，日本政府财政也因此得救。从此时起，日本政府才重新开始考虑对中国东北币制的问题。1916 年 5 月 19 日，日本内阁会议讨论了下述方案：尽快回收军票；批准朝鲜银行而不允许横滨正金银行发行金本位小额支票。此后，围绕在东北金融机构问题，日本各省和驻华各机构实务官僚，日本侨民各实业团体之间展开大讨论，一度曾形成实施金本位制提案提交国会，但并未通过。

在这期间，朝鲜银行借助日资金融机构进入东北的热潮，迅速在东北地区进行业务扩张，直接发行金本位货币，即朝鲜银行金票。截至 1916 年 6 月，横滨正金银行在东北有支行 9 处，发行金票 240 余万元、钞票 370 余万元，贷款额 900 万元；朝鲜银行同样有支行 9 处，发行朝鲜银行券 400 万元，对外贷款额 470 万元。②也就是说，尽管政府给予横滨正金银行回收军票、发行钞票、贷放长期资金、管理国库收入等特权，其营业成绩却与毫无特权的朝鲜银行差不多。由于经营政府业务不仅仅会带来收益，也会耗费许多无关的费用，横滨正金银行此时也提出请求，要求免除其附属的特殊任务，另行委托合适的金融机构代理，使其回归商业银行的本业。针对此问

---

①　大藏省编『明治大正财政史』第 15 卷、345 頁。

②　大藏省编『明治大正财政史』第 15 卷、350 頁。

题，日本大隈重信内阁于 1916 年 5 月 19 日向内阁会议提交有关东北地区货币金融议案。议案主要有五点：（1）尽可能地迅速回收军票；（2）在不与横滨正金银行钞票强制流通力和回收军票的方针相抵触的情况下，将不再接受所有以银计价的业务；（3）日本在东北地区设立的交易所全部执行金本位方针；（4）授权朝鲜银行在东北地区发行小额金票；（5）禁止横滨正金银行和满蒙银行在东北地区发行金票。①

内阁会议上通过了议案中的第一项、第四项以及第五项内容，第二项以及第三项却未能获得通过。说明内阁方面已经有了实行金本位的主张，但在具体实施上仍未能摆脱金银双本位。1917 年 6 月 8 日，日本内阁决定给予朝鲜银行经手国库收支的特权，将其业务范围扩张到整个东北地区、山东省、俄国西伯利亚地区。同时，废除横滨正金银行金票发行权，授予朝鲜银行金票发行权并令强制在东北地区推行，原横滨正金银行钞票的发行和流通维持现状，但取消其强制流通力。决定做出后，又于当年 11 月修改相关法令，从 12 月 1 日开始实施，具体办法由政府发表声明规定。② 自此，朝鲜银行继经营朝鲜之后，又成为东北地区金融业务的主要经营者，日本政府以此计划来谋求统一东北金融，以期建立附属于日本的货币及贸易秩序。

1913 年放宽日资银行进入东北后，朝鲜银行的金票发行额就开始有了大幅度增长，1918 年后则完全垄断金票发行。从表 3—1 中 1912—1921 年朝鲜银行与横滨正金银行发行金票的额度来看，即便在两银行同时发行金票的 1913—1917 年，横滨正金银行的主要精力还是在钞票方面，金票发行额始终低于朝鲜银行。1917 年后，日本政府禁止横滨正金银行发行金票，横滨正金银行遂不得已进行战略收缩，将铁岭、安东、旅顺、辽阳等地的支行转让给朝鲜银行，又将大连、营口、奉天、开原、长春、哈尔滨 6 处支行缩小，而朝鲜银行又于大连、旅顺、营口、辽阳、奉天、长春、吉林、安东、哈尔滨等 16 处增设支行及营业所。

---

① 『満州幣制整理ニ関スル件』、1916 年 5 月 19 日、日本国立公文書館アジア歴史資料センター、B11100067900。

② 参见『関東州及南満洲鉄道附属地ニ於ケル朝鮮銀行銀行券ノ適用ニ関スル件ヲ定メ○明治三十九年勅令第二百四十七号横浜正金銀行ノ関東州及清国ニ於ケル銀行券ノ発行ニ関スル件中ヲ改正ス』、日本国立公文書館アジア歴史資料センター、A01200137900。

表 3—1　1912—1921 年朝鲜银行与日本横滨正金银行在东北发行金票额

单位：千日元

年份	朝鲜银行	横滨正金银行	合计
1912	680	0	680
1913	1385	1100	2485
1914	2251	2108	4359
1915	4672	2358	7030
1916	8151	4121	12272
1917	15518	4538	20056
1918	34498	0	34498
1919	54404	0	54404
1920	37926	0	37926
1921	41278	0	41278

资料来源：『大連取引所金建制の沿革及最近金建発令後に於ける經過』5—6 頁、朝鮮銀行編『大連取引所建值問題經緯』朝鮮銀行東京調査部、1922、5—6 頁。

至此，从日俄战争时期就困扰着日本政府、殖民机构及侨民的东北货币本位问题进入了一个新的发展阶段。到 1917 年，日本政府在政策层面改变了 1907 年以来实行的金银双本位制，而转向金本位制。从此以后，关于货币制度的论争暂时减少，金票在整个东北地区迅速得到使用。不过，在实际货币流通中，仍然是金银本位货币同时并行。横滨正金银行钞票仅仅是失去了强制流通力，并非禁止流通，在许多地方仍有广泛使用，大连海关的税金仍然通过钞票进行征收，并且钞票还是关东厅交易所的标价本位币。金银本位之间的论争，逐渐转变为实际市场流通中的货币竞争。

（二）金银本位货币的消长

市场所需的货币量总是有限的，在金银本位货币并行时期，两者总是此消彼长。随着中日贸易的发展，许多商业机构在东北地区产生。而货币市场混乱不统一的问题，在一定程度上影响了物价的稳定，使贸易发展无法实现预期目标。银作为中国使用的主要本位币，在纸币滥发和银价波动的情况下变得越来越不稳定，供求关系逐渐失衡，由此导致对金本位货币的需求越来越大。从表 3—2 中可以看出，1911—1917 年，金银两种本位货币的流通比例呈反向发展之势，尽管两类货币的流通量都有较大幅度增长，但银本位货币的比例从 57.5% 减少为 31.5%，金本位货币则从 42.5% 增加到 68.5%。
1917 年银本位货币流通量约是 1911 年的 5.4 倍，而 1917 年金本位货币的流
通量达到了 1911 年的 15.9 倍，远远超过了银本位货币的增长比例。从表
3—3 来看，在朝鲜银行进入东北开设支行的 1913 年末，日系银行在东北地
区金本位账户存款总额仅为 705 余万日元，之后连年增加，1921 年末达到
了 9773 余万日元，增加了 12.9 倍。与此相比，银本位账户存款总额的增长
则相对平稳，波动不大。贷款总额方面：金本位账户 1913 年末为 1072 余万
日元，1921 年末则增加到 23686 余万日元，增加了约 21 倍；而 1921 年银本
位账户和 1913 年末相比仅基本持平，从上述金额变化中也可以看出金本位
交易增加的趋势。

表 3—2　1911—1917 年金银本位货币流通情况

单位：日元

年份	银本位货币	金本位货币	银本位货币比例	金本位货币比例
1911	204525545	151105407	57.5%	42.5%
1912	377770779	331431868	53.2%	46.8%
1913	443315061	490361623	47.5%	52.5%
1914	534770198	650775537	45.1%	54.9%
1915	590368210	709835870	45.4%	54.6%
1916	932989740	1253283039	42.7%	57.3%
1917	1102819426	2398207793	31.5%	68.5%

资料来源：朝鮮銀行編『鮮満経済十年史：朝鮮銀行創業十周年紀念』朝鮮銀行、1919、357 頁。

表 3—3　1913—1921 年日系银行在东北南部金银本位货币存贷款统计

单位：千日元

年份	银本位货币存入	金本位货币存入	银本位货币贷出	金本位货币贷出
1913	3577	7055	9604	10727
1914	5385	7526	4526	12588
1915	5708	11739	7557	12139
1916	4087	23060	15619	27243
1917	4678	34552	16988	46296

续表

年份	银本位货币存入	金本位货币存入	银本位货币贷出	金本位货币贷出
1918	6055	63284	21543	117927
1919	16381	99275	21793	194660
1920	5103	85478	5485	217040
1921	12879	97731	9786	236862

资料来源：『大連取引所金建制の沿革及最近金建発令後に於ける経過』、朝鮮銀行編『大連取引所建値問題経緯』、6—7頁。

但在东北地区内部，金本位和银本位货币的使用流通趋势也并不完全一致。日本关东厅所在地旅顺、日本企业较多的城市抚顺等地都主要使用金本位货币；东三省主要政治中心奉天以及作为地方商品市场集散中心的开原、长春、辽阳等地，金本位也占据一定优势；传统贸易城市营口、牛庄及铁岭等在1917年之前则仍然主要使用银本位货币；而在大连，官方仍使用银本位货币，但大宗贸易则开始使用金本位货币。金银双本位在东北地区内部混合使用造成交易不确定性的增强以及价格波动加剧。中国商人迫于价格行情的变化，有时为了规避货币风险，在使用货币时会在银本位货币和金本位货币之间做出动态选择。[①]

金银本位货币势力的消长在表面上是日本对东北地区货币政策的变化，而在深层次上则是日本殖民侵略方针变化的缩影。朝鲜银行的设立带有深刻的殖民性质，从1913年日本政府开始允许朝鲜银行发行金本位货币，到1917年将金本位纸币发行权完全给予朝鲜银行，标志着日本政府的经济侵略方针从以经济手段争夺东北乃至全中国贸易主导权，转为直接将东北地区殖民化，进而将华北地区乃至全中国殖民地化。在日本国内，受战争景气刺激，日本产业资本家势力迅速膨胀，在殖民地政策中的发言权逐渐增大，产业资本家与中小资本家要求加速将东北地区殖民地化，将东北变为资源供给地与商品销售市场的政策主张逐渐占据上风，1917年日本对东北货币政策的根本性变化实际上反映了这一情况。第一次世界大战爆发后，日本逼迫袁世凯签订"二十一条"，这也是将中国全面殖民地化的一个重要手段。殖民

①　朝鮮銀行編『鮮満経済十年史：朝鮮銀行創業十周年紀念』、360—361頁。

地化的倾向使得日本开始尝试在部分自身势力较为深入的地区强制推行金本位制，而这也产生了一系列的影响。

三　大连交易所推行金本位制的尝试及失败

日俄战争后，营口的贸易地位逐渐被大连取代，日本开始集中精力经营大连。作为日本关东州所属地，大连市场实际上是日本对于东北地区货币本位施加政策影响的前沿阵地。从 1913 年开始，一直到伪满洲中央银行成立，日本始终希望在大连推行金本位制度，以大连交易所为中心，可以看出这一过程的大体走向和主要趋势。

（一）　大连交易所的建立与交易货币

随着侨居东北的日本工商业者增加，1908 年 5 月，工商业协会向满铁埠头事务所提出，希望能租借建筑物的一部分作为贸易活动场所，时任所长相生由太郎同意将仓库的一角借给工商业协会使用，待会所开业之后交易者甚多，很快就人满为患。为此，相生由太郎在取得公司的同意之后以仓库的名义单独修建了一栋房屋，并于 1909 年 1 月 4 日起作为交易市场开始使用。当时的买卖交易并没有规章可循，也不受法律制约，交易活动完全是在一种不成文的规定下开展。而令人称奇的是，即便如此，交易活动中并没有出现大的矛盾与纠纷，交易本位也遵从原来的商业习惯，采取了银本位制。

1913 年 3 月 15 日，关东都督府公布第 7 号府令，制定并颁布了大连重要物产商品交易所规则。考虑到大连交易所交易人中大多数是中国人，而且交易所属官营性质，自身无法提供担保，于是成立了隶属于大连交易所的担保公司，又于 1913 年 6 月 11 日公布了该规则的实施规程，6 月 19 日大连交易所信托株式会社正式成立。在交易所开设之际，交易所的交易本位问题引起了较大争论，虽然官商双方都进行了研究，但未能达成一致。最终在没有定论的情况下认为使用日本的本位币是最佳选择，于是决定采用金本位。7 月 30 日，关东都督府发布公告，宣布大连重要物产商品交易所内进行的买卖交易一律采用金本位制。不过，为了避免交易方法更改过快带来的影响，该公告在附加说明部分规定，在当年 9 月 30 日之前依然可以使用原来的银本位。然而，中国商民强烈反对金本位制，他们认为金本位不符合其传统交易习惯，有很多不便之处。9 月 1 日，在大连交易所开始实行金本位制交易的第一天，成交量十分稀少，这与交易所成立的宗旨与目的并不相符。为此，关东都督府着手对附加说明部分进行修改，决定凡是契约履行期限在 1914 年 6 月 30 日之前的交易可以采用银本位制进行交易。虽然大连交易所信托株式会社根据上述决定于 10 月 1 日宣布，现存的买卖合约全部更改为银本位制，按照银本位进行交易。然而，在银本位实行期限临近之际，大连交易所又处于无买卖成交的冷清状态。为此，担保公司在征求相关行业协会意见后，向关东都督府递交请愿书。请愿书中提出，不只是中国商人希望实行原有的银本位，就连大部分日本商人也都希望实行银本位制，为此，希望暂缓执行金本位制政策。当局对交易所的现状也十分了解，于是在 1914 年 5 月 17 日对告示内容中的附加说明部分又进行修改，宣布在今后的一段时期内可以实行原来的银本位制，并未规定具体的时间点，因此，金本位的执行期限被无限期推迟。①

（二）大连交易所对金本位货币交易的强制推行

日本政府依然希望在大连交易所推行金本位，便通过调研、征求意见等方式进行柔性实施。1915 年 5 月 18 日，大连交易所所长向满洲重要物产商品行业协会提出，目前虽然暂时实行银本位，但由于也有部分人主张应该实行金本位制，行业协会应就实行金本位制将对买卖交易有何影响，以及将来的利弊得失做出研究；认为如果有必要实行金本位制，那么何时开始实施较为合适？同时围绕这些问题提交了意见书。对此，行业协会做出的答复是，现在实行金本位制的时机尚未成熟，至少在一年内应该维持现状。当年 12 月 1 日，关东都督府民政长官向大连商业会议所、大连油坊联合会等机构就如果从交割期限为 1916 年 10 月的买卖交易开始实行金本位制有何利弊得失等问题征求了意见。对此，大连油坊联合会提出，交割期限在 1916 年 10 月之后的期货交易实行金本位制不存在任何问题。同时，长春、开原等地的交易所也做出答复，表示可以在该时期步调一致，实行金本位制。而满洲重要物产商品

---

① 篠崎嘉郎『満洲金融及財界の現状』上巻、191—192 頁。

行业协会则提出，关于交易本位制问题，从开始就规定实行金本位制，并且执行了一段时间。然而，由于在此期间出现了种种弊端，所以又恢复了银本位制。有鉴于此，金本位制的实行应该慎重考虑，并且，当时实行金本位制过程中出现的问题与障碍并未得到解决和消除，所以目前还无法实行金本位制。如果一定要实行金本位制，必须在长春、开原交易所同时实行。如果不停止横滨正金银行钞票在东北地区的流通，即使实行金本位制也不会有任何效果。如果仅仅是大连交易所实行金本位制，那么只会助长内地商贸的发展，大连地区将会出现衰退。大连商业会议所也提出，对实行金本位制并无异议，但需附加一个条件，那就是长春、开原交易所也必须同时实行金本位制。然而他们认为长春和开原等地并不具备实行金本位制的条件，该附加条件使得金本位制无法实施。[1] 因此，本轮金本位制推行计划也并未成功。

1917 年 4 月，日本关西商业会议所联合经济调查会向大连商业会议所提出请求，希望能够促进在东北地区日本人的商贸活动并希望了解东北地区商品出口交易实行金本位制的难易程度及相关普及措施。即 1917 年 7 月以后实际执行银本位制时，有哪些有利之处？满蒙地区商品出口交易是否可以实行金本位制以及难易程度如何？如果可以实行金本位制，促进金本位制普及的方法又有哪些？对此，大连商业会议所于 1917 年 5 月 30 日做出回复称：大连交易所本应实行金本位制，然而现在实行银本位制的原因是，交易所中大多数是中国人，他们希望实行银本位制；日本人在出口交易中可以实行金本位制，但和中国商人进行的交易就很难通过金本位制进行；要想普及实行金本位制，首先要求日本对中国的货币政策保持一致性，同时需要对中国的货币从根本上进行改革，实现币制统一。[2] 这样，这次以调查为手段的金本位推进方案再次无疾而终。

1917 年 6 月，横滨正金银行钞票的强制流通权被废止，金本位制度的赞成者人数也持续增加，大连交易所内实行金本位制的意见随即逐渐增多。日本商业会议所联合会于 1917 年 10 月底向日本外务大臣本野一郎提交建议

---

① 『大連重要物産取引所金建問題』、日本国立公文書館アジア歴史資料センター、B06150947400。

② 篠崎嘉郎『満洲金融及財界の現状』上巻、193—194 頁。

书，希望"满蒙"地区实行金本位。① 但大连商业会议所对于金本位制的实施仍然抱有谨慎态度，于 1917 年 12 月 7 日向关东都督府提交意见书，认为如果实行金本位，将导致大连的市场地位被银本位制市场的中心营口代替。对此，大连民政署长于 12 月 8 日下发通知指出，大连交易所交易本位制暂不立刻变更，但同时提请各部门在正确理解本位制改革宗旨的情况下做好相应的准备工作。之后，1919 年 10 月，为实行大豆混合保管在大连召开的日商联合大会上，部分日本商人就本位制问题提交提案，但遭到中国商人的强烈反对，该提案并未成为大会决议事项。② 可以看到，1917 年朝鲜银行金票获得强制流通权后，大连交易所的本位制问题在日本政府、中日商人和行会组织之间的争论开始趋于激烈，并且更加趋于表面化。

朝鲜银行金票的发行和关东都督府决定停止以钞票接收财政收入后，金本位论者认为，作为普及金票的一项强有力的手段，首先需要将大连交易所的交易本位改革为金本位制，金本位论者也对此进行着各项策划和准备，极力拉拢，尽可能增加对金本位制持赞成态度的人数。这也是为配合强制废除横滨正金钞票的强制流通力，为实现日本政府当局制定的以金本位制为前提来进行币制改革的方针做准备。适逢第一次世界大战的经济景气时机，随着银本位货币供给不足局面的出现和金本位赞成者人数的增加，金本位论者认为实行金本位的时机已经成熟。为此，日本拓殖局长官古贺廉造于 1920 年 3 月向关东州长官林权助提出要实行金本位制。然而，银本位制地区的形势难以轻易改变，林权助以必须尊重相关部门负责人、交易所所长以及民间部门的意见为由，表示即使要实行金本位制，也要等日本银行以及大藏省制定好相关措施之后才能实施，从而拒绝了古贺廉造的决定。在林权助在任期间，金本位制未能实施。③

1920 年 5 月，在山县伊三郎就任关东州长官之后，日本政府下定决心要实行金本位制。1921 年 4 月 14 日，东京电令有关方面实行金本位制。为此，关东厅当局于 15 日向相关各方发布通告，"大连交易所自 1921 年 10 月

---

① 『6. 満蒙地方ニ於ケル金建取引普及ニ関スル建議　同十一月』、『外国貿易ニ関スル官民ノ調査報告雑纂　第七巻』、日本国立公文書館アジア歴史資料センター、B10073873900。

② 『3. 華盛頓会議参考資料（通商局監理課調書第十四号）大連重要物産取引所金建問題』、『準備/準備参考資料附属　第四巻』、日本国立公文書館アジア歴史資料センター、B06150947400。

③ 篠崎嘉郎『満洲金融及財界の現状』上巻、195 頁。

14 日以后进行的买卖交易一律实行金本位制"。① 该通告引起了全市震惊，经济领域出现极大混乱，大连华商公议会为此召开特别大会，提出自 4 月 18 日起不再参加大连交易所的交易活动，并于 22 日连同大连商业会议所、满洲重要物产同业组合等共计 9 个同业组织开展联合反对金本位制的活动，交易所的交易量急剧下降。② 由于在大连交易所的交易中，华商都是卖方，而日商都是买方，卖方停止了交易，买方也就不得不随之停止交易。为了缓解矛盾，从 5 月 5 日起，大连交易所仅就到期日较近的品种的赎回业务以银本位制进行开盘交易，但规定 4 个月后的期货交易必须执行金本位制。③ 中国人排日情绪大增，股票出现暴跌，经济界呈现出一派萧条。与此同时，大连港的贸易额逐渐减少，营口等地的贸易显示出迅速发展的态势。从表3—4 中 1921 年与前一年的交易量对比上能够直观地看出交易萎缩的状态。由于大连交易所内主要是大豆出口贸易，华商是卖方，日商是买方，即便当年爆发了全国性抵制日货运动，大连交易所 1921 年的交易态势也比 1920 年好，主要农产品的现货交易量相比 1920 年仍有所上升。但由于日本当局宣布 1921 年 10 月 14 日起要变更为金本位交易，因此期货交易呈现大量萎缩态势，从 6 月 14 日之后就没有期货交易出现，这集中反映了交易者对于未来交易本位问题不确定性的担忧。

表 3—4　1920—1921 年大连重要物产交易所交易量对比

	现货交易量		期货交易量	
	1920 年	1921 年	1920 年	1921 年
大豆（车）	8866	9378	117540	54309
豆粕（枚）	13871050	23173500	118372000	71604000
豆油*	91890400	95769558	2964042	2925100
高粱（车）	57	217	36358	8815

注：＊豆油现货单位为斤，期货单位为箱。

资料来源：篠崎嘉郎『満洲金融及財界の現状』上巻、197 頁。

① 《大连强行金建之呼吁》，《四民报》1921 年 12 月 17 日。

② 『大連取引所金建制の沿革及最近金建発令後に於ける経過』、朝鮮銀行編『大連取引所建値問題経緯』、14 頁。

③ 篠崎嘉郎『満洲金融及財界の現状』上巻、195—196 頁。

在交易额减少的同时，交易所内的人流也明显减少，1920 年 6 月在大连交易所从事交易的商人有 873 人，1921 年 6 月末仅为 159 人，到 7 月下旬进一步锐减至 71 人，市场上有时根本看不到交易者的身影，只有在交割日即将到来之际才有些零星交易，但交易量也非常少。其他商品如棉纱、棉布、砂糖的进口贸易也逐渐减少，而出口方面交易市场处于停业状态，导致无法交割，不只是华商，就连日商也开始和内地进行交易，因此，营口等地的出口贸易额增加。此外，原料大豆价格上涨导致油坊业者频繁进行短期炒作，豆油价格逐渐上涨影响了出口，难免陷入衰退的窘境。

（三）各界的反对及金银复本位的恢复

由于金本位制实施之后对各方面都产生了极大影响，相关各方当然会反对金本位制，主张实行银本位制。当时，主张实行金本位制和银本位制者分别以朝鲜银行和横滨正金银行为中心呈两极分化态势。朝鲜银行发行金票，一直致力于开展金本位制的宣传。横滨正金银行发行钞票则一直倡导实施银本位制。大连的实业家则根据和银行的关系采取了"站队"措施。例如某实业在横滨正金银行融资比例为 70%、朝鲜银行占 30%，便自然而然地加入了横滨正金银行阵营，反之则站在朝鲜银行一方。正如当时的流行语"金本位党"所表现的那样，以两大银行为中心自然而然地分成了两大阵营。[1]

由于金本位制实施之后对各方都产生了极大影响，相关各方反对金本位制的浪潮风起云涌。与大连交易所关系密切的中日商人和横滨正金银行的业务往来更为密切，因此成为银本位制的拥护者，极力反对实行金本位制。除大连当地同业机构举行反对金本位制活动外，还联合东三省其他地区同业组织联合反对金本位制，如东三省各地商会对于金本位制的施行进行了联合反对。[2] 大连华商公议会一方面电请关东厅长官撤回实行金本位制的命令，另一方面奔走于地方各机构呼吁继续实行银本位制；另外，相关组织还积极组织上访，如大连商业会议所在向关东厅长官提交陈情书的同时，还向有关大臣阁僚、拓殖局长官进行意见陈述，呼吁撤回实行金本位制的政府

---

① 篠崎嘉郎『満洲金融及財界の現状』上巻、204 頁。

② 《东三省商会反对金建》，《新闻报》1922 年 1 月 13 日。

公告。①

随后，事态进一步扩大，1921 年 4 月 19 日上述等机构团体成立的联合委员会走访关东厅，就继续实行银本位制进行陈情。4 月 21 日，山县伊三郎回到大连，各商人团体的陈情委员再次上访恳请行政当局撤回金本位制公告。不过，虽然各团体大张旗鼓地进行着各种反对请愿活动，但步调尚不一致。为此，4 月 22 日，十余个中日商人同业机构召开联席大会，宣布成立"大连交易所继续实行银本位制同盟会"，专门开展反对金本位制的运动，同盟会设常任委员长中日双方各 1 名，另外推选出 19 名常任委员。4 月 26 日，委员长以及中日委员共 5 人再次走访关东厅长官进行联合请愿活动。随后一段时间内，各同业机构也以本协会或联合会的名义组织多次请愿活动。②

除了商人团体外，日资企业也大力反对金本位制的实施。1922 年 8 月 1 日，以三井、铃木、日清、三菱等大型日资企业为首的贸易商共计 27 人递交请愿书。本来，三井等有实力的企业大多在全球经营业务，有能力承担一定的汇兑风险，但与其交易的中间商无力承担此风险，便不与其交易，因此大型日资企业也不得不提起请愿。认为其影响也逐渐扩大到其他领域，进而可能会影响到中日关系，因此希望继续实行银本位制。③

中国政府与商民对于金本位制的反对之声也此起彼伏。1921 年 5 月 14 日，参政厅长王永江和实业厅长谈国桓等代表张作霖向日方就金本位一事提出了交涉，次日，哈尔滨、齐齐哈尔、吉林等地官员也分别向当地日本领事馆提出了照会，希望取消金本位制。6 月 17 日，外交部对日本临时代理公使吉田伊三郎正式提出抗议，希望日本取消在大连地区实行金本位制的命令，④ 认为华商将为此大受损失。⑤ 7 月中旬，奉天总商会向政府提出由 13 条内容构成的对日排斥计划书，同时将该计划书送交各地总商会，呼吁各家

---

① 篠崎嘉郎『満洲金融及財界の現状』上巻、204—205 頁。
② 篠崎嘉郎『満洲金融及財界の現状』上巻、207—208 頁。
③ 松本烝治『大連取引所金建制の可否』、朝鮮銀行編『大連取引所建値問題經緯』、217 頁。
④ 『大連重要物産取引所金建問題』、日本国立公文書館アジア歴史資料センター、B06150947400。
⑤ 《外部对大连金本位之抗议》，《钱业月报》第 1 卷第 6 号，1921 年，第 31—32 页。

总商会团结一致。计划书中要求所有交易都必须以小洋票作为交易本位币，违反本项规定的交易总商会不予承认，拟自 10 月 1 日起开始执行。10 月起，奉天中方商人开始拒绝金本位制交易，而日本商人则以小洋票价格波动剧烈为由拒绝使用，形势变得越来越不稳定。① 此前，日本方面对于这类抗议行为采取高压措施，甚至采取驱逐离境的特殊行动。② 但随着事态的一步步加剧，交易本位制问题迅速由经济问题上升为政治上的重大问题，只能诉诸外交手段解决，日本驻奉天领事馆向张作霖提出抗议。最终，张作霖令奉天商人取消抵制，但也同时宣布在奉天的交易货币本位可进行随意选择，不加以限制。③ 随后，全国上下也纷纷声援东北，北京各团体外交联合会的议案中也提及大连交易所金本位问题，声明将联合北京银行公会等团体进行一致抗争。④

日本政府开始认识到，尽管 1917 年朝鲜银行金票成为关东州和满铁附属地的法定货币，但在当时中国竞争性的货币制度之下，无非又增加了一种货币而已，其流通区域极为有限，还不足以与其他银本位货币相抗衡。"（朝鲜银行）金票的发行仅限于满铁沿线，虽说在哈尔滨地区有部分流通，其流通区域仅限于（距铁路）沿线左右不足 5 华里，稍稍偏离铁路线的腹地，依然是银本位货币的天下。"⑤ 这种情况表明，日方过高地估计了自己的影响力，通过强制推行金本位货币来扩大日圆流通圈的企图难以实现。

1922 年，伊集院彦吉成为新的关东厅长官后，对货币问题极为关心，他从清末起就在中国工作，在金银本位问题上也总是考虑到自清末以来中国的货币流通情况，从而并不主张快速转向金本位，甚至认为用金不如用银有利。⑥ 主张银本位货币的商民乘机鼓动，希望能够恢复银本位货币定价。以大连商品交易者协会为首的各商会团体再次联合请愿。这次请愿获得成功，

① 『大連取引所金建制の沿革及最近金建発令後に於ける經過』、朝鮮銀行編『大連取引所建値問題經緯』、22—23 頁。

② 《大连日官之暴横——因金本位问题驱逐华人》，《新闻报》1921 年 5 月 21 日。

③ 《奉天金建问题解决》，《顺天时报》1921 年 10 月 8 日。

④ 《昨日各团体外交联合会之议案》，《益世报》1922 年 2 月 8 日。

⑤ 参见「西原亀三ノ関与セル対中国借款関係一件」外務省外交史料館編『日本外交文書』大正七年第 2 冊下巻、外務省、1969、855 頁。

⑥ 《大连交易所金建变更之影响》，《中外经济周刊》1924 年第 45 期，第 39—40 页。

伊集院彦吉组织人员进行关于金本位制利弊的调查研究，认为金银双本位制是最佳的政策选择，于是在 1923 年 9 月 13 日发布公告，在原有条款"大连交易所内买卖交易的本位制自 1921 年 10 月 14 日以后交割的交易一律实行金本位制"上添加附加条款"当前可以使用金银双本位制"，并于 1923 年 11 月 1 日起实施。①

金银双本位制恢复后，交易者根据交易所的业绩和对于市场的判断决定是使用金还是银本位进行交易。在金银本位并用期间，一旦金本位在交易中处于强势，就会爆发相应的反对运动，如 1923 年 11 月底的请愿活动，效果十分显著。造成 1923 年 12 月以后，金本位制交易仅限于积存交易等少数交易类型，其他交易开始倾向于使用银本位制。同时，金本位制交易完全局限在近期品种上，1924 年 2 月 28 日以后交割的品种基本使用银本位计价，政策上的金银双本位制基本上变成银本位制，交易情况趋于正常，中国人的反日情绪也因此缓和，日方也只能暂时维持现状。②

此后的几年内，以银本位制为主的金银本位并行格局一直在大连交易所维持。1926 年 7 月召开的第 3 届关东厅经济调查会金融特别委员会认为，为了适应东北地区特殊形势的需要，应该建立一个特殊的金融机构。该委员会最终通过决议确认，这个特殊金融机构不仅从事金银两方面的交易业务，还可以发行金银两种债券。③ 这实际上直观地表达了日本希望统制东北地区全境金融的诉求，也是在事实上对于金银本位同时并行的再次默认。

综上所述，金银本位制的实施与争论是近代时期日本对中国东北货币政策的集中体现，其焦点主要表现为以下三个方面：其一，是采用金本位制，还是银本位制；其二，是一举以金本位制货币强制统一，还是在承认当地币制多样性基础上分段实现统一；其三，对中国传统金融机构应如何对待。表现为金融资本家通过经济手段争夺贸易、金融主导权的目标，与产业资本及侨民中小资本家希望以政治军事行动迅速获取殖民地目标的冲突，反映了对华采取直接殖民化经济政策还是间接殖民化政策的主张的对立。最终，在日本"民主化"的大背景下，代表中小工商业者的实施直接殖民货币政策的

---

① 《大连交易所金银两本位并用》，《新闻报》1923 年 10 月 27 日。
② 篠崎嘉郎『满洲金融及财界の现状』上卷、210 頁。
③ 篠崎嘉郎『满洲金融及财界の现状』上卷、226 頁。

主张占了上风。日本也由此开展了一系列推行金本位制的实践，但招致了各方的反对，不仅在政策实施效果上打了折扣，也加剧了货币市场的混乱程度，这使得日本方面产生了强行全面统制金融的动机。在伪满洲中央银行成立以后，日本迅速采取措施，统制东北地区货币金融，但在货币政策与货币本位方面再次发生论争，这实质上则是这一阶段未解决问题的延续。

第 四 章

民国初期的奉票兑换危机

　　奉票是奉天票的简称，但所谓"奉票"并不是一个固定的概念，而是泛指奉天省官办银行发行和通用的纸币兑换券。由于该类兑换券的面值有一元以上和一元以下两种，所以面值一元以上的被称为奉大洋，一元以下的被称为奉小洋，大洋票和小洋票都可以称为"奉票"。满铁沿线各官营交易所的本位币多使用奉小洋。一般流通使用的东三省官银号发行的纸币，因券面上印有兑换券字样，故而有直接称其为兑换券的；也有将奉大洋（兑换券）称之为一二大洋的。所以，奉天票的别名有兑换券、奉大洋、一二大洋，还包括具有奉小洋性质的公济平市钱号发行的铜元票；同时作为奉票流通使用的不仅仅是东三省官银号发行的兑换券，还包括中国、交通两银行发行的纸币。这些纸币在发行当初都具有兑换券性质，随着中日兑换问题爆发，之后逐渐变成了不可兑换的纸币。

　　1916 年前后发生的奉天兑换危机及之后的奉票危机，是中日之间围绕纸币兑现问题的直接交锋。而在此之前，中日两国在东北三省的货币对抗和竞争态势已初现端倪，日本直言要驱逐东北地区已有的本地货币；而东北三省已有的货币发展也在自行运转当中，无论是横滨正金银行的钞票，还是朝鲜银行的金票，都只不过是在已有的货币格局中加入了新的冲击因素。这个冲击的效果有多大，实际要看货币市场上竞争的结果，这种竞争不仅包括经济层面的角逐，也包括政治层面的博弈。同时，外国货币加入以后的金融层面的竞争，既是政府与商民之间的竞争，又是地方政府与中央政府的竞争，更是中外势力之间的竞争。

　　奉天兑换危机到 1917 年 8 月改用大洋本位后逐渐转弱，到 1926 年则风波又起，直至伪满洲中央银行成立才完全平息。造成这一事件的原因是多方面的，市面上流通的货币种类复杂固然是其中的一个因素，但中国与日本、中央政府与地方政府、政府与商民等多个矛盾相互交织融合，才是造成奉天兑换危机的根本原因，多方博弈的结果也共同决定了东北三省货币制度演进的方向。兑换问题以完全停兑和发行不兑现纸币而结束，也导致之后奉票与日本金票在市场上的直接竞争，这给两次直奉战争所带来的奉票贬值和此后东北地区金融不稳定埋下了伏笔。

一　停兑令发布前的日本挤兑事件

奉天兑换危机全面爆发的标志是 1916 年 5 月的停兑令。但在这之前，东北三省货币市场并不平静，由于纸币兑现而产生的交易摩擦时常发生，而这些事件又大多与日本人相关。辛亥革命到 1913 年，奉天银行业取得一定程度的发展，各银行争抢发钞获取利润，市面上东三省官银号、兴业银行等发行的纸币过多，日本人常来滋扰挤兑。其理由常常是认为纸币发行量过大，担心无法兑现从而影响商业活动，"若如银行方面之说明，兑换准备金为发行额二分之一，或三分之一。……近来邦商（日人自称）持彼等银行发行之纸币要求兑换时，辄称无有现金，不予兑换，仅兑要求额之一二成……此可为无有如彼等所扬言之许多兑换准备金之明证"[1]。

总督赵尔巽在武昌起义后迅速下达命令，每天纸币兑换金额每笔以 100 元为限。日本侨民每笔兑换金额在 100 元以上者，需向总领事馆说明理由。同年 11 月 9 日，总领事馆又下发通告称："迄今为止各银行兑换的银币总额已高达七八百万元，虽然银元铸币工厂开足马力铸造小洋，但根本无法满足需要。为此，从即日起一个月内，每天的兑换金额上限中国银行、交通银行以及黑龙江官银分号分别为 6000 元，东三省官银号为 10000 元。"[2] 东三省官银号由于无法应对大量来自日本侨民的小额兑换，于是将小银币 10000 元交由三井洋行代为办理。由于三井洋行业务繁忙，遂又交由横滨正金银行支

<hr>

[1] 《日奉天日侨商业会议所会头蔚田九一郎呈奉天日本总领事落合谦太郎文》，中国人民银行总行参事室编《中华民国货币史资料（第一辑）》，第 1064 页。

[2] 朝鮮銀行調査局編『奉天支那銀行兌換問題沿革』朝鮮銀行調査局、1917、2—3 頁。

店代办。从 1911 年 11 月 15 日起，大清银行、交通银行只接受持有奉天日本人商业会议所证明的日本人的兑换申请。在此期间，赵尔巽为保护经济界各方利益多方奔走，辛亥革命后，随着赵尔巽支持成立的保安会的建立以及奉天"陷落"，与和谈会议的召开，市场形势逐步趋于稳定，纸币和硬通货按一定的比价可以通用。11 月 25 日，横滨正金银行根据三井洋行的申请终止纸币和硬通货之间的兑换业务。

　　这一时期在日本人和中国人之间出现的纸币兑换问题主要是武昌革命导致社会形势动荡，进而造成纸币贬值而引发的，日本人的挤兑行为除了对于市场的担心以外，其实也是为了让横滨正金银行的金票占领东北地区。这样做不但有利于金票流通，而且有利可图，日本人利用奉天小洋价格低于关内和大连的机会，① 兑现后将现货转运至内地和大连，转手或熔化小洋来谋取高额利润。因此，尽管奉天造币厂日夜赶工，市面的现货仍然日渐减少。在 1912 年遭遇挤兑后，中国政府决定停止兑现半年，期满后见市面渐渐平稳，于是又恢复无限兑现。1912 年 5 月，中国政府向日本总领事馆提出，将小银货运往外地时每次限额 10000 元，但遭到日本商业会议所的拒绝。之后，日本人又开始争相兑现。中国方面曾想方设法进行应对，采用降低小洋成色，秘密发行七成小洋，但很快为人所知。在最初流通时"市上均照旧小洋一律通用，并不折扣，惟日人持券赴官银号兑现者，不肯收受新铸小洋"。② 这种发行"劣币"的方法使得实际含银量降低，熔化收益大减，日本人大为不满，寻衅滋事，几乎拆毁官银号。双方只好进行交涉，层层上报直到外交部命令贴水回收低成色小洋，仍然铸造原有八成的小洋，名义上可以兑现，但各银行对于中国人的兑换要求限制极为严格，对日本人极尽迂回，想方设法拖延时间，迟开早闭，以勉强对付。即便如此，兑出之数额仍在每日每家数万元至十余万元之间。这是导致原本业绩不错的银行业逐渐转盈为亏的重要原因。

　　1913 年，纸币兑换问题逐渐表面化。该年 5 月，日本名利洋行向东三

---

　　① 内地省份大银元一元兑换小银元 11 角左右，奉天地区则总在 12 角以上。

　　② 《潘鸿宾陈报外人与奸商搜集奉省滥纸币吸收现小洋改铸或熔化图利筹拟抵制办法致币制局总务处函》，中国第二历史档案馆《中华民国史档案资料汇编》第三辑金融，江苏古籍出版社 1991 年版，第 627—628 页。

省官银号申请兑换该行发行的小洋票，东三省官银号却以准备金不足为由拒绝了名利洋行的兑换申请，并且东三省官银号还通过交涉司向日本商业会议所提出，为维持市场稳定，希望不要提出兑换申请。但名利洋行以业务上需要硬通货为由向商业会议所提出书面申请，要求进行兑换。经过谈判交涉，最终同意兑换500元。在此之后，类似的问题接连发生，到了当年8月底9月初，小银货不断流向上海。在10月14日于大连召开的满洲实业联合大会上，奉天商业会议所就在中方发行纸币兑换问题上对日本人利益的保护问题进行提案，该提案以全票赞成获得通过。在10月22日的总会上，奉天商业会议所向总领事馆递交请愿书。与此同时，大会还决定和商务总会进行谈判交涉。在特产物资商品上市交易流通季节来临之际，正是现小洋需求高峰时期，一方面现钞不断发行流通，而另一方面中方银行却限制纸币兑换，从而导致银通货和纸币之间的价差进一步加大。市面上关于兴业银行即将破产等消息导致人心惶惶，金融形势极度紧张。为此，奉天商业会议所和中方当局进行谈判交涉，一方面安抚日本商人，并通过禁止纸币发行法令促使中方银行减少纸币供给，另一方面通过种种斡旋让中方银行同意纸币兑换。经过努力，市场气氛出现缓和迹象，银通货和纸币之间的差价也略微缩小。

根据上述总会决议，奉天商业会议所向商业总会以及中方银行提出，之所以出现银通货和纸币间差价完全是由于银行银通货准备不足所致，因此银行应该抓紧时间准备银通货，并在一段期间内同意进行自由兑换，如此银通货和纸币间的差价自然会消除。但中方政府认为，该问题的出现完全是奸商追逐私利所致。当前来兑换的多是钱庄，银通货流出导致存量下降，而且在特产物资商品上市交易时期对银通货的需求激增，于是出现买卖银通货的奸商，导致差价加大。所以问题的出现绝非银行信用不足所致，银行目前拥有足够的准备金。在奉天商业会议所向日本奉天总领事馆递交的请愿书中，总结中国银行奉天分号、东三省官银号、交通银行奉天分行、黑龙江官银号奉天分号、奉天兴业银行的货币发行状况，提出"实际上各银行并没有如此多额的准备金存在，如果他们有如此充分的准备金，为何不接受我国商人的兑换请求？"由于各银行竞相发行纸币，不顾及这种行为对经济界及金融形势的影响，使得纸币成为不可兑换纸币，进而银通货和纸币间的差价产生。从中获利的是中国一部分投机商，而处于债权人地位的日本商人却因此蒙受巨大损失。"上述中方银行滥发纸币进而导致纸币无法兑换的现状对我国商人造成了不利影响，如果该问题得不到解决持续下去，从大处讲将对日满贸易产生影响；从小处讲，对日常进行的商业交易也会产生影响。"①

在向奉天总领事馆递交请愿书的同时，奉天商业会议所还提交一份旨在解决问题的建议书。提到中国政府虽然表示接受英美列强的有关条约规定，并且根据日清通商航海条约规定决心进行统一币制改革，但现实情况大相径庭。"满洲是我国在大陆经营的立脚点，在政治经济上都与我国有着特殊的联系。然而，在与经济关联最为密切的货币问题上，满洲的现状确是如此混沌混乱。在币制改革问题上，仅仅寄希望于满洲当局无法实现问题的根本解决。从满洲货币发行现状来看，现在是由多家银行把持货币的发行权，他们根据自己的需要或者是由于官府财政收入不足而滥发纸币，并且发行基础薄弱，使得满洲兑换券逐渐成为不可兑换纸币。这不仅对我国财政经济以及社会造成不利影响，对通商贸易同样会产生不利影响。为此，我商业会议所就满洲流通纸币的现状进行如下具体陈述，目的是希望能对我国相关政策决定提供帮助。"②

1914 年春，奉天省内一部分日本人勾结当地商人，向两大官银号和兴业银行等挤兑，日侨奉天商业会议所在其中发挥了主要作用，负责组织成立日侨挤兑团，专门挤兑奉票。4 月 17 日，黑龙江官银分号银行券 30 名兑换要求者联合一团拥至该号挤兑。4 月 18 日，东三省官银号兑换券兑换要求者三十余名，又大肆挤兑。此后，20 日、21 日、22 日又接连前往东三省官银号挤兑。日本领事也趁机要求官银号提供担保品，经过交涉议定 6—7 月两月每月只兑 15 万元，8 月以后恢复无限制兑现，否则就以官银号的资产相抵。奉天方面电告财政部，由财政部出面，令中国银行接济款项，勉强维持。

官方对于日本方面虽有回复，但也同银行家们一样采取拖延战术和迂回手段，早在 1914 年 3 月外交部特派奉天交涉员于冲汉答复日本驻奉天总领事落合谦太郎的函中就说："各银行号发行纸币，纸面所书之价格，无论何

① 朝鮮銀行調査局編『奉天支那銀行兌換問題沿革』、8—9 頁。
② 朝鮮銀行調査局編『奉天支那銀行兌換問題沿革』、11—12 頁。

时，均可换现。至东三省官银号、黑龙江官银号、兴业银行等三银行号之纸币，现在贵国商人存储之数约在二百万元之谱。若陆续前往汇取小银元，亦可勉为应付，惟限于此数，并请切勿一时携往，第为此陆续换付，终非久计，应从根本上设法解决，现在急行筹办。"[1] 即明确告知对方不要挤兑，每天兑换不要过多。日方的回应是要求中方定下一个具体时间，能够保证无限制兑现。4 月中下旬的大挤兑发生后，中日双方部分官员于 1914 年 5 月 1 日在日本总领事馆集会，日方要求由决定之日起两个月（至 6 月末），东三省官银号、奉天兴业银行和黑龙江官银号，对日本商人，每日平均须兑换 4.5 万元。7 月 1 日以后，对日本商人无论何时均须无限制兑现。中国方面左右托词，不肯实行。对于请求额仅为一二成乃至五六成之兑换。恰逢欧战兴起、连日暴雨，导致市面商业凋敝，"奉天市场陷未曾有之危险状态"。中方趁机极力诉说穷状，日方则希望根本解决，双方又进行数次交涉，自 9 月 25 日起试行最高限额为 6 万元的限制兑换。10 月 1 日双方再次开会协商，中方直接威胁日方称如果强行要求无限制兑换，其后果就是三行全部倒闭，这对于华商固然有影响，但是对日商影响也很大。日方对此只能妥协，答应由 10 月 1 日起至 12 月 2 日两个月间实行每日 5 万元的限制兑换。12 月 3 日起要求中方无限制兑换。[2] 但这种要求对于中方来说是无论如何都难以达到的，届时只有再由官方出面斡旋。

兑换危机前后，日本人除单纯有组织有目的地向各银行号进行挤兑外，在挤兑过程中和挤兑之外还使用各种手段，竭力扰乱金融秩序，给中国政府制造麻烦。首先是运销银元，"奉天鼓铸小洋，出数甚多，而始终不见够用，一般人无不疑之。嗣经查得全被日人勾通一般奸商，运入大连销毁，故无论如何鼓铸，永远不敷。现闻哈尔滨朝鲜银行又与一般奸商勾串，用其金票，暗地收买现洋，私运出境。近一星期间，已运出现洋二十余万元"[3]。类似记载屡见不鲜且此行为屡禁不止，日本利用在大连的优势，在很长一段时间内一直从事这种行为。其次是大肆蛊惑商民。日本人在租界设立钱粮取

---

① 直心译《奉天华银行兑换问题沿革》，《东三省官银号经济月刊》第 1 卷第 3 期，1929 年，第 16 页。

② 直心译《奉天华银行兑换问题沿革》，《东三省官银号经济月刊》第 1 卷第 3 期，1929 年，第 17—18 页。

③ 《奉天财政金融状况》，《银行周报》第 3 卷第 49 期，1919 年，第 48 页。

引所，利用报纸推广朝鲜银行金票，劝说商民将中国货币换成朝鲜银行券，官银号越是收紧银根，日方越是造谣，造成市面金融恐慌现象，局面难以挽回。[①] 这是蓄意制造恐慌，特别是利用某些汇价不为一般民众所知的特点，趁机兴风作浪。再次，日方利用中国银行内部矛盾，有意制造各银行号之间不合。1916 年 1 月 8 日中国银行总处致财政部的函电中详细说明了日本人在挤兑过程中的说辞："且查兑现者大半均系日人……询诸该日人，则亦云为官银号及兴业银行代取，其为两面捏造可知，实则全系运输大连，转售销毁，为扰乱奉省市面之计。"[②] 也就是说日本人在中国银行兑换时谎称自己是为东三省官银号或兴业银行代取，让中国银行方面误以为是其他银行故意挤兑。而到了其他银行则说是替中国银行兑换，这就激化了各银行号之间本已存在的矛盾，意图掩人耳目，分化瓦解。最后，部分日本人在兑换时采取打砸等暴力行为，导致秩序混乱、人员受伤等情况。1914 年秋，日本人因挤兑而在东三省官银号聚众滋闹，甚至横卧柜台，日夜不休。[③]

二　停兑令造成的全面兑换危机

限制兑换局面一直维持到 1916 年，虽然勉强坚持，但兑现额仍与日俱增，到 1916 年每日兑出金额最多时有 24 万元之多。直隶一带市场风潮更盛，南方的动乱和袁世凯复辟都消耗了大量钱财，财政亏空，难以为继。国际方面，自从第一次世界大战爆发以来，金融紧迫、商业疲惫。一直以来，世界各国在面临金融危机压迫时，为保护经济利益，可以采取暂停国家银行发行的纸币兑换，或者禁止提取现金。北洋政府财政交通两部值此机会命令中国、交通两银行停止其发行纸币的全部现金兑换，并要求各省各地方两银行所在地由将军都统巡按使派遣军队警察监督执行情况，并且取缔一切干扰行为，对违反该命令规定者将根据国币条例进行严厉处罚。

---

① 直心：《无限制定价作汇对奉票之影响及奉票之根本整顿方策刍议》，《东三省官银号经济月刊》第 1 卷第 2 期，1929 年，第 169 页。

② 《财政部档》，中国人民银行总行参事室编《中华民国货币史资料（第一辑）》，第 1038—1039 页。

③ 《中国银行总处致财政部函——详报日人又向官银号挤兑并捏造谣言扰乱金融》，中国人民银行总行参事室编《中华民国货币史资料（第一辑）》，第 1038—1039 页。

1916 年 5 月 13 日，袁世凯政府正式发布停兑令，下令中国银行和交通银行在全国范围内停止兑现，在市场层面迅速引起轩然大波，这也成为奉天兑换危机的导火索。部分省份的银行抵制了这次停兑令，中国银行奉天分号因省长维持市面，担心一旦纸币不兑现，价值将大幅落低，获利者只有外商，因此也不许绝对停兑，但由于市面现银一直以来十分紧张，无法无限制兑现，因此只能酌量兑现。从 5 月中旬到 6 月上旬，以高额价差为标的牟取暴利的日中投机者层出不穷，他们要求的兑换额一天比一天多。为了应对困局，6 月 9 日成立的奉天财政厅向朝鲜银行借入日金 300 万元用于东三省官银号的借款归还，各银行也奋起自救。但所有这些措施都不过是杯水车薪，解的不过是燃眉之急。

中国、交通两银行兑换券停止兑换将对经济界产生严重影响，张作霖通过巡按使向日方表述了这一担忧。在兑换政策执行后为维护奉天金融秩序，提出请日方提供相应援助的请求。通过几次协商，1916 年 5 月 20 日双方签署声明，即《为维持奉天金融起见与贵商业会议所协商暂行限制兑换条款声明》，声明规定自 5 月 26 日至 6 月 5 日中国银行奉天分号及交通银行奉天分行对中国人一日各换小洋 1 万元，共计 2 万元。且一旦长春两行中有一行取消限制兑换，则奉天该行分号也应无限制兑现。①

半个月后，中日双方再一次表示出对市场形势的忧虑，在通过上述借款政策谋求解决问题的同时，经过多次磋商，双方于 1916 年 6 月 10 日达成协议，决定采取应急手段。即从 6 月 12 日至 8 月 11 日，奉天六家银行（东三省官银号、黑龙江官银号、兴业银行、中国银行、交通银行、殖边银行）对日本公民的兑换请求以一周 24 万元为限额，在共同兑换所进行兑换。不满 100 元的兑换业务依然在各银行进行。②

该协议规定一周 24 万元的兑换限额即每天 4 万元是根据奉天造币厂生产能力以及日方贸易商交易情况等综合判断决定的。但限制兑换开始实行后，挤兑态势仍持续发展，呈现出不寻常的走势。本来，各银行在限制兑换令发布后遂与日本人进行交涉，交涉结果是中行与交行每日各兑现 1 万元。

---

① 朝鲜银行调查局编『奉天支那银行兑换问题沿革』、32 页。
② 朝鲜银行调查局编『奉天支那银行兑换问题沿革』、32—33 页。

其他银行，如东三省官银号、奉天兴业银行、殖边银行和黑龙江官银号也与日本人谈判限制兑换数额，同时趁机发起组织成立银行公会一致进行申明约束，一方面不准互相搜票挤兑，另一方面与日本人约定设立公共兑换所，专营大宗兑换，每日六家共计兑换 4 万元，不满百元的小数仍然到各家银行兑换。1916 年 6 月 12 日试推行以后，发现日本人利用制度漏洞，每天在公共兑换所兑换 4 万元后，再化整为零去各银行号兑换，每行散兑数额每日都有五六万元到十多万元之多。各银行发现这个弊端，再次与日本人交涉希望兑换无论多少都在公共兑换所交易。日本人开始一直坚持原方案，后经过多方斡旋才达成一致。作为妥协，6 月 19 日起，每日兑换额增加为 6 万元，期限仍至 8 月 12 日。其间，东三省官银号因小洋兑现困难经过与日本人磋商，在多方努力下改兑大洋，比价按照津沪价格计算。即便如此，每天的兑换额也高达数十万元，特别是利用备忘录中的不足 100 元的小额兑换规定进行的兑换量非常大，而且由于是无限制兑换，来自非贸易交易商的兑换数额也非常大，这种情况的出现完全违背了协议的宗旨。为此，在中方的恳求下，同时根据日本驻华总领事馆的要求，6 月 17 日删除备忘录中的不足 100 元的小额兑换规定，取而代之的将一周兑换限额提高到 36 万元，即一天平均兑换限额为 6 万元，修改后的协议从 6 月 19 日起执行。

7 月中旬，中方交涉员马廷亮到日本驻华总领事馆进行访问，主要就 8 月 11 日到期后的兑换办法寻求解决方案。日本驻华总领事馆就此向奉天商业会议所进行咨询，由于奉天现小洋极度不足，无法满足今后的兑换要求，中方提出的请求是希望能提供小洋的代用通货，即使用大洋（大银元）、大洋票或者日本金票、正金钞票、俄国纸币等货币，货币之间的交换比价依照奉天市场行情决定，同时将小洋作为大洋的辅助货币，当交换出现零头时通过小洋支付。奉天商业会议所大体上同意该提案，但认为由于奉天只拥有奉票基准行情，各种货币之间交换的比价应以大连市场行情为基准。经过数次交涉，双方就货币比价问题达成一致。同时，奉天中方银行机构将货币本位币由小洋变更为大洋，并计划以此作为统一货币。也就是说，日方在此时对于以大洋本位代替小洋本位是持赞成态度的，主要关注点在于货币换算要采用大连市场价格，这是因为大连是日本势力在东北最为集中的地区，采用大连市场价格，无疑对于日本商人最为有利。7 月 23 日，日本奉天商业会议所通过决议，决定从 7 月 24 日起以新的兑换办法替代原来的兑换制度，即变更为一周进行两次兑换，每周一上午 9 点到 10 点进行申请兑换者登记，在日本奉天商业会议所进行的现金调查结束之后，兑换申请者必须立即前往总领事馆指定的银行办理现金托管手续。根据情况需要，对该项要求，在总领事馆办理签证业务的周三、周六两天的上午 11 点至 12 点在总领事馆交付兑换证明书，凭该证明书到指定银行提取现金，然后到奉天商务总会内的共同兑换所兑换硬通货。放弃兑换申请的，在托管期间只要向奉天商业会议所提出申请，即可一次性全额提取托管中的资金。兑换者需将总领事馆规定的一定金额的手续费向指定银行支付。

8 月 10 日中方以奉天商务总会名义致奉天商业会议所公文中说："就本地区金融秩序维持问题，我们数次造访贵所，在充满诚意的协商过程中，彼此之间达成一致，在此表示衷心感谢。自本月 13 日之后，本省各银行发行的小洋票可以根据当地时价兑换成大洋票、金票、钞票、羌帖等，1 元以下的小额部分为便于流通可兑换成小洋。以上意见已经向张省长提出申请并获得批准，现通过公告形式告知社会。希望今后继续得到贵会议所的支持。"① 作为对奉天商务总会的答复，日本奉天商业会议所 8 月 11 日在商务总会公文基础上附加了一些内容后做出书面回信。其主要内容是，奉天商业会议所同意各种货币的兑换业务可在奉天商务总会内的兑换所进行。在接受中方要求的同时，会议所还明确表达了对奉天商务总会的不满，决定在兑换期限结束之后，强制中方银行执行小洋的无限制兑换。

奉天商业会议所的回复，让奉天商务总会感到非常难堪，于是派人马上赶赴奉天商业会议所致歉，并提议就小洋的无限制兑换问题进行商议。奉天商业会议所认为奉天商务总会缺乏应有的诚意，拒绝交涉。8 月 12 日，即无条件兑换的第一天，兑换申请就达到 86 万元之多，中方以各种理由千方百计地拒绝兑换。日方则坚持认为，无条件兑换是其应有权利，在公共兑换所聚集数百人，从早上到深夜滋闹不休，导致各银行号首事暨外交特派员困在公所内无法出门。对峙一直持续到当日晚上 11 点，被迫之下省长传谕说允许兑换小洋 85 万元才缓解了局势。第二天各银行号均停业商议对策，三

---

① 　朝鮮銀行調査局編『奉天支那銀行兑換問題沿革』、39 頁。

日后允许改兑大洋和正金钞票，价格按照大连市场价格升水每百元四角，每日兑换额改为八万元，期限为四个月。12 月 12 日期满，中方提议展期，日方坚持不允，要求检查各银行账务。经过多方商讨，省长表示完全负责并全力整顿，日方允许照旧展期六个月至 1917 年 6 月 12 日。在此期间内，之所以有大量的兑现需求，一方面来自日本商人，另一方面来自中国投机商。由于中方银行号不接受中国人的兑换请求，中方各个钱庄都雇佣日本人进行兑换，从中牟利。例如兴业银行副经理刘鸣歧与日商内外勾结，秘密地取出银行库存小洋票借给日本商人用于投机，并将通过兑换获取的利益据为己有。事发后，张作霖大怒，将刘鸣歧和其他三名共犯以搅乱金融秩序的罪名执行了枪决。[1]

双方于 8 月 18 日签订的无限制兑换协议中，兑换时每百元 0.4 元的运费被扣除，兑换成本进一步降低，导致协议生效后兑换额逐日上升，终于迫使兴业银行停业，庆会祥银号破产。该银号由张作霖出资，由兴业银行副总经理、奉天商务总会会长杨占山经营，它的破产一时间引起奉天金融市场的混乱。就在此时，刘鸣歧案事发，杨占山也因此被捕入狱，奉天省城财政界的混乱局面可见一斑。在市面如此紧张的情况下，中方于 10 月 21 日向日本驻华总领事馆递交请愿书，希望通过总领事馆的斡旋限制兑换。[2]

对此，奉天商业会议所于 1916 年 10 月 30 日通过有关问题的决议，在总体上同意中方要求的基础上，加入一些附加希望条件作为回应，形成《总领事馆就洋钱限制兑换问题进行咨询问题的决议》。该决议认为有必要对兑换进行限制，根据当前贸易额的实际情况，六家银行兑换限额规定为每天 8 万元为宜。但必须遵循严格的兑换方法，即兑换在共同兑换所进行。代换的情况下，以大洋进行代换。但在不得已的情况下，可以以横滨正金银行钞票代换，金额规定为兑换金额的一半。废除原规定中由兑换者负担的每百元支付 0.4 元的运费规定，其他规定依照前协议执行。同时决议还提出附加希望条件，希望今后实行大洋本位币；如果中方钱庄或者银行内部的人与日籍兑换人有勾结，将由中方对其进行严厉处罚。中方银行如果要停业，必须

---

① 奉天商工会議所編『奉天経済三十年史』奉天商工公会、1940、78 頁。
② 朝鮮銀行調査局編『奉天支那銀行兌換問題沿革』、55—58 頁。

事先通知有关各方。后经过日中双方协商，决定从 1916 年 11 月 13 日到 1917 年 5 月 12 日为新的兑换限制期，并颁布正式的《限制兑换协定大纲》。该大纲中除写明以上决议的基本内容外同时还要求，在 6 个月的限制期间内，如果奉天银行出现失信行为，可随时取消兑换限制规定；由交涉署每月两次将各银行的洋钱票发行量及准备金情况上报总领事。《兑换限制协定细则》写明奉天六家银行银号在商务总会内设立兑换所，将验票、兑换两项业务适时分离，专门从事兑换业务。使用代用货币时，代用兑换货币价格以每天上午 10 点大连价格行情为准。

在本次兑换协定中，规定货币之间的兑换价格以大连市场价格为准，但此办法给出的限制兑换时间明显比之前的协议要长很多，这在一方面缓和了紧张的金融局面，在另一方面也反映出日方的真实兑换需求。另外，取消运费和日方可以随时检查的条款，实际上都是有利于日方的条款。在此期间，局势相对平静，但华富银行和殖边银行加入后，由于其准备金相对不够充分，出现面对大量兑换申请无法兑换的情况。同时，这段时期内由于银块价格暴涨，致使价差扩大，每周两次验票时，数额庞大的小洋票不断从铁路沿线向各地流入。

图 4—1 中小洋票验票金额的变化很直观地反映了这一时期货币兑换需求的激增。尽管奉天实行严格监管，打击投机分子，同时希望间接地打压兑换交易，但事与愿违，兑换风潮愈演愈烈。在限制兑换的 6 个月期间，中方银行遭遇了总额 2300 多万元的兑换。小洋兑换需求持续不断上升，短短半年多时间内已经达到无法应对的水平。其中最为重要的是 1917 年 4 月中旬左右的上升点，使小洋票兑换额呈现井喷态势，而这一时点恰恰是限制兑换期限临近的时期。

由于兑换数额巨大，银行自然无法满足所有客户的兑换需求，与之前的挤兑现象一样，限制兑换期内同样出现了暴力行为。最典型的是 1917 年 1 月 30 日上午 10 时许，7 名日本人持华富银行债券到奉天的该行要求照大连行市兑现。华富银行不在六家限制兑换的银行团内，于是按照奉省时价，以大洋、钞票两项抵付，而日人百般不应，遂于午后 5 时许肆行搅闹。各持木棍满院追打，打伤奉天总商会和华富银行工作人员共计三人，并将门窗、玻璃、桌凳、器具砸坏许多，又将前后门上锁，不许人出入，经日本警察署

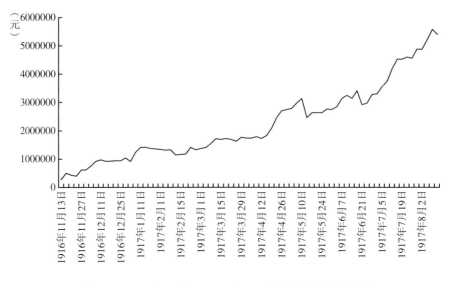

图 4—1　1916 年 11 月至 1917 年 8 月小洋票验票金额变化

数据来源：朝鲜银行调查局编『奉天支那银行兑换问题沿革』、52—54 页。

及第一警察署派兵弹压，形势才有所缓和。[1] 这些人虽然有些是日本浪人，但挤兑团是一个有组织的团体，日本浪人的存在就是要故意制造各种事端，扰乱市场秩序。可以看出，兑换问题的根本性解决还未有实质性进展。

1912—1917 年，奉天现小洋和小洋票输入输出的具体数额见表 4—1，现小洋和小洋票一直维持净流出状态。1912—1917 年奉天现小洋和小洋票的国际和国内流动情况还呈现出以下几个特点。第一，现小洋输入主要是用于兑换准备资金，由中方银行买入。第二，现小洋的输出主要方向是大连。1916 年高达 2016.1 万元，1915 年出超达到 900 多万元。第三，1917 年输出输入金额都出现下降，这是由于大洋以及其他代替货币出现的结果。第四，1912 年 10 月到 1917 年 7 月出超累计达到 2556.92 万元，显示出奉天现小洋的拥有量。第五，小洋票主要流向铁岭、开原、四平街、长春、辽阳、安奉线等，主要是用于特产物资商品的收购资金。1916 年限制兑换期

---

①　《奉天华富银行致奉天商务总会函——日本浪人强行兑现，打伤人员》，中国人民银行总行参事室编《中华民国货币史资料（第一辑）》，第 1072 页。

内的小洋流出不降反升使中方进一步意识到市场局势的复杂，限制兑换尚且如此，限制期之后如果实行无限制兑换势必导致更大的市场风波，这在客观上加大中方坚决不允许无限制兑换的决心。在这种情况下，重启谈判势在必行。

表4—1　1912—1917年奉天现小洋和小洋票输入输出额

时　　间	现小洋输入（元）	小洋票输入（元）	现小洋输出（元）	小洋票输出（元）	现小洋净输出（元）	小洋票净输出（元）
1912年10月至1913年12月	11611129	304082	19546070	1628525	7934941	1324443
1914年	10333206	704859	15685003	1677824	5351797	972965
1915年	6028555	529593	15046657	1568869	9018102	1039276
1916年	17365334	2998452	20161002	7399116	2795668	4400664
1917年1月至1917年7月	151452	1625856	620100	2620357	468648	994501
合　　计	45489676	6162842	71058832	14894691	25569156	8731849

资料来源：朝鲜銀行調查局編『奉天支那銀行兑换問題沿革』、37頁。

三　从限制兑换到大洋本位

在兑换危机持续发酵之际，奉天当局开始考虑进一步与日方接触以订立新约，至少要保证有限兑换持续下去，绝对不能实行无限制兑换。于是在限制兑换期限临近的1917年4月20日，奉天外交特派交涉员马廷亮向日本驻奉天总领事赤塚正助提交了一封长文请愿书，陈述市面行情，表达无法实行全额兑换的原因，而造成市面困难的四点原因中，又以兑换行市价格采用大连价格而非奉天价格最为重要。[①]

之所以会有这样的交涉，显然是因为奉天当局和各银行号知道到期后日本人仍然会不断兑现，而市面上的现小洋又无法应付。于是在4月就由交涉员与日方进行商议，5月又由省长向日方提出要求维持。日方当然希望能够彻底解决问题，遂由双方各派九人会商。中方的诉求是，希望可以按照奉天

---

① 朝鲜銀行調查局編『奉天支那銀行兑换問題沿革』、44—47頁。

行市兑换大洋票，让兑换者无利可图，杜绝兑现之策。日方认为如果这样就会招致滥发纸币，坚决反对。中方问及如何解决，日方答复说如果各银行准备金确实在法定成数以上可以商定在一定期间内不兑现，但须由日方委员随时到各行号进行检查，不能仅凭报告。停止兑换期间内，要中日双方各出顾问一人来干预各行行务，同时需要就取缔不兑换纸币之滥发设立明确规定。中行委员难以接受这样的金融管制，请示省长后表示不能允许。日方就此停会，明示决裂。中方委员担心风潮又起，打算筹划密议改革，推行大洋票，收回小洋票，就此与日方多次商谈三次订立了"调剂金融办法及施行细则"，规定小洋票无限兑大洋票，大洋票则自 1917 年 8 月 16 日起每日在银行公会兑现大洋四万元，以一年半为期，到期须无限兑现。《调剂金融办法》全文及《调剂金融办法实施细则》部分选编如下：①

调剂金融办法

1. 官民一律实行大洋本位。

2. 在银行公会之各银行号于本协定实施之后应即停发小洋券，用大洋券收回已发之小洋券，立即销毁。但为市面找零起见，不满十角之小洋券不在此限。

3. 小洋券换大洋券之价格遵省令每十二角换大洋券一元。

4. 大洋券之兑换应按照各国兑换券通例无限兑现。但本协定实施后在一年半期内对于中外商民应限制兑现。

5. 各银行号应行认真整理，如至本协定实施一年半期满后倘有不能应付无限兑换之银行，应按照下列条款处理之：

（1）由中日委员会实查该银行之准备金。

（2）中日委员会认为必要而推荐之中日各一名之咨询员，该银行应行设置。

（3）中日委员会得尽忠言于该银行，使其实行。

6. 关于本协定之细则另定之。

7. 本协定以中华民国六年八月十六日为实行期，但八月十五日以

---

① 中国银行总管理处编《东三省经济调查录》，台湾文海出版社 1987 年版，第 14—20 页。

前仍照旧定兑换小洋券之限制办法办理。

8. 如有违背本协定时即作为无效。

《调剂金融办法实施细则》选编

银行公会之各银行号除银行停止办公日外，每日应在银行公会以奉省大洋票收回已发之小洋票，将其收回票登入账簿，于每月月底由省长公署及财政厅总商会派员会同中日委员择地依照账簿销毁。其在各银行号本柜收回之小洋票于每月底列表汇送银行公会一并销毁。但不满十角之小洋票如欲兑换大洋票时，无论多少应至各该银行号本柜兑换。

中国官宪应负责须将银行公会之各银行号之大洋票发行数及其准备金数并小洋票之收回数及市面流通数，每月二回（将月半及月末现在之计数）通知总领事馆，并将其销毁之数每次通知之。

银行公会之各银行号，嗣后力将不满十角之大洋补助币，速为发行，俾得早日收回《调剂金融办法》第二条第二项所说之市面找零所用不满十角之小洋票。

限制兑换数，除银行停止办公日外，每日定为六万元以内。其中日本商民之兑换数至多不得过四万元。

兑换所用之大洋银元，暨袁总统、新币、造币总厂、机器局、站人、老鹰洋、大清银币七种及其他银元品质重量与之相等或在以上者为限。

对日本商民的具体兑换办法为：

1. 银行公会之各银行号于总商会设公共兑换所，专办关于验票及兑换事宜。

2. 公共兑换所之验票时间定为每星期一、四两日，由上午十时至正午止。兑现时间除银行停止办公日外定为每日上午十时至下午四时。

3. 兑换者应将大洋票交与验票处请求点验。但该大洋票点验完毕当日应即分别缴还。

4. 验票处于验票完毕后应将兑换者之姓名及各验票额列表，于当日下午三点以前送至奉天总领事馆。

5. 要求兑现票额与验票额相差五十元以上者概作无效。即其已经验过者亦不得请求兑现。

6. 日本总领事馆参酌第 4 条之验票一览表分配兑现额，于每星期二、五两日上午十点发给证明书与各该要求兑换者。要求兑换者须亲赴总领事馆领取该证明书并查定，上有疑义时应对答总领事馆之质问。

7. 前项兑现证明书由发之日起，限两日内有效。但银行停止办公日及临时休息日、验票日不算在内。

8. 银行公会之银行号临时休息日应办之验票及兑现事宜应于临时休息日之第二天补办之。

本次谈判结果对中方有利的部分主要有：事实上承认小洋向大洋的转变；大连市价平均一元兑换 11 角多，此次规定为 12 角；日本人兑现额由每日八万减为四万；协定期限长达一年半。《调剂金融办法》第 2 点实质上压缩了套利空间，这有利于抑制兑现需求。兑现额度的限制相当于给定了套利上限，而且四万元的限额比原先一度达到的八万元少了一半。同时政策的有效期较长，避免政策反复带来的不安定因素。

中国方面虽然答应了一些要求，但其实暗中另有对策，东三省官银号监理官李启琛呈财政部文中认为此法"固可救燃眉之急……且将有切肤之痛"，认为应当取缔一些小型银行，如商业银行、华富银行滥发纸币和一些商铺发行的私帖，查清各银行已发小洋票的数量，核定大洋票的发行额，杜绝投机分子化整为零，用不满一元的角票兑现。同时，针对协约中对中国不利的部分，即《调剂金融办法》第 5 条中"本协定实施一年半期满后倘有不能应付无限兑换之银行"，则由"中日委员会实查该银行之准备金"等条，李启琛请求由他本人会同财政厅委派查账员二员，逐日前往各大银行检查账目，每周报省署查阅，起到循序渐进的监督作用。[①]

在中日之间兑换问题的为期一年半协定达成之后，原本静观其变的其他国家商人，特别是英美商人通过各自国家领事也开始了兑换运动，想获得鹬蚌相争之利。英美商人要求和日本人拥有四万元兑换的同等权利，并得到中

---

① 《李启琛关于筹划应付中日协定调节金融办法对策呈》，中国第二历史档案馆编《中华民国史档案资料汇编》第三辑金融，第 681—684 页。

方官方的同意。这个兑换水平如果能够维持，对于中国方面暂时度过危机是十分有利的。

长期以来，日本奉天商业会议所认为兑换问题是银行滥发纸币和兑换准备金不足，导致现金和纸币之间价差长期存在，进而出现挤兑现象。奉天商业会议所对于兑换问题进行调查研究，根据银行公布的纸币发行额和准备金情况进行对比后发现，超发金额为876.25万元。如果以银行资本金作为间接保证，那么保证金额仅为超发金额的二分之一，价差的产生是自然而然的事。兑换问题发生之初，中方银行采取措施全力应对，尽量满足兑付需求，目的是挽回信用损失。但是随着问题的加重，中方银行只能采取限制兑换。然而限制兑换最初只对中国人有效，对日本人无效，日本人对于中国的财政金融始终抱有不信任感，因此并不买账，强烈要求无限制兑换。中方银行没有办法，只能多次与日本人谈判，双方才暂时达成妥协，实现限制兑换。然而，限制兑换并非长久之计，要想从根本上消除价差，只有减少纸币发行量，回收多余纸币。然而，纸币发行量和国家财政状况紧密相关，从经济学上来说，发行纸币的主要原则是根据准备金、国库证券等现有债权证书保证来决定纸币发行的规模，如果超发则会动摇市场。奉天各银行能在货币超发且出现挤兑现象下维持两年多的正常经营，已属十分不易，这是中日双方达成妥协的结果。日方认为日本人要求进行兑换是十分正常的行为，在兑换时已经对中方充分表示了理解，这才不致让中方银行陷入破产境地，当然也承认某些日本投机商超出需要，以获利为目的进行兑换投机，将所得硬通货运出，使得银行准备更加不足，价差情况越发严重，进而给银行带来损失。从这一点上来说，某些投机者应该要承担责任。但归根结底，兑换问题的根本原因在于中方银行纸币的超量发行。

由于兑换问题对中日双方都有伤害，中方从根本上解决问题的动机就显得有些不足，市场波动对于中国人来说是习以为常的，根据政治经济局势的变化进行货币选择也是长期以来中国人的特殊本领，甚至银行倒闭对于中国人来说也并不是什么了不起的事件，就如同旧时钱庄的破产一样，是十分正常的现象。对待其他国家的态度也是一样，在对于货币市场风险的认识程度上，本国人毕竟比外国人要深刻很多，只要维持住有限制的兑换，并逐步向不兑换纸币发展，市场就不会有太大波澜。因此，中国方面并不是不想彻底解决问题，而是希望在中国的框架内解决，即将货币制度从无限制兑换逐渐通过限制兑换转变为不兑换，因此才有了从小洋票到大洋票的转变。日本方面当然希望使用金票来代替小洋票，但这在以大连为中心的关东州租借地尚有希望，在以奉天为中心的东北其他地区则有较大难度。

除了中日之间的对抗以外，中国各方势力也在互相竞争，对于抵抗日本的货币侵略有着消极作用。1917 年 11 月 19 日东三省官银号监理官李启琛在密呈财政部文中痛陈，如果内部不团结，恐怕难以抵制日本的企图："关键之司，固不在我而在人，而制命之原实不在外而在内……奉省因行使小洋而受累，改行大洋，在该省为事势之所趋，在大局亦属当然之统一，并非逆潮流而与小洋独占势力之争也……乃因借小洋票渔利之银钱庄及发行小洋角票之商业银行，鼓动商会，复得二三有力者袒护其间，对于大洋之进行，横生阻力"。其具体办法是"有以本行之小洋票，私运外县，吸收他行之大洋票，以兑现之害嫁于他人者；有改发汇兑券、加盖拨付奉票（即各行号之小洋票）字样，迁避以取巧者；有因不满一元之角票，不在协约条文之内，均化整为零，改发五角以下之角票者；有托名吉、黑发行之小洋票，潜行灌输奉天属地者"。针对这些行为，他慨叹道："奉省自有兑现交涉以来，各银行号久在日人制裁之下，我即上下一心，群策群力，先谋自固，冀图脱人之羁勒，犹恐后时，乃各行号不为对外之抵制，而为对内之倾轧，诚不知是何心理……币制若果化合于日人，即其他之政令修明，亦复何补。如不欲保全东三省则亦已矣，否则舍整理三省之币制，更无保全之余地。"[①] 在此基础上倡议设立省立银行统筹三省币制。

在大洋本位下统筹币制，最基础的工作就是要将原先广泛流通的小洋票收回。早在 1915 年 10 月东三省官银号监理官李启琛考察奉天货币情况后，就向中央政府财政部表达了自己的意见，其中就提出行使大洋票、收回小洋票的建议。[②] 1917 年 8 月 16 日，奉天省长张作霖发出公告称："根据财政部统一币制改行大洋本位，当已拟定施行细则，通令所属于本月十六日一

---

① 《东三省官银号监理官李启琛密呈财政部文——条陈奉省币制危机防止日人阴谋破坏办法》，中国人民银行总行参事室编《中华民国货币史资料（第一辑）》，第 828—831 页。

② 《李启琛陈送考察奉省纸币情形及整理意见致财政部函》，中国第二历史档案馆编《中华民国史档案资料汇编》第三辑，金融，第 660—668 页。

律实行。嗣后期现买卖，一切向以小洋计算者，均改为大洋计算收付，其不满一元者，许以旧有小洋券按一二折合大洋一元找付。所有各银行号，自十六日起，均发行大洋券，原发小洋券只准收回，不准再发。"① 在此基础上颁布相应的条例规则，以适应此次制度变革。比如奉天财政厅宣布征税"一律收用东三省官银号及兴业银行纸币，其他一概不准收受"②。于是，各银行开展小洋票回收工作，从 1917 年 8 月 16 日到当月末小洋票回收额达到 380 余万元。各银行之间的回收额则各不相同，存在较大差距，东三省官银号回收 1984493 元，中国银行回收 436241 元，殖边银行回收 996683 元，奉天兴业银行回收 41294 元，黑龙江省官银号回收 347210 元，交通银行回收 10750 元，共计 3816671 元。截止到 8 月末，大洋票发行额约为 323 万元。

之后，现银价格不断升高，由每奉票 13 角换大洋 1 元逐渐增至 16 角有余。由于规定兑现价格是 12 角，各银行号亏损巨大，以东三省官银号为最甚。东北地区最大的金融机构东三省官银号的纸币发行量虽然大，然而纸币缺损额也不少，而且日本以外的外国人也开始纷纷兑换，无疑加剧现货供给的不足。虽然中国方面各银行一直致力于充实准备金，但第一次世界大战的国际影响和世界性银储备不足导致银价上涨明显，在规定期限内完成金融改革的目的无法实现。与日方签订的金融调节协定规定各银行每天必须接受四万元的兑换要求，但实际上该协定无法得到执行。奉天省长与日方领事继续交涉，于 1918 年 1 月至 4 月间交涉六次方有头绪，日方允许将每日兑现四万元改为不兑现，但各银行号须将准备金一部分以横滨正金银行钞票或者 300 万日元存入朝鲜银行或横滨正金银行，以保证信用。双方商谈妥后于 5 月 13 日实行停兑。本次停兑向外界公布的信息是将《调剂金融办法》第四条中改为一年半内停兑，而准备金存入日本银行之事是作为秘密协议并未向外界公布，"秘密协定"中规定银行公会的六家银行将各自银行准备金的一部分，即 300 万日元存入日本总领事指定的银行（即朝鲜银行）。

---

① 《奉天督军兼省长张作霖布告——商民一律改用大洋本位》，中国人民银行总行参事室编《中华民国货币史资料（第一辑）》，第 828 页。

② 《奉天财政厅令各县知事税捐局长文——征收捐税一律用东三省官银号及兴业大洋纸币》，中国人民银行总行参事室编《中华民国货币史资料（第一辑）》，第 831 页。

300 万日元的存款配额如下：东三省官银号 150 万元，殖边银行 75 万元，中国银行 30 万元，兴业银行 25 万元，黑龙江官银号 15 万元，交通银行 5 万元。同时，日后如果增加发行额，每百万元需要加存 20 万元到日本方面的银行账户，并且其发行增加额以各银行报告书为依据接受日本总领事的检查。存款利息设定为年息四厘五，如果需要使用时，必须取得中日政府的许可。①

停止兑换势必会面临来自各方的压力，奉天方面除要应对来自本国商民、外国政府和商民的压力以外，还必须面对来自中央政府的质疑。从 1917 年 8 月中国宣布参加第一次世界大战时奉票的临时停止兑现到 1918 年 4 月的停止兑现，奉天方面和中央政府的矛盾也愈演愈烈。1917 年 8 月 16 日张作霖电告国务院、外交部、财政部奉票停止兑现一事："现在既与德奥宣战，经纬万端，而尤以金融关系为最要。奉天处特殊地位，日英两国对于兑现问题，相逼日紧。万难应付。拟于宣战期内一概停止兑现，请速核复，迫切待命。"② 而第二天对方的回复是："奉省金融紧急停止兑现，亦属一种办法。惟兹事重大，应请事前注意者四种：一，中日协定办法才定，一朝停兑，无殊背约，外交上能否不致抗议？二，奉省官私银行停兑后，如何取缔，使不致滥发纸币？三，停兑后票面价格如何维持，市面有何影响？四，此次宣战在实际上未必即有战事，用此名义，中外能否折服？凡此数端，非慎重商妥，危险立见。应请与交涉员财政厅监理官完密规划，妥慎办理。至中、交两行关系三省尤巨，并恳召集姚、陈两经理到奉会商。所有一切商办情形，仍电院部核办为要。"③ 国务院、财政部连发四问，洞察了张作霖的意图，劝说他谨慎行事，并且搬出中国银行和交通银行，希望让两行参与此事的会商工作，以此对张作霖进行制约。张作霖在这一问题上态度十分坚决，仍然展开与日方谈判，这才造成 1918 年 4 月奉票停止兑现的事实。

---

① 奉天商工会議所编『奉天経済三十年史』奉天商工公会、1940、84 页。

② 《张作霖致国务院、外交部、财政部电——奉票停止兑现》，中国人民银行总行参事室编《中华民国货币史资料（第一辑）》，第 835 页。

③ 《国务院财政部致奉天张督军电——奉票停兑，须妥慎办理》，中国人民银行总行参事室编《中华民国货币史资料（第一辑）》，第 835—836 页。

四 新的货币格局与兑换问题

根据秘密协定，自 1918 年 5 月 13 日起停止纸币兑换。1918 年 5 月到 1919 年 2 月的一年半期间，中方为纸币的回收进行了很多努力。张作霖在 1918 年 6 月 8 日任命财政厅长王永江、辽沈道尹荣厚、商务总会会长孙百斛、高等检察厅厅长梁载熊四人为金融整治委员，负责制定奉天省金融根本整治方案。几位委员决定，首先计划铸造铜元，然后效仿中央平市官钱局的先例，发行铜元票。另外，由于 1918 年 4 月奉天停止兑现并关闭 90 多家小钱铺和钱庄，商民各界感觉现洋无处买卖甚是不便，于是由省长召集各位行政长官、各银行负责人开会，决定督促银行公会从 6 月 8 日起开设公共汇兑所，拟每日售卖大洋一二万元，汇兑津沪银两一二万两。尚未实行之时，有人提出考虑到各银行号的亏损情况，应缩减原办法，专售大洋，每日以万元为限，每人最高购买 50 元。10 元以下的则任意购买，不做汇兑。所售大洋按照八成五分担，东三省官银号 35%，中国、交通、兴业银行各 15%，黑龙江官银号 5%。以各收本票为原则，每十日计算一次，彼此找清。后来，银行公会经过商议通过由以下九条内容构成的《公共汇兑所办法》，并于 1918 年 6 月 24 日起开展业务。

公共汇兑所办法①

1. 每天卖出大洋、正金钞票、日本金票各 1 万元，以及进行上海规元、天津行化（行平化宝）各 1 万两的汇兑交易。根据省长特别指示暂时进行折价卖出，除大洋之外，其他货币按照一般行情交易。

2. 各银行占比都按照之前的规定执行，因殖边银行处于停业状态，按原来占比的 85% 计算。

3. 汇兑时，只接受加入公共兑换所的五家银行（中国、交通、东三省官银号、兴业、黑龙江省官银号）的纸币，不受理殖边、商业、华富三家银行的纸币。

① 南满洲铁道株式会社庶务部调查课编『奉天票と東三省の金融』、96—97 頁。

4. 一家银行的支出额大，而且受理的纸币兑换额中自家银行发行的纸币额没有达到规定比例时，每旬进行一次小结算，每月底进行一次大结算，然后与多额纸币的发行银行进行本行纸币的交换。

5. 第一次开展兑换业务时，必须将每10天汇兑需要的现银交付公共汇兑所，之后由公共汇兑所进行公筹。如果银行有多余现银时，可按照公共汇兑所受让价格卖给公共汇兑所。

6. 在天津由官银号支付以及在上海由中交两银行进行支付时，必须事先缴存银两，不得垫付。

7. 公共汇兑所工作人员中交两行、黑龙江官银号各2名，兴业银行、东三省官银号各9名或10名，这些工作人员需常驻公共汇兑所，由主任领导。

8. 公共汇兑所设在西华门口德原长钱铺旧址。

9. 费用由五行分摊。

该规定暗示着公共汇兑所是通过卖出现大洋、正金钞票、上海规银、天津行化银（行平化宝），买入中方银行发行纸币的方法来保证纸币稳定。公共汇兑所从1918年6月24日起开始营业，由于现银的卖出比市场交易价格低，所以买入者很多。当时的大洋市价在16—18角，公共汇兑所售价为16角，之后市价逐渐低落至14—15角，公共汇兑所售价变为14角，随后市价涨回到16—17角，然而公共汇兑所以平抑市价为名没有随之上涨，一直以14角出售，差价较大再次导致套利，兑换者多是套利者及有势力的人，一般正常商民反而兑换不到。由于限额只有1万元，公共汇兑所严格限制兑换上限，每人仅准兑换2元，3元以上者必须有相应证明且最高不得超过20元，然而这种限制虽然在量上有所减少，但并没有在实质上解决问题，于是经过商议于1919年1月13日停办公共汇兑所。

因此，各银行纸币价格逐日下跌，也就无法实现当初公共交易所成立的目的。此外，由于殖边银行停止营业，银行公会法定人数不足，银行公会会长刘尚清、副会长徐鼎于8月27日联名提议解散银行公会并宣布会章失效，9月5日银行公会解散。1919年2月24日根据中方银行间缔结的协议，财政厅提出汇兑券改发办法，即"效仿营口炉银的变通办法，由总商会开设市场，在各银行根据上海规银行情进行纸币买卖的交易，总商会进行监督"。"根据上海规银行情"并非指奉天大洋票对现大洋的行情，而是指奉天大洋票对上海规银的行情。这意味着1917年发行的汇兑券券面上印制的北京天津两地有效的字样被删除，根据市价就能将汇兑券兑换成上海规银。之后，中方当局也在奉天发行报刊广告，宣布接受作为上海汇兑用的汇兑券。

由于中国、交通两银行在长春发行的印有"吉黑""长春"字样的小洋票已经被禁止通用，因此两银行奉天分行也效仿东三省官银号在得到奉天省长的许可之后，发行汇兑券性质的奉天大洋票。中国银行和交通银行所发行的大洋票，虽然在市面被称为奉天票，但其实是一种兑换券。该兑换券票面上用汉字标明，"此券在北京天津作汇上海规元银"。最初，日本人对于这段文字的理解并不到位，对于兑换券的性质一知半解。该兑换券发行流通了数年后，日方根据各种事实综合分析才发现，如果有人在北京和天津的营业所使用该券向上海汇款，作为交换条件，必须向其支付上海规银汇兑票据。在这样的业务中，虽然没有明确规定换算率，但在中国、交通两银行后来发行的该种纸币票面上印有"根据时价"的字样，所以可以认为换算率就是时价。在远离兑换券发行地奉天省的北京和天津做如此规定是很容易理解的，如果可以兑付上海规银的功能被大家熟知，那么通过该纸币向上海汇款的现象就会十分汹涌，不管官银号在上海准备了多少上海规银，都不足以应付接踵而至的兑换风潮，所以才会将这样的规定限制在北京和天津两地。此外，对东三省官银号来说，这种兑换券还具有相应的有利条件，只有特殊金融业者和进口商才会通过该兑换券要求向上海汇款，一般日本人不会进行这样的操作。由此银行就容易进行判断，毕竟需要进行这样的汇款业务的都是与商贸有关的进口商，不会是那些以赚取价差为目的的挤兑专业户，所以才会发行此种兑换券。

在该种兑换券发行流通的同时，奉天兴业银行也发行了一种与兑换券类似，但名为债券的奉天票，该债券型奉天票年利息4分，每年农历四月一日和十一月十一日分两期支付。根据每期支付利息之后是否进行兑付，该债券有几种不同的版式。虽然兴业银行经营不善，但张作霖依然命令奉天财政厅收购该银行所有的民间股份，使该银行成为纯官营性质的政府金库。然而，该行早已陷入极度经营困境，经过多番考虑，才决定在 1917 年 8 月 1 日发行面值 5 元、10 元、50 元的名为汇票的一次性支付汇兑券，和其他纸币一样流通。但由于该汇票的流通有其自身局限性，于是在同年 10 月 1 日发行面值 1 元、5 元、10 元的债券。当时奉天的财政厅的财政收入为大洋 1400 万元，该债券可发行额规定为 700 万元，而截止到 1918 年 1 月 15 日的实际发行额为 100 余万元。之所以发行该债券是由于当时金融形势严峻，挤兑现象严重，这也是为缓解金融市场矛盾的一时之策。在支付利息时，票面背面加盖第几次支付利息的印章之后，重新交给持券人继续使用。该债券没有回收期限的相关规定，在票面背面印有"本券不能兑换现银"字样。毫无疑问，该债券和东三省官银号发行的兑换券一样，也是为了回避兑换问题的一个策略。[1]

　　由于中日之间签订协议，按照《调剂金融办法》第 4 条规定，在一年半兑换限期结束之后，银行必须无限制地接受现银兑付申请。所以，在兑换限期结束后，中方各银行便会承受巨大压力。至临近到期时中方银行仍无充足现银，于是在 1919 年 2 月 7 日和 13 日中日双方委员进行协商，决定由中方政府向日本总领事馆提出申请，延长兑换停止期限，并提交相关报告。该报告回顾了中方当局在过去一年里一直致力于充实准备金的各种事实，但遗憾的是，该目的由于世界性现银短缺而未能实现。为此中方希望能够采取以下措施：由于殖边银行和华富银行准备金不够充足，省长决定取消两行的发行权，并责令两银行致力于回收已发行纸币。奉天商业银行一直从事小额票发行业务，基于对辅助纸币进行整改的目的，现决定禁止该行发行小额票纸币。黑龙江省官银号于 2 月底回收该行发行的纸币。共回收小洋票 5662817 元，其中 2557531 元在中日委员监督下进行烧毁处理。中日双方委员经过多次开会商议做出决定，日方对此并无过激行为。在当时，现银严重短缺、银价暴涨不止、市面现洋不足的状况为众人所知，日方知道即便强人所难也无法兑换现银，加之东三省官银号、中国银行、交通银行和兴业银行专发汇兑券和债券，票面上已经注明无法兑现，奉票已经逐渐转型为不兑现纸币。因此，日方委员也察觉到中方的困境，对中方提出的请求表示理解，最终提出以下几项措施：第一，兑换券、债券的发行仅仅是一时之策，自今日起进行

---

[1]　南満洲鉄道株式会社庶務部調査課編『奉天票と東三省の金融』、86—87 頁。

回收；第二，将兑换停止期延长至 1920 年 2 月 16 日；第三，其他事项按照 1917 年 7 月 16 日签署的协议规定执行。

这样，中方至少保住 1920 年 2 月之前的停兑，但是停止兑换并不意味着市面安稳。自从 1918 年 5 月 13 日宣布小洋票停止兑换之后，银行的信用危机进一步显现。例如，殖边银行由于发行的小洋票纸币回收过程中出现的信用危机问题被财政厅责令停业两周，日本领事馆就此也向日本侨民提示，注意该行小洋票回收过程中的信用风险。在两周停业期限结束之后，殖边银行为改善自己的经营状况，又将停业期限延长三周。直到 1922 年 8 月，该行发行的纸币才最终回收完毕。

除了信用问题以外，在以大洋票收回小洋票的过程中，市场上的投机行为也屡禁不止。尤其是中国银行和交通银行，明知小洋票已经禁止再发，仍铤而走险，暗中发行小洋票。奉天省长张作霖 1919 年 3 月 21 日致大总统徐世昌文中痛陈中国银行和交通银行滥发小洋票的行为："上年因小洋纸币流行甚滥，遂议改用大洋纸币，用资救济，乃令官立各银行号一律改发大洋纸币。中、交两行亦在座会议，乃竟阳奉阴违，竟在长春地方滥发小洋纸币，盖用吉、黑字样，希图影射，推行既广，仍然流入奉省。遂又严令该两行作速收回，乃又一再请求展缓两月，当以大局攸关，不能不从权暂允。乃该两行不但不肯照收，反极力增发。其法系以小洋纸币购买现洋，暨日本金币钞票等项，辗转渔利，运往京行，并不接济市面，是不特祸害地方，并为外币开推行之路。愈发愈多，价愈跌落，现已发至六七千万元，而官民遂交受其困。……今中、交两行之行为，实令人忍无可忍。现已严饬官商士庶不准行使，其已流行者限一月内悉数换回，以示限制。应请饬令财政、交通两部严令中国、交通两行速将流入奉省盖用吉、黑字样小洋纸币依限收回，以维圜法，而救地方。"[1]

张作霖并没有任由中国、交通两银行在东北地区发行小洋票，发布《两银行券监管办法》及实施细则，要求印有"吉黑""长春"字样纸币的发行额、库存金额、基本金额必须接受本省派遣人员的检查，同时必须在限

---

[1]　《奉天省长张作霖致大总统徐世昌文——请饬中交两行收回小洋票等》，中国人民银行总行参事室编《中华民国货币史资料（第一辑）》，第 832—833 页。

期内全部回收，不得再度流通。两行已发行的纸币以及库存纸币必须在票面显著位置明确加印"奉天省不通用字样"（可以将"奉天省不通用"更改为"于吉、黑两省通用"，也可以由奉天省代为加印）。今后两银行在奉天省发行纸币时，必须得到省政府的批准，发行额必须在限制金额以下，发行限额经奉天省进行审查之后提前通知两行。接受、停止兑换期间由两行自行决定，但必须得到奉天省同意。送达奉天省时间规定为自 1918 年 5 月 21 日起的 7 天内。①

中国、交通两银行对上述条件表示反对，两行认为，上述条件意味着奉天省要求将两行置于奉天省当局的监管之下，有悖于两行职能的发挥，故而无法同意。但奉天省当局不断发布命令，禁止两行纸币的通用，责令两行回收其发行的纸币，并进一步于 1919 年 3 月 26 日出台"协定办法八条"，对两行发行纸币进行严格限制。同时，令财政厅长管理全省财务行政，并兼任监理官职务。

整顿中、交银行纸币办法②

1. 奉天省城中、交两行改为管辖全省各支行、号、所之分行；

2. 奉天所发之一二大洋券加盖"此券按照奉天市价兼汇上海规银"字样，由奉天省城中、交两行发行，其票额各五百万元；

3. 奉天中、交两行嗣后须与奉天省立银行号取一致之行动；

4. 奉天中、交两行应与省立银行号一致在长春设分行，以杜吉、黑、长春券之来奉；

5. 奉天中、交两行应妥筹详细办法，负杜绝吉、黑、长春券来奉之责；

6. 允许中、交两行各发之五百万元，须于纸币上加盖监理官戳记方准发行，其种类另定之；

7. 中、交两行吉、黑、长春小洋券准限至四月二十日为止一律收净；

8. 经此次协定后，如再有他文，中、交行发行奉天省此次允许之

① 関東庁財務部編『東三省官銀号論』関東庁財務部、1929、172—174 頁。

② 《东三省巡阅使、奉天督军兼省长张作霖令财政厅文——颁发整顿中交行纸币办法》，中国人民银行总行参事室编《中华民国货币史资料（第一辑）》，第 833—834 页。

同样纸币时，应按伪造法律处分之。

在该办法八条颁布后仅一天，张作霖就向道尹、财政厅、各警察厅、各县知事重申严禁中国、交通两银行发行小洋纸币："查本省自通用大银元以来，早禁小银元纸币，前因中、交行吉、黑、长春小银元票任意灌输，紊乱圜法，迭饬收换禁用，不啻三令五申，各警厅、各县知事亟应实力奉行，以尽责任。乃现据先后具复，仅以遵办为词，何时尽绝根株，未据计及，是该厅长、该知事等仍在玩视，不过敷衍，以图塞责，自应严格以绳，期收速效。兹勒限于文到十日内，按照前令办法查收净尽。本兼省长当如期遴派妥员，分路密查。不论城乡市集，如仍发现此项票券，即系该地方官吏抗违长官命令，应由该委员随时电揭，立予撤省惩处不贷。除分行外，合令该道、厅、县即便知照懔遵。"①

然而，1919年3月31日国务院回复张作霖的信函中希望中国、交通两银行小洋票之事暂时维持："迭据中、交两行报告，限期收回两行钞券一事，尊处原颁办法五条，已令两行勉力照办，以期早日解决。两旬以来，两行兑现将达千万，足征准备尚充，并非蹈空可比。惟现在接济已穷，若不迅速解决，两行均难支持。中央财政困难，早在洞鉴之中，全恃两行稍资活动。自奉天兑现以来，两行自顾不暇，更无余力援助政府，致财政益陷于困穷。日来南方多方破坏北方金融，流言四起，已觉风声鹤唳。奉省此举，适逢其会，徒滋反对口实，甚或贻害中央，转失执事维持整理之初意。执事拥护中央热忱素佩，尚祈默参此中消息，姑忍须臾，万勿操之太急，致生枝节。务祈查照五条，速令发行汇兑券，不加条件，以期周转，而维大局。幸甚。盼复。"②

这是中央政府与奉天方面关于货币问题的又一次冲突，中央政府与地方政府的矛盾在这件事上再次激化。与东三省官银号这样的区域性银行不同的是，中国银行和交通银行是全国性的金融机构，在全国各地的势力很大，具

---

① 《东三省巡阅使、奉天督军兼省长张作霖令道尹、财政厅、各警察厅、各县知事文——重申克期严禁中、交两行小银元纸币》，中国人民银行总行参事室编《中华民国货币史资料（第一辑）》，第834页。

② 《国务院致奉天张巡阅使电——奉省中、交两行收兑小洋券发行汇兑券事尚希维持》，中国人民银行总行参事室编《中华民国货币史资料（第一辑）》，第834—835页。

备了一定的中央银行职能。在中央银行制度建立初期，往往是大型商业银行占有中央银行的职能，尤其是发行货币的特权。特别是在北洋政府时期，中央政府只能依靠大银行来维持财政。虽然东三省官银号、兴业银行等在东三省具有发行货币的权利，但中国银行、交通银行在全国设有分行，在其于东北地区取得发钞权后，双方在利益的驱动下，难免发生对抗行为，直接交锋的现象也就十分明显。这种矛盾并不仅仅体现在这一问题上，也并非由此而产生，而是北洋政府时期国内割据格局在货币金融领域的一个具体表现。

张作霖这样做的目的除了稳定市场秩序以外，多少也带有金融地方保护主义，但他在奉天的强势使中国银行和交通银行无力违抗。从上述规定的内容可以看出，奉天当局为保护官银号的利益，不仅对两银行的纸币发行权进行限制，财政厅还于 1919 年 4 月 20 日发布训令要求两银行在新发行纸币时必须得到省政府的批准，并且为让两银行发行的纸币和官银号的兑换券以相同的价值流通，要求两银行的纸币票面上加印"此券按照奉天市场价值汇兑上海规元"字样，完全剥夺了纸币作为兑换券的功能，最终这种大洋票从 1919 年 4 月 20 日起正式在市场上流通。

中国、交通两银行发行兑换券产生一系列连锁反应。由于之前银行公会会员单位的六家银行中的殖边银行停业，黑龙江官银号也忙于回收其发行的纸币。其余四家银行中，只有兴业银行发行债券，东三省官银号、中国和交通两银行发行的兑换券成为大洋票的代表。兑换券的流通增量非常大，而且大洋票上的兑换券字样也在 1922 年中悄然消失，大洋票改头换面变成四分利债券。虽然当初中国、交通两银行大洋票的发行限额分别被限制在 500 万元之内，但 1920 年秋季营口西义顺破产导致经济界爆发危机，其被允许增发 300 万元；1922 年直奉战争后金融紧缩，又允许增发 200 万元，因此两行发行的大洋票比限制金额增加了 500 万元。

1919 年 2 月 24 日中日金融调节委员会缔结的协定第 1 项中"汇兑券只是一时之策，发行各行应致力于兑换券的回收"的规定实际上根本没有得到执行。1919—1920 年 2 月恰逢银价暴涨，大洋票也随之暴涨。1919 年 12 月金票 100 元对奉天票 65.4 元的价格行情在 1920 年 1 月 13 日暴涨到奉天票发行以来未曾有过的 54 元高位。毫无疑问，这种变化是受到当时世界性银价暴涨的影响，但在 1919 年 11 月关东厅收到来自中国当局的质疑。1919 年

11 月 22 日张作霖致日本驻奉天总领事赤冢正助的照会中，据奉、吉、黑三省商会联名呈称："窃我三省自开放以来，外商之贸易日繁，斯外币之流行日广，其最著者俄币以外厥惟日币。……而外币之失其信用，已彰彰在人耳目。……三省商会为三省商民代表机关，仅将三省商民致疑日币之点，为我钧座一详陈之。"① 之后他从四个方面陈述了日圆在日本国内已经无法兑现，因此在东北地区也就失去了信用。在他看来，省内日本金票价格下跌搅乱了东三省经济秩序，对商民而言日本金票已经要步俄国纸币之后尘。

中日之间出于货币比价原因互相动用外交手段是十分常见的。尽管双方对于造成货币价值波动的原因是十分清楚的，但是仍乐于在适当的时机指摘对方的不是，这是典型的外交手段，用来维持双方的势力平衡。在竞争性货币市场中，货币供求的决定性因素是信用，而货币的信用也随着政治经济形势的变化而此消彼长，因此各种货币的供给和需求也就随之发生动态变化，在银价低落之时，日本方面挤兑银元运销出境，中国方面百般设卡，招致日方的外交攻势；而在银价上涨之时，市面供给不足，中国方面也趁机谴责日本金票价格波动影响市场，张作霖也适时对其运用外交手段来维持局面。

到 1920 年初，虽然兑换问题尚未得到解决，距离 1920 年 2 月 16 日的兑换停止期限也已很近，但市面情况并不十分紧张，日方一贯咄咄逼人的态度已经被银价的上升冲淡，一度闹得沸沸扬扬的兑换问题好像从人们的视线中消失了。原本在临近协议到期之时，总是市场气氛最为紧张的时刻。1920年 1 月，奉天省官银号在兑换停止期间即将结束时，建议取消 1919 年 2 月缔结的协议。尽管日本总领事馆认为停兑之事有必要征得在东北地区日本商人的同意，但是领事馆召集日本商人开会进行协商之后的最终结果是双方顺利达成由以下三点内容构成的协议，这是对由来已久的兑换问题的最终解决方案：第一，迅速回收兑换券债券，用大洋兑换券取而代之；第二，以维持兑换券与现银元平价为原则，省政府保证价格上下变动幅度不超过 30%，即奉天当局必须保证兑换券价格在硬通货价格的七成之上；第三，同意日本商人暂时不进行兑换。这样，长年悬而未决的兑换问题的谈判交涉就此告一

---

① 《东三省巡阅使、奉天督军兼省长张作霖致日本驻奉天总领事赤冢正助照会——奉、吉、黑三省商会联合抗议日本钞票在东三省流通》，中国人民银行总行参事室编《中华民国货币史资料（第一辑）》，第 1079—1080 页。

段落，根据之前的秘密协议存放于朝鲜银行的基金，除了 75 万元用于救助殖边银行之外，余下的款项全额归还中方银行，1917 年 5 月以来一直致力于问题解决的中日金融调节委员会也宣告解散。困扰东北地区经济界多年的兑换问题到 1920 年最终归于平静。

商人的经济利益与政府的政治诉求往往并不重合，投机获利是日本商人的主要目的，政治侵略则并非其主动为之，这也令日本政府陷入矛盾。日本官方对于日本商人在兑换问题上的行事态度极其不满：一方面，在兑换问题前期，日方认为兑换问题出现的根本原因就在于中方银行家的不谨慎，随意行事以及不顾全大局的投机行为，但一部分日本人的投机行为也使问题进一步恶化；另一方面，在兑换问题后期，伴随着世界性银价暴涨的冲击，日本商人似乎完全忽视自身的利益，轻易地放弃对于兑换问题的诉求。日本官方本来坚持认为兑换问题的根本原因是银纸间存在的价差，只要价差存在，不管银价如何暴涨，兑换问题也不会消失。但是日本商人并没有予以配合，在限制兑换期限结束后对兑换问题没有再提出任何异议。在兑换停止期间结束的 1920 年 2 月 16 日，1917 年末以来发行的东三省官银号兑换券以及中国、交通两银行发行的兑换券、兴业银行债券、公济平市钱号发行的铜元票等都被大小洋兑换券取代，当时市场中流通的都变成了不可兑换的纸币。[1]

综上所述，从兑换危机尚未爆发以前就已经出现端倪的挤兑现象，到奉票危机时期日本人放弃关于兑换问题的交涉，再到日本在东北政治风波中围绕奉票价值问题的攻势，兑换问题一直在中日货币对抗中占据核心的地位。这既是由于货币兑换问题直接关系到日本商人的切身利益，也是由于货币问题占据金融的核心，是日本政府加紧侵略的重要手段。在民国初年，兑换问题主要是围绕着小洋票展开。这一时期，市面现银逐渐减少，原本无限制兑换的小洋票突然遇到兑换困难，使得在华日本商人十分不满，因为这容易引发商民对于货币信用的担忧。日本在这一时期采取不少带有暴力性质的强制性措施，并且取得一定效果，表明其对于兑换问题的重视，同时也反映了其希望在问题发生伊始就彻底解决问题的决心。这一阶段中国方面基本处于守势，对于日方采取迂回拖延策略，在发生暴力冲突时则采取适当让步的措施

---

① 参见関東庁財務部編『東三省官銀号論』、175 頁。

以息事宁人。同时，尽力调查市面状况，为后来与日方谈判争取先机。

兑换问题的主要转折点是由小洋本位向大洋本位的转换，这一转换的完成，标志着日方从攻势转向守势，由优势一方逐渐转变为弱势一方。中方在这一过程中虽然也付出一定代价，例如中日委员会的成立，日本人在限制兑换的额度中占有绝对优势等，但是长达一年半的限制期和对于兑换的种种限制，使得兑换问题被进一步拖延，待到大洋本位顺利建立后，市面上尽是不兑换纸币，日方就无法再占据主动了。之后中国方面提出停兑，日方见市面状况如此，且自身处于劣势，基本没有办法予以反驳。就日本商人而言，他们无法提出除兑换问题以外的关乎其自身利益的诉求，而日本政府也没有理由强行推广金票，双方就此达成谅解。总的来说，日本对于兑换问题的集中爆发在 1913—1920 年，1920 年停兑协议签署后基本平息。兑换问题以中方的完全停兑而结束，并对日本在东北推行本国货币政策形成强有力的制约。1925 年以后，日本即便在奉票问题上用尽心机，也无法左右国内政治局势的发展对奉票的决定性作用。

第 五 章
奉票和日本货币的交易与竞争

不同货币之间的竞争，主要取决于货币发行的成本和收益。货币发行的成本主要是铸造货币的成本，收益则是铸币税收入，但发行量增加后会导致货币贬值，进而减少铸币税收入，这也是货币发行成本的一部分。铸币税收入的高低不仅是决定货币竞争成败的关键，也是争夺发行权的主要依据。在金属货币制度下，货币自身具有一定价值，发行货币所得铸币税收入有限，本国货币与外国货币之间并没有太大区别。但在信用货币制度下，发行纸币所得铸币税收入较高，货币发行权也变得尤为重要。日本政府为了获得东北的货币发行权，推行本国的金本位货币，维护本国商人的利益，一方面打压东北当地银本位货币，尤其是以奉票为代表的银票；另一方面竭力推行朝鲜银行的金票。"满、蒙如何可完成施行金本位者，我国金票可以自由扩张，籍（藉）我金票之信用而广采各地特产，使支那银票不能增高信用，自然无力可与我经济竞争，则全满金融自不求而落我国之手。"日本政府争夺货币发行权，不仅是维护日本商人的利益，也是争夺东北财政金融权的重要保证。东北当地货币势力强劲，且货币使用具有一定的路径依赖性，日本当局若要推行金票，必须抑制奉票等货币的流通。奉票"因其奉天政府之极力强调维持金融市面，故得通用至今日。盖支那银行之纸币信用如不打倒，则我国金票之于满、蒙永无发展之日"。[①] 奉天地方政府为了推行奉票，采取各种措施限制金票流通，同时限制奉票交易价格和交易量，防止奉票下跌。但奉票终因发行过度，价格暴跌，信用逐渐丧失；金票却因币值稳定，势力日渐扩大。

---

① 中国人民银行总行参事室编《中华民国货币史资料（第一辑）》，第 1006 页。

一　奉票和金票的流通区域及其特点

（一）奉票的发行和流通状况

奉票的流通区域主要是奉天省，除日本人控制的大连和旅顺外，公主岭以南，安东以西，辽宁省内大部分地区几乎以奉票为主要货币。奉票在吉林和黑龙江两省也有少量流通，但由于奉票币值频繁波动，通常被用于投机套利，日常交易中极少使用。奉票流通最广的时候，一度流通至天津、山东等地。就商品交易而言，国外输入的棉纱、棉布、砂糖、煤油、麦粉等，在辽宁市场上销售皆以奉票交易。[①] 出口的特产商品，有时卖给日本出口商，有时在交易所进行交易。无论哪种方式，内地农民需要的是奉票，因此奉天内地特产商品交易大多以奉票成交。每年 11 月和 12 月是特产商品上市交易旺季，奉票需求旺盛，此时通过卖出日本钞票和金票筹措奉票，奉票交易量增加。奉票需求量的季节性变化，同时引致奉票价格的相应波动。在春节、端午、中秋各结算期，由于需向日本、上海、天津汇款，奉票价格出现下跌，尤其是在端午节前后，正值奉票需求淡季，买入甚少，奉票价格往往跌入低谷。反之，在特产物上市的秋冬季节，奉票需求上升，价格也随之上涨。[②]特产物上市时期，东三省官银号由于兼营部分特产物买卖业务，其行动也非常活跃。在特产物上市时增加奉票的发行，通过官方粮栈从农民手里收购特产物，然后将这些商品销往大连以获得日本钞票或金票，并将钞票或金票存入外国银行。或者在端午节前后，奉票市价最低时买入，待奉票需求旺盛时，再以奉票购买特产物。这种交易每年有数百万元之巨，官银号甚至将业务范围延伸到北满地区。

关于奉票的流通额，并没有非常准确、连续的数据记载，现存的奉票发行额仅是总体上的估算数据。"1916 年 11 月末起，官方开始公布奉票流通额，根据官方公布的数字，当时小洋票的流通额为 15184700 元，准备金

---

①　何孝怡编《东北的金融》，中华书局 1932 年版，第 12 页。

②　南满洲铁道株式会社上海事务所编『上海市场の圓爲替と满洲の通货』（上海满铁调查资料第四编）、南满洲铁道株式会社上海事务所、1927、137 頁。

总额为 5142000 元。1917 年 8 月小洋票改为大洋票后，8 月末大洋票流通额为 3361012 元，小洋票流通额为 13043139 元，准备金总额为现大洋 2750500 元，其他准备（换算成大洋）为 2529386 元。"1918 年，大小洋票流通额和准备金额没有太大变化，但 1919 年 6 月末，小洋票的流通额减少一半。12 月末大洋票的流通额为 7101233 元，小洋票为 5416314.9 元。准备金总额为现大洋 1481528 元，其他准备金（换算成大洋）为 2120114 元。从 1918 年 5 月 13 日起，奉票各发行银行实际上已停止兑换业务。1920 年 2 月，中日双方就兑换问题最终达成协议，奉天当局不再向奉天总领事馆报告纸币发行额和准备金状况。同时，1919 年 12 月末之后，奉天地方政府也停止了奉票发行额和准备金状况的公布。① 据估算，奉票各年度的发行额如表 5—1 所示。

表 5—1　1916—1928 年奉票发行额

单位：元

时间	发行额	时间	发行额
1916 年 12 月	16000000	1924 年 11 月	195000000
1917 年 6 月	16000000	1925 年 11 月	440000000
1917 年 12 月	17000000	1927 年 2 月	552000000
1919 年 1 月	11000000	1927 年 12 月	1300000000
1919 年 12 月	13000000	1928 年 2 月	2500000000

资料来源：侯树彤：《东三省金融概论》，太平洋国际学会，1931 年，第 83—84 页。

（二）金票的流通状况

金票主要在日本侨民居住地流通，旅顺、大连作为日本的租借地，是金票流通的主要地区。同时，东北各地也均有金票的流通和交易，从流通范围上来看，金票是东北流通最广的外国货币。随着东北与日本贸易的发展，日

① 南満洲鉄道株式会社上海事務所編『上海市場の圓爲替と満洲の通貨』（上海満鉄調査資料第四編）、138 頁。

本人在东北的资金实力逐渐上升，金票交易也日渐繁盛，流通额显著增加。1910 年前后，日本银行兑换券的流通额仅为 200 万元；1919 年后，朝鲜银行金票在中国东北的流通额已基本维持在三四千万元。① 1917 年后，朝鲜银行获得发行金票的垄断权，横滨正金银行在安东、铁岭、辽阳、旅顺等处分行的金票发行权皆让予朝鲜银行。其后，日本出兵西伯利亚，该行乘势扩展，势力逐渐扩展到北满地区，金票发行数量也逐渐增加，流通区域日广。金票在中国东北的流通额占朝鲜银行总发行额的比重也有所上升，东北与朝鲜的流通额之比由最初的 3：7，逐渐上升为 4：6，甚至更高。20 世纪 20 年代后，流通于朝鲜的金票约占 50%，南满约占 30%，北满占 10%，其余 10% 流通于中国内地各埠，如天津、山东等地。②

　　1909 年 11 月 24 日，朝鲜银行于辽宁省安东县（今辽宁省丹东市）设立分行，开始向东北扩张，但此时尚未发行金票，直到 1913 年在大连、奉天、长春等地设立分行后，才开始得以发行金票。1914 年后，朝鲜银行逐渐从南满地区扩张到北满，金票也伴随朝鲜银行分支行的设立而逐渐流通于各地。朝鲜银行在东北各处先后共设立 18 家分支行，具体设立时间如表 5—2 所示。

表 5—2　朝鲜银行在东北各分行设立时间

设立地点	设立时间	设立地点	设立时间
安　东	1909 年 11 月 24 日	龙井村	1917 年 3 月 22 日
沈　阳	1913 年 7 月 15 日	吉　林	1917 年 6 月 1 日
大　连	1913 年 8 月 20 日	沈阳新市街	1917 年 11 月 1 日
长　春	1913 年 9 月 5 日	旅　顺	1918 年 1 月 1 日
四平街	1914 年 2 月 14 日	辽　阳	1918 年 1 月 1 日
开　原	1915 年 9 月 15 日	铁　岭	1918 年 1 月 1 日
哈尔滨	1916 年 7 月 15 日	郑家屯	1918 年 3 月 1 日
营口或牛庄	1916 年 9 月 15 日	满洲里	1918 年 9 月 22 日
傅家甸	1916 年 12 月 1 日	齐齐哈尔	1918 年 11 月 15 日

资料来源：中国人民银行总行参事室编《中华民国货币史资料（第一辑）》，第 1019 页。

---

① 篠崎嘉郎『満洲金融及財界の現状』上卷、188 页。
② 晋笙：《金钞之现势》，《东三省官银号经济月刊》第 1 卷第 3 期，1929 年，第 4 页。

朝鲜银行金票在东北的发行额，仅在 1918—1923 年关东厅财务科有调查，此后在东北的确切流通额也没有具体的统计数据。朝鲜总督府在各年末发布金票总发行额和在朝鲜的流通额，这一数字与关东厅财务科对东北流通额之调查并不一致。由于东北和朝鲜接壤，往来密切，很难区分金票在两地的流通额。表 5—3 为 1917—1926 年朝鲜银行的金票发行额及流通额情况，可以看出，自 1918 年开始，金票在东北的流通额逐年增长，从 2000 万元左右增加到 4000 万元左右，占总发行额的比重从 1918 年的 16.52%，上升到 1923 年的 35.54%。若以总发行额和朝鲜流通额的差额来看，占总发行额的比重从 1917 年的 9.58% 上升到 1926 年的 31.14%。虽然两个比值略有差异，但基本能反映金票在东北地区发行额的增长趋势及所占比例的变化。

表5—3　1917—1926 年朝鲜银行金票的发行额及流通额

单位：元

年份	东北流通额	朝鲜流通额	总发行额	朝鲜之外流通额	朝鲜之外占比（%）	东北占比（%）
1917		60910690	67364950	6454260	9.58	
1918	19089382	93175779	115523671	22347892	19.35	16.52
1919	37066000	121475962	163600055	42124093	25.75	22.66
1920	42342000	86196300	114034620	27838320	24.41	37.13
1921	46775000	101278789	136360500	35081711	25.73	34.30
1922	34251000	71215355	100544864	29329509	29.17	34.07
1923	39174000	80760032	110233068	29473036	26.74	35.54
1924		87555750	129118713	41562963	32.19	
1925		74877084	120540782	45663698	37.88	
1926		76387066	110936531	34549465	31.14	

资料来源：篠崎嘉郎『満洲金融及財界の現状』上巻、31—32 頁。

虽然金票的流通额和流通范围都有所扩展，但主要还是局限在日本人之间的交易，增加的仅是交易量而已。东北当地货币仍有较强之势力，尤其是奉票，在中日两国货币同时流通的市场上，金票仍无法驱逐中国货币。虽然在关东州各种交易大多以金票进行，但若银价上涨，日方向中国人支付的工资还需诉诸银本位货币。在关东州之外，满铁沿线各市场上，"日本人之间进行的交易完全使用金票，而中国人之间进行的交易，及特产物商品交易就不使用金票"。但在日本进口商和中国批发商之间，还是用金票进行交易。中日商人间主要用金票和东北当地货币进行交易，日本商人到东北购货，先在大连将金票换成钞票，然后再以钞票购买东北当地货币（奉票、哈大洋券、官帖等）。若将日本商品出口至东北出售，则接受当地货币，再换成钞票，再将钞票换成金票，汇回日本。① 在满铁附属地之外，金票无法流通，但可作为外国货币接受。总之，金票的流通以大连为中心，局限在满铁沿线地区。从用途上看，主要用于日本侨民的日常交易，以及中日双方的进出口贸易，还可用于东北各地及向国外的资金汇兑。②

东北北部最初主要是俄国而不是日本的势力范围，故日本金票大约在1916 年后才逐渐扩张至此。1916 年以前，北满当地银行主要以卢布为本位币，1916 年 6 月，横滨正金银行开始设立金圆本位账户；1917 年 9 月，朝鲜银行在哈尔滨设立金圆本位账户；1918 年 7 月，由于西伯利亚派遣军军票流通不顺，遂换成朝鲜银行的金票。1919 年 4 月，鄂穆斯克政府废除克伦斯基的纸币宣言，引起卢布大幅贬值，几成废纸，无法交易，遂改为以金票交易。1919 年 6 月，中东铁路运费改用金卢布的同时，当地以秋林公司为首，大部分商店均采用金票计价。此后，各外国银行皆设立金圆账户，流通额约 300 万元至 500 万元。③

随着金票在黑龙江省的推行，当地政府为抵制金票的流通，禁止商人接收金票，日方为此多次向东北当局提出交涉。1927 年 1 月 11 日，日本驻哈尔滨领事天羽英二致日本驻华公使芳泽谦吉的函电中，提及黑龙江行政长官张焕相排斥金票，"对中俄商人收受金票与大洋票的交换，及在钱钞交易上金票的收受等禁令，仍未弛禁"。为此，请求撤除张焕相，否则影响日方在东北政策的推行。1 月 12 日，天羽英二致驻华公使馆一等秘书官重光葵，要求其若会见奉天要人，须使张作霖撤除张焕相行政长官之职。7 月 4 日，天羽英二又致电日本外务大臣田中义一，报告了与东北当局交涉的经过，内容涉及日方提出的要求和张作霖方面的回应。日方的要求包含四点：第一，

---

① 参见蔼庐《大连金建问题》，《银行月刊》第 1 卷第 6 期，1921 年，第 6—7 页；中国人民银行总行参事室编《中华民国货币史资料（第一辑）》，第 1086 页。

② 篠崎嘉郎『満洲金融及財界の現状』上卷，188 页。

③ 中国人民银行总行参事室编《中华民国货币史资料（第一辑）》，第 1027—1028 页。

金本位和大洋本位，由商人自由选择；第二，允许商人自由收受金票；第三，承认金票和大洋票在市场上自由交换；第四，恢复棉纱交易所的金票交易，另设货币交换所，自由交换中国货币和外国货币。张作霖方面对此虽有所妥协，但仍未允许金票和大洋票自由交易，卖出大洋票可无限制卖出，但卖出金票受到限制，每户仅能换取数百元以内的大洋票，其余以在大连、东京、大阪、横滨等地付款的中国银行金圆汇票支付。张认为在东北范围内，须以中国货币为本位，金票只是辅币的作用，允许持有外国货币及在银行交换，但禁止商人直接收受金票，并拒绝发表允许商人自由收受金票的声明。虽然中俄商人已有部分公然接受金票，金票在流通中的限制也有所缓解，但如秋林公司等一流商店，仍不接受金票，东北当局仍未完全承认金票的地位。[1]

　　虽然在北满地区，金票流通受到一定限制，东北当局也未完全承认金票可自由流通的地位，但在南满地区金票极为盛行，与奉票之势不相伯仲。金票势力强盛之原因有以下几个方面。第一，南满、安东两路运输及附属各机关，其使用货币，均以金票为本位，他种货币拒绝使用。大连海关征收关税，也折合为金票征收，以海关两一两合金票一元五角六分八厘。第二，第一次世界大战爆发，欧美输入东北的产品逐渐减少，日本乘机大量向东北出口，故东北对金票的需求日增。第三，国际汇兑以金为本位，金票是向英美等国汇兑的参照标准。第四，东北各处均有金票流通，横滨正金银行和朝鲜银行均可以金票汇兑，而若以本国货币进行汇兑，由于流通区域受到限制，不同货币区之间汇兑须进行货币兑换，较为繁琐。故金票可在东北各处通汇，较为便利。第五，奉票贬值，商民以奉票换取金票保值，并存放于横滨正金银行和朝鲜银行，致使金票需求增加。[2]

　　此外，奉天地方政府向日方银行借款，也是促使金票盛行的重要原因。1916 年因奉票兑换危机，致使奉天财政困难，资金短缺。为维持财政和官银号运转，张作霖当局向日方银行借款，分三次共向朝鲜银行借款金票 600万元。1916 年 6 月 9 日第一次借款金票 100 万元，8 月 1 日第二次借款金票

　　① 中国人民银行总行参事室编《中华民国货币史资料（第一辑）》，第 1029—1031 页。
　　② 晋笙：《金钞之现势》，《东三省官银号经济月刊》第 1 卷第 3 期，1929 年，第 5—6 页。

200 万元，1918 年 4 月 22 日第三次借款金票 300 万元。三次所借款项主要用于奉天各银行周转资金和财政支出，借款利息均为年利 6.5%。至于担保抵押物，第一次借款以奉天电灯公司、电话局及租界全部财产作担保，第二次以奉天契税和酒税作担保，第三次以奉天省本溪湖煤矿公司全部股份作担保。[①] 此等借款使得朝鲜银行获得参与奉天金融整理改革的权力，其金票也可依据货币行市，缴纳赋税公款，这使金票的流通进一步拓展，使得"东三省之金融界，金钞势力，已成普通之现象，几有席卷囊括东三省金融之概"[②]。

进入 20 世纪 20 年代，金票流通日广，但也曾出现波动，使金票的流通颇受影响。1924 年 5 月 26 日，美国颁布限制日本移民的移民法案，这一事件激起日本国民的强烈反对，使日美双方争端逐渐升级，其影响波及东北日美商界。哈尔滨美国各商行联合一致对抗日商，首先拒绝接收金票，与横滨正金银行断绝往来。而"金票在哈埠之势力，近二年来，极为膨胀，其原因固由于羌帖之失败，但亦因中国方面，金融奇紧，中交等行，皆停止放款，朝鲜等行乘此机会，放出金票一万万有奇，则其势力遂日炽"。因美商如美孚、慎昌等银行与横滨正金银行资金往来甚巨，每月之汇款达四五千万元，而此次拒绝接收金票，改为大洋票，日本金票受美商抵制之影响，"其势力乃大受挫击，不但哈埠一隅，陡现慌（惶）恐之象，而北满各埠，同受其绝大影响，而其价格之跌落，直有如水就下之势"[③]。金票价格由 1924 年 5 月的哈大洋券 100 元折合金票 114 元，下跌至 12 月哈大洋券 100 元折合金票 137.69 元，直到 1925 年 3 月才稍稍有所回升至哈大洋券 100 元折合金票 119.15 元。[④]

（三）禁止金票流通政策及其失败

奉天当局为了推行奉票，并力求以之统一东三省货币，曾采取限制金票

① 中国人民银行总行参事室编《中华民国货币史资料（第一辑）》，第 1043—1047 页；王铁崖编《中外旧约章汇编》第 2 册，生活·读书·新知三联书店 1959 年版，第 1208—1210 页、1213—1215 页、1357—1359 页。

② 晋笙：《金钞之现势》，《东三省官银号经济月刊》第 1 卷第 3 期，1929 年，第 10 页。

③ 《哈埠日本金票地位动摇》，《银行周报》第 8 卷第 17 期，1924 年，第 4 页。

④ 南满洲铁道株式会社经济调查会编『満洲通貨統計 B 貨幣相場編』南満洲鉄道株式会社、1932、31 頁。

流通的措施，以此打压金票的势力。1921 年 10 月 2 日奉天总商会发布禁止使用金票的通告，主要包含以下各项内容：第一，各铺商批买货物，凡系使用金票议价和交易的，均须一律改为使用奉票，以本年十月一日为实行之期；第二，交易保证所除每日照旧将现金票作为交易品类外，所有期金票及其他货币，俟实行期后，如有停止交易的必要，即行停止交易；第三，各钱庄买卖各种大宗货币，必须指明正当用途，并于事后报告总商会或商会备查；第四，各银行号操金融之总枢，无论作兑上海规银，或赴各埠调动现款，一律以钞票、过炉银、津汇周转；第五，奉天特产大宗出售现期各货，一律须用奉票。①

　　日本方面也对此做出回应，反对禁止使用金票的政策，认为使用金票还是奉票应该听从商家自由选择，而不应强行禁止，否则将导致中日商人交易停滞。奉天中日商会也要求取消禁止使用金票的政策，为此双方达成三条协议：第一，中日商家间之交易，虽以奉票为本位，但行用金票任由商家，听其自由；第二，奉天交易所于 10 月 11 日以后取消禁止金票通行之通知；第三，取消 10 月 2 日自总商会发出之十一条排斥金票宣传文，讲究最善之方策，以觉悟一般商家之误解。中国总商会将此协议呈交至张作霖，张作霖顾及中日商业利益，遂取消十一条排斥金票之宣传文，金票使用问题暂时得以解决。②

　　受奉天排斥金票政策的影响，铁岭中日商人间的交易也一度停滞。中国商人购买日方商品一直沿用金票，"已熟习金建交易，也知道使用日本期票的方法，以及票据贴现等日本式交易的方便"，故一般不愿意改用奉票交易。但奉天出此规定，铁岭的中国商人担心采用金票交易受到处罚，只能暂时观望，中日商人间的交易暂时停滞。日本棉纱布行市逐渐下跌，只有少数零星交易，大宗交易鲜少见到。在中日商人以及关东厅的施压下，最终张作霖同意撤销禁止使用金票的通告。③

　　辽阳为南满铁路沿线重要城市，当地工业生产需要日本的煤炭、棉纱、棉布等物资，若禁止使用金票，这些交易将难以完成，严重影响工商

---

① 中国人民银行总行参事室编《中华民国货币史资料（第一辑）》，第 1090—1091 页。
② 《金建问题最近经过情形》，《银行月刊》第 1 卷第 11 期，1921 年，第 6—8 页；中国人民银行总行参事室编《中华民国货币史资料（第一辑）》，第 1092 页。
③ 中国人民银行总行参事室编《中华民国货币史资料（第一辑）》，第 1092—1094 页。

业发展。因此，当地商会反对禁止使用金票的决议。此项决议实施初期，日本输入的棉纱、棉布、肥皂等商品的交易量确实有所减少。这些商人资本规模较少，资金有限，通常不能以现金交易，而是以期票支付，迨至商品出售后，才可向日方商人支付货款。若以奉票交易通常须支付现金，不能使用期票，而只有使用金票，才能以期票支付。故这些商人要求恢复使用金票，否则将陷入停业状态。这些商人私下里仍旧使用金票，中国方面的商会也未制止，禁止金票流通的决议在辽阳难以推行。经过交涉，奉天当局最终允许商人自由使用金票或奉票交易。1921 年 11 月 25 日，日本驻辽阳代理领事木岛仙藏致外务大臣密函提及，由于后来商会没有强行禁止使用金票，商人逐渐安心，使用金票的交易顿增，金票使用量占 80%，银票占 20%。[①]

奉天地方政府之所以强烈反对金票的流通，主要是担心金票在东北的势力过于强大，最终将奉票挤出流通领域，因为金票币值稳定，如果让金票和奉票在市场中自由竞争，"金票将压倒奉票，侵占其流通领域，势必一般交易将依靠金票，奉票将蒙受莫大影响，从而可能动摇奉天财政之基础"[②]。但在中日商民以及日本当局的压力下，张作霖最终于 1921 年 12 月 9 日取消禁止金票流通的通告。这表明金票在东三省已被广泛接受，且信用卓著，而奉票虽然有奉天政府做支撑，但在一个竞争性货币市场中，多种货币竞争，其价值最终取决于市场的认可度，若没有可靠的信用，稳定的币值，政府的强制性干预终究无济于事。

二　中日货币在东北各地的交易

东北各地钱钞交易所的货币交易在很大程度上反映了当时的货币使用和流通状况。由于金票币值较稳定，兼具保值和汇兑功能，在各交易所基本上都有交易。而奉票除少数几个交易所外，在东北各处也几乎都有交易。

---

① 中国人民银行总行参事室编《中华民国货币史资料（第一辑）》，第 1094—1096 页。
② 中国人民银行总行参事室编《中华民国货币史资料（第一辑）》，第 1095 页。

（一）奉天的货币交易

1919 年 2 月，关东都督府发布第 5 号令，成立奉天交易所，开始进行金票和奉票等货币交易。奉天交易所最初也进行横滨正金银行的钞票交易，但由于该交易所不进行特产物交易，因此钞票交易没有持续下来，后来主要进行金票对奉票的期货交易。1929 年奉天当局发行现大洋票后，又有金票对现大洋票的期货交易。奉天交易所没有现货交易，现货交易主要在兑换所内进行。交易方式是以现大洋票和奉票买卖金票，以金票 1000 元为交易单位，标价以金票 100 元需现大洋票或奉票若干元来表示。以金票为交易标的物，足以显见金票在奉天的重要地位。

奉天交易所内的交易由交易所信托株式会社提供担保，同时负责清算业务，其资本金为金票 50 万元，各种准备金共计金票 23.5 万元。在金票对现大洋票交易中，期货交易的保证金为金票 1000 元需付现大洋票 25 元（1930年 3 月所做的规定）。金票对奉票交易的保证金根据金票行情变化而调整，以入账价格为准，价格在 8000 元至 8500 元，金票 1000 元付奉票 4000 元；价格在 8500 元至 9000 元，金票 1000 元付奉票 4500 元，以 500 元为单位上下调整。入账价格为当日前市开盘价、最高价、最低价及收盘价四者的平均值。由于 1930 年奉票已严重贬值，且仍持续贬值，故须根据奉票行市调整保证金，以规避奉票贬值造成的保证金损失。

奉天交易所交易商必须向奉天交易所信托株式会社缴纳 2500 金元的身份保证金，此外期货交易建仓时还需缴纳的保证金包括基本保证金、追加保证金、增额保证金以及特别保证金四种。交易商中中方会员 20 名，日方 25名，共计 45 名会员，这 45 名会员共同组成奉天交易所交易商协会。交易商接受委托时收取的买卖手续费为买卖金额的 0.075%，对同业商人以及提供兑换服务的商人提供 0.005% 的折扣。此外，在交割时再收取与买卖手续费等额的手续费。

奉天交易所货币期货交易的期限通常不超过一个月，交割日规定为每月14 和 28 日两天。每月 14 日交割的期货，从前一个月的 22 日起开盘交易，截止日期是当月 13 日；28 日交割的期货从当月 7 日起开盘，截止日期为当月 27 日。因此，每月月初到 6 日，只能进行当月 14 日为交割日的期货交易；7 日到 13 日可以进行 14 日和 28 日为交割日的两种交易。以 14 日为交割日的称为"近期期货"，28 日为交割日的称为"远期期货"。14 日到 21 日期间只能进行当月 28 日交割的交易，此时"近期期货"是指 28 日交割的期货，"远期期货"是指下个月 14 日交割的品种。① 也就是说，当可以购买两个交割日的期货时，相邻较近的那个交割日的期货称为"近期期货"，否则则称为"远期期货"。由于每个月 7 日到 13 日和 14 日到 21 日可进行两个交割日的交易，故在此期间，"近期期货"和"远期期货"两种合约可互换，也可以卖出或买回已购买的"近期期货"合约，但不能进行新的"近期期货"合约的交易。

奉天交易所交易势力范围涉及满铁沿线、沈海线、四郑线、吉长线、哈尔滨一带，也有来自天津和上海的交易势力。每年 4 月到 5 月正值棉丝布等进口商品结算期，中国商人需要以金票支付给日本商人。此时，卖出现大洋票和奉票，买入金票的数量增加，从而出现金票价格近期高远期低；而秋冬时节，特产商品上市交易之时，外国出口商为收购特产物需要奉票或现大洋票，则卖出金票买入现大洋票或奉票的数量增加，这时又会出现近期低远期高的现象。② 金票和奉票的价格和交易量随两种货币的需求呈现季节性波动，反映了两者势力随季节性而消长。

20 世纪 20 年代中期后，奉票价格频繁波动，持续贬值，使奉天交易所金票和奉票的交易多数为投机交易。1925 年 5 月到 1926 年 7 月，奉天交易所的交易量达到 9.22005 亿元，交割金额仅为 1085 万元，交割金额占交易量的比重为 1.177%；1926 年 8 月到 1927 年 7 月，交易量为 5.02215 亿元，交割金额为 749.7 万元，占交易量的比重为 1.493%。虽然还有部分交易通过交易商进行交割，尚未记录在交易所的账簿上，即便加上这部分交割金额，交割金额占交易量的比重还是很小。如果是为购买货物而进行的货币期货交易，通常都会进行实际交割，实际交割金额很少，表明货币交易并不是为满足购买货物的需要，而是进行投机

① 南满洲鉄道株式会社上海事務所編『上海市場の圓爲替と満洲の通貨』（上海満鉄調査資料第四編）、129—130 頁。

② 南満洲鉄道株式会社総務部調査課編『大連を中心として觀たる銀市場と銀相場の研究』南満洲鉄道株式会社、1930、55—59 頁。

套利。[①]

1930 年 7 月，东三省官银号发行币值一角的小额大洋票，这使得奉天交易所金票对奉票的交易越发冷清。最终，以 8 月 14 日为交割日的期货没有交易成交，以 7 月 28 日为交割日的期货在 7 月 23 日报价为 11320 元，到期交割后也不会再有新的交易出现。自此，20 多年来，奉票在奉天经济中的主导地位完全被现大洋票所取代。[②]

关于奉天交易所货币的交易量，如表 5—4 所示。可以看出，金票对奉票的现货交易仅在 1920 年、1923 年和 1924 年有少量交易；钞票对奉票的期货交易主要发生在 1924 年至 1927 年，但交易量并不大；交易量最多的是金票对奉票的期货交易，且在 1925 年和 1926 年快速上升，交易量达到 7 亿元金票左右。

表 5—4　奉天交易所钱钞现货以及期货交易情况

种类 年份	现货		期货			
	金票对奉票		金票对奉票		钞票对奉票	
	数量 （金票元）	金额 （奉票元）	数量 （金票元）	金额 （奉票元）	数量 （钞票元）	金额 （奉票元）
1920	20000	15760	253286000	350013785	—	—
1921	—	—	11175000	14061448	—	—
1922	—	—	28708000	39941178	—	—
1923	39700	55317	11283000	15642262	—	—
1924	177100	257659	129999000	182400019	365000	638433500
1925	—	—	702390000	1156266980	59000	110983
1926	—	—	676299000	2265114139	163000	793254
1927			1003650000	10331742314	39000	200885
1928			625219000	8881098458		

资料来源：南满洲铁道株式会社庶务部调查课编『満洲に於ける日本取引所』南満洲铁道株式会社、1928、附録 49 頁。

---

①　南満洲鉄道株式会社上海事務所編『上海市場の圓爲替と満洲の通貨』（上海満鉄調査資料第四編）、132 頁。

②　南満洲鉄道株式会社総務部調査課編『大連を中心として観たる銀市場と銀相場の研究』、61—62 頁。

（二）安东的货币交易

安东的货币交易市场包括日方的安东交易所株式会社和中方的钱钞市场。安东通行货币以镇平银为主，交易所的交易品种规定为有价证券、钱钞、商品等，实际进行交易的是股票、镇平银以及小米。其中，镇平银对金票的交易只有期货交易，以 13 日和 28 日为交割日。期货现货的交易通常以交割日前一天的前市为交易截止时间，交割日的后市开始期货的新盘交易。开盘以每一手交易为单位，通过竞价方式进行。镇平银对金票的交易以镇平银 1000 两为单位，标价以镇平银 1000 两合金票若干元表示。市场的前后两市均分为两节，前市第一节是上午 9 点 30 分到 9 点 55 分，上午 10 点股市开盘；第二节于股市开盘后开始，到 11 点 10 分结束。后市第一节从下午 1 点 30 分开始，1 点 55 分结束，下午 2 点股市开盘，股市开盘后后市第二节开始，3 点 15 分结束。不过，交割日的前市只进行第一节，第二节休市；周三、周六后市第二节到下午 2 点 40 分结束。解除交易合约的方法有两种：一种是建立与当前合约相反的合约，以对冲原来的交易；另一种是在交割日向镇平银的买方支付相应的金票，以结束合约。[①]

安东交易所的保证金类型与其他交易所相同，基本保证金为每 1000 两镇平银支付金票 50 元，但该比率经常发生变化。在交割日的五天前，交易所可根据当前的合约数额以及之后新建合约收取追加保证金，还可根据交割日前四天合约余额占安东存银总额的比重，决定是否进行交割，如果占比过大，交易所则责令买卖双方准备交割。

安东交易所的交易商除三名中国人、三名朝鲜人之外，其余皆为日本人。委托这些交易商进行交易的商人可划分为华商（指除东北以外的其他地方的中国商人）、朝鲜商人、东北商人三大类。其中，委托朝鲜商人进行的交易多为投机交易；华商的势力又可划分为钱庄帮、贸易商帮、银行帮、投机帮等，主要势力是钱庄帮。其中以当地钱庄和大连钱庄为主，也包括来自上海、青岛、天津、烟台、奉天、长春、哈尔滨等地的钱庄。1929 年 12

---

① 南満洲鉄道株式会社総務部調査課編『大連を中心として観たる銀市場と銀相場の研究』、79 頁。

月 1 日到 1930 年 5 月 31 日间，安东交易所镇平银对金票的交易量为 4.4129
亿两，交割量达 367.7 万两。[1] 安东交易所的货币交易主要是镇平银对金票
的期货交易，从表 5—5 可知，各类货币的现货交易仅 1921 年有少量交易。
镇平银对金票的期货交易量较大，1921 年、1923 年、1926 年，均为 3 亿多
两，1922 年、1924 年和 1925 年较少，但也为 2 亿多两。

表 5—5　安东交易所钱钞期货以及现货交易情况

年度＼种类	期货		现货			
	镇平银（两）	奉票（元）	镇平银（两）	金票（元）	大洋票（元）	奉票（元）
1921	301504000	12000	1339000	495000	51000	73000
1922	253746000	—	—	—	—	—
1923	325082000	—	—	—	—	—
1924	276624000	—	—	—	—	—
1925	215964000	—	—	—	—	—
1926	351466000	—	—	—	—	—

资料来源：篠崎嘉郎『満洲金融及財界の現状』下巻、大阪屋號書店、1928、164 頁。

　　安东银市是安东的中方货币交易市场，由总商会经营，位于财神庙街。
市场规定实行会员制，若没有会员资格但经过总商会许可，也可直接进入市
场参与交易，但只限于中国人。日本商贸公司具有会员资格的只有三井物
产、三巴商店、日升公司、陈天号等少数几家，如果具备会员资格的日本商
贸公司因破产倒闭或其他原因丧失会员资格，也不再接受新的外商会员。因
此，日本会员逐渐减少。该市场于日出后 30—40 分钟后开市，一般进行两
个小时左右的交易。1930 年 3 月，市场于早上 6 点开市至 7 点 10 分，首先
进行一小时左右的金票、奉票交易。然后依次是上海规银、现大洋，最后是
现小洋。银市的标价以金票 1 元、奉票 1 元、现大洋 1 元、现小洋 1 元所需
的镇平银金额表示。各类货币交易主要为现货交易，日本商人如需现货交

---

　　① 南満洲鉄道株式会社総務部調査課編『大連を中心として觀たる銀市場と銀相場の研究』、
79—81 頁。

易，也常通过银市进行。①

安东的中国商人以镇平银或现小洋为主要交易货币，而草河口以西的安奉沿线以及鸭绿江上游地区，则以奉票和新现大洋为主要货币。安奉线及内地发往安东的货物需通过现大洋票或者奉票进行支付，而从日本或其他地区进口经安东运往奉天的棉丝布、军需品等商品，需以金票支付，故在安东卖出奉票，买入金票的交易也较为普遍。因此，奉票和金票因贸易需要而产生大量间接交易，这种间接交易通过镇平银得以实现。日本的出口商卖出金票，买入镇平银，再以镇平银买入奉票，支付购买特产物的货款；进口商则卖出奉票，买入镇平银，再以镇平银买入金票，购买进口商品。

1929 年后，奉票急剧贬值，信用恶化，逐渐被现大洋票取代。同时，安东附近地区小洋的流通区域不断扩大，从鸭绿江下游大孤山、大东沟到安奉沿线、草河口以东都在使用小洋。在安东，小豆、小米等杂粮交易，工资、批发商的仓储费用和保险费用都习惯使用小洋支付。②

（三）　开原交易所

开原是东北南部重要的特产物上市市场，1916 年开原交易所便开始进行钱钞交易。钱钞期货交易品种与奉天相同，即金票对奉票和现大洋票两种，交割日为每月 15 日和月末。大豆和高粱等期货交易本来是通过奉票进行，1930 年 3 月 25 日开始金票对现大洋票的交易，随着现大洋票的逐渐推广，通过现大洋票进行的交易逐渐增加。奉票逐渐退出市场，现大洋票在奉天商品交易中的地位越来越重要。

开原交易所主要交易的货币是金票对奉票的交易，其次为钞票对奉票，羌帖对奉票在 1918—1920 年也有少量交易。如表 5—6 所示，金票和钞票对奉票的交易量相差不太大。1918 年较少，都在 6000 多万元。金票对奉票的交易在 1919 年急剧上升到 2 亿多元，此后一直维持在 2 亿元到 4 亿元之间。金票交易量在 1922 年达到最高点，为 325093000 元，钞票交易量在 1923 年达到最大，为 243918000 元。

---

① 黎小生：《安东之货币市场》，《中东经济月刊》第 8 卷第 6 期，1932 年，第 110—111 页。
② 南满洲铁道株式会社総務部調査課編『大連を中心として観たる銀市場と銀相場の研究』、86—88 頁。

表5—6　开原交易所钱钞期货交易情况

年度＼品种	金票对奉票		钞票对奉票		羌帖对奉票	
	数量（金票元）	金额（奉票元）	数量（钞票元）	金额（奉票元）	数量（卢布）	金额（奉票元）
1918	62263000	62129289	62337000	95125635	160184000	36137214
1919	238781000	212387854	171361000	282544526	214375000	25796194
1920	312623000	304231066	160112000	246170674	35000	1390
1921	226655000	290727490	121128000	172889719	—	—
1922	325093000	443048214	227761000	353092685	—	—
1923	246286000	343843717	243918000	362442217	—	—
1924	124845000	168910304	191005000	312970217	—	—
1925	115194000	197957814	154997000	353342124	—	—
1926	104725000	327519161	154590000	522246095	—	—
1927	2000	20260				
1928	5857000	133402560	773000	18232360		

资料来源：南满洲鉄道株式会社庶務部調查課編『満洲に于ける日本取引所』、附録51—52頁。

　　开原是除奉天外较大的奉票交易市场，其交易量虽然逊色于奉天交易所，但相对其他交易所来说，奉票的交易量较大。1929年奉天交易所金票交易量达到11.64亿元（金票对奉票），开原钱钞期货交易量为金票4.37亿元（金票对奉票）。可见，两地金票对奉票的交易量都很大。开原和奉天两地市场联系紧密，不仅体现在两地钱钞市场，还体现在开原特产物交易市场与奉天钱钞市场。开原特产物交易价格在奉天交易所开市期间，每隔30分钟通讯社就会播报一次。若开原的特产物市场交易活跃，以奉票为本位的特产物价格上升，金票价格也随之上涨；反之，若特产物交易价格下降，金票价格也随之下跌。同时，奉天交易所金票价格的涨跌也将影响开原特产物的交易价格。由于两地金票价格可能存在差异，进而产生利用两个市场之间价差进行的套利交易。例如，奉天市场的金票价格下跌时，奉天市场会以奉票买入金票，然后在开原卖出；反之，奉天金票价格上涨时，开原交易所就会买入金票，然后在奉天卖出。①

----

　　①　南満洲鉄道株式会社總務部調查課編『大連を中心として觀たる銀市場と銀相場の研究』、59—60頁。

此外，开原信托会社也进行货币交易，其由中日商人集资合办，主要进行粮食和货币交易，每日金票交易量，多的时候可达两三百万元，少时有七八十万元，每日平均交易量在 100 万元左右。参与金票交易的买卖双方都需缴纳手续费，每买卖 1000 元金票，双方需各付 2 角。以每日平均交易 100 万元金票计算，手续费收入可达 400 元。[①]

（四）滨江货币交易所

滨江货币交易所是哈尔滨中方开设的货币交易市场，交易标的物主要围绕哈大洋进行，通过金票、奉票、吉林官帖、黑龙江官帖以及永衡大洋票等货币买卖哈大洋。交易时间从上午 8 点 30 分开始，到下午 3 点 30 分结束，没有午休时间。交易所内仅限于现货交易，但暗地里也进行为期一至两周以及一个月的期货交易。交易商并未在交易所登记，交易商之间属信用契约，无需缴纳保证金，违约成本较低，但违约现象极少出现。由于交易所内仅限于现货交易，故成为交易商也较为容易，手续非常简单。

成为钱钞交易所交易商的条件是，在哈尔滨拥有店铺的中国人，须有两名保证人，同时预交哈大洋券 500 元。只要满足上述条件即可进场交易，且进退自由。因此，交易商人数也不固定。1928 年 4 月交易商人数为 180 人，全部是中国人，外国人不能加入。外国银行以及特产物交易商皆通过中国交易商进行交易。英国的汇丰银行以汇丰号的名义在交易所从事哈大洋券买卖，美国花旗银行通过祥泰号在交易所内交易。日本的横滨正金银行、朝鲜银行、正隆银行等虽然没有自己专属的交易商号，但在需要的时候会和中国钱庄直接在场外进行交易。此外，三井、三菱、日清等日方特产物交易商为收购大豆、小麦、小米等商品，也需要筹集大量哈大洋券。[②]

滨江货币交易所内最重要的交易是哈大洋券对金票的交易，以金票表示哈大洋券 100 元的价格进行标价，交易单位为哈大洋券 500 元。但实际交易

---

① 周宪武：《当地信托会社之营业近况》，《东三省官银号经济月刊》第 1 卷第 1 期，1929 年，第 8 页。

② 南満洲鉄道株式会社総務部調査課編『大連を中心として觀たる銀市場と銀相場の研究』、62—63 頁。

中，通常是以 1000 元为最低单位，很少有 500 元的交易。以金票标价的哈大洋券价格，受大连银价行情的影响最大。1930 年 6 月起，长春的日方官营交易所内开始钞票对哈大洋券、钞票对金票、金票对哈大洋券的期货交易，因此长春市场对哈大洋券的行情也起到重要影响。[①]

除金票外，奉票、吉林官帖、黑龙江官帖、永衡大洋票等也用于哈大洋券标价。买卖单位皆以哈大洋券 1000 元为单位，标价方式是哈大洋券 1 元需奉票、永衡大洋票若干元，吉林、黑龙江官帖若干吊。奉票出现在哈尔滨市场的历史很短，哈大洋券对奉票的交易始于第一次直奉战争。奉票交易并非源自买卖货物之需要，而主要是投机交易。此外，奉票的另一个用途是向奉天省进行汇款时使用。[②]

（五） 长春和吉林的货币交易所

长春设有日方交易所和中方交易所。日方交易所和大连、奉天、开原一样隶属于关东厅，交易所主要负责交易商资格审核认定、交易秩序维护、利率汇价公布等事务，其附属机构长春交易所信托株式会社负责交易担保以及清算事务。

长春交易所进行的钱钞期货交易包括钞票对官帖、钞票对金票、金票对哈大洋券、钞票对哈大洋券四种。长春是除大连外，东北进行钞票交易的主要场所。钞票对官帖的标价方式为钞票 1 元换官帖的吊数，交易单位为钞票 1000 元；钞票对金票的标价方式为钞票 100 元需付金票若干元，交易单位为钞票 1000 元；金票对哈大洋券、钞票对哈大洋券的标价方式是以金票和钞票 100 元需付哈大洋券若干元，交易单位为金票或钞票 1000 元。其中，钞票对金票的交易始于 1930 年 3 月，金票对哈大洋券、钞票对哈大洋券的交易始于同年 6 月，目的是为了提振长春交易所的交易量。钱钞期货的契约期限为一个月以内（规定为三个月以内），交割日为每月 13 日和 28 日，如果遇到交割日为节假日则提前一天。

---

① 南満洲鉄道株式会社総務部調査課編『大連を中心として観たる銀市場と銀相場の研究』、64—65 頁。
② 南満洲鉄道株式会社総務部調査課編『大連を中心として観たる銀市場と銀相場の研究』、65 頁。

　　长春的中方交易所位于长春城内四道街财神庙内，是以吉林官帖买卖哈大洋券、奉票、金票、钞票的现货市场。该交易所设立于 1919 年，交易涉及钱钞和特产物的现货期货买卖。1924 年第二次直奉战争期间未能顶住官方压迫，不得已关门休市。1928 年重新开市，每天分前后两市进行交易。由于场内交易仅限于现货，不能充分发挥货币市场的职能。实力雄厚的交易商也更倾向于在日方交易所进行交易，因此该交易所的价格行情随日方交易所行情而变化。[①] 长春交易所各类货币的期货交易量如表 5—7 所示，钞票对金票仅 1922 年和 1926 年有少量交易，金票对官帖也是在 1916 年、1920 年和 1926 年有少量交易，交易量较多的是钞票对官帖的交易。羌帖由于 1919 年几乎沦为废纸，不再通用，故 1920 年后再无交易量。奉票对官帖、钞票、金票仅在 1926 年有少量交易（见表 5—8）。

表 5—7　长春交易所钱钞期货交易情况

年度＼品种	钞票对金票		金票对官帖		钞票对官帖		羌帖对官帖	
	数量（钞票元）	金额（金票元）	数量（金票元）	金额（官帖吊）	数量（钞票元）	金额（官帖吊）	数量（卢布）	金额（官帖吊）
1916	—	—	8000	101370	217519000	3242488478	343079000	2995738021
1917	—	—	—	—	180115000	3026663464	408753000	2294830524
1918	—	—	—	—	749000	15401220	19818000	64562162
1919	—	—	—	—	4780000	238449515	14356000	26090510
1920	—	—	27624000	286085914	5831000	386022535	—	—
1921	—	—	—	—	—	—	—	—
1922	560000	592552	—	—	12015000	1670248910	—	—
1923	—	—	—	—	4009000	508004900	—	—
1924	—	—	—	—	—	—	—	—
1925	—	—	—	—	—	—	—	—
1926	12000	13264	4000	658200	23116000	3783526400	—	—
1927	—	—	—	—	67487000	11328147825	—	—
1928	—	—	—	—	133535000	24974410325	—	—

　　资料来源：篠崎嘉郎『満洲金融及財界の現状』下巻、161 頁；南満洲鉄道株式会社庶務部調査課編『満洲に於ける日本取引所』、附録 58—59 頁。

[①] 南満洲鉄道株式会社総務部調査課編『大連を中心として観たる銀市場と銀相場の研究』、68—69 頁。

表5—8　1926年长春交易所关于奉票和官帖、钞票、金票的交易

币　种	数　量	金　额
奉票对官帖	奉票 9000 元	官帖 338700 吊
钞票对奉票	钞票 22000 元	奉票 109710 元
金票对奉票	金票 1000 元	奉票 4500 元

资料来源：篠崎嘉郎『満洲金融及財界の現状』下巻、161 頁。

　　吉林货币交易所为吉林省城银钱货币有价证券的交易市场，位于城内财神庙内。该货币市场内原来进行的期货交易于1921年被禁止后，只剩下现货交易。交易品种有金票、哈大洋券、奉票、永衡大洋票等，有时也进行钞票交易。在吉林，哈大洋券常被称作现大洋票，由于哈大洋券自1919年发行后，币值稳定，可与现大洋票等价通用。但吉林货币市场上哈大洋券对吉林官帖的交易较少，永衡大洋票对官帖的交易也基本处于停滞状态。这些交易品种的价格以奉大洋、吉大洋（永衡大洋）、哈大洋券各1元以及金票、钞票各1元值官帖的数量标价。交易商每天上午8点到交易市场，10点正式开始交易，11点交易结束。11点的价格即为当日吉林城一般交易的标准价格。永衡官银钱号并不直接参与市场交易，而是派官银钱号所属的永衡茂和永衡裕参与市场交易，调节官帖价格。[①]　总之，长春和吉林两地交易所的奉票交易量都很少，说明奉票在吉林省的流通量非常有限。

（六）营口的货币交易

　　营口没有专门的货币交易所，其货币交易主要在钱庄、银炉、银行等金融机构进行。营口的通行货币一直以过炉银为主，过炉银只是一种记账货币，并无真实存在的实物，实际结算时所使用的货币经历了从锦宝银、小洋向奉票、现大洋票的转变，金票和奉票在内外贸易中也起着重要作用。营口和日本之间的贸易，须通过金票买卖以完成货物交易。日本商人在营口采购的大豆、豆粕、豆油等商品皆以过炉银标价，故需要以金票兑换过炉银。同

[①]　南満洲鉄道株式会社総務部調査課編『大連を中心として觀たる銀市場と銀相場の研究』、70 頁。

时，日本商人销售的棉丝布、杂货等商品须以金票进行交易，因此中国商人必须将过炉银兑换成金票。此外，营口向上海汇兑时，有时也通过购买金票或钞票，再通过日方银行向上海汇款。所以，金票与过炉银的交易额虽然无法确定，但一天的交易额大概在两三万元，多的时候会达到 20 万元以上。[①]

营口与东北内地之间的贸易，通常需要在奉票或现大洋票与过炉银之间进行兑换，以完成货物买卖。大部分输入东北内地的国内商品都要在营口中转，以过炉银进行交易。东北内地商人需将奉票或现大洋票汇到营口，在营口买入过炉银，然后购买这些商品。而从东北出口到南方的特产物等商品，通常以奉票或现大洋票标价，南方商人需以过炉银购买奉票或现大洋票。奉票或现大洋票对过炉银的买卖，标价以过炉银一锭 53.5 两需支付的奉票金额表示。过炉银一锭所需的奉票金额称为一封，奉票对过炉银交易的手续费以奉票 100 封需支付的奉票金额表示，由奉票买方支付。[②]

至于金票对奉票的交易，由于营口没有交易所，两者间的交易，需参照奉天、开原等地交易所金票和奉票的行市，因此短时间内难以成交。金票和奉票在营口的内外贸易中发挥着各自的作用，虽然都不是当地通行的主要货币，两者直接进行交易的情况也较少，但在营口与各地的贸易和汇兑中起着举足轻重的作用。

（七）四平街、公主岭的交易所

四平街和公主岭也有日方的交易所，交易规则与其他交易所类似，交易品种以期货交易为主。如表 5—9 和表 5—10 所示，四平街交易所主要以金票对奉票的期货交易为主，金票对奉票的现货交易仅 1924 年、1925 年有少量现货交易，钞票对奉票也仅有四个年度的交易量。金票对奉票的交易量在1920 年最高，达到 122663000 元，1923 年后不断减少，1926 年降为 545000元，1928 年进一步降为 49000 元。公主岭交易所以金票对奉票的期货交易为主，其次为钞票对奉票的期货交易。金票对奉票的期货交易量在 1920 年

---

① 南満洲鉄道株式会社総務部調査課編『大連を中心として観たる銀市場と銀相場の研究』、74 頁。
② 南満洲鉄道株式会社総務部調査課編『大連を中心として観たる銀市場と銀相場の研究』、74—75 頁。

最大，为42418000元，1924年后显著减少，至1928年交易量减少为金票29000元。

表5—9　四平街交易所钱钞期货及现货交易情况

种\年度\类	现货		期货			
	金票对奉票		金票对奉票		钞票对奉票	
	数量 （金票元）	金额 （奉票元）	数量 （金票元）	金额 （奉票元）	数量 （钞票元）	金额 （奉票元）
1919	—	—	29161000	20674397	20000	33636
1920	—	—	122663000	113989096	—	—
1921	—	—	37894000	48686764	—	—
1922	—	—	65273000	88779683	—	—
1923	—	—	49243000	68831271	156000	219354
1924	767332	1201241	27884000	38083385	62000	104799
1925	68060	94203	28779000	47347453	48000	92059
1926	—	—	545000	1875002	—	—
1927						
1928			49000	1149640		

资料来源：南满洲铁道株式会社庶务部调查课编『満洲に於ける日本取引所』、附録53—54頁。

表5—10　公主岭交易所钱钞期货交易情况

种\年度\类	金票对奉票		钞票对奉票		羌帖对奉票		其他	
	数量 （金票元）	金额 （奉票元）	数量 （钞票元）	金额 （奉票元）	数量 （羌帖元）	金额 （奉票元）	数量 （吊）	金额 （奉票元）
1919	13972000	9709439	1044000	1685776	292000	10238	1660000	67141
1920	42418000	39045555	307000	422071	—	—	14000	31400
1921	17300000	23292241	—	—	—	—	—	—
1922	38464000	52046667	—	—	—	—	—	—
1923	20596000	28492625	77000	108570	—	—	—	—
1924	6071000	8084198	36000	55065	—	—	—	—
1925	381000	631430	2000	4474	—	—	—	—
1926	9043000	29846929	12422000	50018809	—	—	—	—
1927								
1928	29000	642679	741000	17555802				

资料来源：南满洲铁道株式会社庶务部调查课编『満洲に於ける日本取引所』、附録55—56頁。

（八）大连市场的奉票上市问题

奉票原本未在大连交易所进行上市交易，1922 年开始掀起了主张奉票在大连交易所钱钞市场上市交易的风潮，但引来各方反对，最终未能上市交易。大连主要通行的货币是金票、钞票和小洋，若奉票上市交易，必将影响金票和钞票的势力，尤其是金票作为强制性流通货币的地位。因此，围绕奉票上市问题的争论，实际上是中日双方货币之间的竞争问题。大连作为日方的租界区，日本当局绝不允许奉票挤占金票的地位，同时中方在大连的势力较弱，这是导致奉票最终无法上市交易的主要原因。

奉票上市风波的起因主要是当时奉票价格波动频繁，受战争影响，奉票不断贬值，持有奉票的商人为防止奉票贬值带来的损失，卖出奉票，买进金票或钞票，一方面试图保值，另一方面进行投机套利。这些交易导致大连市场上奉票的交易量显著增加。在大连进行的奉票交易，原本仅是东北内地商人将奉票兑换成金票或钞票，数额较少。然而，由于投机交易增加，以小岗子为中心的现货交易量大幅增加，一天可达 20 万至 60 万、70 万元，期货可达二三万元。各类奉票交易所占比重大致为：第一，农产品销售商将出售产品所得的金票、钞票、小洋兑换成奉票的交易占交易总额的一半以上；第二，钱铺之间以及一般商人进行的投机交易金额约占一半；第三，大连商人至东北内地收购农产品时，需兑换奉票，但这部分交易极少。[①]

由于奉票交易量不断增加，大连股份制商品交易所和大连交易所钱钞交易部都向关东厅提出将奉票纳入交易所上市交易的品种。1928 年 9 月 15 日，大连股份制商品交易所正式向关东厅提出奉票上市申请，此后不久，大连交易所钱钞交易部也向关东厅提交奉票上市的申请。同年 10 月 30 日，交易人协会召开会议，就此问题进行商议。对于大连股份制商品交易所的上市申请，关东厅以担心奉票在日方租界区大肆流通为由，拒绝此上市申请。而大连交易所作为关东厅官办的交易所，是大连钱钞交易最主要的市

---

① 南満洲鉄道株式会社庶務部調査課編『在満日本取引所に関する諸問題』南満洲鉄道株式会社、1929、123 頁。

场，其影响力较大，奉票上市申请也遭到各方反对。反对意见主要来自开原特产物商人协会、开原交易所所长、奉天钱钞交易商以及钱铺经营者、奉天商业会议所、长春商业会议所。奉天、开原、长春等地钱钞市场反对的原因主要是担心奉票在大连交易量的增加，导致其他地方的奉票交易量减少。

开原特产物商人协会反对的主要理由是奉票在大连钱钞市场上市，将形成公定价格，大连特产物以及其他商品的交易皆以奉票进行，汇兑结算也通过奉票实现，奉票的势力将日渐增强，成为关东州内的主要通货，进而影响金票和钞票的势力。奉天钱钞交易商以及钱铺经营者和奉天商业会议所的反对意见主要是，如果奉票在大连上市，奉天钱钞交易将减少，奉票交易的中心市场将由奉天转向大连，这将导致奉天钱钞交易商利益受损。而且奉票的流通区域扩大，将使金票的流通范围缩小，日本商人在商品交易中将承受奉票价格涨跌的风险。长春商业会议所的反对意见与奉天基本类似，此外还担心奉票无法兑换，币值不够坚实，损害日方商人的利益。

三　奉票的推行及价值维持

进入 20 世纪 20 年代，奉天当局一方面采取各种措施，维持奉票价格，扩大流通区域，提升其在货币市场中的势力；另一方面，也采取了一些限制金票流通的政策，以抑制金票的势力。虽然这些维持措施在短期内起到了一定作用，但最终并未能维持奉票的价格，也未能以奉票统一东北货币。

（一）第一次直奉战争时期的奉票价格与货币政策

1920 年末至 1921 年，受世界银价和国内外各种因素的影响，奉票价格出现了较大波动。第一，1920 年 7 月，张作霖出兵北京需要大量军费开支；第二，成立东三省银行需要调运大量现洋，导致奉票兑换基础薄弱；第三，京津地区流通的奉票回流奉天，致使奉票供给过剩；第四，特产物交易减少，导致对奉票需求减少；第五，日本经济危机使金票流通额减少。这些因素导致奉票出现了近一年的下跌。之后，世界金融形势趋于稳定，中国对白银的需求增加，银价上涨，奉票价格也随之回升。1921 年 9 月大连交易所采取金本位制，促使奉天当局排斥金票，进而使奉票价格进一步上升。[①]

1922 年 4 月 27 日，第一次直奉战争爆发，从 5 月 3 日开始持续 4 日的长辛店战役以张作霖的失败告终。在开战之前，张作霖命令东三省银行、东三省官银号、兴业银行、中国银行、交通银行等各银行负责分担并筹集军费，从奉军入关到战败，从奉天运出的硬通货达现洋 500 余万元，铜元 150 万元。受直奉战争影响，奉票价格逐渐下跌。1922 年 1 月每 100 元金票兑奉票的价格为 116.9 元，4 月下跌至 147 元，5 月继续跌至 156 元。奉天当局为防止奉票贬值，下令限制交易价格和交易量，要求金票对奉票的行市必须维持在 138 元以上，交易量不超过 50 万元，违令者将被逮捕入狱。

第一次直奉战争失败后，张作霖着手进行军备扩充，从国外购入武器弹药，并斥巨资建设兵工厂。由于购买外国装备需要以金票支付，同时因直奉再战的传言，使奉票价格再次下跌。1922 年 9 月 14 日跌至 142 元。张作霖在 14 日前市开始时，命令城内交易所，从即日起每天的交易额限制在 100 万元之内，交易价格不超过 145 元。同时，禁止场外交易，对违反者严惩不贷。城内交易所顿时陷入恐慌，开始交易后仅 5 分钟，交易量就达到交易限额。9 月 17 日又将交易价格限制为 142.5 元，并由财政厅派遣监视员一名、巡警若干名在市场内外监督。当天的成交量仅为 10 万元，市况颇为萧条。鉴于此，9 月 18 日将价格限制下调为 143 元，20 日后市起取消价格限制。[②]此后，奉天当地政府经常对交易所的价格进行行政限制。

由于吉林的永衡官银号、黑龙江的广信公司发行的官帖和小洋票数量巨大，准备金不足，一直处于一蹶不振的状态。1923 年，财政厅和东三省官银号多次商议，决定由东三省官银号发行 3000 万—4000 万元大洋、公济平市钱号发行 1000 万—2000 万元的铜元票，交付在吉林和黑龙江两省的东三省官银号分号，经由官银号的渠道投入流通，回收永衡官银号和广信公司之前发行的官帖和小洋票，禁止吉林和黑龙江两省发行的官帖和小洋票流通。同时决定以东三省官银号为三省金融总机构，在吉林和黑龙江设立分号，发行现大洋纸币，之前发行的纸币按照市价予以回收。为充实现金准备，东三

---

① 南满洲铁道株式会社庶务部调查课编『奉天票と東三省の金融』、117 頁。

② 南满洲铁道株式会社庶务部调查课编『奉天票と東三省の金融』、119 頁。

省官银号还计划从上海调集大条银铸造现洋，作为兑换准备。为实施上述货币回收计划，禁止纸币增发，维持和提升奉票价值，1923 年秋，奉天当局出台"十条办法"通令东三省执行，其具体内容如下：①

1. 禁止现洋和金票的买卖。如果有必要购买必须向官署报告，按照官价，限额购买，以防止奸商操纵货币市场，扰乱金融秩序。

2. 禁止携带现大洋出境和购入现大洋囤积的行为，违反者将被逮捕并予以严惩。

3. 东三省滥发的纸币今后一律禁止流通，禁止发行官帖及其他纸币。

4. 东三省铜元流通便利，提倡各地使用和流通，并通过铜元回收官帖及其他纸币。

5. 禁止各银行及金融机构贷出资金。

6. 三省官银号不得随意从分号提取现银。

7. 禁止三省官银号进行业务合作，从事投机活动。

8. 禁止向三省官银号行员发放高额奖金。

9. 淘汰三省官银号多余行员。

10. 禁止三省内中国人经营农业货币交易所，以杜绝由于投机失败导致金融秩序混乱情况的发生。

在此基础上，1923 年底又做出新的金融治理计划和实施办法，具体内容为：②

1. 到 1924 年 2 月底之前省政府出资 1000 万元，各银行号出资 1500 万元铸造 1 元、5 角、1 角现大洋辅助银通货，预定金额为 500 万元。

2. 各银行号于 1924 年 3 月开始实施现洋兑换，但兑换比例限制在两成以内。

3. 全省币制从明年起一律改为现大洋，官商买卖交易一律以现大

---

① 南満洲鉄道株式会社庶務部調査課編『奉天票と東三省の金融』、120—121 頁。
② 南満洲鉄道株式会社庶務部調査課編『奉天票と東三省の金融』、121—122 頁。

洋为本位币。

4. 各银行之前发行的小洋纸币以 1924 年 4 月底为限一律回收，进行烧毁处理，禁止通用（铜元票暂时可以流通使用）。

5. 各银行长期贷款金额以实收资本的四分之一为限。

6. 今后除了拥有实收资本 300 万元，发起人拥有 300 万元财产以及具有相应资质的人之外，不得开办银行。

7. 凡开办货币兑换业务的商人必须具有 1 万元以上资本并具有确定商户的连带保证。

8. 银行以及货币兑换店违反规定将被处以五等以上、三等以下有期徒刑或者 100 元以上、1 万元以下罚款。

9. 成立金融调节会，由省长公署、政务财政两厅、各法定团体选派委员执行金融调节事务。

10. 设置银行管理官对各银行内部进行监察，防止滥发纸币，扰乱金融秩序。

以上两个"办法十条"实质上是用强制性的行政指令来保证奉票价值，尽管这些措施含有一些战备因素，对于长期金融发展来说并没有太多益处，但对于稳定东北地区的金融局势、维持奉票价值、解决兑换问题和币制统一则有着一定的积极作用。同时，奉天当局对于银行业的监管、对金融市场交易价格的管制以及禁止外国银行发行纸币等措施，特别是禁止外国纸币和阻止朝鲜银行纸币的流通相关条款，引起了外国人特别是日本人的广泛关注。

（二）合并三大银行试图统一货币

为了整治极度混乱的金融秩序和改革东北三省的币制，早在 1919 年末奉天当局就计划成立一个统一的东三省银行，但因其发行货币计划遭到财政部的反对不得不暂时中止。1920 年 4 月，对银行组织大纲进行修改，将发行兑换券修改为发行可兑换大洋票，资本金也减少为现大洋 800 万元，终获财政部的批准。1920 年 10 月 29 日东三省银行正式成立，总行设在哈尔滨傅家甸四平街，即原拓殖银行所在地；在长春和奉天设立支行，在北京、天津、上海、黑河等地先后开设分行。东三省银行的资本金现大洋 800 万元中，400 万元由政府出资持有，另外 400 万元为民间持股。官方股份由东三省省库分摊持有，其中奉天省 200 万元、吉林省 100 万元、黑龙江省 100 万元。民间持有部分，张作霖个人认购 100 万元，东三省官银号、奉天兴业银行各 50 万元，其余的 200 万元规定由东三省各省总商会募集。但其资本金一直没有缴足，根据 1924 年 1 月公布的数字，到账金额仅为 466.74 万元，资本公积约 30.36 万元。① 东三省银行开业后不到三年时间就出现了严重的经营问题，每天面对大量的兑换申请，对其纸币发行和价格造成巨大压力。在长春，由于纸币信用问题使得现银与纸币之间的价差每千元需支付四五十元，哈尔滨的现大洋被大量运往长春以求套利。

为了推进东三省币制的整理和统一，1924 年 3 月召开东三省金融整理大会，决定奉天、吉林、黑龙江三省联合成立金融整理委员会。由东三省各省长担任各省金融整理委员会会长，奉天会长为王永江，吉林为王树翰，黑龙江为于驷兴，并遴选委员若干名。委员会就东三省金融界的所有事宜、官立私营银行银号的债权债务、各银行银号每年的损失盈利以及纸币发行情况进行调查，并且对金融调查报告负有全部责任。各银行如若增发纸币，必须拥有 80% 以上的准备金。取缔各地小钱庄，停止其业务经营。奉天省铸造的铜元 10 枚兑换 1 角，拒绝使用外省铸造的铜元；吉林省官银号发行的钱票限期兑换成大洋票予以回收，兑换比率为奉市小洋 12 角兑大洋票 1 元；黑龙江省回收之前发行的大洋票，发行现大洋票。②

1924 年 6 月 19 日，奉天省长公署令决定将东三省官银号、兴业银行以及东三省银行三家银行予以合并，合并的直接理由是三行分立不仅不利于经营，还影响在危机情况下拯救银行行动的政策效果，但三行合并的真正原因则是要试图实现东三省的经济独立和币制统一。三家银行合并采取的共同组织形式仍以东三省官银号为行名，于 7 月 15 日起正式实施合并，总行设在奉天省城官银号旧址，各地原来存在的行号一律更名为东三省官银分号，原来三家银行的存款、贷款以及其他业务由新成立的东三省官银分号继续经营。按照合并之前三行所缔结的协定，东三省银行发行的大洋票以及兴业银

① 南满洲铁道株式会社庶务部调查课编『奉天票と東三省の金融』、111—112 頁、115 頁。
② 南满洲铁道株式会社庶务部调查课编『奉天票と東三省の金融』、123—124 頁。

行发行的债券自 7 月 1 日起以一个月为一期，三个月即三期之内全部回收。东三省官银号组织变更后发行 8000 万元的新纸币，发行量分配方案是，总行 4000 万元，合并三行号各 1000 万元，主要分行所在地合计 1000 万元。东三省官银号总行设在原官银号旧址，东三省银行机构设置在官银号总汇兑处。分行除了现有的省内 20 家之外，在吉林省新增 11 家，在黑龙江省新设 9 家；各分行人员配置为经理 1 名、行员 2—10 名，但东三省银行、兴业银行可以在原分行基础上进行改组设置。①

当时，东三省银行在奉天一地吸收储蓄 70 万元，而贷款金额却为 100 万元，贷款金额远高于储蓄金额；兴业银行也是如此，储蓄 1000 万元，贷款却高达 2000 万元；东三省银行哈尔滨分行在 1922 年末的贷出金额也是储蓄金额的两倍。② 各银行都在不同程度上存在着货币超发的现象，兴业银行拥有 2000 万元的纸币发行权，但该行还发行债券 2300 万元，仅利息 1 年就是 92 万元；东三省银行的纸币发行权为 1500 万元之内，但实际上发行纸币的金额达到了 1800 万元。按照规定，准备金必须为发行限度的 12.7%，增发纸币需要相应增加准备金金额，但东三省银行在哈尔滨的现洋保有量仅为 100 万元，其余都存放在上海分行。③ 三行合并的首要任务就是收回东三省银行和兴业银行原来发行的纸币，减少纸币种类，为进一步统一货币做准备。但在兑换基础如此薄弱的情况下发行巨额的大洋兑换券，随时可能面临兑换危机。若以现大洋回收，显然不现实，而以奉票回收，又因哈尔滨一直以大洋为本位币，奉票难以被接受，回收极为困难。

奉票是当时东三省流通最广的本国货币，为了统一货币，只能以奉票回收其他纸币，因此三家银行合并后最终决定将奉大洋作为本位币，以现大洋 1 元约合奉小洋 1.6 元的价格进行回收，并达成如下五项协议：（1）通过奉票回收东三省银行大洋兑换券；（2）新官银号和在银行开设了账户的各商户都要以奉票为本位币；（3）要设法维持奉票的价格，不能让奉票价格暴涨或下跌；（4）提供足额的现大洋准备金，以商人信用为本；（5）粮业交

---

① 南満洲鉄道株式会社庶務部調查課編『奉天票と東三省の金融』、126—127 頁。
② 南満洲鉄道株式会社庶務部調查課編『奉天票と東三省の金融』、124 頁。
③ 南満洲鉄道株式会社庶務部調查課編『奉天票と東三省の金融』、125 頁。

易所要以奉票作为购入资金，并制定替代之前的大洋方法。[①]　由于奉票最初是指小洋票，虽然后来又发行大洋兑换券和汇兑券，但奉小洋票数量过巨，一时难以收回，流通中仍有较多小洋票，人们经常将奉票与奉小洋票等同。以哈尔滨为中心的北满地区主要以大洋为本位，若以奉票收回东三省银行的大洋兑换券，奉票必须为大洋本位纸币，奉天当局为回收大洋兑换券，将原来东三省银行大洋兑换券的发行权授予合并后的东三省官银号。这样既可以回收原来的大洋兑换券，减少纸币的种类，又可以发行新的统一的大洋票，避免因本位不同拒绝接受的问题。虽然哈尔滨的东三省官银号所发行的大洋票和奉天发行的大洋票仍存在地域上的区别，但从名义价值上讲已无本质区别，其兑换准备皆为现大洋。

当时，哈尔滨市场流通的 2000 余万元大洋纸币中，中国、交通两银行的发行额只有 600 万元，其余皆为东三省银行发行。中国、交通两银行本来各发行了 500 万元纸币，但为了应对兑换压力，两银行回收共计 400 万元纸币存放在金库里，没有再次流通。加之有关各方致力于回收东三省银行大洋纸币，这就为流通奉票提供了较好机会。不过，中东铁路是中俄合资铁路，在对外支付以及外国物资的购买方面实行金本位币制，需要支付硬通货，奉票无法使用。而吉长铁路位于大洋本位币地区，也对使用奉票有诸多障碍和不利。[②]

新东三省官银号的资本在 1924 年 6 月末到 7 月初召开的银行领导会议上由 100 万元增资为奉大洋 2000 万元，8 月进一步将总资本增加 3000 万元。决定完全以一二大洋为本位币，回收小洋票，统一币制；对公济平市钱号进行整治，平抑市内铜元票的价格；长春分号增加大洋汇兑券发行 400 万元，哈尔滨分号增发 600 万元。利用省库以及银行号内公积金兴办地方实业，所得利润的十分之三用于财政整理资金，十分之四用于金融维持费，其余的用于教育经费以及地方慈善事业经费。为了避免通过不必要的花费从外埠购入大洋，每月铸造现大洋 1000 万元，以便于兑换。在奉天东边道管辖下的长白、宽甸、柳河、辑安等县设立分号兑换所 13 处，在蒙边一带设立 8 处。[③]

①　南満洲鉄道株式会社庶務部調査課編『奉天票と東三省の金融』、129 頁。
②　南満洲鉄道株式会社庶務部調査課編『奉天票と東三省の金融』、129—130 頁。
③　南満洲鉄道株式会社庶務部調査課編『奉天票と東三省の金融』、131 頁。

　　总之，新东三省官银号的成立标志着东三省金融统一的进程向前走了一大步。尽管这依然带有一些战备的考虑，行政干预过强，遗留下许多问题没有解决，但对于统一东三省货币金融来说无疑是一种有益的尝试。

（三）　第二次直奉战争前后的金融管制和奉票扩张

1. 第二次直奉战争时期奉票的价格维持和流通扩展

　　1924 年 8 月中秋节到来之际，金票和钞票的需求方预期未来金票和钞票的价格将上涨，于是相继卖出奉票。东三省官银号也在奉票市价调节过程中买入金票和钞票，金票价格逐渐上涨。8 月 9 日，受直奉再战将至传言影响，奉票价格持续下跌。8 月 15 日又传官银号长春分号运来 300 万元新纸币，这又导致奉票价格进一步下跌。奉天当局为了稳定奉票市价，向城内已被取消营业资格的 13 家大钱庄发放了 8 月 16 日奉票现货交易的许可证，按官银号的官价进行交易。8 月 15 日，由于大连龙口银行遭挤兑破产，奉票价格一跌再跌，9 月 11 日跌至 190 元。为稳定奉票价格，当局宣布禁止金票兑奉票价格高于 150 元，钞票交易价高于 200 元。按照省长王永江的指示，各家银行和商务总会制定了维持金融市场稳定的方法：第一，小洋票的暂定价格规定为现大洋 1 元兑小洋票 1.8 元，金票 1 元兑小洋票 1.4 元，有违反者将停止其营业，并送交官府惩治；第二，如有使用现大洋的买主可按市价收取，不得拒绝或以某种借口压低价格；第三，各钱钞业者兑换现大洋每次限制在 30 元以内；第四，外国商人须向省长提出申请，同外国有关机构进行交涉，方能购买，禁止外国钱钞业者进行投机买卖；第五，对进行买空卖空的钱钞业者送交官府惩治；第六，各商会要抑制物价上涨，各协会会长负责随时进行调查；第七，禁止区分本省铜元和外省铜元，禁止外省铜元入境。[①] 以上决议意在限制奉票交易价格，限制兑换数量，打击投机炒作者，以此稳定奉票价格。虽然这些措施在短期内起到了一定作用，但长期来看仍旧难以阻挡奉票下跌之势。

　　随着第二次直奉战争战况的变化，奉票价格时涨时跌。在战况不利时卖出奉票，奉军胜利后又将金票兑换成奉票，导致奉票价格暴涨。奉天地方政

---

　　①　南満洲鉄道株式会社庶務部調査課編『奉天票と東三省の金融』、136—137 頁。

府为维持奉票市价稳定，于 1924 年 11 月 2 日召集各银行团和储蓄会负责人，总商会正副会长以及金融维持会各委员出席金融大会，进一步采取以下管制措施。第一，命令各银行、官银号准备足额的现大洋以应对兑换业务，维护金融秩序；第二，停止各银行发行的大小洋纸币，以防止纸币价格下跌；第三，禁止各民营银行从事汇兑、存储、贷款之外的其他业务；第四，各储蓄会不得向外国银行申请援助，违反者将被禁止营业；第五，命令各银行对受灾地区提供低息贷款，救济灾民；第六，维持军票的信用；第七，通令各县，本省的铜元 10 枚兑换 1 角，不得压低价格。[①]

随着第二次直奉战争的奉军的胜利，其占领区不断扩大，北起直隶、山东，南至安徽、江苏。奉票的流通范围也随之扩大，各地商民皆受困扰。在天津，当地总商会向一般商民发布通告，不得拒收奉大洋、公济平市钱号铜元票以及军票，不得降低这些货币的价格。而山东济南总商会根据省长的命令在济南津浦铁路附近设置了奉军临时接洽处，接洽处的工作由督军公署、省长公署、总商会及商会人员共同分摊。同时，总商会向各县发布通告，每天接收来自天津的奉票价格信息，商店将商业交易时收到的奉票带到接洽处，暂时换取受领证，当手中的受领证达到相当金额时，由接洽处的工作人员去天津兑换现大洋。此外，进军江苏的奉军第一军发布公告，强制通用奉票。在上海也以第一军总司令张宗昌的名义发布奉票强制使用的 8 条办法，总司令还以书面形式告知上海总商会，要求总商会通告各商店，奉军在天津存储的中国银行纸币和现洋按同等价格使用。随着奉票流通区域的扩大，其发行量也随之增加。[②]

第二次直奉战争期间，为了充实军费，奉天当局发行 3000 万元的兑换券。战后时局平静后，由于天津驻军的巨额费用，人们并不对奉天省财政厅整治金融秩序寄予期望，战时乱发的兑换券和铜元票全部被用作军费开支。根据奉天商会会议所月报的统计，当时的奉票发行量金额如表 5—11 所示。之后，奉军势力又迅速衰败，在外省流通的奉票出现回流，使奉天的货币供给大量增加，奉票贬值的压力持续增大，而奉天当局虽采取了各种管制措

① 南満洲鉄道株式会社庶務部調査課編『奉天票と東三省の金融』、137—138 頁。
② 南満洲鉄道株式会社庶務部調査課編『奉天票と東三省の金融』、139—141 頁。

施，尽管奉天当局进行了多方努力，但根本无法阻止奉票的贬值，中日双方的商民也越来越对奉票的前途感到悲观。

表 5—11　第二次直奉战争时期的奉票发行量金额

发行券名	战前发行额(元)	战时发行额(元)	合计(元)
东三省官银号兑换券	78064000	25500000	103564000
奉天中国银行一二大洋	25284000	—	25284000
奉天交通银行一二大洋	12360000	—	12360000
合　计	115708000	25500000	141208000
公济平市钱号铜元票	39533500	14300000	53833500

资料来源：南満洲鉄道株式会社庶務部調査課編『奉天票と東三省の金融』、138 頁。

2. 第二次直奉战争前后中日货币在市场交易中的博弈

第一次直奉战争后，奉天地方政府一直采取限价等措施维持奉票价格，并接受金票和钞票的小额兑换。在国际上，受 1923 年 9 月的大地震和禁止黄金输出政策（封金政策）的影响，日元汇价疲软，由此也造成东北地区金票价值的不断下跌。奉票和金票相对于钞票的价格双双下跌，由此引发了对钞票的炒作和禁止钱钞交易事件的中日冲突。1924 年 5 月中旬东北军的部分军官在开原钱钞市场上煽动买入 6 月 10 日到期的钞票期货，东三省官银号出于维持奉票币值的立场采取了大量卖出的策略，进而将各地钱钞业者卷入漩涡之中。6 月 10 日期货钞票的交割量达到了开原交易所成立以来未曾有过的 469 万元的水平。由于担心钱钞过度投机会对币制统一、军需物资的购买以及军队纪律等都会造成较大影响，东三省保安司令张作霖对炒作钞票的行为非常愤怒，遂于 6 月 12 日和 13 日向部分钱钞业代表进行责问，斥责他们在开原交易所进行的交易根本不是出于实际所需，完全是炒作，"我对部下这些人进行的炒作钞票的不当行为感到遗憾，正在进行清理整治，今后如有人再进行炒作一律枪毙，在今后的一个月的期间内必须让钞票价格下降到 140 元水平，汝等必须停止钞票的投机炒作行为，专心做好自己的生意"。6 月 15 日发布命令，严令钱钞业者吊销其营业许可，关闭交易所，另设银行公会进行钱钞交易；各商人如需货币，需通过银行公会获得；禁止中国人去日方交易所进行投机交易；即使是日本商店的店员，只要是中国人，如若违反此命令必将严惩不贷。6 月 20 日，进一步下令解散聚集在交易所进行现货交易以及期货品种配对买卖的钱钞业者。[①] 此后，向市场派出密探，在中国电话局内也派驻了官方人员，对交易中的金银授受进行严密监控。奉天当局不仅对奉天也对东北其他各地的钱钞进行严格监管。由此引发日本商人和总领事馆的抗议，钱钞业者通过商务总会提出了恢复营业活动的申请，随着第二次直奉大战的爆发，张作霖不得不同意延期执行上述禁令，而官银号也为了方便民众的交易活动制定了金票的公定价格。

　　1925 年的五卅惨案蔓延至奉天，导致金票贬值，奉票上涨，但随着运动逐渐平息，金票又开始回升，奉票继续下跌。奉天当局为扩张奉票的势力范围，一方面进行军备扩充；另一方面大力开展产业振兴运动，建设奉海铁路，掀起战后建设高潮，这些建设项目导致投资和税收增加。同时，奉天当局强制外国人支付兵工厂机械购入费、奉海铁路建材购入费、奉海铁路机车购入费、市政公所的电车以及材料采购费、齐洮铁路以及其他铁路修建所需材料费用，这些费用总计在 1600 万元以上。奉天地方政府要求这些税收须以现大洋和金票支付，进而使金票和现大洋价格上涨，奉票下跌。再加上电报费、火车票款、官员俸禄、各种罚款都需以现大洋支付，从而导致现大洋需求上升，进一步加剧奉票下跌。而奉天地方政府却认为奉票下跌是人为操纵所致，为此于 1925 年 8 月 26 日发布命令，禁止钱钞投机交易，违者处以 5 年以上 10 年以下监禁，同时处以 1 万元以上 5 万元以下的罚款，或没收财产，以维持奉票价格，但奉票价格仍未有起色。9 月 7 日，奉天总商会向中方各商号发布通知，要求各商店将原来商品进货以现大洋和外币支付，改为以奉票支付，由此可避免货币比价变动所带来的影响。[②]

　　在奉天总商会发布通知的同时，奉天地方政府还召集各商号代表开会，决定禁止在奉天的金票交易，对从大阪进口的货物，但已经签约以金票交易的，可不受此项规定限制。奉天地方政府还通过各地县长发布公告，对依然以金票交易者，重者枪毙，轻者关进监狱或处以交易额九成的罚款。自

---

①　南満洲鉄道株式会社庶務部調査課編『奉天票と東三省の金融』、134—135 頁。
②　南満洲鉄道株式会社庶務部調査課編『奉天票と東三省の金融』、143—145 頁。

1925 年 9 月 7 日起，奉天地方政府规定奉票对金票的公定价格为 159.8 元，比市场价格高出 7 元左右，以此限制金票和奉票的交易。日方的棉纱棉布商对此提出强烈反对，遂于 9 月 8 日在商业会议所开会商议，认为不能接受废除金本位制，并通过三项决议，即以金票回收应收账款、坚决主张实行金本位制、向银行和领事馆寻求帮助。9 月 9 日，日方商人代表向领事提出和中方进行谈判，原则上要以金票回收应收账款，但如果以大洋本位货币进行支付，须按公定价格 158.8 元进行换算，在官银号按此比价进行兑换。同时对之前签订的金票交易合约不得解除。奉天总商会对日方的意见做出回应，对已经和日商签订的以金票交易的合约须向总商会报告，并经总商会查明实情后发给证明，凭借该证明到官银号兑换金票；另外，对于未来与日商的交易须以奉票进行，如果日本商人不同意，则由总商会代为结算。① 虽然此轮中日双方关于货币市场交易和贸易本位货币问题的博弈，似乎中方占据优势，但由于已经签订的金票交易合约数量巨大，而且该禁令因遭到大多数华商的反对而难以执行。

总体而言，这一时期奉天当局在人为提高奉票价格、禁止金票交易、排斥日货和统一纸币流通等方面采取了各种措施，但以强制性行政手段限制市场交易的行为并没有取得持久性的效果。

（四）第二次直奉战争之后的奉票危机

第二次直奉战争后，奉票的价格愈发出现下跌之势。1925 年末，由于财政混乱及滥发纸币，奉票价格逐步失控。1926 年 1 月到 1927 年 4 月间，奉票出现史无前例的暴跌。1926 年 1 月金票 100 元对奉票比价最高值为 197 元，最低值为 230 元，而当年 4 月则变为 300 元，6 月为 400 元，7 月跌至 500 元。之后稍有回升，至当年年末，一直保持较为稳定的态势。但 1927 年 1 月起，又跌至 600 元，3 月从 600 元继续暴跌至 900 元，4 月更是跌破 1000 元大关，跌至 1270 元。② 1926 年后，张作霖为实现东三省政治稳定，人民安定，缩减军备开支。为挽回威望，暂时切断和中央财政的关系，竭力

---

① 南満洲鉄道株式会社庶務部調査課編『奉天票と東三省の金融』、145—146 頁。
② 南満洲鉄道株式会社上海事務所編『上海市場の圓爲替と滿洲の通貨』（上海満鉄調査資料第四編）、138—139 頁。

改革东三省的内政。1926 年 1 月公布省宪法，接受省议会、商务总会、工务会、农务会、教育会五个团体代表对东三省官银号的账簿进行检查，以表明自己和东三省官银号之间不存在非正当关系。命令东三省官银号在东三省公报上公布奉票的发行额及准备金状况，根据东三省公报上公布的数字，汇兑券的发行总额为 2 亿元左右，准备金合计为 5000 余万元，资本金及公积金、担保贷款额、附属营业动产和不动产评估额合计奉大洋 1.45 亿元。[1] 以此准备金与发行额的比率来看，奉票的兑换准备还是比较充足的，不至于导致奉票价格暴跌。但在实际流通中，奉票仍旧持续暴跌，且再次引发中日双方对货币问题的争议。

1926 年 5 月底，奉天商业会议所执行委员对莫德惠、杨宇霆进行访问，要求中方履行 1920 年 2 月中日金融调节委员会缔结的决议，"迅速回收汇兑券和债券，发行大洋票取而代之"。关东厅、满铁、关东军、总领事馆之间也对此问题进行了商讨。奉天地方政府为阻止奉票暴跌，在大帅府召开金融大会，要求撤销日方交易所，在奉天各地设立金融维持会，并压迫和囚禁钱钞交易商。1926 年 8 月 19 日，奉天、长春、哈尔滨的 5 名钱钞交易商被处以极刑。[2] 中日双方就奉票问题的交涉再次掀起波澜，奉天当局将奉票暴跌归咎于商人的投机交易，进而限制交易，并试图关闭日方交易所；而日方则认为奉票暴跌是奉天地方政府滥发纸币所致。双方的争执并未能阻挡奉票价格的下跌之势，1926 年后，奉票价格以如水就下之势持续下跌，直到 1931 年九一八事变前。金票对奉票的价格变化趋势如图 5—1 所示。可以看出，1926 年之前金票对奉票的价格还可以维持在 200 元内，此后奉票快速下跌，1927 年 4 月突破 1000 元大关，1928 年 2 月突破 2000 元，1929 年后，跌至 6000—7000 元，1930 年 6 月突破万元大关，1931 年 10 月跌至最低点 14614.73 元，此后略有回升，维持在 11000 元左右。

奉票价值低落的原因是多方面的，然而最重要的还是政治动乱导致的货币超发。根据奉天商业会议所的调查，1922 年末第一次直奉大战时奉票的

---

[1] 南満洲鉄道株式会社上海事務所編『上海市場の圓爲替と満洲の通貨』（上海満鉄調査資料第四編）、139 頁。

[2] 南満洲鉄道株式会社上海事務所編『上海市場の圓爲替と満洲の通貨』（上海満鉄調査資料第四編）、140 頁。

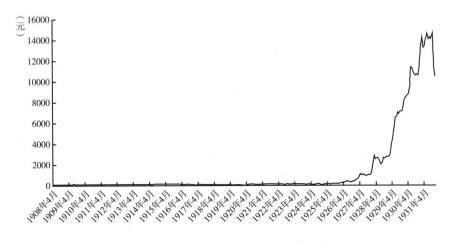

图 5—1　1908—1931 年金票对奉票价格变化趋势

数据来源：南满洲铁道株式會社経済調査会编『満洲通貨統計 B 貨幣相場編』、2—5 頁。

流通额换算为小洋票为 3600 万元，1924 年秋第二次直奉大战之前增加到 178383100 元；战争爆发后，11 月 20 日则上升到 223283100 元，表明第二次直奉大战期间增发了约 4500 万元，1925 年 11 月末更是激增至 511723000 元。特别是郭松龄倒戈之后，奉天当局公布的汇兑券发行额为 2 亿元左右，其根据是不少人承认奉小洋回收总额为 2.4 亿元。奉票实际发行额为多少并没有准确的记载，王永江的辞职以及奉天省财政的混乱都说明奉票过度发行的事实。[①] 1925 年冬天郭松龄倒戈事件，严重动摇了东北地区内部的政局。同时，关内的冯李大战也在同时打响，而交战双方正是与郭松龄有着秘密协议，一度宣称要一同起事的冯玉祥和李景林，这一切都使民众预期转向悲观。当时正值国民革命军北伐战争时期，1926 年的南口大战和河南之战虽然奉军取得胜利，但持续了四个月之久。1926 年 11 月国民革命军与代表奉系军阀的直鲁联军战争，1927 年 9 月爆发的奉晋战争使得战争物资的需求进一步增加，盲目扩大奉票发行量致使币值进一步下跌。特别是奉晋战争，持续时间较长，对于物资补给和资金需求的大量增加，对奉票的涨

[①]　南满洲铁道株式会社上海事務所编『上海市場の圓爲替と満洲の通貨』（上海满铁调查资料第四編）、140 頁。

落产生了很大影响。1928 年 4 月张作霖败退东北，6 月 4 日，日本制造皇姑屯事件，刺杀了张作霖，同年冬天张学良宣布东北易帜。东北局势的大震动，直接引发奉票的爆发式贬值。市面上，恐慌言论不断增多，"今后的奉票大家可要留心，若老在手里存放，必有成为废纸的一日，快买成现洋或金钞（日币）吧！"① 这种言论显示了民众对于奉票的预期十分悲观，必然寻求替代货币。

连年战争还同时导致生产下降和贸易规模缩小。东北三省的大豆等农产品一直是出口贸易的主要产品，但战争和水旱灾害的原因，使大豆歉收、产量下降，贸易活跃度降低导致货币需求量减少，但战争时的货币超发使得市面上纸币充斥，远远大于货币需求，以至于产生恶性通货膨胀。

除内部原因外，日本方面的经济侵略也是奉票价值低落的重要原因之一。大萧条之前，国际金价维持高位，银价呈下跌趋势，日本利用东北政局不稳，大批官僚富商避居大连的机会，② 大力推行朝鲜银行金票的流通，排挤奉票的流通范围，并且操纵大连、奉天和开原等地交易所的奉票兑换价格，吞食奉票的流通空间。同时在与币值相关的实业领域加紧侵略，例如日本财阀组织日本中小商人买办集中抢占大豆货源，与东三省官银号下属的粮栈系统展开大豆货源争夺。由于在各地收买农产品的时期，恰好是基于心理预期奉票价格处于下落的时期，日本方面也利用这一机会对奉票进行打击。③ 而东北地区除部分农产品为当地生产外，其他工农业产品难以自给，大多数需要从日本进口，因此与进出口相关的大小商户也都必须用金票结算，奉票价格波动令其更倾向于使用金票以规避风险。此外，日本还利用金融恐慌的时机，采用恫吓、造谣等手段，对内宣传奉票的无力，对外则宣称"以满蒙供诸世界"来博取国际的同情，④ 积极推广金票，动摇民众对于奉票的心理预期。

---

① 史亚擘：《辽宁金融激变之原因》，《东三省官银号经济月刊》第 1 卷第 1 期，1929 年，第 2 页。

② 姚孟年：《东北金融之危机及其救济方法》，《东三省官银号经济月刊》第 1 卷第 4 期，1929 年，第 18 页。

③ 史亚擘：《辽宁金融激变之原因》，《东三省官银号经济月刊》第 1 卷第 1 期，1929 年，第 4—5 页。

④ 霍维周：《整顿东省金融的根本方策》，《东三省官银号经济月刊》第 1 卷第 4 期，1929 年，第 3 页。

尽管奉天地方政府针对奉票贬值采取了一系列措施，但总体来看都收效甚微，有些措施还造成适得其反的后果，例如收买现银以增添基金，希望能够通过提高现货准备以保证币值稳定等。由于这种交易仍是通过奉票来进行收购，进一步增加了市面上奉票的数量，使得币值反而更加下落。而其他诸如禁止投机倒把和禁止私藏现洋与现洋出境等办法，也并非治本之策。因为这些问题都不是造成奉票危机的根本原因，投机倒把之所以屡禁不止，正是因为奉票价格大幅波动。此外，政府还尝试联合东北地区各银行银号发行五千万元公债，来回收部分奉票，但结果无人应募，只得作罢。①

为化解奉票危机，有学者倡议设立东三省中央银行和国际贸易银行，以统一币制和平衡国际收支；② 也有人提出确定本位制度，或设立银行团，以保证准备金充足和币值稳定；③ 采取财政紧缩政策，减少支出。④ 还有人倡议仿照上海证券交易所在奉天设立证券交易所来完善资金融通网络；⑤ 实行三省分区整顿，即以哈大洋券等其他稳定的货币作为改革的基准货币，以改善三省分立的金融格局；⑥ 通过驱除外资、消弭战争和招募公债，来遏制金票投机和囤积居奇的现象。⑦ 这些方法大部分都是立足于东三省实际情况的具体建议，但其中有许多在执行上有着较大难度，无法在混乱的局势中持久地实行下去。东北易帜后，张学良力主开源节流和整顿财政，发行新大洋票以改革币制，初步化解了奉票危机。到大萧条期间，随着金价下跌和银价上涨，东北全境的金融状况逐渐恢复，但货币流通格局并未统一。

---

① 林泉清：《奉票问题之一考察》，《东三省官银号经济月刊》第 1 卷第 4 期，1929 年，第 16—19 页。

② 大民：《目前东省金融之整顿方策》，《东三省官银号经济月刊》第 1 卷第 2 期，1929 年，第 2 页。

③ 籍酉斋：《整理东北金融的彻底方法》，《东三省官银号经济月刊》第 2 卷第 4 期，1930 年，第 3 页。

④ 霍维周：《整顿东省金融的根本方策》，《东三省官银号经济月刊》第 1 卷第 4 期，1929 年，第 1—2 页。

⑤ 戴魁三：《改造辽宁金融市场组织以期彻底整理省钞议》，《东三省官银号经济月刊》第 1 卷第 4 期，1929 年，第 6—8 页。

⑥ 与奉天不同的是，吉林和黑龙江的金融形势并不十分混乱，而是呈现出相对稳定的局面。参见顾祖德《东省金融整顿刍议》，《东三省官银号经济月刊》第 1 卷第 4 期，1929 年，第 6 页。

⑦ 杨一：《整顿东省金融之实际方法》，《东三省官银号经济月刊》第 1 卷第 4 期，1929 年，第 3—4 页。

四 奉票暴跌对进出口贸易的影响

奉票作为奉天省流通最广泛的货币，在进出口贸易中发挥着重要作用。东北的进出口贸易一半以上集中在大连、营口和安东三个港口，日本出口商向东北内地农民购买特产物，需使用奉票结算，东北当地商人进口日本的棉纱布等商品，通常以金票支付，故需要将奉票兑换成金票。因此，奉票价格下跌，导致特产物出口商受损，交易无法达成。对于进口的日本商品而言，奉票下跌也使得进口商品价格上涨，进口减少。

（一）奉票下跌对特产物出口的影响

奉票价格受特产物上市的影响，在一年中呈周期性变化。在特产物上市的 11 月和 12 月间，奉票价格达到一年中最高点，随着特产物的销售逐渐结束，价格开始回调。在端午、中秋各结算期，由于资金汇往日本、上海、天津等地，奉票需求减少，价格下跌。尤其是在端午节时期，市场对奉票基本无需求，买入者寥寥无几。因此，奉票价格的涨跌与特产物的出口紧密相关。特产物是东北最主要的出口商品，约占总出口的 80%，而 70% 的特产物出口至日本。由于奉票涨跌无常，日本出口商除了需应对金银比价波动外，还要承担奉票和金票的汇兑风险。例如，在东北的日本出口商向日本国内的进口商出售特产物，并与进口商达成协议后，若奉票价格下跌幅度较大，东北的特产物卖方损失较大，不愿交货，使交易无法达成。特产物收购商常在奉票价格最低的端午节前后买入奉票，然后在特产物上市时，收购特产物。但由于奉票价格持续下跌，超出人们的预期，即使是特产物上市时期，奉票价格也低于淡季时的需求价格。如 1924—1925 年，在特产物上市时，奉票反而出现价格暴跌。因此，奉票这种超出预期的价格下跌，容易导致特产物出口商遭受损失，使卖方难以履约。此外，奉票价格下跌还会造成特产物价格上涨，特产物交易通常为期货交易，价格上涨对卖方不利，这也会导致卖方不履行合约。[1] 按照国际贸易理论的逻辑，本国货币贬值使本国

---

[1] 南满洲铁道株式会社庶务部调查课编『奉天票と東三省の金融』、219—220 頁。

商品在国际上更加有竞争力，有助于出口增加，但奉票贬值造成出口贸易减少，这主要是奉票价格波动过于频繁，且波动幅度过大，造成了很大的不确定性，导致买卖双方很难正常履行合约。

（二）奉票下跌对进口商品的影响

奉天的棉纱棉布交易最早是以小洋票为本位，后来改为金票本位。奉天商人进口日本商品时，需以金票交易，金票与奉票的汇兑风险由中方承担。若奉票价格下跌，中方商人需支付更高的价格，必然促使进口商品数量减少。虽然中方的棉纱棉布进口商中资金较雄厚者，通常都派人员驻扎在大阪或在日本设立分支店，直接采购日本商品，但大部分进口商品还是需要经过日本商人将其销往东北。奉票价格的涨跌也直接影响到这些日本商人的利益，若奉票暴跌，东北的进口商会因为奉票购买力下降，进而减少进口需求，同时还会导致合约无法按期执行，日方商人的应收账款到期无法收回。东北商人与日本棉纱布商进行交易时，通常采取的方式是延期 60 天付款，即以 60 天的期票进行交易，东北商人在东北销售这些进口商品，获得奉票，然后将奉票兑换成金票，支付所欠的日本商人货款。如果奉票价格下跌或商品自身价格下跌，东北商人需支付的货款增加，就会产生结算困难。如1920 年 4 月和 5 月间发生的席卷东亚市场的大恐慌，使东北的棉纱棉布价格暴跌，日本商人的应收账款无法收回，合约无法履行，已经交割的商品遭退货，日方商人损失惨重。为规避东北商人的这种违约风险，大连的棉纱棉布业协会开始规定使用现金交易，其他各地的棉纱棉布商使用期票交易也更加谨慎。此后，随着经济形势趋于稳定，又逐渐恢复期票交易。但受两次直奉战争的影响和奉票贬值，使日本棉纱布商人又遭重创。

铁岭是东北重要的棉纱棉布市场，根据该地区商业会议所的调查，由于奉票暴跌，1925 年 7 月和 8 月当地所签订的棉纱棉布交易合约，华商拒绝收货，合约无法执行，应收账款无法收回。在铁岭这些无法履行合约的商品达到 8000 袋以上，当时签订合约时棉纱的价格为一袋 340 元，后来下跌到 280—290 元，每袋损失 60 元，总损失额达 48 万元。如果这些损失全部由日商承担，日商难以接受；但即使按照市价 290 元交货，商品总价也高达 232 万元，在奉票暴跌期间，大多数华商也都难以支付如此巨额的货款。此外，奉票暴跌所造成的无法交货现象，常常也会导致日商所承担的利息费用、仓储费用和保险费用的上升，进而引发破产。[①] 总之，战争和奉票发行增加等因素导致奉票价格在短期内频繁波动，并持续下跌，不仅使特产物出口减少，还导致从日本进口的棉纱布等商品也减少，对正常的商业贸易造成了极大影响。

综上所述，从1917年日本当局将金票发行权授予朝鲜银行，金票开始成为日方在东北的法定货币，发行量逐渐增加，20世纪20年代后其势力日涨。1920年奉票兑换问题的解决，使得奉票逐渐演变为不兑换纸币，发行量也逐渐增加，成为东北势力最强的本国货币。20世纪20年代后奉票和金票在东北货币市场中，扮演着重要角色，两者在流通中的竞争，也成为日本和东北地方政府争夺货币金融权的焦点。虽然两者在流通中各有分工，占据各自的流通区域，但也存在共同流通的竞争区域。从流通广度上说，金票遍及东北各处，且在各主要交易所皆有交易，而奉票主要集中在奉天省，使用的集中度高于金票，但覆盖范围不及金票。中日两国政府为了推行各自的货币，获取更多的铸币税，一方面采取措施限制对方货币的使用；另一方面，采取措施维持本国货币的价值，扩大本国货币的流通势力。奉天政府发布各种法令，禁止使用金票，但遭到各方反对，难以执行。为了推行奉票，维持奉票价格，奉天政府限制奉票交易价格和交易量，但终因发行量过度，难以阻挡奉票下跌之势。日本当局也一直致力于在东北推行金本位制，以扩大金票的势力，通过交易所、银行贷款、财政税收等方面推行金票。大连交易所金本位实施的失败，表明金票信用虽然较好，但尚不足以通过市场竞争来取代奉票，统一东北币制。奉票和金票的竞争经历了奉票势力日衰、金票势力日涨的演变过程，1925年之前，虽然奉票因两次直奉战争时涨时跌，但尚未大幅下跌，奉票势力仍强于金票。1926年后，奉票大幅下跌，商民纷纷卖出奉票，买进金票，金票势力上升。奉票的贬值导致东北进出口贸易减少，对中日贸易商造成了很大影响。总之，货币竞争最终取决于由发行量所决定的信用水平，政府强制性的限制措施终究难以扭转市场的走势。因此直到九一八事变前，奉票和金票仍然处于相互竞争、并行流通的态势。

---

① 南満洲鉄道株式会社庶務部調査課編『奉天票と東三省の金融』、222—223頁。

第 六 章

中日货币争夺漩涡中的民间货币：
过炉银制度的变迁

进入民国之后，由于营口的贸易中心地位逐渐被大连所取代，各种国内外货币也开始在营口流通，过炉银的辐射和运行范围大大缩小。随着外国势力的介入，特别是日本的干涉，过炉银逐渐依附于其他货币，而无法保持自身的独立性。但因各方势力互相抗衡与博弈，在营口商会的斗争和华商的大力支持下，过炉银制度才得以延续。

一　过炉银地位的下降与价格波动

晚清时期，过炉银在营口金融市场上占据垄断地位。清末至民国初年，日本金票和过炉银在营口市场上逐渐发展出正式行市；从 1914 年开始，在地方政府的干预下，营口商界达成决算货币采用奉天小洋票的协议，之后随着现大洋票的出现，又采用大洋票决算。[①] 以1914年过炉银使用小洋票定价为标志，过炉银制度的发展进入了新的阶段。在这一阶段中，过炉银不再是东北的主要交易货币，而是仅在营口使用，即便在营口也失去了垄断地位，成为市面上多种流通货币的一种。表6—1 为1915年营口过炉银与其他货币的比价折算情况，当时过炉银已经可以和东三省乃至全国的主要货币进行交易行市，充分反映出这一时期营口地区多种货币发展的现象。

---

①　枋仓正一『満洲中央銀行十年史』、47—48 頁。

表 6—1　1915 年营口过炉银行市与折算方法

种　类	行　市	说　明
小　洋	77.00	系每过炉银一锭计重 53.50 两，换小洋 77.00 元
正　钞	过炉银 0.845	系每正钞一元换过炉银 0.845 两，此票不兑现，能汇上海银元，行市另有涨落
羌　帖	过炉银 0.87	系每俄国卢布票 1.00 卢布合炉银 0.87 两
现　宝	加色 11.00	系营平现宝一锭 53.50 两外加色 11.00 两，合计过炉银 64.50 两买成现宝银一锭
卯　色	加 2.30	系每过炉银一锭 53.50 两得色 2.30 两，卯前二十天有此行市，寻常无市
天津汇水	过炉银 230.00	系在营口交过炉银 1230.00 两，到津收津公足化宝银 1000.00 两
营沪汇水	过炉银 168.50	系在营口交过炉银 1168.50 两，到沪收规银 1000.00 两
汇锦汇水	过炉银 13.10	系在营口交过炉银一锭 53.50 两外加汇水 13.10 两，到锦州收营平锦宝银 53.50 两，如交锦平，再按万两 9804 两折扣
汇烟汇水	过炉银 11.80	系在营口交过炉银一锭 53.50 两加色 11.80 两，共过炉银 65.30 两，到烟台收曹平估宝银 53.50 两

资料来源：《节营号报告书》，《中国银行业务会计通信录》1915 年第 5 期，第 52 页。

　　过炉银在民国以前就可以与其他货币进行换算，但由于当时过炉银在营口贸易覆盖地区的垄断地位，其他货币往往是直接与过炉银进行挂钩。而到了 1914 年以后，过炉银的价格总是通过其他货币来进行反映，如表 6—2 所示，过炉银价格可以分别由日本钞票、金票，俄国羌帖，官方奉票以及上海汇水等进行标价，而且其价格变动频繁，并没有与他种货币的价格进行固定挂钩，特别是在卯期前后，其价格波动在一天之内就可以有较大变化。

表 6—2　过炉银在卯期前后的行情

1918 年 4 月 11 日（农历三月初一）		1918 年 4 月 12 日（农历三月初二）	
其他货币	过炉银（两）	其他货币	过炉银（两）
钞票百元	93.30	钞票百元	98.70
金票百元	66.40	金票百元	60.70
羌帖百卢布	17.60	羌帖百卢布	19.50
奉票 77.30 元	53.50（一锭）	奉票 74.10 元	53.50（一锭）
现银加色	—	现银加色	—
上海汇水	330.00	上海汇水	390.00
卯色	2.20	卯色	—

资料来源：外务省通商局编『満洲ニ於ケル通货事情』外务省通商局、1919、117—118 页。

到民国初年，过炉银的地位出现明显下降。造成这一现象的主要原因有二：一是营口贸易地位的下降，二是定价制度的根本性变化。由于营口港的淤塞现象逐渐严重和日本在大连的苦心经营，营口的商业地位逐渐下降，而大连的优势则渐渐凸显。大连地区的日本货币开始在东北地区南部通行，部分中国商人也使用金票，逐渐接受以金票定价的交易。正如当时的日本调查者所观察，"进口贸易的大半，至少与本国（日本）商人相关的部分，得以金票交易代替了过炉银交易，此乃与本国（日本）贸易上可喜之现象"。[①]营口贸易地位的下降导致进口贸易的大半已改为金票定价，过炉银的交易辐射范围迅速收窄。日本人通过朝鲜银行和横滨正金银行发行金票和钞票，换取中国银行、交通银行和官银号的小洋票来兑换小洋，然后将其运送出国，导致市面上的现银紧缺，过炉银在卯期也无法完全兑换成现银。1914年农历三月卯期，银炉公会在市面小洋紧缺的情况下，宣布以小洋票代替小洋与过炉银挂钩，标志着过炉银与现银的彻底脱钩。

第一次世界大战爆发后，除日本金票价格提涨以外，其他各国在营口流通的金银本位货币价值均告跌落，过炉银价格也随之开始动荡。当时过炉银比价本来维持在对小洋票兑67—68元，对钞票兑95—96两的水平，很快便暴跌至对小洋票兑51元、对钞票兑117两。[②]有了之前金融波动的前车之鉴，辽沈道尹荣厚极力讲求防范之策，训令商务总会，禁止市面上形成对小洋票60元以下的行市，而且规定当年农历九月决算必须以官定价格，即对小洋票73元来进行，但这一命令几乎无法执行。有的商人开立两种账簿，形成私下行市，以低至小洋票55元左右的价格进行交易。农历九月前，行情一度回升至69元，但仍未达到官方定价，而转换成新过炉银的加色则暴涨，竟达到月息5分5厘的高位。[③]商人策划着想方设法让新一期的过炉银暴跌来对应，这是对政府干预市场行为的抗争。在这种情势下，营口地区的金融极为紧缩，出现数家商号破产，但因当年农作物收成良好，金融才有所

---

①　外务省通商局编『満洲ニ於ケル通貨事情』、115 頁。

②　习惯上，过炉银对小洋票的表示方法是一锭过炉银兑换小洋票的数量，而过炉银对其他货币的表示方法是一定数额其他货币兑换过炉银数量，这点从表6—2中也可看出。因此二者一涨一跌，实际反应过炉银的涨落趋势相同。

③　外务省通商局编『満洲ニ於ケル通貨事情』、121、124 頁。

缓和，行情逐渐走向恢复。1915 年 1 月，辽沈道尹荣厚指示银炉公会及商会，腊月卯期以 75 元为标准，不得让价，又对决算采取了延期等权宜的处置方式，终于保得当年平稳无事。

1915 年开年过炉银的行情较为平稳，5 月初因中日关于"二十一条"的谈判难以达成协议，原本对小洋票兑 76 元、对钞票兑 116 两左右的行情，很快下跌至对小洋票兑 63 元、对钞票兑 96 两。谈判危机过后，行市方才逐渐恢复。临近年底，现银需求增加，再度引发金融市场紧张，加之变更国体的传言，行情在 75 元上下浮动，无法以道尹荣厚指定的 77 元进行交易。政府又一次干涉，首先采取拘留以指定价格以下进行交易的中介商等强制手段，然后再与银炉公会商议，决定降低官定兑换率，这使得市场波澜不惊地度过了年关。进入 1916 年，袁世凯复辟，反袁革命在各地引发起义，当年 4 月过炉银价一度又跌至对钞票兑 97—98 两，农历三月卯期行情在对钞票兑 91 两上下，并未达到官定的 85—86 两的水平。袁世凯死后，市场逐渐恢复稳定，但 10 月上海金融市场紧迫，营口市场为结算进口商品，向上海方面的汇款有所增加，引起过炉银价格再度下跌。10 月 1 日道尹再次更改过炉银的官定价，禁止在官定价以下交易。新的官定价为上海汇水兑 220 两、对小洋兑 74 元、对钞票兑 86.5 元。[1] 虽然政府屡屡人为规定过炉银公定行市，但一般只针对小洋和钞票，这是首次对上海汇水比价也进行限制，以控制向上海汇款的额度。此外，由于钞票的比价涉及日方利益，日方对此也非常关注。1916 年 10 月 10 日后，市场交易才逐渐恢复。

1917 年 5 月，受北京政变的影响，过炉银行市从月初对小洋兑 75 元跌至 73 元 6 角，加上华南与奉天省要求独立的政治影响，市场发生动摇。6 月，道尹将上海汇水限制为兑 290 两，并继续禁止对钞票、对小洋票兑 74 元以下价格交易，干预中介商行为。市场上观望气氛极为浓厚，实际交易额减少，后因奉天省取消独立，市场紧张有所缓和。至 7 月，张勋复辟使刚恢复平静的市场再遭挫折，道尹再度出面干预，之后行情逐渐恢复。进入秋季金融紧迫期后，行情出现下落倾向，官商双方加强警戒，维持至农历九月决算。到腊卯决算期，一般来说资金需求量会大幅增加，但 1918 年 1 月末到 2

---

① 外務省通商局編『滿洲ニ於ケル通貨事情』、116 頁。

月，市场趋势呈现缓和局面，极为顺利地度过了决算期，其主要原因是东北内地官银号与兴业银行等滥发纸币，市场上小洋票流通额激增，1月初小洋票对钞票行情在126元上下浮动，2月初却出现135元的低价，小洋票价格的下落意味着过炉银对该纸币的升值，因此过炉银反倒得以保持平稳。1918年4月市场盛传奉天省将停止兑换，小洋票价格急剧下降，进而引发过炉银价格再次动荡。过炉银决算自1914年农历三月开始采用小洋票，本年4月最高价格兑换小洋票为77元6角，5月为78元6角、6月为78元9角；但对其他货币如钞票，4月最高为兑换108两、5月为兑换110.3两、6月为兑换114.5两，反呈下落之势。这主要是伴随小洋票的下跌的市场混乱所致。看到市场不安，当地上海大尺布行会主张避免以过炉银进行交易，认为应该以日本银元定价，一度引发与处于债务者地位的银炉和批发商的纷争。对此，荣厚采取了防止对上海运出硬通货以支持过炉银行市的措施，6月4日公布对钞票行市105两，对上海汇水500两的限制（实际汇水为620两），规定农历六月决算卯色应为3两2钱以上。[①] 这些措施逐渐缓和了大尺布行会反对以过炉银交易的要求。

为加强银炉信用，1917年官商共同制定《营口炉银归卯条规》《营口炉银归卯处理组织章程》[②]，这两个条例是在吸取历次战争导致市场波动的教训后做出的，对于过炉银的种种规定，比之前的条文都更为详细。但是两条例公布施行后不久，西义顺风波便席卷整个营口市场，随后又发生了厚发合倒闭事件，两大商帮的崩溃直接导致过炉银制度的动摇。

二　营口银炉派系与西义顺破产案的发生

受东盛和破产的冲击，粤商和西商在营口的势力趋于衰落。原有的东盛和、东永茂、裕字号三家粤籍巨商只有东永茂健在，西商票号也因债案影响，在当地运营资金损失过半，不得不退出东北市场。与此同时，山东商帮以西义顺及联号为首，直隶商帮以厚发合及联号为首，在东盛和破产后迅速

---

① 外务省通商局编『満洲ニ於ケル通貨事情』、116—117页。
② 参见《营口炉银归卯规则》，《银行周报》第3卷第2期，1919年，第19—21页。

登上营口商界顶峰，为争夺营口商业主导权展开明争暗斗。① 民国初年，营口的银炉商号大体可分为山东、直隶、广东和营口本地四个集团。其具体派系和组成部分见表6—3。

表6—3　营口银炉派系一览

派别	店名	年经手额	派别	店名	年经手额
山东帮	西义顺	8000万两	直隶帮	厚发合	4000万两
	义顺厚	9000万两		英发合	3000万两
	恒义利	8000万两		志发合	4000万两
	合　计	2.5亿两		合　计	1.1亿两
广东帮	永惠号	2000万两	中立派	本昌德	1000万两
	东永茂号	3000万两		永衡银号	1000万两
	合　计	5000万两		合　计	2000万两

注："中立派"的称呼见于日文文献，中文文献并不将其归为一派，其中本昌德是营口本地银炉，而永衡银号则来自吉林，这些商号基本代表了本地商帮的利益，故也可称为"本地帮"。中立派商号在西义顺破产案的问题上，态度也并非中立。

资料来源：朝鲜银行理事木村雄次致外务省政务局长埴原正直函件、1919年2月8日、『奉天兑换停止問題一件（営口西義順破産ヲ含ム）』、日本国立公文書館アジア歴史資料センター、B11090661300。

山东帮以西义顺银炉为首（包括义顺魁、恒义福、恒义利、义顺长、义顺金等），直隶帮以厚发合银炉为首（包括厚发合、志发合、润发合、英发合等），广东帮以永字号为主，营口帮以世昌德银炉为首，几股势力互相竞争，相持不下。因这一时期营口市内的商家多为山东人所经营，客户网络较为完善，山东商帮经营的主要银炉西义顺，不单经营银炉，还经营油坊和代理进出口业等，在东北各地有众多的联号，在营口一直有着较强的势力。除山东帮以外，直隶帮的厚发合银炉资本也相当雄厚，其资金来源是长春的中国银行、交通银行等。营口本地银炉则由众多省内其他行业财东支持，在营口银炉业中也占有一定地位。在1917年营口总商会的人员构成中，会长由西义顺的李恒春担任，而副会长则是来自厚发合的李元良，商会设立的四

①　燕红忠、高宇：《清末时期的过炉银危机与制度调整》，《中国经济史研究》2017年第2期，第104页。

个特别会董席位则有四派各居其一。① 西义顺明显处于相对优势地位，这引发了其他商帮的不满与嫉妒，希望能够联手与西义顺相抗衡。

银炉间表面上关系亲密，实际上具有很强的排他性和竞争性。一方面，各银炉用人唯亲，从财东至小厮皆必用同乡，交易对象、经手商品也各因同乡关系而划分。另一方面，各银炉彼此相互竞争，常为扩大实力而绞尽脑汁。东北地区的商人和工人等以山东人居多，因此以西义顺为代表的山东帮银炉势力较大，经营规模超过其他银炉的总和。由于各银炉在风险控制方面始终存在漏洞，短期资金链紧张是较为常见的现象，有时则会变本加厉，"暗中更出重利，借同行之票银（自月息二分至四分不等）以救一时之急，不问损失之大，饮鸩止渴，莫此为甚。终之一面受利息之亏，一面受压煞资本不能周转之害，因以不支，遂致搁浅"②。1918 年腊月，西义顺银炉出于投机需求，购买了大量上海规银而增发过炉银。此时正处于第一次世界大战后期的贸易紧缩期，上海金融局势不稳引发过炉银下跌，同时西义顺在油坊和面粉等其他事业上也进行了大量投资，使得资金周转出现困难。直隶帮银炉注意到了相关情况，主动鼓动众债权人一齐向西义顺挤兑，导致西义顺陷入现金流危机。同时，他们进一步散布西义顺一派危殆的传言，使过炉银趋于暴跌，人们争相挤提债权。而直隶派银炉以预先准备资金廉价购入过炉银债权，做好了对自身挤兑的防范。在西义顺向其他银炉求助的时候，直隶和本地两帮又故意不肯相助，"该号开出支票各炉坊皆不收受"③。西义顺的债权者纷纷要求清算其债权，而债务者则购买下跌的过炉银用以偿还，很快西义顺当年的亏损额就达约 400 万两，如不在短期内完成整顿，则会宣告破产，从而对当地市场造成巨大损害。"过炉银行情自去年春天以来一直下跌，进入新历 12 月的决算期后发生暴跌，商务总会从奉天官银号和兴业银行各请求 80 万两的援助，方才熬过新年。至本月 6 日对上海的汇兑行情保持平稳，上海规银 1000 两汇价为过炉银 2025 两。但

① 关于营口总商会的章程和全部人员构成名单，可参见『支那商務総会ニ関シ取調方ノ件』、日本国立公文書館アジア歴史資料センター、B10074345200。

② 顾义：《营口炉银及银炉之状况并维持之意见》，《银行周报》第 4 卷第 1 期，1920 年，第 34 页。

③ 中国银行总管理处编《东三省经济调查录》，第 60 页。

到了本月 25 日跌成 2110 两，26 日 2115 两，今日为 2500 两。金融市场眼下正处于大恐慌状态。部分有识之士认为，西义顺破产即是过炉银的终结，其影响将波及全满洲，至少会导致当地市场半年无法确立行市，进出口贸易减半。"①

以西义顺为代表的山东商帮银炉的资产规模大于其他商帮银炉的总和，但是如果遭遇挤兑，仍然是独木难支——这说明过炉银市场是一个动态的均衡，尽管资金在各银炉之间分配，总体上保持着充足的流动性，至少可以在现金紧缺的情况下，正常维持营口作为东北地区重要商埠的各种交易。然而，一旦均衡被打破，就会导致全盘的系统性风险，产生信用危机和逆向选择的现象。完善的信用制度有利于参与人之间按照理性预期进行决策，通过信用关系有效抑制欺诈等非理性行为，有效节约交易费用和降低社会成本，对于现代市场制度的建立和运行有着十分重要的意义。而这种信用行为，是以权利的获取和让渡为基础的，即某一方的交易主体暂时让渡某些利益，而获得在未来索取某些利益的权利。近代营口地区的银炉发行过炉银作为区域信用货币就是一种典型的信用行为，从信用制度本身来看也已经不是最初级的阶段，因为在这一行为中需要多个参与人同时具备共同知识和理性预期。也就是说，某一银炉签发的过炉银支票既需要被使用者群体所认可，也需要被收受该票的其他商铺和银炉所广泛承认。任何一个参与人对于其单方面的否定态度都可能对于原有制度造成冲击，打破原有均衡。例如，直隶派银炉对于西义顺联号开具的过炉银支票拒绝收兑，实际上是以信号机制向市场散布了西义顺的信用风险。

在信用制度并不完善的社会结构中，信用形式比较单一，没有规范的信用体系和复杂的信用工具，一般是以银行信用为主，其他信用机构和信用工具都较为匮乏。营口银炉作为能够发行过炉银的机构，从某种意义上已经具备了银行的职能，因此也属于银行信用的范畴。发行信用货币的银行在面对信用风险时必须以充足的理由证明其信用状况良好，但在市面资金紧张和外围市场变动的情况下，显然无法维持充足的流动性，出于对信用违约风险的担忧，挤兑现象便产生了。如果银行自身无力兑付，一般会请求中央银行或

---

① 参见驻牛庄领事酒匂致外务大臣内田第二一号密码电文，1919 年 1 月 31 日，『奉天兑换停止問題一件（営口西義順破産ヲ含ム）』、日本国立公文書館アジア歴史資料センター、B11090661300。

其他商业银行的援助，然则中国近代既无中央银行，其他银炉又故意不肯相助，西义顺进入破产清算已经成为唯一的选择。

信息不对称往往是逆向选择行为的根源。货币供给与需求市场本身的信息不对称有时尚在可控范围内，但是西义顺风波明显是外部条件的推动导致进一步信息不对称，从而引发的市场失衡。西义顺资金短缺问题本来是暂时性现象，但在直隶派和广东帮商人的推波助澜和上海金融局势变动的影响下被无限放大，最终难以招架债权人的挤兑风潮而陷入破产危机，在西义顺向其他银炉求助之时，各银炉更是采取了袖手旁观的策略，甚至采取直接抵制西义顺所开的过炉银支票的做法。

在近代中国不具备中央银行的金融体系中，货币发行主体趋于多元化，也没有存款保险制度对货币价值做出哪怕仅仅是名义上的保证，各种货币发行者所面临的信用风险也并不一致。金属货币发行者最需要重视的是货币的成色及制作工艺，而信用货币发行者应当尽力改善和提高自身经营水平，以保证所签发信用货币的质量。排挤其他货币的做法，虽然初衷是为了一定的经济利益，但实际上是"双输"的策略。这是由于在货币发行者处于竞争态势时，货币使用者对于货币的"质量"就会有所评判，并形成相应的理性预期。过炉银是信用货币，其"质量"并不是货币的成色，而是货币的信用，即发行过炉银的银炉经营状况。通常情况下，货币使用者倾向于使用经营状况良好的银炉发行的过炉银，西义顺联号一直以来在营口地区有较强实力，资本金也最为充足，应当是商民的首选，结果却面临破产。这实际上是典型的逆向选择行为，即由于信息不对称，货币需求方无法判明货币的优劣，从而在市场竞争中淘汰了相对优势方，保留了相对弱势方。高质量货币供给者一旦退出市场，货币需求的理性预期就会下降，进而导致次优的货币供给者被挤出，加速市场失灵与秩序混乱。西义顺破产风波后过炉银制度的发展过程也印证了这一点，其他两帮银炉并未得到好处，反而严重受其影响牵连，这使过炉银制度明显开始动摇，也触发了各方势力对于该事件做出回应。与清末东盛和破产事件不同，西义顺危机引发了从奉天省政府到外国势力的强烈反应，同时各方一致希望救助西义顺帮助其渡过难关，特别是日本方面较早地注意到西义顺的动态，并且通过各种途径试图在其中发挥作用，这实际上体现了多方博弈的过程。

三 西义顺破产案的救济与官方对市场管理的强化

西义顺风波爆发后，营口当地商民和在营口的日本商人都希望能够救济西义顺使其渡过难关，原因主要来自两方面。一方面是由于一些商铺是西义顺的债权人，他们希望收回债权，组织成立了债权团会，倡议西义顺照常营业，销售货物以收抵债款，并会同辽沈道道尹派员分赴各地联号清查账目。另一方面，西义顺停业对于营口市场有弊无利，会引起市面震动，各行各业都会受到影响，有的行业因为西义顺倒闭而陷入停顿，金融状况也十分紧张，救济和维持西义顺银炉的呼声逐渐高涨。[①] 但是商户并没有救助西义顺的能力，各商户的经营状况实际上受到市面金融状况的影响，西义顺倒闭对于其他商户来说更是雪上加霜，因此救助西义顺的工作只能依靠注资，当时能够完成这项任务的只有奉天省政府或日资银行。

辽沈道道尹荣厚积极介入寻求西义顺破产案的圆满解决，他认为只要投入一定的资金作为支撑，就可以维持西义顺的经营。西义顺的中日双方债权情况如表6—4所列，荣厚深得日方信任，因此事先与日本方面进行了接触，就西义顺的经营持续问题以及日方债权人的利益确保问题进行了确认。但就债权人的分布情况来说，中方各银行银号合计拥有西义顺上百万两的债权，因此中国官方对于西义顺的情况自然最为关注。张作霖在事件发生之初就下达了指示，要优先回收以东三省官银号为代表的奉天省政府银行的债权，希望奉天商务总会来进行救济。但奉天商务总会并无法全额出资，实际也要依靠政府控制下的银行进行融资。这样一来，张作霖就可以与之讨价还价，令一般债权人放弃一部分债权，以确保奉天省政府银行的利益，同时在处理坏账后将西义顺收归官方。此举引起商民约300人以"督促奉天政务厅长实施上述命令"的名义到营口举行反对示威。处在中日双方一般债权人和中方政府之间的荣厚决定一方面向日本方面求援，另一方面遴选出以营口总商会会员为主要委员的"自行整理监视员"20人负责制定自行解决该问题的方案。但后者显然无法自筹资金，继而也把希望寄托在日方。

---

① 中国银行总管理处编《东三省经济调查录》，第60—61页。

表6—4　西义顺的中日双方债权情况

机构	过炉银	奉票	上海规银
东三省官银号	656868.92 两	6089.68 元	
交通银行	94407.30 两	399.98 元	50000 两
中国银行	11598.59 两	14558.89 元	
商务总会	178183.43 两		
兴业银行	93072.79 两	138087.10 元	
日本三井物产	300000 两		
日本正隆银行		300000 元	
横滨正金银行		100000 元	
日本其他机构	100000 两		
合　　计	1434131.03 两	559135.65 元	50000 两

资料来源：朝鲜银行理事木村雄次致外务省政务局长埴原正直函件，1919年2月8日及1919年2月15日，《奉天兑换停止问题一件（营口西義顺破产ヲ含ム）》，日本国立公文书馆アジア歴史资料センター，B11090661300。

中方债权人主要是当地的商户，和在当地经营的日本商户多少有些往来，因此他们采取的方法是向日本大企业三井公司求助，三井公司借此机会，将中方一般商民债权人的请求向领事和日本外务省进行汇报，认为进行融资是日本建立"满洲"金融基础的重要一环，必须由朝鲜银行提供融资。然而，由于要考虑到与张作霖方面的关系，日本外务省总部做出的答复是，如果没有中国政府的直接申请，不会提供融资。

事实上，日本对于西义顺破产事件始终保持高度警惕与关注，西义顺风波初起之时，日方对于西义顺危机大感惶恐，立刻开始调查相关资金情况，而之所以从西义顺开始显露疲态时就已经考虑出手干预，其直接原因也是由于日方利益受到了损害。"当地实业界重镇，与本公司有多年交易关系，从事银炉业，在大连和哈尔滨有许多联号的西义顺，最近因其发行的过炉银遭挤兑之厄，于上月末因运转资金梗塞，财产状态渐趋危险，不得不进入清理。……该号掌握当地过炉银的霸权，同时在满洲一带有很多事业，即所谓满洲商界巨头者也。无论对当地还是各地都有广大关系，万一遭破产，其影响所及甚大。会造成往年东盛和破产以上的恐慌，因此当地无论官方民间都趋向于整理维持该号。另一方面，奉天省长认为这是关系地方经济界安危的重大事件，极力组建救济方针，派奉天官银号和其他经济界有力者探讨具体方法。"① "有关营口西义顺整理问题，就铁岭、开原与该号及其联号的本国（日本）商人债权关系进行调查的结果，本国商人约拥有 20 万日元的债权，各自有确切的商界担保，预计仅就本地来说虽可能有万一状况，但不会有直接损害。中国官商方面也显示出极乐观的态度，而且最近正好是中国正月，尚未对市场有任何影响。但营口三井为确保对当地西义顺的债权，由其当地办事处于 5 日申请，办理了由中国官方暂时冻结当地西义顺及其联号的所有财产的手续，本月 7 日又申请解除了上述处分。"②

日方与荣厚方面的较早接触实际上是为了本国利益。在经过与荣厚长达五天的商谈斡旋后，酒匂秀一向领事馆方面报告称："关于西义顺问题，就保护日方债权者本官与道尹进行了充分商谈，为保险起见，本官与道尹今日签署了备忘录：领事与道尹各自为日中债权者考虑，赞成维持该号；迅速核查该号及其联号的资产负债额；为实施核查，可由领事指派人员会同；预计可能维持时，讲求最佳方式；需要日方援助时，领事亲负斡旋之劳。至决定善后方针为止，先采取以下对策：导引、负责、监督该号及其联号财产；领事和道尹不让日华及他国的债权者对该号及联号财产作另行处置。从本日起日方委员开始参与会同调查。"③ 显示了日方希望参与救济西义顺的态度，道尹荣厚对西义顺暂时实行行政冻结，状态在可控范围之内。酒匂秀一与荣厚的具体商谈备忘记录全文如下：

酒匂秀一与荣厚会谈备忘录④

关于营口西义顺事件，由酒匂领事与荣道尹兼交涉员达成以下共识：

一、领事代表日本债权人，道尹代表中国债权人，赞同维持西义顺号；

---

① 三井物产牛庄出张所致三井物产株式会社业务科长赤羽克己电函，1919 年 2 月 6 日，『奉天兑换停止問題一件（営口西義順破産ヲ含ム）』、日本国立公文書館アジア歴史資料センター、B11090661300。

② 驻铁岭领事小仓致外务大臣内田第五号密码电文，1919 年 2 月 7 日，『奉天兑换停止問題一件（営口西義順破産ヲ含ム）』、日本国立公文書館アジア歴史資料センター、B11090661300。

③ 驻牛庄领事酒匂致外务大臣内田第二五号密码电文，1919 年 2 月 6 日，『奉天兑换停止問題一件（営口西義順破産ヲ含ム）』、日本国立公文書館アジア歴史資料センター、B11090661300。

④ 朝鲜银行理事木村雄次致外务省政务局长埇原正直函件，1919 年 2 月 15 日，『奉天兑换停止問題一件（営口西義順破産ヲ含ム）』、日本国立公文書館アジア歴史資料センター、B11090661300。

二、尽快而公平地核查西义顺号及其联号商铺的资产和负债，上述核查由道尹指定者实行之，对此领事指定者可会同核查（三井被指定）；

三、核查后道尹将结果直接知照领事，如预测该号可维持，讲求最佳之方法，并在此情况下若需日方银行援助时，由道尹与领事协商，领事操充分斡旋之劳；

四、核查后预想该号不能维持时，依照法律处置；

五、西义顺及其联号资产由道尹负监督之责；

六、在领事和道尹决定善后策之前，任何日方、中方及他国债权人对西义顺及其联号资产不得进行其他处置。

大正（民国）八年二月五日

然而，虽然日本对东北的金融市场早已觊觎，但中国政府对于日方的诉求也十分了解，因此一直提防日本乘虚而入，多次拒绝日方的援助请求，造成日本对于东北本地银炉的直接干预并不顺利。对于各方面形势的预判也使得日本的决策变得艰难："形势如此，本官为征求我金融业者意向，认为朝鲜银行若直接或间接参与本救济，效果甚大，若是我当局批准，回应出资之意。若由我方提供救济资金，或多或少难保不引起省长的不满，但也会因此拯救当地商民于死地，当然会得到他们相当拥戴，而且能树立在满洲金融界的一大基础。可以我银行券的融通代替过炉银。而由我银行支出救济资金的话，一时最少需要百万两以上，不仅其大部分会直接作为存款回收，也可制其融通……无任何带政治借款色彩的资金，若由我朝鲜银行回应贷出的情况下，迫切希望给予批准。同时，对于中方对此性质的金融施加的不法妨碍，本官将尽最大努力防止，在必要情况下，拜托考虑排除这种妨碍的方法。此事关系非常重大，请在深思熟虑基础上，就本官与三井、朝鲜银行及对中方措施状态给予指示。尤其是关于三井等的立场，为不致误解，有本月9日陈述书证明，今后根据贵讨论结果无论做出何等处置，我都深感我方立场之困难，难于自己做出决断。请予考虑。"[1] 一日之后，"13日道尹来访，屡屡说

① 驻牛庄领事酒匂致外务大臣内田第四三号密码电文，1919年3月12日，『奉天兑换停止問題一件（営口西義順破産ヲ含ム）』、日本国立公文書館アジア歴史資料センター、B11090661300。

明其立场困难。也说明了他所理解的奉天政府的真实意思，该委员采取反对外资方案的态度，完全是出于对省长心情的表面文章，自身也并无良策，此时并不像表示什么反对。而且从他的角度来讲，由其向省长提出依外资方案办理意见很困难，希望我方谅解。并请求本官经过奉天总领事改变省长的意思。对此，我回答让我再考虑考虑"①。

日方所谓的"再考虑"，一方面是要进一步了解情况来抉择；另一方面则是其本身并未考虑好自身主张，日本政府、朝鲜银行和财团的意见相互无法统一，使得日本在救济西义顺的问题上进退维谷。首先，日方对于中方的态度存在严重误判，即在中国官员希望其救助时存在着怀疑的态度，而在中方排斥外资的时候又抱有幻想。"先前道尹曾对本官诉说其对奉天政府立场很难，曾提出让本官到奉天，希望让总领事向省长说明道尹措施极为不当，以改变张省长的意向。但上述部分内容，也包含如下不当之处，即若日本出面救济，满洲的商业主导权将落于日本之手，很难推测道尹的真实意图。因此（道尹有向长春交通银行借款一案，但最终因费用关系，不被省长所采纳）本官以为，这是出于若我方进一步表示贯彻救济之意，会招致某种误解，因此才说不要我方出手的意思。而且，他每次提出来，我总是以总领事正在北京出差来搪塞。但他偶然明说，会阻止依外资意思的处理案，我追问他，他说奉天方面并无明令，只是揣度奉天政府的意向而已。12日，他又通过交涉科长催促我赴奉天，掩盖他并不希望如此的本意。"②

而当日方得知张作霖真的不愿借入外资之时，又十分着急地希望能够插手此事："西义顺事件经几多曲折，由于中方难以筹措救济资金，正在形成不健全的清理方案之际，朝鲜银行能充分筹措救济资金，有出手救济市面之意。尽管多数债权者欲赖此复生，热切期盼其成立，但当地道尹声称奉天省长不同意借入外资方法，正对债权者施压，牛庄领事酒匂秀一欲通过奉天总领事赤冢确认奉天省长的意思，非常意外的是，总领事认为此时应尽量暂时终止对华借款，提出应让朝鲜银行收手的意见。但关于此事

① 驻牛庄领事酒匂致外务大臣内田第四三号密码电文，1919年3月12日，『奉天兑换停止問題一件（営口西義順破産ヲ含ム）』、日本国立公文書館アジア歴史資料センター、B11090661300。
② 驻牛庄领事酒匂致外务大臣内田第四三号密码电文，1919年3月12日，『奉天兑换停止問題一件（営口西義順破産ヲ含ム）』、日本国立公文書館アジア歴史資料センター、B11090661300。

件利害，牛庄领事已向外务省呈具详细意见请求。外务省当局也如奉天总领事一样，信奉不应将政治借款与金融商业金交易混为一谈之说，但本问题关系到该市场生死，而且与本公司有直接的重大关系，请一定向外务省说明情况，紧急运作得到当局同意让朝鲜银行进行救济，并请朝鲜银行也向外务省提出请求。"①

这封电报不仅体现了日方对于中方态度的误判，更反映了日方内部意见的不统一。日本政府、外务省和银行财团之间的利益诉求不同，因此有了相左的态度。三井物产作为与西义顺有着密切合作的日方企业，在西义顺风波中受到很大冲击。作为企业，其当然希望救济西义顺以维持自身发展，也确实有债权者希望三井财团能够在其中发挥作用。然而，虽然三井财团被指定成为日方的企业代表，但其毕竟无法干涉日本政府的决策，更无法干预中国政府的行动。"关于往电第二五号，西义顺问题其影响甚大，因此其后引发很多纠纷，现在不仅该号，债权方也切望能由我方（日本）银行讲求救济对策，对大债权者之一的三井提出此事。中国官员正为竭力阻止此事想各种办法。尽管如此，3月12日债权者中有60名表达了这一希望。"但是三井财团并不能代表官方的意见，何况就连朝鲜银行也始终对于西义顺问题有着不同的看法："关于由朝鲜银行贷出救济西义顺资金一事，朝鲜银行本店向当地支店回电说，眼下无力贷出如此程度的资金。我以为当地支店未必与总店考虑一致，请确认此等要点回电。"② 酒匂秀一对此回电称："与由京城到满洲出差的朝鲜银行满洲总经理太田理事会见，其回答说，朝鲜银行此时没有主动救济的意思。但该理事认为，本问题的清理方法是否得当，关系到满洲经济界，继而会对我贸易有重大影响，因此其意见是，若得当局允许朝鲜银行有极力救济的必要。关于此点，眼下在东京的朝鲜银行总裁认为，朝鲜银行之所以作出这种态度，是出于对政府意向的顾忌。若政府认为可以让朝鲜银行实施救济，此时应将政府本意给朝鲜银行发内部指示，或听从奉天总领事的意见，根据情况由政府劝诱朝鲜银行尝试实施救

---

① 三井物产牛庄出张所致东京本店取缔役电报，1919年3月14日，『奉天兑换停止問題一件（営口西義順破産ヲ含ム）』、日本国立公文書館アジア歴史資料センター、B11090661300。

② 外务大臣内田致牛庄领事酒匂第一五号密码电文，1919年3月19日，『奉天兑换停止問題一件（営口西義順破産ヲ含ム）』、日本国立公文書館アジア歴史資料センター、B11090661300。

济，希望能考虑以上建议。"①

可见，在奉天方面本已经表达了对于外资的排斥态度后，日方内部分化严重，无法形成一个统一的意见，从而各自为政。张作霖面对日方这种虚与委蛇的态度，考虑到1918年殖边银行滥发纸币风波时，日方曾在暗地里散布流言，称营口今后的贸易不用奉票，而是使用日币的前车之鉴，一贯认为"外人乘间谋我，屡欲握我金融大权，制我死命……"② 因此，更加不希望借入外资，而是通过地方政府出面，在官商合作的框架内解决问题。

最终，经过荣厚与张作霖的会谈，驻营口的辽沈道尹公署在荣厚的主持下对西义顺进行整顿，设立"金融维持会"，动员各银炉业者出资成立"公益银号"，负责清理义字号的资产负债，以安定市面。并限令银炉业者到期收卯，不准滥放银码，以巩固银炉信用。而作为不让日方提供融资的交换条件，给予日方债权偿还优先权。其具体解决方案如下。

西义顺债案解决大纲③

甲　组织银炉

1. 由营口有力商家集资至少在四十万两以上作为股本，合组一银炉，定名曰公益银号。

2. 公益银号经理存放银码、货物押款、货币汇兑各事，其业务与旧设之银炉无异，但于以上规定各项外不得兼营其他生产及投机事业。

3. 公益银号一切营业应遵照定章办理，其业务细则另行详定。

4. 公益银号附设一清理义号债务处，办理义号债务事宜，其章程另章规定。

5. 公益银号设监理一人，监察一切营业事务，设经理一人，管理一切营业事务，统由股商公举。另用号伙若干人，由经理选用。

---

① 驻牛庄领事酒匂致外务大臣内田第四六号密码电文，1919年3月24日，『奉天兑换停止問題一件（营口西義顺破産ヲ含ム）』、日本国立公文書館アジア歴史资料センター、B11090661300。
② 《奉天督军张作霖为殖边银行在奉中交两行在吉黑滥发纸币破坏奉省圜法请迅予筹划电》，《中华民国史档案资料汇编》，第三辑金融，第688页。
③ 中国银行总管理处编《东三省经济调查录》，第61—64页。

乙　清理义号债务办法

1. 义号债额连油饼、飞子及营业货款并计在内约八百五十万两，财产、货物约共六百五十万两，两者相抵约有着债款七成七分，无着债款二成三分，由义顺号出立信用欠票七成，普通欠票三成，交给债权人。

2. 两种欠票均以炉银为本位照债权人之债额填写，其债额较巨者得分数填写至两种欠票，式样用三联单式，由义制备号盖用号章，并送公益银号加盖号章，一联交付债权人，一联存义号，一联存公益银号。

3. 七成信用欠票市面上应一律通用，三成普通欠票但交存于债权人之手，不准通用，另以命令公布之。

4. 七成信用欠票定为月息八厘，付息期限分三、六、九、腊四卯，统由公益银号代为照付，其三成普通欠票免息。

5. 义号全部财产契据统交公益银号保管，以为欠票信用之担保。

6. 义号全部财产应分别去留，去者由公益银号随时处分，处分办法另定之。留者仍由义号照常营业，由公益监视，监视办法另定之。

7. 处分财产所得售价暨营业所得余利统存于公益银号，积至十分之一，即由公益银号代为收回欠票十分之一，先收回七成信用欠票，次收回三成普通欠票。

8. 义号财产内有现款一百三十万两，应交存于公益银号，备为义号营业活动资本，随时接济。

9. 两种欠票全数收回后，则将清理债务处撤销，并撤销营业之监视，其所余财产契据如数发还。

以上甲乙各项规定各办法，其实行时统受地方长官之监督。

从上述大纲来看，解决西义顺风波的主要策略是分两步走：第一步是由民间出资组织建立公益银号，第二步是在建立公益银号的基础上，以西义顺全部财产契据作为担保，由公益银号对其不良资产进行救济。公益银号是由当地大商家集资入股设立的，因此西义顺的不良资产实际上平摊到营口的其他商户之中。债权人可以先收到七成现款，另有三成期款等到变卖固定资产后再行还付。推行这一办法后，商业逐渐恢复正常。但是"欠票"在市面的流通相当于又在货币市场中增加了一种货币，这导致现银更少，货币也更加混乱。市面上的交易总是空码出入，过炉银价格再度低落，最低时每锭仅合奉票 35 元左右，之后才逐渐回复到近 50 元。[①] 以日英为中心的各国领事团向张作霖提出抗议，认为过炉银的如此行情走势损害了本应受条约保护的外国商人的利益。张作霖直接罢免了荣厚，新任辽沈道尹史纪常动用警力对从事过炉银投机买卖交易分子进行抓捕、处罚，以强硬姿态对金融市场进行管制。1919 年 9 月，官商两方都认为需要从根本上解决问题，于是召集会议将炉银公会解散，重新组织"金融维持会"，规定章程以保证过炉银的信用，但这并没有解决"欠票"大量流通所造成的问题。进入 11 月之后，"金融维持会"和营口总商会向政府指出，金融形势出现混乱的元凶是西义顺欠票在市场上的流通，因此请求由东三省官银号等政府银行接管西义顺，通过政府的银行券强制回收西义顺的所有欠票。事已至此，政府于 12 月上旬命令东三省官银号、兴业银行、中国银行奉天分行、交通银行奉天分行接管西义顺，使用汇兑券回收西义顺欠票，就此西义顺的整理清算工作暂告一段落。[②] 虽然 1919 年 9 月已初步解决了西义顺破产风波，但由于腊月卯期的重要性，风波直到 1920 年初才渐渐平复。1920 年 4 月，又颁布整理炉银新条例，希望能够进一步巩固过炉银信用，维持市场稳定。[③] 但是，新条例在维持过炉银信用方面成效并不显著，其主要原因在于以官方主导的管理机制与民间货币信用之间的根本矛盾。

四　厚发合破产与过炉银的衰落

过炉银与现银脱钩后，价格本就下跌，加之上海汇兑除利用汇水外，还可经横滨正金银行和道胜银行进行汇兑。过炉银价格上升较快时，可以停止以汇水进行汇兑交易，改为直接使用现金结算。因此，过炉银价格逐渐低落，至 1919 年时，过炉银 1000 两仅相当于上海规银 600—800 两，极端者竟有过炉银 2200 两汇往上海而收现银 1000 两的情况。[④] 不过，相比之下，利

---

① 中国银行总管理处编《东三省经济调查录》，第 61 页。
② 安冨歩、深尾葉子『「満洲」の成立——森林の消尽と近代空間の形成』名古屋大学出版会、2009、336—338 頁。
③ 参见《营口整理炉银新条例》，《中国银行通信录》1920 年第 57 期，第 15—18 页。
④ 中国银行总管理处编《东三省经济调查录》，第 56 页。

用汇水进行交易仍比利用银行有利，因汇兑买卖双方可面对面交易，不需支付手续费给作为中介人的银行。汇水交易的成交额虽然呈明显减少趋势，但隔日交易成交额至 1919 年仍达到少则 3 万—4 万两，多则 25 万—26 万两。汇水交易因市场形势的波动，每日可能产生多至 10 两乃至 20 两的差额，这也是十分正常的。既反映了价格决定机制的市场化，又说明价格信息传递的即时性。

1920 年 4 月颁布的新条例在维持过炉银信用方面并未奏效，其主要原因是西义顺破产导致银炉信用发生根本性动摇，各种货币进入营口市场，过炉银的重要性锐减。1920 年 11 月厚发合也面临倒闭的窘境。厚发合属于直隶商帮，主要分号有英发合、志发合等，业务遍布东北各地，从上文对于各商帮业务规模的统计来看，厚发合是仅次于西义顺的大银炉，在西义顺破产后位居翘楚，其破产主要原因并不是派系之间的互相倾轧，而纯属市场问题。最主要的问题是其分号倒卖羌帖，导致亏损严重，银根吃紧，净欠东三省官银号大洋 300 多万元，无力偿还，被迫倒闭，东三省境内发字联号一共30 余家一律停业。市面又大为混乱，过炉银价格又陷入低迷，每锭过炉银由奉票 70 元左右跌至 55—56 元。之后政府再度出面，成立金融银号，整理厚发合债务，市场逐渐平复，过炉银价格逐渐上涨，到 1920 年腊卯升至奉票 76—77 元，上海汇水也降至 1900 两（即在营口交 1900 两，在上海兑换1000 两），与前几年相比已经属于较好的情况。

1919—1920 年大体上是过炉银制度发展到后期的一个分水岭。这一时期出台的过炉银管理条例大多不是主动的引导，而是被动的救济，因而显得不够有章法，存在着某些前后矛盾的现象。例如，对于过炉银在卯期的决算价格，各条规定中都有着一个固定价格，但几个条例规定的价格并不相同，而且其具体执行情况更加不乐观，或是当年勉强按照条例决算，转年再行更改，或是直接私下交易，根本无法达成所规定的行市。

伴随着西义顺和厚发合的接连倒闭，奉票的滥发使得货币贬值严重，这令过炉银市场呈现新的局面。正如时人所记述："于是现在炉银，与民国九年以前的炉银，变成个反比例。在以前时局要有变动的时候，炉银便显毛慌，现在炉银遇有时局的关系，反来价越提高，这个原故，就是各家银炉全守谨慎主义，有码子不肯多放。所以炉银与奉票比较，就显出炉银高贵，奉票毛慌，但是在省政府的意思，对于奉票是绝对维持的，颇不愿与炉银比较看出毛慌来，所以屡次设法使奉票价值提高，使炉银价值下落，无奈这一种事情是大家心理的关系，用力量难以压迫的，现在这炉银的价值，反倒逐渐增高。"[1] 因此 1920 年以后，过炉银的价值曾经出现过短暂的上升，从表6—5 中可以看出，1920—1924 年过炉银价值有短暂回升情况，但市场行为更加谨慎。这种谨慎行为的实质是对过炉银信用的怀疑，政府对于奉票的明确支持在民间化为了观望情绪，过炉银也成为奉票的附庸。

表6—5　1911—1932 年过炉银价值的变动（对金票百元）

年份	最高（两）	最低（两）	平均（两）
1911	122.61	92.27	99.29
1912	120.63	113.68	117.00
1913	120.49	100.58	110.52
1914	128.87	103.61	112.50
1915	107.37	100.73	103.55
1916	98.64	70.06	88.06
1917	79.87	69.03	74.43
1918	88.50	63.20	72.24
1919	140.00	75.00	103.54
1920	133.00	52.00	78.43
1921	120.00	74.40	96.16
1922	92.50	76.00	84.49
1923	90.40	77.70	84.44
1924	117.50	71.27	83.27
1925	133.35	85.15	108.53
1926	299.50	123.60	210.46
1927	347.50	254.50	304.04
1928	278.50	213.70	249.51
1929	279.50	201.00	249.79
1930	400.00	281.00	346.87
1931	558.00	378.00	475.66
1932	518.00	346.00	417.27

注：1911—1917 年的行情根据月平均最高价和最低价计算。
资料来源：栃倉正一『満洲中央銀行十年史』、48—49 頁。

[1]　黄亚东口述、汪毅久整理《营口炉银的沿革》，《东三省官银号经济月刊》第 1 卷第 6 期，1929年，第 7 页。由于是口述整理稿，本段文字中的用语多出现口语化表述，引用中保留原文。

1924 年，由于奉票贬值，省政府又出面维持市场秩序，同时也一并干预过炉银的定价，规定每锭过炉银兑换奉票 85 元，使过炉银不得不受到奉票滥发的牵连。当年发生第二次直奉战争，奉票贬值加剧，原本小洋票 1.5 元兑换大洋票 1 元的比价很快贬值到近 2 元兑换大洋票 1 元。1925 年郭松龄倒戈事件后，过炉银与奉票双双低落，政府屡次出面维持均不见效果。1926 年腊卯定价每锭过炉银兑换奉票 108 元，到了 1927 年农历六月和九月则变为 132 元，1928 年迅速升至奉票 300 元以上。1928 年春，营口总商会曾召集会议讨论整顿办法，拟呈官府设法维持，于是有了每年一期平抑汇水的做法。当年六月成立"炉银事务所"，专门办理归卯事宜。到腊卯时，评定过炉银使之每锭价格在大洋 22 元左右，并须按照奉票临时作价，不得同时与现洋挂钩。虽有部分投机商人从事买空卖空的行为，但炉银事务所尽力维持，使得银价归于平稳。后将腊卯提高 2.5 元，其他三卯价格不变，上海汇水控制在 1900 两左右，最高不超过 2000 两。由于政府加强监管，银价在一定时期内保持了平稳，投机行为也不见于市面，舆论一度认为"营口炉银，将来前途不无希望矣"①。

但由于 1928 年下半年东三省官银号在东北地区北部发行百元纸币，奉票贬值加剧，到秋冬二卯竟然由 320 元增加到 950 元。官商各界认为如果不彻底改革，奉票将进一步贬值，直到不可收拾的境地，于是开会宣布放弃奉票，改为大洋本位，当年腊卯过炉银价格定为大洋 18.5 元。1929 年，经上报省政府，将过炉银与奉票的关系彻底脱钩。为了抑制可能存在的投机行为，财政厅草拟炉银条规，于 1929 年六月成立"炉银监理处"，对旧有的银炉加以审核，新设银炉则严格限制，规定开设银炉除须拥有 50 万两以上资本金外，还必须有作为准备金的 50 万两以上的过炉银。并且必须由两家资产 10 万两以上的非同业商店作保，归卯价格仍然照旧。② 在这个规定的框架下，银价全由监理处发布，交易时必须严格按照此价格，1930 年九月定为大洋 25 元。每个卯期半月之前，设立"炉银归卯处"，商户归还货款时可以经由归卯处转交给商号。从"炉银事务所"到"炉银监理处"，再到

---

① 《附录：营口炉银最近情形的调查》，《东三省官银号经济月刊》第 1 卷第 6 期，1929 年，第 8—9 页。

② 《辽宁财政厅管理营口炉银暂行章程》，《东三省官银号经济月刊》第 1 卷第 3 期，1929 年，第 33—36 页。

"炉银归卯处"，实际上是通过引入监管机关的方式对过炉银进一步加强监管。

1931 年 9 月东北发生九一八事变，事后虽经维持，但市面仍十分紧张，于是由商会各委员会成立炉银研究委员会，专门负责整顿过炉银，规定汇水价为 2400 两，但时局紧张，无法维持，汇水不断上升。尽管炉银研究委员会限制了一些交易行为，短期内稳定了局面，但市面情况仍十分不妙，最终完全停止。日本方面在各地实行金融统制工作，对于营口过炉银，提出了以下五点清理原则：第一，营口应立即设置普通银行，以活跃营口金融市场；第二，伪满洲中央银行应对这个银行予以积极支持；第三，在银行开业的同时，应立即停止四银炉的营业，并禁止过炉银的流通；第四，过炉银的债权债务，一律按财政部公定价格，换算成国币价格，进行合理清算；第五，银炉在财政部监督下，尽速提出清理方案，着手清理。①

过炉银被废除使舆论大哗，"最近因日本统制东北金融，营业异常萧条，乃竟不得已而将炉银制度废除"②。同时，日方筹划以资本金 200 万元设立一个新的商业银行，其组织办法如下："（1）资本金全缴，伪中央银行极力援助之；（2）预定十二月一日开业；（3）使银行归还炉银存款十分之二，即以此项归还之款充缴股款；（4）现正呈请中之二百万元营口商业复兴借款，催请速贷予一百万元，其余一百万元俟银行开业时贷予之，并使此项借款人三十二家定期存放其款项于新银行，即以此项款为放款资金（定期存款之期限与利率与伪中央银行之贷款同）；（5）自银行开业至明年二月十三日之全期间中，新银行对全市各商号之放款总额，预订为五百万元。"其放款方针为：担保放款 200 万元（担保品为商品，有价证券，或不动产）；信用放款 300 万元（须有殷实商号二家之保证）。"中央银行"以前项担保为保障，对新银行放款。新银行也负责过炉银的清理问题，其对于整理过炉银债权的方案如下："（1）根据呈奉财政部批准之整理方针，于新银行开业后，在营口总商会整理之；（2）在营口总商会内设炉银整理处；（3）银炉业务整理事项，由炉银整理处接续办理之；（4）炉银之标准价格，于新银

---

① 栃倉正一『満洲中央銀行十年史』、103—104 頁。
② 《营口炉银制竟被废除》，《黑白半月刊》第 1 卷第 3 期，1933 年，第 35—36 页。

行开业之日，由伪财政部发表之。"① 至此，营口过炉银制度已经完全被废除，伪满洲中央银行承担了统制金融的任务，营口在金融方面的作用已经和一般城市相同，不再具有特殊性。

综上所述，民国时期政府对于经营过炉银的银炉监管呈逐渐加强的趋势，政策趋于收紧。从混业经营的角度看，1917 年的《营口炉银归卯条规》和《营口炉银归卯处组织章程》并未对银炉做出较多限制；1920 年的《营口整理炉银新条例》则限制银炉不能经营其他行业，但是已经经营的予以豁免；到了 1929 年的《辽宁财政厅管理营口炉银暂行章程》，不但银炉不能经营其他行业，就连联号也被取缔，同时还人为规定了最小和最大银炉数，这就大大限制了市场空间。

西义顺倒闭后的过炉银市场变迁说明信用危机导致竞争性货币市场的势力转变，同时也表明货币市场的逆向选择行为可能导致市场均衡的变化。各银炉发行的货币具有同质性，而营口的货币市场上又不仅仅只有过炉银一种货币在流通，这就导致西义顺的市场空缺并未被其他银炉瓜分，而是从整体上削弱了过炉银作为货币的根基。在过炉银的市场内部，西义顺倒闭，使得货币需求方对过炉银产生更深的不信任感，所带来的贬值现象更加打击了过炉银市场。以厚发合为代表的直隶帮银炉，在西义顺风波中不但没有获取利益，反而使自身陷入绝境。

过炉银在经历西义顺风波和厚发合倒闭后依然存续下来，并不是说过炉银重新在营口占据了优势地位，而是一个多方博弈的结果。东北地方政府希望借此机会使营口纳入东三省整体金融制度框架内；地方商户希望能够最大限度地挽救损失、争取利益；日本方面则希望借此机会能够插手营口金融事务以扩大利权。因此，在西义顺问题上，三方一致表现出争先恐后的救济措施，最后的解决方案实际上也是各方利益的妥协，而未能直接废除过炉银制度。直到在九一八事变后，日本对东北金融采取统制措施，在营口地区最直接的表现就是废止过炉银，完全消除民间货币在市场上的竞争。

---

① 参见《营口炉银制竟被废除》，《黑白半月刊》第 1 卷第 3 期，1933 年，第 35—36 页。

第 七 章

民国初期的中日币制借款

中日币制借款起源于清末，发轫于民国初年。起初日本是作为列强诸国银团中的一员参与联合贷款。随着欧洲局势紧张、第一次世界大战全面爆发，日本逐渐开始寻求独占中国市场，在货币金融领域也希望能够挤占其他国家的利权，在除东北以外的广阔地区进一步实现对中国市场的独霸。然而事与愿违，不但日本单方面出资的"西原借款"未能落实，《金券条例》受到多方抵制无法实行，还引发五四运动，掀起全国性的反日爱国高潮。这个结果既不是中国国内单方面抵制所造成的，也不单纯是日方的问题所致，而是由于日本企图对中国实行金融控制的目的被揭发后，受到了来自中国国内、国际列强和日本国内不同意见的多方夹击，最终宣告失败。

一 多国银团与币制借款

（一）清末民初的币制借款

统一货币和改革币制，在清末开始被提上日程。1903 年签订的《中日通商行船条约》中的第 6、第 7 款就是关于货币和度量衡的内容，而在几乎同一时期签订的《中英续议通商行船条约》和《中美通商行船续订条约》中也有相应的建立"国家一律之国币"和确立货币本位制度的内容。《中日通商行船条约》第 6 款规定："中国国家允愿自行从速改定一律通用之国币，将全国货币俱归画一，即以此为合例之国币，将来中日两国人民即在中国境内遵用，以完纳各项税课及别项往来用款，毫无窒碍。"第 7 款的内容虽然是关于统一全国度量衡方面的，但由于全国各地使用的平码不同，因此也与币制相关。1910 年春天，清政府决定在全国统一币制。5 月 24 日公布《币制则例》，这既是时局的要求，也是履行条约所不得不面对之事。之后，清政府度支部先与美国，后又与四国银行团（英、德、法、美）签订"币制实业借款合同"。

美国对中国的币制改革最为积极，在第一时间派人积极响应。1910 年中国驻美公使梁诚在美国会谈时表示中国将要进行币制改革并乐于聘请一个外国货币专家来制订计划。美国驻华公使 1910 年 8 月 17 日转述中国要求由美国银行家贷款 5000 万两的要求，同时希望立即实行币制改革。为此将会大量发行国债，并聘用一个由中国人选择的美国财政顾问。10 月 2 日，中国政府经由美国公使提出要求，如果美国银行家愿意贷款，可把金额增加到 5000 万美元，以便包括 2000 万两满洲借款。如果此事能够办成，中国政府自愿许诺指派一位美国财政顾问来协助改革币制。然而美国担心如果推荐美国人担任此职位，四国银行团的其他国家，以及日俄会有较大不满，遂希望如果能够推动美国人担任最好，如若未成，希望选择瑞士或者荷兰等中立国专家来担任。果然，其他国家对于这样的安排持有异议，因此由美国人斡旋建议让荷兰人担任这一职位，1911 年聘请了荷兰人卫斯林做币制顾问。然而，币制改革问题由于辛亥革命的爆发而中断，1912 年卫斯林成行时带了他的著作《中国币制改革刍议》，由于当时他已经确定就任荷兰银行总裁，因此北洋政府财政部聘他为名誉顾问，同时聘请陆思德做币制顾问，后陆思德在中国遭遇意外身亡。

卫斯林《中国币制改革刍议》的主要内容是介绍金汇兑本位制，这一制度已经在荷兰的殖民地印度尼西亚被推行和采用。即在国内通行银币、银行券和纸币，挂钩其他金本位国家的货币。只要政府能够保持辅币与外币的汇率，则金汇兑本位可以保证国内物价稳定。并由此制定"三步走"策略，分 15 个步骤逐渐改革币制。然而财政部认为金汇兑本位有利也有弊，最大的弊端在于无法维持金银比价，难以保证此制度下的货币信用，因而也没有被直接采纳施行。

日本对币制借款问题也始终保持高度关注，即便最初的四国银行团中并无日本。1913 年 2 月 21 日日本驻华公使伊集院彦吉给外务大臣牧野伸显的电文中专门就后者几日前的询问汇报称："据正金银行董事小田切向周学熙了解，去年卫斯林和陆思德来京……因卫斯林离开较早，合同未及签定，卫斯林即将委任状交给陆思德而先回国。……期限二年，期满后得继续。周财长又说，关于币制顾问之事，在开始以来常常是经过美国之手，但此番交涉完全是直接的，毫未麻烦美国。现在陆思德死去，卫斯林准备推荐荷兰人某某继其后任，但尚未决定。特先略陈。再卫斯林回国后即就任荷兰银行总裁，现在一直住在本国。"①

　　清末民初的币制借款是西方国家争夺中国利权的一次重大机会。在清末的币制实业借款中，各国之间产生了分歧，有过激烈的交锋。美国退出后，英、德、法三国政府都希望促成此事，但是俄日的政治诉求又极其尖锐地爆发。② 1913 年 4 月 26 日经过磋商后，由四国借款变成六国借款。第一次借款将用完之际，北洋政府希望能够举债归还短期外债和行政费用，各国则希望在其中再捞上一笔。但由于中方希望借款的数额降低，最后仅开出 800 万镑，各国都感觉无利可图，无法借此掌握中国的金融权力，最终宣告破裂。币制借款的问题迟迟没有解决，不但延缓了中国货币统一的机会，也给日本以可乘之机，为日后的"西原借款"和《金券条例》埋下了伏笔。

（二）多国银团的更迭

　　1911 年春天，清政府与四国银团签订《币制实业借款合同》，其中包括美国、英国、法国和德国，并没有日本的参与。造成这种现象的原因正是出于对日本与俄国的担心。然而到了 1913 年善后大借款时，与袁世凯签订借款合同的是五国银团，不但日本与俄国都加入其中，还排挤了美国的参与，这在某种程度上反映了列强实力的消长。在日俄两国看来，限制四国银行团的借款行为只有两种办法，"或是与四国财团组织相竞争并破坏它；或是加入财团组织并从内部来保护它们的特殊利益"。③ 日俄与英法两国关系密切，特别是英法俄三国早已是协约国成员，于是日俄两国便与之联络，迫使美国

---

①　中国人民银行总行参事室编《中华民国货币史资料（第一辑）》，第 62—63 页。

②　参见夏良才《清末币制实业借款的几个问题》，《学术月刊》1986 年第 2 期。

③　［美］弗雷德里克·V. 斐尔德：《美国参加中国银行团的经过》，吕浦译，商务印书馆 1965 年版，第 86 页。

同意日俄参与，形成六国银行团。俄国参加银行团是基于维持在北满、蒙古以及中国西北的权利和特殊利益，日本则要求不得有损于其在南满地区以及邻近南满的内蒙古东部的特殊权力和利益。这样，存在各种政治军事同盟关系的英、法、日、俄四国与四国银行团同时并存的局面变成了与六国银行团的并存。这意味着英法与日俄加强了结合，把四国集团的力量带进六国银行团，相应地削弱了美国和德国的在华地位。美国驻华公使嘉乐恒建议美国政府退出国际银行团，他认为在中国成功的国际合作是没有多大希望的，特别是要接纳俄国和日本进入国际银行团。威尔逊最初同意这种观点，反问道："如果你不能得到你想要的东西，你是不是干脆不要？"嘉乐恒回复说："然而各大国在中国集合于一个营垒，只不过反映了欧洲国际政治局势的紧张。英、法在远东支持俄国与日本，并不能保证足以遏制这两个侵略性的国家。"① 这反映出美国并不是不想要善后大借款的利益，而是因为其与日俄在远东经济利益上存在根本冲突，不愿意因为中国问题将其矛盾扩大化。威尔逊就任总统后发表声明，反对以银行团继续进行善后大借款，理由是有可能需要使用"武力干涉"中国的财政和政治事务，而由此发生的不测事件他不愿承担责任。而且由于贷款条件包括"旧式的和难以负担的"的税款担保，以及由外国人监督税捐，这就影响了中国的"行政独立"，这也是与奠定美国政府的基本原则"不相容"的。② 威尔逊声明发表后，美国银行团于 1913 年 3 月 19 日分别致电其他五国银行团，并通知中国政府，决定退出善后借款交涉。就这样，六国银行团由于美国的退出变成了五国银行团。

虽然没有美国的阻碍，但是英、法、德在五国银行团中依然占据主导地位，日本显然无法拥有特权。日本此时的态度是：守住自身利权，尽力争取更多权益。1913 年 11 月 3 日日本外相牧野伸显致日驻华公使山座圆次郎的密电中说："关于熊希龄向三国银团代表说，要以满洲税收作为借款担保，本大臣即于十一月一日，约见俄国（驻日）大使告以熊的上述主张，是他偶然的设想还是经过慎重考虑，现在还不明白，但不管怎样，欲以满洲税收

① ［美］查尔斯·威维尔：《美国与中国：财政和外交研究（1906—1913）》，张玮瑛、李丹阳译，社会科学文献出版社 1990 年版，第 158 页。

② ［美］查尔斯·威维尔：《美国与中国：财政和外交研究（1906—1913）》，张玮瑛、李丹阳译，第 163 页。

作为本借款之担保，这对我国的利益影响颇大，已令我驻华公使向中国政府提出警告，请通知贵国政府，以供参考。该大使即答：当立即电告本国政府，相信会采取同样步骤。"①　日俄两国对于中国东北的争夺十分激烈，然而一旦东北有任何可能的变动，双方都会做出相同的反应一致排外，任何其他列强若想从中分得一杯羹都极其困难。这种态度让其他国家感受到压力，从德国驻华公使哈蒙森 1913 年 11 月 7 日呈德国首相柏特曼的函件中就能体会到这种感觉："我曾向阁下报告，俄日坚持参加币制借款谈判。如所周知，该借款的担保为东三省的烟酒税、出产税、消费税及各省盐税附加。在事件过程中俄日对于有关满洲一切问题反应的敏感是值得注意的……现在日人与俄人提出反对并依善后借款合同第十七条要求参加。日银行代表又以中国早先曾请五国借款赎回发行纸币这一事实作为他的要求的依据……他又说，如果不是这样，日本保留根据它以前获得的条约权利，即单独进行的权利。"②

事实上，日本已经开始"单独进行"的尝试。1916 年交通银行和中国银行相继遭遇挤兑需要借款，日本急于和中国方面尽早接洽，目的是防止其他国家抢占先机。日本外务大臣石井菊次郎 1916 年 8 月 4 日致驻华代理公使小幡酉吉的密电说："……此时如我方踌躇，中国方面可能与别国进行商谈。最好先用上述方法打进交通银行，建立关系。关于这方面帝国政府没有不同意见。"③　最终促成 1917 年 1 月 20 日交通银行向日本兴业银行借款 500 万日元，这也成为"西原借款"的发轫。这次借款的背后，实质上隐含了日本对于其他国家的排挤。中国银行兑现困难急需借款时，日本驻华公使林权助致日本外相寺内正毅④密电，"十月三十一日晨……提出以近数日内即将收到的盐余约三百万元作为偿还条件，希望五国银团立即借出一百万元救济中国银行。当即由四国银团代表召开会议，决定如有关各国公使无异议，当即借

---

①　中国人民银行总行参事室编《中华民国货币史资料（第一辑）》，第 75 页。

②　孙瑞芹编译《德国外交文件有关中国交涉史料选译》第 3 卷，商务印书馆 1960 年版，第 387—388 页。

③　中国人民银行总行参事室编《中华民国货币史资料（第一辑）》，第 399—400 页。

④　因为驻华公使对外相负责，因此称寺内正毅为"日本外相"，实际此时他已经就任内阁总理大臣，同时兼任外交大臣和大藏大臣。所以，这个时候林权助的直接上司已经成为日本的政府首脑。在几个月前他还兼任朝鲜总督，由此可以看出当时日本外交关系的重要性。

出。小田切征询本使意见。由于中国方面的特殊情况，乃告以可以进行，但应拒绝德国银行之参加。小田切即将此意转达各国代表。今日午后开会，决定由日、英、俄、法四国银行各借出二十万元。并根据本使指示通知财政部，今后这类借款，希望中国政府不得向德国银行进行交涉"。① 这实际上是日本趁第一次世界大战的机会排挤德国的做法，这样就成功地在英法德主导的银行团中去掉了德国这个强劲的对手。从此之后，五国银团就成为四国银团。

尽管日本采用各种方法抢占先机排除他国，但当时日本在四国银团中也还不能占据主导地位。虽然已经显露强势，但其决策还多少受到其他国家的掣肘。交通银行遭遇困难时，日本外相石井菊次郎 5 月 22 日致电日驻华公使日置益并不同意贷款救济交通银行："没有必要答应中国方面的要求……据正金银行方面调查结果……事实上估计并不十分迫切需要贷款，希考虑到这点，相机行事。"② 到了 6 月 2 日，日本驻上海总领事有吉明致日本驻华公使日置益电文中说道："关于救济交通银行问题……故按本官愚见，救济对本地市场有利，毫无为北京政府挪用的危险。如只有我方反对，则过于表现出我对北京政府的压力，反而不利。现首席领事已就本问题征求各国领事的意见，本官将主要根据银行团的态度来决定。目前尚未正式表示任何意见，如有何指示，请即电示。"③ 也就是说，日本单方面虽然不愿意借款，但是又不能单方面表现出与其他国家不同的态度，以免招致其他国家的不满，可见此时的日本还远远不可能独立自主地做出借款的决策。

然而到了第一次世界大战后期，"西原借款"已经达成数笔，由于世界政治格局发生了变化，各国在中国问题上由于一战而趋于放松，日本在借款问题上开始强硬。日本驻伦敦大使馆 1918 年 2 月 22 日发表的备忘录中有一段对法国关于币制顾问单方面聘请日本人质疑的回应，实质是对该问题公开的强硬表态："帝国政府对法国政府在币制顾问问题上所作之保留权利并不十分知悉，惟同时必须说明者，即无论从历史与习惯来看，日本在中国币制改革问题上均具有特殊之地位；甚至单从经济观点来看，日本在中国商业、财政和运输事务上亦均具有最重要之利害关系。因此，没有一国能比日本因中国币

---

① 中国人民银行总行参事室编《中华民国货币史资料（第一辑）》，第 294 页。
② 中国人民银行总行参事室编《中华民国货币史资料（第一辑）》，第 246 页。
③ 中国人民银行总行参事室编《中华民国货币史资料（第一辑）》，第 247—248 页。

制紊乱所受之损失更为严重；也没有一国能比日本对中国之币制改革能有如此强烈与正当之关切。基于这些理由，并考虑到 1917 年 7 月 15 日俄国政府所作之不反对指派日人充任中国币制顾问之保证，以及英国政府对于日本在新借款中要求充任币制顾问给予之支持，因此，日本政府希望法国政府能在日本实现其关于中国币制顾问之愿望上能予以协助。"① 尽管这段话的辞令依然是外交性的，但实质已经是对英法两国的公开挑战。首先，日方提出对于法国所提的权利表示不了解，免于落人口实；其次，单方面抛出"特殊地位"论，称日本在中国经济和货币改革中的特殊地位，为享受特别的优待留下舆论空间；最后，挖空心思寻找有利日方的证据，利用其他国家的默认和纵容，要挟法国同意其单方面担任币制顾问。外交的前提是国际实力，第一次世界大战在打击了德国的同时，也大大消耗了英法两国的实力，俄国内部发生十月革命。日本在这期间则积攒了实力，积累大量资本，国际地位迅速提高，已经可以与英法等国分庭抗礼。在对中国借款的问题上，已经大大掌握主动权。

二　日本对中国金融的破坏活动

除第一次世界大战的原因外，日本在华金融势力的渗透也进一步加强，其开始主动采用一些破坏性手段，意图制造金融混乱，乘人之危取得利权。1916 年 3 月 3 日，京师商务总会报告称："近日市面忽有用日本邮局布送匿名传单之事，阅其词语，系立意破坏中国、交通两银行信用，使市面恐慌自行扰乱之计。"传单的内容"捏称现银已运外国及长江流域，中交两银行危急现状……所捏造愈出愈奇，商民识见短浅，难保不生误会……"② 日本人利用中国商民对于现银储备的高度关注，制造谣言，宣称现银流失，实际是指银行兑现困难，信用低落，这将会导致银行遭受挤兑。这些批量的邮件来源是日本邮局，因此可以确定是日本政府的官方行为，目的就在于制造恐慌，伺机控制金融市场。

此外，日本人伪造大量纸币，扰乱金融秩序。自 1913 年起，在上海、

---

① 中国人民银行总行参事室编《中华民国货币史资料（第一辑）》，第 452 页。
② 中国人民银行总行参事室编《中华民国货币史资料（第一辑）》，第 193—194 页。

香港、奉天、云南、天津等地伪造和涂改纸币，企图蒙混过关、制造混乱。此类案件在日本国内也多有破获。大阪中华总商会在日本方面破获此类案件后，回复奉天总商会称"吾国纸币为外人所假冒者，不知凡几，此不过其偶尔破获者也。祈转知该银行，仍随时注意为要"①。可见此类事件极为多发，除少部分可以破获外，大部分犯罪分子仍然逍遥法外。虽然这主要是部分不法日本商人的犯罪行为，但日本政府的态度实际上姑息纵容了该类事件的一再发生。第一，日本法律规定，伪造本国货币处以无期徒刑，而伪造外国货币仅处有期徒刑。这就给伪造外国货币制造了缓冲，使得其犯罪成本降低。第二，日本对于这类案件，有隐瞒不报的嫌疑。1915 年 9 月 10 日，日本山口县三田尻警察局"忽发觉"日本人伪造中国纸币，破获该重案，但十多天内秘而不宣，希望大事化小小事化了。反而是中国媒体从知情者口中知晓详情，率先报道了此事。伪造中国货币的目的是预估到中国近年来"必有乱事"，希望趁乱将其流通进入中国市场。并且，这种违法行为自1914 年起就一直进行，将近一年后才被侦破。②

除了纸币以外，日本人私自铸币偷运入境、私运铸币出境的现象也在全国各地被发现。自 1918 年 9 月起，南京、芜湖、镇江市面上发现不少轻质铜元流入市场，几年内充斥不绝，北京财政局曾派员前往各省调查轻质铜元充斥之原因，据苏省调查员报告"轻质铜元，系某国人所造，其法以中国制成之铜元运回本国，镕为铜条，再运至中国内地，铸为铜元，几经转移，获利甚厚，故轻质铜元日见充斥云"③。日本政府对于这种行为也没有严行禁止，而是一味放任，以致直到全面抗战爆发前夕，这种情况仍没有改观。④

伪造纸币、私运铸币虽不是日本政府的行为，但日本国内的制度环境和客观需求促使政府对违法犯罪行为采取默许的态度。这不但扰乱了金融秩序，更造成货币的非正常流动，加大中国在货币发行与流通等相关方面的决策难度，从而客观上促使中国政府不得不向外国求援以改革币制。

---

① 中国人民银行总行参事室编《中华民国货币史资料（第一辑）》，第 1192 页。
② 《日人伪造我国纸币案》，《申报》1915 年 9 月 21 日。
③ 《轻质铜元充斥原因》，《民国日报》1921 年 4 月 23 日
④ 如《国讯》第 160 期刊登了 1937 年日本浪人偷运铜元出境的事情，见《日本浪人偷运铜元一览》，《国讯》1937 年第 160 期，第 165 页。

三　从"西原借款"到《金券条例》

　　1916 年 10 月，大隈重信内阁倒台，寺内正毅组阁上台。他在表面上一改大隈重信提出"二十一条"、制造"郑家屯事件"的态度，大谈"中日亲善"。然而，军人出身的寺内正毅直接参与了甲午战争、日俄战争，一手策划并建立日本对朝鲜的殖民统治。其真实的外交政策极其强硬，特别是对于东北亚地区的利权极为关注，在中国东北、朝鲜半岛、东西伯利亚问题上表现尤其突出。在第一次世界大战期间，与英国、法国、俄国、意大利达成秘密协议，令其承认日本在中国东北和山东的特权，作为支持中国参战和支持协约国的条件；策划签订《日韩合并条约》吞并朝鲜；在十月革命发生后，主张出兵西伯利亚，控制西伯利亚铁路。实质也是维护其在中国东北和朝鲜的利益。

（一）"西原借款"与《金券条例》的主要内容

　　第一次世界大战期间，日本国内资本过剩，亟须投资海外寻找出路。财政大臣胜田主计提议对华大量投资：一来可以获得利权，二来可以降低中国国内的反日情绪。于是组织日本兴业银行、台湾银行、朝鲜银行成立一个特殊银团，以非正式的形式，对华进行秘密借款。寺内正毅委派其私人幕僚西原龟三从中操作斡旋，于 1917 年 1 月至 1918 年 9 月间多次向中国进行贷款，总金额达到 1.45 亿日元。实质达成的主要八次借款情况见表 7—1。

表 7—1　八次"西原借款"情况一览

时间	名目	金额（万日元）	担保
1917 年 1 月 20 日	交通银行借款	500	铁路债券、国库券和债权证书
1917 年 9 月 28 日	交通银行借款	2000	国库债券
1918 年 4 月 30 日	有线电报借款	2000	全国有线电报财产与收入
1918 年 6 月 18 日	吉会铁路筹备借款	1000	国库券
1918 年 8 月 2 日	吉黑金矿森林借款	3000	吉黑金矿、森林收入
1918 年 9 月 28 日	满蒙四铁路筹备借款	2000	国库券
1918 年 9 月 28 日	高徐、济顺铁路筹备借款	2000	国库券
1918 年 9 月 28 日	参战借款	2000	国库券

　　资料来源：左治生主编《中国财政历史资料选编》第十一辑（北洋政府部分），中国财政经济出版社 1987 年版，第 276—277 页。

日本大力促成"西原借款"的根本目的是建立金本位，"在满洲、山东以及其他地方敷设铁路，在全中国装置电信设备，以谋其交通的现代化，开发吉林和黑龙江丰富的森林；采掘黄金，以所获得的黄金为基础，来改革极端紊乱的中国币制，确立金本位制度。中国实施金本位制，其最快的道路首先是在铁路方面的收支使用金本位。所以铁路网之敷设、交通银行之整理，这些都是沿着在中国确立金本位制度的建设意图而进行的。六、七笔借款决不是孤立的、彼此无关的东西，而是在这个统一目的下签订的"[1]。因此，"西原借款"只是日本控制中国金融的第一步，在中国推行金本位，使中日货币一体化，从而掌控中国的金融命脉，才是其最主要的目的。而仅仅靠一些基础设施的建设并不能达到目的，真正的契机还是来自币制借款。

"西原借款"和《金券条例》存在着非常直接的关系。西原龟三为策划控制北洋军阀段祺瑞内阁的财政金融，在1918年8月提出一篇《中国税制及币制改革论》，其中关于币制改革的部分，就是《金券条例》的主要内容。西原龟三最初认为应发行与日圆等价的纸币，但因中国为非金本位国家，实行上非常困难，结果改由朝鲜银行承担金券8000万元的借款，然后将此项借款金额仍保留于该行，作为中国政府的准备金，以此金券得在中国市场流通。1918年8月10日颁布《金券条例》，全文如下。

金券条例[2]

第一条　政府为便利国际贸易，预备改用金本位起见，得由币制局指定之银行，发行金券。

第二条　金券之单位为一金圆。每一金圆含纯金·七五二三一八公分，即库平二分一毫六丝八忽八。

第三条　金券种类如下：

一圆　五圆　十圆　二十圆　五十圆　一百圆

政府得令币制局指定之银行，发行五角、二角、一角三种之金券，并得令由造币总厂铸造一分铜币。

---

① 樋口弘『日本の対支投資』慶応書房、1940、178頁。

② 财政部泉币司编《币制汇编》，北洋政府财政部，1919年，第23—25页。

第四条　金券在未铸金圆以前，持券人得向指定之银行，汇至本国他处或外国，在金圆已铸之后，得改兑金圆，并得汇至本国他处或外国。金券得以外国金币或生金，按所含纯金重量，向指定之银行折合交换之。金器具以生金论。

第五条　金券与现行国币不定比价，但得照指定之银行各地随时牌示之比价，以金券向该银行兑换国币，或以国币及生银兑换金券。

第六条　指定之银行发行金券，应有十分准备。该准备为本国金圆或生金或外国金币，分存中外汇兑商埠。所有准备金之地点及数目，该银行应每旬公布一次。

上项准备，应受币制局所派专员随时之检查。

第七条　金券得照指定之银行随时牌示之比价，于公私款项出入使用之。金券之用数，为无限制。

第八条　指定之银行，得以金券为存放及其他之营业。

第九条　本条例以公布日施行之。

按照《金券条例》的要求，由指定银行发行金券流通为过渡到金本位做准备。其中第四条中所指的"持券人得向指定之银行，汇至本国他处或外国"，实质是指外国的金本位货币银行，《金券条例》是日方策划的，所指的银行主要就是朝鲜银行。而金券与流通的货币不定比价的规定，实质是在纷乱的货币体系中加入了一种新的货币，这样的制度设定不但无法做到"统一银货"，反而使已有的汇兑行市更加复杂。

（二）中国政府的内部纷争与对外警惕

"西原借款"时期，中国国内政坛也在剧烈动荡。日本希望中国参加一战，以求进一步控制中国，特别是得到在山东的利权。段祺瑞是此方案的支持者，遂于 1917 年 4 月在北京召开督军团会议，向黎元洪和国会施加压力，胁迫他们同意参战。由于美国要求中国暂勿参战，因此亲美的直系军阀和黎元洪均反对参战。4 月 19 日，段祺瑞策动各省督军要求黎元洪解散国会，府、院之间的对立不可调和。黎元洪免去段祺瑞职务，段祺瑞则通电各省，不承认免职令，皖系和追随皖系的督军纷纷宣布独立。黎元洪不得已，于 6

月 1 日召张勋来北京调解，结果张勋拥立溥仪复辟。7 月初段祺瑞讨伐张勋，7 月 6 日冯国璋在南京宣布就任代理大总统，任命段祺瑞为国务总理，7 月 12 日溥仪退位。

段祺瑞于 1917 年 7 月重新上台后，任命梁启超担任财政总长，着手进行币制改革事宜。在会见日本驻华外交官小田切万寿之助时，梁启超问："作为提供大借款的条件，有一项是聘请顾问，是否是事实？"小田切万寿之助回答说："关于顾问问题既像是条件，又不是条件，其不像条件但又可看做是条件。总之，银团的意思是趁借款的机会把它提出来。"如果说这个"既是又不是"的论调值得深思，那么在谈及顾问权力的时候，小田切万寿之助的回答就更值得深思。"总长进而又问：关于顾问的权限如何？本人即答：就日本人顾问来说，必须要作为财政顾问，或者实际处理事务。如果是担任不从事处理实际业务的装门面的顾问，现在中国也不需要。总长对此表示颇以为然。"① 实质可以看出，日本在担任币制顾问的问题上非常强硬，"既是又不是"的言论实际说明了其一定要做成这件事，借款只不过是提出顾问之事的契机而已，如果没有借款，顾问的事情也迟早要提上日程。而且，日方不但要充当顾问，还要做有实权的顾问。而梁启超这番试探性的问话，实质上也表达了中国政府对于这一问题的深刻忧虑。

真正反映双方分歧的是其互通的电函，财政总长曹汝霖 1918 年 5 月 29 日致日本驻华公使林权助函称："本国政府为统一改善币制起见，曾与银行团商议善后续借款内之一部分币制借款在案。俟实行改革币制时，拟延聘贵国男爵阪谷芳郎为顾问，以期推行尽善。且以该男爵曾任贵国特任官，敝国政府亦当予以特任之待遇。如何之处，尚希转达贵国政府见覆为荷。"② 林权助 1918 年 7 月 16 日对此复函曹汝霖称："前准五月廿九日函开，贵国为改革统一币制起见，拟聘阪谷男爵为贵国顾问。等语。并五月卅日本使与贵总长晤谈各节，当即据禀本国政府。兹接回示称，本国政府表示同意。且以为该男爵受聘后，贵国政府自必采用其意见，并赋与以相当必要之权限，即该男爵亦当快诺应聘。等因。相应覆请查照。"③ 中方对日方态度是同意阪谷芳郎担任顾

---

① 中国人民银行总行参事室编《中华民国货币史资料（第一辑）》，第 441 页。
② 中国人民银行总行参事室编《中华民国货币史资料（第一辑）》，第 447—448 页。
③ 中国人民银行总行参事室编《中华民国货币史资料（第一辑）》，第 448 页。

问，也名义上给其"特任"身份待遇，具体要求请日方提出来。一个多月后，日方才回复此事，显然是经过多重考虑，且在回复的时候先说明是中方主动要求日方担任顾问，强调了中方是此事的发起方，其回复的条件也并没有十分复杂，而是仅要求了币制顾问的权限问题，说明双方对此都十分敏感和谨慎。

（三）中国国内舆论的抗议

从"西原借款"、聘任日本人做币制顾问到颁布《金券条例》，这些行为一直遭到中国国内舆论的批判，从官员、学者到媒体、平民，都发出各自的声音。

1918 年 12 月，众议员陈嘉言等 22 人，就政府聘用阪谷芳郎一事提出质问，"近日报载：政府聘日人阪谷芳郎为币制顾问，除年俸四千金镑及另聘书记三人从优给薪外，并附以该顾问凡有建议，我政府必须采纳之特殊条件云云。是否确实，曾否聘定，事关国家财政根本大计，稍一疏纵，显以丧失民国内政之主权，隐以授予外人监督财政之渐，是可忍，孰不可忍！"国务总理钱能训迫于压力，在 1919 年初回应了这一质问称："查聘用日人阪谷为币制顾问一节，系因前梁总长、王总长任内借用日本垫款关系，虽经先后商酌，迄未议定合同，当然无政府必须采纳之特殊条件。"①

1918 年 7 月 7 日《北京导报》披露以《财政上一大丑态》为题的评论，"首先述及中国政府以现在仅存的国币作为赌注，一再借款，从事讨伐西南的战争，截至最近已达于不择手段、不顾任何条件的状态。其次作为报导'非正式公使'西原龟三与梁士诒、陆宗舆长期勾结的结果，中国政府准备在市场上投放日圆八千万元。……在已达极度紊乱的中国政界，如此疯狂的尝试，诚不解其用意之所在。原来的用意，其目的在于以此收回已贬值的两行纸币，果如此实行，此案必遭失败，盖新纸币比现行的贬值纸币更加要损害其信用，市价将更低落。根据恶币驱逐良币规律，必将致使银币驱逐殆尽。最后论及如此改革的币制，诚属举世笑柄，严重地损害中国财政。为了避免中国四亿人民将来在经济上受到空前的牺牲，首先对中国政府不得不予以再加考虑的劝告"。7 月 9 日该报又揭露"黑龙江、吉林省森林借款三千万元之一部分已

---

① 中国人民银行总行参事室编《中华民国货币史资料（第一辑）》，第 449—450 页。

交昨日离京的徐树铮，作为讨伐西南军队的训练费用。又云，前项借款的垫支三百万元，已于本日交付曹锟、张怀芝等作为讨伐广东之军费"。①

《申报》则言简意赅地讲明了为什么《金券条例》无益于货币改革："《金券条例》一纸空文而已。况既不定本位，仅与现有之银币、铜币并行。即令人人使用，不过使我国混乱币政之中，添一种花样，加一层纷扰，多造贪官污吏营私自利之机会。整顿币制云云，不亦相距过远也哉。"② 英文报纸《沪报》则坚定认为《金券条例》是日本人和曹汝霖的阴谋："智多才广之曹汝霖，忽又心生一妙计，为筹款起见，拟输入日本金圆钞票于中国内地。现具有打销（消）此卖国奸计之权力者，独有总统一人……曹氏之计划，表面上似极可取……然钞票间接一层，亦仅表面则然耳。此计划若成，经手之人将得大宗回扣，殆无疑义也……故简言之，曹氏此举，简直系借日本纸币之助，戕害中国银行制度，同时并自图私利焉，尤耐人寻味者，曹氏提议特设一银行，以处理此新钞票，中国及交通两银行，均不得干涉此项计划……曹氏则将为彼新金币钞票银行之总裁……"③ 不论是"无用论"还是"阴谋论"，都反映了人们对于《金券条例》的不信任感，政府的信誉扫地，实际上对于货币改革起到了反作用。

全国各界掀起反对《金券条例》的浪潮，留日学生、各省省议会代表、中华学界联合会、各地商会均表示抗议。在上海还成立拒款联合会，号召抵制借款和《金券条例》。有抵制的群众以"全国抵制金币借款联合会上海分会"的名义向全国人民发表倡议书："近来之金币借款，发生以来，已逾半月，其丧权亡国之种种，上海商会及学生救国团已屡言之矣，毋容赘述……此次金币券关系全国，其祸害大于中、交千百倍，政府诸公，因利欲熏心，事在必行，愿我全国同胞，速筹补救方法，急起直追，以救危亡，务达目的，勿为五分钟热度也。"④

---

① 中国人民银行总行参事室编《中华民国货币史资料（第一辑）》，第 473 页。

② 《北京特别通信——金券条例难以实行》，《申报》1918 年 8 月 17 日。

③ 《外国报纸论金券和金券借款的卖国罪行》，中国人民银行总行参事室编《中华民国货币史资料（第一辑）》，第 475—476 页。

④ 《全国抵制金币借款联合会上海分会告全国同胞书》，中国人民银行总行参事室编《中华民国货币史资料（第一辑）》，第 486—487 页。

全国的抵制在该次事件中发挥了关键性作用，各地拒不执行、各界斥责讨伐，是对《金券条例》的直接否定，也是对"西原借款"的直接抗议。这使得《金券条例》无法实行，同时也直接引发"五四"爱国运动的爆发和全国抵制日货的浪潮。

（四）日本国内的分歧

"西原借款"与《金券条例》在日本国内也有很多不同意见，既有对其完全支持的，也有持相反观点的。日本《中国》杂志完全赞同《金券条例》的看法："银元一元与我旧银币一元大致相等，现在仍以我金圆一元为中心而变动其市价，故应规定新金之一元之纯量为 11.5743 格兰姆，与日圆金量相近，则庶几对日中两国间之交易，计算简便，而对最近数年来所倡导的日中经济提携之开展，有莫大贡献。"① 然而，借款仅仅通过西原龟三这个中间人——而非日本外交部门——来完成招致日本外务省的不满，驻华公使林权助曾说"大隈君之方法，固属一塌糊涂，而寺内君之方法，亦完全出轨者也……只寺内首相、胜田藏相、西原龟三君三人，计划此事，对于列国不特不求谅解，且乘列国忙于战争不暇顾及中国之机，夺取其权利，故为胡闹耳"。② 日本国内媒体对于"西原借款"和《金券条例》架空外务省也大有不满之词，《大阪每日新闻》对此事大加批判，"我国对华外交之中心，外务省欤？大藏省欤？抑首相直属欤？其间毫无统一联络，各出其自由行动，故其政策，支离破裂，极为矛盾"③。西原龟三本人知晓后十分生气，回应说："吾果被寺内首相召唤而归乎？是事吾绝无所闻，吾处亦绝未接有此项电报。所谓吾在北京为林公使之累，吾亦绝不知情。关于吉林省森林借款与矿山借款等，吾固非不知，而各报纸乃登载如彼，是实误矣。君等既同为日本国民，对于日本有利之举，果有何攻击之必要乎？"④

---

① 《日本〈支那〉杂志，主张中国采用中日共同货币单位》，中国人民银行总行参事室编《中华民国货币史资料（第一辑）》，第 466—467 页。

② 参见王芸生编《六十年来中国与日本》第 7 卷，生活·读书·新知三联书店 1981 年版，第 114 页。

③ 《中日报纸评林权助归国原因——日本急急侵华，步调紊乱，四国银团反对，公使为难》，中国人民银行总行参事室编《中华民国货币史资料（第一辑）》，第 496 页。

④ 《西原龟三对记者谈话——指责日本报纸对他的攻击》，中国人民银行总行参事室编《中华民国货币史资料（第一辑）》，第 492 页。

关于聘任阪谷芳郎担任币制顾问的事，连阪谷自己都有些进退维谷。一方面，1918 年 2 月 23 日他在东京经济学协会上的谈话称："中国的有识之士大部分是在议论着中国的币制是采用银好呢，还是采用金好？关于这个问题，据我所知，在中国的学者中间采用金子的意见是一致的。但问题是立即采用金子呢？还是怎么样？在这方面，中国有两种意见相持不下。一种是认为应以银来整理中国币制，因为在目前的中国还没有可以称得上货币体系的货币制度，最好首先建立以银为辅助货币的货币体系，然后再改为用金，这是合乎中国的实际过程的。但另一方面，也有人认为恰恰因为中国没有完整的货币制度，正好马上采用金本位。……这种意见不仅在中国有，而且在日本的学者之间，也有不同的意见。最近日本的报纸，特别是《大阪每日新闻》主张立即采用金本位。在东京的经济学者当中，也有认为应该立即采用金本位的，也有认为这样做困难，首先使用银以养成人们的货币习惯，然后再使用金子。……这种议论不仅在日本人当中有，即使在英、美人士当中也有这样的议论。……我想听听各位的意见……我希望各位根据中国的实际情况，怎样才能对中国有利，对日本有利，给我提供一些意见。"[1] 阪谷芳郎实际上对于自己可能承担的任务丝毫没有准备，缺乏判断。

而另一方面，阪谷芳郎到中国考察一番后则抛出不同的言论，大阪《朝日新闻》大连特电云："阪谷男爵……语记者于车中曰：统一今日中国复杂之币制，当以决定采用何种本位为第一问题。……然中国既为银货国，而万般经济，悉以银为准则，然而满蒙地方，却适用日本之金本位制，故欲问金之力强或银之力强，其归结点，不以人为的强制，须以满蒙经济关系任金银自然流行之方为上策。又今中国时局复杂，外国纸币亦流通于各处，是虽不可不有一处置之法，但观我国（日本）维新之际，为谋纸币统一，而驱逐外国纸币一事，当局者无不为之脑裂，故此事不必勉强行之。但待自国之货币，日臻于统一之途，则外国货币流通之范围自狭，不驱逐而自渐灭迹矣。"[2] 对于满蒙的吞并之意已经十分明显，这种态度转变显然无法摆脱日

---

① 『支那幣制問題に就て』、『東京経済雑誌』第 77 卷第 1947—1948 號、1918 年 3 月 30 日、4 月 6 日。

② 《阪谷谈中国币制改革，暴露日本侵吞满、蒙意图》，中国人民银行总行参事室编《中华民国货币史资料（第一辑）》，第 448—449 页。

本政府的意志。

可见，日本各界对于"西原借款"本身，任用西原龟三来进行借款事宜，中日关系等几个方面的问题都有不同意见，各部门之间存在较大分歧。这种分歧在国内不断冲撞、酝酿，在日本出兵西伯利亚干涉俄国的背景中终于爆发，发生波及日本国内 24 县的"米骚动"① 和涉及言论自由的"白虹贯日事件"，② 导致寺内正毅内阁在 9 月倒台，原敬内阁上台。

（五）国际列强的干涉

列强始终对日本持不信任感。美国驻华公使芮恩施认为日本借款是为了政治和军事的目的，日本正在极力剥夺中国财政上的独立自主，如果美国参与贷款，将有利于削弱日本的优势，保证美国拥有同样的经济和商业机会。③ 这种矛盾集中爆发于《金券条例》颁布以后，英国驻华公使 1918 年 8 月 24 日致中国外交总长的函件中明确抗议《金券条例》："谨请阁下注意1914 年 4 月合同，根据此合同，阁下之政府已原则上同意将币制借款合同并入善后续借款。再提醒阁下，因此种情况，银团各银行对 1911 年币制借款合同，保有一项共同利益，并对之仍持有优先权……拟具币制改革计划未通过英国银团代表一事，使我吃惊。我认为颁布币制改革条例，显然违反了现存的谅解。在此情况下，我只得代表英皇陛下政府提出正式抗议。"④

日本一方面给中国秘密借款，另一方面又不能与其他国家直接对抗，只好假装和其他国家站在统一战线，在英、法、日、俄四国公使 1918 年 8 月

---

① 当时日本政府法定收购价与居高不下的日常价格之间的巨大差距，使农民对米商、政府官员怀有很大不满。1918 年 7 月 23 日率先在富山县以请愿的方式展开抗议活动，但事态很快升级为暴乱、罢工、抢劫、蓄意袭击警局和政府机关乃至武装冲突。1918 年 9 月中旬，在日本全国共 38 座城市，153 个乡镇及 177 个村中出现了超过 623 起骚乱，参与者逾 200 万人。日本政府采取大力镇压的处理方式。事后约有 25000 人被逮捕，其中 8200 人被以不同的罪名判刑，轻则罚款，重则处以死刑。"米骚动"是日本近代历史上影响范围、组织规模和暴力程度空前的一次暴动。

② 由于日本政府禁止报道日本出兵俄国和日本国内的"米骚动"事件，新闻界的不满情绪高涨，于 1918 年 8 月 17 日召开"关西新闻社通讯社大会"，大阪《朝日新闻》于 1918 年 8 月 25 日对此次大会进行报道："餐桌旁的与会代表食不甘味。自以金瓯无损自诩的我大日本帝国，正面临可怕的最后审判。默默就餐者的脑际闪电般浮现出白虹贯日的不祥之兆。"当局认为"白虹贯日"意指革命发生在即，结果报社多人被判刑或撤职，在日本各界引起轩然大波。

③ Paul Reinsch, *An American Diplomat in China*, Doubleday, Page & company, 1922, pp. 299 – 300.

④ 中国人民银行总行参事室编《中华民国货币史资料（第一辑）》，第 506 页。

31 日致外交总长陆徵祥的照会中，也抗议《金券条例》和《币制局官制》：
"中国政府允将币制借款合同与善后续借款合同并为一事，前于民国三年四
月订有办法，应请注意，并应提醒贵总长，以情形既已如斯，银行团之各银
行于宣统三年所商订之币制实业借款合同，均有关系；且该合同所定各节，
仍有随时施行之权。查贵政府于去年 9 月 10 日拟有关于善后续借款大纲，
及改良币制之办法，经本国银行代表与其他各银行代表，考虑到此施行权所
享之利益，与财政总长大致讨论。嗣后，各该代表按照彼此商订，拟议商一
能行的改良方法，与财政总长不时往复函商。兹阅 8 月 11 日《政府公报》，
得悉大总统发布命令，内载《金券条例》及《币制局官制》各令。贵政府
具拟币制改良方法，并不与本国银行代表先行商议，本使甚为诧异。据本使
之意，此次公布改良币制条例，似与前此商订办法，显系有违，是以不得不
代表本国政府，正式提出抗议，即希见复。"① 日本不能与其他三国决裂，
只好也一同发布了此照会。

　　美国驻华代办马慕瑞 1918 年 9 月 9 日致美国国务卿的函件中详细说明
当时的情况："中国政府基于向以朝鲜银行为代表的某一日本银行团，筹借
八千万日元的借款，而颁布拟发行金券的条例。兹特报告：此事由于双方的
严格保密，以致无法获得有关此计划性质的任何确切材料，以及中国通过日
人西原龟三与日方银行团所达成的协议……尽管日本公使表示须候本国政府
对此事的指示要求缓期几天，但在必须支持四国银行团已提出的抗议这一点
上，与四国公使意见完全一致。四国公使馆已于 8 月 31 日均分别向中国外交
部提出照会，支持上述抗议。除日本照会附加了两段，特别抗议中国政府未
与阪谷磋商而径自采取币制改革计划外，所有四国公使照会的措辞均同……
目前据说西原龟三正准备回京，凡与 1911 年币制借款协定有关的人士，均产
生这样的一个问题，即西原龟三的目的，究竟是不是与曹汝霖勾结在一起，
来废除国际银团的特权，或阻止协定在 10 月 14 日到期后再展期。"②

　　退出"银团"的美国反而起到更为关键的作用。因为其不在"银团"
内，却依旧享有清末民初以来签订的借款条约的种种优先权，在外交方面的

---

① 中国人民银行总行参事室编《中华民国货币史资料（第一辑）》，第 507 页。
② 《美国驻华代办马慕瑞致美国国务卿函——报告〈金券条例〉内幕及日本的阴谋》，中国人民银
行总行参事室编《中华民国货币史资料（第一辑）》，第 508—509 页。

灵活度更大。当四国银团宣称其具有优先权的时候，美国也可以堂而皇之地参与进来；而当日本想独霸利权的时候，不在"银团"内的美国就更有条件指责日本的行为。同时利用北洋政府中的亲美势力，与日本相对抗，令日本的处境十分尴尬。

（六）币制借款的结局

《金券条例》遭遇全国上下、国际内外的抗议，中国政府和日本方面都感觉进退两难。中国方面的舆论压力实在太大，而且内部分歧日益严重；日本方面又不得不在推行币制借款和改革的同时，假装和其他国家站在一边。这对于当时的日本来说是无法承受的。日本国内又频频生乱，使其不得不考虑战略收缩，放弃已有的成果。

1918 年 10 月 17 日，眼看《金券条例》难以推行，列强横加干预，中国政府内部生乱，日本驻华代理公使芳泽谦吉给外务大臣内田康哉发去密电称："由美、法公使首倡而由英国公使所赞同之排斥曹汝霖问题，忽然向我方提出。此事早晚会要在报纸上揭露，那时，恐怕要连我方也被误认为是首倡者了。这种情况很不合适。现事已如此，不如先密告曹汝霖，求他的谅解，并以表示我方的厚意。"于是派日本人高尾亨前去密谈，结果探知曹汝霖与梁士诒的矛盾："曹本人认为：'这是极端奇怪的事情，已向代总理报告。根据你（指高尾）所谈的一切，更能了解真相，原来是由美国公使所首先提出，很有参考价值。据曹观察，因美国公使最近要回国，关于《金券条例》的经过，不直接了解，而且该《条例》之实施，只要是事关四国银团，就与美国无干涉，因此故意抓住这个问题，试图给直接负责的本人加以责难。其原因，一则由于法国公使等向美国公使灌输了中国方面态度不合理的谗言，同时又因为梁士诒、朱启钤、周自齐等所谓亲美派的宣传，认为我和陆宗舆等与日本结合，出卖主权，将使英、美各国今后在中国没有经济发展的余地。由于这种敌视心理，加以吹嘘，终于提出排斥本人的问题。更可恶的是梁士诒一派利用外国公使做傀儡，干预本国内政，以逞其私利私欲，非常要不得。……他们认为曹一派终将要使中国成为第二个朝鲜，这是令人不胜愤慨的。'曹将梁士诒一派骂得一文不值。"对此番谈话，芳泽谦吉的结论是："曹汝霖一派与梁士诒一派是如何敌对，从以上谈话中可以更为明确。所谓亲美派的活动将不难想象，今后要特别注意。"① 可能是觉得在关键时刻的态度不够直白，同日芳泽谦吉又给内田康哉发了一封密电，直接建议牺牲掉曹汝霖："但现在要进一步考虑的，即曹汝霖自接受西原借款以来，失去了日本以外的所有国家的同情。不仅如此，这次的事件之爆发，是以《金券条例》为名，其实是由于西原借款，这早晚也必然要暴露的。曹在中国方面已树立不少敌人，他的处境也是处于十分危险的境地。此次事件姑且不问，如我方继续予以庇护，不久我国必将招致更大的不受欢迎。所以据本人意见，等到这次事件以及曾经电告之西原借款之善后策告一段落以后，相机叫曹汝霖暂时辞退财政总长职务；看情况，交通总长职务也一并辞去，以待他日之腾达，这对我方以及曹本人都是有利的。"②

这段情急之中的建议实际暴露日方无法摆脱此事的确凿事实。日方也知道"西原借款"和《金券条例》是其一手推动的，但在四国银团方面又必须加以粉饰，佯装与其他国家站在同一立场。在翌日的回电中，日本外务大臣内田康哉对驻华代理公使芳泽谦吉说："关于《金券条例》和中国币制事件问题，根据历史过程，自系与币制改革及币制借款关系深切，是有关各国的共同事业，自不待言（美国如参加借款，自然同样加入）。因此在中国官民以及一部分外国人，认为日本中止币制借款问题，而拟另由日本单独来考虑币制改革这样的误解，是引起这次《金券条例》问题的原因。至少现内阁并无无视历史过程，一手包办中国币制改革的意向。希望在与此有关的公使会议席上，或其他适当机会，将此意简要说明。必要时，无妨对新闻报社方面作同样的说明。"③ 日本已经无力挽救局面，只能重新和"银团"站在一起。1918 年 10 月 21 日英、法、俄、日四国银团代表与中国财政总长会谈备忘录中说："四国银团代表及公使们，对于中国政府企图通过金券计划以推行其一部分的币制改革，而事先并未与在币制借款上享有特权的四国银团磋商及征得他们的同意一事，提出最强硬的抗议。还有，金券计划本身是绝对不健全的，目的只是为了私人谋利，这一性质的改革，势将使中国的币制

---

① 中国人民银行总行参事室编《中华民国货币史资料（第一辑）》，第 512—513 页。
② 中国人民银行总行参事室编《中华民国货币史资料（第一辑）》，第 513—514 页。
③ 中国人民银行总行参事室编《中华民国货币史资料（第一辑）》，第 514 页。

更加紊乱。"① 表明日本已经放弃了独占中国金融的尝试。

西原龟三虽然成功地向中国借款 1.45 亿日元，但其主要目的即以"西原借款"为铺垫而发布的《金券条例》，以及控制中国金融的野心却归于失败。这是由于日本希望对中国所达到的货币金融控制状况，在中国国内和列强看来都是不可接受的。日方不但在经济上无法控制局面，更无法在政治危机中提供解决之道。也说明中国近代的货币制度安排极其复杂，单纯依靠外国势力来进行改革是不现实的。

---

① 《美国驻华公使芮恩施致美国国务卿函——报告就〈金券条例〉事向中国外交总长提出抗议经过》，中国人民银行总行参事室编《中华民国货币史资料（第一辑）》，第 514—515 页。

第 八 章
日本对华资本输出及经济冲突

北洋政府时期，日本对华资本输出呈现明显的上升态势，其在华直接和间接投资都有了大规模增长，金融活动和对华借债也更加频繁。在北伐战争期间及战后，中日双方围绕着废约运动展开了一系列权益斗争。在东北地区，则爆发以奉票危机为主要内容的货币金融冲突。随后，资本主义经济危机席卷全球，"大萧条"对日本经济造成较大冲击。在此背景下，日本发动"九一八事变"，将中日货币战争引入了新的阶段。

一　日本对华资本输出的增长

（一）日本的对华投资

日本在第一次世界大战到1920年前后经历了一个经济繁荣时期，也是其海外扩张的高峰期。然而，1920年日本国内市场萧条、1923年的关东大地震和1927年的日本财政危机，使其在20世纪20年代的海外投资能力受到一定影响，但其对华投资并未衰减，而是维持了稳中上升的格局。

从总量上来看，1914年日本在华投资总额为2.24亿美元，经过一战的扩张，到1920年为4.66亿美元，1930年更增至14.90亿美元。其中，借款比例呈现先激增再平缓的过程，1914年的借款约占日本在华总投资的16.7%，其余部分为直接投资（下同），1920年这一数字上升到24.5%，到1930年维持在25.1%。可见，1914—1920年日本在华资本的主要增长来自政府借款；而1920—1930年，随着北洋政府的信用低落，外资增长主要来源于直接投资部分。① 以棉纺织业为例，中国纱厂原多用英国机器，第一次世界大战期间，英国厂商不能供货，部分改用美国与日本的设备。战后日本因原棉不足，将原本对华输出纱布的策略改变为直接资本输出，在华设立纱厂。1921 年日商在华纱厂只有 14 家，到了 1931 年增至 41 家。同时，纱锭达到 175.7 万枚，比 1921 年增加了 3.7 倍多。布机由 1921 年的 1986 台猛增至 1931 年的 19306 台，资本额也相应由 1921 年的 1967 万元增长至 1931 年的 1 亿元以上。日商的资本输出大量挤占华商和其他外商的市场份额，布机台数、资本额和纱锭均从 1921 年的不足 20%，升至 1931 年的 40% 左右。②

与此同时，日本在华侨民和企业总数也出现大量增加。1913 年日本在华侨民人数 80219 人，至 1920 年增加至 153918 人，1930 年更增加至 255686 人。在华日商总数也呈现上升态势，1913 年日本在华企业共计 1269 家，1920 年即快速攀升至 4278 家，1930 年升至 4633 家。③

（二）日本在华银行势力的拓展

进入 20 世纪以来，日本在华金融势力逐步加强，除了横滨正金银行之外，也出现以开发殖民地为目标的朝鲜银行和台湾银行，此外还有以扩大对华贸易为宗旨的三井、三菱和住友等财团的银行。朝鲜银行和台湾银行分别于 1913 年和 1912 年进入中国，至 1926 年为止，朝鲜银行在中国已有支行 21 处，其中 17 处位于东三省。1923 年，朝鲜银行与东北其他一些银行合资兴办"满洲银行"，资本金核定为 3000 万日元，实收资本不足 300 万日元。台湾银行资本金 500 万日元，至 1926 年有支行 7 处，其中 4 处在福建和广东。除了华南地区外，台湾银行的势力也触及中国其他地区，时评认为日本银行势力在北部以朝鲜银行为主，在南部成立的台湾银行也会日益强大。今后在汇兑市场上的竞争，必须加以警惕。除了扩展一般贸易之外，台湾银行与横滨正金银行还插手鸦片贸易的金融周转，尽管在第一次世界大战后，台湾银行的经营重点有回流日本本土的趋势，但在中国的活动也维持了原有的

---

① 许涤新、吴承明主编《中国资本主义发展史（第三卷）》，人民出版社 2003 年版，第 39 页。
② 许涤新、吴承明主编《中国资本主义发展史（第三卷）》，第 132—133 页。
③ 吴承明编《帝国主义在旧中国的投资》，人民出版社 1955 年版，第 41 页。

规模。截止到 1926 年，额定资本已经达到 6000 万日元。[①]

　　日本三大财团（三井、三菱、住友）均有自己的金融业务单元，其势力也在第一次世界大战期间进入中国。与进出口贸易相结合是日本财团银行的最大特征，三井财团的对华贸易主要以棉纺织品为主，三菱以铁矿砂为主，住友以重工业制品为主，因此其特定行业就成为这三家银行从事金融活动的主要目标。如三井银行是日本在华最大纺织集团之一钟渊纺织会社的最大投资者，持股比例极高，同时也与其他棉纺织品公司建立资本联系。截止到 1926 年，三家银行的额定资本超过 2 亿日元，实收资本高达 1.4 亿日元，拥有相当的实力。另外，北洋政府时期还有一些规模较小的日资银行进入中国，例如上海银行、大东银行、台湾新高银行等，大多数资本在 30 万—50 万日元，存续时间均比较短。[②]

　　日本独资在华开设银行或新设分支机构只是日本在华银行势力拓展的一种途径，另一种途径则是通过中日合办银行来扩展其势力，这一期间的典型代表是中华汇业银行。1917 年段祺瑞政府大肆向日本借款，日本认为中日合办银行的时机成熟，段祺瑞政府为了得到借款，同意日本再次提出的中日合办银行。中日合办的中华汇业银行在 1918 年 2 月开业，总部设在北京，随后在上海、天津和奉天设立分行，并在各地积极加入银行公会等同业组织。中华汇业银行成立的主要目的是经手"西原借款"，日方的最大股东是日本在华业务最为庞大的台湾银行、朝鲜银行与兴业银行，这三个银行就是"西原借款"的放款机构，因此中华汇业银行实际上是"西原借款"的汇兑机构。另外，以皖系段祺瑞为首的亲日派占华股总额的 42%，充分说明中华汇业银行是日本金融垄断资本与中国官僚资本的结合。在具体经手借款方面，"西原借款"中的电信借款和吉黑林矿借款，即由该行经手。而为其提供资金的，却是台湾银行、朝鲜银行与兴业银行。两次借款给中华汇业银行都带来了不少收益，1918 年净利润即达 90 余万元。

　　之后，中华汇业银行又多次经手向北洋政府的借款。如 1919 年 1 月的福建实业借款，数额 200 万日元。该银行对北洋政府财政部的借款，从 1919

　　① 参见《台湾银行调查录（一）》，《银行周报》第 2 卷第 49 期，1918 年，第 10—12 页；汪敬虞：《外国资本在近代中国的金融活动》，人民出版社 1999 年版，第 229—231 页。

　　② 汪敬虞：《外国资本在近代中国的金融活动》，第 232—233 页。

年 3 月至 1926 年 7 月，共计 19 次，单项借款较多者达到 900 余万日元。同时，日本政府还赋予中华汇业银行一项政治任务，即借助其推动中国的币制改革。在成立当年即大量发行银元票，由东京印刷株式会社印制。1919 年，由于五四运动的爆发，全国抵制日货，拒绝使用日钞，中华汇业银行的货币发行量较 1918 年下降。1920 年后的发行量再度上升，并于 1921 年达到顶峰，发行金额超过 90 万日元。但之后，经手"西原借款"的业务减弱，中华汇业银行向商业银行转型。1925 年五卅运动的爆发，掀起全国性反日爱国运动狂潮，因受伪钞的冲击，中华汇业银行发钞额开始急剧下降，1926—1927 年呈现进一步下降的趋势。1928 年 5 月，济南惨案发生，全国性反日运动再起，进一步动摇了日资银行与中日合资银行的经营。随着 1928 年 12 月平津两地反日会组织拒绝使用日本纸币的运动，中华汇业银行发生挤兑，中方向日方求援无果后宣告停业。[①]

在北洋政府时期，中外合办银行呈现新的特点。外国银行进入中国实行合资经营的途径开始由民间合办转为官方合办，尽管中外官方合办银行的提出要追溯到 19 世纪 80 年代，但是直到北洋政府时期才最终实现，而中华汇业银行则是中外官方合办银行的高峰，它在兼有经济侵略的基础上又有政治目的，其通过经手"西原借款"，经理国库并使用金本位货币，甚至意图兼并交通银行等手段，扩大政治经济特权，进一步攫取相关利益。

（三）中日债务增长及其影响

北洋政府举借了大量外债，大小债项约 633 笔，还有一大批清政府延续下来的未偿外债，债务总额达 15.56 亿银元。就举债的国际环境来讲，正是帝国主义列强在中国划分势力范围的又一次狂潮，既有互相争夺，又有协同瓜分。这一时期举借外债的特点是债项多、数额大、内容杂、时限长。[②]

中日债务是北洋政府外债的重要组成部分。中日债务关系始于清末，1902 年汉阳铁厂为扩大生产规模，向日本大仓财阀借款 25 万日元，年息

---

① 参见郭坤《中华汇业银行在华金融活动述论》，河北师范大学硕士论文，2004 年，第 18—20、22—23 页。

② 许毅主编《从百年屈辱到民族复兴：北洋外债与辛亥革命的成败》，经济科学出版社 2003 年版，第 1 页。

8 厘，期限 1 年。日本于 1896 年创办八幡制铁所，但缺乏铁矿，而中国铁矿资源丰富，因此借款给汉阳铁厂，目的是将该厂的产品输入日本，满足日本军事工业的需求。1905 年，盛宣怀以发展萍乡煤矿为借口，再次向大仓财阀借款 250 万日元。萍乡煤矿日后与汉阳、大冶两矿合并为汉冶萍公司，成为向日本供给铁矿初级产品的重要基地。在日本政府的支持下，以财阀资本为基础，设立两家以对华资本输出为目的的特殊公司，一个是 1910 年成立的东亚兴业公司，三井、三菱、住友、安田、大仓等财阀和日本兴业银行共同出资 1300 万日元，总部设在东京；另一个是 1913 年成立的中日实业公司，三菱、三井财阀和大阪商船公司共同出资 500 万日元，总部设在上海。[①]这两家公司均是配合日本政府巩固和扩大在华"势力范围"而成立的，其资金来源以国家的"特殊资本"和财阀的"民间资本"为背景，主要任务是向中国输出资本，强占或控制中国重要经济领域，为其经济掠夺，操控政局和加大日本在华的不正当政治权益服务。[②]寺内内阁上台后，日本对华政策发生一定改变，希望以贷款的方式控制中国经济命脉，日本政府以这两家日本特殊公司为基础，开始大规模进行对华实业借款。

　　第一次世界大战前及战时，日本在对华借债问题上突出表现为"西原借款"和一系列实业借款，其中的部分贷款属于"西原借款"的组成部分。实业借款主要集中在铁路、工矿业领域和邮政电信行业，日本希望通过借款来控制中国的金融命脉。而到了第一次世界大战后，美国为限制日本在中国的权益而重新瓜分中国，在华盛顿会议中大谈中国问题，最终迫使日本归还在山东的权益，改订《九国公约》，打破日本在中国的独占状态，使中国恢复到几个帝国主义国家共同支配的局面。总体而言，中日借款主要分为铁路和实业两个方面。

1. 铁路借款

　　北洋政府时期是中国铁路建设的低潮期，铁路外债受政治局势的影响，主要特点是铁路外债次数多，数额少；利息高，折扣大，担保差；计划多，成路少；借款少，垫款多，欠款更多。另外，铁路外债的挪借和移用现象严重，担

---

① 〔日〕樋口弘：《日本对华投资》，北京编译社译，商务印书馆 1959 年版，第 68 页。
② 李宗远：《中日债务——析战前日本财阀对华经济侵略》，《抗日战争研究》2009 年第 2 期，第 88 页。

保形同虚设，绝大多数款项存在偿还问题，铁路借款的纠纷较多。在第一次世界大战期间，日本迅速膨胀，成为这一时期铁路外债的最主要债权国，占据全部列强铁路外债的一半以上，而在 1916—1918 年更是占到了 90% 以上。① 其中一些款项是"西原借款"的组成部分，除此之外还有以下主要项目。

南浔铁路，即江西省南昌至九江间的铁路，原本为商办，因工程款不足，向日本大成工商会社借款。1912 年因款项仍然不足而停工，7 月又向日本东亚兴业公司借款 500 万日元，1914 年款项用完工程量仍欠三分之一，又续借 250 万元后终于完工。但开业后营业状况一般，1922 年又续借 250 万日元，总计借款 1000 万日元。虽然有铁路收入拨付，但由于经营情况欠佳未能清偿。1929 年后南浔铁路由铁道部代管，多方磋商补救办法后仍然未能解决。1935 年 4 月签订协议书，将本金减息并按照单利计算，减免一部分已产生的复利，并约定自 1935 年 5 月起每月归还 7 万日元，订立约定后即按约履行，直到全面抗战爆发后停止偿付。抗战期间，此铁路路轨拆毁，抗战胜利后修复，并入浙赣区铁路局统一管理。②

四郑、四洮铁路借款。北京政府为建设四平到郑家屯段铁路，于 1915 年 12 月向横滨正金银行借款 500 万日元。1918 年为补充建设资金，又以财政部和四郑铁路财产为担保向日方借款 260 万日元，期限一年，年息七厘，1919 年到期时先还付 100 万元，余款经过一再展期，于 1923 年 11 月还清。此外，1918 年借款时又同时借入银币 40 万元，以在横滨正金银行的存款为担保，年息六厘五毫，期限也为一年。后经展期两次，于 1920 年 11 月还清。③ 四郑铁路 1918 年开通后，日方认为路线太短，希望中国方面能够尽量延长，初期定位延长至四平至洮南。1919 年 9 月财政部和交通部与日本满铁签订借款合同，总计 4500 万日元，年息五厘，期限 40 年，11 月先拨付 500 万元供建造铁路之用，该部分于 1920 年 6 月归还。④ 1922 年 5 月，四洮

---

①　参见许毅主编《从百年屈辱到民族复兴：北洋外债与辛亥革命的成败》，第 533—535 页。

②　参见财政科学研究所、中国第二历史档案馆编《民国外债档案史料》（第四卷），档案出版社 1990 年版，第 162—178 页。

③　参见财政科学研究所、中国第二历史档案馆编《民国外债档案史料》（第六卷），档案出版社 1990 年版，第 168—174 页。

④　参见财政科学研究所、中国第二历史档案馆编《民国外债档案史料》（第七卷），档案出版社 1990 年版，第 206—220 页。

铁路又向满铁借款 1370 万日元，在 10 月 2 日再行借款 300 万元，共计 1670 万日元，均于 1923 年 5 月底到期，因未还清而展期，将本息再行计算成为 1923 年的临时借款，到 1924 年 5 月底时双方商议将原借款与郑洮铁路工程垫款合并成为新的借款合同，共计 2840 万日元。一年后该款项再次到期，双方议定再次展期，将本息重新计算后增加借款 160 万元，合计 3200 万日元，1926 年 5 月期满后，曾付息 100 万日元，因双方商议降低利息并未达成一致意见，未续订新约，九一八事变后停付。[①]

平汉铁路借款。1920 年 12 月向日本三井洋行借款订购枕木，年息单利九厘，因未能归还，1922 年起改为单利一分，1923 年起改为一分二厘，到 1925 年时仍欠日圆 30 余万元，银元 18 万余元。1936 年 4 月起陆续开始偿还，至七七事变后停止偿还。[②]

洮昂铁路垫款及借款。1924 年，奉天省修筑洮南至昂昂溪铁路，因材料不足，财政难以支持，东三省总司令张作霖与日本满铁签订 1292 万日元的垫款合同，年息九厘，以洮昂铁路的财产和经营款项为担保，预计两年竣工。此后，由于工程决算费用悬殊，双方发生争议，中方计算至 1931 年欠款 1053 万余日元，而日方认为是 1312 万余日元，争议久未解决，遂停止还款。九一八事变后，日方占领该铁路，垫款停止。[③] 此外，满铁还承接了洮昂铁路材料款缺项共计 37 万余日元，自 1927 年 3 月起按年息九厘计算。同时，该铁路所用煤炭也向满铁赊购，计息方法相同。此两项本息相加为 82 万余日元，于 1928 年 6 月底重新订立合同，按年息九厘计算，期限为三年。九一八事变后，日方占领该铁路，停止偿付。[④]

吉长铁路借款。1925 年 5 月，国民政府交通部为偿还 1922 年前向满铁和横滨正金银行的借款，与满铁再度签订 100 万日元借款合同，年息九厘，

---

① 参见财政科学研究所、中国第二历史档案馆编《民国外债档案史料》（第九卷），档案出版社 1990 年版，第 48—53、157—162、389—393 页。

② 参见财政科学研究所、中国第二历史档案馆编《民国外债档案史料》（第七卷），第 539—551 页。

③ 参见财政科学研究所、中国第二历史档案馆编《民国外债档案史料》（第九卷），第 240—244 页。

④ 参见财政科学研究所、中国第二历史档案馆编《民国外债档案史料》（第十卷），档案出版社 1990 年版，第 1—2 页。

期限为一年，以吉长铁路的权益作为担保。后因路款入不敷出，到期未能归还，仅将利息付至 1927 年底，本金并未偿还，九一八事变后停止偿付。[①] 1926 年 6 月，吉长铁路提出设备不全，需要更换钢轨，由满铁垫付 100 万日元并进行招标，后交由日本三菱商社承办，交货前借款按照年息九厘计算，钢轨交货后，经过计算共计 90 余万日元，中方暂无力还款，直至九一八事变后，吉长铁路被日本占领，垫款停止。[②] 1927 年 5 月交通部因需要协助军政等费用，向满铁再次请求垫款 40 万元，年息九厘，期限为一年，后展期两年至 1930 年 5 月底仍未能偿还，九一八事变后停止偿付。[③]

2. 实业借款

北洋政府时期还出现许多中外合资企业，这些合资企业的典型特征是军阀势力、官僚势力与外资相结合。据记载，在 45 个主要北洋军阀官僚中有 37 人与外债结合，举办合资企业，其中至少 25 人与日资相结合，23 人与英美资本有关系。这说明大多数北洋军阀在个人经济利益上和外债有着密切关联。[④] 实业发展自然也就产生了大量的实业借款，与日资相结合的公司大部分都举借日方款项，其中的典型个案有如下几家。

汉冶萍公司借款。汉冶萍公司与日本制铁所、横滨正金银行订立价值 1200 万元的预借生铁价值合同于 1911 年 5 月 1 日生效，由于辛亥革命的影响并未交款。1912 年初，根据此项合同向横滨正金银行借款 300 万元，其中 250 万元转借给南京临时政府。当年 12 月又借款 900 万元，总计 1200 万元。横滨正金银行交付其中的 300 万日元。而后，此项借款并未归还。同时，1912 年 10 月，汉冶萍公司因开炉需要资金，于 12 月 7 日向横滨正金银行押借上海规银 250 万两，发行公债票，年息八厘，1918 年公债票到期后，公司无力赎回，与银行商定借款展期至 1931 年，以生铁抵还。财政部允许为其担保，并收回公债票，收回后交由中国银行上海分行处理。1913 年，

---

① 参见财政科学研究所、中国第二历史档案馆编《民国外债档案史料》（第九卷），第 385—387 页。

② 参见财政科学研究所、中国第二历史档案馆编《民国外债档案史料》（第九卷），第 552—554 页。

③ 参见财政科学研究所、中国第二历史档案馆编《民国外债档案史料》（第九卷），第 536—538 页。

④ 魏明：《论北洋军阀官僚的私人资本主义经济活动》，《近代史研究》1985 年第 2 期，第 100 页。

为设立大冶熔矿炉和扩充汉阳铁厂等项目，急需资金，于 12 月 2 日重新订立借款合同，向横滨正金银行借款 900 万日元，分 40 年还付，以公司全部产业抵押，并且需要聘任日方为最高顾问工程师与会计顾问，同日还另借600 万日元，用以偿还到期旧债。1914 年 1 月，农商部认为该项借款用矿产抵债，并未经过核准，不予承认。民间对于此项借款也有反对意见，曾要求袁世凯予以否认。①

安徽铜官山矿借款。安徽省都督柏文蔚因财政紧张，于 1912 年 6 月向日本三井洋行订立合同借款 20 万日元，以铜陵铜官山矿的铁砂作为抵押。1913 年 6 月柏文蔚被免职，袁世凯政府认为铜官山矿为商办，安徽省都督没有抵押借款的权利，私订借款违反矿律，宣布此项借款无效。国务院也认为重要的矿产权益不能落入外国人之手，"铜官矿产，东西各国思攘夺者屡矣……以钢铁大矿不可授权于人也。仅此款一日不还，则后患一日不绝"。交通部后组织资金还付部分资金，但并未还清。②

汉口既济水电公司借款。汉口既济水电公司专门办理汉口的水电业务，1910 年向日本东亚兴业公司借款 120 万日元，年息八厘，三年后偿还。辛亥革命爆发该公司损失巨大，经过屡次展期仍然无力偿还欠款。1916 年 4月，双方再次订立合同，将本息合计 150 万日元展期为 10 年，以公司全部财产作为抵押，年息九厘，由财政部作为担保。与此同时，汉口既济水电公司还向包括日本横滨正金银行在内的几家外资银行进行小额借款，总额也达到 90 万元。财政部在为其担保时，在合同中约定如果仍有无法还款的情况发生，财政部将尽力代筹款还付。1920 年 4 月，财政部筹集商款，将本息全部还清，并于 1921 年 7 月将担保撤销。③

江苏华宁铁矿公司借款。1916 年中国银行和交通银行资金紧张，北洋政府财政部、农商部令江苏华宁铁矿公司代筹款项以维持市面。华宁公司向日商大仓洋行借款 100 万日元，但对方要求事先订立矿砂合同，先行交付

①　参见财政科学研究所、中国第二历史档案馆编《民国外债档案史料》（第四卷），第 68—76 页。

②　《北京民国政府财政部档案》，转引自财政科学研究所、中国第二历史档案馆编《民国外债档案史料》（第四卷），第 139—146 页。

③　《北京民国政府财政部档案》，转引自财政科学研究所、中国第二历史档案馆编《民国外债档案史料》（第五卷），档案出版社 1990 年版，第 372—380 页。

50 万日元，一个月后交付剩余 50 万日元，借款以一年为期，年息八厘。但该公司在成立时宣称"纯用华股"，而且该项借款并未经过农商部批准，由于出售矿砂而丧失矿权，遭到国人的一致反对，国务院认为这是财政和外交上的重大问题，因而高度重视，发文禁止该公司继续运营，铁矿开采权被收回。其欠款由财政部从 1921 年起以国库券形式垫还，国库券不计利息。但日商认为利息未还，1934 年债权转移给东亚兴业株式会社后，1936 年东亚兴业要求归还全款本息合计 454 万日元。财政部认为以往手续并无不妥，拒绝偿付。①

汉口造纸厂借款。汉口造纸厂为扩大经营，于 1916 年向中日实业公司借款 200 万日元，以两年为期，年息七厘，以厂房和机器作为抵押，并由财政部进行担保。1918 年期满后签订展期两年的合同，1920 年到期时仍无法归还，于是再展期一年，利息改为八厘计算。到 1921 年底时，利息已经有 31 万多日元，于是将利息计入本金，改为年息一分，重新订立借款合同，声明从盐余中拨付还款。1922 年纳入九六公债后归还。此外，1919 年 11 月，汉口造纸厂与中日实业公司另立购机、售纸借款合同，购买机器垫款 51.6 万日元，预付售纸价款 20 万日元。至 1925 年时仍未还清，纸也未交付，双方商定改订合同，统一整理。1936 年 11 月，财政部按照本息合计 145 万元分期还付，每月还付 1.5 万日元，1938 年 8 月起停止支付。②

日本除在矿山与铁路等依靠大规模贷款而实现对华资本输出外，航运和公用事业也是其重点投资对象。1913 年，进出中国各口岸的外国轮船总吨位中，日本占 31.9%，1916 年增加为 37.5%，1918 年又增加为 43.2%，至 1920 年为 36.8%。③ 在公用事业方面，日本着力投资于东北，并由满铁经营，大约有十多处电厂和煤气厂，1925—1926 年改组成立南满电气公司和南满煤气公司，实收资本 2200 万元和 930 万元。④

---

① 参见财政科学研究所、中国第二历史档案馆编《民国外债档案史料》（第五卷），第 392—413 页。

② 财政科学研究所、中国第二历史档案馆编《民国外债档案史料》（第五卷），第 639 页。

③ 严中平等编《中国近代经济史统计资料选辑》，科学出版社 1955 年版，第 244 页。

④ 许涤新、吴承明主编《中国资本主义发展史（第二卷）》，人民出版社 2003 年版，第 748 页。

3. 北洋政府时期中日借款的总趋势

直皖战争前，袁世凯和段祺瑞政府先后掌权，大举借债，财政体系受到极大破坏，不得不靠外债勉强维持。而直皖战争后，以吴佩孚为代表的直系军阀上台控制北洋政府，其面临的财政问题依然严峻，地方侵吞中央财源，中央的关税与盐余被挪用或减少的情况十分严重。但是，与袁世凯和段祺瑞政府相比，直系军阀所获得的借款较少，这主要是前任政府大肆借款，对于国家主权的过分抵押，导致信用下降，列强在借款时要求严格的担保流程，特别是对于政治借款和军费借款，往往遭到拒绝，唯有实业借款可以被接受。

北洋政府后期，财政部向日方的借款呈现小额化和短期化的特征。如1923 年 7 月 9 日，财政部向日本横滨正金银行借款 2 万银元，期限为 20 天；1923 年 7 月 28 日，财政部向日本正金银行借款 1.5 万银元，期限仅为 3 天。1924 年 7 月，财政部又向日本横滨正金银行借款两次，数额比 1923 年还少，期限也都在一个月及以下。说明这些借款的应急性质十分明显，大多是政府为了突发事件而临时挪借。同时，如此短期限的借款，导致无法进行有效的财政规划，破坏了财政的有效性。[①]

总体而言，直系军阀时期中外借款呈现萎缩局面，不论是借款总额、借款项目数还是借款期限，都较前一个时期有明显下降。一方面，这显示了北洋政府的财政已经到了山穷水尽的地步，可抵押的担保品已经抵押完毕，再也无法从国际金融市场上获得足量的军政借款；另一方面，由于存在无确实担保的大量外债和内债，以及军阀混战愈演愈烈，列强对于北洋政府的借款策略也有所调整。[②] 地方政府借债情况与中央政府类似，即在整个北洋政府时期呈现出"前多后少"的局面，袁世凯时期和皖系军阀时期的借债款项占据整个北洋军阀时期的 92%，金额则占据整个北洋时期的 90%；而在直系和奉系军阀统治时期则只占极小的一部分。

然而，就中日借款而言，这一时期呈现两个不同的特征。第一，日本对于其扶持的军阀势力借款数量明显增多。例如"西原借款"就是在皖

[①] 参见许毅主编《从百年屈辱到民族复兴：北洋外债与辛亥革命的成败》，第 229—230 页。

[②] 许毅主编《从百年屈辱到民族复兴：北洋外债与辛亥革命的成败》，第 243 页。

系军阀时期达成的，奉系军阀时期虽然款项较少，但也多是向日本进行借款。第二，整个民国北洋时期，日本对华地方政府的借款占据了全部列强对华地方政府借款的绝大部分。从款项来看，北洋时期全部列强对华地方政府借款共计78笔，日本则有49笔；从金额来说，日本也占据全部借款金额的60%。而这其中不少涉及矿山、铁路等权益。因此，日本对华地方政府的借款也成为其侵略中国战略的有机组成部分。而地方政府作为举借外债的主体，实际上是北洋政府时期政局的集中体现，各地方政府将外债绝大部分用于军事的补充和行政支出，对于地方经济基本上处于忽视状态。

截止到1929年，日本在对华债权国中所占份额已经跃居第一，达到5.12亿元，第二位为英国，两国债权额占到了全部中国债权额的一半以上。[1] 我们通过对中日币制借款与实业借款的考察可以看出，日本在出借资金时带有明确的目的性，资金投放也大多集中于重要行业领域，除上述铁路、矿产资源类行业外，其他贷款主要应用于邮政电信、留学与使领馆建设等领域，这对于日本通过资本输出来实现对华经济控制和文化输出有着重要作用。特别是以田中奏折、"满蒙问题"、日本对华借款为代表的事件，实际上是以政治和军事作为后盾的有意识的经济侵略行动，给中国经济造成了极大破坏。[2]

二　废约运动中的中日对抗

孙中山提出的联俄、联共、扶助农工的三大政策，将中国新旧势力联合在一起，以打倒军阀、打倒列强、平均地权、建立共和的口号获得了中国各个阶层的支持。打倒列强的口号包含了废除不平等条约、废除租界、收回权益的主张，革命阵营中的左派领导的工农运动，阻止了中间派和右派的妥协倾向，把反对列强、建立民主共和的主张推向前进。在孙中山领导的民主革命浪潮和北伐军事打击下，日本帝国主义扶植的中国代理人袁世凯、段祺

---

① 高平叔、丁雨山：《外人在华投资之过去与现在》，山西人民出版社2014年版，第19页。
② 高平叔、丁雨山：《外人在华投资之过去与现在》，第42页。

瑞、张宗昌、张作霖等先后落马，各国列强不得不在北伐阵营中寻求新的代理人以保护自己的在华权益。1927 年蒋介石与江浙财团达成妥协，象征着新军阀与中国民族资本、金融买办资本联盟的成立。蒋介石通过反共赢得中国新生的民族资本与其背后的欧美列强的垂青，南京国民政权一方面压制中国人民反帝、反殖民化的呼声另一方面迫使列强开始考虑与民族主义日益觉醒的中国打交道，以确保其在中国的权益。南京国民政权背叛了工农革命，却保留了废除不平等条约、回收被列强强占的中国权益的主张。1928 年 6 月，国民革命军收复北平，初步完成国家统一，国民政府的目标也进一步转移到废除不平等条约上来。

帝国主义各国在中国的活动，是来自不平等条约中所获得的特权，又为其所保护。尤其是日本，其在华经济活动的最大特征是"撇开买办"，相比其他列强，日本人的活动渗透当时中国经济结构的更为末梢部分，因而对于不平等条约所赋予的特权的依赖性也更大。[①] 而且，日本为了维护其在中国的不平等权益，在阻挠中国政治、经济统一上反应最强烈，就连中国恢复关税自主权这样极低的要求，日本也以政府级别进行策划阻挠。[②]因此，日本政府和日本在华殖民地机构与中国政府和民众的对立日益激化。

面对中国民族解放运动的兴起，华盛顿条约缔约国于 1925 年 10 月在北京举行特别关税会议，就承认中国的关税自主权和实施差额税进行了讨论。但由于段祺瑞政权的倒台，该会议没有形成一致意见，于 1926 年 7 月宣布无限期休会。中国南北各政权此后分别开始征收进出口货物附加税。1926 年 10 月 11 日，广东政权开始在两广各进出口港征收 2.5% 的进出口附加税。

---

① 副岛昭一『中国の不平等条约撤廃と满州事变』、古屋哲夫编『日中战争史研究』吉川弘文馆、1984、179—236 頁。

② 关于如何对应中国实施差额税率，日本外务省 1929 年 1 月 10 日曾进行探讨，主要对策如下：一是只将关税正税寄存在日本领事馆；二是占领管理主要海关；三是只限日本商品不纳税；四是采取报复手段，比如实施对主要港口的平时封锁；五是向国际司法机构上诉，在判决下来前纳税，同时进行抗议。在考虑种种方法的同时，首先必须考虑"无论采取何种方策，在发生动用实力的事态时必须准备承受排斥日货等情况的发生"，来逐一探讨各方案，第一到第四必须动用军事力量，第五实际效果很低，而且会构成关税协定谈判的妨碍，最终对各个方法都得出否定的意见。参见『日、支关税条约关系一件：差等税及债务整理问题』、634—642 頁、国立公文书馆アジア歴史资料センター、B04013587700。

1927 年随着北伐军的前进，广东政府征收附加税的范围扩大到长江流域。1926 年 12 月 26 日，英国政府决定承认 2.5% 的附加税。1927 年 1 月，江苏的孙传芳在所控制的上海、苏州、镇江、南京各港口开始征收 2.5% 进出口货物附加税。1927 年 2 月，当时的北京政府在北方各港口开始征收 2.5% 的从价附加税。

1928 年 7 月 7 日北伐战争结束，国民政府宣布废除不平等条约，公布缔结新条约前的临时办法七条。这个临时办法主要以废除治外法权为中心，有关关税的问题在第五条中规定：“至国定税则实施前按现行章程处理。”这个临时办法虽由于列强各国的抗议而未能实施，但美国政府同意与国民政府进行修改关税条约的谈判，并于 1928 年 7 月 25 日与国民政府签订新的中美关税协定，废除有关旧条约关税的有关规定，承认中国有关税自主权。之后，英国、法国、比利时、西班牙等国也都与国民政府签订新的关税协定或通商条约。至 1928 年底，共有 11 国承认中国关税自主权。但是，所有列强的这些关税协定和通商条约中都有最惠国待遇条款，只要与中国签订不平等条约的国家中有一国未承认中国关税自主的权利，这些条约就不能生效。

中国于 1896 年与日本签订了中日通商航海的条约和附属协议，并于 1903 年追加签订了通商条约。这些条约在 1926 年第三次期满后，因更新谈判未能达成协议，中国认为这些协议到 1927 年 7 月 20 日已经实际失效了，但日本拒绝承认这一点，两者在通商条约修订谈判上处于僵局。如果与日本的谈判没有进展，中国就难以实现关税自主。为此，国民政府于 1928 年 12 月 25 日作为暂行措施，提议实施在列强各国特别关税会议上承认的差额税率。日本政府以不承认单方面废除通商条约为条件同意这个建议，1929 年 1 月 30 日，双方交换了记有交换条件的换文后，通过这项提议。日本的交换条件是：（1）从 1929 年 2 月 1 日起承认实施新关税率；（2）为整理无担保及不确切担保的内外债务，从新关税的增加收入中至少支出 500 万元，关于其整理方法，国民政府须召开债权人代表会议；（3）两年以内废除厘金。1928 年日本对华出口商品总额共 2.3 亿海关两中，棉制品占 1 亿海关两。制定差额税率时，除高级棉布外几乎保持在最低税率。杂货类商品中的每一种的金额虽少，但合计额也达到数千万海关两，并且生产规模小，与中国商品竞争的品种较多，但这些也半数以上维持了最低税率。① 从总体上说，在各国中是受影响较小的。

当时，在所有列强中，只有日本尚未与中国完成修改关税谈判，日本政府认为要阻拦中国实施差额关税既不可能，又不明智，因为这样会把中国民族主义的矛头引向日本。于是希望以此为交换，以获得"西原借款"等无担保贷款偿还的谈判。而从当时国民政府的角度来说，没有日本的承认，由于最惠国待遇条款的限制，难以在国际上实现关税自主，不得已才承诺商谈这种无担保债务的处理。而且，国民党曾公开指责"西原借款"是援助军阀政府的非法贷款，因此对这一换文，国民政府要求日本不要公布。国民政府最终也只承认"商谈""西原借款"的问题，并未允诺要代为偿还。所以，在完成修订关税谈判后，国民政府很快就拒绝了日本要求就西原借款谈判的请求。

日本政府一贯支持北洋军阀与奉系军阀，将其作为维护其中国权益的代理人。其统治集团中，军部中央与政界、外交界的部分人对于国民革命、废除不平等条约抱有同情，同时也希望借国民革命的力量打击英美各国在华势力。但军部中的少壮派，尤其是驻华中国驻屯军对于国民政府为中心的政治经济统一抱有深深的危机感。尽管日本在北伐进军途中动用了外交手段，甚至军事手段以阻挠中国的统一，但并不能阻止北伐军的军事胜利和日本扶植的傀儡垮台。反而促使蒋介石与中国民族资本的结合，成为英、美两国在中国利益的代言人，同时也使日本成为中国民族主义的矛头所向。蒋介石集团表面上对于日军的步步进逼采取不抵抗政策，但日本统治阶层始终对其抱有很深的疑虑和误解。国民政府的北伐虽然在东北实现了东北易帜，但尚未形成对东北的实际控制。一旦国民政府实际控制东北，在国民的压力下其回收租界就将势所必然。国民党政权将废除不平等条约回收关税自主权，收回租界列上日程并逐步实施。而如果在东北实行这些行动，日本在旅顺、大连和南满铁道两侧的附属地，以及通过土地商租权强占的各种土地、工厂、矿山权益就会大大受损。

同时，日本国策会社的侵略进程也受到了阻碍，满铁在运输方面的优势

_____

① 新税率的内容是：课税种类 12 种，税率范围从原来的 2.5% 到 22.5% 不等。以英国为例，保持最低税率的品种占四成，5% 税率的占三成，7.5% 税率的占 15%，更高的占 15%。日本保持最低税率的占六成，5% 税率的占二成，7.5% 占一成，更高的仅占一成。

已不再明显。中国积极建设和使用与南满铁路平行的支线铁路，准备将南满铁路平行的六条支线与北宁铁路连通运营并实行统一运费和统一运输政策，以营口港为出口港，构筑南满铁路的包围网，对满铁控制下的以南满铁路进行运输，经由大连港对外出口的大豆输出系统形成强力的竞争。"中国当局一直有计划利用自线输送。至民国十七年沈海路完成，便与吉敦、吉海、北宁所谓东四路，及齐克、洮昂、四洮、北宁等西四路协议，实行联络运送，统一管制其运费率及输送方法，积极地讲求集货策略。按东四路与西四路正好挟持满铁与东铁的东西两面，与上两线平行而纵断南北满。此一策略至民国十七年底开始实施，打算以此二路与满铁对抗，以营口港与大连对抗"。"民国十九年银价暴跌，在此金贵银贱的情势下，便对豆货运输方法发生显著影响。即采用金币的中东南满路运费要比采用银币的中国各路运费高得多，商人为减轻运费负担，昔日北满豆货之由中东路运出海参崴，或由南满路运至大连出口者，渐为中国所属铁路夺去。以营口为例，民国十八年大豆三品出口量不过二十四万余吨，民国十九年却增至五十八万吨。其他如大连港减少了四十余万吨。到达营口港的铁道有满铁支线与北宁路两条，向来由铁道输出营口的豆货均经满铁支线，而民国十九年几乎全为北宁线所夺，即由前一年的三万吨激增至四十一万吨"。[①] 可见在 1930 年以后，该竞争线路的运输量迅速上升，满铁的运输量却严重受挫。这一趋势若长期持续，必然截断满铁的经济命脉。而日本发动九一八事变的借口也恰恰是炸毁南满铁路，可见双方围绕铁路利权的争夺十分激烈。

三　"大萧条"的冲击与九一八事变

（一）国际金银比价变动及其对中国的影响

第一次世界大战给金本位带来一次大冲击，各国禁止现金自由流通，金本位制度开始松动，"一战"后虽然逐渐恢复，但直接动摇了金本位的根

---

① 雷慧儿：《东北的豆货贸易（1907—1931 年）》，"'国立'，台湾师范大学历史研究所专刊（7）"，第 131—132 页。

基，使金本位在世界范围内开始向不兑现本位发展。与金本位的动摇相比，银本位的边缘化则更为明显，除中国外的世界主要国家都已经改用金本位。从短期来说，第一次世界大战对于白银价格的提升是十分有利的："欧战之役，用金各国多为战员，专力军备，无暇生产，经济实力损耗殆尽，复因支出浩繁，国库空虚，所谓金本位已一律破坏而变为纸本位矣。国际汇兑既以贸易额相差数为自然之升降，国内当然不能兑现。势不得不多铸银辅币以维持其纸本位在国内之效用……金本位既经破坏，银货需要陡争（增），故银价乃趋于佳况。"[①] 然而，一战结束以后，各主要资本主义国家经济快速复兴，各国迅速恢复黄金自由流动和兑现，由于金本位在世界范围内已经确立统治地位，越来越多的国家开始使用金本位，金银比价也随之呈现上升走势。如表 8—1 所示，这一时期金银比较的趋势可通过 1920—1930 年中国银元与英镑、美元的年平均汇价得到反映。第一次世界大战对金银比价的冲击至少持续到 1920 年前后，那时银价明显偏高，之后各国逐渐从战争中恢复过来，解除黄金不能在国际范围内流通的禁令，重新允许黄金自由流动，即所谓的"金解禁"。各国金解禁时间详见表 8—2。

表 8—1 1920—1930 年中国银元与英镑、美元的年平均汇价

年份	伦敦（便士）	纽约（美分）
1920	38.875	59.25
1921	30.625	52.625
1922	30.375	62.375
1923	30.5	62.5
1924	31.5	62.75
1925	31.0625	66.5
1926	24.75	51.5
1927	24.0625	53.625
1928	26.0625	56.5
1929	21.3125	46.5
1930	15.0625	32.5

资料来源：调查股：《去年十二月内银价暴落之回顾》，《东三省官银号经济月刊》第 3 卷第 1 期，1931 年，第 1 页。

[①] 王恒智：《银价暴跌问题述要》，《东三省官银号经济月刊》第 2 卷第 4 期，1930 年，第 1 页。

表 8—2　各国金解禁时间

国　家	解禁时间	国　家	解禁时间
美　国	1919 年 6 月 5 日	南　非	1925 年 5 月 18 日
瑞　典	1924 年 4 月 1 日	加拿大	1926 年 7 月 1 日
英　国	1925 年 4 月 28 日	丹　麦	1927 年 1 月 1 日
荷　兰	1925 年 4 月 28 日	挪　威	1928 年 5 月 1 日
澳大利亚联邦	1925 年 4 月 28 日	瑞　士	1928 年 8 月 1 日
新西兰	1925 年 4 月	日　本	1930 年 1 月 11 日

资料来源：《各国金解禁时期调查》，《时事月报》1930 年第 2 卷，第 6 页。

　　结合表 8—1 和表 8—2，1921—1925 年除美国外并没有其他主要资本主义国家解除禁令，而中国银元汇价在这一期间也保持相对稳定。1925 年几个主要资本主义国家几乎同时解除禁令，这直接导致 1926 年金银比价的大幅波动。1927—1928 年又有几个国家进行金解禁，导致中国银元汇价在 1929 年又下了一个台阶，而 1930 年初日本的金解禁对于中国的影响则更为直接，导致金价过快上涨，银价极度下落，在中国国内造成巨大的市场冲击和一系列影响。首当其冲的就是进口商人，由于银价下跌，与金本位国家进行贸易时所需付出的银制货币增多，进口成本快速上升，"近银价暴跌，先令大缩，工商各业均呈停顿状态，市面恐慌，非言语所能形容，受害最烈者为一般尚未结价之进口商……两个用同一本位之国（如英日皆用金本位），可以有法定平价，即法律上所定平等之价格是也。其法就英日两国所通用之货币，以其所含金属分量相较，而定其平价"①。在进口价格过高的情况下，进口商人为避免亏损，必然要停止经营，如果继续经营，那么商品价格也必将上涨。

　　由于近代中国民族工业较为落后，许多商品严重依赖进口，金银比价上升使银购买力下降，由此带来物价上涨，"银价既跌，银之购买力当然低减，物价自必腾贵。吾国多数消费品，不能自给，率为舶来，金涨银跌物价尤高。凡国内无替代物者，既不能因涨价而排斥，其有替代物者，国货亦必随之涨价，观乎前昨两年因对日经济绝交，国产纱价随时抬高，即其明证……如在健全的社会中，生活水准提高，本为进化之表征，然吾国经济衰

---

① 马寅初：《银价跌落救济问题》，《东三省官银号经济月刊》第 2 卷第 3 期，1930 年，第 1 页。

颇，各人收入在短时期内必不能有相当之增益，以艰窘之收入，供高贵之使用，则民生困难，社会恐慌……"① 因此，消费品的涨价是随着金银比价上涨而发生的，而这又会从进口商品逐渐蔓延扩散到国内商品。很快一些生活必需品的价格也出现上涨，例如米价，"沪社会局因米价无下降趋势，请市府转呈行政院，重申封境遏粜令，并请苏省府限制常锡等处之谷价，又令沪米业团体，于十日内将米价遏低两元。惟查常锡等地，虽属产米区，但去年谷收不多，且经奸商私运出外，久已不足自给……此次米贵，完全因本国米缺乏，而洋米因金贵而增价，如无奸商私运，当局取缔较严，今年即不致有此现象，现米商复因输入口而大获利"②。当然，此时粮食价格的波动也并非全是上涨趋势，在许多地区也出现下降现象，反映了银本位对于金银比价上升的平滑作用。同时，在东三省地区大量通行的民间信用货币，如过炉银、镇平银、私帖等，记账交易的盛行导致货币流动速度的加快，支票的盛行也导致货币流通速度加快，③ 这对货币总供给量产生影响，导致通货膨胀率上升，物价上涨。

金银比价上升自然也会导致巨大的财政问题，即对外支付要将银折算成金而导致的镑亏问题，"财政方面，关税盐税，为吾国政府财政上最大之收入……皆作外债抵押之用。每年除将应还外债本息扣还后，余数始归我有，即通常所谓关余盐余者是也……吾国税收以银为准，还债以金为准，以银易金，照价折合，金贱则我方所付出之银数少，银贱则我方所付出之银数多，故关余盐余之盈绌，与税收增加成正比例，与镑价低落成反比例……国家财政上损失之巨，可想而知矣"④。

海外华人，特别是在日侨商的处境也颇为艰难，由于国内贸易结算要使用银，而在日本则需要使用金，因此受到金银比价冲击极大。特别是在日的出口贸易商，业务凋敝，陷入极大危机之中。"银价空前暴落，金票节节暴涨，日来已打破七百元关门，较诸去年今日约差十分之三，华商所受之损害

---

① 王恒智：《银价暴跌问题述要》，《东三省官银号经济月刊》第 2 卷第 4 期，1930 年，第 7—8 页。

② 《金价暴涨影响上海米价日益提高》，《东三省官银号经济月刊》第 2 卷第 4 期，1930 年，第 3 页。

③ 大民：《物价涨落之原因及其调节之方策》，《东三省官银号经济月刊》第 2 卷第 11 期，1930 年，第 7—8 页。

④ 王恒智：《银价暴跌问题述要》，《东三省官银号经济月刊》第 2 卷第 4 期，1930 年，第 8 页。

自属甚大。然据另一说，则谓银价暴落之结果，华方损害并不甚重，与外商有川往之华商，以及以薪工为生之人，固有恶影响；其如以特产出口为业者，反因价涨而为利，其存有货品不动产者，亦无形中提高其价格……总之，有笑有哭，恰如民国八九年金落银贵时之日本商人无异云。又此番金涨风潮，大阪、川口之华商，皆受重大之损失。盖去年下半季以来，日商方面曾屡次劝用现款买卖，只因款不措手，且以为银价终有恢复之日，始终固守赊买赊卖之成法，迁延益久，损失益大，致皆限于进退两难之境云。"①在日华商对于这种现象束手无策，全然没有解决的办法，"银价暴落之结果，世界惟一银本位国之中国，不特国内经济界大起恐慌，即在外侨商亦受打击，东京、大阪两市华商荟集之区灯消火灭，皆呈衰落之象，贸易停顿，无所为事，各家已形同休业。惟当此金票价高之时店员工人等劳动阶级若汇款归国，固占便宜，然而询诸正金、三井、住友各银行之汇兑科，最近之对华汇款额，并未见较往常增加，各邮局亦然，至关于侨商营业至颓萎。据大阪商务总会会长张友深谈云：此番贸易之不振，纯因银价暴落所致，此不过暂时的现象，并无设法维持之必要，缘认为的维持法，本不自然，故无多大之效果云"②。

总的来说，白银跌价风潮对于中国有着深刻影响，各国争相向中国售卖白银，银条入口激增，经济权实质在外国人手中，中国人则趁机将黄金运往海外，再加上各种投机，导致金银供给更加不平衡。中外贸易使用金币结算，金价上涨相当于洋货涨价，导致物价上升，生活费用提高，国家财富下降，外资压迫加剧。同时，造成财政上的巨大损失，金银比价上升导致镑亏增多，外债无形增加。改革币制，实行金本位愈加困难。商业上导致巨大的汇兑损失，长期影响则是进货难以结算，导致进口随之下降，许多商人因此失业；工业原料品进口过少导致工业凋敝。

时人对于1931年前金银比价的上涨有许多分析和评论，有利于认清当时的历史事实，也有利于辨明金银比价变动的优劣之处，对于理解当时的政府、银行和个体行为都有着重要的作用。例如在论及金银比价和对外贸易时，有观点认为，"金涨银跌，关于吾国国外贸易，以吾人推测，可发生两种之影

---

① 《金涨风潮华商之影响》，《东三省官银号经济月刊》第 2 卷第 3 期，1930 年，第 11—12 页。
② 《银价暴落结果在日侨商衰落灯消火灭冷落景象大阪商会长谓不用维持》，《东三省官银号经济月刊》第 2 卷第 1 期，1930 年，第 5 页。

响，似与国家经济，均为不利，一为输出之损失，二为囤积生银之危害。货物输出输入之损失，由于货物价值权衡比价之变化，银价跌落，输出畅盛。但货物售出之价格，以金银计算，必在旧日价格之下……而外国输入吾国之货物，其价格以金币计算，大致与旧日相同。如是则外货与吾货交换之标准，一为高价之金，一为低价之银，其交换之失利，已可概见。再者外国购买吾国货物，寻常以来其输入吾国之货物以为偿，至输出输入两方长久不得其平，方有货币之运送，但在世界银价跌落之时，现今用银最多者又为吾国，则生银之输入，无论为吾国商人大举之购进，或为外国用以偿还吾国输出货物之价值，其为量必为可观。将来此多量之银，积存国内。……无非致一般物价之腾贵，国民生计之困难。日后世界银之需要，有减无增，存此巨量，势必重遭损失"[1]。但与此同时，金银比价的上升也在无形中带来了一些优势，树立关税壁垒，出口贸易畅通，国内产业可以乘机兴办，"外国的货用金币计算，金价贵则洋货的成本昂，必难在中国销售；中国货用银币计算，银价低则国货的成本廉，易于出卖"[2]。这样的情况也促使中国人进一步关注币制问题。

有一些学者尝试对于金银比价变动进行解释，也有一些经济学家和非经济领域学者呼吁政府采取行动，挽救颓势。如对于金银比价变动原因的探讨："在贫弱的世界上仅有的用银的我国，诚然是一桩值得注意的问题。……同样的理，最近的金价风潮，便是世界百年来币制问题的病理现象，要想谋求根本的救济，便须诊察它的原因：……世界性银产量激增，银之用途日减；世界金产不丰，对金的需求骤增；同时由于国内政治形势动荡，导致人民消费能力下降，对银的消耗量下降，国外贸易连年入超；内地银货过分集中于上海。"[3] 以上原因主要是从供给和需求的角度来进行论证，在其他同时期的文献中也能见到类似的分析方法和相同的结论。但此文还探讨了国际层面关于金银本位的趋势，由此推及金银比价情况，特别是分析了1926年印度彻底废除银币、实行金本位、积极甩卖现银的情况，同时也提及纽约证券风潮余波未平，日本实施金解禁政策，越南筹备金本位等问题。按

---

① 《金涨银跌与对外贸易影响贸易平衡变化之危险》，《东三省官银号经济月刊》第 2 卷第 3 期，1930 年，第 11 页。

② 竹溪：《最近金银价大变动的研究》，《东三省官银号经济月刊》第 2 卷第 4 期，1930 年，第 15 页。

③ 竹溪：《最近金银价大变动的研究》，《东三省官银号经济月刊》第 2 卷第 4 期，1930 年，第 1—7 页。

说日本在金贵银贱之时宣布金解禁，本可以在上海市场购入现银，以平抑金银比价的过分上涨，但实质不然，"一般观察，日本为防解禁后，现金流出起见，预先购储大批标金，以备不测，所以金价奇涨，酿成今日之状况"①。

除此之外，也有研究着重于中国内部，除有研究认为银价变动的原因是连年内战，国民经济凋敝导致消纳银货的程度日益降低，国外贸易连年入超，金的需求量增加，内地银货集中于上海外，也有观点指出国内纸币充斥，中央政府失去权力，各地滥发纸币现象突出，导致无法兑现，贬值流通的顽疾。还有研究认为"限制铜的生产协定，虽经成立，但银之生产额能否减少仍属疑问；……因货币方面银之需要减少而对银视为商品者多，故银价将渐低下于商品之平准"②。这些学者普遍认为金贵银贱的救济政策是废两改元，实行金本位，但是又认为世界各国金本位的实施是导致金银比价变动的根本原因，如果中国在此时改用金本位，将会导致世界银价的进一步下落，因此决策必须要审慎。更好的办法是世界各国共同救济，开发金矿，增加生产，停售现银，限制银的出产，对市面现银进行收买。在这样的背景下，中国方面再采取临时的救济办法，取缔过分投机，使用虚金本位，禁止银进口和收买市面现银。然而，这些改革都必须建立在稳定的政治环境下，"治本之计，莫如步各国后尘改用金本位……而现在根本大计，一方要实行关税自主，停用外国钞票，一方改良币制，废两为元。……其途径中最先条件，莫过于不打"③。

分析与建议毕竟并未落到实处，在实际政策制定和执行方面，政府所面临的局面比学术上的探讨要复杂得多。面对不断上涨的金银比价，中国方面确实采取了一系列相应措施来应对，其中最主要的就是对金银货币流动的管制。1930年5月15日，行政院责令财政部发文禁止金货出口及外国银币进口："禁止金出口，并禁止大宗外国银币进口，交国府办理……除令工商部知照外，合行令仰该部即便遵照，转饬全国海关一律查禁。"④ 并在四年后

---

①　竹溪：《最近金银价大变动的研究》，《东三省官银号经济月刊》第2卷第4期，1930年，第8页。

②　调查股：《去年十二月内银价暴落之回顾》，《东三省官银号经济月刊》第3卷第1期，1931年，第2页。

③　王恒智：《银价暴跌问题述要》，《东三省官银号经济月刊》第2卷第4期，1930年，第18页。

④　《财政部档》，参见中国人民银行总行参事室编《中华民国货币史资料（第二辑）》，上海人民出版社1991年版，第107页。

向海关具体说明禁止大宗银币进口的具体范围，其中市面流通较广的墨西哥鹰洋、站人银元和日本银元全部被列为禁止之列。[①] 同时，为了减少支出，国民政府开始调查对外欠款情况，"国府最近准备举行整理各国不确实债务委员会，据财部调查，中央与地方对日本政府及民间不确实债务总额为七亿零一百十八万五千元"[②]。在这其中，承认债务额为 395870000 元，不承认债务额为 305315000 元。可见，原有对外债务存在着"糊涂账"的状况，国民政府借此契机进行清算，实际上是在金银比价上涨的情况下为了减少财政支出所做出的安排。另外，1930 年国民政府开始在海关领域使用新的货币单位"海关金"，规定进口商品于当年 3 月 16 日之后，出关货品于当年 4 月 30 日之后一律使用海关金征税。并于 1931 年 4 月宣布发行海关金本位钞票，财政部长宋子文对此发表看法说发行海关金实质是为了"谋进口商在上海或他埠缴纳关税之便利"，[③] 到 1931 年底时共发行了 25 万元。这是中国开始由银本位转向金本位的初步实践。

　　一般商民对金银比价的波动也有着自己的回应方式，以贸易商人为例，他们采取的简单应对措施就是延期结算。即采用在汇率波动之时通过约定或其他形式来规避系统性风险的策略。但是，金银比价走势自 1931 年起风云突变，银价因外币减值而上升，中国已被迫遭遇了严重的货币紧缩局面，"而受经济上之损失。且中国之对外收支，至少一部分因输出受碍，亦越出常轨。近来国外银价大受刺激，然汇兑方面未有相当响应，以致白银巨量流出，令人震惊。本年白银出口，至今日为止，已三倍于以前每年总额之数。若银价再行高涨，则中国将受极大之损害，或有发生恐慌之可能"[④]。截至 1931 年 12 月的十年间，中国平均每年进口白银约为 1 亿元。但从 1932 年起，这个情形发生了根本性逆转。据海关报告记载，1932 年和 1933 年的净出口量各为 1039.5 万元和 1442.3 万元，1934 年头八个月出口量为 13216.7

---

　　① 《财政部档》，参见中国人民银行总行参事室编《中华民国货币史资料（第二辑）》，第 107—108 页。

　　② 《我国对日债务之调查》，《东三省官银号经济月刊》第 1 卷第 5 期，1929 年，第 16 页。

　　③ 《宋子文为央行发行关金票发表讲话》，洪葭管编《中央银行史料（1928.11—1949.5）》上册，中国金融出版社 2005 年版，第 66 页。

　　④ 《中央银行英文档》，中国人民银行总行参事室编《中华民国货币史资料（第二辑）》，第 120 页。

万元。[①] 作为唯一的银本位大国，银价提涨导致中国的白银出口激增，这与金价上涨一样，给中国带来了正反两方面的作用。

由此可见，1931 年是金贵银贱和金贱银贵的转折点，由于中日所属经济分别以金银为基础，使用不同的货币，因此 1931 年前使用金币的日本受到了严重冲击，使用银币的中国部分却避免了通货紧缩，提高了出口竞争力，其货币的被迫贬值反而大大提升了其实力，进入了一个经济繁荣期。经济繁荣和经济衰退是一个相对的概念，在世界性经济危机的大背景下，中国的经济情况显然并非十分恶劣。

（二）大萧条冲击下的日本经济

1929 年 10 月下旬，一场席卷全球的经济危机从美国爆发，它以股市的暴跌作为开端，给全世界经济带来重创，被称为"大萧条"。大萧条的成因在经济史研究中并无定论，但其产生及传递过程、表现及特征十分明晰。世界各国金融机构面对大萧条的冲击，都相继采取应对措施，其中最主要的办法是脱离金本位和降息，以拉动内需，刺激消费。在法国，"法兰西银行最近将公定利率更减五毫，成为三厘，此于世界各中央银行之公定利率中，为最低率。该银行此次减低利率，其理由于该国目下之金融情形外，盖兼欲由低利策促进产业振兴，使巴黎成为一国际金融市场"[②]。1931 年奥地利国家银行和德意志银行相继遭遇挤兑，虽然得到了英、美、法三国的联合贷款，但仍无力挽救危机，最后胡佛提出延期还款，才稍稍平息风波。但这导致英镑的海外债权流动性吃紧，迫使英国于 1931 年 9 月宣布脱离金本位，英镑兑美元的汇率在几天内下跌 25%。之后，相继有 25 个主要国家宣布脱离金本位。英镑贬值后，国际市场纷纷抛售日圆，日本银行在三个月内流失价值 6.75 亿日元的黄金。1931 年 12 月 14 日，日本禁止黄金出口，并于三日后停止实行金本位，大幅降低贴现率和扩大财政支出，1932—1934 年依靠政府增加财政投入来平复危机。

对于大萧条的冲击，1931 年是一个重要的分水岭。在这之前，金银比

---

①　《中央银行英文档》，中国人民银行总行参事室编《中华民国货币史资料（第二辑）》，第 147 页。

②　《巴黎金融界奇现象将成国际金融市场》，《东三省官银号经济月刊》第 2 卷第 2 期，1930 年，第 7 页。

价主要是上涨的趋势，随着各国相继放弃金本位，其价格趋势也迅速逆转下
跌。在 1931 年以前，由于受金价上涨的影响，日本的对外贸易特别是对华
贸易，到了 1929 年底至 1930 年初已有停滞的趋势，"银价暴落，日本对华
贸易业受极大之打击，现方装运者，皆以前订购之货，新成交者几乎毫
无"①。1930 年初新贸易订单已经基本为零，这既是金价上涨所带来的客观
利益损失，也是不断上涨的金价所导致的浓厚观望情绪的表现，"近来因银
价跌落甚遽，日商恐其再跌，故对上海及中国各地之贸易采取一种极缓和之
政策，以防有所亏损，及中国旧历年已过，而银价仍不起色，日本所采之缓
和政策，并行坚执不释，以致交易颇形沉寂"。1930 年 1 月，日本出口到东
三省的货值由 1929 年 1 月的 6942000 元下降到 3150000 元，不足上年的一
半。② 如同前述中国商人在对待此事时所同样采取的缓兵之计一样，日商也
只能如法炮制，双方都观望的直接后果必然是交易凋敝。

1930 年 1 月，日本采取金解禁措施，即允许黄金在国际范围内自由流
动，导致中国金银比价进一步高涨，"因改革币制，就使金的需要激增，当
然要使金价涨高了，如日本在上月实行金解禁，就是最近的一个例证。日本
在 1917 年宣布金禁令后，预防运金出口，就停止纸币兑现。……名为金本
位，实已成为纸本位，利害得失，自很显然。所以今年 1 月 11 日就实行金
解禁，金解禁以后，纸币就可以兑现，现金也可以自由输送。……但是金解
禁以后，日本银行不能不准备一宗现金，以防兑现，于是沪上日商银行纷纷
买进大批现金，就使金价涨高"③。但日本对于金解禁的准备仍然不足，"日
本自本年一月十一日金解禁实施，社会上经济上受莫大的影响。……若物质
贫困的日本，殊难办到，故解禁之后，日本事前虽有节约预算、信用设定等
相当的准备，仍不免要受重大的打击。……解禁之后，因外国银行纷纷收回
在日本之资金，内地汇兑银行，因在外正货缺乏，而陆续送现。截至二月十
五日止，日本银行之正货准备，减为十亿万元，二十日日本银行结账，仅有
九亿八千八百五十七万之现存正货，为最近十年来所未有之低额"④。兑换

---

① 《因银价低落日本对华贸易完全停顿》，《东三省官银号经济月刊》第 2 卷第 1 期，1930 年，第 3 页。

② 《日本对华之贸易政策颇缓和》，《东三省官银号经济月刊》第 2 卷第 4 期，1930 年，第 4 页。

③ 马寅初：《银价低落与人民生活之关系》，《东三省官银号经济月刊》第 2 卷第 4 期，1930 年，第 2 页。

④ 《日本金解禁对于商业之影响》，《东三省官银号经济月刊》第 2 卷第 4 期，1930 年，第 1—3 页。

券的发行也进入低谷。自从金解禁后，市面情况大呈衰颓的景象，东京证券交易所行市大跌，各储蓄机关纷纷揽储，原本拒绝同业存款的态度转变为欢迎。金解禁也导致物价的波动，农产品价格大跌，特别是生丝价格急跌。通货紧缩导致人民的购买力降低，物价低落，生产者受到很大损失。日本国内金解禁导致金货外流，国内存款准备金减少，出现了市面萧条和物价下跌。

由于全球性经济危机，日本的财政状况也趋于恶化，"本年度日本岁收减少……即国民购买力低退之反映……经常部及临时部收入皆异常减少，较上年同期经常部减少日金二百七十五万四千元……其中尤以税收为最……"[1] 而这其中，关税下降最为明显，"本年度日本关税收入大形减色，此实为日本经济界衰沉太甚之一反映……日本经济界衰沉之深刻化既影响国库收入如此之甚，不独本年度财政上顿感紧迫，而来年度之预算尤陷于困难境地，今后如不仰赖发行大藏省证券及借入金等，绝难达到岁入出两相符合之目的"[2]。日本政府对于财政困难并无良策，"究竟日本财政当局对此之意向如何，虽尚未定，然以最近日本国库之情势推之，本年度内既已不免感觉不足，若仅靠一般会计之大藏省证券发行限度日金一亿五千万元之范围内，究难周转挹注，故关于来年度具体补救策，仍须彻底考虑……今日日本国库整理之困难为日本财政史上罕见之事"[3]。日本当局只能采取简单的财政紧缩，1929 年比 1928 年财政预算削减 2.28%，1930 年比 1929 年更削减 9.64%。但这样的紧缩政策并不能够带领日本走出困境，也未收到实质效果，还造成货币流通速度放缓，现金不断流出的后果。

日本工业在大萧条中受到严重打击，许多工厂停产，"各种主要制造工业，殆全体休业，或将工厂闭锁，或在限制生产之中，极概括的而言，全体生产约减四成。制铁业、造船业、煤业、矿业等之基本产业，亦随上

---

[1] 调查股：《日本财政经济现状之一般》，《东三省官银号经济月刊》第 2 卷第 11 期，1930 年，第 1 页。

[2] 调查股：《日本财政经济现状之一般》，《东三省官银号经济月刊》第 2 卷第 11 期，1930 年，第 1 页。

[3] 调查股：《日本财政经济现状之一般》，《东三省官银号经济月刊》第 2 卷第 11 期，1930 年，第 3 页。

述制造工业制不振而衰颓……米价普通每石日金三十元者，已落至二十三四元，在北陆方面所作之青苗买卖，竟惨落至十八九元……全国制丝工厂中约四分之一在休业状态，其他未休业者亦在收缩中；水产业因需要减退，价格低落之关系，生产约减四成乃至六成之谱；林业因一般需要减退，生产殆减五六成……失业者充满于全国之都市与农村，不独农家之著见减退，而农民因租税及其他公课负担之利息等，依然照旧，陷于极端困难之境，因是全国农村中间有拟实行缓期偿债者。教员薪俸渐有停止支付者；教员公吏等之薪俸有试用传票支付者……有减成者……有不堪经费之负担而将小学校闭锁者"[1]。可见，工业的衰退已经引发社会各个领域的连锁反应，就连农业和教育都受到了严重影响。

受金银比价的影响，日本对华输出锐减，"据日本福冈矿山监督局调查，去年度辖区煤炭供求成绩，产额二千四百万吨（较上年增十万吨），其中输出额一百八十三万吨（较上年减十万吨），本国需要一千〇〇八万吨（较上年度增九千万吨），输出不振。由对华减运二十八万吨。因价低廉，华煤如开平煤等趁机推销所致云"[2]。满铁附属地的工业也由于危机而陷入困难，"抚顺煤在上海方面之销路，近因受银价暴落之影响，完全停顿。现据满铁贩卖课小川课长谈云：银价暴落，日本对华贸易大受打击，抚顺煤之销路，自亦停滞，最大销场之上海，商家倒闭者层出不穷，当此非常之时期，只有观望一途，并无积极推销之必要云"[3]。

日本的生丝业同样受到打击，"最近受银价暴跌之影响，日本之股票生丝亦随而暴跌，就中以生丝之惨落为最甚。蚕丝中央会代表为讲求对策起见，三日午后往访町田农相对于安定市价及'融资保证法出动'事宜有所陈情……关于融资保证法出动问题，经讨论结果以为如将现在状态长此放任时，势必使日本重要产业之蚕丝业陷于危境……"[4] 煤炭和生丝行业的衰退

---

①　调查股：《日本政友会经济调查委员报告之摘要》，《东三省官银号经济月刊》第2卷第10期，1930年，第1—2页。

②　《银价跌落下日煤进口减开平等煤畅销》，《东三省官银号经济月刊》第2卷第2期，1930年，第7页。

③　《上海方面抚顺煤销路全停顿》，《东三省官银号经济月刊》第2卷第1期，1930年，第14页。

④　《银价落声中日本生丝大受打击》，《东三省官银号经济月刊》第2卷第3期，1930年，第3页。

固然引发关注，政府采取的放任措施也始终受到很大质疑。面对全球性经济危机，日本能够采取的应对措施非常有限，所有行业几乎都受到波及，对于某些行业单独实行救济在当时是根本不现实的。

表8—3为一些日本有代表性的出口产品1928—1929年对华出口额的变化情况。在出口总额下降的同时，出口价格也随之下降，这正是大萧条带来的严重后果之一。表8—4为日本主要进出口商品1929—1930年的价格变化，由于该表中既包含了进口商品也包含了出口商品和国内的农产品，而三类商品的价格也均呈现一致走低的态势。日本国内的批发物价也随之呈现低落，"现下世界经济均呈衰萎状况，日英美三国之物价益趋跌落，几降至欧战前之物价低落程度矣，今依日本银行调查以民国三年七月为基础之物价指数观之……本年十月分（份）东京物价指数为130.9，较本年初跌落一成八分二厘，若与上年同期比较，跌落二成三分八厘"①。其指数变动情况如表8－5所示。

表8—3　1928—1929年日本棉纱布、金属、纸张和杂货对华出口额

出口商品	1928年12月(吨)	1929年12月(吨)	比上年减少(%)
棉纱布	2084	2029	2.64
金　属	2355	2193	6.88
纸　张	1033	599	42.01
杂　货	3579	2151	39.90
煤	53435	20000	62.57

资料来源：《银价研究之一般》，《东三省官银号经济月刊》第2卷第9期，1930年，第19页。

表8—4　1929—1930年日本主要出口产品价格

单位：日金1分

出口商品	1929年9月	1930年9月
生丝(百斤)	1356.25	798.84
棉织物(千方英码)	3209.39	2428.44
白糖(百斤)	9.24	6.70
面粉(百斤)	8.22	6.78
棉纱(百斤)	144.88	83.35

① 《日英美三国物价之比较》，《东三省官银号经济月刊》第2卷第12期，1930年，第3页。

续表

进口商品	1929 年 9 月	1930 年 9 月
棉花(百斤)	50.21	26.99
铁(百斤)	4.27	3.79
羊毛(百斤)	114.75	75.49
豆类(百斤)	6.71	5.14
油渣(百斤)	4.41	3.36
小麦(百斤)	5.83	4.85
一般农产品	1930 年 6 月	较上年同期下降比
大米(一石)	27.38	7%
大麦(一石)	7.43	33%
大豆(一石)	13.22	20%
小豆(百斤)	9.38	29%
地瓜(十贯*)	1.50	48%
葱(十贯)	1.13	36%
番茄(一贯)	1.22	33%
南瓜(四贯)	2.86	52%

* 日本一贯约为中国旧制六斤四两，一石约为中国旧制 280 斤。

资料来源：大民：《日本财界之近状》，《东三省官银号经济月刊》第 2 卷第 11 期，1930 年，第 2—3 页。

表 8—5　1928—1930 年日本银行发布的批发物价指数

时间	批发物价指数	时间	批发物价指数
1928 年 12 月	182.7	1929 年 12 月	163.0
1929 年 6 月	176.3	1930 年 5 月	150.6

资料来源：调查股：《日本金融界紧缩政策之根本情势》，《东三省官银号经济月刊》第 11 期，1930 年，第 5 页。

如果比较 1926—1936 年上海、天津、大连和东京的批发物价指数就会发现，四者的走势明显分为两组，代表中国势力的上海和天津为一组，代表日本势力的东京和大连则是另一组。前者是先扬后抑，后者是先抑后扬，两组都以 1931—1932 年为转折点。[1] 说明日本和中国在大萧条期间所经历的不

---

[1]　Tim Wright, "The Manchurian Economy and the 1930s World Depression", *Modern Asian Studies*, Vol. 41, No. 5 (Sep. 2007), pp. 1073 – 1112.

同境况。其中尤以中日交锋最激烈的城市大连为典型，如表8—6中1927—1933年大连的豆价指数所显示，以金计价和以银计价的同种商品，其价格波动却出现了很大不同。由于贸易收缩严重，日本国内失业率陡增，特别是海运行业受到明显打击。如表8—7所示，这一时期日本海员需求量大幅下降，大量船员处于失业状态。并且这些数据中求职者的数据主要来源于职业介绍所，未在职业介绍所登记以及那些由于失业从而放弃海上工作的人尚不在少数，因此未就职者的数字仍偏保守。大萧条造成日本劳动力市场的失业状况由此可见一斑。

表8—6　1927—1933年大连豆价指数

年份	以金计价价格	以银计价价格
1927	108.80	102.01
1928	106.25	101.15
1929	100	100
1930	78.97	115.47
1931	46.97	89.42
1932	75.02	78.78
1933	86.87	73.43

资料来源：Tim Wright, "The Manchurian Economy and the 1930s World Depression," *Modern Asian Studies*, Vol. 41, No. 5 (Sep. 2007), p. 1081.

表8—7　1930年日本海员失业状况

时间	求职者	就职者	未就职者
1930年6月	10131	1711	4290
1930年7月	10821	1698	4725
1930年8月	11198	1457	4888

资料来源：大民：《日本财界之近状》，《东三省官银号经济月刊》第2卷第11期，1930年，第4页。

大萧条首先在金融领域发轫，因此对日本金融业的冲击更为直接和剧烈。"日本大藏省去年（1928年）以来极力怂恿全国银行之合并，以举改善之实，本年一月以降之银行合并数，计普通银行九十五家，储蓄银行三家，合计九十八家。此外被解散或因行政处分而解散者之削减，数计有五十五家，以故截至十一月底之银行削减数，计一四二家，若将此数自去年底普通、储蓄银行数一一三一行扣减之，则全国银行已不及千家而减至九百八十九家。"① 并且积极拓展海外业务，在海外殖民地、租借地奉行扩张政策，"近年日本之三井、三菱②及台湾各大银行，均于大连设立办事处，办理日本内地及上海方面之汇兑业务，而三井及台湾两行，因办理汇兑业务关系，并兼行放款，大连银行界遂大受胁威。最近三井总行，更拟将大连之办事处，升为支行，积极进出满蒙，闻已着着准备进行"③。但随着大萧条的冲击，日本银行业的寒冬来临，到1931年不得已只能放缓脚步，竟到了要关闭支行的地步，"日本横滨正金银行济南支行，业于二月二十八日宣告停业，兹闻横滨总行，现又决定将海参崴及西贡两处支行，着即收束清理停业云"④。"生产力过剩及工场收支困难之结果，万一该公司达于破产之时，则银行毫无所得。诸如日本后藤毛织工场与帝国制麻工场等之歇业工场，其处分所得价值之悲惨情形，即其例也"⑤。即银行不愿意放款给企业，因为企业倒闭后银行将承担巨大风险，在大危机来临之时，银行的行为也被迫趋向收缩和谨慎。

日本所面临的国际金融局面空前复杂，特别是金货大规模流出，动摇了其金本位的根基，"日本金子解禁以来准备额已减少二亿四千八百四十六万七千元……现货流出总额为三亿零七百八十万元，出超额则为二亿七千余万元……然其流入额亦复不少……其中除收到政府交来一千五百七十六万元外，概由日本国内产金业者金店等收买，及利用银价跌落关系，由中国方面经由东三省、朝鲜而输入，就中尤以由中国输入者为额甚巨"⑥。由此所导致的汇率波动十分强烈，日圆兑英镑汇市达到一战以来的最高纪录，"推其原因，虽由于贸易关系，然大半由于上半期以来一味买进之。外国银行方面

---

① 《日本银行数减》，《东三省官银号经济月刊》第1卷第8期，1929年，第3页。

② 原文误写为"三麦"。

③ 《日本三井银行将在大连设立支行，银行界受影响竞争或趋激烈》，《东三省官银号经济月刊》第1卷第6期，1929年，第2页。

④ 《日正金银行又收束两支行》，《东三省官银号经济月刊》第3卷第3期，1931年，第2页。

⑤ 调查股：《日本金融界紧缩政策之根本情势》，《东三省官银号经济月刊》第2卷第11期，1930年，第6页。

⑥ 调查股：《日本金融界》，《东三省官银号经济月刊》第2卷第11期，1930年，第1页。

缺乏在日内地现金之结果，故以如此高价大事卖出美金而买进日金。尤以汇丰银行因迄未觅得买入汇兑之抵补汇款，故最近异常穷于日金之资金，虽欲向当地银行融通暂时借款以谋补救，奈现在金融市场对于无担保之暂时借款几不受理，结局只有出此高价而买进日金。又目前关于大日本电力会社向美借款事虽已成立，惟一时资金尚不流入，而其他企业之外债交涉亦正在进行中。故日本汇兑暂时犹能维持其高价也。然而最近日汇行市虽趋于昂腾，但正金银行仍不向市场收买，反继续实行输送现货，计于九、十两月已先后向美输送日金四千五百万元。而自解禁以来，正金银行输送现金总量，已达日金三万万元之巨。市中一部人士对于正金银行之继续运现赴美原因，颇多不明，然此种行为，要出于在外存款缺乏之关系，与日本政府急于成立台湾电力会社外债同一理由……然查日本筹划在外资金，何以不依买入汇兑之手段而特采输送现货之法，实因现下之汇兑量，主要被外国银行方面于前此汇兑跌价时买占之故，并因不明外国银行方面如何筹划日金资金，特乘机采取此策，一扫今后对日金汇兑之不安，大意不外如此而已"[1]。因此，日本于1931年底不得不宣布放弃金本位，即日圆与黄金脱钩。日本实行金解禁后仅仅一年多的时间就重立禁令，政策如此反复，既反映了经济形势的复杂，也反映了日本当局的摇摆。在大萧条时期，金解禁政策反而导致市面交易衰颓、现金持续流出，金价不断攀升，使得其根本无法继续维持金本位。

总之，日本经济的各个领域都在不同程度上受到了大萧条的严重影响，如果其无法从内部解决经济放缓的问题，就会有从外部寻找机会的激励。

（三）大萧条与九一八事变

经济侵略与政治侵略、军事侵略的融合一直是近代日本对华政策的主要特征。日本一直散布"满蒙非中国，满洲之地位特殊"[2] 的言论，就是为其侵略活动张本。"日本是地少人多的国家，是一个军国主义底子的国家，环境迫他不得不向外发展，以维持他的生存，所以军国主义就成了日本向外发

---

① 调查股：《日本财界之近状》，《东三省官银号经济月刊》第 2 卷第 11 期，1930 年，第 1—2 页。

② 杨成章：《东三省日本经济势力之概况及其今后之新计划》，《东三省官银号经济月刊》第 2 卷第 4 期，1930 年，第 12 页。

展的利器……日本之外交政策，以对华外交为基础。"① 外交政策是一国处
理国际和对外关系问题，进行外交活动所遵循的基本原则和行动方针。近代
日本的外交政策正是以中国为中心的，1929 年日本成立了"拓务省"，标志
着其对海外殖民地的侵略进入一个新的阶段，"该省政策及设置本意，日本
斯后侵满之急进，自无待言，且依该省官制，关东厅与台湾朝鲜并列，同日
田中拓相发表之声明书，更以南满铁道附属地，与关东厅并列，查关东州系
租借地，依国际公法，租借地为被租借国，依国际条约，有期限的租借与租
借国，被租借国于租借期间，虽暂时放弃其统治，然其领土，仍为被租借国
所有，绝非殖民地之丧失领土主权者所同日而语，况旅大租期，早已届满，
收回一切租借地，更为力争自由平等之新中国一致之运动乎……"。② "近年
以来，日本公然标榜所谓满蒙积极政策，且猛进无已，大有旁若无人之慨，
唱之者，出自田中内阁，而居间策划、奔走，以助长之者，实乃现任满铁株
式会社社长山本条太郎是也。氏自就任以来，一面代表日本资产阶级经济侵
略，一面以半官之资格，深得田中之信用，举凡田中政府之一切对满蒙企
图，氏无一不与焉。而其最大关键即由向之所谓南满中心主义一变而为北满
进出主义，直欲沦满为第二朝鲜，且以对抗俄国之海参威。……于满蒙开发
策外，复加以朝鲜关系，使满洲、朝鲜与内地于短时间内打成一气。"③ 拓
务省将满铁附属地与关东厅并列，又与朝鲜和台湾并列，实质是要将整个东
北甚至更广大的内陆地区同时作为殖民地对待，并且希望借由朝鲜为侵略中
国的支点。中国方面对此评价为"将满铁附属地与关东州并列，殊属违背
国际公法"④。日本推行各种侵略计划，其直接目的是十分明确的，掠夺资源
是其第一要务，"一经完成，第一次按可得铁铜五十万吨，石油五万余吨，即
对于本国将来由金解禁所管之打击，欲加以相当补救，自亦无难云云"⑤。

---

①　陈柏青：《最近日本对华经济侵略之积极》，《东三省官银号经济月刊》第 3 卷第 2 期，1931 年，
第 3 页。

②　《日拓殖省之荒谬处置》，《东三省官银号经济月刊》第 1 卷第 3 期，1929 年，第 25 页。

③　《可怖可惊之（满）（鲜）一贯新政策》，《东三省官银号经济月刊》第 1 卷第 3 期，1929 年，
第 26 页。

④　《日拓殖省之荒谬处置》，《东三省官银号经济月刊》第 1 卷第 3 期，1929 年，第 24 页。

⑤　《可怖可惊之（满）（鲜）一贯新政策》，《东三省官银号经济月刊》第 1 卷第 3 期，1929 年，
第 27 页。

　　经济侵略是日本侵略中国的一个手段，这种侵略必然与政治和军事侵略相配合，同时也要以这两者作为威慑，中国人对于这点也是极为清楚的，"日本在帝国主义集团里面，相形见绌，它很少说共管中国，反而奉承中国，说共存共荣。日本的存心我们是很清楚的，他在巴黎和会提出废除人种差别案，它对其他帝国主义者说：'帝国主义是一家，何以因种族见外呢？'可见日本帝国主义一心想独霸中国的。他对中国是：'有一口吞一口，死守不放，一有了特殊机会，就不顾一切的，再进一步来吞吃。'在表面上，日本帝国主义以所谓的'满蒙特殊的利益'来塞耳掩眼，而在内中到处想贯彻置中国于朝鲜第二的二十一条约。日本帝国主义对华心凶恶，上面所述，不过举其经济侵略的皮毛而已，但日本既有了侵华深刻的背景，以后的侵华，自然更是有进无退，将来必由侵满蒙而全中国，这也是我们料得到的"①。可见，日方步步为营的计划早已被看破，其"共存共荣"的谎言也只不过是掩耳盗铃罢了。而关于不同侵略方式的比较，时人也有明确的认识，"日本对满蒙政策有二，曰武力政策与经济政策是也。武力政策须大牺牲乃非常之时所用，且非造成机会或待机会之来不可，故最视为捷径而最安全之侵略政策莫如运用经济的方法"②。但如前所述，军事威慑是经济侵略的前提，若不是甲午战争、日俄战争的胜利和日本军事实力的存在，东北地区就不会成为当时的局面。

　　经济侵略给东北经济带来了很大负面影响，其中最重要的是资源被掠夺而导致的恶性循环，"吾东三省经济奇紧之原因，亦不外乎日本为之吸收也……宝藏天然之物产，惜工业未兴，不能开采，不能改造，为我代劳者，日本也。不观夫南满，安奉两铁路，所运之原料，此非吾东三省之物产耶？载之归国，改成制品，仍运回吾东三省，货我人民，一转移间，搏我资财以去，诚可惜也……日本系三岛之国，而人口增加，每年约在十几万之多，近年以来，大有人满之患，不得不实行其大陆主义，但与其为邻者，仅有中美

---

　　①　陈柏青：《最近日本对华经济侵略之积极》，《东三省官银号经济月刊》第3卷第2期，1931年，第30页。

　　②　姚孟年：《东北金融之危机及其救济方法》，《东三省官银号经济月刊》第1卷第4期，1929年，第19页。

两国，而美国为世界之列强，日本不敢越雷池一步，所能侵占者只吾东三省耳"①。日本的实力还不足以挑战西方列强的权益，因此希望能够以东北为支点，谋求在泛东北亚地区的支配性地位。但是，剧烈的经济危机不但无法支持日本的国内经济发展，对于海外经济侵略也有着很强的负面影响，除了前述贸易危机以外，大量海外劳工失业造成新的不稳定因素，这使得军事侵略再度成为一个优势选择。

日本经济学家小林丑三郎在 1930 年曾说："然海外发展亦是难能，海外失业者正由西伯利亚、东三省、美国逐渐返国……所以我对于政府对外政策不得不发表一言：日本对外政策，曾几度变更，每进则招外嫉妒而误解，虽然误解是不可免，但辩明亦不见谅，政府为避免此点计遂取无抵抗主义；焉知此处让步非即彼处之进展，如对华提倡门户开放者，即是日本对华主张门户开放机会均等，吾想华人定是欢迎，即外国亦无不喜悦，然而有功者反被摈之门外，开放之门而英美人之；时人难堪孰甚于此，俱如此类可见日本对外政策，可谓威信完全落地矣……我之所主张者，先将军国主义大变而为科学本体主义，为第一步：原料缺乏，农工幼稚之现今状态，非依科学普及，奖励发明，以图救济外，则别无良策；对原料不足，或虽有以领土欲侵略外国领土一法，则非可也。"② 说明军国主义在当时的日本并非刚刚兴起，也并不是少数派和个别政治家的观点。在小林丑三郎看来，它已经成为日本政府的指导思想，他之所以建议将军国主义转变为科学本体主义，正说明军国主义在日本内部的统治地位。小林丑三郎并不主张以军事侵略下的强取豪夺作为弥补资源不足的劣势，而是希望能够通过发展科技来带动经济发展和摆脱大萧条的影响。然而，这种观点并没有在日本政界产生影响，也没有被采纳成为外交政策的主流。

"一战"以后的日本在经济恢复方面本就不如其他西方国家，在经历了1923 年关东大地震后，日本经济体系已经受到较大冲击，大萧条所带来的"昭和恐慌"更是给日本经济以沉重打击，出口骤减，物价下落，公司倒

---

① 褚绳武：《日本与吾东三省经济上之关系》，《东三省官银号经济月刊》第 1 卷第 5 期，1929 年，第 1、3、8 页。

② 小林丑三郎撰，蔡世勋译《日本经济生活总计算（续）》，《东三省官银号经济月刊》第 2 卷第 11 期，1930 年，第 1—2 页。

闭，失业剧增，市场萧条，股票暴跌，现金流出，与此同时也给农业带来毁灭性破坏。虽然日本政府希望依靠扩大财政支出来度过危机，但财政支出的去向则不能任意置之，这就自然而然地投入军事扩张当中。其目的是在日本、朝鲜、伪满洲国和中国之间构建一种带有封闭性质的殖民地经济，这当然会引发其他列强的不满，但日本对此表态强硬。1931 年 6 月 19 日，日本陆军省与参谋本部出台了《解决满洲问题方案大纲》，该文件正式地提出要用军事侵略的手段占领满蒙地区，到 8 月末依据大纲形成具体作战计划。1931 年 9 月 18 日，日本蓄意炸毁南满铁路柳条湖段，并嫁祸于中国，日军以此为借口迅速向中国开战，占领沈阳，并于次年扶植成立"伪满洲国"。"九一八事变"标志着日本侵华战争的开端，也是世界反法西斯战争的开端。

　　九一八事变和放弃金本位这两个重要事件接连在 1931 年内发生，并不是一个偶然，而是日本在经济颓靡的情况下不得不做出的反应，中国内部——不论是内地还是东北地区——在大萧条时期的经济状况并未十分恶化，与大萧条的影响相比，日本的侵略对经济的负面作用明显要更大。① 对比中日在大萧条期间国内国际形势和经济状况，就不难发现九一八事变在经济层面的原因。九一八事变以后，中日货币战争开始进入一个新的阶段，即在政治和军事对抗下的货币战阶段。日本在其所扶植的伪满洲国建立了伪满洲中央银行，专门负责统制东北地区的货币金融事务，围绕伪满洲中央银行，中日的货币对抗也呈现出了新的特点。

---

　　① Tim Wright, "The Manchurian Economy and the 1930s World Depression", *Modern Asian Studies*, Vol. 41, No. 5 (Sep. 2007), p. 1106.

第 九 章

伪满中央银行与日本对东北的金融统制

1931 年在中国历史上是个非常特殊的年份，日本在 1931 年前持续受到国际经济危机的影响，经济每况愈下，经历了前所未有的"昭和恐慌"。同时受到北伐战争的影响，日本在中国的权益逐渐缩小，其侵略中国的计划受挫。在此背景下，日本悍然发动"九一八事变"，使中国国内局势变得空前紧张，也使得中国不得不对九一八事变做出回应，这对全面抗战前中国的经济政策产生了重要影响。九一八事变之后，日本通过傀儡政权伪满洲国成立的伪满洲中央银行，对货币发行和流通中的货币进行整理，采取各种措施维系伪满洲中央银行券的价值，完成货币统一，并利用伪满洲中央银行券进行套汇。由于东北地区的分裂和沦陷，中国货币在该区域的使用量开始呈下降趋势，货币战的表现主要是日方货币实力不断加强，其垄断地位进一步巩固。

一 伪满洲中央银行的成立

九一八事变后，东北地区的政治经济社会形势发生转变，日伪为统一币制、调节地区内货币流通、实现对金融秩序的管控，开始筹备和建立伪满洲中央银行，发行新的货币伪满洲中央银行券，并推进对东北地区的货币金融统制。

（一）对官方金融机构的封锁

九一八事变关东军侵占奉天后，为切断中方军费来源，日本立即实施对东三省官银号和边业银行的封锁。到 1931 年 10 月初，成立由东三省官银号、边业银行、横滨正金银行以及满铁各方代表组成的金融研究会，制定对两家银行进行监管的各项规程，准备让两行重新营业。金融研究会 10 月 10 日制定的《东三省官银号管理办法》第 3 条对公款业务进行了限制，"保留对公款存款的发还，今后所有公款业务一律通过东三省官银号新开账户进行"。第 4 条对发还普通活期存款进行了规定，"储户之前如果进行了贷款，则先将存款用于贷款归还；提取存款的储户一周只能进行一次；存款金额未满现大洋 5000 元者，可提取任意金额，5000 元—10000 元者，提取金额限制在 6000 元之内，10000 元以上者，存款金额每增加 10000 元可增加提取 1000 元"。第 5 条对贷款方面的限制为，"尽可能回收已贷出的公款贷款；原则上停止新放贷款；各支店的新增贷款须取得总行同意"。第 6 条是关于汇兑业务的规定，要求"汇兑仅限于商业交易和个人的正当业务；满铁沿线外各支店的大额汇兑申请须取得总行许可方可进行"。第 7 条规定"对尚未发行的纸币实行封印保管；为回收破损纸币进行的新纸币发行不受此规定限制"。第 8 条要求"新增发行纸币必须要有切实的储备"。第 9 条进一步要求，"在兑换上，每人每天现大洋票兑换上限为 50 元；兑换场所仅限城内一处；禁止携带现大洋 100 元以上出省城"。[①]

为了加强对中方银行的监管，日方建立了监理官制度。根据《监理官服务规定》，监理官由满铁、横滨正金银行及朝鲜银行指派，最初为 13 人，后增加到 17 人，以满铁理事首藤正寿为首席监理官，分驻东三省官银号、边业银行和辽宁四行号联合发行准备库。[②] 10 月 15 日，两行总行再度开业，满铁沿线各地分行等营业机构也相继恢复营业。[③]

根据《东三省官银号及辽宁边业银行监理官报告书》，东三省官银号各类纸币发行额合计为 6243 万元，与此相对的储备金合计为 2710 余万元，对现大洋票的储备率为 88%，对所有纸币的储备率为 43%。政府透支款和存

---

① 参见南满洲铁道株式会社经济调查会『满洲通货金融方策』、立案调查书类第二十五编第一卷第一号、南满洲铁道株式会社、1936 年 2 月、13—15 页。

② 南满洲铁道株式会社经济调查会编『满洲国通货金融制度统一略史』、波形昭一等编『近代日本金融史文献资料集成』第 42 卷、日本图书中心、2005、3 页。

③ 东三省官银号及辽宁边业银行监理官报告书「东三省官银号及辽宁边业银行に就て」、南满洲铁道株式会社经济调查会『满洲通货金融方策』、立案调查书类第二十五编第一卷第一号、489 页。

款几乎相等，二者相抵后所剩不多，而且大部分存款存在朝鲜银行和横滨正金银行。边业银行的发行额为 1524 万余元，储备金为 1119 万余元，对现大洋的储备率为 141%，对所有纸币的储备率为 73%，贷款金额占存款总额的39%，一半以上的存款也存在朝鲜银行和横滨正金银行。① 虽然日方强调有必要对东三省官银号和边业银行的贷款流向进行检查，但监理官调查后得出的结论是，"两家银行都并非世间所传闻的不良银行"②。

东三省官银号和边业银行重新营业以后，在返还存款方面进行得比较平稳，并没有发生挤兑现象。但在兑换方面，由于现大洋票的不稳定和贬值，要求兑换的人蜂拥而至，最终迫使银行不得不对兑换额和人数做出限制。自1931 年 11 月 16 日起，每人每天的兑换金额上限由 50 元调整为 30 元，每天的兑换人数不超过 500 人。③

之后，关东军效仿奉天模式，随军事行动在占领地区查封金融机构。9 月 21 日，关东军第二师团占领吉林省，并立即派兵封锁各家银行与外界的交通要道。9 月 24 日，该师团会计部长组织对东三省官银号分行和边业银行分行吉林永衡官银号的货币以及账簿等进行检查。当晚，军部召集吉林省政府代理主席及吉林永衡官银号总办，以接受军部金融命令并随时随地接受军部检查为交换条件，同意该钱号于 9 月 25 日重新营业。此外，随着关东军侵占齐齐哈尔，黑龙江省官银号也于 11 月 19 日被置于关东军的统治之下。但是该钱号在次年 6 月和伪满洲中央银行合并之前并没有恢复营业。④

（二）币制问题与货币本位争论

九一八事变后，日本朝野在对所谓满蒙地区政治经济根本性改革进行探讨时，都认为币制改革是经济问题的中心。1931 年 11 月，日本准备扶持成

---

① 岩武照彦『近代中国通貨統一史：十五年戦争期における通貨闘争』（上）、178 頁。

② 南満洲鉄道株式会社経済調査会『満洲通貨金融方策』、立案調査書類第二十五編第一巻第一号、493 頁。

③ 参见南満洲鉄道株式会社経済調査会編『満洲国通貨金融制度統一略史』南満洲鉄道株式会社、1935、4—5 頁。

④ 参见南満洲鉄道株式会社経済調査会『満洲通貨金融方策』、立案調査書類第二十五編第一巻第一号、2—3 頁。

立伪满洲国，关东军在参谋部内成立统治部，负责策划有关占领地统治的重要问题方案。统治部的存在充分暴露了伪满洲国的傀儡性——伪满洲国的任何决策都必须和关东军的意见保持一致，如果不和关东军保持密切的联系，任何事情都无法完成。[①] 第一任统治部长、后任伪满洲国首任总务长官的驹井德三认为，伪满洲国成立伊始必须做的工作就是要"建立中央集权制，排除各种利益集团的干扰，对紊乱至极的币制进行统一"，"在币制改革问题上，……新政府成立之后理应进行改革，并且这是非实行不可的最大任务"。[②] 而在本位制问题上，主张金本位制者有之，主张银本位制者亦有之，各派观点各异，尚不能达成共识。为此，统治部自1932年1月15日起在奉天大和饭店召开为期6天的关东军统治部币制及金融咨询委员会机密会议，会议特别邀请日本国内学者、实业家参加，并就经济问题征询他们的意见。学者中有时任山口高等商业学校教授的木村增太郎、大阪市立高等商业学校教授松崎寿。实业家方面包括满铁理事、东三省官银号和边业银行主席监理官、横滨正金银行出身的首藤正寿，奉天财政厅顾问色部贡等人。在币制问题上，虽有观点认为"最理想的状态是金本位制，但考虑到实施的困难性"，会议最终达成共识，"只得先行通过银本位制统一"币制。[③]

　　根据会议记录，意见对立最为严重的就是本位制问题。以木村增太郎等为代表的委员认为应该实行金本位制，而以首藤正寿为首的代表则极力主张实行银本位制。[④] 主张金本位制者认为，本位制的选择应着眼于有利于满蒙经济的开发，同时有益于日本在满洲地区的发展。从与日本经济关系的角度看，对满洲建设最重要的是来自日本的投资，因此必须建立"日满一体"的货币体制。满洲地区如不实行金本位制，其与日本货币本位制的不同将会对经济交流造成障碍。从满洲地区的现状来看，银本位制无疑带给满洲无法用语言形容的混乱状态。并且，金本位制是世界经济的趋势，应该趁此机会

---

① 星野直樹『見果てぬ夢：満州国外史』ダイヤモンド社、1963、50頁。

② 駒井德三『大満洲国建設録』中央公論社、1933、127、131頁。

③ 横浜正金銀行頭取席調査課編『満洲中央銀行沿革史』横浜正金銀行頭取席調査課、1933、156頁。

④ 以下内容根据「関東軍統治部幣制及金融諮問委員会議事速記録」（南満洲鉄道株式会社経済調査会『満洲通貨金融方策』、立案調査書類第二十五編第一巻第一号、283—393頁）归纳整理。

让伪满洲国脱离银本位制，彻底断绝和中国本土的经济关系，制定新的货币制度。此外，满洲地区长年拥有巨额出超，东北北部地区也有相当数量的资产，是有可能维持得住金本位制的。东北地区已经流通着不少金兑换券，经济界对金本位制也已经很熟悉了。

首藤正寿等人则对金本位制的主张予以批驳，认为满洲货币本位制度的选择必须取决于现实的可操作性，并且一旦选定之后能迅速使经济形势保持稳定。满洲虽然在政治上应该保持独立性，但在经济上与中国本土的联系十分密切，如果放弃银本位制而采用金本位制，日本货币就会向伪满洲国延伸扩张，给事变后已经处于混乱状态中的经济界带来更大的不稳定因素，从政治角度看也并无任何益处。而且上海市场的金银比价波动，对货币储备也会构成一定威胁，因此不如使用民众早已熟悉的银本位制来避开这种变动，之后再回收现行货币进行统一。但建立银本位制要尽量避免流通现银，而是将银块作为基本储备，对于银行券则通过上海市场的汇兑来稳定其价值，这种办法也可以节省未来转向金本位制时的经费，即建立一种不流通现银的银本位制度。

关于金银本位制之争，"学者以及理论家主张采用金本位制，而当地的实务界人士则坚持维持银本位制"[1]。其实，围绕货币改革问题，早在会议召开之前，统治部财务课就已经制定了一个以银本位制为基础的《货币及金融制度改革案》（1932年1月14日），其中第一条"货币制度"中规定，"满洲的货币以银为本，采用银本位制"[2]。但该方案并没有公布。木村增太郎在会议伊始曾向会议议长、统治部次长武藤治右卫门就"军方是否已经制定了计划草案"进行询问，武藤回答道："军部已经制定了草案，不过想倾听大家对币制改革问题的意见，必要时对草案进行修改。"[3] 统治部财务课工作人员都是满铁调查会和横滨正金银行出身，因此满铁理事、横滨正金

① 中西仁三「舊満洲国の貨幣金融機構確立の経緯（一）」、同志社大学経済学会『経済学論叢』第4巻第1号、1952年10月、93—94頁。

② 統治部財務課「貨幣及金融制度改革案」（1932年1月14日）、南満洲鉄道株式会社経済調査会『満洲通貨金融方策』、立案調査書類第二十五編第一卷第一号、211頁。

③ 「関東軍統治部幣制及金融諮問委員会議事速記録」、南満洲鉄道株式会社経済調査会『満洲通貨金融方策』、立案調査書類第二十五編第一卷第一号、288頁。

银行出身的首藤正寿的银本位制主张也是与统治部计划草案的思想相一致的，这与横滨正金银行极力推行银本位制的主张密切相关。

而在东北推行金本位制则主要源于朝鲜银行的利益和主张，1916—1918年的日本寺内内阁就曾针对满洲的货币金融制定过以朝鲜银行为日系中央银行，流通朝鲜银行券，实行金本位制，将满洲纳入日本货币圈的政策构想和目标，[①] 以朝鲜银行为代表在满洲推行金本位制的主张一直未曾停息。不过，首藤正寿对伪满洲国货币金融政策拥有强大的发言权。身为满铁理事的首藤正寿出身于和朝鲜银行处于利益对立状态的横滨正金银行，并且他指挥着满铁强大的立案调查队伍，从一开始就以银本位制主张对关东军施加着强大的影响力。[②] 有学者认为，金银本位制两种观点的根本差别在于，一个着重建立所谓"多民族社会"的新"国家"，另一个是以建设所谓"日满一体"的经济圈为首要目的，双方存在所谓的现实主义和理想主义的对立。[③]

币制及金融咨询委员会会议结束之后，关于本位制问题的意见对立仍在继续。首藤正寿于 1932 年 1 月 27 日向关东军司令官本庄繁提交《满洲的币制及金融意见书》[④]，同时将复印件交给大藏大臣高桥是清以及日本的其他金融专家、学者和满铁的董事们传阅。[⑤] 该意见书就本位制，货币制度纲要，兑换券的统一，旧纸币的整理方案，成立"中央银行"、满洲劝业银行，以及银行、钱业的管理方案进行了详细论述，特别是在首藤正寿亲自执笔的意见书第一部分"将本位定为银的理由"中列举了 10 条理由，极力宣扬银本位制。他强调，考虑到满洲的传统习惯以及维护社会经济稳定的需要，银本位制最适合满洲的实际情况。满洲当时流通的纸币换算成现大洋约为 1.3 亿元，去除辅币，纸币兑换券金额不超过 1 亿元。而当时的兑换储备

① 详细分析参见松野周治「帝国主義確立期日本の対満洲通貨金融政策」、京都大学『經濟論叢』第 120 卷 1—2 号、1977、53—70 頁。

② 参见柴田善雅『占領地通貨金融政策の展開』日本経済評論社、1999、45 頁。

③ 岩武照彦『近代中国通貨統一史：十五年戦争期における通貨闘争』（上）、181 頁。

④ 東三省官銀号邊業銀行監理官首藤正壽「満洲の幣制並に及金融に関する意見書」（1932 年 1 月 27 日）、南満洲鉄道株式会社経済調査会『満洲通貨金融方策』、立案調査書類第二十五編第一卷第一号、250—263 頁。

⑤ 南満洲鉄道株式会社経済調査会編『満洲国通貨金融制度統一略史』、波形昭一等編『近代日本金融史文献資料集成』第 42 卷、14 頁。

约为 4500 万元，接近纸币流通额的 50%，可以说准备金相当充分。和金本位制相比，银本位制可以利用银交易中心上海市场的存银，以少量储备银就可实现。而实行金本位制则需要卖出准备银购买黄金，在银价处于下跌状态下出售白银、大量买入黄金将带来巨额损失。况且当时各国都禁止黄金出口，导致黄金缺乏，实行金本位制会事与愿违，反而出现黄金的流失，最终伪满洲国也不得不采取禁止黄金出口的政策。

和首藤正寿主张银本位制的意见书针锋相对，同年 2 月朝鲜银行就日本政府提出的关于伪满洲国的币制金融问题，提交了一份《上政府意见书》，坚决主张实行金本位制。[1] 在这份意见书中，朝鲜银行提出了应该采用金本位制的四点理由。第一，金本位制是世界各国币制改革的共同方向。虽然目前许多国家停止黄金兑换，但黄金兑换并非实行金本位制的必要条件。只要对内保持物价稳定、对外减小外汇价格波动，金本位制就可以发挥作为价值测定基准的职能。强调应顺应世界发展趋势，通过金本位制来谋求满洲币值和物价稳定，是最具有现实可行性的。第二，实行金本位制是中国政府和民众的夙愿。国民政府在认识到币制改革必要性的同时，也曾计划在基础较好的满洲地区率先实行金本位制，但由于国内战乱和财源不足等而未能实现。值此机会有日本的相助，不仅可以使日本在满洲的经济权益得到保护，并且可以实现满洲中国人的夙愿。第三，金本位制符合 "门户开放、机会均等" 的精神，并且从引进外资的角度看也是非常理想的制度。第四，实行金本位制有助于促进日满经济的相互依存和交流。满洲通过金本位制统一币制，稳定币值，不仅能让货币投机分子无机可乘，还可以促进日本资本进入满洲，并有利于日本、朝鲜、满洲经济圈建设，为日本经济的发展做出贡献。[2]

该意见书还对 "中国人对白银有着极度的偏好，根本无法脱离银本位制" 和 "从历史发展过程来看实行金本位制不是一朝一夕就能实现的" 等银本位制主张逐一进行批驳。认为从现状来看，满洲地区流通的货币可以说已经与银本位制毫无关系，将 "对不可兑换纸币的执着等同于银是错误的看法"。通过列举具有银本位制传统的国家进行金本位制改革的事例强调，

---

[1]　朝鮮銀行史編纂委員会編『朝鮮銀行略史』朝鮮銀行史編纂委員会、1960、293—309 頁。

[2]　朝鮮銀行史編纂委員会編『朝鮮銀行略史』、305—306 頁。

满洲地区的金本位制改革并非不可能实现。况且满洲地区除了支付军人的工资、官吏的俸给之外，都在使用金票，因此不能僵化地认为金本位制改革无法实现。对于"实行金本位制之后占满洲地区对外贸易30%的和银本位制国家之间的贸易往来会减少"的说法，该意见书认为，既然贸易额的70%是和金本位制国家进行的，那么实行金本位制之后，即使考虑到30%减少的风险因素，贸易额仍然会比实行银本位制有40%的稳定增加，况且减少的部分也都是中国商人的损失。最后，对于采用金本位制会使满洲地区经济受朝鲜经济波动影响的看法，该意见书强调，这不仅仅是货币问题，只有在实现了日本、朝鲜以及满洲地区经济一体化之后，满洲地区的经济开发才具有现实意义。[①]

尽管朝鲜银行时任总裁加藤敬三郎和关东军顾问铃木穆（原朝鲜银行副总裁）强硬地主张实施金本位制，要把已在关东州和满铁附属地通行的朝鲜银行券的流通范围扩大到整个东北，但这一时期金银本位制之争总体而言仍是银本位制占据上风。担任伪满洲国财政部总务司长并负责制定新货币制度的阪谷希一"一贯主张银本位制"。时任关东军参谋、九一八事变主要策划者板垣征四郎，以及石原莞尔也都认为，"新'满洲国'以融合各民族为一体为理想，日方应尽力避免将自己的行为方式和现行制度强加给满洲的人们"，因此他们都支持"满洲实际上在使用银，骤然以金换银必然会陷于混乱"的观点。并且，当时银本位制派的中心人物、时任日本大藏大臣的高桥是清也反对金本位制。他说："即使不实行金本位制，不搞黄金储备也没什么，只消政府发行纸币不就行了吗？这是我历来的主张。"在金银本位制论争告一段落的1932年秋，高桥曾对由大藏省派往中国东北接替阪谷希一的星野直树说："日本在明治初年曾使用过大量的墨西哥银洋等外币，为此不知感到有多么困扰。没有比在国内通行外国货币对货币政策造成的妨碍更大的了。……满洲国现在也大量使用外国货币（日圆），想必对此够头痛的。"[②] 他对于即将上任的伪满洲国财政部官员如此暗示，实际上就是继续为银本位制张本。

---

① 朝鮮銀行史編纂委員会編『朝鮮銀行略史』、306—308頁。

② 高桥的这一意见被认为是导致后来日本将关东州和满铁附属地等租界归还伪满洲国，以及在伪满洲国收回朝鲜银行券（1935年12月）的起因。以上几位银本位制支持者的观点，参见多田井喜生编『続・現代史資料11　占領地通貨工作』、xiii頁。

在金银本位制两派主张之间，关东军统治部最终采纳了银本位制观点，在参考关东军参谋部和币制及金融咨询委员会的意见之后，最终于1932年2月5日公布了《货币及金融制度方针案》和《货币及金融制度关系法案》。最终方案不仅贯彻了关东军在货币改革上的基本主张，而且与朝鲜银行相比，横滨正金银行的主张被更多地采纳。

（三）伪满洲中央银行的成立和新货币发行

在1932年1月15日起召开的币制及金融咨询委员会会议上，各方围绕着"中央银行"成立的方法、资本金、股份出资方式等问题进行了讨论。一致的意见是"中央银行"的负责人由政府任命，机构采用股份制组织形式。但关于股份构成问题则有两种不同的观点，一种认为除中国方面的银行以外，还要有日本和美国的银行参与进来，[1] 干部的一部分从大股东当中选出；另一种观点则认为这个"中央银行"应该由政府全额出资，并由日方银行提供资金，以此来强化日本对它的统治。[2] 还有人强烈要求"中央银行"的兑换准备金必须十分充裕，根据比例准备金制，就算是在银本位制下也要达到1/4或40%，要是金本位制的话要达到70%。[3] 最后谈到对日方现存"中央银行"的处理问题时，大家一致主张将横滨正金银行和朝鲜银行在满洲和关东州（租借地）发行的银行券全部取消，逐渐回收两银行发行的钞票和金票，并进行统一整理。[4]

1932年2月24日，由臧式毅、熙洽、马占山及张景惠四人组成的东北行政委员会就伪满洲国成立事宜召开委员会会议，决定新国家由元首执政，

---

① 首藤正寿在第4天会议上提出该观点。「関東軍統治部幣制及金融諮問委員会議事速記録」、南満洲鉄道株式会社経済調査会『満洲通貨金融方策』、立案調査書類第二十五編第一巻第一号、421—422頁。

② 例如，在第5天的会议上，色部贡等委员就提出这样的主张。「関東軍統治部幣制及金融諮問委員会議事速記録」、南満洲鉄道株式会社経済調査会『満洲通貨金融方策』、立案調査書類第二十五編第一巻第一号、435頁。

③ 例如，松崎寿在第4天会议上就准备金问题进行讨论时就提出这一意见。「関東軍統治部幣制及金融諮問委員会議事速記録」、南満洲鉄道株式会社経済調査会『満洲通貨金融方策』、立案調査書類第二十五編第一巻第一号、398—402頁。

④ 「関東軍統治部幣制及金融諮問委員会議事速記録」、南満洲鉄道株式会社経済調査会『満洲通貨金融方策』、立案調査書類第二十五編第一巻第一号、386—393、473—474頁。

国号为"满洲国"，国旗为新五色旗，年号为大同，首都为长春（后改称新京）。3月1日伪满洲国发表建国宣言，9日举行溥仪的就职仪式，国务院财政部掌管伪政府财政，部长为熙洽，由理财司负责货币和金融事务，首任司长为阪谷希一。

根据关东军统治部策划的《货币及金融制度方针案》附属的《货币及金融制度实施顺序案》，货币法"在建国的同时公布并从即日起执行"，《中央银行条例》"在建国之日公布，中央银行从即日起开始营业"。[①] 然而，由于货币法草案、伪满洲中央银行法律案等法律文件未能在3月1日前制定完成，所以货币法的实施及"中央银行"的开业未能如期实现。

1932年3月初，关东军统治部财务课长五十岚保司接受委托，具体负责"中央银行"成立的相关事务。在3月15日举办的"中央银行"成立准备会议上，伪满洲国代理国务总理、国务院总务长官驹井德三宣布"成立满洲中央银行，将各官银号和边业银行都合并到中央银行"，并任命"中央银行"成立委员会委员长、委员，共10人。委员长由五十岚保司担任，日方委员由东三省官银号及边业银行顾问竹内德三郎等各银行号顾问等5人组成，中方委员由东三省官银号总办吴恩培等各银行号总办和边业银行经理等4人组成。同时任命中日双方共计41名成立准备委员，以及在"中央银行"成立前负责管理各银行号一般业务的监理委员5人、副监理委员13人，共同推进"中央银行"成立以及各银行号的合并事务。[②]

货币法、"中央银行"法以及"中央银行"组织办法草案于1932年3月15日至18日经成立委员会完成审议，并于24日通过内阁审议，等待发布。然而，由于资金、组织人选等问题，特别是伪财政部总务司长阪谷希一等伪财政部势力对货币法有关内容的反对，法案的公布不得不延期。[③] 6月7日，经内阁会议第二次审议，修改后的货币法和"中央银行"法等法律草

---

① 関東軍統治部「貨幣及金融制度方針案　第三　貨幣及金融制度実施順序案」（1932年2月5日）、南満洲鉄道株式会社経済調査会『満洲通貨金融方策』、立案調査書類第二十五編第一卷第一号、174頁。

② 参见栃倉正一『満洲中央銀行十年史』、66—71頁。

③ 横浜正金銀行頭取席調査課編『満洲中央銀行沿革史』、164—165頁。

案终于获得通过。货币法草案最重要的修改之处是删除了原草案中"关于本位货币纸币在上海外汇市场进行汇兑"的内容。1932 年 6 月 11 日，《货币法》（14 条、敕令第 25 号）、《满洲中央银行法》（46 条、敕令第 26 号）以及《满洲中央银行组织办法》（14 条、敕令第 27 号）通过第 13 号政府公报予以公告。与此同时，成立委员会还对伪满洲中央银行章程草案进行修改。6 月 14 日召开成立委员会总会，委员长和五位新委员荣厚、山成乔六、鹫尾矶一、武安福男、阚潮洗上，以及之前的委员依次签字，伪满洲中央银行正式宣告成立。

《满洲中央银行法》第 1 条规定，伪满洲中央银行为股份有限组织，以"调解国内货币流通并保持其稳定，全面统治金融"为己任。伪满洲中央银行存立期限为 30 年（第 3 条），资本金为银 3000 万元，共 30 万股，每股 100 元（第 4 条），政府持 5 万股以上（第 8 条）。《满洲中央银行组织办法》第 7 条规定，伪满洲中央银行总行设在新京（长春），旧行号的总分支行号一律成为伪满洲中央银行分支行。作为过渡性措施，采取原总行统领各自分行，分行引领支行的管理模式，暂时沿用旧时的所属称谓，冠以奉、吉、江、业字头衔（如伪满洲中央银行奉字吉林分行）。之后，对各行号系统下的支行进行梳理，1933 年 4 月 15 日取消奉、吉、江、业字之间的区别。[①]

伪满洲中央银行设总裁 1 名、副总裁 1 名、理事 5 人以上、监事 3 人以上。总裁和副总裁由政府任命，任期为 5 年。理事的任期为 4 年，人选为持有股份 50 股以上的股东，通过股东大会选举并经过政府认可后产生。监事的任期为 3 年，人选同样为持有股份 50 股以上的股东，通过股东大会选举产生。但伪满洲中央银行成立首年度的理事和监事都是由伪满洲国政府直接任命的，6 月 15 日"中央银行"成立当天，政府宣布了总裁荣厚、副总裁山成乔六以及理事鹫尾矶一等干部的任命决定。

《货币法》明确规定，"货币之制造及发行权属于政府，由满洲中央银行代行之"（第 1 条），其他银行和机构发行的纸币一律不予承认，从而确立货币统一的法定基础。"之前流通的铸币及纸币都要根据《旧货币整理办

---

① 横浜正金銀行頭取席調査課編『満洲中央銀行沿革史』、172—173 頁。

法》进行处理"（第8条）。货币价值单位定为"纯银重量23.91克，名称为'圆'"（第2条）。这和东北地区现大洋的平均含银量接近，而且和民国政府1914年颁布的《国币条例》中规定的本位货币1元银币的实际平均含银量相同。这正是基于这一含银量标准历来是构成中国币制的基础，并且银本位制派的委员们在币制及金融咨询委员会会议上力陈新货币不能给当地民众和经济带来强烈变化，货币含银量的确定体现了这一主张。另外，伪满洲中央银行在货币发行上采取比例准备金制度，"须保有相当于发行额三成以上的银块、金块、可靠的外币货币或在外国银行的金银存款"（第10条），对其余发行额部分"须保有公债券、政府发行或政府担保之票据，其他可靠之证券以及商业票据"（第11条）。

伪满洲中央银行发行的纸币正式名称为"满洲国币"（通称"国币"），记号为"M.Y."，种类分为纸币（一百元、十元、五元、一元、五角）和铸币（白铜货币一角、五分，青铜货币一分、五厘）两大类共九种，纸币为本位币，拥有强制通行力，铸币为辅币（第4条、第5条）。为叙述方便，本书以下内容将伪满洲中央银行券简称为"满银券"。

二　对东北地区货币金融的整理

（一）回收主要货币

中日双方长期以来都希望由自己主导完成东北地区的货币统一，这也是双方在东北地区货币战中所关注的焦点。伪满洲国建立后，其货币改革的主要任务就是回收和整理种类繁多的旧货币。从统治部时代开始就制定了《旧货币整理办法草案》，伪满洲中央银行成立以后，在对旧纸币的发行额和交换比率做了详细调查之后，开始实施回收和整理。1932年公布《旧货币整理办法》，并于7月1日伪满洲中央银行开业当天起实行。[1]　该办法规

---

① 創立委員会「舊貨幣整理辦法案」（1932年6月）、南満洲鉄道株式会社経済調査会『満洲通貨金融方策』、立案調査書類第二十五編第一巻第一号（続）、南満洲鉄道株式会社、1936年4月、27—28頁。

定以东三省官银号为首的四家行号在东三省内发行的 15 个币种 136 个券种的纸币，在 1934 年 6 月底以前准予"以一定的兑换率同货币法规定的货币（以下简称新币）"（第 2 条）进行兑换。奉天省十进铜元于 1937 年 6 月底以前"同新币一分青铜硬币"（第 4 条）有同等效力，期满后即行作废。中国、交通两家银行发行的纸币在 1937 年 6 月底以前"以已发行的哈尔滨大洋票的额度为限额，准其流通使用"。各种旧纸币面值和满银券的换算率如表 9-1 所示，旧币和满银券的换算额总计约 1.42 亿元，这就是伪满洲中央银行成立后最初的发行额。①

表 9-1　满银券与旧纸币回收换算率（1932 年 6 月 28 日伪财政部令第 3 号）

货币发行银行	币种	原币额 （银元票单位为元，官帖单位为吊）	换算率 （对满银券 1 元）	满银券额（元）
东三省官银号	东三省现大洋票	36308522.89	1.00	36308522.89
	哈大洋票	14567990.82	1.25	11654392.66
	汇兑票	949673135.50	50.00	18993462.71
公济平市银钱号	铜元票	68770968.55	60.00	1146182.81
边业银行	边业现大洋票	7348757.90	1.00	7348757.90
	哈大洋票	11842003.30	1.25	9473602.64
吉林永衡官银号	吉林官帖	10310251331.97	500.00	20620502.66
	吉大洋票	9065488.74	1.30	6973452.87
	吉小洋票	11849286.00	50.00	236985.72
	哈大洋票	4828170.79	1.25	3862536.63
黑龙江省官银号	哈大洋票	7954204.20	1.25	6363363.36
	江省官帖	8176574895.00	1680.00	4867008.87
	江省大洋票	16680485.70	1.40	11914632.64
	江省四厘债券	34600673.00	14.00	2471476.64
合　　计				142234881.00

注：四行联合准备库在伪满洲中央银行成立之前就已经和东三省官银号合并，因此储备库的银行券（现大洋票）包含在东三省官银号的现大洋票中。《旧货币整理办法》第 2 条规定的币种有 15 个，除去四行联合准备库的现大洋票，即本表所示的 14 种（不同行号发行的哈大洋票不同）。

资料来源：栃仓正一『满洲中央银行十年史』、94—95 頁。

① 参见栃仓正一『满洲中央银行十年史』、90 頁。

截止到旧纸币停止流通的法定期限，即 1934 年 6 月底，旧纸币回收率达到 93.1%，但还有约 1000 万元的未回收额。为了保护持券人的利益，伪财政部布告第 6 号将兑换期限延长 1 年 2 个月，直到第二年 8 月底结束。1935 年 8 月末的旧纸币回收情况详见表 9 - 2，这次货币整理的综合回收率达到 97.2%，未回收部分换算成满银券仅有 402 万余元。[1]

表 9 - 2 1935 年 8 月末旧纸币回收情况

单位：元，%

发行银行名称	币种	继承额 （以满银券计算）	回收额 （以满银券计算）	未回收额 （以满银券计算）	回收率
东三省官银号	东三省现大洋票	36308522.89	35853290.94	455231.95	98.7
	哈大洋票	11654392.66	10913936.24	740456.42	93.6
	汇兑票	18993462.71	18517177.38	476285.33	97.5
公济平市银钱号	铜元票	1146182.81	554035.02	592147.79	48.3
边业银行	边业现大洋票	7348757.90	7219284.60	129473.30	98.2
	哈大洋票	9473602.64	9342570.12	131032.52	98.6
吉林永衡官银号	吉林官帖	20620502.66	20022622.29	597880.37	97.1
	吉大洋票	6973452.87	6893846.17	79606.70	98.8
	吉小洋票	236985.72	149313.25	87672.47	63.0
	哈大洋票	3862536.63	3830483.43	32053.20	99.2
黑龙江省官银号	哈大洋票	6363363.36	6275207.80	88155.56	98.6
	江省官帖	4867008.87	4628202.16	238806.71	95.1
	江省大洋票	11914632.64	11604821.36	309811.28	97.4
	江省四厘债券	2471476.64	2409329.51	62147.13	97.5
总　　计		142234881.00	138214120.27	4020760.73	97.2

资料来源：栃仓正一『満洲中央銀行十年史』、96 頁。

（二）其他地方纸币的回收

除对上述主要货币的统一回收之外，伪满洲国政府还对其他地方性纸币（马大洋票、热河票、私帖），银两（过炉银、镇平银），辅助货币（十进铜

———————

[1]　参见栃仓正一『満洲中央銀行十年史』、95—96 頁。

元、现小洋）和中国、交通两行的哈大洋票进行了回收和处理。

1. 对马大洋票的回收

伪满洲国黑龙江省省长马占山于 1932 年 4 月在黑河再度举义抗日，成立东北救国抗日联军，在黑河宣布成立新的黑龙江省政府，以黑龙江省官银号的名义发行了近 160 万元的大洋票，称为"马大洋票"，俗称"马票"。马大洋票以元为主币，流通于黑河、嫩江及沿江各县。次年 3 月马占山败走苏联，伪满洲国随即对马大洋票进行回收，按面值的 1/4 和满银券兑换，以 4 月 10 日为限。到期回收的马大洋票共计 149.43 万元，当时流通额为 159.45 万元，[①] 回收率为 93.7%。

2. 对热河票的回收

在 1917 年热河兴业银行成立之前，中国、交通两家银行的铸币、纸币和各种私帖在热河各地交错流通。1916 年 5 月 12 日中国、交通两行停兑风潮使得热河金融形势更加混乱。1917 年 8 月，官商合办性质的热河兴业银行成立，同时政府宣布该行为省内唯一的金融机构。[②] 热河兴业银行初期经营状况非常出色，1924 年上半年纸币发行额达到 156 万元之巨，迎来"兴业银行纸币的黄金时代"，百元纸币可兑换现大洋 105—108 元。[③] 然而，受第二次直奉战争影响，该行纸币信誉下降，特别是 1926 年 3 月接替宋哲元任省政府主席的汤玉麟上任后，兴业银行被视为省政府金库，滥发纸币。1927 年 2 月纸币价值暴跌，与现大洋兑换率为 40∶1。1926 年兴业银行总办王云峰建议省政府发行银元票取代大洋票。但好景不长，在王云峰离任之后，由于作为军阀金融机构的兴业银行在汇兑政策上的失误，天津分行被强行关闭，汇兑交易终止，由此导致 1930 年 9 月起银元票价值的暴跌。次年 5 月兴业银行又发行新的汇兑票，并回收已经发行的银元票。新发行的汇兑票只能在该行的天津分行兑换银元，发行数月之后价值就开始波动，1931 年 10 月兴业银行宣布停止兑换，并规定与现大洋的兑换率为 50∶1，但是这并没能阻止其贬值。[④]

---

① 参见栃倉正一『満洲中央銀行十年史』、98 頁。
② 満洲中央銀行調査課編『熱河興業銀行史』満洲中央銀行、1936、2 頁。
③ 満洲中央銀行調査課編『熱河興業銀行史』、3 頁。
④ 参见満洲中央銀行調査課編『熱河興業銀行史』、4—8 頁。

1933 年关东军进攻热河，3 月底占领承德和其他重要城市，并接收热河兴业银行位于承德的总行和其他支行。对于该行的处理，4 月 19 日发布的伪财政部训令第 100 号《热河兴业银行及该行发行券的善后处理》规定，在不并入伪满洲中央银行的前提下进行整理，从当年 3 月 20 日起以一个月为限，对兴业银行发行的银行券按 50∶1 的比率和满银券进行兑换。经过兑换回收，热河票发行额 1080.4 万元中回收了 782.73 万元，[①] 回收率为72.4%。1933 年 4 月 20 日，在经过伪满洲中央银行的整理之后，该行被解散，热河省内的银行业务分别由伪满洲中央银行的分行和支行接手。

3. 对私帖的回收

除了东北地区原有的私帖外，在九一八事变后，各地方县公署、商会、金融救济委员会、有影响的个人商店等打着各种旗号发行流通券、救济券、金融维持券、货券、支票、商帖、街帖、精券、租捐条、工资条等种类繁多的纸币或近似证券的私帖，[②] 根据伪满洲中央银行的调查，其发行额超过1609 万元。[③] 1932 年公布的敕令第 53 号《私帖等其他纸币类似证券取缔暂行办法》规定，禁止发行、流通新私帖（第 1 条）；得到官方认可的已发行私帖"在本办法实行后三个月内又经政府批准者，以现有流通额为限度，在今后一年之内继续流通使用"（第 2 条）；对准予限期流通的私帖，发行方必须在"认可申请书"上写明现在的流通额和回收期限等。在具体整理方针中还明确规定，回收私帖用的资金由伪满洲中央银行贷出，不论情况如何，到 1935 年 2 月底所有私帖必须全额回收。[④]

在整治方针确定之后，1934 年 1 月利用日军军事扫荡之机，货币回收行动深入偏远地区。伪政府私帖回收队到各地进行回收，在一些反抗较强烈的地区还配备警卫队同行。1934 年 6 月底满洲地区的私帖回收工作全部完成，其间伪满洲中央银行为此贷出的资金达到 151.4 万元，支出发行者赔偿

---

①　満洲中央銀行調査課編『熱河興業銀行史』、66 頁。

②　中西仁三「舊満洲国の貨幣金融機構確立の経緯（一）」、同志社大学経済学会『経済学論叢』第 4 卷第 1 号、1952 年 10 月、91 頁。

③　栃倉正一『満洲中央銀行十年史』、101 頁。

④　参见栃倉正一『満洲中央銀行十年史』、101—103 頁。

金 104.4 万元，两者合计 255.8 万元。[①]

4. 对中国、交通两行哈大洋票的整理

因中国银行和交通银行是国民政府成立的银行，总行在上海，伪满洲政府对两行哈尔滨支行的处理方法与其他各省官银号不同。《旧货币整理办法》规定，在五年之内允许两行发行的哈大洋票流通，不和其他纸币一起回收。1932 年 6 月 27 日伪财政部发布训令《哈尔滨大洋回收事宜》，要求两家银行每年回收发行额的 1/5，五年内完成全部回收工作。换算率和其他银行发行的哈大洋票一样，满银券 1 元对哈大洋票 1.25 元。然而，只靠两行进行这项工作进展非常缓慢，为此伪政府决定停止哈大洋票在市场上的流通，由伪满洲中央银行直接干预，至年末市场中已不见哈大洋票的踪影。伪满洲中央银行还与两行达成协议，将回收金额作为对两行的贷款，使回收速度明显提高。三年之后两行发行的哈大洋票的回收工作基本完成，中国银行哈大洋票回收率为 96%，交通银行为 97%。[②]

5. 对银两和铜元货币的整理

（1）对镇平银进行收购。镇平银是安东及周边地区的地方性流通货币，是东北地区唯一的实银两。虽然《旧货币整理办法》明确规定禁止其流通，但考虑到镇平银在当地经济发展中的重要地位，伪政府依然默认其流通。不过，随着满银券逐渐普及，并且 1933 年 4 月伪政府发布禁止白银流出政策，镇平银的市价波动非常严重。次年 4 月 23 日，伪财政部发布布告第 3 号，宣布 4 月底关闭公估局，10 月 1 日以后禁止使用镇平银进行交易。同时以年末为限，按满银券 100 元换镇平银 70.2 两的比率收购镇平银。通过这些措施，到 1934 年底伪政府大约收购了 500 万两镇平银，从此市场上再无镇平银。[③]

（2）对营口过炉银的整理。用作转账交易的过炉银有 70 年的历史，曾是营口经济繁荣的基础。1933 年 11 月 3 日，伪财政部发布公告第 19 号《关

---

① 参见栃仓正一『満洲中央銀行十年史』、103 頁。

② 参见栃仓正一『満洲中央銀行十年史』、109 頁。

③ 参见栃仓正一『満洲中央銀行十年史』、107 頁；《镇平银整理纲要》，南满洲铁道株式会社经济调查会『満洲通貨金融方策』、立案調査書類第二十五編第一巻第一号（続）、633—634 頁。

于营口过炉银的清理方案》①，宣布组织成立新的银行取代银炉，并禁止发行和流通过炉银，由伪满洲中央银行向新银行提供资金援助。11 月 4 日，营口商业筹备处成立，7 日设立过炉银整理委员会，负责整理银炉和过炉银，该委员会将过炉银和满银券的换算率定为 4:1。到次年 1 月，该委员会和银炉业者以及银炉客户之间达成协议，公布《过炉银借贷关系整理纲要》。根据这份协议，新成立的营口商业银行将承担永茂号、世昌德号、公益银号三家银炉的债权和债务。对另一家银炉永惠兴号的处理则和其他三家银炉不同，永惠兴号被改组为资本金 20 万元的股份制公司永兴公司，主营油坊、粮栈以及百货业务。② 1932 年 12 月 1 日，营口商业银行（资本金满银券 100 万元）开始营业，负责在伪满洲中央银行的援助之下对过炉银废止之后的营口经济进行整顿。经过这样一番整改，颇具特色的过炉银制度也从历史的舞台上消失了。

（3）对现小洋的整理。现小洋作为辅助货币流通于东边道、安东等地区以及关东州内，流通额约为 500 万元。根据货币统一政策，1934 年 12 月底发布安东省布告，以次年 2 月底为限，按现小洋 100 元兑换国币 73 元（民国年间铸造）或 900 元（民国之前铸造）的比率对其进行收购。对关东州内流通的现小洋则根据《禁止在关东州使用小洋钱》（1935 年 12 月 20 日日本国敕令）以及关东局令《小洋钱收购规定》《小洋钱禁止运入规定》，于 1936 年 4 月 1 日起禁止其流通使用，并限定在 6 月 30 日之前按照现小洋 100 元兑付朝鲜银行券 78 元的比率进行回收。③

（4）对十进铜元的整理。十进铜元（100 枚 1 钱的铜元相当于 1 元现大洋）是奉天流通的一种铜元辅币，发行量为 15.36 万元（换算成满银券），库存额为 33.84 万余元。该铜元是唯一用十进制计算的辅币。为了解决伪满洲中央银行开业时辅币不足的问题，《旧货币整理办法》承认其在 5 年之内可以和新的一分铜币等价流通。后来新辅币的铸造进展顺利，伪满洲中央银行开始逐渐回收这种十进铜元，并于 1937 年 7 月起禁止其流

　　① 参见枥仓正一『満洲中央銀行十年史』、103—104 頁。
　　② 《过炉银整理纲要方案》（营口兴公署报），南满洲铁道株式会社经济调查会『満洲通貨金融方策』、立案調査書類第二十五編第一卷第一号（続）、611—613 頁。
　　③ 枥仓正一『満洲中央銀行十年史』、107 頁。

通。截止到 1937 年 7 月底，在已发行额 49.2 万元中共回收 26.75 万余元，[①] 回收率为 54.4%。

另外，在吉林省北部和黑龙江省境内流通的旧铜元，也就是俗称的铜子儿，主要用于小额的末端交易。1934 年 7 月以后，伪满洲中央银行在北满的 21 家支店按满银券 1 元兑换 250 枚（双枚）或 500 枚（单枚）的比率对旧铜元进行收购，之后旧铜元也渐渐地退出市场。1936 年底收购活动停止，总收购额为满银券 1.4 万元。[②]

至此，伪满洲中央银行成立后，通过自身发行的所谓国币完成了对旧币的回收，实现了伪满洲国对中方发行货币的统一。伪满洲中央银行就此发表评论称："为了使国内经济健康向上，为了书写近代国家的宏图，从根本上解决国内的币制问题是头等大事。政府锐意进取，终于在短时间内完成了世界上史无前例的改革壮举，为经济金融事业的健康发展奠定了基础。"[③] 不过，这个时期实现的币制统一仅仅是完成对中方发行的旧货币的统一，"在该时期日圆资金的扩张使朝鲜银行券即金票的势力得到扩张，其结果使得满洲货币收敛于由国币统一的银货圈和急剧扩张的金票（即日圆系通货圈）的双重构造"[④]。因此，为实现真正意义上的币制统一，伪政府还需要对日圆货币进行整治。

（三）对日系货币的整理

随着伪满洲国逐步推进旧货币的整理和统一，日本方面的横滨正金银行钞票和朝鲜银行金票也需要进行统一。然而这二者都在日本政府法令之下被赋予了发行权和强制通用力，特别是金票还是关东军的通用货币。伪满洲中央银行成立委员会早就对此进行过讨论，但是并没有得出一个确切的结论。1932 年 6 月伪满洲中央银行成立后，伪满洲中央银行、朝鲜银行以及横滨正金银行的纸币发行额如表 9－3 所示。

---

① 参见栃倉正一『満洲中央銀行十年史』、108 頁。
② 参见栃倉正一『満洲中央銀行十年史』、108 頁。
③ 栃倉正一『満洲中央銀行十年史』、16 頁。
④ 安冨歩『「満洲国」の金融』創文社、1997、27 頁。

表 9 – 3　伪满洲中央银行、朝鲜银行以及横滨正金银行纸币发行额

单位：千日元，％

时间	满银券		朝鲜银行金券（＝金票）		正金银行银券（＝钞票）	
	发行额	占比	发行额	占比	发行额	占比
1932 年 6 月	—	—	75150	86.2	12000	13.8
1932 年 7 月	139055	62.5	71390	32.1	12000	5.4
1932 年 8 月	123173	59.8	76790	37.3	6000	2.9
1932 年 9 月	120699	57.8	83250	39.8	5000	2.4
1932 年 10 月	122509	56.1	89770	41.1	6000	2.7
1932 年 11 月	132688	53.6	109900	44.4	5000	2.0
1932 年 12 月	151865	53.8	124620	44.1	6000	2.1
1933 年 1 月	154851	57.4	109300	40.6	5392	2.0
1933 年 2 月	146441	56.1	108790	41.7	5885	2.3
1933 年 3 月	136353	54.9	107210	43.1	5020	2.0
1933 年 4 月	130081	53.5	108040	44.4	5094	2.1
1933 年 5 月	124193	53.5	103700	44.6	4457	1.9
1933 年 6 月	112263	49.7	109500	48.5	4049	1.8
1933 年 7 月	110365	50.8	103110	47.5	3660	1.7
1933 年 8 月	107490	49.3	107060	49.1	3689	1.7
1933 年 9 月	108410	47.6	115690	50.8	3467	1.5
1933 年 10 月	111869	47.7	119180	50.8	3334	1.4
1933 年 11 月	123653	47.2	134750	51.5	3443	1.3
1933 年 12 月	129223	46.1	148170	52.8	3037	1.0
1934 年 1 月	129809	48.0	137570	50.9	3141	1.2
1934 年 2 月	134027	49.3	134670	49.5	3131	1.2
1934 年 3 月	125596	48.1	132390	50.7	3075	1.2
1934 年 4 月	115857	45.3	136790	53.5	3221	1.3
1934 年 5 月	106145	45.3	125070	53.4	2962	1.3
1934 年 6 月	100000	42.5	135520	57.5	—	—
1934 年 7 月	120000	49.8	121000	50.2	—	—
1934 年 8 月	109000	46.4	126000	53.6	—	—

资料来源：菊池道男「日本の大陸膨張と横浜正金銀行の対外業務（3）」、中央学院大学『商経論叢』第 31 巻第 1 号、2016 年 9 月。

　　在伪满洲国成立前后，朝鲜银行都强硬主张实行金本位制，而且后来还曾对满银券与日圆挂钩的政策提出反对意见，其目的就是要在东北地区采取

金本位制，令朝鲜银行成为"中央银行"。1935 年 11 月 4 日，日伪双方在关于维持汇兑等价的共同声明中明确提出要限制朝鲜银行的业务，并要求该行的银行券和满银券统一，这标志着满洲币制改革前期形成的"国币经济和金票经济的二重结构"被打破，在"国币日圆系通货化"的同时，"朝鲜银行被排除出满洲国"。[①] 1935 年 12 月 6 日伪满洲中央银行和朝鲜银行签订业务协定，朝鲜银行开始回收金票。具体措施是从同年 12 月下旬开始实行的，朝鲜银行尽量使用满银券进行伪满洲国内的业务，附属地内外的贷款业务也都使用满银券，禁止在附属地以外发行新的朝鲜银行金票。但金票的回收并不意味着朝鲜银行就此撤离东北，事实上在金票回收之后朝鲜银行一直坚持在伪满洲国地区开展业务。朝鲜银行理事横濑守雄曾就 12 月 6 日的协定表示："本次的协定事关纸币、货币的统一，并非对金融体系的整治。本行将顺应大势所趋，不固执于在满洲发行金券以及金圆交易，调整经营方向，继续开展业务经营。"[②]

此前的币制及金融咨询委员会很早就曾讨论过在伪满洲国设立长期金融机构的问题，1934 年 5 月，关东军特务部会议发表《满洲劝业银行成立纲要》，第二年制定《满洲兴业银行法》，决定将东北的朝鲜银行、满洲银行和正隆银行予以合并。1937 年 1 月 1 日满洲兴业银行开业，3 月末，日本银行代理店业务移交给伪满洲中央银行之后，朝鲜银行从 1917 年以来在东北地区发行货币的业务宣告停止。[③] 朝鲜银行金票流通额最多时曾为 6000 万—7000 万元。1935 年 11 月，随着日伪双方发表共同声明，以关东军为首的日本各机构都开始使用满银券。1937 年 2 月以后，满铁附属地将满银券作为法定货币并强制流通，同年 12 月日方全面废除满铁附属地治外法权，满铁附属地的金融行政权都移交给伪满洲国政府。伪满洲中央银行也一直对朝鲜银行金票进行回收，金票的流通范围迅速缩小。[④]

横滨正金银行钞票通过申汇和上海银两挂钩，是东北地区银本位货币的

---

① 安富步『「満洲国」の金融』、33 頁。
② 朝鮮銀行史研究会編『朝鮮銀行史』東洋経済新報社、1987、476—478 頁。
③ 岩武照彦『近代中国通貨統一史：十五年戦争期における通貨闘争』（上）、198 頁。
④ 参见枥仓正一『満洲中央銀行十年史』、145—146 頁。

代表。伪满洲国成立后的 1932 年 4 月，钞票发行额达到历史之最的 1608.5 万元，6 月伪满洲中央银行成立时的发行额为 1199.8 万元，之后由于经济形势的变化钞票发行额逐渐减少。1935 年 11 月，国民政府进行币制改革，伪满洲国和关东州实行汇兑管理政策，横滨正金银行钞票失去作为汇兑中介的功能，当年 12 月发行额减少至 340.5 万元。① 根据 1936 年 9 月的敕令第 335 号《禁止在关东州等地发行横滨正金银行券》和《日满汇兑等价协议》，已发行的钞票和日圆等价，将钞票兑换成朝鲜银行券或《货币法》规定的货币，以钞票账户借贷余额皆转入金圆账户等方式对其进行整理。② 至此，横滨正金银行为回收日俄战争军票而创立的发行银行券的特权被彻底废除。1936 年 9 月底其钞票发行额还有 184 万余元，到了同年 10 月底，回收工作进展顺利，年底时的流通额只有 53 万余元。③

此外，根据《伪满洲中央银行法》附则第 44 条以及《伪满洲中央银行组织办法》第 14 条的规定，伪满洲中央银行从各官银号那里继承的各种附属事业从合并之日起一年之内可以照旧运营，之后将这些事业与银行剥离，由新成立的公司负责经营。为此，伪满洲中央银行专门设立实业局，负责管理这些附属事业。根据实业局的调查，3 家官银号经营的附属事业总店共计 63 家，分店共计 70 家，从业人员共计 3300 名，投资额共计 3800 余万元，涉及行业有粮业、当铺、电业和印刷业等。④

实业局在 1933 年 5 月 16 日的特务部联合研究会上提出《满洲中央银行附带事业整理方案》。⑤ 经过研究决定，1933 年 7 月 1 日成立资本金 600 万元的大兴公司，由其继承伪满洲中央银行 38 家店的资产负债，并继续经营当铺和其他附属事业，此外还代行一些与伪政府相关的特殊工作。1937 年起大兴公司专门经营典当事业（当时在东北 91 个地区拥有 184 家店铺），其他附属事业则全部移交，如电灯厂交给伪满洲电业，印刷厂交给伪政府的必

① 满洲事情案内所编『満洲に於ける通貨・金融の過去及現在』満洲事情案内所、1936、83 頁。

② 参见栃倉正一『満洲中央銀行十年史』、144—145 頁。

③ 東京銀行「世界大不況から太平洋戦争へ」『横浜正金銀行全史』第 4 巻、東京銀行、1982、268 頁。

④ 参见栃倉正一『満洲中央銀行十年史』、120 頁。

⑤ 経済調査会第四部中島宗一「特務部聯合研究会議事録」（1933 年 5 月 16 日）、南満洲鉄道株式会社経済調査会『満洲通貨金融方策』、立案調査書類第二十五編第一巻第一号（続）、487—490 頁。

需品制造局，吉林自来水厂交给吉林市公署，制粉厂交给日清制粉。至此，东北地区原本在地方经济上颇有势力的旧官银号的附属事业被尽数整理，伪满洲中央银行开始全力负责银行业务。[①] 不过，有些实业，特别是粮栈（占据东北地区大豆产出额的一半，最高的时候达到 300 万吨），在整改期限过后的一年之内其货品还是由实业局负责收购和贩卖。

这样，日方货币的整理和回收工作宣告完成。以《日满汇兑等价协议》的签订为契机，伪满洲国全境的货币统一最终完成。这次以银本位货币为基准的货币改革之所以能够在较短的时间内实现，很大程度上依赖于日本关东军的强制力。伪满洲国货币改革的成功也让日本统治者沾沾自喜，星野直树称"任何人都不得不承认，满洲国最为成功的是货币制度"[②]。

三　对满银券的币值维持

《货币法》规定，满银券是以白银为价值基准的不兑现纸币。1932 年 7 月 1 日伪满洲中央银行开业之日，在奉天货币市场上，满银券对钞票的市价每 100 元就出现 7.1 元的下跌，对现大洋则有 1.3 元的下跌。此后，下跌趋势愈演愈烈，8 月 10 日对钞票价差扩大到 13.5 元，对现大洋价差也扩大到 5.3 元。[③] 因此，伪满洲中央银行在致力于币制统一的同时，也需要消除白银和纸币之间的价差，对其币值进行维持。而金银比价波动也是伪政府必须想办法制定政策来进行处理的问题。满银券不可兑现，因此在制定政策时必须要注意维持满银券和其他货币的比价。然而在金银两种本位货币互相对立的国际经济形势之下，这个问题的实质就带有一种中日围绕不同货币进行对抗和斗争的货币战意味，从而构成了中日货币战的一部分。

为了消除白银和纸币之间的价差，伪满洲中央银行最初实行的是允许任意兑换现银的办法，以维持新货币的可信度。同时坚持平衡财政收支，抑制货币增发。奉票滥发主要是因为和省财政结合得过于紧密，导致后来出现纸

---

①　参见枥仓正一『満洲中央銀行十年史』、122—123 頁。

②　阪谷芳直『三代の系譜』みすず書房、1979、254 頁。

③　横浜正金銀行頭取席調査課『満洲中央銀行沿革史』、188 頁。

币贬值和停兑等现象。为此，伪满洲国《货币法》删除了和兑换有关的规定。虽然根据法律满银券并没有兑换义务，但面对开业当天大批要求兑换银币的民众，如果拒绝兑换，将立即引发满银券价格下跌。因此，伪满洲中央银行在发布兑换停止声明的同时，为维持纸币价值，在一定限额内接受纸币和现大洋或横滨正金银行钞票的兑换请求。[1] "为维持国币价值，中央银行使用最多的方法是通过钞票回收国币，通过钞票维持现大洋和国币之间的等价。如果国币兑现大洋出现价差时，即白银纸币之间出现较大价差时，则通过保有的现大洋予以调节。"[2] 满银券发行初期直接和钞票或现大洋等价，后来就间接地通过上海的汇兑市场放出手头的钞票和现大洋来回收满银券，市场渐渐恢复平静。到1932年秋季特产上市期以后，满银券的需求量逐渐增大，11月以后它和钞票之间的价差就变得很小了，和现大洋之间已经完全没有价差。[3]

在伪满洲国成立之初，伪满洲中央银行一直抑制货币的增发。1932年货币发行总额为1.52亿元，1933年由于遭遇特产危机，发行额减少至1.31亿元。此后货币发行量呈现逐渐增加的趋势，1934年共发行1.84亿元，1935年的发行额为1.99亿元。随着日满合资企业的发展和各种建设计划的开展，1936年的发行额达到2.75亿元，之后每年以30%以上的速度增加。[4] 虽然财政规模不断扩大，但是年度决算额一直都有结余。除了中途筹调资金的部分外，伪政府财政基本不依赖"中央银行"的借款。

关于伪满洲中央银行券和日圆（金票）的外汇关系，正如大竹的研究所指出的，在伪满洲中央银行为维持货币信用抑制发行规模、坚决实行通货紧缩政策的形势下，中资纷纷逃离满洲流向关内，从而导致伪满洲国中资经济出现停滞。而朝鲜银行为满足日本政、军、商等各界对金票的需求，不断增加对金票的供给，折射出日圆经济在伪满洲国内的重要地位，由此形成了

---

① 岩武照彦『近代中国通貨統一史：十五年戦争期における通貨闘争』（上）、203頁。
② 横浜正金銀行頭取席調査課編『満洲中央銀行沿革史』、190頁。
③ 横浜正金銀行頭取席調査課編『満洲中央銀行沿革史』、188頁。
④ 参见栃倉正一『満洲中央銀行十年史』付録4，参考諸統計表（1）"貨幣発行高及準備高"。

"日方日圆经济景气、中方银经济不振"的格局。[①] 反映在外汇关系上，就形成伪满洲中央银行开业当时满银券 100 元对日圆 73.19 元的水平。之后，由于伪满洲国社会形势逐渐趋于稳定，满银券兑日圆汇价逐渐上涨，1933年 8 月达到等价的水平。另外，由于日圆持续贬值，进入 1934 年后，100 元满银券兑日圆汇价进一步突破 110 元，10 月达到 115.38 元，最高时达到122 元的水平。[②] 1934 年 6 月美国国会通过购银法案，导致银价上涨和物价下跌，伪满洲国政府决定和上海两脱钩。1935 年 11 月 4 日，日本和伪满洲国政府达成协议，宣布满银券和日圆等价。

总之，伪满洲中央银行虽然发行的是不兑换纸币，但"经常根据市场状况买卖金银和汇兑，并随时进行发行和回收的操作，尽力维持国币价值，其结果是本行开业以来两年间，国内几乎未见纸钞和银价之差，汇率和物价也很安定"[③]。也就是说，伪满洲中央银行致力于通过对银块和上海汇兑的买卖操作，消除市场上日圆、钞票、白银和纸币之间的价差，以保持货币价值的稳定。

四　日满货币一体化

（一）以金本位制为目标的日满货币一体化方案受挫

1933 年 1 月 27 日，在日本众议院预算委员会会议上，有委员就伪满洲国币制问题提出质疑。当时的大藏大臣高桥是清回答道："自满洲国建国之初起就一直有很多声音认为，将来满洲国应该和日本一样实行金本位制。然而，从那时起我就对满洲的货币将来应该和日本相同有不同的看法。日本统治满洲并非为了蚕食其领土……为此，满洲国将来还是要

---

①　大竹愼一「日満通貨統制と金銀二重経済」『一橋論叢』第 75 卷第 5 号、1976 年 5 月、577—579 頁。

②　伪满洲中央银行券"对外外汇价格指数图表"，参见栃倉正一『満洲中央銀行十年史』、325 頁；"国币百元对日圆、上海银元价格走势图"，参见安冨步『「満洲国」の金融図表篇』創文社、1997、14 頁。

③　栃倉正一『満洲中央銀行十年史』、110—111 頁。

与中国保持经济往来，必须朝着这个方向发展，不应该仅着眼于日本的利益来决定满洲币制。从这样的观点来看，我认为满洲国实行银本位为好。"①

1933 年 2 月 1 日，关东军参谋长小矶国昭向日本陆军次官柳川平助拍发抗议电文，这份电文又被转交给大藏省。小矶国昭强调，高桥是清所认为的伪满洲国与中国本土经济关系更为紧密的观点已经过时，现在伪满洲国与日本的关系要远胜于中国本土。1932 年初统治部就伪满洲中央银行成立计划进行审议时就认为，在满洲可以实行金本位制。虽然当时考虑到如果立即实行金本位制必将给满洲经济造成影响，决定暂且通过银本位纸币统一币制，但适时实行金本位制是当初的计划。②

或许正是受国会审议的刺激，关东军决定以顾问铃木穆为中心，起草伪满洲国的币制改革方案。③ 1933 年 4 月，关东军特务部第一委员会向特务部提交《关于实现日满币制统一的纲要》。方案第一条"决心"中提出，将伪满洲国《货币法》第二条中有关纯银含量的条目，改为"货币的单位为圆，一圆与日本金币一元同价，纸币按面值与日本货币交换"，实质上是建议伪满洲国的货币以日圆为基准，转为金本位制。该方案在所提出的理由（第二条）中指出："随着日满两国经济的联系日益密切，两国货币制度也必须统一，有鉴于实行统一的条件业已具备，当下正是将其付诸实施的好机会。"④《实现日满币制统一纲要说明书》对新改革方案的必要性进行了说明，提出"急需对满蒙的资源进行开发"以及现有币制"妨碍吸引外资"。特别在第三条"坚决实行既定方针的关键"中强调："按照去年（1932）2 月决定的既定方针，必须改革满洲国过渡性币制，将货币本位与日本统一，以根绝日满间货币价格的变动，从而扫除日满经济联系上的最大障碍。"⑤ 在 4 月 8 日召开的关东军特务部会议上各方就

① 青木一男『聖山随想』日本経済新聞社、1959、167 頁。
② 青木一男『聖山随想』、168 頁。
③ 青木一男『聖山随想』、168 頁。
④ 特務部第一委員会「日満幣制統一の実現に関する要綱案」（1933 年 4 月 3 日）、南満洲鉄道株式会社経済調査会『満洲通貨金融方策』、立案調査書類第二十五編第一卷第一号（続）、505—506 頁。
⑤ 特務部第一委員会「日満幣制統一実現要綱案説明書」（1933 年 4 月 3 日）、南満洲鉄道株式会社経済調査会『満洲通貨金融方策』、立案調査書類第二十五編第一卷第一号（続）、509—514 頁。

该方案进行审议，虽然会议议长铃木穆表示赞成，但与会的伪满洲国财政部和满铁经济调查会的负责人都表示强烈反对，会议当天该方案并未获得通过。[①]

由于关东军与溥仪签订过密约，即关东军司令官对伪满洲国拥有所谓"内部指导权"——伪满洲国各部门的日本官员任免必须由关东军司令官同意，关东军司令官是日本在伪满洲国的唯一代表。[②] 关东军方面对伪满洲国官员反对其方案的表现十分不满，决定使用"内部指导权"来推动方案强行通过。6 月 29 日，关东军特务部第一委员会再次提出相同内容的方案。[③] 根据当天召开的特务部联合委员会会议记录，会议没有邀请伪满洲国政府的有关人员参加。会议议长铃木穆在会议伊始指出："没有必要征求满洲国方面的那些非专家的意见。"关东军参谋部参谋长小矶国昭的态度更加强硬，他说："谁反对谁就退出委员会。方案通过问题的关键不在满洲国，而在日本政府方面，必须采取有效措施，想方设法让日本政府同意本方案的意见。"[④] 最终该方案在稍做修改之后获得通过。

在该次会议决定传达给伪满洲国方面之后，伪满洲国政府和"中央银行"内部随即掀起反对浪潮，甚至连溥仪也表示坚决反对。[⑤] 当时受大藏省委派在伪满洲国财政部工作的星野直树、田中恭二人也向关东军说明，没有日本政府的同意，伪满洲国根本不可能实施金本位制。[⑥] 小矶国昭采纳关东军第三课参谋的建议，针对伪满洲国方面的强硬反对，派遣岩畔豪雄到东京，请求时任大藏省外汇管理部长的青木一男和一名日本银行专家来

① 青木一男『聖山随想』、168 頁。

② 古海忠之『忘れ得ぬ満洲国』経済往来社、1978、48、65 頁。

③ 特務部第一委員会「日満幣制統一の実現に関する要綱案」（1933 年 6 月 29 日）、南満洲鉄道株式会社経済調査会『満洲通貨金融方策』、立案調査書類第二十五編第一巻第一号（続）、507—508 頁。

④ 経済調査会第四部中島宗一「『日満幣制統一の実現に関する要綱案』に関する特務部聯合委員会議事録」（1933 年 6 月 30 日）、南満洲鉄道株式会社経済調査会『満洲通貨金融方策』、立案調査書類第二十五編第一巻第一号（続）、517、519 頁。

⑤ 満洲国史編纂刊行会編『満洲国史』満蒙同胞援護会、1970、461—463 頁，转引自吉林省金融研究所编《伪满洲中央银行史料》，吉林人民出版社 1984 年版，第 77 頁。

⑥ 青木一男『聖山随想』、169 頁。

满洲就本位制问题进行商讨。[①] 8 月 16 日，青木一男和日本银行派遣的时任考查部主事新木荣吉抵达大连，在听取各方面的意见之后，他们于 8 月 27 日向小矶国昭提交了题为《关于满洲国币制问题》的意见书。[②] 该意见书首先就当时金本位制或者日圆本位制主张进行了归纳，认为无外乎"采用金本位制是建国之前的既定方针"以及"鉴于日圆和国币的汇价大体维持在一比一的水平，现在正是向日圆本位制转变的最佳时机"等两个方面。意见书的结论是"现在不能进行本位制变革"，并详细列举了以下九点理由。

第一，作为军部根本方针的金本位制是要适应世界货币制度潮流，并将伪满洲国货币本位建立在与日本相同的基础之上。而今世界货币制度一片混乱，日本是否能在未来几年内恢复金本位制尚难预测。因此，不得不承认，以前制定的方针现在处于无法实施的状态。并且，现在的本位制问题并非所谓金本位制，而是要通过某种方法实现日满货币等价，即所谓的日圆本位制。关于这个问题，迄今为止，各方面都未进行过深入研究，也并未制定相应的方针。

第二，实现日圆本位制有两个方案。一是直接将日圆作为伪满洲国的本位货币；二是伪满洲国使用现在的满银券，仅在外汇价格计算上使用某一固定比率和日圆对接。前者类似于朝鲜币制的做法，后者则有英国和印度关系之先例。这两种方法虽然有着本质上的区别，但在对外价值保持和日圆相关这一点上性质相同，并且都存在着相同的缺点。

第三，必须看到，现行伪满洲国货币制度和当地民情相符，而且运用也很适当，如果将其改为日圆本位制反而会动摇民心，给经济金融领域带来波澜，对"新国家"统治造成影响。众所周知，中国人的价值标准是以银来衡量，伪满洲国民也不例外。现行货币制度之所以成功也是由于遵从国民习惯，以银为本位，实现货币价值稳定。目前，尽管强调伪满洲国成立当时的暂时性，但银本位制合理之理由尚存，进行本位制改革的时机尚未成熟。

---

① 青木一男『聖山随想』、170 頁；有竹修二『昭和大蔵省外史』中卷、昭和大蔵省外史刊行会、1969，39 頁。

② 青木一男『聖山随想』、171—181 頁。

第四，有人认为，满银券兑日圆汇价维持在 1:1 的现象源于日满之间的特殊经济关系，或者是伪满洲中央银行实施准备金制度的必然结果，并由此认为当时是正式进行本位制改革的绝佳时机。其实不然，满银券对日圆的对外价值在银价、日圆汇价变动时必然会发生变化，若要强制性维持其价值稳定，必须采取某些特殊的外汇操作措施，否则无法实现。

第五，有观点认为，日满货币基础共同化论的根据还在于这样有利于日本对满投资。然而，要看到问题的关键所在，应该注意的是双方货币制度的差异究竟在多大程度上影响了日本资本进入满洲。在讨论日本对满投资问题时，不应该过度放大货币制度差异造成的影响，而是应该认识到币值稳定的重要性。

第六，综观古今东西，币制改革的着眼点都在于实现货币价值的稳定。金本位制主张的根本依据就在于金比银更能实现价值稳定。主张满洲进行金本位制改革也是基于这种观点。如果维持伪满洲国现行财政方针以及银本位制，那么可以认为能够实现货币价值稳定。虽然日本现在努力通过外汇管理维持日圆价值，但根据政府财政以及国际经济情况来看，今后日圆价值的波动在所难免。因此，伪满洲国币制改革为日圆本位制后并不一定就能够实现币值稳定。

第七，如果伪满洲国采用和日本相同的货币制度，就要求日本在制定货币政策、金融政策、外汇政策时必须考虑伪满洲国的实际情况，并且需要伪满洲国也采取和日本相同的政策。这对财政经济基础不同的双方来讲都是不现实的。当一方的财政方针导致其货币价值发生变动时，必然会对另一方产生影响。货币制度的统一对维持双方之间的紧密关系反而是有害的。

第八，在伪满洲国内流通满银券，在对外结算时使其和日圆保持一定比率的方案虽然可以在一定程度上解决上述问题，但同时要求日满保持巨额的外汇资金。根据双方的财政经济状况，立即采取这种制度对双方的负担过重，难以实行。

第九，也有观点认为，伪满洲国实行银本位制导致其与中华民国的经济关系强于与日本的关系，这是日本不能容忍的。但据此就认为银本位制将对伪满洲国的"独立"和与日本的关系造成损害，则是对问题认识得过于肤浅。伪满洲国继续和中华民国保持良好的经济关系更有益于其经济的发展。从国策的角度看，日方没有必要采取政策措施去妨碍伪满洲国和中华民国的经济往来。

意见书同时强调，现在对伪满洲国币制进行改革的时机尚未成熟，伪满洲国货币政策方面最重要的是进一步强化满银券的统制力，这不仅对产业贸易发展十分必要，还有利于将来的币制改革。应该采取的措施是通过平衡财政收支和改善国际收支来稳定币值，这才是第一要务。同时，要实现包括内外货币在内的真正意义上的货币统一。为培育伪满洲国内的资本，必须促进存储和有价证券业务的发展。

8月30日下午，青木一男一行再次在关东军司令部拜访小矶国昭，并就意见书进行说明。此时，之前金本位制的主要推动者铃木穆患急病去世。[1] 最终军部接受了该意见书。[2] 这次争论不仅意味着朝鲜银行在满洲的金本位制攻势终于偃旗息鼓，也为满银券与日圆的一体化奠定了基础。

（二）满银券和日圆等价连接协议的达成

1935年11月4日，日本和伪满洲国之间达成维持日圆和满银券汇率等价、统一伪满洲国货币等协议，并分别发表伪满洲国财政部声明和日本政府声明。[3] 日本政府表示积极支持伪满洲国政府采取稳定货币的政策，为了强化双方经济合作，决定撤销治外法权，让出附属地的行政权，在币制统一之后逐渐着手对日方银行进行处理。同时，日本政府要求日本官方和民营领域尽可能使用满银券，特别是军方、满铁方面要积极使用满银券。伪满洲国政府则在声明中对日本政府在币制统一过程中提供的帮助表示感谢，并承诺一定会致力于稳定币制、强化财政、发展产业。虽然日本政府希望伪满洲国作为一个"独立国家"自主运营其货币金融，并表示提供一切必要的援助，但日方的援助只是停留在所谓的"精神支援"方面。星野直树曾强调："日

---

① 满洲国史编纂刊行会编『满洲国史』、463 页；转引自吉林省金融研究所编《伪满洲中央银行史料》，第 77 页。

② 青木一男『圣山随想』、181 页。

③ 参见枥仓正一『满洲中央银行十年史』、112—113 页。

本并未对满洲国的货币提供保证，所有的一切都是满洲国通过自己的力量实现的。"①

基于日满共同声明，伪满洲中央银行在和朝鲜银行反复商议后，于1935年12月6日签订业务协定，双方约定：（1）伪满洲中央银行可以根据朝鲜银行的需要，对朝鲜银行券和伪满洲国币进行等价交换；（2）在伪满洲中央银行需要朝鲜银行提供援助时，根据需要朝鲜银行接受伪满洲国币期货等价卖出；（3）原则上伪满洲中央银行将金圆资金存入朝鲜银行；（4）朝鲜银行将其手头持有的伪满洲国币剩余资金通过伪满洲中央银行购买伪满洲国币公债；（5）除个别情况外，伪满洲中央银行进出日本的金圆资金都需要经由朝鲜银行；（6）伪满洲中央银行将就普通业务上的"国币"存款利率和朝鲜银行进行协商。②

至此，满银券与日圆的汇率等价得到了正式协议的保障。满银券从形式上脱离白银本位基础，变为和日圆等价挂钩的货币。满银券被纳入日圆区货币体系，从而在经济金融领域实现了日本对伪满洲国的控制和占领。

（三）实行外汇管理

要维持满银券和日圆等价，就必须通过汇兑管制来控制货币投机，抑制资金流通以维持币值稳定。伪满洲国效仿日本实行的外汇管理政策，于1935年11月30日公布敕令第141号《汇兑管理法》，并从12月1日起施行。该法的主要内容包括：（1）在伪满洲国全境，包括满铁附属地和关东州，实施汇兑管理政策；（2）禁止对满银券、金票和钞票进行投机买卖；（3）对购买外国货币和外汇以及向国外汇款的行为进行限制；（4）确保对日本和关东州可以自由汇款；（5）禁止买卖现大洋和现小洋；（6）限制外国货币的流入；（7）限制金银的出口和运送。③ 实施《汇兑管理法》的目的非常明确，就是禁止针对满银券的所有投机买卖行为，限制金银流出东北地区，并通过外汇持有限制防止资本外逃，保持外汇价格和满银券价值的稳

---

① 星野直樹『見果てぬ夢：満州国外史』、132 頁。
② 参见栃倉正一『満洲中央銀行十年史』、113—114 頁。
③ 「満洲国幣制統制問題」『満鉄調査月報』第 16 卷第 4 号、1936 年 4 月、208—209 頁。

定。然而，日本和伪满洲国之间的外汇贸易却在所谓"日满经济一体化"的指导方针下不受任何限制。只要有伪满洲国中央银行的"同意"，外汇汇入汇出就没有额度限制。这充分反映了伪满洲国殖民地经济被剥削、受掠夺的实质。[①]

　　这一阶段的规定主要是为了防止向中国本土运送现银以及通过汇兑带来的资本流出，同时防止移动和贮藏现大洋等现货，并将其集中到伪满洲中央银行，保障满银券和金票、钞票之间的自由兑换，以维系其价值。和日本的汇兑管理不同，伪满洲国的管理措施重点是阻止本地区的白银外流。而与此同时，在国民政府无力禁止白银外流期间，伪满洲中央银行却积极地收集从中国本土走私进来的白银。"1935 年上半年的银价高涨期间，伪满洲中央银行在山海关设立办事处，用伪满洲中央银行券购买中国人持有的现银，并用军用卡车和军用火车将现银送往沈阳。其数量达到了一天 6—7 万元。唐山地区的现银已经不足，冀东地区的伪满洲中央银行券流通量占到了市场总流通量的 80%。"[②] 伪满洲中央银行有计划地收集白银的行动，实际上是希望进一步用满银券统制东北地区的金融，同时积极向华北地区进行货币金融渗透。

五　伪满洲中央银行的进一步发展

　　1936 年 8 月，伪满洲政府公布"满洲国第二期经济建设纲要"。1937 年 1 月，"满洲产业开发五年计划"（以下简称为"五年计划"）开始正式实施。虽然"五年计划"制定的目的表面上是要"积极致力于国力的增强"，[③] 但实际上始于 1935 年 8 月的该计划方案是日本陆军参谋本部为扩充军备，消除"北满"地区日苏军事实力差距而制定的"军需产业扩充计划"。[④] 由于"五年计划"开始实施后不久就爆发了"七七事变"，为满足日本全面侵华战争的需要，1937 年 12 月日本在伪满洲国地区成立满洲重工业开发株式

①　参见吉林省金融研究所编《伪满洲中央银行史料》，第 21 页。
②　《伪组织吸收津东现金》，《银行周报》第 19 卷第 15 期，1935 年，第 7—8 页。
③　枥仓正一『满洲中央银行十年史』、135 页。
④　安富步『「满洲国」の金融』、36 页。

会社，由其全面负责重工业各部门的开发工作。1938 年"五年计划"经修改后扩大范围，被视为日本生产力扩充计划的出发点。1939 年 1 月，日本内阁通过企画院制定的《生产力扩充纲要》，由此建立起服务于日本侵略战争的"日满一体化综合开发计划"体制。

在新的政治经济形势下，1938 年 5 月由伪满洲中央银行牵头成立"满洲银行协会"。同年 12 月伪满洲政府公布新银行法，加强对伪满洲地区一般金融机构的管控。[①] 在资金方面，由于"五年计划"的修订，资金计划从当初的 25 亿日元一跃增加到 60 亿日元。[②] 在 1938—1940 年的 3 年间，为强力推进"五年计划"的执行，在伪满洲国内筹集近 17 亿日元资金，占到资金总额的 37%。[③] 伪满洲中央银行主要通过"货币创造"实现增加资金供给的目标，"可以认为，满洲国内的信用创出就主要意味着货币增发"，[④] "五年计划"所需资金量大，促使伪满洲中央银行不得不大量增发货币，而货币的增发又引发物价上涨，导致通货膨胀。表 9 - 4 反映了 1936—1941 年因开发资金而发行的货币以及物价变动情况。

表 9 - 4 1936—1941 年因开发资金而发行的货币以及物价变动情况

		1936 年	1937 年	1938 年	1939 年	1940 年	1941 年
纸币发行量(平均)		100.0	132.3	180.4	267.9	415.3	559.0
物价 (平均)	伪满洲国	106.1	125.1	149.6	181.3	224.2	248.2
	日本	110.0	132.7	140.0	154.6	173.4	184.0
	华北	—	130.1	166.9	248.6	439.6	495.9

注：①物价情况以批发价格反映，1933 年 = 100；②物价一栏，伪满洲国以新京（长春）为代表，日本以东京为代表，华北以天津为代表。

资料来源：满州中央銀行史研究会编『满州中央銀行史』东洋经济新报社、1988、154 页。

"五年计划"实施情况都会在一年一度新京（长春）召开的报告会上进行披露，并且伪政府在对当年计划完成情况进行总结之后，会公布下一年度

---

① 参见栃仓正一『满洲中央銀行十年史』、137 页。

② 参见栃仓正一『满洲中央銀行十年史』、138 页。

③ 安冨步『「满洲国」の金融』、38 页。

④ 東京銀行集会所調查課『满洲の财政・金融・物价』东京銀行集会所、1942、136—137 页。

的实施方针。在 1940 年 5 月 8 日召开的"五年计划"第 3 年度报告会上，时任总务长官的星野直树指出："由于日本面临的政治、军事形势越来越紧迫，即中国事变的长期化、日本和英美之间的对立愈发严重、欧洲大战一触即发导致的国际危机、意大利参战后轴心国与民主主义国家集团之间的矛盾对立，要求日满必须紧急进行军备扩张；与此同时，经济吃紧、对德贸易无法正常进行，导致日本从德国购买物资装备愈发困难，日满双方向第三国出口贸易低迷，日本对外物资供应区域扩大等，受这些因素的影响，日本向伪满洲国提供的产业开发资本减少，加之日本为防止国内出现通货膨胀采取相应对策，结果导致日本对满资金供给不得不削减。因此，受形势所迫，伪满洲国的产业开发计划在实施时已经从上一年度开始提出彻底贯彻重点主义的方针。"① 由于日本资金供给的减少对伪满洲国来说意味着日圆资金缺乏，伪满洲国中央银行在重点主义开发方针指导下理应采取金融紧缩政策，通过削减不必要的开发投资支出，解决开发资金供给不足的问题。

1941 年 6 月 22 日德国入侵苏联，日本在 7 月 2 日召开的"御前会议"上通过《新形势下帝国国策纲要》，决定在苏德战争于日本有利之际通过武力解决北方问题。7 月 7 日下达"关东军特种演习"（以下简称为"关特演"）动员令，开始在北满地区集结大规模的军事力量，伺机开始对苏军事行动。日本国内为支持"关特演"行动提供大量的日圆资金，而伪满洲中央银行则负责接收日圆资金，向关东军提供"国币"资金。虽然手持充足的日圆资金，但在实行物资供给管制时期，伪满洲国无法从日本进口所需物资，不得已只得将该笔日圆资金用于购买日本国债或者存储于日本银行账户。

由于伪满洲中央银行执行的是比例准备金制度，准备金的 30% 必须是金银块或者外国银行的存款。上述日圆资金变相成为发行准备金，得以支持伪满洲中央银行增发纸币。但这些资金并没有流向产业开发，而是被用于支持"关特演"军事行动，导致伪满洲国地区通货膨胀的加剧。在日圆开发资金不足的时期，"日圆资金过剩迫使伪满洲中央银行增发巨额纸币，并且夺走了其在金融运营上的自由裁量权"②。

---

①　東京銀行集会所調査課『満洲の財政・金融・物価』、136—137 頁。
②　安冨歩『「満洲国」の金融』、43 頁。

太平洋战争爆发后，在动员所有人力物力财力全面服务侵略战争的方针指导下，日本军部开始全面介入经济领域。伪满洲中央银行的职能也随着战争经济的全面展开而发生改变，工作重点由原来的从量的角度对金融进行管制，转变为代伪政府进行质的金融统制（资金统制、外汇管理等）。[①] 1942 年 10 月，伪满洲政府对《满洲中央银行法》进行修改。表面上看这是随当时《日本银行法》的全面修改而进行的修订，但实际上是将伪满洲中央银行自开业以来一直从事的普通银行业务进行剥离，交由 1943 年 8 月成立的兴农金库负责。银行法修改之后，伪满洲中央银行的资本金增至 1 亿日元，全部由伪政府出资。盈余公积在银行自留 30% 之后全额上缴伪政府国库，不再进行分红，法人所得税予以免除，银行高管的任免权限掌握在伪政府手中。伪满洲中央银行的独立性受到严重侵蚀，演变成为伪政府附属机构。[②]

在这一时期，受战争经济的影响，伪满洲中央银行的资金供给不再受任何限制，大量增发货币，为日本侵略战争提供巨额的军费。特别是 1944 年 9 月以后，日本停止对关东军的军费支付，改为在伪满洲国内就地筹措军费。[③] 在军费就地筹集过程中，伪满洲中央银行将"国币"资金借与横滨正金银行，再由横滨正金银行借给关东军。作为贷款的回报，伪满洲中央银行从日本银行获得日圆融资，而这些融资又以准备金的方式支持伪满洲中央银行继续增发纸币。伪满洲中央银行因"信用创出"而形成的巨额资金，一部分通过满洲兴业银行、满洲重工业（满业）流入重工业特殊公司，用于生产钢铁、煤炭等军需物资，同时另一部分通过兴农金库向农业相关部门提供资金，用于收购农产品或者增加生产。

自 1944 年 9 月到 1945 年 8 月 9 日，关东军在伪满洲国地区的军费借款达 34 亿日元，[④] 其中 13 亿日元发生在 1944 年，1945 年的借款总额为 21 亿日元。1944 年末，伪满洲中央银行的货币发行额约为 59 亿日元，1945 年 7 月末发行额的正式记录为 81 亿日元。在 1945 年的 7 个月中发行额增加了

---

① 满州中央银行史研究会编『满州中央银行史』、173 页。

② 满州中央银行史研究会编『满州中央银行史』、174 页。

③ 关于从 1944 年 9 月开始的军费就地筹集的详细情况请参见日本银行百年史编纂委员会编『日本银行百年史』第 4 卷、日本银行、1984、406—408 页。

④ 日本银行百年史编纂委员会编『日本银行百年史』第 4 卷、408 页。

37%，增发金额达到 22 亿日元，货币增发的目的就是为支付 1945 年 21 亿日元的军费借款。[①]

1945 年 8 月 20 日，苏联红军占领伪满洲中央银行，命令该行停止储蓄之外的所有业务，至此伪满洲中央银行 13 年的历史宣告结束。虽然伪满洲中央银行在成立伊始还以维持货币价值为使命，然而在全面抗战爆发之后，则明目张胆地接受了为日本侵略战争提供资金的要求。伪满洲中央银行 13 年的历史就是服务于日本侵略战争、掠夺中国资源的历史。

---

① 满州中央銀行史研究会編『満州中央銀行史』、173 頁。

第 十 章
国民政府币制改革与国际关系

近代中国的币制改革提案早在 19 世纪八九十年代就已出现，在此后近 40 年的时间里，一直存在着各种提案和围绕这些提案的争论。马建忠早在 1886 年讨论漠河金矿时就提出铸造金币的主张。1895 年，胡燏棻向清政府提出币制改革请愿书，建议各贸易港建立造币厂，造币厂在政府直接管理下以法定标准价值铸造金、银、铜币，在北京设立财政部管理下的国立银行，发行统一的纸币。1896 年，监察御史王鹏运提出有关金本位制的计划。但以上提议都没有具体的实施方法。同年，盛宣怀提出 1 银元含银量为 0.900，以用于支付租税的京平两为货币单位，以及在北京和上海设立国立银行的提案。1897 年，杨宜治从偿还外债的角度出发，提出直接铸造与英镑等值的银币并在全国流通，同时限制黄金出口、奖励黄金生产以增加储备的改革方案。1903 年，海关总税务司赫德（Sir Robert Hart）向清政府提交《中国银价确定金价论》，提出金汇兑本位制的提案。主要原则有：集货币发行权于中央政府，改铸统一的银币与铜币；规定货币与外币平价；保有外汇和金银作为偿还外债或未来发行金币的准备金。同时，清驻俄国大使胡惟德也主要从偿还外债的角度出发，提议采用金本位制。1904 年，美国国际汇兑调查委员会委员精琪（Jeremiah W. Jenks）向清政府提出货币改革方案，其基本内容是招用外国专家，在外国财政顾问的监督下实施金汇兑本位制。这个提议遭到反对后，他又提交了一份由中国独立实施金本位制的建议，包含统一币制、设定货币固定平价、建立中央银行、采用外国制度、保有黄金储备等内容。1905 年张之洞提出银双币值的想法，即七钱二分与一两两种银元。1907 年，驻英公使汪大燮向清政府提出金核本位制方案，即国内统一铸造银币，规定黄金对银币的比价，银价保持不变，对外汇兑采用黄金为单位。①

1912 年，中国政府币制顾问卫斯林（G. Vissering）提出由金银复本位制向金汇兑本位制过渡案。1912 年第一次币制委员会会议上，提议实施金汇兑本位制。1913 年第二次币制委员会会议上，出现金汇兑本位制、银本位制、金银复本位制三种主张，未能达成统一意见。1914 年 2 月《国币条例》颁布，人们的意见才逐渐取得一致，"国人对于币制之主张，均以施行金本位为归宿，而以暂行银本位为过渡办法，殆为全国一致之主张"。② 1918 年 8 月，曹汝霖以每年偿还外债与赔偿金占到财政收入的 1/3，借债偿债中的低借高偿产生汇率损失，列强皆已实施金本位制为由，阐述实施金本位制的必要性。同年，张作霖提出趁国际银价高昂，用白银购买黄金以作为将来实施金本位制准备金的建议，但因为当时北洋政府手中无银而作罢。1918 年，阪谷芳郎受北洋政府委托提议进行货币改革，后因谈不拢而终止。其间，东京商业会议所曾提出与日圆挂钩的金本位制方案。1919 年的财政会议也提出金本位制的方案。

1928 年，南京国民政府在全国财政会议上决定，暂且实行废两改元，确立银本位制，之后再逐步采用外汇金本位制的币制改革方针。之后国民政府相继设立中央银行，实施海关金单位制度，为采用金本位制做准备，同时加强了对纸币发行的管理与统一。1933 年，国民政府废两改元，确定银本位制度，将货币的制定、铸造、管理等权力收归中央政府，促进了币制的统一。1934 年，国民政府为应对美国的白银政策，采取一系列措施，如禁止依据外汇市场来结算标金交易，征收白银出口平衡税，对汇率市场进行管理，给中央银行增资，强化政府对中国银行和交通银行的支配权，增强了对金融市场的统治力。1935 年 11 月，国民政府实施管理通货制度，进行了法币改革。由此，中国的货币制度由银本位转向汇兑本位，由金属货币转变为信用货币。

①　参见燕红忠《本位与信用：近代中国白银货币制度及其变革》，《中国经济史研究》2019 年第 6 期，第 49—50 页。

②　张辑颜：《中国金融论》，商务印书馆 1930 年版，第 137 页。

一　金本位改革的尝试与纸币发行管理

1927 年国民革命军占领上海之后，国民政府便开始统一币制的准备工作。为实施这一计划，首先必须设立一个强有力的中央银行。根据 1928 年召开的全国经济会议和全国财政会议上设立国家银行的方针，国民政府于同年 10 月 5 日公布《中央银行条例》。11 月 1 日，由政府全额出资 2000 万元的中央银行在上海正式成立。正如宋子文在开幕典礼上所说，成立中央银行的目的首先就是便于统一全国之币制。新的中央银行包括了 20 世纪 20 年代分别在广州、汉口创立的"中央银行"。在此之前，"两行没有资本上的统属，不发生连带关系"。而在新的中央银行成立之后，两行被逐步改组和解散。其中，广州"中央银行"于 1929 年 3 月 1 日被改组为省立银行——广东中央银行，[①] 1933 年 1 月 1 日又改名为"广东省银行"。汉口的"中央银行"因武汉国民政府滥发不兑换纸币，陷入营业困境，一直休业。随着国民政府完成北伐，其最终被解散。之前扮演中央银行角色的中国银行和交通银行被改组为国际外汇银行和发展全国实业的银行，总行亦由北京迁到上海。

中央银行设业务、发行二局，分掌营业、发行事务。其初期业务重点是发行钞票、铸造硬币、代理国库收支、经办公债的发行和还本付息，以及外汇业务等。后来逐步增加办理再贴现、收管各银行存款准备金、实施外汇管理等业务。按照中央银行条例，中央银行因业务上之必要，须增加资本时，由理事会决议，监事会同意，呈请国民政府核准，扩充资本总额，并得召集商股，但商股额不得超过资本总额的 49%。[②]

继全国经济会议和全国财政会议后，为具体改革财政金融部门，国民政府于 1929 年春聘请普林斯顿大学教授甘末尔（E. W. Kemmerer）等财政金融专家，设立财政部设计委员会，研究制订财政金融改革方案。该委员会于同年 11 月 11 日向财政部长宋子文提交名为《中国逐渐采行金本位币制法草

---

① 《广东中央银行之改组》，《银行周报》第 13 卷第 20 期，1929 年，第 15 页。
② 参见中国人民银行总行参事室编《中华民国货币史资料（第二辑）》，第 75 页。

案及理由书》的币制改革方案，即所谓的甘末尔报告书。该方案之目的，"乃规定逐渐采用一种合宜之金汇兑本位制，并设法使现行种种货币永远收回，而使中国有全国统一之金币制"。方案包括"本位及价值单位""铸币及造币""金本位货币的法律资格""金本位的维持、管理组织及其职能""由金本位货币向非金本位货币的渐进转变"五章。其主要内容为：新币制的法定价值单位拟定为"孙"，含纯金60.1886厘克，其价值相当于美币4角，英币1先令7.726便士，日币0.8025元。铸造包括一"孙"、五角、二角等银币，一角、五分等镍币，一分、半分、二厘等铜币。"惟最小之铜币，非有迫切之需要，则不铸造。"银币及其他各种货币均为名目货币，"而由政府抉择以向各金本位国家之汇票或以金条，作无限制之兑回，以维持其与金币之平价"。[1]

这份报告的实质是逐渐采行金汇兑本位制，但考虑到中国广阔的领土和丰富的黄金储备，这一货币制度应首先在江苏省实施，其次应视时间和环境，将其依次推广到浙江、广东、福建、安徽等各省。由于报告出台之后正逢"银的金值跌落达25%"，[2] 加之政治不稳定和民间交易仍惯用现银，这一方案并未得到实施，只是在实施海关金单位制度时采用其中提出的以纯金60.1886厘克为基准单位。海关金单位是在1930年2月以后采用的。中国海关在征收进口关税时要征收金单位，这也是甘末尔等人的建议。[3]

创立海关金单位制度的目的是"维持关税收入并安定国内银价"。[4] 金贵银贱导致汇价激烈变动，使以银两为计算单位的海关收入不足以担保外债偿付。通过中央银行规定的海关金单位汇率及保管的关税收入，可以避免以往依据外国银行的换算汇率而蒙受的损失。同时，提高关税（从量税）税率，帮助中央银行涉足外汇市场，奠定采用金本位制的基础。随着关税收入的稳定增长，可将其用于支付关税担保内债的支付基金。1929年以后，黄金价格在全球市场上暴涨，而银价猛跌，导致黄金不断外流。为了保存国内

---

① 《中国逐渐采行金本位币制法草案及理由书大要》，《东方杂志》第27卷第16号，1930年，第116—118页；中国人民银行总行参事室编《中华民国货币史资料（第二辑）》，第68—69页。

② 毕匿克（A. W. Pinnick）：《银与中国》，褚保时、王栋译，商务印书馆1933年版，第69页。

③ 参见中国人民银行总行参事室编《中华民国货币史资料（第二辑）》，第74页。

④ 朱胜愉：《海关金单位计算法之今昔》，《银行周报》第19卷第15期，1935年，第1页。

黄金，降低黄金价格，国民政府通过标金汇率，相对提高银价。1930 年 1 月 15 日国民政府财政部发布命令，废除海关两，从 2 月 1 日起，进口税及以进口税为基础的关税（例如码头税、附加税）全部用海关金单位征收。海关金单位与各国金货币之间固定的纯分比率为：每一金单位 = 日币 0.8025 元 = 英币 19.7265 便士 = 美币 0.40 弗 = 法币 10.20977 法郎 = 新加坡币 0.705 弗 = 印度币 1.096 卢比 = 德币 1.679 马克 = 荷兰币 0.995 荷盾 = 意大利币 7.6 里拉 = 瑞士币 2.073 法郎 = 比利时币 2.8877 比利加 = 挪威币 1.492 克伦 = 瑞典币 1.492 克伦 = 丹麦币 1.492 克伦 = 奥地利币 2.843 先令。[1] 海关金单位与通用银币之间的汇率计算，在创立当初是依据对英电信外汇汇率；同年 3 月 1 日以后根据对美电信外汇汇率，均由海关当局计算。1933 年废两改元以后，因上海汇兑行市的变更及美国停止采用金本位，海关金单位依照前日的伦敦金块行市及当日对英电汇公定行市进行计算。1930 年 5 月 16 日后，国民政府禁止黄金出口，切断黄金国际价格与国内价格的关联。同时，赋予中央银行独自运输黄金的特权，确立中央银行对国内黄金价格的控制力，为央行依据所获取的黄金建立金本位制度提供了可能。

以海关金本位征收进口关税由中央银行进行代收。由于许多口岸未设中央银行分行，为便利商务起见，1931 年 4 月财政部呈报行政院，建议由中央银行发行海关关金本位钞票。但财政部长在报告中特别声明，此项钞票纯为便利缴纳关税，并非改革币制。[2] 关金兑换券的发行权，专属于中央银行，由中央银行上海总行于 1931 年 5 月 1 日发行。票面计分 10 分、20 分及金单位 1 元、5 元、10 元五种，规定每一单位关金券等于美金 4 角。准备金 60% 以现金库存，40% 以国外信誉卓著银行金债票充之。[3]

此外，在设立中央银行的同时，国民政府也着手加强对纸币发行的管理与统一。1928 年全国经济会议决定，"地方银行不得发行钞票"。1929 年 4 月 13 日，国民政府公布中央印钞厂组织章程，筹划开办印钞厂的准备工作，并接收上海印钞厂。1929 年 8 月，财政部通令："兹查各发行银行尊章定印

① 参见朱胜愉《海关金单位计算法之今昔》，《银行周报》第 19 卷第 15 期，1935 年，第 4 页。
② 《财政部档》，参见中国人民银行总行参事室编《中华民国货币史资料（第二辑）》，第 109 页。
③ 蔼庐：《关金券与金本位》，《银行周报》第 15 卷第 15 期，1931 年，第 1—2 页；《关金兑换券发行办法》，《银行周报》第 15 卷第 16 期，1931 年，第 1—2 页。

者，固属不少，而擅自印刷者，亦所难免，殊属玩视法令。自经此项通令之后，所有各该发行银行，不论在本国或外国定印钞票，均应遵循兑换券印制及运送规则第二条规定，呈由本部核准后，方准印刷。"1930 年公布《财政部统一币制计划大纲》，规定将各民营银行所发纸币及兑换券限最短期内一律收回；由省市中央银行发行钞票及零洋兑换券，推行各县；各省中央钞票无论流通到何省，完全按十足兑现。① 1931 年 8 月 1 日国民政府进一步公布《银行兑换券发行税法》，对保证准备发行额征收 2.5％ 的发行税，以此来抑制兑换券的发行数量。但由于各发行银行的反对，国民政府在 1932 年 10 月 29 日公布修正法，将发行税率依实际保证准备数额定为 1.25％。② 征收发行税减少了发券银行的利润，但促进了中央银行券的流通，增强了政府对发行券的控制。1933 年 4 月 14 日国民政府公布中央印钞厂审查委员会章程，10 月 21 日公布修正中央印钞厂组织法，中央银行的纸币印刷能力进一步得到增强。

二 废两改元

（一）废两改元的背景

废两改元是指废止原来传统的计量单位银两，改用计数货币银元。废两改元的根本原因是当时中国存在着银两和银元二重货币制度。以上海为例，"虽然大宗交易以银两计算，但实际通用则为银元。而银元自身又无一定价格，必以银两为主折合计算，故银元每天都有市价，涨落不定"。③ 因此人们在进行商品交易结算的时候不仅要多出换算的手续费，还要承担货币比价（洋厘）变动的风险。而金融业者也不得不在资本投入上加大力度，需要时常做好银两和银元的双重储备。因为银两和银元有各自独立的流通领域，洋厘市场和银拆市场常会因大幅度的变动产生投机活动。内汇市场上存在着银

---

① 参见中国人民银行总行参事室编《中华民国货币史资料（第二辑）》，第 84—85 页。
② 参见中国第二历史档案馆、中国人民银行江苏省分行等合编《中华民国金融法规档案资料选编》，档案出版社 1989 年版，第 372、375 页。
③ 刘凤文：《五年来我国金融货币的改革》，《时事月报》第 16 卷第 3 期，1937 年，第 229 页。

汇（用银两结算）和洋汇（用银元结算）两种方式，外汇市场也同时受汇率（银价）和洋厘市场的影响。但如果停止使用银两，钱庄就失去了银两账目，其手续费和庄票也就没有存在的必要，银行也不会在钱庄寄存银两，这无疑将会大大缩减钱庄的营业范围和营业额，因而长期遭到钱庄业者的集体反对。

虽然 1910 年《币制则例》就确立了以元为单位的银本位制度，1914 年的《国币条例》中也明确规定"以库平纯银六钱四分八厘为价格之单位，定名曰元"，"国币计算均以十进，每元十分之一称为角，百分之一称为分，千分之一称为厘"。[1] 然而当时国民政府并没有对银两做出或收或废的规定，从而导致银两和银元两种货币长期并行流通。虽然在市面上流通的银两日益减少，新式银元的铸造量和流通量都不断增长，但形式化的虚银两仍然是商品交易和资金流通的主要标准。以 20 世纪 20 年代的上海为例，各类银行准备金的半数仍为元宝银；各种交易收支虽然多数用银元，但批发商业仍以银两定价或结算；租界中的日常支付和职员薪金均用银两计算；多数有价证券的买卖也以银两开价。上海钱业总会的公单收付业绩，在 1932 年以前，80%—90% 是使用银两结算的，只有 10%—20% 在使用银元。[2]

最初提倡废两改元的是上海总商会的董事苏筠尚，1917 年他"曾拟有具体办法，建议于商会"。[3] 1919 年在天津召开的全国银行公会联合会议向政府提出《陈请政府整理币制案》，建议政府废除银两，改铸旧币，禁止滥铸铜币。同年 11 月，英国商工联合会也向财政部建议，废止使用马蹄银，使用由银元和辅助货币铜元构成的全国统一货币；为自由铸造银元，在上海开设造币厂，并且为保持标准的统一，对各家造币厂进行统一监管。1921 年 3 月 3 日中国银行团和北洋政府财政部以及造币局之间还签订 250 万元的借款合同，并且提出废两改元的具体方案。[4] 但由于造币厂的资金不足，具体方案最终无法落实。

---

① 贾士毅编纂《民国财政史》下册第六编，商务印书馆 1917 年版，第 173—175 页。
② 参见中国人民银行上海市分行编《上海钱庄史料》，上海人民出版社 1978 年版，第 203、271 页。
③ 中国人民银行上海市分行编《上海钱庄史料》，第 160 页。
④ 参见宫下忠雄『支那貨幣制度論』宝文館、1938、81—82 頁。

与此同时，在华中和华南的一些城市也开始废两改元的尝试，例如南昌（1914 年 8 月）、湘潭（1918 年 12 月）、长沙（1919 年 8 月）的地方官员和商会达成协议，废两改元。接着，厦门（1921 年）、汕头（1921 年 5 月）、济南（1926 年）也决定废止当地的外国货币和银两，统一使用银元。① 但总体而言，囿于政局不稳，废两改元在北洋政府时期始终没有成为全国通行的政策。

1928 年 3 月，浙江省政府通过马寅初的"废两改元"提案，并呈送南京国民政府。但是国民政府财政部认为，虽然"废两改元"为利国利民之事，但是"兹事体大，恐非专恃行政手段所能实施无碍。究应如何实施，如何准备，似有详密讨论之必要"。财政部进一步指出，币制改革必然会影响到金融形势，所以必须做好充分的准备工作。而准备工作最重要的有两点。其一，上海造币厂应迅速开工。"查上海造币厂发端于旅华外人，民国九年英商联合议决请求我国政府废除银两，改用银元"，于是有上海造币厂之议。汇丰等外国银行、上海银行公会会员银行皆出资助其成立。然而，"现因政府无暇筹还此款，全部机器仍押于上海银行团及各商号，未能赎回开办。实为废两改元之大障碍。盖隶于国府统治之下者，已有十六省，而现在开铸银币者，仅杭州一厂。每日最多不过铸币三十六万元。供求之数，诚恐相差过巨，是宜令上海造币厂克日筹备开工，尽量鼓铸"。其二，中央银行宜迅速营业。"废两之后，易中之物，实有供不应求之虞，故中央银行，应从速营业。酌发相当数目之兑换券，方足以资周转。惟兑换券之准备，务求充实，始能昭信用而利流通耳。"并且，一切详细办法，应由国民政府批准之后，再当拟具废两改元的实施条例。废两改元非朝夕可以完成，而且宜从上海以及江浙两省开始实行，而后推广于全国。"上海为我国金融商业之中心，上海之金融制度，一有改革，其影响立及于全国，诚有如影随形之势。而江浙两省，银元流通最为普遍。实行废两改元，拟请先于上海及江浙两省试办。试行顺利，则其他各省必群起效尤。无待督促，必能一律奉行矣。"②

① 岩武照彦『近代中国通貨統一史：十五年戦争期における通貨闘争』（上）、75 頁。
② 《废两用元之先决问题》，《银行周报》第 12 卷第 16 期，1928 年，第 11—12 页。

可以看出，财政部对于废两改元改革非常审慎，财政部的态度也反映出政府想通过铸造新的统一货币以及局部的废两试验迈出货币改革的第一步。1928 年 6 月召开的全国经济会议与财政会议通过决议，决定于 1929 年 7 月 1 日起实施废两改元，但并未如期实现。在这期间，福州和青岛于 1927 年 7 月在省政府或市政府的领导下废止使用银两，重庆也于 1930 年 10 月在刘湘的指挥下输送 100 万元国币，进行了废两改元。[1]

（二）关于废两改元的讨论与筹备

南京国民政府成立后，关于废两改元的讨论及其支持者日益增多，进而推动了政府和商界对废两改元政策的筹划。马寅初认为，各地杂乱的银两使用是我国货币统一之大碍，应当以银元取代之。"考一国法定货币，须经法律规定。而我国之银两则不然，平色庞杂，就地划分：沪用规元，津用行化，平用公砝。就机关而言，则财政部用库平，海关用关平。凡兹数者，皆为银两，足举为国币统一之障碍。而其最有力者，则为规元。苟能一致而将规元歼灭，则其余当无问题。"[2] 侯树彤指出，我国现行的银两银元并用办法，并非真正的银本位制度，"今欲废两改元，兼确立银本位制度，势非从自由铸币着手不为功"。在货币发行问题上，他进一步指出，货币发行权"原则上应逐渐集中于中央、中交等国营银行，其各省省立银行及中外各私商银行所发纸币，应仿英国先例，以现时已发纸币额数，作为法定最高额数，以后逾此限度，不得更有所增发，而将来新设各银行，则概不再予发行权，以示限制"。[3]

章乃器认为，当时正值废两改元之最佳时机。"其一，上海银元存数达二万二千数百万，开空前未有之记录。无论何人，决不至再以银元不敷流通为顾虑。而中央造币厂设备完竣，每日能铸造四十万元之银币；源源供给，尤不至有竭蹶之虞。其二，银元市价低落至含银实值之下，对于银两换算率之规定，不至再有任何困难与纠纷。其三，如规定银两换算率，以银元目下市价加铸费为标准，则此换算率每银元一元，当合规元七钱左右；再以一百

---

① 成绪：《重庆市之废两改元》，《银行周报》第 14 卷第 50 期，1930 年，第 27 页。
② 马寅初：《废两改元问题》，《银行周报》第 16 卷第 27 期，1932 年，第 15 页。
③ 侯树彤：《废两改元与币制改革前途（续）》，《大公报》（天津版）1932 年 7 月 26 日。

一十一点四升算，每关平银一两须合银元一元五角九分一厘，税收将决无短绌之虞。其四，中央造币厂组织完竣，造币权绝对的有集中之可能；成色重量之齐一，更属不成问题。"他同时指出，金本位制并非中国货币改革之最佳结果。甘末尔的提议已逾两年，"此两年中，世界货币制度，已起空前之剧烈变化"。世界上有些国家已因黄金分配不均而放弃金本位，所以中国"恐决无贸然再行步入金本位制之理由"。①

财政部长宋子文于 1932 年 7 月 23 日会见在上海的银行界代表贝淞荪和李馥荪等，列出废两改元中应当注意的三个问题：新币的重量、成色和法价；尚在有效期间的银两契约和银元的折合换算比率；获取社会大众对货币改革的信任措施。而且还设立了讨论这三个问题的专家研究会，以中央银行副总裁陈健庵为主席委员，并选出六名委员，分别是贝淞荪（中国银行总经理）、胡笔江（中南银行总经理）、刘鸿生（中国企业银行总经理）、耿爱德（货币研究专家）、麦照特（东方汇理银行经理）、雷祺（财政部顾问）。该研究会于 7 月 27 日举行第一次会议，会后由耿爱德整理提交的意见书提出以下三点建议。第一，新币的重量及成色，新铸造的银本位货币成色为 0.880，重量为 412 厘（26.6971 克），纯银重量为23.493448 克。第二，尚在有效期间之银两契约，"对于银币之换算比率，欲求公允，此项换算率，应以新国币之真价值为根据"。而此事仍需广泛征求银行家、实业家、商家的意见。第三，取得社会信任的方法为：新本位货币可以自由在国内运送和对外进出口；由上海造币厂自由铸造；铸造新币；拆卸中国其他造币厂；"邀请金融界、实业界及商界之领袖，组织永久委员团，对于造币厂董事部，尽其匡助之职"。关于耿爱德提到的铸造费报价，上海的中央造币厂认为这个价位过低，假定"每月铸造一千万元，每日开铸十小时计算，其最低费用，亦须百分之二又四分之一（225000）"。②

在 8 月 3 日召开的第三次会议上，外国银行方面提出三点意见：（1）造币厂之铸费太高，其主张从铸币中获益实属不合；（2）新币贬值提高关金价

---

① 章立凡选编《章乃器文集》上卷，华夏出版社 1997 年版，第 39—40、41 页。

② 《废两改元问题之具体化》，《银行周报》第 16 卷第 29 期，1932 年，第 21—25 页。

值，政府不应因此增加关税；（3）新币应与现在流通之币，同其重量及成色，铸费应由政府负担，废两应俟新币确立后再行提出。此外，外国银行根据十年来厘价"平均计算七钱二分一厘七毫五之数目，认为现下所拟议之重量较低"。① 之后外国银行又认为实行废两改元为时尚早，"须待十年或廿年之后，方能实行"。由于外国银行的依据是十年来洋厘平均数目为七钱二分一厘七毫五，故其以为"新银币之假定重量为七钱另七厘，未免太低"，应该等到"新银币准备充足后，再行实施废两"。② 这和它们在北洋政府时期提出的主张大不相同，原因是对于刚成立不久的南京国民政府不够信任，而且也担心自己的利益受损。

上海钱业同业公会对于废两改元研究会提出的将统一铸造权和统一发行纸币作为废两改元的前提条件的意见，原则上是赞成的，不过也认为应该延期施行。同时上海银行业同业公会认为，在废两改元之前，"政府应将软硬币错综情形，妥拟整理办法，切实整顿"。③总之，对于作为一直备受批判的洋厘交易和厘子征收的受益者来说，这种建议已经是很大的让步。之后，8 月 3 日上海钱业同业公会又发表声明，再次阐明之前的态度，并且宣布同年 6 月以后停止向顾客征收厘子。另外，上海总商会也成立研究所，在持续讨论的基础上达成以下意见：避免新货币的重量和成色过高或过低，防止回炉和私铸；政府制定恰当的铸造费，以避免铸造费过高或过低带来的利益或损失；和银两之间的换算率不依照洋厘而是依据其实质价值；允许自由铸造和自由输送；回收、改铸旧币，由上海造币厂集中铸造新币等。④

1933 年初，财政部在上海成立新研究会，其成员由国民政府官员与中外银行家组成。徐堪（财政部钱币司长）任主席，陈行（中央银行副总裁）、李馥荪（上海银行业同业公会会长）、秦润卿（上海钱业同业公会会长）、席德懋（中央银行业务局总经理）、贝淞荪（中国银行总经理）、胡孟嘉（交通银行经理）和雷祺（财政部顾问）都参与了该研究会。该研究会

① 《势在必行之废两改元问题》，《银行周报》第 16 卷第 30 期，1932 年，第 28—29 页。

② 《各业讨论废两改元问题》，《银行周报》第 16 卷第 31 期，1932 年，第 1 页。

③ 《废两改元问题面面观》，《银行周报》第 16 卷第 27 期，1932 年，第 32 页。

④ 参见宫下忠雄『支那货币制度论』、103 页。

制定了《银本位币铸造条例》草案和其他与废两改元有关的各项措施，准备实行废两改元。①

（三）废两改元的实施及意义

1933 年 3 月初，立法院通过了财政部提交的关于废两改元的《银本位币铸造条例》和《上海银两、银元换算率计算法》，并分别于 3 月 8 日和 3 月 10 日正式公布实施。《银本位币铸造条例》将银本位币定名为元，其总重 26.6971 克，含量为银 88%、铜 12%，即含纯银 23.493448 克。这一重量标准比《国币条例》中规定的纯银重量库平 6 钱 4 分 8 厘（23.97795克）低 2.02%，其目的在于促进新币的流通和旧币的回收工作。银本位币铸造权专属中央造币厂，"凡公私款项及一切交易，用银本位币授受，其用数每次均无限制"。本位银币 1 元等于 100 分，1 分等于 10 厘。新铸银本位币 1 元的重量和成色，与法定重量和成色的公差不得超过 3‰。凡是可以提供铸币银类或旧有银币的都可以向中央造币厂请求代铸银本位币，并收取 2.25% 的铸造费，如银类成色过低则加收炼费；"旧有一元银币合原定重量成色者，以银本位币同额兑换之，免纳铸费"。财政部为准备全面废两先从上海实施，特规定上海市面通用银两与银本位币 1 元，或旧有 1 元银币之合原定重量成色者，以规元 7 钱 1 分 5 厘合银币 1 元为一定之换算率，并于 1933 年 3 月 10 日起实施。这个换算公式将上海规元 1 两的纯银含量定为 33.599 克，算出来它和本位银币 1 元的含银量比为1:0.6992306，在此基础上增加的铸造费为中央造币厂提出的 2.25% 而并非之前耿爱德报告书中提出的 1.75%，最终得出本位银币 1 元等于上海规元 7钱 1 分 5 厘的换算率。② 财政部长宋子文就财政部的提案解释说："本来打算采用金本位制的，但是鉴于世界经济的衰退和对外关系的紧张，首先还是要巩固银本位的基础。"③

1933 年 3 月 8 日，上海钱业公会召开临时会员代表大会，决议通过银洋并用实行办法，宣布从 3 月 10 日起废止上海地区的银两交易，废止洋厘

---

① 宫下忠雄『支那貨幣制度論』、103—104 頁。
② 参见《银本位币铸造条例》，《立法专刊》1933 年第 8 期，第 18—19 页。
③ 岩武照彦『近代中国通貨統一史：十五年戦争期における通貨闘争』（上）、79 頁。

市场，将银拆改为拆息。财政部原定要在 4 个月之后才在全国范围内推行废两改元，但财政部长宋子文在 4 月 5 日中央政治会议第 351 次会议上便提出从 4 月 6 日起开始在全国实施废两改元，并获得通过。国民政府提前实行废两改元的原因在于，"顾自两元并交实行以来，以（1）定价较高，（2）无罚则之规定，（3）厂条未出，一部分金融业仍不免抱观望态度，争以银元兑换银两。三行所设之兑换委员会中，其以银两兑换银元者，仅占绝对少数。自 3 月 10 日至 4 月 5 日止，统计兑换委员会净兑入银元 6140 万元之谱。废两改元成废洋改两之局。兑换委员会诸委员及银行界贤明之当局，深恐废两之举，功败垂成，进行益为努力。于是于本年（1933 年）4 月 6 日，政府乃有提前即日废两之命令"。[①]

　　根据宋子文的提案，4 月 5 日国民政府公布了在全国范围内实施废两改元的《国民政府训令》和《财政部公告》。《财政部公告》规定："兹定四月六日起，所有公私款项之收付与订立契约、票据及一切交易，须一律改用银币，不得再用银两。其在是日以前原定以银两为收付者，在上海应以规元银七钱一分五厘折合银币一元为标准，概以银币收付。如在上海以外各地方，应按四月五日申汇行市先行折合规元，再以规元七钱一分五厘折合银币一元为标准，概以银币收付。其在是日以后新立契约票据与公私款项之收付及一切交易而仍用银两者在法律上无效。至持有银两者，得依照银本位铸造条例之规定，请求中央造币厂代铸银币，或送交就地中央、中国、交通三银行兑换银币行使，以资便利。"[②] 6 月 6 日，《财政部咨各省市政府文》订定了田赋改征银币办法，"各省市田赋正税，并附加等项，一律依照废两改元通案，切实废除两、石办法，改按标准国币征收"。[③] 按照以上规定，从上海开始，各地银行业同业公会和钱业同业公会先后议定详细实施办法，进行了废两改元改革。

　　财政部拟定银本位币之型式，经行政院批准，由中央造币厂铸造银本位币和厂条。"所有该项币模由部发交中央造币厂以法鼓铸，复经中央造币厂审查委员会依照审查章程之规定详加化验，核其重量成色均与法定相符。开

①　中国人民银行总行参事室编《中华民国货币史资料（第二辑）》，第 94—95 页。

②　《财政部档》，参见中国人民银行总行参事室编《中华民国货币史资料（第二辑）》，第 94 页。

③　中国人民银行总行参事室编《中华民国货币史资料（第二辑）》，第 95 页。

铸以来每日铸数已达二十万元以上，自应定期发行，以资流通。"财政部训令上海银钱两业限于一个月内，将所有库存宝银交予中央银行，依照规定换算率兑取银元，不得再用宝银做准备金之用。中央造币厂已另行鼓铸一种千元银条，一千银元兑换一条，作为各行庄准备金之用。同时财政部要求各地银炉一律停业并撤销公估局。[1] 据统计，从 1933 年 3 月至 1935 年 6 月，中央造币厂铸造银币 13259 万元。从 1933 年 8 月至 1935 年 6 月，铸造甲种厂条 3621 条，价值 362.1 万元；乙种厂条 51740 条，价值 5174 万元。[2]

废两改元使得在历史上长期居于支配地位的银两制度完全终结，宝银从此退出货币行列，不复存在。废两改元也彻底结束了长期以来银两与银元并用的混乱局面，并最终完成了从清末以来所确立的银本位的货币运行体系。首先，废两改元剥夺了传统的依托行业公会特权的银炉业者对银两铸造和发行的权力，由此银元由国家统一铸造，使货币铸造权归由国家控制。其次，废两改元也削弱了原先金融市场上对银两经济有支配权的银钱业者（钱庄）的实力，从而间接弱化了作为这些行业后盾的外国银行势力。最后，废两改元是国民政府继对纸币发行加强管理之后，进一步实现对本位金属货币白银的全面掌控。从此，中央政府和国家银行在货币金融领域的统制力进一步增强，也为之后实施的法币改革奠定了基础。

（四）日本对于废两改元的态度

1933 年 4 月 18 日，日本驻天津总领事桑岛主计向外务大臣内田康哉呈报了横滨正金银行关于中国废两改元的调查，其中反映了日本金融机构和领事的基本态度。他们认为，"两、元并用的制度，在中国已实行 70 年之久，这次中国政府断然着手进行改革，确实是个英明的决断，对于统一货币来说，是个划时代的措施。但是，实际上在银元中也混夹着质量恶劣、成分不纯的东西，这已经是极麻烦的事，再加上两、元兑换准备工作做得又不够完善，在此情况下，便实行废两改元，实在不妥当"。"目前在商人间颇成问题的，是外商银行在两、元方面的兑换率问题"，"目前，当地日商的汇兑

---

[1] 参见中国人民银行总行参事室编《中华民国货币史资料（第二辑）》，第 96—98 页。
[2] 参见周启邦《中央造币厂之沿革》，《中央银行月报》第 4 卷第 10 号，1935 年，第 2179—2180 页。

合同总额已达二百万元左右"，"我们都盼望尽速得到中国方面的上述保证"。① 这表明，当时日本金融机构和商人主要关注的是影响其直接经营利益的兑换准备工作和兑换率计算，对于废两改元制度本身并没有不同的看法。正如当时的学者及川恒忠的评价，"废两改元的必要性被认定之后过了大约 15 年才终于着手进行改革，可以说是必然地做了一件必然会发生的事"。② 这与之后法币改革所引起的日本方面的强烈反应形成了非常鲜明的对比。

三　法币改革的背景和酝酿过程

（一）　美国白银收购法案对中国经济的冲击

在 1929—1933 年世界经济危机的冲击下，英美等国相继放弃金本位制，由单一的金块储备转向金银复合储备，使得世界市场上的白银价格逐渐提高，损害了中国在大萧条初期所"享受"到的低汇率利益。特别是美国调整储备比例，并通过白银收购法案之后，世界市场上的白银价格急剧上涨，对中国的货币、财政和经济造成了巨大冲击。根据中国驻美公使 1935 年 2 月 1 日致美国国务院的非正式备忘录，1934 年中国白银净出口量，不包括走私，为 25700 万元。其中 5/6 是从美国白银收购法案通过后至 10 月 15 日不到 4 个月的时间内运出的。1934 年的白银出口量为中国以往最高白银流出纪录（1907 年）的 5 倍。上海白银存量从 1934 年 6 月底的54400 万元下降到 1935 年初的 31200 万元。白银外流导致银根极度紧张，钱庄的放款利息，按年息计算，从 1934 年上半年的 6 厘上升到 1935 年 1 月的 2分 6 厘。在新年清算之际，任何人不管用什么抵押品，按任何利率，几乎都无法借到款。银行的新年决算也只有平时的一半。为维持新年结算的信用，国民政府通过中央银行、中国银行和交通银行来支援一些银行和企业，从而造成国家银行 19% 的损失。由于白银外流和银根紧缩，1934 年下半年中国的

---

① 《日档》，参见中国人民银行总行参事室编《中华民国货币史资料（第二辑）》，第 99—100 页。
② 参见宫下忠雄『支那货币制度论』、137 页。

对外贸易总额较上半年下降16%，政府和实业债券下降10%，上海中心地价下降15%，工业证券下降7%，企业倒闭潮在各处蔓延。政府财政税收特别是关税，也感受到日趋严重的威胁。"种种迹象证实，上涨的通货价值，就中国来说，实为灾难，因为它带来了通货紧缩。"①

面对货币紧缩和经济危机，国民政府从1934年10月15日开始征收10%的白银出口税、14%的白银平衡税来阻止白银外流，同时成立外汇平市委员会，稳定买卖外汇和生金银，以平定市面。但这些措施却引起了白银大量走私出口，正如时人所评价"白银之流出，决非征收白银出口税所能阻止，征收白银出口税后，公开流出表面虽绝迹或减少，实际上反为私运者造机会，而促进长期巨额之流出"。② 因此，国民政府不得不进一步谋求货币制度方面的改革。

（二）　与美国关于售银和稳定白银价格的交涉

1934年8月，财政部长孔祥熙致电美国总统罗斯福，要求美国阐明白银购买政策，并考虑银价的稳定和中国的利益。1934年9月，中国驻美公使施肇基照会美国政府，提出购银法案已经使得中国经济严重受损，因此中国拟实行金本位制，希望美国能够与中国进行金银互换。"中国处于主要银本位国家之地位，以为白银对于中国之关系，较之任何他国更为切要。……若银价再行高涨，则中国将受极大之损害，或有发生恐慌之可能。""中国政府以责任所在，必须设法避免银价变动之损害。现在以为中国不应单独维持银本位制度，故已考虑逐渐采用金本位货币。因此，必须吸收现金。兹美国政府既欲增加国库现银准备之比数，中国政府亦愿确知美国政府在原则上是否愿与中国政府作金银相互之交换。"③ 1934年10月12日，美国国务卿赫尔回复称，买卖金银可以在公开市场进行，政府间的金银交换可以进一步商谈。"现在购买金银，各国皆可在公开之市场进行，政府间之直接交易未

---

① 《中央银行英文档》，参见中国人民银行总行参事室编《中华民国货币史资料（第二辑）》，第117—118页。

② 郑铁如：《征收白银出口税之我见》，《宇宙旬刊（香港）》1934年创刊号，第7页。

③ 《中央银行英文档》，参见中国人民银行总行参事室编《中华民国货币史资料（第二辑）》，第120—121页。

曾实行，惟将来终可举行友好之讨论。况两国现在有共同之愿望，以达共同之制度，故敝国甚愿随时与贵国代表讨论此等较大之问题也。"①

国民政府也通过财政顾问阿瑟·杨格就中国金融危机寻求美国的协助。根据 1934 年 12 月 19 日美国驻上海总领事克宁翰致国务卿电，这一方案主要包括两点：第一，美国政府予以合作，将国外银价降至每盎司 45 美分，以制止中国白银的外流；第二，国外对中国币制改革予以积极支持，如美国通过延期交付白银来给予信贷，或通过进出口银行或其他途径来给予援助。② 同日，美财长表示，在中国国内，美国将不买白银，并将其他售银之建议告知中央银行，帮助中国政府防止走私；在中国以外，价格将稳定在 55 美分。③ 之后，国民政府中央银行就向美国出售白银与美国进行了持续的谈判和交涉。1935 年初，双方达成出售 1900 万盎司白银的协议，到 5 月中国已经交货 1410 万盎司，由于当时的银价进一步上升，中国要求将其余部分交货时间展期至 7 月底。④

（三）对美英日等国的借款交涉

随着危机的不断加深，1935 年初国民政府分别与美、英、日等国进行沟通，请求各国提供贷款以支持中国币制改革。1 月 31 日宋子文致电美国驻苏联大使，希望美国政府对于中国即将提出的借款要求给予考虑。宋子文强调："我之所以插手参与货币及财政问题，实由于这方面情况过于严重。我认为，经济尤其是货币情况所面临的不可避免的危机，可能在 3 月或者 4 月，肯定在 6 月以前，就要发生。当危机到来时，银行制度将被破坏，国家将被迫流通不兑现纸币，政府财政将完全瓦解，从而对中央政府的权力带来灾难性的后果。"鉴于这一危险形势，宋子文希望美国给予借款，"让中国将其货币联系美元，来避免即将到来的危机"；同时"将节余的一部分存银

---

① 《中央银行英文档》，参见中国人民银行总行参事室编《中华民国货币史资料（第二辑）》，第 122 页。

② 《美国外交文件》1934 年第 3 卷，参见中国人民银行总行参事室编《中华民国货币史资料（第二辑）》，第 124 页。

③ 《中央银行英文档》，参见中国人民银行总行参事室编《中华民国货币史资料（第二辑）》，第 124 页。

④ 《美国外交文件》1935 年第 3 卷，参见中国人民银行总行参事室编《中华民国货币史资料（第二辑）》，第 139—140 页。

用来满足美国的需要"。① 2 月 5 日，中国驻美公使正式向美国国务院递交请求书，要求售银和给予贷款，以便中国实行不兑现纸币的货币体制。在当前的形势下，"中国不可能提高汇率与国外银价平衡，而同时又不能防止灾难性的通货紧缩，并保持白银准备在目前的基础上。……中国曾经考虑如何才能调整它的通货和财政政策与计划，使其适应美国的政策与计划，从而调和两国的利益。因此，中国觉得除寻求可能的方法，放弃它单独保持白银本位，而采用金银合用的新币制体系外，别无选择余地，而企图将这种新币与美元发生联系，以期从目前的由于白银本位所产生的汇率不稳定情况中摆脱出来"。进而国民政府向美国提出如下要求：一是给予中国一亿美元贷款作为币制改革的长期基金；二是以将来提交的白银作抵给予中国一亿美元的信贷，以备需要时动用。② 2 月 19 日，美国国务卿对中国提出的贷款请求和白银计划进行了答复，建议国民政府与对中国币制改革有兴趣的国家接触，共同解决。"考虑到当前国际关系中的各种因素，美国政府感到尚不可能与中国达成一项如上述计划纲要中所提出的协定。但是，如果在进一步考虑之下，中国财政部长认为，适当而将上述扼要提出过的计划同时向对中国财政问题，特别是对中国的币制改革表现极大兴趣的几个外国政府提出来的话，则美国政府准备与这些接触过的其他政府和中国政府合作，来探索共同给予中国所企求的援助的可能性。"③

与此同时，中国也向英国试探借款的可能性。1935 年 2 月 9 日孔祥熙致施肇基的电文中说："关于对（英国）借款的试探，是由海关总税务司在我的指示下，在伦敦开始接洽的。后来的谈判，则由贝祖诒和李铭在上海与汇丰银行继续进行，而现在则由宋子文接办，摩列特可供给有关的消息。汇丰银行经理本星期由香港来此，彼极盼望借款成功，而且为他自己银行着想，也想使中国保持自由银本位。另一方面，英国财政部虽也知道这些谈判

---

① 《美国外交文件》1935 年第 3 卷，参见中国人民银行总行参事室编《中华民国货币史资料（第二辑）》，第 132—133 页。

② 《中央银行英文档》，参见中国人民银行总行参事室编《中华民国货币史资料（第二辑）》，第 133—134 页。

③ 《美国外交文件》1935 年第 3 卷，参见中国人民银行总行参事室编《中华民国货币史资料（第二辑）》，第 136 页。

的经过，但对这个计划不抱信心，理由是在银本位基础上要求得到根本解决是不可能的。谈判暂时停顿，等候与美国达成谅解的努力，而且谈判还在初步阶段，如果继续进行，英国最后或将提交国际银团。相信美国会重视中国愿意继续谈判的观点，因为这有助于渡过难关，或有助于今后整理内债，并取得供重建用的信贷。"①

对于向日本借款，按照孔祥熙的说法，中国官方并没有正式的要求，但日本暗示可以给予大量的贷款来帮助中国应付危机，并以之作为所谓广泛的经济合作计划的一部分，但这将等于对中国，特别是对华北的经济的控制。"他们并暗示对美国白银政策作联合抗议。我们已设法避开这些暗示。他们希望危机早来，以便供其竭力利用。很明显，他们不希望，西方国家将予中国以有效的协助，如此中国就必然要求诸他们。在这样情形之下，西方将无从反对，因为彼等不曾利用机会帮助中国。"② 宋子文在请求美国考虑向中国借款时也提到："在其他国家和在其他情况下，货币的崩溃虽然不幸，但不致如此严重，但在一个组织不健全的国家里，而又当日本为了要控制中国，目前正逼着摊牌的时候，届时中国政府就只能进行选择，要么在苛刻的政治经济条件下接受日本的借款，要么就面临着事实上在日人庇护下各省政府使用各种不同货币的情况出现。"③ 而日本对于国民政府亲美英的行为也极度不满，1935 年 4 月 6 日，日本驻天津总领事致北京若衫参事官的密电中说："中国的货币情况，悲观的因素很多。正在同'贾德干'（英国外务次官）等商谈着借款问题。某要人继续说，目前中日友好的空气正在日益高涨的时候，只为了孔、宋等，要把与日本有密切关系的张公权赶走，简直是个莫大的笑话。"④

---

① 《中央银行英文档》，参见中国人民银行总行参事室编《中华民国货币史资料（第二辑）》，第 135 页。

② 《中央银行英文档》，参见中国人民银行总行参事室编《中华民国货币史资料（第二辑）》，第 161 页。

③ 《美国外交文件》1935 年第 3 卷，参见中国人民银行总行参事室编《中华民国货币史资料（第二辑）》，第 132 页。

④ 《日档》，参见中国人民银行总行参事室编《中华民国货币史资料（第二辑）》，第 83—84 页。这里报告的是日本天津总领事与国民政府某要人的密谈内容，将"张公权赶走"指 1935 年国民政府为改组中国银行将张公权调离。

（四）李滋·罗斯访华与日本的态度

1935 年二三月，英国提议召开解决中国货币危机的五国会议，因为英美法日四国之间存在国际性协议，它们必须就中国的任何一项财政金融活动进行协商，而且日本一直强调在中国拥有优先权益，并敌视欧美各国对中国事务的干涉政策。英国政府就此向日、美、法等国分别进行通报，英国驻日大使克莱琪在与日本外相广田弘毅会面时强调："英国虽然没有接受中国政府的借款请求，但也并非对中国的经济金融困境漠不关心。不过，在对中国财政援助问题上，我方认为应从中国以及列国友好往来的立场出发加以应对。因此，英国向中国政府传达了本国政府的意向，在征得中国政府同意的基础上拟向相关各国提议，就其摆脱金融困境的解决方案进行磋商，共同商讨解决问题的对策。现特将该意向以及中国政府的意见转达给日本政府，希望与日本政府就该问题进行协商。"① 然而，3 月 14 日日本政府向驻华公使有吉明下达训令，责其向中国政府表明日方态度，"对华借款应符合中国的长久利益并尊重日本在东亚的地位，且不能成为日中亲善的障碍；最重要的是，中国应着眼于国内的和平及对外关系的安定，通过自力更生解决当前的问题"。② 日本政府不仅拒绝了单独或者联合对华借款的建议，而且反对召开列强会议。③

1935 年 2 月底蒋介石与日本驻华公使有吉明、武官铃木进行会谈，6 月 10 日国民政府发布《邦交敦睦令》等中日之间的一系列交往活动，让英国政府感到非常被动。英国政府猜测，在《邦交敦睦令》等文件发布的背后，中日之间或许存在着某些交换条件。英国驻日大使克莱琪接受英国政府指派前往日本外务省，向外务次官重光葵提出，"对华提供借款只会增加中国的负债，不会给中国带来丝毫的利益"，以此牵制日本，不

---

① 外务省亜細亜局『「リースロス」ノ渡支』（昭和十一年六月）、多田井喜生編『続・現代史資料 11　占領地通貨工作』、63 頁。

② 外务省亜細亜局『「リースロス」ノ渡支』（昭和十一年六月）、多田井喜生編『続・現代史資料 11　占領地通貨工作』、63—64 頁。

③ 参见木畑洋一「リース＝ロス使節団と英中関係」、野沢豊編『中国の幣制改革と国際関係』東京大学出版会、1981、201—209 頁。

让其向中国提供借款。与此同时，英国政府也认为，日本或许已经决定向中国提供财政援助。[①] 日本政府的态度促使英国政府改变了工作方向，将重心放在向中国派遣财政专家之上，这最终促成了李滋·罗斯的中国之行。

1935 年 3 月 22 日，英国政府的外务和财政当局召开联合会议，会议决定为援助中国的财政建设，英国政府将派遣金融财政问题专家赴华开展工作。[②] 3 月 27 日，英国财政部次官威尔逊在回答日本驻英大使松平恒雄的质疑时就专家的地位进行了说明，"英国政府驻华公使馆缺少一个能充分理解财政上技术问题的专家，为此政府决定指派一名专家协助公使开展工作，希望其他国家也能采取同样的措施"。[③] 在专家人选和其所承担的任务问题上，英国政府的外务、财政当局之间存在意见分歧。外务当局认为，派遣人员主要发挥辅助性作用，为驻华公使提供技术性援助；而起主导作用的财务当局则认为，接受派遣的人员需要承担更重要的工作。同时，财政部在人选问题上也颇费了一番周折，直到同年 6 月才确定具体人选为当时政府的首席经济顾问、在经济外交方面发挥着重要作用的弗雷德里克·李滋·罗斯。[④] 6 月 11 日，驻日英国大使克莱琪通知日本外务次官重光葵，英国政府决定任命李滋·罗斯爵士为英国驻华大使馆经济顾问。7 月 3 日，李滋·罗斯会见日本驻英大使松平恒雄，表明其使命仅仅是就中国的货币问题进行研究，有关中国事宜不会在不事先通告日本的情况下进行，他将先行访问日本并与各方面人士接触。[⑤]

李滋·罗斯访华是受英国财政大臣张伯伦的指派，并得到对日采取姑息政策的鲍德温首相的支持。李滋·罗斯自己也积极地和有关方面接触，收集情报，制订具体方案。他的计划方案是建立在英国财政部和英格兰银行的观

---

① 東京日日新聞社編『国際戦を呼ぶ爆弾支那』東京日日新聞社、大阪毎日新聞社、1935、2 頁。

② 木畑洋一「リース＝ロス使節団と英中関係」、野沢豊編『中国の幣制改革と国際関係』、207—208 頁。

③ 外務省亜細亜局『「リースロス」ノ渡支』（昭和十一年六月）、多田井喜生編『続・現代史資料11 占領地通貨工作』、64 頁。

④ 木畑洋一「リース＝ロス使節団と英中関係」、野沢豊編『中国の幣制改革と国際関係』、207—208 頁。

⑤ 外務省亜細亜局『「リースロス」ノ渡支』（昭和十一年六月）、多田井喜生編『続・現代史資料11 占領地通貨工作』、64 頁。

点之上的。在李滋·罗斯的意见征求表上，英格兰银行总裁诺曼给出的建议是，中国的货币要脱离白银，变成纸币，将汇率贬低到 1 先令 2 便士的水平，并和英镑挂钩；中国可能未必需要借款，但是英国可以在各国共同担保的前提下在伦敦筹集 1000 万英镑。[①] 李滋·罗斯于 1935 年 8 月下旬从英国出发。考虑到日美之间的关系，为回避与同日本关系微妙的美国当局接触，李滋·罗斯的行程安排为经由加拿大前往日本和中国。1935 年 9 月 6 日，李滋·罗斯抵达横滨。他要向日本政府通报英国政府为解决中国问题提出的提案，并通过和日本朝野人士交换意见，摸清日本政府及各界的态度。

李滋·罗斯抵达日本后，于 1935 年 9 月 10 日首先和外务大臣广田弘毅举行会谈。在会谈中李滋·罗斯提出以英国承认伪满洲国，并从中斡旋促使国民政府也承认伪满洲国为条件，日英两国共同向中国提供 2 亿日元借款的方案。但是广田说："国民政府在事实上已经承认了满洲国，而且日本现在也满足于现状，至于借款还存在着国民政府会把它用在何处的问题。"[②] 17 日，李滋·罗斯与外务次官重光进行会谈时，李滋·罗斯提到有必要让中国在外国的援助之下进行货币改革，以保障政治和财政的稳定，并且又提起他的借款计划。但重光以个人观点的形式向李滋·罗斯表达了日本政府的态度，他说日本强烈反对英国政府制定的对华贷款方案，日本拒绝向中国提供任何帮助，也强烈反对其他国家对中国货币改革提供任何形式的援助，并声称中国的币制改革在日本的反对下将难以实行，至于伪满洲国问题，完全不需要日中之外的第三国插足。[③] 从李滋·罗斯和广田、重光的会谈中可以看出，不管是对李滋·罗斯提出的共同借款方案还是货币改革提案，日本政府都持反对态度。

李滋·罗斯还顺便会见了财务大臣高桥是清、日本银行总裁深井英五、

---

① Stephen L. Endicott, *Diplomacy and Enterprise*：*British China Policy 1933 – 1987*, Manchester University Press & University of British Columlia Press, 1975, p. 106.

② 広田外務大臣「サア、フレデリック、リース・ロス」トノ会談要領（重光次官及ヒ「クライブ」大使同席ス、昭和十年九月十日午後四時）、外務省編纂『日本外交年表竝主要文書』下巻"文書"、原書房、1966、298 頁。

③ 重光次官ト「リース・ロス」トノ会談（津島大蔵次官及「クライブ」大使列席、昭和十年九月十七日於次官マ邸）、外務省編纂『日本外交年表竝主要文書』下巻"文書"、301—303 頁。

横滨正金银行行长儿玉谦次，询问他们关于中国货币改革的看法。根据李滋·罗斯的记述，三人的见解各不相同。高桥认为"中国应该降低纯银含量，继续保留银本位"，深井认为"中国应该脱离银本位制，将货币与英镑或美元挂钩"，儿玉没有就中国的货币改革发表看法，而是一直在说日本货币的前途也并不平坦。由此可见，日本的金融首脑们对中国的货币改革都持消极态度。此外，在日期间他见到了旧交——日本驻英国原大使松平恒雄。松平告诉他现在日本陆军有很大的发言权，陆军军部不欢迎他访华，所以外务和财政大臣都不敢对他表示支持，这让李滋·罗斯对日本的对华政策有了更深层的认识。①

9 月 21 日李滋·罗斯抵达上海后，携英国财政部帕奇、英格兰银行罗杰斯与中国银行家就中国货币改革进行协商。根据美国驻华大使詹森的备忘录，在其与日本人士的会谈中，日本大使有吉明说，李滋·罗斯有把中国货币与英镑联系起来的打算，但因为中国政局极不稳定，这是一件难以办到的事情。"孔、宋所期望的借款也很难实现，这不仅是由于中国政府不稳定，还由于没有担保。（在这方面我的感觉是，有吉明认为，就其能阻止这样的借款来说，中国政府的不稳定倒不值得遗憾的。）我提及'满洲国'的货币已钉住日圆这一事实。有吉明承认是这样的，但认为情况有所不同，在'满洲国'那里有一个稳定的政府，就比较易于通过钉住日圆来稳定他们的货币。"②

李滋·罗斯想要为英国争取权益，强烈希望英国可以单独对华提供借款，但英国外交部担心英国单独提供借款会导致英日之间的关系恶化，因此他的主张没有得到英国政府的许可，最终国民政府从英国借款 1000 万英镑的提议未果。为了进一步争取英日联合贷款，10 月 28 日李滋·罗斯和克莱琪大使一起去南京会见日本驻华大使有吉明，英日双方围绕着 1000 万英镑借款计划进行了密谈。李滋·罗斯想通过这次密谈了解日本政府有没有意向参与借款，还应日方的要求于 29 日提出了具体的计划案。李滋·罗斯指出，英日双方不能对中国的财政现状置之不理，因为其中潜伏着危机。要想解决

---

① 岩武照彦『近代中国通貨統一史：十五年戦争期における通貨闘争』（上）、107—108 頁。

② 《美国外交文件》1935 年第 3 卷，参见中国人民银行总行参事室编《中华民国货币史资料（第二辑）》，第 167—168 页。

问题中国必须进行通货改革，为此英日双方要为中国的通货改革筹措资金。借款计划金额为 1000 万英镑，期限约 35 年，利率为五分左右，主要以中国关税收入（其他还应考虑海关管辖下的烟草专卖）为担保。这些措施关系到日本及有关各国的利益，他恳请日方赞同。[1] 此后，英方也多次就中国的币制改革请求日本政府给予援助，但日本政府的态度是，借款计划和币制改革是互不相关的问题。关于前者，"中国全盘性经济改革应建立在自力更生的基础之上，靠外国借款不仅难以取得预期的成果，而且反而会使中国的财政变得更加困难"。而针对后者，"币制改革还需要看今后的发展趋势，现银强制性向中央集中最终恐怕会导致全国性经济破产，对此不能袖手旁观"。11 月 9 日，日本政府训令有吉大使公开表明上述宗旨，同时通过报刊等向英方表达了日本政府的反对态度。11 月 15 日，外务大臣广田弘毅向驻日英国大使克莱琪说明了日本政府的反对立场，日本驻中大使有吉明也根据日本政府的"内训"就日方立场向李滋·罗斯进行了传达。[2]

（五）关于币制改革的国内讨论

1935 年春，耶鲁大学的詹姆斯·罗斯教授在美国财务部长摩根索的授意下来到上海，其目的是调查中国的财政金融情况。马寅初于同年 6 月向罗斯教授提交了长篇意见书。意见书的译文以《我国银本位应放弃乎？抑应维持乎？》为题在《大公报》上连载，该意见书详细描述了美国实行购银政策以后中国官民是如何齐心协力共同应对的，"国民政府现在还在犹豫要不要采取贬值政策，但我认为应该放弃银本位制，采取贬值政策，以稳定人心"。关于放弃银本位之后的政策，他说"实行管理外汇，和特定国家的货币挂钩，中央银行集中发券并进行通货管理，以求得外汇与国内物价的稳定"。在汇兑和通货管理体制建立健全之前，国民政府可以"采取有限制的

---

① 参见有吉明致外务大臣广田第 874 号电文，1935 年 10 月 29 日，『中国ニ於ケル貨幣関係雑件／幣制改革問題』第一卷、国立公文書館アジア歴史資料センター、B08060894700。

② 外務省亜細亜局『「リースロス」ノ渡支』（昭和十一年六月）、多田井喜生編『続・現代史資料 11 占領地通貨工作』、65—66 頁。

货币贬值政策"的折中做法。[①] 王廉之认为国民政府应该马上采取管理货币政策，宣布停止中央银行券的兑换，禁止金银出口，所有金银都应交与中央银行并换取新纸币。[②] 张素民更是指出了放弃银本位属于必然趋势，"海外的银价愈高，中国的银价因平衡税的关系，必然愈较低；于是海外银价与中国银价之差额必更大，平衡税率必更高，偷运出口的利益必更多。如果我们能绝对禁止偷运出口，则这个办法确是统制银本位之一重要方法。但是我国的海岸线很长，香港、大连和山海关以外，又非我主权所能及。绝对禁止白银的偷运出口，实难办到。"并且，我国已经成为世界上唯一的银本位国家，导致"我们的币值，时受世界银价变动的影响"。在这种局面之下，"我们必无法维持银本位，我们必须被迫放弃银本位"。[③] 以马寅初的意见书为契机，关于经济问题的讨论重点由金融恐慌和银价政策转移到了是否进行废除银本位的货币改革上。朱偰指出，银本位的放弃是必然的，但不可操之过急，在此之前应及时就两点做出准备，一是迅速集中发行权，集中现银，以有效管理通货；二是迅速收回银币，置于中央银行或重要银行团的管理之下，使市面仅有纸币流通。[④]

但在法币改革的具体计划制订过程中，并没有看到来自中国民间的专家们参与讨论，也没有资料显示他们参与了具体方案的策划。也就是说，币制改革在表面上，或者在正式场合，并没有采纳民间专家的意见，而是由财政部一手策划的。[⑤]

四 法币改革的实施

1935 年 6 月，当英国决定派遣李滋·罗斯来华时，鉴于当时的形势，宋子文表示"指派已经为时过晚"。英国公使也感受到当时局势的严重性。

---

① 马寅初：《我国银本位应放弃乎？抑应维持乎？》，《大公报》1935 年 6 月 5 日—8 日。另外，该论文也发表在《银行周报》1935 年第 19 卷第 22 期。

② 参见王廉之《中国可实行通货膨胀政策乎？》，《大公报》1935 年 6 月 13 日。

③ 张素民：《怎样解决币制问题》，《文化建设月刊》第 1 卷第 4 期，1935 年，第 44—45 页。

④ 参见朱偰《世界通货战争之现阶段及中国应取之对策》，《东方杂志》第 32 卷第 13 期，1935 年，第 40—41 页。

⑤ 参见岩武照彦『近代中国通貨統一史：十五年戦争期における通貨闘争』（上）、109—110 頁。

在李滋·罗斯到达中国之前，中国银行董事长宋子文、财政部长孔祥熙通过与汇丰银行的接触和沟通寻求帮助，汇丰银行上海经理亨奇曼通过操纵汇率维持了中国货币的稳定。[1] 美国虽然没有指派专家来华，但也始终关注着中国的货币金融形势。1935 年 8 月，香港脱离银本位而与英镑相联系，美国担心内地也仿效香港，表示愿意尽力为中国提供帮助。1935 年 10 月，中国与美国的售银谈判取得重大进展，为在没有取得国外贷款的情况下实施币制改革奠定了基础。

（一）与美国售银协议的达成

1935 年 10 月 8 日，国民政府财政部长孔祥熙向驻美公使施肇基传达了政府决定，即在实施币制改革的同时将向美国政府出售白银。10 月 26 日又发出进一步的指示：中国中央银行作为中国政府的财务代理人并由其担保，准备出售 1 亿盎司白银，出售白银所获外汇用于建立基金，以稳定汇率。施肇基于 28 日拜访美国财政部长摩根索，转达国民政府将分两次出售 1 亿盎司白银的意向，摩根索表示美国政府将予以考虑，并要求国民政府提供财政和货币计划，以及基金的用途。11 月 1 日，孔祥熙又向施肇基传达了币制改革计划，并请其秘密通知美财政部长。该计划包含以下六项内容："1. 稳定外汇价格在一定的水平。2. 改组中央银行为中央准备银行，性质上为各银行和一般公众所公有，它将是一个独立机构。改组后的银行将掌握银行系统的准备金，代理国库，为银行之银行，享有发行特权。其他银行发行的钞票将在两年内收回。3. 成立特别质押银行来帮助商业银行的周转，并采取措施来加强对商业银行的管理。4. 商借一千万英镑外债，作为控制汇价的基金。另外的外汇则将从出售一部分白银中得到。由于商借外债需要时间，管制汇价的是否成功，将取决于能否立即出售大量的白银。5. 在今后十八个月内实现预算平衡的办法：（1）在情况许可下节省开支；（2）延长内债的偿还期限，因为一半以上的内债，将在五年内到期；（3）使用出售中央银行股票所得的款项；（4）计划中的改革将导致迅速的经济进展，这将使政府收入增加。6. 出售白银所得的款项，将用作改革币制和加强中央银行

---

[1] 参见中国人民银行总行参事室编《中华民国货币史资料（第二辑）》，第 165、239 页。

的外汇基金。愿同意用款时通过美国银行，并将关于基金的用途随时通知美财政部代表。白银几乎可以立即交货。"[1]

当时，美国总统已经接到日本关于华北各省要求的报告，即华北五省自治的"多田声明"和包含舍弃依赖英美而与日本合作内容的"广田三原则"，并为此深感不安。同时，国民政府的币制改革也有向英国借款并与英镑挂钩的可能。国民政府告知美国，币制改革将于 11 月 3 日开始实施，该计划是经过一年的长期考虑形成的，中英日三国之间不存在共同对话的基础。在此背景下，双方经磋商在 11 月 3 日达成以下意向：（1）美国同意向中国购买 1 亿盎司白银，并考虑进一步的收购，收购价格为 $65\frac{5}{8}$ 美分，比纽约市价高出 2/8 美分；（2）国民政府保证将出售白银所获收入全部用于稳定通货；（3）国民政府设置由三人构成的稳定汇率委员会，其中两名委员为美国人；（4）白银销售收入存于纽约的美国银行；（5）由中国政府确定银元与美元的固定汇率。11 月 6 日，经过交涉美国不再坚持第三项中"关于所有发行准备管理委员会一切行动应先取得顾问委员会同意的建议"，而美国仍然坚持要求银元必须钉住美元，这也是双方最大的争议点。11 月 8日，孔祥熙解释说不便宣布法币与任何外币有联系，"供售的白银是纯粹的财务交易，不包含任何意义可解释为这是对我们内部安排的限制，或美国的某种约束。日本对币制改革命令已感到极大冲动，怀疑我们与英国有所协议并与英镑联系，虽然都是莫须有的。币制改革令谨慎地措辞，不确切地说出与任何特种通货联系，其中一部分理由，也就是为了避免遭人反对。若我们同意与美元或黄金联系，我们不禁要问：美国是否准备协助向日本解释。全国对命令出乎意料地拥护接受，外商对于现在新币可兑换任何外币的安排也感到满意。为了我们自己的利益，我们必须保持现在的水平，因为任何破裂，将意味着对新币全部信心的丧失。相信（美）财长当能了解我们的困难，而立即签订购银协定"。[2]

11 月 13 日，中美双方正式达成售银 5000 万盎司的协议，之后国民政府

---

① 《中央银行英文档》，参见中国人民银行总行参事室编《中华民国货币史资料（第二辑）》，第242—243 页。

② 《中央银行英文档》，参见中国人民银行总行参事室编《中华民国货币史资料（第二辑）》，第246 页。

与美国沟通对外正式公布向美国售银以增强法币信心。到 12 月 30 日中国已经装运 4000 万盎司，余数定于 1936 年 1 月 7 日装运。由于订货已快交完，中国提出再售银 5000 万盎司，除价格外一切条件如前，合同签订后 3 个月内交货。[①] 国民政府实施币制改革之初，仅有 3000 万美元的外汇基金，向美国售银保证了币制改革后的汇率稳定。

（二）财政部公告与法币政策

1935 年 11 月 3 日国民政府财政部发布公告，并于 11 月 4 日签署财政部长宣言，宣布实行币制改革。

> 近来国内通货益加紧缩，人心恐慌，市面更形萧条，长此以往，经济崩溃必有不堪设想者。政府为努力自救，复兴经济，必须保全国家命脉所系之通货准备金，以谋货币金融之永久安定。兹参照近今各国之先例，规定办法，即日施行。
>
> 一、自本年（1935 年）十一月四日起，以中央、中国、交通三银行所发行之钞票定为法币。所有完粮纳税及一切公私款项之收付，概以法币为限，不得行使现金，违者全数没收，以防白银之偷漏；如有故存隐匿，意图偷漏者，应准照违害民国紧急治罪法处治。
>
> 二、中央、中国、交通三银行以外，曾经财政部核准发行之银行钞票，现在流通者，准其照常行使；其发行数额，即以截至十一月三日止流通之总额为限，不得增发；由财政部酌定限期，逐渐以中央钞票换回，并将流通总额之法定准备金，连同已印未发之新钞，及已收回之旧钞，悉数交由发行准备管理委员会保管；其核准印制中之新钞，并俟印就时，一并照交保管。
>
> 三、法币准备金之保管，及其发行收换事宜，设发行准备管理委员会办理，以昭确实，而固信用。其委员会章程另案公布。
>
> 四、凡银钱行号商店及其他公私机关或个人，持有银本位币或其他

---

① 《中央银行英文档》，参见中国人民银行总行参事室编《中华民国货币史资料（第二辑）》，第 247—249 页。

银币、生银等类者，应自十一月四日起，交由发行准备管理委员会或其
指定之银行，兑换法币。除银本位币按照面额兑换法币外，其余银类，
各依其实含纯银数量兑换。

五、旧有以银币单位订立之契约，应各照原定数额，于到期日，概
以法币结算收付之。

六、为使法币对外汇价按照目前价格稳定起见，应由中央、中国、
交通三银行，无限制买卖外汇。

以上办法，实为复兴经济之要图，并非以运用财政为目的。即中央
银行之组织，亦将力求改善，以尽银行之银行之职务。①

11 月 4 日的财政部长宣言除重申法币政策中的第一、四、五、六条款
外，还强调了中央银行职能的转变和政府的财政整理。"现为国有之中央银
行，将来应行改组为中央准备银行……而克以全力保持全国货币之稳定。中
央准备银行，应保管各银行之准备金，经理国库，并收存一切公共资金，且
供给各银行以再贴现之便利。中央准备银行并不经营普通商业银行之业务，
惟于二年后，享有发行专权。"② 国民政府将健全商业银行制度，增加其活
力，并专设不动产抵押银行；关于财政整理之措施，业已准备就绪，再过
18 个月，国家预算即可实现收支平衡。

11 月 3 日和 4 日，军事委员会委员长蒋介石通电全国，要求各级军事
长官、各级政府对于各项法币法令"亟应协助实行，以期普及"，维持治
安，保护银行，所属国营事业机关一律代为收换法币。财政部电令各商会、
各银钱业公会将各地银行和钱庄库存钞票、现金查明报部，"其一时无法兑
换法币各地方，姑准暂时保持市面原有习惯"，并由各公会、各税收机关将
银币、生银等银类暂时收换，运赴有法币各地方兑换法币。③ 财政部呈请行
政院组设发行准备管理委员会，并公布《发行准备管理委员会章程》。章程

---

① 《财政部档》，参见中国人民银行总行参事室编《中华民国货币史资料（第二辑）》，第 181—
182 页。

② 《财政部档》，参见中国人民银行总行参事室编《中华民国货币史资料（第二辑）》，第 179 页。

③ 《财政部档》，参见中国人民银行总行参事室编《中华民国货币史资料（第二辑）》，第 182—
183 页。

规定，发行准备管理委员会遵照政府法令，保管法币准备金，并办理法币发行收换事宜（第二条）；发行准备管理委员会每月应检查准备库一次，将发行数额及准备种类数额分别公告，并呈报财政部备案（第七条）。11 月 11 日，进一步组设天津、汉口和广州分会，开展法币发行和白银收兑工作。①

（三）白银的收兑和法币发行

1935 年 11 月 15 日国民政府正式公布《法币兑换办法》，要求除工业艺术或其他必须用为原料的银类外，持有银币、厂条、生银、银锭、银块及其他银类的银钱行号、商店及其他公共团体或个人，应于 11 月 4 日起 3 个月以内（即 1936 年 2 月 3 日为止），就近交各地兑换机关换取法币，禁止银币流通。到 1936 年 1 月 16 日，"查核各地银币、银类未能如期兑换法币者，为数尚多，而偏远地方，现尚无法币流通，亟待推行者亦属不少"，因此国民政府决定将原定期限延后 3 个月，即截止日期改为 5 月 3 日。4 月 27 日，财政部决定对偏远省区及法币尚少流通地区的兑换事项，仍然继续办理，"将来由部斟酌各地兑换情形，随时随地分别明令截止"。到 1936 年 9 月 25 日，中国、中央、交通、农民四行收兑银币，共计 3 亿余元。②

根据法币法令，中央、中国、交通三银行所发行的钞票转换为法币。对于三行以外银行，由发行准备管理委员会对其发行储备和未发行的银行券进行回收和整理。关于法币以外纸币的回收情况，据孔祥熙在中央政治会议的报告中说，到 1936 年 6 月底，回收、兑换的总额有 1 亿 3900 万元，残存的流通额为 9300 万元，回收率为 59.9%。③ 根据日本大使馆岩井商务参事的报告，在上海设总行的八家主要银行，币制改革之时法币以外纸币的发行额是 2 亿 1000 万元，到了同年 8 月已经减少到了 7300 万元，回收率达到 65.2%，回收了将近 2/3，到年底有望全部回收。④ 其他地区的法币流通率，

① 《财政部档》，参见中国人民银行总行参事室编《中华民国货币史资料（第二辑）》，第 196—197 页。

② 《财政部档》，参见中国人民银行总行参事室编《中华民国货币史资料（第二辑）》，第 184—188 页。

③ 《民国廿三年会计年度及该期以后财政情形报告》，《统计季报》1936 年第 8 期，第 69 页。

④ 上海大使馆岩井商务参事馆第 276 号电文，1936 年 10 月 13 日，『中国ニ於ケル货币关系杂件/币制改革问题』第一卷、国立公文书馆アジア历史资料センター、B08060894600。

根据《中华民国二十四年度邮政储金汇业事务年报》，到 1935 年底，西川（四川省西部）和福建两个邮政区最高，分别是 93% 和 92%，江西是 88%，东川（四川省东部）是 85%，湖北是 84%，安徽是 82%，上海、江苏都是 80%，山东是 84%，河北是 77%，北平是 64%，不过在广东和云南、山西都只有 20% 左右的低流通率。[①] 在法币改革前一天即 1935 年 11 月 3 日，三行发行的法币总额还只有 4 亿 2741 万元，到了第二年底已经增加到了 10 亿 9400 万元。其中包含了回收和兑换的其他银行的纸币和现银，其数量至少也有 3 亿元。[②] 到 1937 年 3 月 27 日，三行的法币发行总额是 11 亿 7200 万元，加上新成为法币的中国农民银行券 2 亿元、其他有发行权的 8 家私营银行的 7700 万元，法币的发行额总计 14 亿 4900 万元。还有尚未统一的广东省银行券（毫洋）3 亿 200 万元，约合法币 2 亿 100 万元。法币发行额总计为 16 亿 5000 万元，折合美元 4 亿 9500 万元。[③]

（四）对外商银行存银的接收

对于法币改革，中国政府不仅要兑换华商银行的现银和纸币，而且也希望接收愿意合作的外商银行的全部存银。如何处理外国银行的存银也是法币改革成功与否的一大关键。1935 年 11 月 2 日，汇丰银行经李滋·罗斯劝告，"已准备将其存银移交换取中央银行钞票，（英国方面）现正草拟敕令，以便按上述方式来进行合作"。[④] 法币改革法令公布后，11 月 4 日清晨，英国大使宣布英国王令，积极支持国民政府的币制改革，要求英国公民不论法人还是个人，只要是在中国境内居住或营业，一应债务支付都禁止使用现银，否则处以三个月以内之监禁，或连带苦工，或五十镑以下之罚金等。[⑤] 11 月

---

①　参见邮政储金汇业局《中华民国二十四年度邮政储金汇业事务年报》，《银行周报》第 21 卷第 5 期，1937 年，第 12—13 页。

②　Young, Arthur Nichols, *China's Nation – Building Effort, 1927 – 1937*, Hoover Institution Press, 1971, p. 486, Appendix 17.

③　《中央银行英文档》，参见中国人民银行总行参事室编《中华民国货币史资料（第二辑）》，第 270 页。

④　《美国外交文件》1935 年第 3 卷，参见中国人民银行总行参事室编《中华民国货币史资料（第二辑）》，第 209 页。

⑤　《英使通令英侨禁用现银》，《商业月报》第 15 卷第 11 期，1935 年，第 6—7 页。

3 日深夜，日商银行召开紧急会议达成协议，反对将库存白银出售，但不反对按照纸币进行交易。11 月 9 日，上海外商银行同业公会主席致中国财政部函称，外商银行全体会员都表示愿对中国政府 11 月 3 日的货币法令进行充分合作，但目前他们对移交所掌握的白银库存还不能做出决定。① 根据美国驻上海领事的电报，各外商银行对移交存银的态度为：如果其他银行同意，英美籍银行愿意移交；欧洲银行移交的条件是要求中国交付一定数额的补偿费用；唯有日本银行不愿意移交。

到 1936 年 1 月 11 日，除日本银行外，所有外国银行都以外商银行同业公会为中心达成协议，和中方交涉并同意了补偿条件，开始安排将存银移交中央银行。其条件是将现银按面值全额兑换成法币，中央银行与外商银行彼此存放等于移交白银 2/3 的存款，外商银行存中央银行款项按 6 厘计息，中央银行存外国银行款项按 1 厘计息。外商银行交出的存银总数略低于 2600 万元，日本银行仍然持有 1400 万元左右。② 到 1936 年 10 月初，除日本银行外的各外国银行的存银已经锐减至 600 万元左右。③

11 月 4 日国民政府发布币制改革令时，日本的六家银行，即正金、三井、三菱、住友、朝鲜、台湾的现银保有量按地区分别为上海 9705136 银元、青岛 1927000 银元、天津 5227000 银元、北平 52044 银元、汉口 213817 银元，总计 17124997 银元。④ 这些银行的现银接受问题，直到中日全面开战，在华北地区（包括青岛）仍然没有得到处理。但在上海，双方一直进行着交涉。最初，日本六家银行在反复商议之后，顾虑到驻地陆军强硬的反对态度，最终达成协议，"等中国完成全部的白银国有化并且新币制得到彻底实施以后再和中方商议此事"，决定暂时静观其变，不单独行动，如果要行动也要六行一致行动。⑤

1937 年林铣十郎内阁上台，外相换成了佐藤尚武，日本的对华方针也由之

---

① 《日档》，参见中国人民银行总行参事室编《中华民国货币史资料（第二辑）》，第 209—210 页。

② 《美国外交文件》1936 年第 4 卷，参见中国人民银行总行参事室编《中华民国货币史资料（第二辑）》，第 211 页。

③ 東京銀行編集『横浜正金銀行全史』第 4 卷、287 頁。

④ 单位银元是根据 1 元银货（旧本位通货）的枚数计算。参见東京銀行編集『横浜正金銀行全史』第 4 卷、288 頁。

⑤ 東京銀行編集『横浜正金銀行全史』第 4 卷、287 頁。

前的"广田外交"换成了"日中亲善"。以横滨正金银行儿玉谦次为团长，12名日本财界代表访华，并和中国方面达成了经济合作协议。在这期间，儿玉团长在和孔祥熙的会谈中确定了先将上海、汉口、广州的日本银行存银按一年前其他外国银行的条件移交给国民政府，而北京、天津、青岛的存银移交问题今后另行商议。儿玉谦次之所以如此行事，是为了顾及日本政府和中国驻屯军之间微妙的关系。① 3月31日，在上海的日本六家银行向中央银行移交总计892.6万元的现银。② 至此，日本在华银行的现银接收问题才得到解决。

（五）稳定外汇与中美货币协定

根据财政部公告第六项"为使法币对外汇价按照目前价格稳定起见，应由中央、中国、交通三银行，无限制买卖外汇"，维护法币信用的关键就在于对外汇价的稳定，而外汇价格的稳定则意味着需要足够的外汇基金。所谓"目前价格"就是币制改革发表当天（即1935年11月4日）中央银行发表的汇率，对英镑为1元兑1先令2.5便士，对美元是100元兑29.75美元，对日圆为100元兑103日元。③ 对英镑1先令2.5便士的汇率制定，依据的是从1930年至1934年这五年来中英汇率的平均值，这比1935年1月到10月对英镑的平均汇率1先令6.66便士低了22%，等于把汇率修正到了没有受到美国白银政策影响时的水平。而对美元的汇率却较五年来平均汇率增长10%，对日圆的汇率增长20%以上。因此法币汇率的确定反映了与英国货币联系的含义。④ 日本虽然对法币改革采取敌视和对抗的态度，但并无力破坏法币汇价的稳定。法币改革后的11月11日，日方银行通过法币购买了125万美元，但对当时中国3000万美元的外资储备来说构不成任何威胁，相反中国利用这次外汇攻击，把原定和美国的2000万盎司的售银交易增加到了5000万盎司。进入12月以后，美国中止了购银，当月12日日本又趁机利用法币购入250万美元，但同样没有对中方构成威胁。⑤

---

① 児玉謙次『中國回想録』日本週報社、1952、183頁。
② 東京銀行編集『横浜正金銀行全史』第1卷、東京銀行、1980、365頁。
③ 宮下忠雄『支那貨幣制度論』、292頁。
④ 参见中国人民银行总行参事室编《中华民国货币史资料（第二辑）》，第264页。
⑤ 岩武照彦『近代中国通貨統一史：十五年戦争期における通貨闘争』（上）、130頁。

美国为促成法币与美元挂钩，于 1935 年底停止在伦敦市场购银，导致伦敦银市急转直下。银价从法币政策推行前的近 30 便士，下跌至 19 便士上下，对中国法币政策造成了极大威胁。伦敦银价与法币汇价平价应为 17.7 便士，如果银价跌破这一平价，法币对英镑 1 先令 2.5 便士的汇价将不易维持。世界白银又将流入中国，投资者可以按照实际含纯银数量兑换法币，再以法币向中央银行购买先令。为此，中央银行的外汇储备顷刻可尽，法币汇价必将跌落。由于英国既无财力用英镑大量收购中国白银，将其所购白银的英镑用于中国货币的外汇保证，也不能通过对华借款解决中国的财政困难和外汇储备问题，因此银价下跌使得中英币制联系开始发生动摇。[1]

1936 年 1 月，中国就银价问题寻求与美国会谈。孔祥熙在向美国财长反映中国财政困难时谈道："我们正在努力维持汇价在现在的水平上，并通过改善银行和铸币制度来提供通行全国的健全统一的通货。"他同时表示，由于财政上的赤字和国际局势，通货将处于易受攻击的地位。尽管改革方案实施时，在技术上是有利的。一则因为汇价水平是相对的低，二则市场已购进过多的外国货币。但国民政府的外汇储备并不充分，一方面是库内白银不能直接用来维持汇价；另一方面更为重要的是当银价在几个星期内就贬低 1/3 时，必将使公众的信心受到打击。因此国民政府极希望与美国政府在白银问题上进行合作。[2]

1936 年 2 月 8 日，孔祥熙决定派以陈光甫为首的代表团赴美就中国币制和贷款有关问题进行商谈。双方代表经过一个多月的谈判，最终达成中美货币协定。美财政部向中国承购 7500 万盎司白银，并提供 5000 万盎司的贷款，中国可以 2000 万元为限度，必要时支用美元。1936 年 5 月 17 日，孔祥熙发表财政部长宣言，为"谋金融之安全，而增法币之保障"，规定实施以下货币事项："一、政府为充分维持法币信用起见，其现金准备部分仍以金银及外汇充之，内白银准备最低限度应占发行总额的百分之二十五。二、政府为便利商民起见，即铸造半元、一元银币，以完成硬币之种类。三、政府为增进法币地位之巩固起见，其现金准备，业已筹得巨款，将金及外汇充分

---

① 参见中国人民银行总行参事室编《中华民国货币史资料（第二辑）》，第 263—266 页。

② 《中央银行英文档》，参见中国人民银行总行参事室编《中华民国货币史资料（第二辑）》，第 252—253 页。

增加。"①5月18日美国财政部长摩根索发表声明,确认美国将向中国购买巨额白银并供给美元外汇,"我确信中国国民政府所采取的通货计划,不仅是循着健全的道路前进,而且是走向稳定世界通货这一目标的一个重要步骤。为了协助他们对这个目标的努力,为了对他们的币制改革和稳定通货的计划与他们合作,并按照我们的购银政策,我们已肯定地表示了,在双方都能接受的条件下,我们愿向中国中央银行收购巨额白银,同时还在两国利益都有保障之下,供该行以美元外汇,作为稳定通货之用"。②中美货币协定正是对早在1935年2月就提出的货币计划的具体落实,即放弃银本位制度,采用金银合用的新币制体系,并将这种新币与美元发生联系。1/4的白银储备比例与美国的完全一致。按照财政部长宣言第二项,1936年5月22日国民政府向美国造币厂定铸500万一元币和500万半元币,成色七成二分。

对于中美财长的声明,根据美国驻中国各领事馆收集的信息,在烟台、汉口、香港和上海均为赞成的反应,而在厦门、广州、福州、汕头、天津、济南和青岛则反应混乱,在广州还有人提出中美协定使中日公开冲突的可能增大。③1936年7月21日,日本的报纸报道了中美协定的内容:规定由美国购买中国的白银;美国对统一中国的通货和税收、修改关税、控制对外贸易诸方面予以协助;由中国向美国购买铁路器材、汽车、飞机等;由美国政府向出售的辛迪加担保;美国保证禁售军械给反对南京国民政府的地方政权;由美财政部签发根据该协议运往中国货物的特别许可证。报纸最后还评论说,外务省的态度是反对任何国家对中国的经济援助。美国通过驻日大使回应称,美国对统一中国通货和税收的协助仅为顾问性质,其他各项所谓美国协助是没有事实根据的。④

中美货币协定巩固了中国的外汇储备,维护了法币稳定。按照中央银行的报告,截至1937年4月30日,中国三大行(中国、中央、交通)运存国

①　《金融法规汇编》,参见中国人民银行总行参事室编《中华民国货币史资料(第二辑)》,第258页。

②　《中央银行英文档》,参见中国人民银行总行参事室编《中华民国货币史资料(第二辑)》,第260页。

③　《美国外交文件》1936年第4卷,参见中国人民银行总行参事室编《中华民国货币史资料(第二辑)》,第260页。

④　《美国外交文件》1936年第4卷,参见中国人民银行总行参事室编《中华民国货币史资料(第二辑)》,第267—268页。

外的金银和外汇保有量总计 16972.6 万美元，比 3 月的数字增加 1321.4 万美元。其中包括美国联邦准备银行账户 4498.3 万美元、5000 万盎司白银贷款账户 2250 万美元、存旧金山白银 544.1 万美元、存香港白银 1735.2 万美元，三行的外汇和黄金运营资金 7945 万美元。其中，运存国外白银账户占 53.1%；英镑 1090 万镑，占 31.8%；美元 1651.2 万元，占 9.7%；黄金 25.1 万盎司，占 5.2%；日圆 80 万元，仅占不到 0.2%。到 1937 年 7 月 31 日，四行（中国、中央、交通、农民）和广东省银行的国内外金银和外汇资产总计 26450.3 万美元，其中黄金和联邦准备银行外汇为 6777.9 万美元，存其他国外银行外汇和国内外黄金 6742.7 美元，存美国和香港白银 4094.5 万美元，三行的外汇和黄金运营资金 8835.2 万美元。在运营资金中，美元外汇比 4 月的数字大约增长 50%，黄金略有增长，英镑略有下降，日圆则下降 50%。[①] 1937 年 7 月 13 日至 31 日，中日战事危机造成的抛售总额达到 388.55 万英镑和 388.4 万美元，但是外汇资产仍然有近 800 万美元的增加。三行售出的总额约相当于 2320 万美元，运营资金的净售额仅 1589.3 万美元。中央银行认为“直到现在（1937 年 8 月 2 日），通货情况是在我们妥善控制之下的”，“这一结果是令人感到特别满意的”。[②]

五　日本对法币改革的态度和反应

1935 年国民政府实施的法币改革是中国近代史上最有影响力的事件之一，也是在当时复杂的国际关系背景下进行的。时任财政部长孔祥熙在法租界宅邸宴请国内外外交官、金融家时曾呼吁：“中国的货币金融已经到了濒临死亡的状态。我希望不仅仅是英国，还有美法日等国能鼎力相助，让其早日恢复健康状态。”[③] 此次币制改革虽然得到了英美的积极支持，但引起了日本军事当局的极大震动。

---

　　① 以上数字来自中央银行呈孔祥熙的报表，所占比例由计算得出，参见中国人民银行总行参事室编《中华民国货币史资料（第二辑）》，第 276—283 页。

　　② 中国人民银行总行参事室编《中华民国货币史资料（第二辑）》，第 279—280 页。

　　③ 藤村欣市朗「貨幣は語る—国際金融の50 年—フレデリック・リース・ロス卿自叙伝（49）」、外国為替貿易研究会『国際金融』711 号、1983 年 9 月 1 日、26 頁。

（一）中国币制改革与日本各界

1935 年 11 月 3 日，国民政府在金融恐慌之际断然宣布实施货币改革，这一措施引起日本舆论界一片喧哗。在改革实施前，中国曾派遣经济使团专门征求日本大藏大臣高桥是清的意见。对此，高桥是清提出了中国的币制改革应当实现币制统一、集中生金银作为发行准备、管制并回收外国银行的货币发行特权等三点建议。[1] 11 月 5 日，财政部长孔祥熙致电高桥是清，感谢其委托蒋作宾大使转达关于币制改革的意见，指出国民政府进行的"币制改革基本上是根据阁下的意见决定实施，相信能得到贵国在华银行的全面合作"。[2] 国民政府的目的是征得日本政府的谅解，以免驻华日军以币制改革为借口制造事端。但是，当时的日本军部已经完全脱离内阁的控制，其海外驻军如关东军司令部和天津的中国驻屯军司令部完全无视政府命令，在中国不断挑衅、扩大侵略。因此两国财长的对话，并没有达到相互谅解的目的。日本外务省、大藏省、中国驻屯军军部对于中国的币制改革发出了完全不同的声音。

日本对中国实施的币制改革极为关注，对英国参与并支持国民政府进行币制改革表示担心和忧虑。为此，日本外务省在接到中国实行币制改革的消息之后，于 11 月 4 日迅速召集财务省理财局长青木一男、大藏省国库课长汤本武男、横滨正金银行汇率课长有马长太郎，还有外务次官重光葵和相关部门的课长交流信息并举行会谈，大家一致认为：（1）中英之间 1000 万英镑的借款是在双方达成足够谅解的基础上成立的；（2）提高平衡税以后，白银的合法出口已经无望，这会导致走私横行，并和日本人发生冲突；（3）法币应该会在全中国范围内达到某种程度的流通，物价也会有一些上涨；（4）中国的汇率稳定不会给中日贸易带来不好的影响。[3] 但 11 月 6 日英国

---

[1] 参见藤村欣市朗「貨幣は語る―国際金融の50 年―フレデリック・リース・ロス卿自叙伝（3）」、外国為替貿易研究会『国際金融』629 号、1979 年 8 月 11 日、76 頁。

[2] 孔祥熙致高桥是清电文，1935 年 11 月 2 日，『中国ニ於ケル貨幣関係雑件/幣制改革問題』第二巻、国立公文書館アジア歴史資料センター、B08060895300。

[3] 「支那幣制改革協議会」（1935 年 11 月 4 日）、『中国ニ於ケル貨幣関係雑件/幣制改革問題』第一巻、国立公文書館アジア歴史資料センター、B08060894600。

大使克雷格访问重光次官时说，中英之间的借款并没有成立，是虚报；币制改革并没有和李滋·罗斯及英国方面提前商量过，完全是中国单方面的突击措施。① 当日本外务省了解到币制改革没有英国人积极参与时，对此表示谅解，但对币制改革这样重大的经济决策中国没有事先知会日本一事，其于11月9日发表《关于中国币制改革问题外务当局非正式谈话》表示遗憾，并指出："如果中国认为有必要下定决心自力更生，在全国范围内进行全面的经济改革，那么迄今为止的经验已经证明，不能期待通过对外借款来实现经济稳定。不仅如此，对外借款最终只会加重中国国民将来的负担，并会愈发加大中国改善财政收支的难度。正因如此，我方对该种形式借款一贯持反对态度。并且，在中国已经表示要自力更生之际，外国再向中国借款就会动摇中国的决心，结果还会让中国颜面扫地。"②

与此同时，日本外相广田弘毅指示驻华大使有吉明，要采取相应手段，阻止外国向中国提供借款。11月9日广田外相在致有吉大使的电文中做出训令："当前我方应根据你的报告和驻日英国大使对重光次官的解释，分别看待币制改革问题和借款问题，不抗议英国和中国，但你要通过指导媒体等表达帝国的意向，采取措施'阻止'借款。……英国肯定也会与美国、法国等其他国家接触，说服他国对华借款。"③

对国民政府未事先就币制改革事宜和日本沟通，日方也表示理解。12月20日，日本大藏省国库课长汤本于外务省东亚局长室就中国的币制改革问题发表谈话，在"币制改革与日英关系"部分，就"在商议币制改革问题时排除日本是否合适"这个问题，他指出："关于币制改革的会谈中排除日本的说法，（1）从形式上来讲，鉴于改革实施前（11月2日）张公权向我方进行咨询这一事实，不能断言币制改革会谈排除了日本；（2）然而，之前在外国银行'讲道德、提供支援'之际却以口头约定形式设定白银出口

---

① 广田外务大臣致有吉大使第292号电文，1935年11月7日，『中国ニ於ケル货币关系雑件/币制改革问题』第一卷、国立公文书馆アジア历史资料センター、B08060894600。

② 「中国币制改革问题に关する非公式外务当局谈」、外务省编纂『日本外交年表竝主要文书』下卷"文书"、308页。

③ 广田外相致有吉大使电文、1935年11月9日、秦郁彦『日中战争史』河出书房新社、1961、77页。

平衡税，如果从这样的口头约定乃至绅士协议角度来看，如今突然发布的新币制将造成平衡税大幅度上升，可以认为存在将日本排除在外的嫌疑。然而，单纯从财政的立场来看，执行财政措施时不让利害关系者提前预知也是理所当然的。况且，在此次币制改革问题上中国财务当局虽然声明不仅没有向日本，也没有向国内外任何一方泄露消息，但根本无法做到。对孔财政部长的妻子（宋霭龄）、杜月笙等依靠大规模投机活动赚取利益的人来讲，这已是公开的秘密。上海财界也会有预感。"[1]

在国民政府进行币制改革的问题上，日本派驻中国的军部做出强烈反应。11 月 8 日，日本驻上海领事馆武官矶谷廉介少将发表声明称："（1）我军部强烈反对国民政府本次币制改革。（2）国民政府本次改革是最后一招，一旦改革出现破绽将无法收拾残局，我们不能视邻邦的民众陷入水火之中而不救。在向中外表明我军立场的同时，我相信，停止执行本次改革方案是解救中国的唯一选择。我认为，作为具体解决问题的方案，帝国政府应坚持对上海和华北方面分别采取两个不同的方针。（3）将现银集中于上海将置华北经济于死地。至少在国民政府统治的情况下，华北现银应该保存在华北的银行里，这是必然的选择，是华北民众幸福之所在。帝国政府应该遵从本方针，如果华北有关方面不予以配合，我军将采取必要的措施。"[2]

对于日本军部的强烈反对，矶谷廉介道出了理由。在他看来，这次改革的根本缺陷就在于中国事先没有做任何准备，也没有值得信赖的人物主导改革，只有"一些财政家和财阀相互勾结"，无视全民利益。矶谷廉介所谓的事先没有做任何准备大概是指中国未能获得稳定汇率所需的外国贷款。在实施币制改革前，国民政府曾与英国交涉希望能得到 1000 万英镑的贷款，但英国提供贷款的前提却是通过伪满洲国进行，这被国民政府拒绝。同时，日本也拒绝任何对统一中国有利的援助和贷款。因此，美国财政部长摩根索曾讥笑这次改革为

---

①　「支那幣制改革に関する大蔵省湯本国庫課長談要領」（1935 年 12 月 20 日）、『中国ニ於ケル貨幣関係雑件/幣制改革問題』第三巻、国立公文書館アジア歴史資料センター、B08060896000；島田俊彦、稲葉正夫編『現代史資料 8　日中戦争（一）』みすず書房、1964、121 頁。

②　東亜研究所編『日本大陸政策の発展』東亜研究所、1940、109—111 頁。

"夹生饭"，说国民政府的币制改革是"没带弹药就上了战场"。①

　　驻南京的总领事须磨弥吉郎从外交部次长唐有壬那里得到的情报上说："币制改革在国民政府内部只有孔祥熙和宋子文两个人联合英国方面秘密筹备，两人完全没有和外交部的部长汪精卫（兼任行政院长）及次长唐有壬联系过，而且币制改革还是和汪精卫遇袭同时进行的。"② 在日方看来，宋子文一开始就是亲英美派，孔祥熙也是，而汪精卫和唐有壬则是亲日派。因此推断，这次事件应该是亲英美派的孔和宋的策划。为了不让消息泄露，两人故意不告诉亲日派的汪和唐，而且趁着汪精卫遇袭发表改革声明。驻当地的外交官大使有吉和总领事须磨反复追问国民政府到底有没有和英国联合，陆军武官矶谷在声明里说的"一些财政家和财阀相互勾结"的话都是建立在这个基础上的。因此，不管是外务省还是陆军，都对中国没有和日本联络而是依靠其他外国势力特别是英国进行改革怀有很强烈的戒备心。③

　　《大公报》在 1935 年 11 月 11 日发文对日本反对币制改革的观点进行了驳斥："日本反对有两种性质，一为反对改革案之本身，一为反对有英国之助力。""日本之反对中国币制改革案，乃从政治观点而非从经济观点"；"日本之反对英国助力，乃出于妒忌的心情，而非基于理智的论断"。"依日本自来态度观之，对欧美一面以远东安定势力自居，一面以中国自力更生为言，阻止各国之对华援助；对中国则一面要求除日本外不许与他国亲昵，一面又绝对不在经济上一为援手"，"有意坐视中国倒坍以为快"，"亦在予以干涉与破坏"。④

　　1935 年 12 月 8 日，伪满洲国财务部总务司长星野直树在《中国币制改革与我国国策的确立》意见书中说："现在正是英国全面收回失地政策和日本对华政策发生正面冲突的关键时刻，日本和英国围绕中国币制改革展开主权争霸，新币制成功就意味着满洲国建国以来日本对华政策的全面失败，因

---

① ［Document 616］，893.515/850，"Memorandum by the Under Secretary of State（Phillips）" in *Foreign Relations of the United States Diplomatic Papers*，1935，Volume Ⅲ，the Far East，p. 633.

② 致南京须磨总领事第 1224 号电文，1935 年 11 月 7 日，『中国ニ於ケル貨幣関係雑件/幣制改革問題』第一卷、国立公文書館アジア歴史資料センター、B08060894600。

③ 岩武照彦『近代中国通貨統一史：十五年戦争期における通貨闘争』（上）、141 頁。

④ 《中国币制改革与日本》，《大公报》1935 年 11 月 11 日。

此一定要全力阻止。"① 中国驻屯军参谋长酒井也声称:"虽然我方表达绝对反对,宣扬它会以失败告终,并在其成功时采取了一些对策,但是从今天的状况来看,币制改革依旧朝着成功的方向发展。这表明日本朝野在对中国认识上存在根本性的错误,同时我们必须看到,中国无视日本,公然依靠英国支援实行政治经济大变革的事实……如今,英日对中国经济宗主权的争夺已经达到顶点。"此外,陆军还担心,新币制的成功"会完全改变华北和西南从前的半独立性,会使日本对华政策完全覆灭",因此提出"不能继续保持袖手旁观的消极态度,应迅速统一国策……一方面应该展开破坏新币制的工作,使中国乞求日本的援助,另一方面应该向中国提供日本对于新币制的修正方案,诱导中国依靠日本的援助"。随后,相关电文还提出具体的解决方案。②

日本经济界对币制改革的态度并非一致,传统的经济界代表人物和中国驻屯军军部的意见有着根本的不同。比如日本《东洋经济新报》1935 年 11月 9 日就曾发表支持中国币制改革的社论,以《中国币制改革需要我国的配合》为题,表达了协调的态度:"我相信,这次中国如革命般的币制改革能否成功,和我国的配合程度是有很大关系的。……现在问题是英国已经捷足先登了,我国也要以大方的态度配合行事。这样一来我国的实力也可以得到发挥。如果上海的汇率可以稳定在现在的水平,就能和满银券的价值相等,和日圆也能保持大致等价。如果上海汇率和日满的圆等价并且稳定下来,那对我国也是极为有利的。"③ 该社论指出,币制改革成功与否,与日本是否合作关系甚大,但稳定上海汇兑市场无论对日本还是对伪满洲国都是有利的,日本应持合作态度。

三菱银行上海支店长吉田政治尽管在币制改革前认为中国币制"此时无策便是上策",但在币制改革实施后明显主张支援中国的币制改革,并且比较客观地分析了国民政府的处境:"本次币制改革是国民政府出于对财政状况恶化、外汇暴跌、投机旺盛的危机感而谋退路的举措,而且在财政方面

① 在天津川越总领事发第 1056 号机密电文,1935 年 12 月 11 日,『中国ニ於ケル貨幣関係雑件/幣制改革問題』第三巻、国立公文書館アジア歴史資料センター、B08060896000。

② 中国驻屯军参谋长永见俊德致参谋本部次长电文,1935 年 12 月 10 日,多田井喜生编『続・現代史資料 11 占領地通貨工作』、83 頁。

③ 转引自岩武照彦『近代中国通貨統一史:十五年戦争期における通貨闘争』(上)、121 頁。

也是出于紧急筹集资金的必要性。尽管币制改革是不得已而实施的，但制度本身并无不合理之处，而是应有的处置方法。问题是外国实施的管理货币制度是否真的适合中国国情？中国是否具有完全实施这一制度所需的储备和能力？有关其运用实施的疑虑之处是：白银国有化的实施、新货币的强制流通、稳定汇兑所需要的资金、拥有治外法权的外国法人和个人的存在、汇兑管理的困难等。上述各点若不能按预想实现，最后的手段只有对美国出售所有现银以充实外汇资金之一法。"吉田的结论是：（1）中国财政崩溃对日本绝非好事，财政崩溃的结果也未必将招致现政权的垮台，相反可能会加强它；（2）一旦中国困窘必然寻求国际援助，日本应有依据条件提供某种程度之合作的备选方案；（3）中国币制与财政稳定在现今金融结构下直接意味着加强南京政权的统治。这种情况下的自然过程就是从外国人手中回收权益，日本应有所准备，不要让币制财政的稳定与回收权益运动联系起来。从以上三点出发，日本对中国币制改革应树立稳定而积极的方针：（1）防止中国财政的崩溃；（2）坚决防止对日本不利的外国势力进入；（3）讲求策略，在中国稳定增进 4 亿人福祉的同时，不要导致排日和在华日本人权益的减少。也就是说吉田所要求的是，在不损害日本在华既得权益的基础上支持中国币制改革。①

同样，曾任三井银行上海支店长的金融专家土屋计左右、时任三井银行上海支店长的佐藤喜一郎都对中国的币制改革抱乐观和支持态度。② 满铁天津事务所的前岛正道曾返回日本，专门征求了十几位财政、金融专家对中国币制改革的意见，其中乐观和悲观的预想参半。也就是说，日本经济界有相当部分人认为中国的币制改革是适当而必要的举措，只是他们担心在内忧外患深重的中国，有着太多的不利因素，对其成功与否抱有疑虑，而不是从根本上反对中国的改革。他们的担心主要集中在两点：（1）一旦改革失败引

① 吉田政治：《中国的币制改革及其将来》，1935 年 11 月 13 日，『中国ニ於ケル貨幣関係雑件/幣制改革問題』第二卷、国立公文書館アジア歴史資料センター、B08060895300；吉田政治「支那ノ財政及ビ幣制の批判」、多田井喜生編『続・現代史資料 11　占領地通貨工作』、92—99 頁。此文被日本驻华大使有田八郎于 3 月 3 日转发给外务大臣广田弘毅、在华各领事馆和厦门商务代办处作为参考资料。

② 波多野澄雄「幣制改革への動きと日本の対中政策」、野沢豊編『中国の幣制改革と国際関係』、275、279 頁；小林英夫「幣制改革をめぐる日本と中国」、野沢豊編『中国の幣制改革と国際関係』、250—252 頁。

起财政崩溃，会殃及日本；（2）改革成功将直接加强南京国民政府实力，会加速其回收权益、废除不平等条约的进程。①

（二）日本军部对币制改革舆论的排击

1935 年前后，正是日本军部在日本国内开始实施舆论控制之时。早在中国币制改革前，军部就在日本舆论界展开了一场有预谋的对中国币制改革的排击。英国特使李滋·罗斯来华前，曾于 1935 年 9 月初先到日本，希望与日本共同采取行动，给予国民政府贷款，援助中国币制改革。9 月 9 日，李滋·罗斯拜访大藏大臣高桥是清。事后经当时日本驻南京总领事透露，双方谈话部分内容涉及中国币制改革前途和对华贷款。高桥是清对中国币制改革采取坐观成败的态度，拒绝李滋·罗斯向国民政府提供共同贷款的请求。当时，高桥是清曾预言，中国的币制统一不会成功，其原因是"军部已预先请其御用学者高桥龟吉写了一本书，阐述中国币制改革失败的学术和历史原因"。② 中国的币制改革还在酝酿之中，日本军部就已委派御用学者从事调查工作，搜集相反的论据，图谋干预与破坏币制改革。

日本学者中对中国情况比较了解且与国民政府保持密切关系的经济实务家内田胜司，在 1936 年 4 月与国民政府财长孔祥熙会见时曾提到一件事，即 1935 年 12 月在东京商工会议所举办的中国币制改革研讨会上，围绕赞成还是反对中国币制改革问题，他曾与军部御用学者高桥龟吉发生激烈争论。会上，高桥龟吉代表军部宣扬中国币制改革必然失败的论调，而对中国状况较为熟悉的实务派人物内田胜司、土屋计左右、土屋宗文、根岸佶等人则群起反驳了其论点。参谋本部得知争论情况后，立即授予高桥龟吉参谋本部顾问职衔，他此后的主张就更加迎合军部的旨意。相反，当天的报道对于内田胜司等人的意见，只是以部分评论家的名义一带而过。③ 内田胜司等人受到军部警告，此后便很难在报纸杂志上发表意见了。在利用御用学者引导舆论

---

① 岩武照彦『近代中国通貨統一史：十五年戦争期における通貨闘争』（上）、122 頁。

② 松浦正孝『財界の政治経済史—井上準之助・郷誠之助・池田成彬の時代』東京大学出版会、2002、183 頁。

③ 「専門家は楽観支那幣制の前途を卜する東商主催の座談会」『中外商業新報』1935 年 12 月 11 日。

的同时，中国驻屯军军部还强硬地要求参谋本部打击不同意见。中国驻屯军的参谋长给参谋本部次长的电报里，曾指责"《亚洲经济杂志》11 月号有支持中国币制改革的文章，且不论其反对既定国策、背叛社论之议论的是非，仅从其构成统一舆论之大害，即应给予应有之指导"。① 这里的"应有之指导"的含义不言自明。在中国币制改革实施后，高桥龟吉到处发表币制改革必定失败的演讲和文章，压制经济界和经济评论界的其他言论。法币改革政令发布时，正在上海出差的高桥龟吉发表了如下看法："这次币制改革，实际上是基于财政困难进行的毫无准备的粗暴行径。放弃作为缓冲办法的银本位制是一个重大缺陷。卖掉手持的外资基金和白银最多可以撑六个月，但迟早会因为资本逃避、换物运动、农产品惜卖等现象普遍发生而出现破绽。"② 他以此为由预言了改革的失败。

（三）币制改革与抗日战争

对于 1935 年的币制改革，中国近代史学家承认这一改革"启动了整个经济走上复苏之路"。③ 脱离现银制度、在管理货币制度下实现货币统一的做法，不仅将货币发行权集中于政府手中，还意味着政府能根据实际需要突破现银准备限制，增加货币发行量。这既强化了南京政权的财政基础，也会迅速扩大财政投资规模。它将推动经济统一，加速经济建设步伐，进而加速南京政权政治统一进程。实现政治统一和经济统一的中国，最终会走向废除不平等条约、回收被列强夺去的权益、与日本对抗的道路。但学者们由于所持立场不同，对于法币改革本身实施过程和其实际意义缺乏全面的实证考察。全面抗战前后的中国金融界学者和实务人士都指出，没有币制改革，中国的抗战是难以想象的。对这一点，日本军方看法也出乎意料的相同。从军事角度探讨中国币制改革的日本参谋本部的冈田酉次指出："这一币制改革实际上构成蒋介石政权战时经济体制主干，如无七七事变前的改革，无论蒋

---

① 中国驻屯军参谋长永见俊德致参谋本部次长电文，1935 年 12 月 10 日，见多田井喜生编『続・現代史資料 11　占領地通貨工作』、83 頁。

② 岩武照彦『近代中国通貨統一史：十五年戦争期における通貨闘争』（上）、121 頁。

③ ［美］费正清、费维恺编《剑桥中华民国史（1912—1949 年）》（下卷），刘敬坤等译，中国社会科学出版社 1994 年版，第 182 页。

政权如何努力实现政治上的统一，如何充实空、陆军实力，喊着'焦土抗战'去全面指导战争，都很成问题。如此论之，币制改革既是中日战争的导火线，同时也是中国战胜日本的一大原动力。"① 他的理由是：（1）国民政府掌握中国货币发行权后，可以自由筹措对日战费；（2）白银国有化提高了国民政府军需品进口能力；（3）通过增发法币收集重要物资、扩大出口，可以获得军需品和国民生活的必需物资；（4）法币将国民政府与国民的经济生活连在一起；（5）使经济界与国民政府合作；（6）加强了国民政府与英美的关系。这些判断是 1935 年末冈田受参谋本部委派到中国进行币制改革调查时做出的，也是比较客观的。通过对这种敌对关系的判断，人们不难了解币制改革对抗战的意义。

当时日本的上层，对中国币制改革有不同看法。日本政府对李滋·罗斯的态度和大藏大臣高桥是清的看法表明，日本政府不希望给有利于中国统一的改革提供任何援助，同时拒绝英国和其他任何外国参与。比较了解中国的日本经济界人士基本上认为中国币制改革是必要而适当的，但应在确保日本权益的前提下积极支持中国的币制改革。日本外交界主要担心的是英国介入，这种担心的背景正如"天羽声明"所表现的，日本力图排除西方国家对中国东北和华北的染指。日本军部上至参谋本部、驻华武官，下至关东军和中国驻屯军，都极力阻挠和破坏币制改革。这是因为币制改革的实施，打乱了他们变华北为第二个东北的预谋。他们一面压制国内外舆论，宣扬币制改革必定失败的论调；一面阻止华北白银的南运，积极策动华北实力派的独立；同时，策划成立"华北中央银行"，威逼利诱华北军政界、金融界接受他们的方案。日本想通过舆论、外交、军事几方面的压力，迫使国民政府放弃币制改革，接受日本"援助、指导"，重新进行币制改革。

但是，日本军部对华北实力派的策动和纠合各国银行拒绝将存银交给国民政府的阴谋最终都归于失败。日方期待的地方实力派的对抗和其他各国的干涉，最终都没有出现；劫夺河北银行的计划，也由于英国租界当局的抵制成为泡影。与日军代表预言的币制改革只代表少数人利益，势必加速中国的分裂状况相反，币制改革得到了民众和经济界的支持，法币改革的成功从经

---

① 　冈田西次『日中战争里方记』、13—14 页。

济上促进了中国的统一，使日本借机扩大分裂的企图归于失败。另外，中国币制改革的成功和国力的增强，也使日本政府和军部担心日本在中国的影响力降低，并最终会危及他们的在华权益，这种担心也成为日本提早发动全面侵华战争的原因之一。

第 十 一 章
日本分裂华北与"华北金融独立"阴谋

日本制造伪满洲国之后，下一个目标就是侵占华北。自九一八事变后，分裂华北就成为日本阁议的重要内容之一。1932 年 8 月 27 日，斋藤内阁通过《自国际关系见地之时局处理方案》以进一步分裂中国，其方式是：用诱惑与离间的手段，促成中国各省与中央政府对立，促使各省反蒋与亲日；在黄河流域出兵维持现状；在长江流域撤出日本侨民；在珠江流域资助和诱掖地方政府。1933 年 10 月 21 日，斋藤内阁的五相会议制定了《帝国国策》，规定分治中国的方法是：先使中国和伪满洲国并列，一同置于日本的领导之下；然后使华北成为日苏作战时的缓冲地带。1934 年 12 月 7 日，冈田内阁通过《对华政策》，列出分治中国的方法是：促使华北五省脱离南京的统治。《何梅协定》和《秦土协定》就是依据这一国策产生的。1933 年初，日军突破山海关进占热河，把战线推进到长城一带。长城抗战在双方皆无长期作战准备的情况下开始，最终双方却签订了几乎完全以日军实际推进线为停火线的《塘沽协定》，将冀察两省的大片土地划为停战区。之后，日军为了便于实施割裂华北的计划，又逼迫国民政府签订了将国民党势力完全逐出平津地区的《何梅协定》和将停火线延长至未交火地区的《秦土协定》。至此，日军认为将华北从中国版图上割裂出去的条件已经成熟。

一　分裂华北构想与华北自治

受连年军阀混战和迁都的影响，华北经济当时具有以下一些特点：金融货币、财政税收、商品流通体系相对独立；中央政府从华北获得的税收额大于对华北的投资额；币制、税收、经济开发体制以省为单位独立于中央政府，构成地方割据的经济基础；对外贸易控制在外国银行手中，华北的币制和货币供给依附于沿海开港城市。币制紊乱和地方割据，使得商品贸易必须承担较高汇兑风险，影响了工商业投资和经济发展。因此，日本政府和中国驻屯军军部认为，可以利用华北军阀割据、经济相对独立的特点，模仿关东军和满铁在东北的做法，从经济上和行政上割裂华北。1935 年前后，关东军和中国驻屯军先后在华北各地对各种政治、经济、资源问题进行调查，以寻求将华北分裂出去的"论据"。比如他们提出"华北已成为华中的殖民地"和"江浙财团"的说法，就是想掀起华北地区人民对中央政权的仇视。到 1935 年的下半年，他们更是迫不及待地推出华北金融独立方案，并公开支持"华北五省自治"。

（一）炮制"华北殖民地论"

素有"民间经济学家"之称的高桥龟吉，在 1935 年 3 月前后开始接受军部聘用，1935 年 5 月末至 6 月初在华北、10 月和 11 月在上海进行了考察，并以此为基础构筑其对华政策的基本观点。1936 年 1 月，他出版《中国经济的崩溃与日本》一书，系统论述其主张。[①] 不仅为日军分裂华北的阴谋提供了理论根据，也直接起到了为军部操纵舆论的作用。高桥龟吉的主要论点之一是"华北逐步陷于华中的殖民地地位"。其理由是蒋政权以江浙财团为基础，一心致力于发展与江浙财团有密切关系的华中经济；没有以华北为中心的政权，也就无人考虑华北利益；由于日本占领东北，华北也处于危险之中，蒋政权对华北投资额锐减的同时，又失去了传统的东北市场。因此华北的治河、水利、农村救济事业，以及修建铁路、培育现代工业等事业，都处于极低水平。华北不仅受到盐税、关税等财政上的搜刮、压榨，华中对其金融上的支配也越来越强。其主要论点之二是"华北按现在状况发展下去必然日益衰弱"。理由是在蒋介石的"将华北殖民化"政策下，其对华北的搜刮，以及华北的资源枯竭、经济疲惫和衰退，会日甚一日。因此高桥预言，存在致命缺陷的币制改革早晚会破产，并将进一步压迫中国财政，导致

---

① 　以下关于高桥龟吉的论点参见高橋龜吉『支那経済の崩壊と日本』千倉書房、1936。

通货危机的深化。高桥所指的致命缺陷是币制改革不会改变今日通货危机的最大原因，亦即构成军费膨胀、财政破产原因——反满抗日政策，相反会以国民政府与英国联手对日交恶的形式进行；而且过去曾起到防止政治外交等因素导致的通货膨胀直击社会经济的现银制度，将被取消。

高桥龟吉与当时多数日本政治家、军人一样，抛出这种观点的潜台词是"中国非国"，完全无视中国的领土完整和主权。他故意将中国国内问题套上国际性词汇，企图利用中国的割据状态将中国的暂时分裂永久化。因此他将个别地区脱离中央政权的割据解释为"独立"，无视中国历史和传统以及民众要求统一的呼声，故意将中国经济发展中沿海与内陆、城市与农村的收入差别归因于"宗主国与殖民地"的关系，将中国国内优先发展某一地区的政策解释为将其他地区"殖民化"的政策。在他的逻辑中，中国政府与民众反对侵略的行为，是招致日军不断报复、危机升级的主要因素，似乎只要中国政府和民众放弃反抗，接受日本的安排，就不会产生对立，危机就能消除。所以，他炮制的这套理论，实际上是用来挑拨地方实力派与国民政府的关系，为在华北制造第二个伪满洲国做铺垫。

但是，高桥龟吉提到的两点致命缺陷，即国民政府与英国携手、中国脱离有限制通货膨胀作用的现银本位制，的确是日本军部甚至日本政府非常忧虑的问题。1929 年的世界经济危机，导致金本位制下的国际贸易体制崩溃，世界陷于贸易战、金融战、贸易集团化的旋涡之中，日英之间开始出现严重的贸易摩擦，日本经济界和少壮军人对英国的态度急剧恶化。日本发动九一八事变，一是出于预想对苏战争的需要；二是出于对中国以反帝、反封建、废除不平等条约为目的的民族主义运动的恐惧，急于将其在中国获得的权益固定化；三是构筑以日本为中心的贸易集团；四是在中国获得宗主国地位，防止欧美势力进一步渗入。

（二）华北金融独立构想

1935 年前后，日本中国驻屯军委托专业调查机构和专家，对华北地区进行经济和资源调查，提出分裂华北的初步构想。其主要目标是策动华北独立，而策动华北独立的主要手段就是实现"华北金融独立"。日方想通过金融、经济上的分隔，斩断华北经济与全国的联系，进而制造第二个伪满洲国。1934 年 10 月，满铁调查部长石井宪治接受中国驻屯军参谋长酒井的请求，让满铁经济调查会为华北经济调查提供服务。满铁经济调查会于 1935 年 3 月设立第六部（主要调查者为野中时雄），令其从事支持对华行动方针的基本调查并制定各种对策。中国驻屯军在 1935 年 7 月末制定《伴随华北新政权的经济开发指导案》，提出 "模仿满洲事变先例接收省银行河北银行"① 的华北金融独立构想，企图以货币金融手段在经济上割裂华北。同月，中国驻屯军通过关东军参谋长要求满铁调查部派遣调查人员赴天津进行调查。满铁调查部派了 5 名调查员于 8 月抵达天津，组成 "丙嘱托班"，进行金融、经济、税制、贸易等方面的调查，限 10 月末提交调查报告。该调查班于 11 月初完成调查，提交《从华中独立后的华北金融对策案》报告，并于月底解散。② 军部委托事项的预想前提就是 "华北从华中独立的情况"。③

《从华中独立后的华北金融对策案》具体由村山定治制作，在向军方提交之前已经通过满铁经济调查会的主调查会议审议。其主要内容有以下几个方面。第一，成立联省中央银行。接收河北省银行并将其改组为华北联省中央银行（资本金 300 万元）。该银行由政府出资 1/2，第一次汇入 75 万元，除伪满洲国关税以外，外币担保的保留部分通过伪满洲中央银行汇入。在精确调查的基础上继承河北省银行的资产负债，职员也照旧全部接收。联省中央银行作为联省政府的金库银行，有发行纸币的权力。第二，整理币制。联省中央银行发行的纸币暂时先定为河北银行的旧纸币，用于联省政府的相关支出，暂时可以和天津票等价交换。国民政府系的中央银行券不得用于收租收税和铁路运费，要将其从华北驱逐出去。其他各行的纸币换成金银和外币、外汇后可作为发行储备接收。将国库储备金的一部分（每年 1000 万—1500 万元，持续 3—4 年）用作币制整理资金。对于河北省银行以外的其他发券银行，要封锁未发行的银行券并禁止发行新券，令其提交营业报告书并

---

①　多田井喜生编『続·現代史資料 11　占領地通貨工作』、xviii 頁。

②　关于满铁调查部参加华北经济调查的问题，参见小林英夫「日中戰争史論」、浅田喬二编『日本帝国主義下の中国—中国占領地経済の研究』、17—26 頁。

③　中国駐屯軍丙嘱託班「中支より独立したる場合の北支金融対策（案）」、南満洲鉄道株式会社調査部『支那·立案調査書類·第三編第一巻其一支那通貨金融方策』南満洲鉄道株式会社調査部、1937、29 頁。

对其进行严格监视。剥夺总行在华北地区的银行的纸币发行权，其必须领用联省银行券。对于总行在华中的银行（包括中国、交通两行），要回收其已经发行的银行券或分离发行账户资产由联省中央银行继承。山西省银行、山东省银行和绥远平市官钱局要逐渐与联省中央银行合并。①

这是一个预想没有意外情况发生的方案，也就是国民政府全无还手之力、日军顺利实施分裂华北政策的预想方案，即日军以武力相逼或通过扶持傀儡政权在华北造成相对独立的局面之后，通过接收、改组河北银行，设立联省中央银行作为货币发行机构，暂时允许天津原来货币的流通，然后逐步回收，最终实现华北金融独立的预想。国民政府断然实施币制改革，打乱了日本陆军逐步策动华北独立的节奏。同时，币制改革必然触动地方实力派利益和列强在华权益，迫使两者在短期内对这一统一举措做出顺应或是对抗的抉择，这使军部感到策动地方实力派对抗中央政策、煽动列强反对中国经济统一的机会来了。因为币制改革将使货币发行权集中到中央政府手中，将消除各地军阀赖以割据称王的经济基础，促使中国在加强经济统一的基础上，推动政治的统一。另外，货币发行权也是外国银行自五口通商以来的特权，中国走向统一和稳定，必将导致废除不平等条约和回收列强既得权益的结果。所以日本军部及其御用学者在预测币制改革前途时，在承认中国币制改革技术上成熟、实际上必要的同时，都指责币制改革招致"国内外重大危机状态"，即地方割据势力的对抗和西方列强阻挠的可能性。

（三）华北自治与冀东伪政府

1935 年 9 月 24 日，新任中国驻屯军司令官多田骏提出日军华北分离工作的"多田声明"，明确表示要把蒋介石政府的势力从华北排除，取而代之的是成立华北五省联合自治体，实行联省自治。② 不过，即使是在华北局势出现新变化的形势下，日本政府在外务大臣广田弘毅和次官重光葵主导的所谓"广田·重光外交"时期（1933 年 9 月—1937 年 2 月），依然坚持稳定

---

① 南満洲鉄道株式会社調査部『支那・立案調査書類・第三編第一巻其一支那通貨金融方策』、29 頁。

② 秦郁彦『日中戦争史』、56—57 頁。

中日关系的政策方针，[1] 认为必须抑制华北地区日本驻军的过激言论。同时，日本政府还认为有必要以中日两国外交关系升级为大使级关系为契机，促进中日关系的稳定。在此背景下，中日两国外交当局就改善中日关系的问题进行了谈判磋商。1935 年 1 月，日本外务大臣广田在议会上阐述了"日中亲善"的重要性之后，国际法庭大法官王宠惠在国民政府的授意下访问日本，首次提出国民政府关于建立中日外交关系的三项原则。（1）不可侵略原则。中日两国应相互尊重对方在国际法上的完全独立，即日本应废除对中方的一切不平等条约，如租借地、侨民居留地及领事裁判权等，未经对方允许，本国军队、军舰不可进入对方的领地、领海。（2）亲善友好原则。中日两国不应采取一切不友好行为，如破坏统一、扰乱治安、诽谤对方。（3）外交规范化。中日两国间的问题应全部交由正式外交机关进行和平处理。[2] 当年 9 月，南京国民政府首任驻日本大使蒋作宾再次就三原则进行说明。

　　针对中国提出的三项原则，日本外务、陆军、海军三省进行了商议，10 月 4 日，三省大臣之间达成一致意见，[3] 这就是"广田三原则"的雏形，其主要内容如下。（1）中国方面应彻底取缔排日的言论和行动，摆脱依赖欧美的政策。同时，中方应采取对日亲善的政策，并将该政策付诸实际，要在具体问题操作上与日本合作。（2）虽然中国最终必须正式对"满洲国"予以承认，但中国首先应该默认"满洲国独立"的事实，停止反满政策。并且中方要在与"满洲国"接壤的华北地区与"满洲国"进行经济、文化上的交往与合作。（3）鉴于来自外蒙古等地区的赤化势力的威胁已经成为日、"满"、中三国的共同威胁，为了排除上述威胁，中国要在与外蒙古接壤的

---

① 1933 年 9 月，广田弘毅接替内田康哉出任日本政府的外务大臣，之后他就任日本第 32 任首相，1933 年 9 月—1937 年 2 月这段时间被称为广田外交时代。在对华关系问题上，广田的副手外务次官重光葵发挥着主导性作用。重光主张限制甚至排除欧美列强对中国的干涉，通过牺牲列强的权益，和亲日的蒋汪政权进行合作来拉拢中国，以实现中日关系的稳定。参见酒井哲哉『大正デモクラシー体制の崩壊』東京大学出版会、1992、58—62 頁。

② 東亜局第一課「広田大臣王宠惠会談要録」（2 月 20 日、26 日外務省に於ける）、外務省『日本外交文・昭和期Ⅱ』第一部第四巻（昭和十年対中国関係）、外務省、2006、25 頁。

③ 参见外務省東亜一課調書「対支政策"広田三原則"決定の経緯」、島田俊彦、稲葉正夫編『現代史資料8　日中戦争（一）』、102—108 頁。

地区配合日方所采取的各项措施。①

然而，1935 年 11 月国民政府突然实行法币改革，让日本外务省颜面扫地。外务省于 11 月 9 日就此事发表非正式外务当局谈话，表明自己的看法。"中国实行如此重要的改革，鉴于如今东亚的日中关系，理应与我国进行充分的商议，确定与我国的合作之后再做决定，像这次这样毫无预兆的突然发表改革声明，不由使得我方为它的前途担忧，而且也对此深表遗憾。"②

中国币制改革一旦成功，将革除军阀割据基础，回收列强银行自五口通商以来的货币发行特权，加强中国各地区的经济联系，促进中国经济的统一和发展。日本军方认为，币制改革不仅会危及日本的既得权益，也将导致其分裂中国、迫使其成为附属国的基本政策失败。如受中国驻屯军委托谋划对策的伪满洲国总务部次官星野直树，在给日本政府的意见书中说："新币制的成功将导致华北和西南在金融上、财政上乃至政治上完全抛弃以前的半独立性……导致建立满洲国以来日本对华北政策的全面失败。"③ 但日本方面也认为由于改革会触及列强在华经济利益，危及地方割据的经济基础，其实施过程也包含着巨大风险。如横滨正金银行天津支店给总店的电报中声称："我们推测新币制，尤其是强迫华北实施将现银集中到中央的政策，会增大反对这一政策的华北自治政权形成的机会。"④ 币制改革实施后，"民心动摇，华北和华南各省都表示反对向中央交付现银……逐步脱离中央的统治，特别是在多年来对国民党暴政持反感情绪的华北，此时是一举完成政治、经济独立的最佳时机"。⑤ 因此，日本中国驻屯军军部针对币制改革过程所包含的风险，迅速拟定对策展开对中国币制改革的攻击。日本中国驻屯军和关东军相配合，通过陆军省获得日本政府、外务省、大藏省、伪满洲国、日本驻华金融机构协助，加紧对中国新币制进行攻击，企图建立"日方独立实施或主导的华北货币政策"，并"以本次币制改革为契机，必须让华北的独

① 秦郁彦『日中戦争史』、49—50 頁。

② 外務省編纂『日本外交年表竝主要文書』下巻"文書"、308 頁。

③ 星野直樹「支那幣制改革ト我ガ国策ノ確立ニ関スル件」、多田井喜生編『続・現代史資料 11 占領地通貨工作』、91 頁。

④ 多田井喜生編『続・現代史資料 11 占領地通貨工作』、xviii 頁。

⑤ 「幣制改革（対英借款）問題と支那の情勢」（1935 年 11 月 21 日）、参謀本部『支那時局報』第 37 号、国立公文書館アジア歴史資料センター、C11110594300。

立速成"。①

　　11 月 3 日，关东军司令官兼"驻满大使"南次郎写信给外务大臣广田，称"币制改革不仅为华北自治运动注入气势，而且从经济和政治上为华北独立于南京政府提供了机会"，建议他加快推动华北自治的步伐。② 这里就能明显看出国民政府的币制改革和日本陆军分裂华北工作之间的关系，而且暴露出这次分裂华北的工作其实是在关东军的主导之下进行的。为了给南京国民政府施加压力，1935 年 11 月 12 日，关东军司令官南次郎在给参谋本部总长的电文中称："职将在满支国境集结部分兵力，支援华北的实力派人物，使之容易实施以上（分裂华北）计划。"③ 几天后，关东军"集中兵力于山海关附近，准备进攻关内"，想在武力威吓之下，成立华北五省联合自治政权。其具体构想是以原察哈尔省主席、平津卫戍司令宋哲元为中心，将河北省主席商震、山西省主席阎锡山、山东省主席韩复榘等地方军阀拉进来，策划组织防共委员会，由这个委员会掌握军事、财政权，发行与日圆挂钩的新货币等，搞一个完全独立于南京国民政府的分裂政权，与日本、伪满洲国联合，形成所谓日、"满"、中三国经济圈。

　　1935 年 11 月 18 日的三省会议召开后，日本陆军暂缓推动华北自治工作。但是日本外务省命令有吉大使向中国发出警告，如果南京国民政府不立刻采取对策改变华北现状，事态将进一步恶化；而且如果南京国民政府企图命令集中在陇海线附近的中央军进军华北，准备以武力解决问题，将导致严重后果。④ 11 月 21 日有吉大使在发给总领事须磨和外务大臣广田的电文（第一二九号之一一六）⑤ 中，详细汇报了 11 月 20 日下午他在南京与蒋介石会面时的情况。首先，有吉向蒋介石明确了日本政府对华北自治运动的态度，强调是国民政府未能充分认识到华北情况的特殊性以及华北的发展历

　　① 参见防衛庁防衛研修所戦史室編『戦史叢書　支那事変陸軍作戦 . 1』朝雲新聞社、1975、53 頁。

　　② 外務省編纂『日本外交年表竝主要文書』下巻"文書"、309 頁。

　　③ 关东军司令官致参谋总长第 762 号电报，1935 年 11 月 12 日，多田井喜生編『続・現代史資料 11　占領地通貨工作』、78 頁。

　　④ 11 月 8 日广田外相致有吉大使的第三五号电文，秦郁彦『日中戦争史』、66 頁。

　　⑤ 有吉大使致日本驻南京总领事须磨、外相广田的电文第一二九号之一一六，「貴電三五号に関し」(11 月 21 日)、日本歴史年表 http：//seesaawiki. jp/japan1/d。

史，对方方面面的问题采取拖延态度所致，如果国民政府强行使用武力镇压自治运动将导致事态恶化、治安环境受到破坏，对此关东军将不能坐视不管。而蒋介石则回答说上述情况已经知晓，但同时明确表示，中国对于违反国家主权原则、阻碍行政统一的自治制度表示坚决的反对。中方恳请日本政府阻止日本军部的华北自治运动，以此为条件，中方将承认广田三原则。在11月22日的电文（第一二九五号之一一一四）① 中，有吉汇报了21日唐有壬来访时的情况。唐有壬说："宋哲元、商震、韩复榘已向中央表明态度，将誓死反对自治，萧（即萧振瀛——引用者）说自己受到土肥原少将的迫逼才不得已赞成，但也绝不会付诸行动。"同时他还转达了蒋介石的态度，为圆满解决问题，中央将派遣有实权的官员前往华北。② 在有吉将上述情况向外相广田汇报之后，还提议："我方不妨先接受蒋介石的方案，快速改善两国的关系，如果我方并不满意该方案带来的结果，再重新促进华北的自治也为时不晚。"因质疑"蒋介石提出的华北处理方案是否有诚意"，三省会议决定电令驻中国日军：华北自治工作"今后也要观察南京方面的态度，根据其态度或快或慢地推进"，在合适的时机"让宋哲元发表轻度的自治宣言，且当前自治的程度不可超出西南地区的现状之上"。此外，外相广田还电训有吉大使："你可以回复南京方面，我方认为蒋介石提出的处理方案不及时，而且我方不希望中央派大员去华北。"③

日本在分裂华北方面的主要策略是策反华北地区的实力派人物。但华北的实力派人物中，阎锡山受蒋介石邀请南下，韩复榘拒绝接受日方监理官一职。为此，受关东军派遣协助中国驻屯军工作的奉天特务机关长土肥原贤二将策反的主要目标放在控制着冀察两省的宋哲元身上。然而，1935年11月22日宋对日方明确表示"不记得有独立之说"，日军这才"明白其并无独立意愿，大为狼狈"。11月23日，日军紧急召集策划华北独立的有关人员举行会议，决定将头号策反对象改为殷汝耕。殷汝耕于24日发表宣言声明独

① 有吉大使致日本驻南京总领事须磨、外相广田的电文第一二九五号之一一一四，「往電一二九号に関し」（11月21日）、日本歴史年表 http://seesaawiki.jp/japan1/d。

② 11月22日须磨致广田的第一二九五号电文，秦郁彦『日中戦争史』、66頁。

③ 11月22日广田致有吉的第三一三号电文，秦郁彦『日中戦争史』、66頁。

立，次日成立"冀东防共自治委员会"（后改称"冀东防共自治政府"），[1]是为冀东伪政权。

伪冀东防共自治委员会的管辖区域为长城以南和白、蓟两运河以北的河北地区，面积为 32918 平方里，人口约 624 万。[2] 其以殷汝耕为委员长，下设 9 名委员，总部在通州，管理地区内的财政收入，必要时还会修改国民政府的法令。国民政府强烈反对这种做法，立即发布对殷汝耕的逮捕令，并废除原来的北平军事委员会，新设冀察政务委员会，以平津卫戍司令宋哲元为长官，负责处理河北、察哈尔两省和北平、天津两个特别市的政务。然而伪冀东防共自治委员会不想受其管辖，于 12 月 25 日改组为"冀东防共自治政府"，旗帜鲜明地和国民政府作对。根据伪冀东防共自治政府组织系统表，该伪政府首脑为政务长官，除保安处外，还设有民政、财政、教育、建设和实业五厅，制定独立的财政收支预算，设置伪冀东银行作为伪政府的机关银行，总之就是具备独立政府的机构和体制。[3]

冀察政务委员会成立于 1935 年 12 月 18 日，由宋哲元任委员长，委员17—21 人（其中常务委员 3—5 人），办公地点在北平，下设秘书、政务、财政三部门，负责河北、察哈尔、北平、天津的一切政务。[4] 尽管冀察政务委员会与日军期待相差甚远，但关东军和中国驻屯军还是将其视为一个成功。因为他们认为冀察政务委员会是其"谋略"的产物，该政权虽是国民政府的机构，但委员长却选择了日军推举的宋哲元，其他官员也选用了不少北洋遗老和宋哲元的亲信。日军将其视为宋哲元与南京国民政府分庭抗礼的标志。而且在冀察政权控制区域既通行法币，也保留了河北银行的货币发行权。但是，冀察政权辖区内的停战区 22 县，被冀东伪政权占据，冀察政务委员会与冀东伪政权处于既敌对又竞争的复杂关系之下。在北平和通州这么近的距离之内存在着两个完全对立的地方政权，使华北的事态变得更

---

① 参见『冀察政务委员会成立ニ至ル迄ノ経過概要（長岡外信課長報告ニ依ル）』『北支事情参考書類・第一類北支一般情勢』国立公文書館アジア歴史資料センター、A09050867200。

② 殷汝耕编《冀东防共自治政府成立周年纪念专刊》上卷，伪冀东防共自治政府 1936 年版，第1 页。

③ 参见岩武照彦『近代中国通貨統一史：15 年戦争期における通貨闘争』（上）、261 页。

④ 防衛庁防衛研修所戦史室编『戦史叢書　支那事変陸軍作戦．1』、56 页。

加复杂。北平的冀察政务委员会是直属于国民政府的地方机关，目的是制止日军向华北进发；而伪冀东防共自治政府是在日军的挑唆与压力之下于非武装地带成立的一个组织，对国民政府标榜自治，实质上不过是日军的傀儡机关。

随着华北地方政权组织的相继成立，1936 年 1 月日本陆军中央制定《华北处理纲要》，并将文件下达中国驻屯军司令官等。[1] 这份纲要的主要内容是：为帮助实现以华北为中心的自治，当下对华北事态的处理要以河北和察哈尔两省以及平津两市为对象，并指导冀察政务委员会的主席宋哲元来进行处理；暂时保持伪冀东防共自治政府的独立性，等到冀察政务委员会的自治机能可以信赖之后，就将二者合并。以上这些政务的处理，原则上都由日本中国驻屯军在背后指导冀察政务委员会来完成，关东军和华北各机关从侧面协助。同年 4 月，日本中国驻屯军的兵力增加两倍，驻屯军司令官也升为和关东军司令官同等的天皇亲任官。这份文件也等于将华北处理工作全部交给驻屯军司令官。但是驻屯军的增兵加深了中国的警戒，民众的抵抗也越发强烈。[2]

上述《华北处理纲要》是陆军内部提出的，当时并没有经过内阁和有关大臣的审议，因此陆军想尽早在政府内部达成统一意见。然而当时正值广田内阁上台，新内阁忙于制定新国策，暂时放松了对中国方面的关注。到了 1936 年 8 月，相关大臣在经过讨论之后制定了《第二次华北处理纲要》，[3]该纲要基本上认同了之前所说的利用当地军队推行华北自治，并将自治范围扩展到华北五省（在原来河北和察哈尔的基础上再加山东、绥远和山西），在这些地区培养自治政权，建设防共亲日区域，重要国防资源的开发要使用日本资本。这份纲要意味着日本政府首次明确表示否认南京国民政府对华北的支配权，欲将华北置于日本的势力圈之内，对其施加政治和经济影响。日本的这种态度当然会遭到中国的反对，日本驻华大使川越和中国外交部长张群进行了交涉。日方的要求是两国共同防共，华北地区特殊化，降低关税，开设中日航空联络，聘用日本顾问等。对此，中方要求取消《上海停战协

---

① 防衛庁防衛研修所戦史室編『戦史叢書 支那事変陸軍作戦.1』、67 頁。

② 参见岩武照彦『近代中国通貨統一史：15 年戦争期における通貨闘争』（上）、262 頁。

③ 外務省編纂『日本外交年表竝主要文書』下巻 "文書"、347 頁。

定》，撤销冀东伪政权，中止华北自由飞行，停止走私和对中方的交易管制，解散察哈尔东部和绥远北部的伪军。[①] 双方始终无法达成共识，绥远事件发生以后双方中止了谈判。可以看出，中方的态度已经开始变得越来越强硬。[②]

二　华北金融独立政策的调整

（一）阻止北银南运

如前所述，法币改革打乱了日本逐步策动华北独立的节奏。在币制改革期间，日本陆军中央部发表非正式意见："白银国有令必然会以失败告终。因为白银国有化会给中国民众带来不幸，特别是依靠英国的援助简直就是卖国行为。"[③] 11 月 8 日，日本驻华大使碳谷武官发表声明："外派军队坚决反对此次币制改革，因为币制改革只会导致中国四亿民众灭亡……作为邻国的我们决不能默许这种情况发生。应该迅速中止币制改革，全力阻止华北的现银集中。"[④] 同日，上海的武官矶谷廉介少将发表声明，表示"驻地陆军对国民政府此次币制改革表示坚决反对"，具体办法"一是令上海的各银行拒绝引渡手持现银；二是想办法让北方的掌权人物拒绝将现银交给国民政府统制下的各银行，如果这些人不具备这个能力，我方定会以实力援助实行此项办法"。[⑤] 11 月 9 日，驻北平的军官高桥坦副官也发表声明呼应，称"如果南京政府无视日本的态度，强行让现银流出省外，那就是赤裸裸地对日本发起挑战"。驻天津的中国驻屯军司令部一面派人向宋哲元提出《华北金融紧急防卫纲要》，阻止华北现银南运；一面电请关东军派伪满洲国的财政专家

---

① 参见鹿岛平和研究所编『日本外交史．20　日華事変（下）』鹿島研究所出版会、1971、23—37 頁。

② 参见岩武照彦『近代中国通貨統一史：15 年戦争期における通貨闘争』（上）、263 頁。

③ 该意见全文收录在赤松祐之『昭和十年の国際情勢』日本国際協会、1936、185—186 頁。

④ 秦郁彦『日中戦争史』、77 頁。

⑤ 『東京朝日新聞』（1935 年 11 月 9 日），秦郁彦『日中戦争史』附録資料六中对该新闻进行了部分摘录。

驰援，以谋划对策。① 关东军和伪满洲国对此快速做出反应，日本驻伪满洲国大使南次郎 11 月 13 日发电报给日本外相广田弘毅，指出："国民政府在英国指使下果断实施的币制改革，既是要将全中国置于英国支配之下的政策，也是表明国民政府将丢掉历来伪装的亲日态度，再次回到露骨的排日政策的标志，当此之际帝国应采取适当而合法的手段阻止其实现。作为其手段，现在正是实施华北分治政策的好机会，华北实力派之间也正在酿成分离的气氛和机遇，关东军也将以部分兵力陈于边境援助之。"②

国民政府实施币制改革的次日，伪满洲国财政部总务司长星野直树在中国驻屯军的紧急召唤下于 11 月 4 日飞抵天津，在听取了中国驻屯军、大藏省、外务省相关人员，以及曾任北洋政府财长的王克敏等的意见后，提出反对币制改革的意见书，并通过日本驻伪满洲国大使南次郎转发给外务大臣广田弘毅。③ 星野直树在这个意见书中，先回顾了日本政府、财界和军部对于英国财政顾问李滋·罗斯的建议和中国币制改革的对应，指出"日本对英国建议的不合作，导致英国单独支持中国币制改革"。若任由币制改革成功，"不仅证明日本朝野对中国的认识是根本错误的，也等于承认中国可以无视日本而借外国之力公然实施政治经济的大变革，也意味着日本失去对中国的威慑力，最终如'天羽声明'般被委之于地"。因此，星野提出要对中国币制改革方案进行全面修正，至少要做到：（1）承认华北币制独立；（2）修改平价收购白银政策；（3）中央银行雇用日本人做顾问；（4）新币平价与日圆相同，为 1 先令 1/2 便士。④

① 星野直树回顾说，他自己对中国的币制改革是赞成的。但是在中国驻屯军邀请下，星野当日飞抵天津，听取了中国驻屯军、伪满洲国派往协助的日本经济官僚，外交官，横滨正金银行、朝鲜银行支店长的意见，还专程到北京与王克敏商谈对策，提出对抗中国币制改革的意见书。之后，星野直树又参与了冀东伪政权银行的策划，让伪满洲国中央银行子公司、专营典当业的大兴公司在冀东迅速开设数家分店，再将这些分店集合起来设立伪冀东银行，经手冀东伪政权的财政收入。参见星野直树『見果てぬ夢：満州国外史』、243—248 頁。

② 岩武照彦『近代中国通貨統一史：十五年戦争期における通貨闘争』（上）、266 頁。

③ 比如伪满洲国财务部总务司长星野直树在其提交给外务大臣广田弘毅的意见书中就曾指出："新币制的成功，将导致中国北部和西南完全抛弃从前在财政金融上和政治上的半独立性；支持不支持新币制则与拥有治外法权国人的态度有很大关系。然而，去除今日之政治态势，强化对南京的隶属关系，无异于将建立满洲国以来日本的对华政策归于全面失败，这是不能容忍的，因此日本才必须像上述那样全力加以阻止。"参见多田井喜生編『続·現代史資料 11 占領地通貨工作』、89—92 頁。

④ 参见多田井喜生編『続·現代史資料 11 占領地通貨工作』、89—92 頁。

中国驻屯军接受了星野直树的建议，在华北发出所谓"金融紧急防卫令"，内容包括：（1）禁止向华中运送现银；（2）停止对中央银行的汇款；（3）严密监视金融机构。只不过在华北并未实际独立的情况下，中国驻屯军并不能实际接手中国方面银行的实际业务，前两项内容是通过军事顾问向华北的实力派施加压力、向中央提出请求而实施的。在日本驻军的要求下，[①] 宋哲元 7 日向孔祥熙发电，表示禁止北平各银行向中央运送手持现银，交由准备保管分会保管。天津市长程克、河北省主席商震、山东省主席韩复榘等也纷纷追随。最终，经过冀察政务委员会的强烈要求和天津、北平的银行业同业公会跟国民政府的直接交涉，国民政府答应设立发行储备管理委员会平津分会，封存和管理当地的现银。但事实上，实行币制改革前，华北的浙江系银行已经按照国民政府的密令开始将现银南运，华北在最初有7000 万—8000 万元（其中天津和北平有 5 万—6 万元）的储备现银，白银国有令颁布后只剩 2100 万元。[②]

中国驻屯军于 1935 年 12 月 10 日、1936 年 2 月 20 日先后制定了两个华北自主币制实行计划纲领，其要点都是要强制华北地方政府和各主要银行利用截留、保存在华北的现银，共同出资设立"华北中央银行"，逐步回收法币，发行伪币。其基本设想是劫夺河北银行全部资产，将其改组为分裂后华北的货币发行机构，但这个设想由于天津租界当局拒绝日本接手河北银行财产而受到阻滞。

（二）华北自主货币实施计划纲领

日本中国驻屯军最初探讨分割华北金融的时候，曾预想使用伪满洲国货

---

① 11 月 8 日，中国驻屯军参谋长致参谋次长的电报中指出："虽已下达命令，责令中国当局保管天津、北平、张家口和济南的中国银行的现银，但他们的保管依然有不完善之处。"11 月 15 日他又在电文中指出，已经向中国当局提出了《华北紧急金融防卫措施要领》，要求他们逐步实施。此外，11 月 11 日北平辅佐官致参谋次长的电报中指出，北平大使馆的陆军武官辅佐官（高桥坦中佐）对宋哲元和商震说："随着白银国有令的发布，如果华北的现银逐步向上海集中，将威胁到华北的经济，损害帝国的利益，这是对我方近年来主张的践踏。因此，贵方有必要采取自发性的措施，阻止现银南送。如果你们不采取措施，我方将全力应对，以实现我方的目标。"对此，宋、商两人回应说，一定不会使现银南送实现，正在积极安排中。参见秦郁彦『日中戦争史』、80 頁。

② 吉冈文六：《华北政权与白银国有》，《经济学家》1935 年 12 月 1 日号，转引自秦郁彦『日中戦争史』、81 頁。

币。但看到国民政府币制改革"已经走上成功之路",日军遂改变方针,企图逼迫国民政府抛弃李滋·罗斯方案,实施"由日本带领其他外国引导其实施并给予援助"的代案。1935年12月10日,日本中国驻屯军司令部制定《华北自主币制施行计划纲领案》(以下简称"第一次方案"),①并提交给陆军中央。这份方案已经完全不同于满铁调查委员会之前提出的方案。该方案的方针是:"将华北的金融从中南部金融中分离出去,新成立独立于政权之外、防止出于财政目的滥用纸币的民众性金融中枢机构,据此来实现发券权与货币的统一。"在"三　要领"部分,第一次方案的主要内容为:②

1. 发券机构。新成立由政府和民间出资的发券机构华北公库,发券权为公库独有。资本金公称一亿元,政府出资部分为各银行的储备现银回收额和时价的差额,民间资本由中方银行和钱庄凑出,共1000万元。公库首脑由"有众望而且廉洁的亲日派"担任,顾问和课长级别的人员都由日本人担任。

2. 储备和兑换。与发行额相对应的储备率为60%,储备金为金银和外币、外汇。原则上不接受兑换请求,货币外汇买卖将汇率维持在对英镑1先令2.5便士。

3. 货币的回收和统一。既存的发券银行不得增发新券,现银储备上交华北公库,通过发行新纸币来回收原来的银行券,残余部分以两年为限全部回收。

各银行的发行储备现银是该方案得以实行的前提。当时北平、天津、山东共计有5000万元,按时价换算下来有8000万元,两者之间有3000万元的差价,这些差价就被当作政府出资的部分。按新纸币的发行储备为8000万元来算,可以发行的新纸币就有1.33亿元,其中5000万元用来回收旧纸币,剩下还有8300万元的发行额。

---

① 多田井喜生编『続・现代史资料11　占领地通货工作』、108页。
② 具体内容参见多田井喜生编『続・现代史资料11　占领地通货工作』、108—110页。

1936 年 1 月，日本陆军省制定《华北币制改革指导要领》并下发给中国驻屯军参谋长，提出要"相当迅速地排除中国中部和南部的实质性支配，进而吸收利用其资金"，以"依据中国新币制的……一种金汇兑本位制货币"为本位货币实施华北币制案。驻屯军参谋部在对这份纲要进行讨论之后，于 1936 年 2 月 22 日发布第二份《华北自主币制施行计划纲领案》（以下简称"第二次方案"），企图在冀察政权控制区域，设立"作为金融中枢机构的发行银行"的华北公库。该方案的概要如下：①

1. 发券机构。名称还是原来的华北公库，资本金减少为公称 5000 万元，最初的资金由政府和民间各出 1000 万元。政府出资部分除关税和盐税收入以外，还有回收现银的 440 万元差价，关于首脑和日本顾问的规定不变。

2. 货币（新增规定）。货币为参照法币制度的金汇兑本位银元，通过买卖外汇维持平价。货币单位以十进制计算，分为元、角、分、厘，除法定货币纸币（一百元、十元、五元、一元、五角）以外，还发行白铜和青铜辅币。铸币的单位和成色均按国民政府的标准。纸币发行储备或兑换与第一次方案相同。

3. 正币储备和汇兑平衡资金。因银价走低做出如下修正：回收旧发券银行的储备银 4400 万元（时价为 4840 万元），回收国民政府系三行增发的天津票（预计 2000 万元），共计保有时价 7000 万元以上的正币储备。因为要回收旧纸币，新货币的发行额大约在 1 亿元，相对应的发行储备为 6000 万元，这样富余了 1000 万元。再加上民间出资的白银和购买贮藏的白银，一共可以有 2000 万元的差价收入，这些钱用来作为汇兑平衡资金。

4. 货币的整理和统一（大体和第一次方案相同）。已经发行的银行券从国民政府实行币制改革之日起两年之内可以流通，旧币分以下四种办法回收：交给华北公库用作发行储备的部分可以迅速用新币回收；剩余部分在两年之内由发券银行回收；法币由华北公库积极回收，用来兑

① 具体内容参见多田井喜生编『続・现代史资料 11　占領地通貨工作』、111—115 頁。

换外币；其他银行的旧币 6 个月之内不动，分 18 个月回收。小额纸币用新铸造的白铜币回收，在新铸造的青铜币没有上市之前，铜元的回收先暂缓。各县发行的现票或私票于第二阶段再行整理。

5. 紧急措施。迅速在冀察经济委员会（冀察政务委员会的下属机构）之下设立公库，成立储备委员会，确定新纸币的图案。

该方案前言"要领"部分提到以下几点：参照法币制度，能够顺利和华中华南进行贸易；遵循日本政府对法币的政策，和国民政府进行协调，协调不顺利的情况下由冀察政权独立行使相应权力；不接受日本政府的资金援助，独立成立和运营发券机构。从中可以看出，该方案是想在冀察政务委员会之下建立和国民政府法币制度有相似构想的独立币制，也就是将上述总务司长星野的意见具体化。满铁经济调查会丙嘱托班的报告书中记述的河北省银行在第二次方案中完全没有出现，只是单纯作为预定的出资银行之一。伪满洲国的两名科长很可能也参与了第二次方案的制定，因为这份方案和1932 年关东军统治部制定的《货币及金融制度方针案》非常相似，也是华北货币制度改革的基础性方案。①

关于实行的基础（即现银）问题，第二次方案没有明确银元的价值基准，根据其中"和上海货币等价"等记述来看，应该是和法币的基准（即纯银 7 钱 1 分 5 厘）相同。另外，根据中央银行天津支行行长的说法，平津地区银行的现银保有量为 4400 万元，按时价（比原价高 10%）换算有 440万元的差价。然而这些现银的保有率为中方银行 78%、外国银行 22%，而且国民政府的两行（中国、交通）占到 57%，占有绝对优势，北四行和河北省银行加起来也不过 14%（截止到 1935 年 5 月）。币制改革时，冀察政权和银行业同业公会通过和国民政府财政部交涉，同意将现银保管在中央银行的发行储备管理委员会平津分会，在阻止现银南运上算是暂时取得了成功。②

中国驻屯军参谋长永见俊德等人带着有关华北产业开发的各种方案和第

---

①　参见岩武照彦『近代中国通貨統一史：15 年戦争期における通貨闘争』（上）、270 頁。

②　参见岩武照彦『近代中国通貨統一史：15 年戦争期における通貨闘争』（上）、271 頁。

二次方案前往东京，想对陆军中央部就此进行说明。但当时"二二六事件"① 刚发生不久，陆军中央部的负责人大概没有多少兴趣管这些事，对于驻屯军的提案只简单回复道"派遣日本人仅限顾问，不用课长级别"，然后通过了方案并令驻屯军尽快执行。②

（三）成立伪冀东银行，发行伪冀东银行券

1936 年 2 月，伪满总务厅长官星野飞抵天津，花两天时间听取了各方面意见，制定了冀东伪政权的货币金融方案和租税制度基本案。"当时，他们以设立庶民金融的必要来求援，我决定以满洲中央银行的子公司大兴公司出手帮助。不久后，以冀东公司的名称，设立了几处当铺"，由这个公司作为金库暂时负责冀东伪政权的财政收支。③ 此处星野所说的冀东公司，就是裕民公司。由于地区内的"中方"金融机构全都撤走了，冀东伪政权只好成立一家金融机构——裕民公司，除给该公司提供资金以外，还让它负责管理收上来的输入货物检查费等"国库资金"，俨然是身兼冀东地区"中央银行"的商业金融机构。④ 该公司是大兴公司的子公司，后来主要经营冀东的

---

① "二二六事件"是指 1936 年 2 月 26 日发生于日本东京的一次失败兵变，日本帝国陆军的部分"皇道派"青年军官率领千余名士兵对政府及军方高级成员中的"统制派"意识形态对手与反对者进行刺杀，最终兵变遭到扑灭，直接参与者多被处以死刑，间接相关人物亦被调离中央职务，"皇道派"因此在军中影响力削减，同时增加了日本帝国军队主流派领导人对日本政府的政治影响力。"二二六事件"是日本近代史上规模最大的一次叛乱行动，也是 20 世纪 30 年代日本法西斯主义发展的重要事件。有别于先前数次类似的青年军官刺杀政府要员的从轻发落判例，"二二六事件"中的主谋起者多被判处重刑。在历经一系列的非公开审判后，共有 19 名叛军领导人物被处以死刑，另有 40 人被判处监禁。日本陆军中的"皇道派"势力就此衰落，日本国内一度流行的以刺杀方式实现政治诉求的活动也就此终止，军方对于政府决策的影响力大增。

② 今井军务局长致中国驻屯军参谋长电文，1936 年 3 月 23 日，『中国ニ於ケル貨幣関係雑件/幣制改革問題』第三巻、国立公文書館アジア歴史資料センター、B08060896000。

③ 1936 年 6 月 29 日的「冀東銀行設立要綱（中国駐屯軍司令部）」中提到："冀东防共自治政府……现在的国库收付，皆在不完善的金库组织之下进行，动辄有混淆财政收支之忧，同时收入支出的整理过于繁复。"另，1936 年 6 月 30 日的中国驻屯军提交给大藏省的报告「北支金融工作ニ調スル件」称："冀东现在仍只设立了小规模金融机构裕民公司，所以有在该地设立新的金融机构冀东银行的计划，当地一旦有成案亦必向中央请训。"参见『昭和財政史資料』第 6 号第 66 冊、国立公文書館アジア歴史資料センター、A09050542400。

④ 「北支金融及経済統制限度二関スル天津軍池田参謀長及毛里嘱託打合要領」（1936 年 6 月 19 日）、『中国ニ於ケル貨幣関係雑件/幣制改革問題』第六巻、国立公文書館アジア歴史資料センター、B08060898400。

典当业和代理伪冀东银行对民间的放款业务。日本外务省东亚局第一课桑岛主计《执务报告》第十五章"华北政权的财政及华北经济开发问题"中，有关于裕民公司的记载：伪满洲国内庶民金融机构大兴公司，在军方指导下，受冀东伪政府委托，以方便冀东地区内的庶民金融为目的，于1936年4月设立资本金伪满洲国币100万元的裕民股份有限公司。裕民公司就其营业问题与冀东伪政府间签订了下面的备忘录。

关于裕民股份有限公司备忘录

　　冀东防共自治政府（下称甲）为图民众金融便利，欲在本地区内统一管理典当业，特委任裕民股份有限公司（下称乙）经营本事业，与该公司缔结以下契约：

　　一、鉴于典当业具有公益性质，特将本业务置于政府管制之下，委托乙代行之。

　　一、甲设置监理官监督乙的业务。

　　一、甲鉴于本业务的代行性质给予乙免税及其他必要的保护。

　　一、本政府将来设置的金融机构对乙进行资金上的援助。

　　一、乙以外的人从事同种业务或打算从事同种业务的场合，由甲和乙协议之后给予适当处置。

　　一、甲认同许可乙获得营业所需的不动产及从业员的居住自由。

　　一、伴随本政府的法制及财政整理，尽速给乙的资本金中加入政府出资、变更法人资格。

　　以上制作正副两个文本由甲乙各执其一。

冀东防共自治政府政务长官　殷汝耕

裕民股份有限公司董事长　王征察

　　裕民公司设总店于新京（长春），设支店于通州、唐山，于1936年4月1日开始营业。其后，该公司于冀东地区内主要城市开设分店，致力于庶民金融的普及和对典当业的统制，较其他一般典当企业利息低、典当期长，因而受到民众欢迎。冀东伪政府还计划在该地区内实行鸦片专卖计划，打算于1936年8月公布专卖令。"鉴于上述冀东政府与我方的关系，从各个方面来说皆无益处"，8 月 6 日由天津的田尻总领事代理训令，并与军方取得联系，令其中止了该计划。[①]

华北驻屯军司令部在大藏省专家毛里英於菟的指导下，于 1936 年 6 月 29 日制定《冀东银行设立纲要》，呈报日本陆军省，由陆军省转呈政府各部咨询。其概要如下：

1. 资本金等。冀东银行为政府认证的股份制法人，总行设在通州，资本金 500 万元，目前政府持有全部股份，首次注入资金 125 万元，之后再伺机向民间资本开放。

2. 货币发行。纸币有 5 角到 100 元 5 种，铸币有白铜币（5 分到 2 角 3 种）和青铜币（5 厘、1 分），都按中国以前的规定发行铸造。用于向政府纳税，当前暂时先发行小额纸币，逐渐发行通用纸币，然后回收纸币和地方票。

3. 维系货币价值。正币储备全部存入朝鲜银行在华北的分行，通过法币汇兑维持天津市场上的价值。

4. 业务。除代行国库业务之外，和金融合作社及裕民公司合作，支援农工金融和平民金融。

5. 顾问。设立日本顾问，负责事前的指导、监督和事后的监查工作。[②]

该纲要规定"施行华北自主币制的时候（冀东银行）要与之合流，将本银行作为确立新币制的一大支柱"，明确表示该行为华北币制独立的先驱部队。日本大藏省认可了上述方案，并在日本顾问应当负责的任务、冀东伪政府的财政、对金融合作社的融资条件、和朝鲜银行的关系、利益金的处理等方面给予详细的指导意见。[③]

最初，中国驻屯军曾寄希望于关东军给予帮助，但关东军由于东北开发

---

① 参见外務省東亜局『昭和十一年度執務報告』国立公文書館アジア歴史資料センター、B02031352200、342—344 頁。

② 軍務局軍務課『冀東銀行に関する書類の件』（1936 年 10 月 3 日）、国立公文書館アジア歴史資料センター、C01003169300；多田井喜生編『続・現代史資料 11　占領地通貨工作』、130—132 頁。

③ 多田井喜生編『続・現代史資料 11　占領地通貨工作』、132 頁。

资金不足，反对向华北大量投资。① 所以，华北驻屯军设想由日本殖民地银行朝鲜银行作为母银行出资，后经大藏省调整，决定由伪满洲中央银行作为母银行，并对"纲要"进行大幅修改，于 1936 年 10 月 24 日由陆军次官致电中国驻屯军参谋长，同意中国驻屯军关于伪冀东银行"在贵军的内部指导下开设"的要求。② 大藏省改定的纲要规定："本行的发券制度及一般营业由本行的日本顾问进行严格监督……关于本行顾问对本行业务进行事前监督的权限，有必要由冀东防共自治政府发出内部命令。"③ 伪冀东银行名义上由冀东伪政权全额出资，由伪满洲中央银行提供 250 万元的贷款作为汇兑基金。条件是必须全额存在伪满洲中央银行的山海关支店，由伪满洲中央银行派一名顾问进行监督，只有在对外汇兑发生结算资金不足时，经日本顾问同意方能动用。④ 关于伪冀东银行的业务，中国驻屯军原计划将典当业和吸收存放款也作为伪冀东银行的附属业务，以便于直接搜刮民间游资。后经大藏省修改，规定禁止银行兼营附属业务，典当业和对民间的存放款分别由裕民公司和金融合作社经手，伪冀东银行与裕民公司、金融合作社协作，对民间进行存放款活动。⑤

伪冀东银行于 1936 年 11 月 1 日开业，董事长由伪政府财政厅长赵从懿兼任，另外设立两名日本顾问——武藤武二（朝鲜银行）和永井利夫（伪满洲中央银行）。⑥ 根据《冀东银行条例》的规定，伪冀东银行为股份有限公司，行使对金融进行调节、代理冀东伪政府国库事务的职能（第一条）。伪冀东银行可根据伪冀东防共自治政府的有关规定铸造发行货币（第七

①　『冀察政務委員会成立に至る迄の経過概要（長岡外信課長報告に依る）』『北支事情参考書類・第一类北支一般情勢』国立公文書館アジア歴史資料センター、A09050867200。

②　「次官ヨリ支那駐屯軍参謀長宛電報案」『支那駐屯軍の対支抗議に関する件』国立公文書館アジア歴史資料センター、C01004224400。

③　「冀東銀行設立に関する意見」『支那駐屯軍の対支抗議に関する件』国立公文書館アジア歴史資料センター、C01004224400。

④　天津軍参謀長致陸軍次官第 351 号电文，1936 年 10 月 5 日，『支那駐屯軍の対支抗議に関する件』国立公文書館アジア歴史資料センター、C01004224400。

⑤　参見「冀東銀行設立要綱」（1936 年 6 月 29 日）、『昭和財政史資料』第 6 号第 66 冊、国立公文書館アジア歴史資料センター、A09050542400。

⑥　高木翔之助『冀東政権の正体』北支那社、1937、112 頁。

条），但要保有发行额 60% 以上的金银等硬通货作为发行准备（第八条）。[①]
在银行成立但还未开业之际，伪满洲中央银行和朝鲜银行在融通政府资金、派遣职员、指导业务等方面给予了很大帮助。[②] 从伪冀东防共自治政府组织系统表来看，该银行是独立于伪政府财政厅的机构，应该是将其看作冠了银行名字的政府机关或国家银行。银行管理人员有 5 名董事和 3 名监事，其中董事长和 2 名董事为常任，此外再加上 2 名日本顾问。虽然没有关于货币的本位、种类等的规定，但发行的货币有五角、一元、五元、十元、一百元五种，券面的图案有孔子庙、砖塔、长城等，还有银行名、记号和伪冀东银行总经理印，不过没有发行年次和制造地点，也没有相应的兑换文字。[③] 1937年 4 月前后开始逐渐投入市场。[④] 从银行成立到新纸币发行，中间经过半年多的时间，在这期间伪政府的支出特别是保安队的工资都是由输入物品的检查费支付的。

根据《银行周报》的记载，该行于 1937 年 3 月 10 日在通州和唐山两市公布关于发行新币的详细布告，并于次日召集唐山商会及各同业公会专为伪冀东银行发行伪钞举行紧急联席会议。伪冀东银行唐山支行行长傅某出席并宣布该行纸币、硬币"均由天津朝鲜银行兑现，完粮纳税一律通用。惟当时出席商民代表，以'冀东'境内，无兑现处所恐行使上发生困难，而发行额又不一定，市场金融，必滋纷扰"，遂无果散会。之后警务局长接到伪政府主席殷汝耕的命令，逮捕了反对收受新币的两名商会会员。[⑤] 不过这也是因为保安队的工资是由新币支付的，拒收新币就等于跟保安队作对。卢沟桥事变发生以后，伪冀东银行券大量流入天津市内，商人不得不按八折或九折的价格收受。[⑥] 除了纸币，该行还让日本造币局铸造白铜（五分、一角、二角）和青铜（五厘、一分）辅币，从 1937 年 6 月开始在市场上流通。

① 《冀东银行条例》，高木翔之助『冀東政権の正体』、112—116 頁。

② 参见栃仓正一『満洲中央銀行十年史』、403 頁。

③ 日本銀行調査局編『図録　日本の貨幣 11　外地通貨の発行 2』東洋経済新報社、1976、264—268 頁。

④ 日本銀行調査局編『図録　日本の貨幣 10　外地通貨の発行 1』東洋経済新報社、1974、218 頁。

⑤ 《冀东伪组织滥发伪钞币》，《银行周报》第 21 卷第 11 期，1937 年，第 3—4 页。

⑥ 《冀东伪行钞票大批到津》，《银行周报》第 21 卷第 38 期，1937 年，第 2—3 页。

卢沟桥事变发生之后的 1937 年 12 月，伪中华民国临时政府在北京成立，伪冀东防共自治政府也于次年 2 月 1 日被伪临时政府吸收。1938 年 3 月"中国联合准备银行"作为新伪政权的"中央银行"成立，伪冀东银行被取消发行权，变成普通银行。根据伪临时政府《旧货币整理办法》，该行发行的银行券在一年之内可以和"中国联合准备银行券"等价流通，不过一年期满之后还有大量的伪冀东银行券没有回收上来，流通期限又延长到 1939 年 12 月。① 伪冀东防共自治政府是不满足于陆军中央限制要求的关东军对华北的分治工作，在特务机关的操纵之下设置的傀儡政权，伪冀东银行则是中国驻屯军在实施华北自主币制之前设立的应急过渡性机构。日本发动全面侵华战争以后，华北方面军在东京的支持下在华北建立了新的伪政权和伪中央银行，冀东伪政府和伪冀东银行也被新伪政权吸收，结束了其短暂的历史。伪冀东防共自治委员会是日军侵略中国的主要步骤，成立伪冀东银行和发行货币也成为后来中日双方货币战争的出发点。②

三　冀东武装走私与财政攻击

直到 1936 年中期日军才搞清楚，宋哲元也只是利用日军压力与国民政府讨价还价以获得生存空间，日军既不能利用冀察政务委员会进一步分裂华北，又无法控制河北银行的活动。③ 日本军方不得不承认，"华北不能构成独立国家"前提下的"金融独立"，其局限性是明显的。在华北行政权不独立状况下，"金融独立"很难实现。同时，1935 年 9 月以后，冀东武装走私日益大规模化，对中国的财政税收、华北地区经济构成严重威胁，日本政府和军方逐渐达成利用武装走私作为向国民政府施压的筹码的一致意见。

1936 年 6 月 19 日，外务省东亚局长室在东京召开"有关华北金融及经济统制限度会议"，中国驻屯军委托的金融专家毛里英於菟指出："我认为

---

① 　日本銀行調査局編『図録　日本の貨幣10　外地通貨の発行1』、219 頁。
② 　参见岩武照彦『近代中国通貨統一史：15 年戦争期における通貨闘争』（上）、274 頁。
③ 　『冀察政務委員会成立に至る迄の経過概要（長岡外信課長報告に依る）』『北支事情参考書類・第一類北支一般情勢』国立公文書館アジア歴史資料センター、A09050867200。

即使让华北货币完全追随南京币制也没有问题。"① 8 月，日本政府在《第二次华北处理纲要》中，也承认独立的华北中央金库一时难以直接实现。② 这是因为 1936 年日本国际收支陷于大幅度赤字，次年 3 月日本银行不得不靠输出巨额黄金填补收支逆差。日本并无大规模干预中国金融，进行货币战的能力。让华北币制"追随南京币制"是唯一现实的选择。正如 1936 年 6 月 8 日再访日本的李滋·罗斯递交给矶谷廉介军务局长的文件中所指出的，冀察、"冀东"两政权的官吏"唯一的素质是个人的欲望"，腐败透顶。以这样的政权来设立"中央银行"发行货币，是很难战胜法币的。③

　　1936 年 6 月 22 日，日本外务省东亚局、通商局、陆军省、参谋本部、海军省、军令部、大藏省有关人员参加"关于华北税制问题与中国驻屯军参谋池田、嘱托毛里的会谈"。会上主要讨论了以下问题：（1）华北政权财政问题，（2）关税率问题，（3）关税行政及立法权问题。确定华北独立的经济目的主要是"确立华北政权的财政基础"，政治目的主要是"确立华北政权形式上的自主政治，牵制西南的动向"。外务省认为，要以冀东武装走私为筹码展开交涉，向南京国民政府施压，使其同意将华北关税收入扣除外债负担部分和税关维持费部分外的关税结余，转让给冀察政务委员会，同时废止"冀东特殊贸易"，将降低关税作为后续问题继续谈判。而中国驻屯军则主张，以满足关税结余转让和大幅降低典型走私商品的关税两个条件来换取废止"冀东特殊贸易"。最终，外务省以确立华北伪政权财政基础为主要理由，说服了中国驻屯军。

　　这次会议决定，由大藏省次官于 1936 年 6 月 29 日向关东军参谋长，中国驻屯军参谋长，驻北平、济南、上海、汉口、南京、广州的使领馆武官发出指示，要求"对于关税及冀东特殊贸易按以下要领处理"。

---

① 「北支金融及経済統制限度二関スル天津軍池田参謀長及毛里嘱託打合要領」（1936 年 6 月 19 日）、『中国二於ケル貨幣関係雑件/幣制改革問題』第六巻、国立公文書館アジア歴史資料センター、B08060898400。

② 参见「第二次北支処理要綱（1936 年 8 月 11 日関係諸省間決定）」『昭和財政史資料』第 6 号第 66 冊、国立公文書館アジア歴史資料センター、A09050542400。

③ 「支那に於ける日本の政策」（1936 年 6 月 8 日）、多田井喜生編『続・現代史資料 11　占領地通貨工作』、101 頁。

第一条，冀东走私（与中国政府有责任禁止的一般走私性质不同）与日中贸易，日本与各国关系及对中国政治经济的影响极为复杂，难于骤下结论……但本问题的发生，是南京政权背弃对冀察政权承诺，不履行每月送交百万元的关税结余款，独占关税收入，不贡献于华北经济开发，并无视民众需求，采用排日的高关税的必然结果。

第二条，因以上理由，根据第五项的要领，当然要对南京政权提出要求降低一般关税的要求，但首先要南京政权将从河北省关税中除去担负外债部分和海关维持费的关余部分，确实转让给冀察政权之后，再让冀东政府废除之。对冀东政权收取部分，按比例（需另外研究）分配给冀察、冀东两政权。

第三条，关于关税结余的转让，由中国驻屯军对宋哲元进行内部指导，由该政权向南京政权请求，同时也由日本驻华大使直接向南京政权提出希望。

第四条，冀察政权接受关税余款后要由日方严加监督，阻止其乱花，使其将相当部分用于各种经济开发。

第五条，关于中国降低一般关税，除了向南京政权提出正式外交交涉外，也可由冀察方面从取缔走私的角度对典型的走私商品呈请降低关税（冀察政权内部可让其设立关税问题对策委员会之类的机构），以作为日方对南京交涉之外援（冀察政权尤其要将主要力量置于关税结余转让）。

第六条，由冀察方向南京政权提出的降低一般关税请求为：1931年以后提高关税率二成以上的商品降低二成。白糖、人造丝、毛织品、丝织品、洋纸、海产品降低到 1931 年的国定税率以下。[①]

根据这个实施要领的内容，再综合当时各方面的情况可以看出，其中提到的"排日的高关税"，不过是为其放任冀东武装走私勉强找出的借口。中

---

① 「関税及特殊貿易に関する件」『昭和財政史資料』第 6 号第 66 册、国立公文書館アジア歴史資料センター、A09050542400。

国于 1934 年刚刚调低日本商品进口关税，[①] 这一时期天津租界日本工商会议所也曾向外务大臣报告，走私给日商中从事正当贸易业者造成沉重打击，在人造丝、砂糖、卷烟纸、毛织品、棉织品等方面，私货价格取代正常的行市，正常贸易已无法进行，部分日商要求日本政府协助取缔走私，而日本政府和军方对此却视而不见。可见其真正的目的在于劫取中国关税的结余款，并利用获得关税结余款之机，取得对冀察政务委员会财政支出的监理权。

上述有关冀东贸易的对策要领，也作为政策背景规定到日本政府的对华政策中。1936 年 8 月 11 日，日本政府相关各部制定《对华实行策》，这是全面抗战前日本政府对华政策的基本方针。其中规定，"华北对策的主要着眼点是使该地成为防共亲日满的特殊地区，以资获取国防资源及扩充交通设施"，"先专心完成冀察二省的分治"，之后再推广到其他三省。作为具体实施方案，制定《第二次华北处理纲要》。这份纲要有两个附件，附件一规定了有关经济对策的内容，附件二规定了在华北重点开发的国防资源和设施，尤以关税处理和金融对策为重点。关税处理对策规定："以获得除外债负担部分及海关维持费的河北省关税收入（不得已时也可扣掉内债负担部分）为目的，以通过冀察政权与南京对话实现为原则。如果南京政权一直拒绝通过对话接收（海关收入），穷极之策是可通过海关监督实际掌握海关行政，以获取关税结余。"金融对策规定："最终目标为设立脱离南京方面金融支配的华北中央金库，但鉴于华北金融现在的情况、南京政权的货币金融政策、其他各种情势，难以直接达到上述目标。目前的尺度是在调查河北省银行等华北现存金融机构内容的基础上，逐渐培育强化妥当的机构，构筑名实兼备的冀察中央金库的基础。"对于盐税等一般税收基本仿照第一项关税处理原则的接收方法办理。附件二中关于国防资源开发的规定是，应加紧掌握华北地区铁矿石、焦炭用煤、盐、棉花、液体燃料、羊毛等的生产体系；为

---

① 中国在 1929 年获得关税自主权以后，曾连续数年大幅度提高进口货物关税，尤以 1933 年关税提高幅度最大，主要是为了保护和促进民族工商业的发展。但 1934 年 7 月 1 日进行的关税率调整，是在日本一再施压下实施的，对占 1933 年日本进口商品总额 30% 的商品调低了进口关税，而增加关税的商品只占日本进口商品总额的 4.3%。因此，这次税率调整可以说某种程度上背离了保护关税的初衷。参见石岛纪之「中国の对外关系と经济建设」、野沢豊编『中国の币制改革と国际关系』、37 页。

在战时确保获得华北资源，应迅速加强华北铁路和港湾设施的建设和改良。[1]

如上所述，1936 年 5 月以后，日本对中国币制改革的攻击逐渐转向劫收中国财政收入上来，其主要手段就是以"冀东特殊贸易"为筹码，迫使国民政府转交关税结余给冀察政务委员会、冀东伪政权，由日方监督将其用于"华北开发"。而所谓的华北开发，实际上是日军为获取战略物资而选定的煤炭、铁矿等开发项目以及相关的铁路、电力、通信等基础设施。其如意算盘是，通过帮助冀察政务委员会获取财源，实现由日方监督其财政支出，从而将其培植成真正的伪政权。利用劫夺的中国税收，从事有利于日本国策的华北战略资源开发和基础设施建设。面对日本武装走私和财政攻击，国民政府也不得不加强税收监管和缉私工作。"自华北陷入非常状态以后，日方借口塘沽协定，胁迫华北各关解除巡舰武装，关员徒手执行缉务，动遭强力压迫，约计关税损失，自华北走私发轫起，截至本年二月止，当在国币一万万元之谱。政府为厉行缉私以图挽救起见，特施行下列各项办法：（一）颁行惩治偷漏税暂行条例，以严刑峻法，制裁不顾大局之奸商；（二）规定收受故买漏关税货物，应依刑法赃物罪科刑之办法，以杜塞私货之销路；（三）订定防止路运走私办法及施行细则，俾关路合作，以阻遏私货之运输；（四）订定稽查进口货物运销暂行章程，咨请各省市政府通饬施行，以管理高税率货物之运销；（五）订定缉私设轨告密办法，以广耳目；（六）规定缉获私货给奖办法，以资鼓励。并为防止路运走私，设立总稽查处于天津，设分稽查处于各铁路重要车站。近为防止私货由内河或公路南下，复又设立总稽查处于济南，并于乐陵、德县、惠民、临清等处，各设一卡，以资堵截。"[2]

部分日本学者认为，冀东武装走私的原因在于中国在恢复关税自主之后，大幅度提高了进口商品关税，尤其是从日本进口商品的关税，[3] 实施了

---

① 「对支实行策」、「第二次北支处理要纲（1936 年 8 月 11 日関係諸省間決定）」、『昭和财政史资料』第 6 号第 66 册、国立公文书館アジア歴史资料センター、A09050542400。

② 《十年来我国重要财政设施》，《中央日报》第 468 期，1937 年 5 月 24 日。

③ 参见久保享「南京政府の関税政策とその歴史的意義」、财団法人农业统計協会『土地制度史学』第 86 号、1980 年 1 月、38—55 頁；副島昭一『中国不平等条約撤廃と「満州事変」』、古屋哲夫編『日中戦争史研究』、179—236 頁。

具有保护民族工商业色彩的税制。但从日本政府和军部的内部实际决策过程来看，利用币制改革形成的紧张局势加紧分裂华北、劫夺中国税收以削弱国民政府的财政基础，是利用冀东武装走私要达到的首要目的。所谓关税问题，只是为了对抗国民政府的抗议而寻找的借口。冀东武装走私从 1935 年 6 月开始大规模化，直到 1938 年 1 月才由日方宣布废止，给当时的中国财政和关税收入、正当的进出口商人、工商业都造成了巨大影响。1936 年 5 月以后，国民政府在以前数度抗议得不到正式回应的情况下，再次向日本政府抗议的同时，展开舆论宣传。冀东武装走私造成的中国关税损失数额巨大，而中国的外债多以关税为担保，这个问题引起英法美俄等国的重视，日本不得不对此做出解释，并拟定外交和宣传对策。1936 年 6 月中下旬日本政府各部门和中国驻屯军、驻华武官所拟定的对策，就很能表现这个问题的实质。外务省方案以获得华北关税余款为中止冀东武装走私的交换条件，表现了日本大资本在获得既得利益的同时维持国际协调的立场。中国驻屯军的方案以同时获得关余和降低典型走私货物关税为要求，反映了日本中小资本的立场。最终方案采纳了外务省意见，反映了这一时期大资本维持国际协调的立场占上风。

四　日本华北政策的发展

1936 年 3 月广田内阁上台，在"庶政一新"的旗号之下重新开始讨论国策，日本陆军参谋本部也于 1936 年 6 月 3 日对《帝国国防方针》以及《用兵纲领》进行第三次修改。同时，对作为对华政策基本方针的《帝国外交方针》、《对华实行策》以及《第二次华北处理纲要》都进行了修订。这一连串的政策方针修订意味着从 1934 年起关东军、中国驻屯军强行推进的"华北分治政策"作为国策正式得到承认。① 之前通过陆军内部决定后下发给中国驻屯军司令官的《华北处理纲要》经过由陆军、海军、外务、财政等部门大臣组成的五相会议讨论，于同年 8 月追加新的经济开发项目之后作

---

① 详细分析请参见永井和「日本陸軍の華北占領地統治計画について」、京都大学『人文学報』第 64 号、1989 年 3 月、103—152 頁。

为《第二次华北处理纲要》被正式承认。[①]《第二次华北处理纲要》明确华北"处理的着眼点……在于要将该地区建成牢固的反共亲日满根据地，同时要为获得国防资源……服务"。[②] 在这期间，满铁经济调查会对华北的产业、交通等进行了详细的调查，中国驻屯军据此制订了华北产业开发计划。为了适应华北形势，以满铁前理事十河信二为社长的兴中公司（1935 年 12 月成立，满铁的子公司）也在此时进驻华北，积极发展电气、盐业、制铁、煤炭、棉花收购和运输等业务，[③] 涉及的范围相当广泛。

然而，1936 年 11 月的绥远事件[④]和 12 月的西安事变都让日本陆军感到中国内部民族主义的高涨和国民政府统制力的强化，参谋本部第一部长石原开始主张改变日本的华北政策。外务省方面也有此意向，广田内阁之后的林内阁在召集相关大臣举行会议之后，于 1937 年 4 月制定《对华实行策》和《华北指导方策》（即第三次华北处理纲要）。《对华实行策》明确表示"策划华北分治恐会招来中国的内政紊乱，此后再不行此政治工作"，[⑤] 否定了之前的华北分离工作。《华北指导方策》则表示要将重点放在文化和经济方面，加强中日之间的经济合作，还提到关于经济开发的具体方案。[⑥]

这次政策转换能否有效，要看当地实际情况以及中方的态度，事实上其进展并不顺利。例如，作为促进中日经济合作的方案之一，1937 年 3 月日本派遣经济使节团（团长为横滨正金银行的行长儿玉谦次）访华，中方要求将解决华北问题作为商谈的先决条件，并要求解散伪冀东防共自治政府，停止冀东特殊贸易。最后，除了答应将华中日本银行的库存银移交给中方以外，没有达成任何实质性成果。同年 5 月，青岛方面的日军组织了一支名为"税警团"的武装集团，以此为契机，以华北为中心全国各地的反日活动频繁发生，中日关系变得愈加紧张。另外，国民政府于同年 6 月召开庐山会

①　外務省編纂『日本外交年表竝主要文書』下卷"文書"、347 頁。

②　島田俊彦、稲葉正夫編『現代史資料 8　日中戦争（一）』、368 頁。

③　中村隆英「日本の華北経済工作—塘沽協定から蘆溝橋事件まで」、近代日本研究会編『近代日本と東アジア』山川出版社、1980、185 頁。

④　1936 年 11 月 23 日，绥远驻军傅作义等部奋起抗击侵犯绥远省东北区的日本侵略军，收复百灵庙（今内蒙古自治区达尔罕茂明安联合旗），这一事件被称为"绥远事件"。

⑤　島田俊彦、稲葉正夫編『現代史資料 8　日中戦争（一）』、400 頁。

⑥　参见島田俊彦、稲葉正夫編『現代史資料 8　日中戦争（一）』、402 頁。

议，讨论如何解决华北问题，会上决定要求冀察政务委员会停止河北省银行的发券工作，并强制将该行发行的银行券与法币兑换。解散冀东伪政府本来是《华北指导方策》的核心内容，陆军部首脑也希望可以将其解散，但这遭到关东军的强烈反对，而且陆军内部课长级别的中坚人士也对此表示反对，该方策实行起来困难重重。在当地的紧张环境和战争谋略的互相交织之下，华北的战事已经到了一触即发的状态。①

---

① 参见岩武照彦『近代中国通貨統一史：15 年戦争期における通貨闘争』（上）、278 頁。

第 十 二 章

全面抗战时期的货币战 I：1937—1941

　　1935 年 11 月的币制改革，尽管遭到日本军部的强烈反对和运用各种手段进行的破坏，但取得了很大成功，不仅统一了货币发行权，形成了法币体系，促进了中国经济的统一，也加强了与英、美等国的经济联系，增加了外汇储备，构筑起中国持久抗战的货币支持体系。币制改革在粉碎日本军部分裂华北阴谋、防止华北走私贸易的蔓延、促进全国政治的统一等方面都有着重要的作用。全面抗战期间，为摧垮中国的"经济抗战力"，尤其是货币体系，日军和日本政府展开了大规模的货币战，建立傀儡银行，在日本军队占领区打压法币、推行伪币，在租界盗取中国的外汇储备，同时在中国军队控制地区制造通货膨胀。中国政府在全国军民的支持下，在反法西斯阵营国家的配合下，利用日本外汇储备不足和多头政策的弱点，针锋相对地采取措施，不仅保证了后方的生产和生活，还通过维持法币汇率，稳定法币的购买力，保证了中国抗战的军需采购。在世界反法西斯统一战线尚未形成的情况下，单独抗击日本侵略达数年之久。

　　日本对中国的货币战是从破坏中国的币制改革开始的。全面抗战爆发后，日军也将打击法币作为摧毁中国抗战经济力量的主要方向，"事变爆发以来，因法币成为敌方通货，遂成为我经济工作的排击对象。因事变带有全面战争的性质，这种做法也是毋庸置疑的。尽管这次事变并不是以民众为敌的，虽说法币是作为蒋政权货币诞生的，但已前进到了民族通货的阶段"。[①]"蒋政权的失败已经决定，但蒋政权的残存势力不容忽视，尤其在经济方面

---

　　① 朝鮮銀行調査課編『法幣を繞る支那経済の動向』、例言 1 頁。

似乎其力量格外的强韧，最显著的例子之一就是法币依然存在。法币由旧国民政府创设，随着其流通的渗透转变为民族通货，与中国大众建立了密切的关系。法币尚被民众所信任，反映了民众通过法币与蒋政权的联系，意味着蒋政权以法币为纽带收揽人心。这是把法币问题作为事变处理的重要事项提出来的原因。"① 全面抗战期间，日军操纵傀儡银行，强行发行各种伪币，推行日系通货、军票，排斥法币的流通，企图崩溃法币、灭亡中国。本章及下章将分阶段围绕战时日系货币发行，以日方的货币攻击为主线，对中日货币斗争策略和过程进行探讨。

一　"中国联合准备银行"与"联银券"

（一）朝鲜银行券在华北的流通与失败

1937 年 7 月 7 日，全面抗战爆发，日本过分高估自身经济实力，误以为只要以军事进攻为保障，金融之战亦如顺水之舟，无须过多考虑华北的实际情况。于是大藏省接受军方请求，向朝鲜银行发出"关于军费支付在华北应使用通货问题"的通令，先以 1000 万元的朝鲜银行券为当地支付工具，妄图通过推行朝鲜银行券进一步占领华北货币市场。至 1937 年末，在华北流通的朝鲜银行券，除华北各银行分支机构发行的 3400 多万元外，还有由伪满洲国带入的 600 万元、由朝鲜带入的 700 万元，已接近 5000 万元。② 至 1938 年 6 月，进一步扩张到 7000 万元。日本在开战伊始便强制推行朝鲜银行券，显然是承袭之前的金融经验。如果说控制华北的货币金融可以进一步促使日本资金的流入并大量攫取该地区的资源，那么这将是最节省成本且最便于执行的。但朝鲜银行券"并没有普及，特别是外国租界内的物资皆以法币定价交易，没有法币军队就购买不到必需的物资"。③ 由于朝鲜银行券不具备与外汇的兑换性，再加上租界的存在，想通过军事管制强制通行也做不到。进入 8 月，国民政

---

① 朝鮮銀行調査課編『法幣を繞る支那経済の動向』、3 頁。
② 多田井喜生編『続・現代史資料 11　占領地通貨工作』、xxi 頁。
③ 朝鮮銀行史編纂委員会編『朝鮮銀行略史』、362 頁。

府宣布进行金融管制，限制从银行提取存款，并将法币全部强制运送到南方，实施紧缩政策，法币的市场交换行情上升。与之相反，朝鲜银行券的比价急速下降，8 月中旬落到了朝鲜银行券 100 元兑法币 71 元的地步。"日军在军事上虽然取得了胜利，但在使用朝鲜银行券对付法币的第一个货币战回合中便败下阵来。"①

朝鲜银行券可以直接兑换日圆，因此其在华北的跌价，也给日圆带来极大不利。对满事务局次长青木一男在调查报告中指出："华北民众尚不习惯使用朝鲜银行券，若专以朝鲜银行券应对今后日益增加的军队在当地的支付，不过是导致其对法币比价的日益低落……因此，应策动由河北省银行、中国、交通两银行及其他主要中国银行参加与合作的华北金融自主化，迅速寻求利用中国货币特别是河北银行券的办法，以资日本皇军的活动及我汇兑政策。"② 他还进一步指出："'有人说只要撒日本钞票势力就会变大'，但即使像满洲国那样的独立国，并且和日本关系非常深的地方最终都不行，这是经验已证明的。货币是心理作用很强的东西，必须是能令中国人民感到安心的东西，所以在这个意义上日本的货币毫无疑问是不行的。"③ 然而，河北省银行券在卢沟桥事变前发行额只有 5000 万元左右，作为军费增发的部分"没有在民间流通，只是转了一个圈"又流回来，④ 并没有起到作战货币的作用。于是，日本政府和军方不得不筹划设立伪政权银行"筹措现地军的军费"，"确立重建华北经济之基础的新通货体系"。⑤

（二）"中国联合准备银行"的成立

1937 年 11 月 22 日，日本政府在内阁会议上制定《华北联合银行设立要纲》，决定设立"联合准备库"。1937 年下半年，日军先后攻占了华北、上海、南京等大量中国土地。12 月 14 日成立了包括"河北、山东、山西三

①　多田井喜生编『続・现代史资料 11　占领地通货工作』、xxi 页。
②　多田井喜生编『続・现代史资料 11　占领地通货工作』、xxi 页。
③　原田熊雄述『西园寺公と政局』第六卷、岩波书店、1951、96 页。
④　今村忠男『支那新通货工作论』、62 页。
⑤　居之芬主编《日本对华北经济的掠夺和统制——华北沦陷区经济资料选编》，北京出版社 1995 年版，第 969 页。

省及察哈尔省一部分"的名为"中华民国临时政府"的伪政权，由王克敏出任伪行政院长。作为伪政权的中央银行，日军以及伪临时政府都设想由在华北设有分支机构的中国、交通两行等主要银行参加，"立于中国银行联合之上的中央银行故以联合命名"。① 1938 年 2 月 5 日，日本公布"中国联合准备银行"条例，3 月 10 日"中国联合准备银行"正式开业，总裁由中国银行满洲总经理汪时璟担任，以阪谷希一为顾问。伪临时政府 3 月 11 日的声明宣布，日圆与"中国联合准备银行券"（以下简称"联银券"）等值，"国币的对外价值，考虑到现在环境，以保持与日本货币等值为妥，是为国币安定的方策，亦为经济复兴的基础"。②

所谓"联合准备银行"，指联合华北之中国、交通、盐业、中南、大陆、冀东、金城和河北省银行等八家金融机构"共同投资"而得名。其总行设于北平，并在天津、济南、青岛、烟台、太原、临汾、石家庄、唐山等华北主要城市设有分行。"中国联合准备银行"的资本金为 5000 万元，由华北傀儡政权"中华民国临时政府"及前述八家银行各认缴一半。首次认缴额为总出资的一半（即 2500 万元），除伪政府外具体的出资金额分配是中国银行 450 万元，交通银行 350 万元，伪冀东银行 50 万元，其他五银行各 80 万元。③ 而应由伪政府负责的 2500 万元，则由日本的正金银行、兴业银行、朝鲜银行等三家特别银行，以新银行的股份为担保贷借给伪政府。④ 由此可见，日本虽不具备"中国联合准备银行"的股东资格，并一再强调该行的中国法人地位，但从上文我们亦能看出该行与日本所保持的间接而密切的关系。而该行在华北所发行的联银券，最初也与日圆坚持等价兑换并加入日圆集团，成为与伪满央行相同的殖民地金融机构。

有关发行准备金，"中国联合准备银行"规定"保有相当于纸币发行额 40% 以上的金银块、外汇和外汇存款"。日军的计划是利用华北中方银

---

① 今村忠男『支那新通貨工作論』、70 頁。
② 多田井喜生編『続・現代史資料 11 占領地通貨工作』、xxiii 頁。
③ 崔尚辛：《伪中国联合准备银行》，《全民周刊》第 1 卷第 20 号，1938 年，第 181 页。
④ 参见张一正译《"中国联合准备银行"设立的意义》，《文摘》1938 年第 15 期，第 364 页。

行所存 5700 万元现银，[①] 加上日方提供的 1070 万日元的现银，约能发行 1 亿 7000 万元的联银券。加上华北流通的货币，估计有"法币 3 亿余元，其他内外各种货币 4 亿余元"。[②] 日方打算将这些法币回收，用回收的法币挤兑国民政府的外汇储备，侵蚀法币的根基，同时将挤兑所得外汇作为联银券的发行准备金。这一计划如果实现，"中国联合准备银行"仅以现银和外汇储备就能发行 7 亿—8 亿元的联银券，对国民政府构成巨大的威胁。事实上，国民政府也意识到了这个威胁，在"中国联合准备银行"开业的 3 月 14 日，国民政府就采取防范措施，宣布实行外汇分配制度，而"中国联合准备银行"以联银券回收法币的进展非常缓慢，其发行准备也未能如设想的那样得到充实。[③]

（三）用联银券统一货币的企图

1. 回收朝鲜银行券，签订共同存款协议

1938 年 3 月 25 日，日本华北方面军发出使用联银券的命令，半年后的 9 月 13 日，军方又发布通牒称："……事变以来作为军事资金使用的朝鲜银行券流入额显著增加，由此导致日圆价值难以维持等诸多问题。为此，回收朝鲜银行券是当前的紧要大事。军方为促进、扶助华北货币统一政策，使帝国金融政策易于实行，尽力减少使用朝鲜银行券，支付军费采用专以中国联合准备银行券统一支付的方针。"[④] 在这样的形势下，朝鲜银行面临的难题不仅是"如何筹措华北各支店今后营业所需联银券资金"，还包括"必须急速地回收此前散发的、以军方占领地点为中心遍布华北全境、总额 1 亿元左

---

① 国民政府 1935 年 11 月实施法币改革时，决定将中国全国的发行准备现银集中到上海的发行准备管理委员会，但因日本阻止华北白银南运，不得不将华北的现银保管在华北。其后，政府三家主要银行以外的纸币整理逐步开展，流于市面和其他银行所存现银集中到政府系统银行手中，至 1937 年 7 月回收的现银中，来自金融机构的有 2.25 亿元，来自一般民众的为 3 亿元，合计 5.25 亿元。1938 年 2 月 6 日，日本单方面宣布废止国民政府发行准备委员会天津分会，代之成立京津两市现银保管委员会，管理京津所有现银。当时由于天津英法租界和北京的大使馆中所存现银"无法强制接收"，实际上还是由各银行来保管，太平洋战争爆发后日军占领天津租界，接收北京的银行之时，这些现银实际进入"中国联合准备银行"。

② 東亜研究所編『支那占領地経済の発展』、54 頁。

③ 多田井喜生編『続・現代史資料 11　占領地通貨工作』、xxiv 頁。

④ 桑野仁『戦時通貨工作史論：日中通貨戦の分析』、36 頁。

右的朝鲜银行券"。① 1938 年 6 月 14 日，朝鲜银行北京支店总经理中野与"中国联合准备银行"总裁汪时璟签订了"以朝鲜银行筹集营业资金为目的"的非正式共存协议，想出了一个互相记账的妙法，"日本银行通过朝鲜银行东京支店向朝鲜银行北京支店汇入的华北日军军费，由北京支店自行在联合准备银行名义下的日圆存款账户上记账，同时联合准备银行自行在朝鲜银行的联银券存款账户上记入相同款额……将联合准备银行内朝鲜银行的联银券存款作为军费支出"。这样一来，日方需要联银券资金时，只需由朝鲜银行北京支店"在联合准备银行日圆存款账户上记入贷出，联合准备银行会将相应金额在本行的联银券存款账户上记入贷出"。② 1941 年 7 月 1 日，朝鲜银行总裁松原与"中国联合准备银行"总裁汪时璟正式签订共存协议，通过这种方法随意而方便地筹集军费。当时朝鲜银行北京支店的副经理安藤博说："联合准备银行开业后，以联银券为统一货币的决定本银行也赞成，当时我们一面回收朝鲜银行券又不得不增发它，华北总经理中野为筹措资金绞尽脑汁，想出了独特的共同存款制度，与联合准备银行顾问阪谷、大藏省财务官大野、日本银行吉川参事等商量，在联合准备银行和本行之间缔结了共同存款合同。"③ 由于共同存款协议是和日方银行签订的，"中国联合准备银行"自身甚至伪政府对于联银券的发行也只能完全被动地接受日方的决定，没有丝毫调节的余地。"中国联合准备银行"与朝鲜银行、横滨正金银行的共同存款账户的变化情况见表 12 - 1，在 1939 年 6 月，通过共同账户，已经有 1 亿元左右没有物资支持的联银券被投放到华北流通了。④

2. 回收法币

日伪政权以联银券为"国币"，并以统一华北货币为口号对旧有钞票进行整顿。法币作为当时流通中最主要的货币自然成为日伪整理货币的主要目标。在"战事初起的一九三七年七月十日，估计华北地区内流通由中央、中国、交通三银行发行的法币数额达二亿三百三十五万元，占天津诸发券银

---

① 朝鮮銀行史編纂委員会編『朝鮮銀行略史』、387 頁。
② 朝鮮銀行史編纂委員会編『朝鮮銀行略史』、387 頁。
③ 朝鮮銀行史編纂委員会編『朝鮮銀行略史』、389 頁。
④ 多田井喜生編『続・現代史資料 11　占領地通貨工作』、xxv 頁。

表 12 - 1　"中国联合准备银行"与朝鲜银行、横滨正金银行的共同存款账户的变化情况

单位：百万日元，%

年度	共同存款余额			联银券发行额	共同存款余额占联银券发行额的比例
	朝鲜银行	横滨正金银行	合计		
1938 年	129	7	136	162	84
1939 年	313	33	346	458	75.5
1940 年	349	27	376	715	52.6
1941 年	749	13	762	966	78.9
1942 年	1085	353	1438	1593	90.3
1943 年	2153	869	3022	3766	80.2
1944 年			6564	15841	41.4
至 1945 年 8 月 10 日	43197	977	44174	84906	52.0

资料来源：多田井喜生編『続・現代史資料11　占領地通貨工作』、xxiv 頁。

行发行额的百分之七十八"。[1] 在华北流通的法币之中，中国、交通银行的券钞占据绝大多数，那是因为它们的票面印有华北城市的发行地名，因此能够明确限制流通的区域。

日伪在"中国联合准备银行"创立之初，规定联银券和法币等价通用，并且持法币者必须向"中国联合准备银行"兑换联银券。"各银行账目一律以联银券为本位，库存'法币'亦须一律照办。以上规定，在伪北平'临时政府'辖区内（天津租界除外）须一律执行。"[2] 同时，日伪当局公布《实施旧货币整理办法》，规定中国、交通银行之北方钞票（即印有天津、山东、青岛字样的法币），"流通期间为一年，至民国廿八年（1939 年）三月十日为期，即禁止通行"[3]；"国民党中央银行纸币及未载地名之中国银行、交通银行纸币，三个月后禁止流通"[4]；前项之外的其他华北旧货币，同样禁止三个月之后流通；不满一元之纸币、硬币则另有规定。

日本政府内阁会议决定联银券的"对外价值与日圆挂钩……其比率为

---

①　林美莉：《抗战时期的货币战争》，台湾师范大学历史研究所 1996 年版，第 168 页。

②　李安庆：《伪中国联合准备银行浅析》，《历史档案》1984 年第 1 期，第 124 页。

③　《在华北金融经济复兴中之中联银行业务概况》，《侨声》第 1 卷第 6 期，1939 年，第 68 页。

④　张新知：《伪中国联合准备银行及其发行的货币》，《江苏钱币》2013 年第 3 期，第 22 页。

等价"，即联银券是一种以日圆定价的管理货币。而伪临时政府声明中则称"历来流通的各纸币……在一定期限内与国币等价"，这样便产生了明显的自相矛盾，如果日圆与联银券等值，那么联银券对外价值便与日圆对英镑价值 1 先令 2 便士相等，但与"历来流通的各纸币"（即法币）等值，又表示与法币的对外价值 1 先令 2.5 便士相等。也就是说，通过采用日圆与联银券等值政策，将日圆比价抬高了 1/2 便士，通过与高估比价的日圆等价的联银券，来回收在华北流通的法币。[1] 但法币的回收成绩却远比日伪预想的差得多，预定禁止流通的南方券和北方杂券 15 种"流通额预计约 3000 万元，但到 6 月 10 日只回收了约 600 万元"。[2] "因为能得到 1 便士的兑换利益，预计兑换者本应很踊跃，却没有什么明显的兑换高潮。"[3] 6 月末包括北方券在内的法币回收额为 1247 万元，12 月末为 1460 万元，到 1 年后北方券禁止流通时也只回收了 2000 万元左右。在华北流通的"法币 3 亿余元和其他各种内外货币合计约 4 亿元"中，除外国货币外，回收率只有 6% 左右。[4]

法币虽然在日伪势力覆盖的大中城市几乎绝迹，但大部分流入天津的英法租界。这是由于掌握贸易金融的外国银行在兑换外汇时，不接受联银券只接受法币，也只有经由租界法币才能流往南方地区。中国派遣军经理部的调查资料显示："华北的联银券在 3 月 31 日禁止法币流通之后其自身价值反而暴跌了三四成……这恰恰证明了金融政策的失败。……联银券流通的地区只限于都市区和铁道沿线的我方占领地区，只要踏入内地一步，联银券全然流通不了，交易依然是以法币来进行。在如此治安状况下禁止法币流通，导致了联银券地区和法币地区间的货币联系的中断，使作为生产地区的匪区和作为消费地的都市的关系在货币上发生中断，结果产生了没有被禁止流通的法币就购买不到物资的与目的相反的现象。"[5] 1940 年

---

① 参见多田井喜生编『続・現代史資料 11　占領地通貨工作』、xxiii 頁。

② 『北支に於ける通貨対策の現状送付の件』（1938 年 10 月 25 日）、国立公文書館アジア歴史資料センター、C07090926800。

③ 今村忠男『支那新通貨工作論』、93 頁。

④ 多田井喜生編『続・現代史資料 11　占領地通貨工作』、xxvi 頁。

⑤ 東亜研究所編『支那占領地経済の発展』、488 頁。

以来，"情势之演进，天津租界内之租税缴纳，及商业行为，仍以旧法币为主要通货，更以英人对法币之支援态度，致其地位仍得维持。法币与中联券之间有一暗盘行市；此涨彼落，殊无定凭"。[1]

（四）围绕货币兑换率的斗争

按照最初的规定，联银券与法币、日圆等值。由于日伪方面一直利用联银券兑换法币套取外汇，1938 年 3 月 14 日国民政府发布《外汇管理法》，实施外汇配给，法币对英镑的汇率急转直下，3 个月后法币的汇价由 1 先令 2 便士半落至 8 便士的水准，后来就维持在 8.25 便士的价格上。[2]结果导致联银券出现双重价格，即从与日圆等价的角度看虽然继续维持 1 元对 1 先令 2 便士的比价，但在自由交易市场上却只能兑换 8 便士。"结果造成投机商利用日圆套利的风潮。他们将日圆携往上海汇市调换法币，再以法币携往华北换联银券或日圆，每元可获利百分之三四十，日圆大量外流，使日圆的外汇价率大起波动。"[3] 联银券不得不对法币维持更低价位，1938 年 7 月，联银券兑换法币价为 100 元兑 103.3 元；1938 年 8 月 8 日，伪临时政府以法币"促进回收方法之一"的名义，将法币对联银券兑换价降低 10%，实际上是为了"使联银券与法币行情能够对照"。[4] 但在黑市交易中，"国民政府钞票（法币），比照'联合准备'钞票升水百分之三"。[5]1939 年 2 月，日伪宣布华北法币一律按六折行使，华北人民"不但不将法币兑出，反有实行收藏法币的情事。至于法币在市面上的价值，不但不因一律六折行使及将禁止通行之命令下跌，而反见上涨"。[6] 1939 年 3 月 11 日宣布禁止法币流通，联银券对法币的比价本应升高，但实际上 1939 年三四月间，租界的自由兑换市场上联银券对法币的比价反而更为下跌，至 5 月 2 日跌至法币 100 元兑换联银券 134 元的最低值，联银券反而暴跌百分之三

①　高尚仁：《一年来中国的金融问题》，《中国公论》第 4 卷第 4 期，1941 年，第 87 页。
②　参见张素民《法币在公开市场的三度贬值》，《自修》1939 年第 73 期，第 1 页。
③　林美莉：《抗战时期的货币战争》，第 118—119 页。
④　今村忠男『支那新通貨工作論』、106 页。
⑤　《信不信由你：华北法币涨价》，《血路》1938 年第 28 期，第 454 页。
⑥　朱广心：《华北的伪币"新体制"与我国法币》，《时代批评》1939 年第 20 期，第 12 页。

四十。① 在上海也同样如此，1939 年 5 月 22 日，日本银行券与法币比价也降至 112 日圆兑换 100 元法币的最低价。可见，虽然华北法币遭受到了日伪在政策上的强制贬抑和清理，但其在黑市交易中对联银券的比价不降反升，并且民间也采用各种方法拒绝使用伪币，因此连当时日人报纸也不得不承认"当有一亿元仍滞留于内地，又向来残留于内地及渡黄河而逃避之法币，为数亦有，对此虽无一定材料，可供确定，然吾人相信有不少法币仍存于内地"。② 日本在华北实施日圆区计划，想方设法破坏法币，由于中国政府得当的措施和人民对法币绝对的信任，"华北法币发行有增无减"，日方的破坏计划归于失败。③ 这都说明法币在流通领域依旧对联银券保持着较大优势，人民对法币的信心始终存在。

"战胜国"通货反比"战败国"通货弱，这令日军感到不可思议。日本兴亚院发布《对上海日圆市场进行干预的决定》，在 1939 年 6 月后投入 500 万元资金进行市场操作，试图"将日圆比价目标定在日圆与元等价水平"。但租界内的外国银行也在法币禁止流通的同时拒绝向"中国联合准备银行"出售外汇，并展开了新一轮对联银券的攻势。日本中国派遣军也承认，由于政治力渗透不充分，采用无视法币的强势而企图一举抹杀法币的措施，反遭到了法币的攻击。"英国租界作为对禁止法币流通的报复，对于以联银券缴纳关税强迫要求提供三成的折扣，对于租界内的所有商业交易，只要以联银券进行的，都奖励比法币论价交易多收三成以上的折扣，策动贬低联银券比价，同时策动抬高面粉及其他主要商品价格，对中国商社等，尽量宣传通货膨胀将至，鼓励以物换物和囤积，想诱发我治安区内发生恶性通货膨胀。"④

1939 年 3 月，英国在香港设立总额为 1000 万英镑的中英共同法币安定资金，开始"买卖法币及进行抑制其他不当变动做必要的汇兑操作"。英国大使给外交大臣爱德华·弗雷德里克·伍德的电文要求完全拒绝日方要求，"我完全赞成您在货币问题上全无妥协余地的意见。上海的银行家和实业家

①　参见岩武照彦『近代中国通貨統一史：15 年戦争期における通貨闘争』（上）、333、338 頁。

②　杨尔珵译《华北物价的检讨》，《经济汇报》第 1 卷第 4 期，1939 年，第 27 页。

③　《日商银行收买法币企图捣乱决难成功》，《申报》1938 年 11 月 21 日。

④　大蔵省大臣官房財政経済調査課編『法幣制度と日支事変』、206 頁。

也支持这一见解，我认为在币制上的任何动摇都会在中国导致悲惨的结果"。就是说"设立 1000 万英镑汇兑基金，在华中、华南尽力维持法币的英国，绝不可能具有在华北否定法币的双重人格"。① 因禁止法币流通而于 1939 年 4 月末集中到天津租界的 2 亿 3000 万法币成了沉重的负担。进入 6 月，法币的外汇基金就已接近罄尽，6 月 7 日汇丰银行停止在上海出售外汇，上海的法币汇价迅速从 1 元兑 8 便士降到了 6 便士。加之 6 月 24 日日本政府在兴亚院会议上决定，将华北出口汇兑集中制度从 12 个品种扩大到全部出口商品，并于 7 月 17 日起实施，法币汇价从 18 日起降至 4 便士的水平，到 8 月 18 日降至 $3\frac{1}{16}$ 便士。之后其汇价虽略有回升，但一直到 1940 年 4 月基本维持在 4 便士左右的水平。也就是说，法币的对外价值从 1939 年 6 月开始两个多月间下降了近一半。与法币急速贬值相对照，联银券价值开始超过法币，1940 年 7 月 27 日，天津租界内法币与联银券兑换比价，法币反低了 10%。不仅如此，日方自七七事变开始，至汇丰银行停止买卖外汇的 1939 年 6 月 7 日，共夺去了国民政府约 250 万英镑的外汇储备。看到日方如此猛烈地攻击法币，香港的英国官员向英国报告说："战争的胜负也许能以货币战来决定。只要中国的法币价值得以维持，即使日本努力巩固军事力量获得的成果，也几近以失败而告终。法币一旦崩溃，民众建立在对法币信任之上的游击战也会崩溃，日本人将随心所欲地支配贸易和经济。"②

（五）统制外汇汇率，实施"汇兑集中制"

历来华北的棉花等重要物资向日本以外的国家出口都是由外国商人经手，输出商品的外汇也集中于天津租界的外国银行，到不了"中国联合准备银行"手中。"出口物资，乃至出口票据集中到外资银行，从第三国的进口亦为外国商人所垄断。……第三国垄断贸易的结果是，出口华北的物资所获外汇不能成为建设华北物资的进口资金，反而通过外资银行变成了蒋政权抗战物资的进口。"③ 随着法币汇价的低落，出口汇兑都以降到 8 便士水平

---

① 参见多田井喜生编『続・现代史资料 11　占领地通货工作』、xxix 頁。
② 参见多田井喜生编『続・现代史资料 11　占领地通货工作』、xxix 頁。
③ 今村忠男『支那新通货工作論』、154 頁。

的法币进行，"中国联合准备银行" 1 先令 2 便士的贸易汇价也无法与之竞争，而且 "中国联合准备银行" 根本就不出售外汇，不兑换外汇的货币当然不能用于贸易结算，联银券在天津租界内兑换法币反而需要付折扣，只能以低于法币价值被接受。

为让联银券具有兑换外汇功能，日方不得不考虑放弃 1 先令 2 便士的联银券公定价，改为 8 便士，让外汇集中到 "中国联合准备银行"。1938 年 10月 5 日，"中国联合准备银行" 把山东省烟草收购资金向英美烟草公司出售联银券所获外汇（500 万日元，另有法币 400 万元）分出一部分，在 "中国联合准备银行" 设立汇兑基金，利用这个基金实施进出口挂钩的配额制。即从事出口者将外汇以 1 先令 2 便士的公定价出售给外汇银行而产生的损失，可通过兼营进口或出售进口权来弥补，但这一政策几乎没能产生任何效果。面对这种状况，日伪开始采取通过汇兑管制和贸易管制来将汇兑集中到 "中国联合准备银行" 的政策。"中国联合准备银行" 首先在青岛实施贸易管制，接手倾销华北特产的 8 便士汇价的贸易，但外商将出口物资转到天津，该政策最终没有产生效果。1939 年 3 月，日伪禁止法币流通，同时下令实施将 12 种华北重要出口物品的出口汇兑集中到 "中国联合准备银行" 的制度。目的是利用联银券来削减法币的交易货币功能，并且维持日本对华北进出口贸易的均衡。为了实现这一目标，日伪在华北通过 "中国联合准备银行" 来集中外汇，并且不断提升联银券的对外价值。"庶联银券具有转换外货机能，用以摆脱法币物价之冲击，并增强联银券对法币斗争之实力。"①

"汇兑集中制" 的运作方式是，"必须提出经联银鉴定之卖却汇兑证明书，或海关监督发给之无汇兑输出许可证，始能输出，至其输入之际，须以将输出所得外国汇兑全部出卖与联银，用作输入资金为条件，始能输入"。②无论对于进口还是出口，只要是伪政府 "汇兑集中制" 中所规定的货物，必须经过 "中国联合准备银行" 对外汇的管制许可。对于华北大宗的特定货物而言，若是出口至日本、伪满，需要按照该货物的正常价格，将所获的日圆外汇依照对联银券的价值等价出售给华北的普通银行；若出口至其他地

---

① 《华北 "集中汇兑制度" 之转变与现状》，《东亚经济月刊》第 1 卷第 4 期，1942 年，第 78 页。
② 《华北 "集中汇兑制度" 之转变与现状》，《东亚经济月刊》第 1 卷第 4 期，1942 年，第 78 页。

区，则须按该货物的正常价格将所获之该国外汇依照对联银券的价值，按照对英镑 1 先令 2 便士以上的行市出售给华北的普通银行。也就是说，"出口商先将出口货物所得外汇卖给经汇普通银行，然后由该经汇普通银行将此项外汇再转卖'中联银行'"。[①] 而对于进口货物则由进口商先行从经汇普通银行买进外汇，"然后再由经汇普通银行向'中联银行'请求抵补，经审查合格后由'中联银行'将外汇卖给该经汇普通银行，以资抵补。但是，该经汇普通银行所买进之数额，不得超过以前卖给'中联银行'的外汇数额（包括该经汇普通银行在华北各分支行的外汇总数）"。[②]

适用汇兑集中制的出口物品，在最初仅有胡桃、花生、杏仁、烟叶等 12 种；进口货物则包括金属、化学用品、图书等 41 种。但因为投机者的投机捏报行为，华北伪政府不得不扩大进出口货物的"汇兑集中"范围，规定出口物除百元以下联银券、旅行用品、船舶航行必需品、易腐败之食品、书画、新闻刊物等之外，其余货物一律从 1940 年 1 月 1 日起适用汇兑集中制。而进口货物也从 41 种增加至 96 种。另外，从 1940 年 6 月 26 日起，"中国联合准备银行"又对施行该制度的各汇兑银行进行了分配调整，"加以无汇兑输出入许可制度之强化"，[③] 这样便使法币失去了在华北的贸易资金作用。

统制汇兑给日伪当局带来了巨大的外汇利润，至 1939 年 6 月底，不到 4 个月的时间日伪当局就获得折合英币 120 万镑的巨款（合联银券 2000 余万元）。[④] 据日伪当时报道，汇兑集中制自 1939 年实施以来，"已四年于兹，中经扩张输出入品范围及变更基准通货两度修正，非仅华北贸易之均衡赖以维持，即联银券能获得转换外货性而战胜旧法币，确立华北金融通货基础者，亦皆实施本制度所奏之显功业也"。[⑤] 而在 1940 年 12 月底，"买入英货二百零五万八千镑，美国货五百零六万八千美元，业全部用于物资之输入及

---

① 曾业英：《日本对华北沦陷区的金融控制与掠夺》，《抗日战争研究》1994 年第 1 期，第 76 页。
② 曾业英：《日本对华北沦陷区的金融控制与掠夺》，《抗日战争研究》1994 年第 1 期，第 76 页。
③ 《华北"集中汇兑制度"之转变与现状》，《东亚经济月刊》第 1 卷第 4 期，1942 年，第 78 页。
④ 参见曾业英《日本对华北沦陷区的金融控制与掠夺》，《抗日战争研究》1994 年第 1 期，第 76 页。
⑤ 《华北"集中汇兑制度"之转变与现状》，《东亚经济月刊》第 1 卷第 4 期，1942 年，第 78 页。

居留外人之汇款，故联银券之对内外信用，益形安固"。① 至 1940 年底，虽然联银券通过贸易汇兑管制取得了一定的地位，迫使法币不得不贬值，但其与法币相比始终未能获得整体上的优势。

二　伪察南银行券与伪蒙疆银行券

（一）蒙疆伪联合政府的建立

1. 日本关东军对蒙疆地区的军事入侵与蒙疆各"自治政府"

1933 年春季，关东军发起旨在稳定与伪满洲国接壤地区（热河省和察哈尔省东部接壤地区）治安形势的热河作战，侵占热河省。关东军参谋长明确指出，利用刘桂堂和李守信部在多伦地区的军事行动，"在察哈尔东部边境地区扶持亲日亲满势力，以此建立与敌对势力的缓冲地带，同时将势力范围逐步向乌珠穆沁方面扩展"。② 在关东军参谋部制定的《暂行蒙古人指导方针纲要方案》（1933 年 7 月 16 日）中进一步明确对蒙古的工作方针，通过指导让伪满洲国、蒙古地区的蒙古族人自发形成亲满亲日观念，在内蒙古地区建立摆脱苏联和中国影响的"自治政府"。对察哈尔地区的蒙古族人"主要是通过和平的文化工作，特别是通过经济关系的纽带作用让其自发形成亲满观念……促进具有排华色彩的自治政权的建立"。③

1933 年 10 月，关东军内蒙古工作负责人松室孝良④撰写了《关于蒙古国建设的意见》⑤，通过当年 10 月 4 日到 23 日在多伦地区对当地情况的调

---

① 《联银之汇兑集中制度》，《东亚经济月刊》第 1 卷第 2 期，1942 年，第 110 页。

② 関東軍参謀長向次長次官電文、関電第 545 号（1933 年 5 月 5 日）、島田俊彦、稲葉正夫編『現代史資料 8　日中戦争（一）』、444 頁。

③ 関東軍参謀部「暫行蒙古人指導方針要綱案」（1933 年 7 月 16 日）、島田俊彦、稲葉正夫編『現代史資料 8　日中戦争（一）』、447—448 頁。

④ 松室孝良是日本陆军内有名的蒙古通，自 1920 年初起便开始在内蒙古各地就所谓的蒙古问题展开调查，在关东军的蒙古工作中发挥着重要作用。据『日本陸海軍総合事典』記载，松室孝良曾于 1925 年 8 月到 1926 年 11 月期间担任冯玉祥的顾问。参见秦郁彦編『日本陸海軍総合事典』東京大学出版会、1991、137 頁。

⑤ 松室孝良「蒙古国建設に関する意見」（1933 年 10 月）、島田俊彦、稲葉正夫編『現代史資料 8　日中戦争（一）』、449—463 頁。

查，他认为"与其对蒙旗进行操纵，不如建设蒙古国"，并具体提出"蒙古国"成立三年准备期间的时间表。在1934年2月起草的《满洲国接壤地区占领地统治案》中，他进一步设想"让察哈尔北部及外蒙古各占领地区首先实行自治，然后建设蒙古独立自治政权。……在将苏军驱逐出贝加尔湖地区之后成立联合自治区，就此形成蒙古自治共和国的国家框架"。具体工作方针是"让内蒙古摆脱中华民国的统治、让外蒙古脱离与苏联的羁绊，将工作重心转移到建立亲日满的……自治政权之上"。[①] 对于松室孝良提出的激进方案，关东军参谋部表示了谨慎的态度。1934年1月24日关东军参谋部制定的《对察施策》中强调，要注意适度对锡林郭勒盟及察东蒙民施惠，严防"在满蒙民离满赴察或者酿成蒙古独立之局势"。在开展对内蒙古的工作时，"应该重点从经济、文化事业着手，所有的军政工作都要秘密进行"。[②]

在完成对伪满洲国的侵占和控制之后，关东军开始针对内蒙古地区实施军事侵略。1935年7月25日关东军参谋部制定《对内蒙施策要领》，明确"要扩大内蒙亲日满地区范围，伴随华北工作的推进让内蒙脱离中央实现自立"。通过支援"蒙古自治政府"，清除汉族人势力，将德王、卓世海、李守信三股势力结合在一起。[③] 虽然日本陆军中央部军务局长对关东军的指示《中央部对华北及内蒙的指导》中强调，"对内蒙工作要坚持既定方针，在当今形势下，不应急于建立独立政权，要将工作重点放在文化、经济工作方面"[④]，但关东军仍然积极推进华北分离和内蒙古自治。1935年12月，在关东军多伦特务机关的指导下，李守信的军队占领察哈尔省东北部6县，并创立"察东特别自治区"，挑起察东事件。从1936年1月起，关东军开始在察北建立傀儡政权（"蒙古军政府"），并计划向绥

---

①　参见松室孝良「満洲国隣接地方占領地統治案」（1934年2月）、島田俊彦、稲葉正夫編『現代史資料8　日中戦争（一）』、472—485頁。

②　参见関東軍参謀部「対察施策」（関参諜第一号、1934年1月24日）、島田俊彦、稲葉正夫編『現代史資料8　日中戦争（一）』、468—471頁。

③　参见関東軍参謀部「対内蒙施策要領」（1935年7月25日）、島田俊彦、稲葉正夫編『現代史資料8　日中戦争（一）』、492—500頁。

④　参见軍務局長「北支及内蒙に対する中央部の指導」（1935年8月28日）、島田俊彦、稲葉正夫編『現代史資料8　日中戦争（一）』、501頁。

远省发展，扩张势力范围。关东军参谋部在《对蒙（西北）施策要领》中提出将工作重点置于在察北建立"蒙古军政府"，并要不断对其强化。将来以该地区为根据地向绥远发展，最终将势力范围扩大到外蒙古、青海、新疆、西藏等地区。① 对关东军的扩张野心，日本内阁会议通过的《华北处理纲要》（1936 年 1 月 13 日）对中国驻屯军司令官进行了指示，提出"对内蒙工作依然遵从原来的宗旨……工作范围限定在外长城线以北地区，不得波及东部绥远四蒙旗地区"。② 以此对关东军的行动进行限制。

通过察东事件关东军控制了察哈尔省东部 6 县，成立了伪自治组织，关东军谋划的德王、李守信、卓世海三股势力的合流成为现实，成立傀儡政权的构想也开始付诸实施。1936 年 1 月 23 日在张北召开成立察哈尔盟公署大会，卓世海出任盟长。5 月 12 日在德化召开"蒙古军政府"成立庆典，"军政府"由云王出任主席，德王任总裁。在"蒙古军政府"成立之后，通过整编成立蒙古军，由德王兼任总司令，李守信任副总司令。在 1936 年 5 月召开的关东军幕僚会议上，关东军参谋田中隆吉提出包括侵占绥远计划在内的《对蒙（西北）施策要领》并获得批准。③ 11 月 15 日，在关东军的策划下，蒙古军开始进攻绥远的红格尔图地区，由此爆发了激发中国军民爱国热忱、抗日热情的绥远抗战。在傅作义的指挥下，绥远抗战取得胜利，关东军的内蒙古独立设想受挫。

1937 年 7 月 7 日卢沟桥事变爆发，8 月 9 日日军参谋本部决定实行"察哈尔作战"，负责从热河、内蒙古方向协同中国驻屯军作战的关东军派遣兵团从察哈尔省南部发起进攻，8 月 27 日占领张家口，9 月 4 日成立伪察南自治政府。伪察南自治政府由杜运宇、于品卿任最高委员，张家口新特务机关长为吉冈安直，最高顾问为金井章次，行政区域为察南地区延庆县、蔚县、

① 参见関東軍参謀部「対蒙（西北）施策要領」（1936 年 1 月）、島田俊彦、稲葉正夫編『現代史資料 8 日中戦争（一）』、540—546 頁。

② 参见「第一次北支処理要綱」（1936 年 1 月 13 日）、島田俊彦、稲葉正夫編『現代史資料 8 日中戦争（一）』、349—350 頁。

③ 森久男『関東軍の内蒙工作と蒙疆政権の成立』『岩波講座 近代日本と植民地 I 植民地帝国日本』岩波書店、1992、151 頁。

怀来县、赤城县、怀安县、宣化县、万全县、龙关县、阳原县、涿鹿县等10县。① 9月13日，关东军占领大同，24日占领平地泉。10月15日，在大同组织成立伪晋北自治政府，大同机关长为羽山喜郎，最高顾问为前岛升，管辖着晋北地区大同县、朔州县、右玉县、灵丘县、浑源县、天镇县、左云县、广灵县、应州县、平鲁县、怀仁县、阳高县、山阴县等13县。② 10月14日，关东军占领绥远，17日侵占包头。③

1937年10月27日至28日，日军在绥远召开第二届蒙古大会，决议取消"蒙古军政府"，成立伪蒙古联盟自治政府。按照关东军参谋部的事先安排，大会推举云王任伪蒙古联盟自治政府主席、德王任副主席，并将绥远更名为"厚和"，作为伪自治政府的首都。其"版图"包括察、锡、乌、巴、伊等五盟（21县、39旗）和厚和、包头两个特别市（20县、36旗）。12月1日公布《政府暂行组织法》，伪自治政府宣告成立。至此，张家口、大同、绥远（厚和）分别成立伪自治政府。关东军在各个伪自治政府所在地都设立了特务机关，并通过日本顾问对各伪自治政府及后来成立的联合委员会进行内部指导。各伪自治政府的管辖区域及最高人事安排等见表12-2。

表12-2　蒙疆各伪自治政府情况一览

伪自治政府名	察南自治政府	晋北自治政府	蒙古联盟自治政府
所在地	张家口	大同	厚和（绥远）
管辖区域	察哈尔省南部	山西省北部（雁北）	5盟（察、锡、乌、巴、伊）
行政区域	1市（张家口）、10县	13县	2市（厚和、包头）
人口及民族构成	150万，汉族（河北、山东人）	150万，汉族（山西人）	270万，蒙古族
最高委员或主席	杜运宇、于品卿	夏恭	云王
最高顾问	金井章次	前岛升	高场损藏（军事）、宇山兵士（行政）

资料来源：岩武照彦『近代中国通貨統一史：15年戦争期における通貨闘争』（上）、282頁。

---

① 東亜問題調査会編『蒙疆』（朝日東亜リポート第5冊）、朝日新聞社、1939、20頁。
② 東亜問題調査会編『蒙疆』（朝日東亜リポート第5冊）、20—21頁。
③ 防衛庁防衛研修所戦史室編『戦史叢書　北支の治安戦（1）』朝雲新聞社、1968、47—49頁。

2. 伪蒙疆联合委员会的成立

在 1937 年 8 月 9 日发动察哈尔战争的同时，关东军于 13 日制定《察哈尔方面政治工作紧急处理纲要》，向军部提出"随着军事行动的推进，在察哈尔省张家口建立一个统辖察北察南的政权（暂定名为'察哈尔政权'）"。① 日本陆军中央部对此表示反对，重申关东军的内蒙古工作范围仅限于外长城线以北的察、锡两盟地区。② 而在伪晋北自治政府成立之前的 10 月 1 日，关东军又制定了一个内容涉及将内蒙古地区政府改组为伪自治政府、组织成立伪晋北自治政府的《蒙疆方面政治工作指导纲要》③，提出要在张家口设置由察南、晋北、蒙古联盟三个伪自治政府委员构成的伪蒙疆联合委员会，并由该委员会负责对三个伪自治政权进行统辖，负责就涉及三个伪政府的重大政务事项进行协调审议。该构想在原来的察哈尔伪政权构想的基础上更进一步，要建立一个包含绥远、晋北在内的蒙疆伪政权。④

在日方看来，这三个地区和伪满洲国在军事地理位置上紧密相关，共同发挥着所谓的对外蒙古、中国西北部地区防共的政治机能，并且三地在民族、资源、交通、文化等方面也有密不可分的关系，因此三个地区应在政治、经济、行政方面保持紧密联系，形成一个统一体。1937 年 11 月 22 日，上述三个伪自治政府的代表在张家口组织成立伪蒙疆联合委员会，并制定《关于成立蒙疆联合委员会的协议》⑤。该协议第一条中规定，"各政权之间互相联系，在产业、金融、交通等其他必要的重大事项处理方面，要将各政权拥有的部分权能移交给联合委员会"。伪蒙疆联合委员会除总务委员会外，还设有产业、金融、交通三个专门委员会，⑥由日本人担任的最高顾问一名，参议和顾问若干名。委员会的最高顾问由金

---

① 参见関東軍司令部「察哈爾方面政治工作緊急処理要綱」（1937 年 8 月 13 日）、臼井勝美、稲葉正夫編『現代史資料 9　日中戦争 （二）』みすず書房、2004、107—110 頁。

② 防衛庁防衛研修所戦史室編『戦史叢書　北支の治安戦 （1）』、47 頁。

③ 関東軍司令部「蒙疆方面政治工作指導要綱」（1937 年 10 月 1 日）、臼井勝美、稲葉正夫編『現代史資料 9　日中戦争 （二）』、120—126 頁。

④ 防衛庁防衛研修所戦史室編『戦史叢書　北支の治安戦 （1）』、47 頁。

⑤ 「蒙疆聯合委員会設立ニ関スル件」（1937 年 11 月 22 日）、滝川政次郎編著『日文新民六法全書』（蒙疆法規）、新民印書館、1939、1 頁。

⑥ 后来将联合委员会内部的职能委员会改组扩大到了总务、产业、财政、交通、民生、保安等六个。参见東亜問題調査会編『蒙疆』（朝日東亜リポート第 5 冊）、14 頁。

井章次担任，并根据《协议缔结之际的谅解事项》①，在总务委员长职位空缺时，由委员会最高顾问代为行使相应的职权，因此金井章次也代行总务委员长的职务。总务委员长"全面负责管理联合委员会，是伪蒙疆联合委员会的代表"，也是委员会中最重要的职位。

在伪蒙疆联合委员会成立当天，三个伪自治政府的代表委员联名向关东军司令官送交书简，就10月1日关东军司令部制定的《蒙疆方面政治工作指导纲要》第二附件《蒙疆联合委员会成立之际蒙疆联合委员会与关东军司令官的秘密交换公文（案）》规定的内容，向关东军司令部正式提出请求，伪蒙疆联合委员会接受关东军司令官的指导，委员会的最高顾问、参议、顾问以及委员会主要职员皆由关东军司令官推荐任命，委员会涉及的重要管理工作听从司令官安排，② 确立了关东军（后为日军驻蒙兵团）对伪蒙疆联合委员会的指导地位。

至此，在蒙疆地区形成由一个伪委员会和三个伪自治政权构成的政治组织框架，伪蒙疆联合委员会拥有最高统治职能。然而，伪蒙疆联合委员会的统治不过是"在进一步加强蒙疆联合委员会机能的基础上，以此为中心将三个自治政府统合成立蒙古联合自治政府的前提过程"。③ 在如何开展对蒙疆地区的统治问题上，关东军和日本陆军中央部之间存在着重大的意见分歧。关东军一直认为，蒙疆地区不能仅由内蒙古构成。因为蒙疆经济以京包线为中心，包括晋北的大同煤矿、察南的龙烟铁矿在内，该地区拥有丰富的矿产资源。④ 虽然由1938年成立的直属大本营的驻蒙兵团接管了蒙疆地区的防务，但关东军主张的"蒙疆"区域概念最终得到认可，这也为将三个伪自治政权进行合并奠定了基础。

3. 伪蒙古联合自治政府的成立

1939年9月1日，日军将伪蒙疆联合委员会、伪蒙古联盟自治政府、

---

① 「蒙疆聯合委員会設立ニ関スル協定締結ニ際スル諒解事項」（1937年11月22日）、滝川政次郎編著『日文新民六法全書』（蒙疆法規）、1頁。

② 関東軍司令部「蒙疆方面政治工作指導要綱」（1937年10月1日）、別紙第二「蒙疆聯合委員会設定に際し蒙疆聯合委員会と関東軍司令官との秘密交換公文（案）」、臼井勝美、稲葉正夫編『現代史資料9　日中戦争（二）』、124—125頁。

③ 平竹伝三『興亜経済論　蒙疆・北支篇』大阪屋号書店、1942、37頁。

④ 防衛庁防衛研修所戦史室編『戦史叢書　北支の治安戦（1）』、51頁。

伪察南自治政府、伪晋北自治政府进行统合，成立伪蒙古联合自治政府，并发表《自治政府成立宣言》和《施政纲要》。① 伪蒙古联合自治政府首府设在张家口，采用成吉思汗历（1939 年为成吉思汗纪元 734 年）。伪自治政府根据《蒙古联合自治政府暂行办法》② 组织成立，设置主席（同时统领军权）、副主席、参议府、政务院等行政机构，主席由德王担任。地方行政机构下设察南（1 个市 10 个县）、晋北（13 个县）两政厅，及五盟 [锡林郭勒盟（锡盟）、察哈尔盟（察盟）、巴彦塔拉盟（巴盟）、乌兰察布盟（乌盟）、伊克昭盟（伊盟）]，分别任命长官和盟长，负责领导所管市县旗的行政。③

在这些伪政治统治机构成立之后，蒙疆地区面临的重要问题就是货币金融政策和财政政策，特别是货币金融政策被认为将直接关系到蒙疆发展的未来。

（二）伪蒙疆银行成立之前察南及晋北地区的货币状况

1. 各地区货币状况以及日本关东军的货币政策

这一时期蒙疆地区包括察南、察北、晋北以及绥远等四个地区。其中，察南以及绥远两个地区已经存在地方性中央银行性质的金融机构，在察南地区为察哈尔商业钱局，在绥远地区则有绥远平市官钱局以及丰业银行。察北地区由于在地理位置上与伪满洲国西部地区接壤，因此满银券成为该地区的主要流通货币。在晋北地区，之前的行政归属于山西省，所以该地区主要流通着山西票（晋钞）。除上述货币之外，蒙疆地区还流通着中国、中央、交通三家银行发行的法币，河北省银行券，以及总行在北京、天津、上海的各银行发行的银行券。④ 当时，满银券虽然与日圆等价，但兑法币的价格为每百元兑 96—97 元，其他流通货币大都和法币等价。在阎锡山势力范围内的山西太原票则较法币价值低 30% —40%。⑤

---

① 参见川村得三『蒙疆経済地理』叢文閣、1941、5—6 頁。
② 平竹伝三『興亜経済論　蒙疆·北支篇』、37 頁。
③ 参见川村得三『蒙疆経済地理』、5 頁；平竹伝三『興亜経済論　蒙疆·北支篇』、46—51 頁。
④ 蒙疆銀行総裁室調査股編『蒙疆地域通貨金融事情』蒙疆銀行総裁室調査股、1939、1 頁。
⑤ 蒙疆銀行総裁室調査股編『蒙疆地域通貨金融事情』、1 頁。

日本关东军在谋划入侵蒙疆地区时就已经意识到军事占领之后在沦陷地区建立相应的货币制度的重要性。1937 年 8 月 13 日制定的《察哈尔方面政治工作紧急处理纲要》第 7 条规定："在满洲中央银行的援助之下迅速接手察哈尔银行（即察哈尔商业钱局）并对其进行管理。为有助于财政基础的建立，暂时可以依托满洲国国币建立独立的币制，以资于两自治政府（指察南、晋北两自治政府）的财政。"[①] 当年 10 月 1 日制定的《蒙疆方面政治工作指导纲要》第 11 条进一步提出："以察南银行为基础，在联合委员会的管理之下将其改组扩大，首先通过察南银行法币实行三政权的币制统一。"[②] 关于伪察南银行，《蒙疆方面政治工作指导纲要》第三附件《蒙疆联合委员会设立及币制金融机构确立方案》中的具体计划方案是，新的伪察南银行"资本金增加至 1000 万元"，"三个自治政权各向改组后的新察南银行出资"100 万元。[③]《蒙疆方面政治工作指导纲要》第二附件《蒙疆联合委员会成立之际蒙疆联合委员会与关东军司令官的秘密交换公文（案）》中还提及将来的中央银行伪蒙疆银行事宜，"本委员会管下的金融工作的根本方针是将成立蒙疆银行作为中央银行，将来与此相关的各项事宜还请予以援助为盼"。[④] 后来，关东军参谋部的计划进行得很顺利，在占领蒙疆地区后，很快就成立了具有中央银行性质的伪蒙疆银行。

2. 日本在察南地区的货币策略

1937 年 8 月 27 日，日军占领察南地区中心城市张家口，随后日军遂暂时在张家口市成立治安维持会，代为行使省政府职能。在日军占领张家口之前的 8 月 20 日，察南地区的纸币发行银行察哈尔商业钱局的负责人就已经携带现大洋、铸币、法币等现金，以及未发行的银行券和各类账本

---

① 関東軍司令部「察哈爾方面政治工作緊急処理要綱」（1937 年 8 月 13 日）、臼井勝美、稲葉正夫編『現代史資料 9　日中戦争（二）』、107 頁。

② 関東軍司令部「蒙疆方面政治工作指導要綱」（1937 年 10 月 1 日）、臼井勝美、稲葉正夫編『現代史資料 9　日中戦争（二）』、121 頁。

③ 関東軍司令部「蒙疆方面政治工作指導要綱」、別紙第三「蒙疆聯合委員会設立に伴ふ幣制金融機構各立案」（1937 年 10 月 1 日）、臼井勝美、稲葉正夫編『現代史資料 9　日中戦争（二）』、126 頁。

④ 関東軍司令部「蒙疆方面政治工作指導要綱」（1937 年 10 月 1 日）、別紙第二「蒙疆聯合委員会設定に際し蒙疆聯合委員会と関東軍司令官との秘密交換公文（案）」、臼井勝美、稲葉正夫編『現代史資料 9　日中戦争（二）』、125 頁。

撤离张家口。① 中方其他各家银行也都纷纷撤离，该地区随之出现货币不足和通货恐慌。② 当时，察哈尔商业钱局的纸币发行额在 500 万元左右，其中 200 万元在平津地区发行，准备金全部存储于平津地区的金融机构之内。七七事变之后，平津地区法币兑换额激增，金额达到发行额 200 万元的 70%，准备金存款的大部分也因兑换而流失。因此在日军侵占张家口时，察哈尔商业钱局的纸币流通额在 300 万—400 万元，准备金仅剩余 100 万元。③

虽然在日军侵占张家口之后的 9 月 8 日，伪满洲国中央银行在张家口开设办事处，但仅仅凭借该措施"根本无法消除通货不安的紧张局面"。④ 有鉴于此，日军认为必须尽早成立新的纸币发行银行，建立稳定货币价值的货币制度。"通货工作的目标是驱逐旧货币，根据就地筹措所需资金的原则稳定占领地区的金融经济形势，建立贯穿起战时战后稳固的一元化金融机制。"⑤ 根据该方针，8 月 28 日日军入城以后就立即以关东军司令官的名义发布《支付暂缓令》（10 月 3 日解除），规定暂缓 27 日之前的一切金钱债券支付。紧接着伪自治政府在日本顾问的指导下公布《察哈尔财政金融委员会简章》，明确财政金融的管理主体。⑥ 另外，还迅速发布《察哈尔银行号钱局管理办法》《纸币类似证券取缔令》《紧急货币防卫令》《察南银行组织办法》《察南银行监理官条例》等一系列法令，意在稳定金融秩序。⑦ 在金融经济秩序逐渐稳定之后，1937 年 9 月 27 日，作为伪察南自治政府中央银行的伪察南银行在张家口宣告成立。

3. 伪察南银行券的发行以及对旧货币的回收

伪察南银行的注册资本金为 100 万元，全部由伪察南自治政府出资，款项由伪察南自治政府向伪满洲国中央银行借款支付，该行发行的纸币和日圆等价。在伪察南银行新纸币印制完成之前，暂且将伪满洲国中央银行保管的

---

① 蒙疆銀行総裁室調査股編『蒙疆地域通貨金融事情』、2 頁。
② 日本銀行調査局編『図録　日本の貨幣 10　外地通貨の発行 1』、230—231 頁。
③ 蒙疆銀行総裁室調査股編『蒙疆地域通貨金融事情』、2—3 頁。
④ 日本銀行調査局編『図録　日本の貨幣 10　外地通貨の発行 1』、231 頁。
⑤ 蒙疆銀行総裁室調査股編『蒙疆地域通貨金融事情』、3 頁。
⑥ 岩武照彦『近代中国通貨統一史：15 年戦争期における通貨闘争』（上）、284 頁。
⑦ 蒙疆銀行総裁室調査股編『蒙疆地域通貨金融事情』、3—4 頁。

旧东三省官银号未发行券加以改造使用。[1] 新币面值仅有 1 元和 10 元两种，在旧东三省官银号未发行券表面两侧加印"察南银行"行名。[2]

1937 年 10 月 1 日至 20 日，对察哈尔商业钱局发行的旧纸币进行回收，之所以要在短期内对旧纸币进行回收，是因为刘汝明撤离时带走了金额高达 1000 万元的未发行纸币，[3] 为防止这些纸币的流通使用，伪察南自治政府于 9 月 30 日公布《紧急货币防卫令》，规定在短时间内对旧纸币进行回收。"自 10 月 1 日起将察南银行法币规定为无限制法币"（第 1 条），"仅限于和察哈尔商业钱局、中国、交通、河北省银行发行的纸币进行兑换"（第 2 条）。"兑换金额无限制"（第 4 条），"兑换期间为 10 月 1 日至 20 日"，对张家口以外交通不便地区的兑换可先行在旧纸币上加印伪察南银行监理官印章，之后再行兑换（第 5 条）。[4] 在规定限期内回收上来的旧纸币有 120 万元，加盖印章的有 130 万元。此外，伪察南银行在开业准备期间还同时着手对察哈尔商业钱局在平津地区的存款进行回收，计划在 9 月中旬回收存款 100 万元。[5]

在察北地区，由于主要流通的是伪满洲国的中央银行券（即满银券），察哈尔商业钱局旧纸币流通额并不高，所以旧纸币回收工作进展顺利。至此，日伪通过发行伪察南银行券回收旧银行券的货币策略得以在短期内顺利完成。[6]

4. 日本在晋北和绥远地区的货币策略

七七事变之前，晋北流通的货币除大同地区流通的官营当铺参与发行的纸币 5 万元之外，其余的全部是晋钞和法币。截至 1937 年 7 月 21 日，山西省太原各银行的纸币发行额情况如表 12 - 3 所示。

①　蒙疆銀行総裁室調査股編『蒙疆地域通貨金融事情』、4 頁。

②　日本銀行調査局編『図録　日本の貨幣 10　外地通貨の発行 1』、232 頁。

③　斎藤榮三郎『大東亜共栄圏の通貨工作』、46 頁。

④　参見「緊急貨幣防衛令」（1937 年 9 月 30 日，察南自治政府公布）、日本銀行調査局編『図録　日本の貨幣 10　外地通貨の発行 1』、230—232 頁。

⑤　蒙疆銀行総裁室調査股編『蒙疆地域通貨金融事情』、4—5 頁。

⑥　平竹伝三『興亜経済論　蒙疆・北支篇』、59 頁。

表 12 – 3　山西省太原各银行的纸币发行额情况（截至 1937 年 7 月 21 日）

单位：千元

银行	山西省银行	晋绥铁路银行	绥西垦业银行	晋北盐业银行	合计	其他土特产商行
发行额	18900	11370	730	580	31580	若干

资料来源：蒙疆銀行総裁室調査股編『蒙疆地域通貨金融事情』、5—6 頁。

日军占领晋北以后，也于 9 月 20 日发布《暂缓支付令》（11 月 6 日解除），伪晋北自治政府设立大同地方财政金融委员会，和伪察南自治政府一样也发布了一系列整顿货币金融的法令。[①] 但是大同没有发券机关的总行，而且在日军侵占之前山西省银行和其他银行的支行、分行都已经撤回太原。和察南地区情况相同，晋北地区同样出现了金融恐慌。虽然伪自治政府发布了《大同银行号管理办法》，对旧机构进行接收整理，但对于山西省各家银行号总共发行的 3158 万元银行券中在晋北地区的流通额却无从知晓，债权债务等情况也都无法确认。在这种情况下，伪自治政府规定，旧货币的整理回收从 10 月上旬开始以 20 天为限，经伪政府盖章确认的旧货币可以和伪察南银行券进行等价兑换。[②] 此外，《紧急货币防卫令》规定，晋北地区以伪察南银行券为法定货币，辅助货币使用伪满洲国中央银行发行的白铜和青铜币，这是由于晋北地区没有像察南地区那样根据关东军的指导纲要成立新的发券机构。

在规定期限内回收的经伪政府盖章确认的旧货币金额为 90 余万元，加上其他无须盖章确认即可兑换的旧货币在内，第一次回收工作总共回收旧货币 126 万余元。[③] 由于晋北部分地区的抗日活动，旧货币的回收相对滞后。这些地区从 1938 年下半年开始才陆续展开回收工作，虽然是按照旧货币票面价值 3 折的价格进行回收兑换，回收金额仍然有 27 万余元。按照旧货币价值计算，两次回收工作总共回收 155.6 万元。[④]

在绥远地区，如前所述，有绥远平市官钱局和丰业银行两家货币发行

[①]　岩武照彦『近代中国通貨統一史：15 年戦争期における通貨闘争』（上）、285 頁。
[②]　蒙疆銀行総裁室調査股編『蒙疆地域通貨金融事情』、6 頁。
[③]　蒙疆銀行総裁室調査股編『蒙疆地域通貨金融事情』、6 頁。
[④]　蒙疆銀行総裁室調査股編『蒙疆地域通貨金融事情』、6—7 頁。

银行，纸币的发行量分别为 570 万元和 40 万元。在日军占领绥远时，这两家银行除正副行长 2 人撤离之外，其他人员以及银行资产都如数存在。1937 年 10 月 15 日，日军发布《暂缓支付令》（同月 28 日解除），10 月 16 日两家银行机构由伪察南银行接管，所发纸币可以和伪察南银行券等价流通，并逐渐予以回收。[①] 虽然伪蒙古联盟自治政府同样设立了绥远地区金融委员会，制定《绥远地区银行钱局管理办法》和《纸币类似证券取缔令》等应急措施，但并没有发布《紧急货币防卫令》那样的统合货币法和旧货币整理办法的综合法令，而是推迟到伪蒙疆银行开业之后才使用新货币。[②]

1937 年 11 月 22 日伪蒙疆联合委员会成立，11 月 23 日改组伪察南银行成立伪蒙疆银行之后，1938 年 1 月 6 日伪蒙疆联合委员会又发布《蒙古联盟自治政府辖区内旧货币整理事宜》法令，指定交换的旧货币为绥远平市官钱局、丰业银行、中国银行、交通银行、中央银行、中国农民银行、北洋保商银行、河北省银行和山西省银行各行的银行券，这些银行券都可以和察南银行券等价交换。自公告发布起 20 日以内，应持各类银行券到伪蒙疆银行各支行、办事处交换伪察南银行券。规定期限过后，除日"满"货币之外，严禁流通旧货币，违者严惩。[③]

5. 蒙疆地区旧货币回收状况

以伪察南银行为中心，通过伪察南银行券对各地区流通的旧货币进行回收，为之后成立伪蒙疆银行、发行伪蒙疆银行券奠定了基础。各地区旧货币回收情况如表 12 - 4 所示。

表 12 - 4　各地区旧货币回收情况

单位：元

地　　区	银行券	金额
察哈尔地区（察南及察北）	察哈尔商业钱局券	3764394

---

① 蒙疆銀行総裁室調査股編『蒙疆地域通貨金融事情』、7 頁。
② 岩武照彦『近代中国通貨統一史：15 年戦争期における通貨闘争』（上）、285 頁。
③ 岩武照彦『近代中国通貨統一史：15 年戦争期における通貨闘争』（上）、286 頁。

续表

地　　区	银行券	金额
晋北地区	山西省银行券	757386
	晋绥铁路银行券	228359
	晋北盐业银行券	68785
	绥西垦业银行券	18327
	大同晋益当铺券	40415
绥远地区	绥远平市官钱局券	4719311
	丰业银行券	362680
	其他土特产商行券	272985
合　　计		10232642

资料来源：蒙疆銀行総裁室調査股編『蒙疆地域通貨金融事情』、7—8頁。

（三）伪蒙疆银行与蒙银券

1. 伪蒙疆银行的成立

如上所述，日军在蒙疆地区以伪察南银行为中心的货币统一和发行政策推进顺利，但在 1937 年 11 月 22 日成立统领三个伪自治政权的行政组织机构伪蒙疆联合委员会之后，蒙疆地区的政治形势发生变化，而政治组织的统一必然对地区货币金融政策提出新的要求。当年 10 月 1 日日本关东军司令部制定的《蒙疆方面政治工作指导纲要》中提出，通过伪察南银行进行币制统一，然后改组伪察南银行，由各个伪自治政府联合出资成立伪蒙疆银行。"在东亚经济紧密结合政策之下，蒙疆银行将和日本银行、朝鲜银行以及满洲中央银行结成牢固的等价连接的日圆区关系，为蒙疆建设中金融经济基础的确立做出贡献。"①

1937 年 11 月 22 日，根据伪蒙疆联合委员会令分别发布《蒙疆银行组织办法》、《蒙疆银行条例》以及《蒙疆银行监理条例》，②从当日起生效执行，标志着对伪察南银行进行改组成立伪蒙疆银行的工作正式拉开

---

① 平竹伝三『興亜経済論　蒙疆・北支篇』、62—63頁。
② 滝川政次郎編著『日文新民六法全書』（蒙疆法規）、7—8頁。

帷幕。《蒙疆银行组织办法》规定，伪蒙疆联合委员会任命委员若干名组成创立委员会，负责伪蒙疆银行创立事宜（第 1 条）。伪蒙疆银行的资本金定为 1200 万元，第一次资金注入由三个伪自治政府各出资 100 万元（第 3 条），完成之后创立委员将相关业务移交给银行总裁，就此成立伪蒙疆银行（第 4 条）。《蒙疆银行条例》规定，伪蒙疆银行总行位于张家口，经伪蒙疆联合委员会金融专门委员会批准可设置分行或办事处（第 2 条）。该行接受伪蒙疆联合委员会的委托，负责货币的制造和发行。同时，《蒙疆银行组织办法》规定，该行继承伪察南银行、绥远平市官钱局和丰业银行的所有资产、负债（包括三家银行发行的银行券）和其他业务，并通过伪察南银行券对蒙疆地区（各伪自治政府行政地区）的旧货币进行回收整理（第 8 条）。伪蒙疆联合委员会当天还发布了 12 条公告，宣布之前伪察南自治政府、伪晋北自治政府和伪蒙古联盟自治政府各财政金融委员会公布的相关货币法令全部由联合委员会继承，这就等于追认了各伪自治政府之前采取的各种措施，也表明联合委员会不会改变日本的政策。[①]

1937 年 12 月 1 日，根据《蒙疆银行组织办法》及《蒙疆银行条例》设立的股份制银行伪蒙疆银行正式开业，总裁由包悦卿担任，副总裁为山田茂二。伪蒙疆银行最重要的使命是行使蒙疆地区，以及 1939 年 9 月 1 日成立的伪蒙古联合自治政府的中央银行职能，发行货币，对金融进行指导统制。伪蒙疆银行作为伪自治政权的"金融以及财政机构在日益发挥着蒙疆地区最高中央银行作用的同时，不单单在银行业务方面，还将在统制计划经济政策下的蒙疆建设过程中，从金融职能方面作用于物资动员计划、物价政策以及其他各种经济政策，发挥出其巨大的作用"[②]。但鉴于银行成立当时的形势，伪蒙疆银行更多的是从事一般银行业务。

2. 伪蒙疆银行券的发行

货币制度可分为本位货币制度和管理货币制度两种，伪蒙疆银行发行的伪蒙疆银行券（简称"蒙银券"）属于管理货币范畴，[③] 没有规定货币本位，

---

① 岩武照彦『近代中国通貨統一史：15 年戦争期における通貨闘争』（上）、286 頁。

② 平竹伝三『興亜経済論　蒙疆・北支篇』、63 頁。

③ 参见川村得三『蒙疆経済地理』、63 頁。

也没有相关的兑换规定，采取比例准备发行制度。《蒙疆银行组织办法》第
13 条、《蒙疆银行条例》第 3 条中都明文规定，在发行纸币时，必须保有发
行额 1/4 以上的金银块、其他银行发行的可靠货币或在外国银行保持上述种
类的存款。

　　在对伪察南银行进行改组成立伪蒙疆银行之时，由于来不及印制新纸
币，暂且使用伪察南银行券代替伪蒙疆银行券，委托东京的凸版印刷公司印
制的伪蒙疆银行新纸币 1 元券于 1938 年 3 月 21 日起发行，4 月 15 日起发行
5 元券和 100 元券，5 月 25 日起发行 10 元券。① 在辅币方面，伪蒙疆银行虽
然根据公司章程有权发行铸币，但在成立之初根据《紧急通货防卫令》，继
续使用伪满洲国中央银行发行的 1 角、5 分（白铜币）、1 分（青铜币）三
种铸币。伪蒙疆银行自己的铸币于 1938 年 8 月 16 日开始发行，是伪满洲国
中央银行造币厂负责铸造的一种 5 角白铜币。虽然伪蒙疆银行后来计划发行
其他种类的铸币，但都未能如愿。从 1940 年起铜和其他金属价格上涨，促
使伪蒙疆银行决定发行小额纸币替代铸币。1940 年 6 月 21 日伪蒙疆银行对
公司章程中货币种类的相关规定进行修改，开始发行 5 分、1 角（7 月 1 日
起）、5 角（8 月 10 日起）三种小额纸币。②

　　如表 12－5 和表 12－6 所示，从 1937 年 12 月 1 日开业起，伪蒙疆银行
纸币发行额总体不断增加。"随着蒙疆建设对资本需求的迅速上升，为适应
经济形势的发展需要，蒙疆银行货币发行额显著增加。货币发行额的增加也
引发通货膨胀，导致物价的上涨。"③ 但事实上，一方面，日军通过成立伪
蒙疆银行和发行蒙银券完成了对蒙疆地区货币金融和经济的统制；另一方
面，伪蒙疆银行券在蒙疆地区主要被用于日军的军费支付，在很大程度上具
有军票性质。为负担当地日本驻军军费开支导致的货币增发情况非常严重。
特别是在抗战末期，为支付军费不得不增发货币，而货币的过度发行又导致
物价上涨，出现恶性通货膨胀，由此形成的恶性循环最终导致蒙疆银行券的
发行量急速增加。

---

① 日本銀行調査局編『図録　日本の貨幣 10　外地通貨の発行 1』、235 頁。
② 日本銀行調査局編『図録　日本の貨幣 10　外地通貨の発行 1』、235—236 頁。
③ 平竹伝三『興亜経済論　蒙疆・北支篇』、68—69 頁。

表 12 – 5　伪蒙疆银行纸币发行情况

单位：元，%

时间	纸币发行额	准备金	准备率
成立时继承	9213454	6449417	70
1937 年 12 月	12995916	9097141	70
1938 年 1 月	19393978	13575785	70
1938 年 2 月	15228222	10659755	70
1938 年 3 月	16350474	11445331	70
1938 年 4 月	16221271	11354889	70
1938 年 5 月	17255142	12078599	70
1938 年 6 月	17733427	12413389	70
1938 年 7 月	23036531	16125289	70
1938 年 8 月	27300905	19110494	70
1938 年 9 月	30254744	21178000	70
1938 年 10 月	30857959	21600000	70
1938 年 11 月	32350077	22045000	68
1938 年 12 月	35502997	23390000	66
1939 年 1 月	35675993	24973000	70
1939 年 2 月	35882983	25118000	70
1939 年 12 月	60000000	—	—
1940 年 12 月	93000000	—	—
1941 年 12 月	113000000	—	—
1942 年 12 月	142000000	—	—
1943 年 12 月	378000000	—	—
1944 年 12 月	1058000000	—	—
1945 年 8 月	3600000000	—	—

资料来源：1937 年 12 月至 1939 年 2 月的数据来源于蒙疆银行総裁室調査股編『蒙疆地域通貨金融事情』、10—11 頁；1939 年 12 月至 1945 年 8 月的数据来源于閉鎖機関整理委員会編著『閉鎖機関とその特殊清算（一）』クレス出版、2000、204 頁。

表 12 - 6　伪蒙疆银行的铸币发行情况

单位：元

时间	铸币发行额	时间	铸币发行额
1938 年 6 月	1245844	1938 年 11 月	2435024
1938 年 7 月	1382759	1938 年 12 月	2603840
1938 年 8 月	1678590	1939 年 1 月	2563567
1938 年 9 月	2116590	1939 年 2 月	3015713
1938 年 10 月	2288930		

资料来源：蒙疆银行総裁室調查股編『蒙疆地域通貨金融事情』、12 頁。

3. 伪蒙疆银行券的价值维持

具有管理货币性质的伪蒙疆银行券，通过物资管制、外汇管理等措施维持其自身的货币价值。所采取的最根本的措施是和日圆保持等价兑换关系，伪蒙疆银行券是一种"日圆本位管理货币"。[①] 在改组伪察南银行时发表的声明中明确表明："毫无疑问，蒙疆银行发行的新纸币与其前身伪察南银行一样，和日本金圆以及满洲国国币保持等价关系。"[②] 并且，伪蒙疆银行和伪满洲国中央银行、横滨正金银行、朝鲜银行以及住友银行等各家银行都签订了通汇合同，伪蒙疆银行券和满银券、日圆之间可以进行等价汇兑交易。[③] 蒙疆地区被认为属于日本的域外地区，常常处于贸易入超状态，加之和"国际交往"不多，因此货币问题并不复杂，伪蒙疆银行券的运营也比较顺利。[④]

伪蒙疆银行券之所以需要通过和日圆等价来维持其自身的价值，是由蒙疆地区经济的特殊性所决定的，该地区主要以农畜牧业产品生产为中心，通过这些产品出口换回本地区所需消费品的绝大部分。因此，蒙疆地区经济的特殊性决定了伪蒙疆银行券更主要的是拥有贸易货币的性质和地位。[⑤] 为维

---

① 川村得三『蒙疆経済地理』、63 頁。
② 閉鎖機関整理委員会編著『閉鎖機関とその特殊清算（一）』、202 頁。
③ 日本銀行調查局編『図録　日本の貨幣 10　外地通貨の発行 1』、235 頁。
④ 飯島幡司『支那幣制論』有斐閣、1940、331 頁。
⑤ 参见川村得三『蒙疆経済地理』、63 頁。

持伪蒙疆银行券的价值稳定，就必须从物资管理、贸易管制方面入手。蒙疆地区的贸易范围主要集中在华北、伪满洲国以及日本这些所谓的日圆区地区，因此和日圆结成等价关系就成为伪蒙疆银行券维持其自身价值的条件①。

1937 年 9 月 30 日伪察南自治政府公布的《紧急货币防卫令》规定，"由察南银行进行汇兑管理"（第 9 条），之后由伪蒙疆银行履行该项职责。1938 年 10 月 18 日，以伪蒙疆联合委员会令的形式发布《货币管理令》、《兽毛类出口管理令》和《毛皮出口管理令（修订）》等文件，在强化汇兑管理的同时，对蒙疆地区重要物资的出口进行管理。根据《兽毛类出口管理令》和《毛皮出口管理令（修订）》的规定，将兽毛类和毛皮类制品运出蒙疆地区者，必须取得伪蒙疆联合委员会的许可，办理日圆或者其他外汇手续，并由伪蒙疆银行管理出口汇款。《货币管理令》明确规定，黄金等贵金属、1000 元以上的现金、非现金支票汇款汇兑以及送往蒙疆地区境外的物品（矿产品、油脂原料、种子、鸡蛋及相关制品）必须取得伪蒙疆联合委员会许可，需要通过银行办理的手续一律通过伪蒙疆银行办理。②

通过以上措施，伪蒙疆银行控制了出口汇兑，确保了和"第三国"的直接贸易途径。有日本学者认为，此前的第三国贸易被天津的外商所掌控，出口汇兑等业务集中在外资银行手中。现在，"蒙疆银行将外汇收归己有，并据此得以和法币脱钩，实现第三国贸易，这正是《货币管理令》的伟大之处"。③ 这一观点实际上揭示和反映了货币发行和金融统制政策在日军侵华过程中所起的重要作用。1940 年 9 月 1 日，伪蒙古联合自治政府制定公布《外汇管理法》，废除之前的《货币管理令》。其中最值得关注的是根据该法成立"临时汇兑贸易管理局"，"对外汇和贸易实行全面的计划管控，以实现国际收支的最佳状态"。④

在对物资管控方面，1939 年 10 月 10 日公布《物资统制法》和《贸易统制法》，1940 年 9 月 1 日成立临时外汇贸易局，对贸易外汇进行全方位的计划

① 参见川村得三『蒙疆经济地理』、63 頁。
② 蒙疆银行総裁室調查股編『蒙疆地域通貨金融事情』、15 頁。
③ 川村得三『蒙疆经济地理』、69 頁。
④ 川村得三『蒙疆经济地理』、70 頁。

管理，进一步加强统制力度。制定《贸易统制法》的目的是"通过确保重要物资，对其供求及其价格进行调节，以保证国际收支达到理想状态时，由政府指定物品种类，采取措施禁止或者鼓励该种物资的进出口"。在《根据〈贸易统制法〉实施出口限制》中，列举了兽毛皮、矿产物、鸡蛋、亚麻仁、菜籽、药材、杏仁、麻、粮食等物品的出口需要取得伪政府的许可。这样，通过《贸易统制法》实现了对大部分重要物资的集中管控。①

伪自治政权还通过制定相应的措施，防止货币投机行为对地区经济金融秩序的干扰。在货币统一实现之后，蒙疆地区具有法定强制流通力的货币仅仅是伪蒙疆银行券。然而，最初并不禁止满银券、联银券以及日本银行券、朝鲜银行券等日系货币在该地区的流通。按照规定，伪蒙疆银行券和其他日系货币特别是满银券和联银券之间可以等价交换，但是这些货币的流通区域内的物价水平互不相同，因此就产生了与公定比价不同的市价，有投机者利用公定比价和黑市价格套利。1939 年 5 月 15 日，伪蒙疆联合委员会发布"对外地货币流通进行管制"的法令，禁止联银券在蒙疆区域流通。② 联银券多由来往旅客携带进入蒙疆地区，主要用于支付向中国北部地区出口物资价款，因此为防止联银券的流入，在华北和蒙疆铁路交界处的南口设置了伪蒙疆银行兑换所。③

因为满银券一开始就广泛流通于察北地区，很难立即禁止流通，只能先禁止百元满银券流入该地区。1940 年 5 月，伪华北政府规定禁止金融机构受理包含蒙银券在内的所有日系货币，9 月发布法令禁止流通除联银券以外的日系货币。受此影响，蒙疆地区的满银券出现溢价，伪蒙疆银行也完全停止受理满银券业务。④ 1942 年 8 月，蒙疆伪政府发布基于《通货取缔法》的命令，禁止蒙银券以外的任何货币进入蒙疆，持有其他货币者应于 9 月 10 日以后 20 日内，将所持货币与蒙银券交换。⑤

1945 年 9 月 30 日，根据联合国军司令官《关闭外地和外国银行以及战

① 参见川村得三『蒙疆经济地理』、70 頁。
② 日本銀行調査局編『図録　日本の貨幣 10　外地通貨の発行 1』、237 頁。
③ 参见川村得三『蒙疆经济地理』、64 頁。
④ 日本銀行調査局編『図録　日本の貨幣 10　外地通貨の発行 1』、237 頁。
⑤ 岩武照彦『近代中国通貨統一史：15 年戦争期における通貨闘争』（上）、290 頁。

时特别机构备忘录》，伪蒙疆银行被责令关闭。[1] 至此，作为日本用来掠夺蒙疆地区资源和财富、为侵略者提供战争军费工具的伪蒙疆银行终于结束了其将近 8 年的历史。值得注意的是，在华北日军占领地区出现包括伪蒙古联合自治政府在内的两个政权，建立伪蒙疆银行等两家所谓的中央银行金融机构，是日本侵略军内部本位主义的产物。蒙疆地区是日本关东军占领地区，在和华北方面军较量对峙的过程中，日本关东军要在蒙疆地区实行满洲型统制经济的构想。[2] 但不管形式如何，伪蒙古联合自治政府和伪蒙疆银行作为日本侵华帮凶和工具的性质都无法改变。

三　"军票"的发行与流通

"军票"即"军用手票"之简称，是日本政府为进行对外战争而发行、由日军在沦陷区为征发军用物资而强制流通使用的一种代用货币。早在甲午战争之时，军票便曾被日军所使用，之后无论是日俄战争、一战中出兵青岛、20 世纪 20 年代入侵苏联西伯利亚，还是侵占我国东北的战争，军票都随日军行动而流通。

（一）军票在华中、华南的发行与流通

日军入侵上海之前，日系银行的货币流通量很少，"日系货币中，日本银行券只有日本海军陆战队在虹口购买日用品和在日本邮船支店购买船票时少量使用，其他的几乎都不流通"。根据日本上海财务官事务所的调查，"国内货币（日系货币在上海）的市场流通额估计在 5 万日元至 10 万日元"，此外上海的 8 家日系银行所有的日圆约 21 万元，"还不足以作为流通货币对待"。[3] 日本的上海派遣军决定，"作为紧急措施携带使用日本银行券"，1937 年内由横滨正金银行现汇 1035 万日元，海军出纳官吏携带 162 万日元，合计向华中带去 1197 万日元。日军入侵上海时，最初决定"军需

---

① 参见閉鎖機関整理委員会編著『閉鎖機関とその特殊清算（一）』、206 頁。
② 桑野仁『戦時通貨工作史論：日中通貨戦の分析』、30 頁。
③ 中国派遣軍総司令部『支那事変軍票史』（1943 年 11 月）、日本銀行調査局編『日本金融史資料　昭和編』第 29 巻、大蔵省印刷局、1971、111 頁。

品尽量由内地（日本本土）跟进运送"，尽量减少日本银行券在当地的行用。到9月2日，开始向南京进犯的时候，日军方才决定"避免以内地跟进运输满足军需所造成的不便和不经济"，将"在当地可由军队自由意志购买当地物资的军票"具体化。[①]

1937年10月22日，日本政府的内阁会议制定了《有关发行军用手票的问题》，"原则上除中国（华北）派遣军的军人军属的津贴、工资以外的支付"全部用军票。[②] 当日内阁会议制定的《军用手票发行要领》中，决定"暂不进行军用手票与日本货币之间的兑换"，当然也没有关于以金银或外汇为发行准备金的规定。采用军票的意义就在于此。对日军来说，当然是使用当地货币法币购物最为方便，但要获得法币就必须以金银或外汇等硬通货来支付，一旦为此而付出金银和外汇，"往往增进和维持敌国货币的价值"。日本中国派遣军总司令部编的《中国事变军票史》中指出，发行军票的目的就在于节约外汇，"摧毁敌国货币，以破坏构成敌方抗战力的经济基础"。[③]

从1937年10月23日军票开始发行，到当年12月底，据日本银行的报告，其发行总量已达500万日元，其中10月为62.5万日元。其流通总量达362.5万日元。随着1938年徐州会战、武汉会战等的爆发，军票在当年2月的发行额已经达到1000万日元，流通额为473万日元。从其增长率来看，当时军票的发行额月增长率为25%，流通额月增长率也超过5%。[④] 而在武汉会战开始后，军票的发行额在10月已经有5000万日元之巨。

（二）用军票统一日圆系货币

为应对华中、华南日圆汇价下跌，日本决定从1938年11月1日起，通过军票统一当地的日圆系货币。军票统一工作首先在上海之外的华中沦陷区

---

① 東亜研究所編『支那占領地経済の発展』、111頁。

② 中国派遣軍総司令部『支那事変軍票史』（1943年11月）、日本銀行調査局編『日本金融史資料 昭和編』第29巻、4頁。

③ 中国派遣軍総司令部『支那事変軍票史』（1943年11月）、日本銀行調査局編『日本金融史資料 昭和編』第29巻。

④ 黄美真主编《日伪对华中沦陷区经济的掠夺与统制》，社会科学文献出版社2005年版，第75页。

开始实施，上海也于 1939 年 12 月 1 日起实施。1938 年 12 月，经日本军方批准，在华中派遣军经理部之下设立"金融科"，并于上海、南京、汉口等处特设办事机构，以强制推行其"军票一体化"政策。金融科的主要任务便是负责军票的流通及其对日圆的替换工作。12 月 20 日，日本又于上海、南京两地设立军票兑换许可所，"这是日军负责办理军票与日元兑换手续及调整兑换办法的机构。两所的开张，都有加速日元回收、扩大军票流通的使命"。① 为了在华南地区推广军票，日伪规定，凡由广州乘船之旅客，不论中国人或者日本人，所携带货币都必须遵循下列规定："（一），凡由广州搭船之旅客，携有旧法币或毫券一千元以上者，须提出所持金申告书。（二）携带旧法币二千元或毫券三千元（合计不能超过额面二千元）者原则上不予许可，但如有特别理由，不在此限。 （三）凡携有超过申告额时予以没收。"②

　　日方认为在上海的日圆仍有被用于投机而损害金融稳定的隐患，并且随着法币的贬值，此隐患又有扩大之忧，因此于 1939 年 7 月制定《关于上海地区军票化事》。具体规定是，在 1939 年 10 月 1 日之后"禁止华中日银券流通，允许金融机构收纳日银券；金融机构的各类日圆结算改用军票结算；日圆本位的所有债权、债务均改以军票本位；确立金融机构以日银券支付的许可制"。③ 同年 9 月 6 日，为在华中地区全面推行"军票一体化"，日本又制定《华中日币通货统一成军事票事》，明确规定当年 9 月为华中"军票一体化"的准备期，在此期间须竭力缩小日本银行券的流通面，并扩大军票的流通面。为此，日本详细规定了在准备期内将华中日币转存于国内，使用军票支付以日币表示的存贷款及汇兑业务，所有商社之日本债权债务以军票接款，以及要求新赴华日军携带军票等事项。④

　　《华中日币通货统一成军事票事》还详细规定了如下内容：（1）1939 年 10 月 1 日后，银行不得支付日本银行券；（2）1939 年 11 月 1 日后，银行

　　① 黄美真主编《日伪对华中沦陷区经济的掠夺与统制》，第 79 页。
　　② 江干之译《日本在中国使用军票之回顾（续）》，《经济月报》第 2 卷第 5 期，1944 年，第 69 页。
　　③ 上海市档案馆编《日本在华中经济掠夺史料》，上海书店出版社 2005 年版，第 249 页。
　　④ 上海市档案馆编《日本在华中经济掠夺史料》，第 250 页。

不得收进日本银行券，但在取得财务官室的允许时，则不在此限；（3）持有日本银行券者，于1939年10月31日前在银行等价兑换成军票；（4）对必须以日本银行券支付的债务，1939年10月1日后在华中占领区内其债权者不得拒绝用军票等价偿还。[①] 如果我们将《关于上海地区军票化事》与《华中日币通货统一成军事票事》的内容进行比较，可以发现二者之间的关系。首先，就银行机构而言，前者主要针对华中银行对日圆的收纳以及用军票结算日圆的业务；后者则直接规定了银行不得再行支付日圆及在主管部门允许下有条件地收纳日圆。其次，就以日圆表示的债权债务关系而言，前者制定的是一个改日圆本位为军票本位的金融制度规范，而后者则强调以时间为限，规定民间债务清偿不得拒绝接受以军票表示的支付行为。再次，前者更为偏重以上海为中心，通过以点到面来推广军票；而后者则更为具体，不但将军票的推广直接覆盖整个华中，而且深入民间商业及债务支付。可见，前者的指导性更强，而后者的可操作性更为明显，等于更进一步确认了日本扩大军票在华中等地的使用范围。

截至1939年12月，日本在华中、华南等地以发行甲、乙、丙、丁、戊五种票号的军票。日军通过上海、南京军票兑换许可所兑换的军票与日圆现金、汇款达11670.5万日元，占同期军票发行额17000万日元的68%以上。[②] 可以说，此时日本已完成了军票对日圆的大部分兑换工作，在华中地区的"军票一体化"策略也就基本实现。"即在当初未曾列于军票流通区域之上海，日圆已不复多见，小额之商业往来，殆已一概使用军票矣。"[③] 1940年时，"日钞绝迹，军用票乃能本格底执行华中日商经济之进出。似此流通区域遍及华中，发行数额已逾亿万，复以日本对华庞大之物资输出，华中日商雄厚之经济势力，军用票在华中通货上之地位，实未可厚非。其一年来进出的姿态所给与法币之威胁，亦殊值吾人注意者也"。[④] 可见随着"军票一体化"的深入实施，华中的日圆流通至1940年中已基本停止，加上日本对华庞大的物资输出，以及日商在华中经济实力的保障，军票对日圆的取代已经十分明显。

---

① 上海市档案馆编《日本在华中经济掠夺史料》，第251页。
② 黄美真主编《日伪对华中沦陷区经济的掠夺与统制》，第79页。
③ 卢洪量：《日本对华中军用票之措施》，《日本评论》第1卷第4期，1940年，第62页。
④ 高尚仁：《一年来中国的金融问题》，《中国公论》第4卷第4期，1941年，第85页。

（三）军票的价值维持

在日军发行和使用军票的初期，军票与日系货币、法币同时流通，"军用票由于与法币联系始有对外购买力之点而言之，法币尤为维持军用票之主要支柱"。[1] 后因国民政府不承认军票，并且在外汇支出上也设有限制，所以日本必须从国内提供物资供给以保证军票的购买力，即物资供应是军票的经济基础。"日军每于战事结束之地方，须即开始宣传工作，使民众对军票发生信赖。又因战乱所至，民众多窘于物资，故又以物资为宣抚品，以分派于民众，而收回一部分放出之军票，使知凡有军票即可买得必需品，以促进军票授受之圆滑。"[2]

日本采用物资配给的手段来保证军票价值。先将国内大量物资配给于各沦陷区，然后再让人以军票购买，由此形成军票的价值保障体系。但是，日本国内物资供给毕竟有限，军票价值一直随着日商货船之来去而涨落。1939 年春，军票又陷入暴跌之困局，是以日本于当年 8 月在上海设立华中军票交易用物资配给组合（简称"军配组合"）与军票物资运销协议会。其中军配组合的设立，是由于物资输入中国之后，被大量兑换为法币，远未起到为军票担保价值的作用。因此，日本通过在保证继续向华中输入物资的同时，彻底确立以军票为本位的发售制度。军配组合的规则是："先指定军票交易物资（纸、人造丝、棉布、毛织品、染料、工业药品、肥料），次限定组合员资格（在华中有营业所，关于物资之输入及发行有相当经验，经当局选定者）。将组合员组织于分为七部之指定商品组合中，其下层组织则设指定办理商（承销人）将此等物资以军票本位卖出市内。"[3] 也就是说，军配组合主要以纸、人造丝、棉布、毛织品、染料、工业药品、肥料等为交易物资，而物资配给机构由日伪选定，并按照商品分类分工负责。各组织之下，则由日本指定的代理商负责配售并换回军票。据统计，在 1939 年，军配组合物资的输入为 420 万日元，1940 年增加到 6100

---

[1]　李耳：《最近之日本军用票维持办法》，《银钱界》第 4 卷第 7、8 期合刊，1940 年，第749 页。

[2]　江干之译《日本在中国使用军票之回顾（续）》，《经济月报》第 2 卷第 5 期，1944 年，第 64 页。

[3]　江干之译《日本在中国使用军票之回顾（续）》，《经济月报》第 2 卷第 5 期，1944 年，第 65—66 页。

万日元，1941 年跃达 1.43 亿日元，1942 年为 2.03 亿日元。[1] 另外，军票物资运销协议会成立于 1940 年秋，该协议会依商品之类别分设各机构，目的在于对"军驻区内之办理供给内地物资者，施行严厉统制"。[2] 凡由上海运销南京、汉口的物资，莫不在军票物资运销协议会统制之列。

此外，日本为维持军票价值，还设立了军票价值维持资金。1939 年 7 月，先从海关扣押税款中挪支 500 万元法币设立"甲资金"；继而于当年 8 月公布《华中通货紧急对策》，确立军票价值维持资金；接着又在 1940 年 3—7 月设立"乙资金"，于当年之 3 月、4 月、5 月、6 月分四次动用 3295.8 万元法币购买军票。至 1941 年 3 月时，"乙资金"又与其他各项价值资金悉数合并，组成更为充裕的法币资金，并入军票价值维持资金当中。

四　伪华兴商业银行与"华兴券"

1938 年 3 月之后的日圆价值下跌给日本当局带来沉重的打击，特别是日本脆弱的外汇储备情况让日本当局察觉到，一举驱逐和击退法币是非常困难的。之后，为了打击作为法币后盾的国民政府以及外商对出口的垄断，在 1939 年 5 月成立伪华兴商业银行。1938 年 3 月，以梁鸿志为行政院长的"中华民国维新政府"在南京成立。1939 年 5 月 16 日，伪维新政府在日本扶植下于上海设立伪华兴商业银行，之后又在南京、苏州、杭州等地先后开设分行。同年 5 月中旬，该行开始发行伪华兴商业银行券（简称"华兴券"）。伪华兴商业银行投入资本 5000 万元，日、伪各占其半，其中日系银行所负责的 2500 万元中，兴业银行出资 500 万元，台湾、朝鲜、三井、三菱、住友五家银行各出资 400 万元。[3] 华兴券的发行面额分为 1 元、5 元、10 元兑换券以及 1 角和 2 角的辅币券。虽然伪华兴商业银行比华北的"中国联合准备银行"晚成立了一年多，但终于在华中也有了可以和法币相抗

---

① 吴景平等：《抗战时期的上海经济》，上海人民出版社 2001 年版，第 245 页。

② 江干之译《日本在中国使用军票之回顾（续）》，《经济月报》第 2 卷第 5 期，1944 年，第 66 页。

③ 《"华兴商业银行"发行之回顾》，《银行周报》第 25 卷第 30 期，1941 年，第 1 页。

衡的日本金融机构。

日本急于设立伪华兴商业银行并发行华兴券，一方面是要避免日系货币和军票流通直接冲击日本经济。当时的背景是，1939年由日本流入日圆地区的物资虽然达到10亿日元，但对日本"获得外汇没有任何帮助"，而1938年末日本银行的硬通货准备只有5亿日元，日本非常担心"城门失火殃及池鱼"，"华中的货币问题之所以是多年来的一个课题，症结也正在于此"。① 另一方面，是要通过发行具有百分之百外汇兑换性的贸易货币，实现和法币等价对接，从而夺取法币的外汇转换功能。日本若想在华中发行新货币取代法币，"至少需要价值5亿元的现金"，而在上海有列强的租界，"从日本的现状和实力来看，想一举禁止、驱逐法币是非常困难的"。② 发行华兴券的目的是夺取法币作为贸易货币的功能，也就是说由日本掌控进出口，通过华兴券获取外汇，同时"回收法币，并用法币夺取外汇，逐渐蚕食法币的流通区域，以达到打倒法币的目的"。③ 因此，日本人将伪华兴商业银行定位为"自由进行外汇兑换、发行银行券、从事外国贸易金融的银行"。

日伪政府试图强行推行华兴券，并使其替代法币和军票的流通。第一，要求伪维新政府应与日本采取同一步调，即伪维新政府的俸给及其他经费，原先用法币及军票支付的，今后一律改为华兴券，一般短期收入亦改用华兴券，以根绝法币的使用。第二，关税收入，因须偿付外债，并有海关金单位等问题的存在，故欲以华兴券为支付关税的手段，非一朝一夕所能实现；但以华兴券为支付关税的手段，非谓绝不可能，应当努力促其实现。第三，伪维新政府各种存款，原以法币为本位，此后当以华兴券为本位。④ 为了实现以上计划，同时规定停止法币存款，通过设立分支行和办事处增强伪华兴商业银行之影响力，"南京分行业已成立，苏州支行亦于本月十一日成立，今后尚须在杭州、蚌埠、无锡、芜湖、安庆等地设立分

①　東京銀行編集『横浜正金銀行全史』第4卷、559頁。
②　今村忠男『支那新通貨工作論』、240頁。
③　宮下忠雄『支那戦時通貨問題一斑』日本評論社、1943、258頁。
④　参见史亦闻《日本推行"华兴券"计划之检讨》，《东方杂志》第36卷第17号，1939年，第19页。

支行或办事处，以便发展业务”。分别针对一般公司及个人进行广泛的宣传，以发展、扩大其金融业务。“日军之支出，向以军用票及法币行之，今后当考虑华兴券与军用票之关系，尽量增加华兴券之使用，减少法币之使用。”①

在伪华兴商业银行成立之前，日本兴亚院通过了《关于华兴商业银行券的价值基准及其运用方针》，提出华兴券要和法币等价关联。但由于这一时期日中双方存在激烈的外汇争夺，日本不得不放弃用华兴券取代法币作为外汇转换性贸易货币这一本来的目的。“货币首先具有对内价值——一般购买力，然后才会具有对外价值。因此，试图首先成为贸易货币从理论上来看虽然并非不能实现，但在现实中尚无先例。如果出口商将其作为出口资金的预收款或者作为出口凭证的等价物收取华兴券时，也只有在这样的情况下发行华兴券才有意义，但如果出口物资的直接生产者一般农民不接受华兴券的话，也就失去了发行华兴券的意义。……华兴券在章程上规定无限制地向华兴券持有者提供外汇卖出，因此如果该行遵守该章程，今后积极谋求华兴券作为国内货币之地位，很有可能华兴券马上就被用来兑换外汇，只要发行相应的出口凭证，就无法期待华兴券流通范围扩大，这样的内在矛盾制约着华兴券的发展。”② 华兴券在贸易货币和国内货币之间的矛盾，也导致日伪利用其回收法币、军票的企图无法实现。

由于“华中之政治经济情势，极端复杂，非如满洲国及华北障碍甚小，故（华兴券）推行之初，即难与根基巩固之法币，及实力雄厚之军票相拮抗”，“华中之华商仍用法币，日商多用军票，华兴券在经济行为上之进出，鲜有为人注意者。欲使一种通货之基础确立，首须谋进出于商业行为中，扩大流通区域及范围。不此之图，惟求价值之维持，亦掩耳盗铃之计也”。③ 以至于至 1939 年 8 月底，华兴券发行额仍未超过 300 万元，且“该券流通区域，除日军所能直接控制的沿铁路各城市外，乡间绝少见迹。上海租界中外商民，也表示决心拒绝通用”。④ 不仅如此，伪维新政府内部

---

① 史亦闻：《日本推行“华兴券”计划之检讨》，《东方杂志》第 36 卷第 17 号，1939 年，第 19—20 页。

② 満鉄調査部編『支那経済年報』（昭和 15 年版）、改造社、1940、419 頁。

③ 高尚仁：《一年来中国的金融问题》，《中国公论》第 4 卷第 4 期，1941 年，第 85 页。

④ 龚家麟：《论“华兴券”之发行前途及对策》，《东方杂志》第 36 卷第 21 号，1939 年，第 21 页。

官员也对华兴券缺乏信心。虽然官员俸给已用华兴券进行支付，但以之购物者即在市内亦极少。"此以华兴券发薪时，均不愿接受。"① 甚至有官员乘机将华兴券薪资全数换为法币，投机购买商品。"询其故则曰：价值一元之商品，不论以华兴券或法币给付，皆须一元。若以华兴券先向银行按卖价一二五比率换入法币，则一百元可得一百二十五元之货物，即多得二十五元货物是也。"因此，"华人对于法币信心之坚强，远非华兴券所能望其项背也"。② 华兴券自1939年5月16日至1940年12月31日的发行额如表12-7所示。

表 12 - 7　华兴券发行额

单位：元

时间	发行额	时间	发行额
1939 年 5 月 16 日	267.00	1940 年 3 月 31 日	6079114.10
1939 年 6 月 15 日	605691.40	1940 年 4 月 30 日	5333992.40
1939 年 7 月 15 日	949167.20	1940 年 5 月 31 日	6386315.00
1939 年 8 月 15 日	1413585.50	1940 年 6 月 30 日	5610480.00
1939 年 9 月 30 日	3291126.60	1940 年 7 月 31 日	5063059.10
1939 年 10 月 31 日	3183580.90	1940 年 9 月 15 日	5117062.90
1939 年 11 月 30 日	4035350.30	1940 年 10 月 31 日	5056802.00
1939 年 12 月 31 日	5075462.70	1940 年 11 月 15 日	5077508.50
1940 年 1 月 31 日	5283083.90	1940 年 12 月 15 日	5136191.20
1940 年 2 月 29 日	5138216.70	1940 年 12 月 31 日	5655127.40

资料来源：《"华兴商业银行"发行之回顾》，《银行周报》第25卷第13期，1941年，第1页。

在此期间日伪政府多次提出扩大华兴券流通范围的方案，然而不具有强制流通力的华兴券发行额在1940年5月末达到638.6万元之后有所减少。华兴券推行失败的另一个重要原因就是和军票的对立关系，特别是华中日军由于急需军票作为军需保障，不赞同以扩张发行的华兴券收回军票。而且"军票为维持其价值计，更扩大流通范围，华兴券更不得不闻风远避，以让军

---

① 《南京之货币现状》，《中外经济拔萃》第4卷第7、8期合刊，1940年，第44页。
② 《南京之货币现状》，《中外经济拔萃》第4卷第7、8期合刊，1940年，第44页。

票"。① 军票在掠夺物资及回收日圆方面的巨大作用是华兴券所不能及的，日本军方对军票的维持策略是华兴券无法成为华中唯一货币的一个重要原因。正如日军书记官相马敏夫所说，"对中国事变处理前景认识上的差异让华兴券和军票之间出现了争论，不管是地方还是中央从那时起就出现了感情上的对立，到处充斥着不愉快的气氛，让人感到吃不消"。② 所谓"不愉快的气氛"就是指"以总军为中心的军票阵营和以兴亚院为中心的华兴券阵营（之后成为中储券阵营）之间在军票和华兴券的每一个问题上都存在着意见分歧，甚至酿成了对军票工作进行批判和反对的氛围。……这样的情况在 1940 年春夏之交时期达到了最高潮"。③ 1939 年下半年到 1940 年，华兴券萎靡不振让兴亚院感到了焦虑，虽然兴亚院接连公布了《华兴券流通扩充促进纲领》等决定，但每次都由于军票阵营的阻扰而半途而废，军票的发行使华兴券的流通至为困难。到 1941 年 1 月汪伪政权设立"中央储备银行"之后，伪华兴商业银行被改组为一般商业银行，其货币发行权被撤销，华兴券也被中储券兑换收回。

五　"中央储备银行"与"中储券"

（一）"中央储备银行"的成立

1939 年 12 月 30 日，日本特务组织"梅机关"和汪精卫之间经过谈判最终达成《日中新关系调整纲要》。该纲要附件二规定："在制定中国的财政、金融（特别是成立中央银行、发行新货币等）、经济政策时，经日本和中国进行协商之后日本向中国提供必要的援助。"同时在谅解事项中规定："在新中央银行成立、新法币发行之后，取消华兴商业银行的发行权，回收已发行流通的华兴券。"④ 1940 年 3 月 30 日，汪精卫集团在日本的扶植下以"还都"为口号在

---

① 《华兴银行的失败》，《国际通讯》1940 年第 10 期，第 22 页。

② 相马敏夫「中支通貨工作の回顧」、多田井喜生編『続・現代史資料 11　占領地通貨工作』、292 頁。

③ 中国派遣軍総司令部『支那事変軍票史』（1943 年 11 月）、日本銀行調査局編『日本金融史資料　昭和編』第 29 巻、165 頁。

④ 参见多田井喜生編『続・現代史資料 11　占領地通貨工作』、xxxviii 頁。

南京建立伪国民政府。由汪精卫担任伪政权主席兼行政院长，周佛海担任行政院副院长兼财政、警政两部部长。原伪维新政府宣告解散，成员并入汪伪政府。汪伪政府在施政纲领中宣布要"重建中央银行，统一币制，以确立金融的基础"。① 4 月 12 日，汪伪政府公布《中央银行筹备委员会章程》，以财政部长周佛海为主席，5 月初成立的中央银行筹备委员会积极进行《中央银行组织法案》的起草工作。《中央储备银行成立备忘录》② 中规定，由汪伪政府出资的"中央储备银行"全额资本金 1 亿元中，5000 万元通过伪华兴商业银行借入美元出资；由一名日本人任顾问；新银行保有的外汇存放在日方银行；共同致力于解决军票问题。同时还提出"承认和华北银行共存"等纲领性内容。汪伪政府通过伪华兴商业银行借入 5000 万元作为 1 亿元资本金的一部分，余下的部分由海关获得的外汇支付，"中央储备银行"资本金以外汇（554.4375 万美元）形式出资，并全额存入横滨正金银行。③

　　"中央储备银行"于 1941 年 1 月 6 日正式开业，设总行于南京中山东路 1 号，分别在 1 月 20 日、2 月 10 日、3 月 3 日、5 月 9 日设立支行于上海、苏州、杭州、蚌埠等处。1942 年 5 月 4 日，宁波支行成立。之后又在芜湖、南通、无锡、嘉兴、扬州等地开立办事处。按照 1940 年 12 月 19 日公布的《中央储备银行法》，"中央储备银行"的注册资本总额为"国币一万万元，由国库拨足"。④ 享有"发行本位币及辅币之兑换券"，"经理政府所铸本位币及辅币之发行"，"经理国库"，"承募内外债并经理其还本付息事宜"⑤ 等特权。人事组成方面，设总裁一人，特任副总裁一人，当时分别由伪财政部长周佛海和金城银行大连分行经理钱大櫆担任。又设"理事会"与"监事会"。其中理事会包含任期三年的伪政府特派理事七至十人，及伪政府指

---

　　① 中国派遣军総司令部『支那事変軍票史』（1943 年 11 月）、日本銀行調査局編『日本金融史資料　昭和編』第 29 巻、171 頁。

　　② 该备忘录是在兴亚院事务官原纯夫在南京草拟的《作为讨论基础的个人方案》的基础上进行加工提炼之后，在兴亚院会议上获得通过的文件。参见大藏省事务官原纯夫「中央储备银行の设立とその概要」（1940 年 10 月 11 日）、多田井喜生編『続・现代史资料 11　占领地通货工作』、374 頁。

　　③ 参见兴亜院会议决定「新中央储備銀行設立ニ関スル覚書」（1940 年 12 月 13 日）、多田井喜生編『続・现代史资料 11　占领地通货工作』、273 頁。

　　④《中央储备银行法》，《社会部公报》1941 年第 15 号，第 4 页。

　　⑤《中央储备银行法》，《社会部公报》1941 年第 15 号，第 4 页。

定之常任理事五人。监事会由伪政府特派三至五人充任，任期两年，并在监事中互推监事会主席一人。可见，"中央储备银行"实行理事、监事、总裁三权分立原则，立法权操之于伪政府特派之理事，监事权操之于伪政府特派之监事，行政权操之于总裁和副总裁，其中正副总裁兼任常务理事。[1]

《中央储备银行法》第二十四条规定（详见表 12-8），"中央储备银行"业务可分为特殊和普通两类。特殊业务即上述"中央储备银行"所享发行并经营伪政府的本币、辅币，经理国库，承募内外债及其还本付息事宜等"特权"。而普通业务则有政府事业和国内外各项金融事务两大类。政府事业包括经理国营事业、公营事业金钱之收付，代理地方公库，伪政府委办之信托业务，买卖伪政府发行或保证之公债库券，或对之抵押放款及重贴现等。国内外各项金融事务包括管理全国银行准备，经理各银行间汇拨清算及其承兑汇票、商业汇票、期票之重贴现，经收存款，买卖国内外银行即期汇票、国外支付之汇票、贵金属及货币，并以之抵押放款，代理收付各种款项等。

表 12-8 《中央储备银行法》第二十四条规定的经营业务

序号	业务
一	经理国营事业金钱之收付
二	管理全国银行准备并经理各银行间汇拨清算事宜
三	代理地方公库及公营事业金钱之收付
四	经收存款
五	国民政府发行或保证之国库证券及公债息票之重贴现。 前款证券及息票之到期日自重贴现之日起至多不得过六个月
六	国内银行承兑票、国内商业汇票及期票之重贴现。 前款票据须为供货物之生产制造运输或销售所发生,其到期日自本银行取得之日起至多不得过六个月并至少有殷实商号二家签名。但附有提单、栈单或仓单为担保品,且其货物价值超过所担保之票据金额百分之二十五时有殷实商号一家签名亦得办理之
七	买卖国外支付之汇票。 前款汇票如系由进出口贸易所发生,见票后到其到期日不得过四个月。如系承兑票,其到期日自本银行取得之日起不得过四个月。所有依照商业习惯定支付日期之汇票,应至少有殷实商号二家签名。但附有提单、栈单或仓单为担保品且其货物价值超过所担保之票据金融百分之二十五时,有殷实商号一家签名亦得办理之

---

[1] 朱佩禧：《寄生与共生：汪伪中央储备银行研究》，同济大学出版社 2012 年版，第 47 页。

续表

序号	业务
八	买卖国内外殷实银行之即期汇票支票
九	买卖国民政府发行或保证之公债库券,其数额由理事会议定之
十	买卖生金银及外国货币
十一	办理国内外汇兑及发行本票
十二	以生金银为抵押之放款
十三	以国民政府发行或保证之公债库券为抵押之放款,其金额期限及利率由理事会议定之
十四	政府委办之信托业务
十五	代理收付各种款项

资料来源:《中央储备银行法》,《社会部公报》1941 年第 15 号, 第 6 页。

(二) 用中储券统一华中货币

"中央储备银行"于 1941 年 1 月 22 日正式发行"中央储备银行"兑换券（简称"中储券"）及其辅币。中储券一开始发行的纸币面额为一元、五元、十元,辅币面额为一分、五分、一角、二角、五角,之后由于贬值又陆续发行五十元、一百元、二百元、一千元、五千元及一万元等面额纸币。和华北的"中国联合准备银行"相同,"中央储备银行"的现金准备率也是40%,并且和法币等价对接,所以中储券的对外价值为 3.75 便士左右。汪伪政府先后制定《整理货币暂行办法》及《妨害新法币治罪暂行条例》（具体规定分别见表 12-9 和表 12-10）,以推广中储券的流通,并致力于回收华兴券、法币、军票等货币。

表 12-9　《整理货币暂行办法》

序号	内容
第一条	国民政府授予"中央储备银行"发行兑换券之特权以期逐渐完成币制之统一
第二条	"中央储备银行"发行之兑换券为中华民国之法币,其种类、准备金、比率等项应遵照《中央储备银行法》第十六条至二十三条之规定办理之
第三条	民国二十四年十一月三日颁布之新货币法令所规定之各种法币(以下称旧法币),与"中央储备银行"发行之法币暂行等价流通

续表

序号	内容
第四条	"中央储备银行"得以其发行之法币暂依等价收换现行流通之各种旧法币,以促成币制之统一。上项收换办法得斟酌区域及情形随时分别规定之
第五条	"华兴商业银行"之发行权取消之。其已发行之纸币之收回办法另订之
第六条	凡人民完粮纳税及其他对于政府之支付一律行使"中央储备银行"发行之法币。但暂准以旧法币与"中央储备银行"发行之法币同样行使
第七条	凡政府机关各项经费之支付,一律行使"中央储备银行"发行之法币
第八条	关于前二条之规定在特定之区域内暂不适用,特定区域另以命令定之
第九条	凡不属于上述之各种纸币而现在尚在流通者,及各地现在流通之各种辅币券之整理办法另订之
第十条	"华北政务委员会"管辖区域内暂维现状。本办法之规定暂不适用
第十一条	本办法自民国三十年一月六日施行

资料来源:《整理货币暂行办法》,《外交公报》1941 年第 25 期, 第 15—16 页。

表 12 - 10　《妨害新法币治罪暂行条例》

序号	内容
第一条	本条例称新法币者谓"中央储备银行"所发行之纸币
第二条	故意妨害新法币之流通或破坏其信用者,处五年以上有期徒刑,得并科五千元以下罚金。 犯前项之罪触犯其他罪名者从一重罪处断。 第一项之未遂犯罚之
第三条	拒绝使用新法币者处三年以上十年以下有期徒刑,并科五千元以下罚金
第四条	凡银行、银号、钱庄、典当及其他公司、行号有第二条、第三条情形者,除犯人依各该条治罪外并吊销其营业执照
第五条	凡公司、团体、军、民人等知有第二条至第四条犯罪情形者,应立即报请当地警察机关逮捕移送法院讯办。 前项情形经法院讯实,判处罪刑确定后应通知原送案机关转报财政部对原报告人酌给奖励。 但借故诬陷者应依刑法诬告罪处断。 第二项之奖励办法由财政部另定之
第六条	对于新法币犯刑法伪造货币罪章内各条之罪名者,均依刑法处断
第七条	本条例施行期间定为二年
第八条	本条例自公布日施行

资料来源:《妨害新法币治罪暂行条例》,《国民政府公报》1941 年第 149 号, 第 1 页。

1. 推广中储券，回收法币

第一，汪伪政府推行了一系列旨在推广中储券从而代替法币的措施，其对中储券的推行是从上海开始的。"中央储备银行"上海分行于1941年1月20日在外滩中央银行旧址开业时，伪副总裁钱大櫆曾随大量汪伪政府人员来沪，并"拟于开张之日，持'钞'向本市各商铺购物。如有拒用者，即将予以对付"。① 当然，钱氏拟"持券购物"只是一场事先谋划的作秀，其政治上的意义远大于经济。上海是当时全国金融中心，而"中央储备银行"副总裁亲自率员督办"购物"之事，显然是向沦陷区民众展示推行中储券的决心，并摆明汪伪政府将严办拒绝收用中储券者的立场。除政治作秀之外，汪伪政府还对中储券进行了虚张声势的宣传，"由特务机关——社会运动指导委员会上海分会出面组织，出动'特种青年行动队'五百人，连续四天到上海法租界、公共租界各主要街道，张贴标语十万张；在各娱乐场所散发彩色小传单一百万张，印刷传单十五万份，夹在上海各日报中传给读者；还在马路上悬挂横幅四十条"。② 当然，政治作秀与虚张声势的宣传并无法掩盖民众对中储券的排斥，如"中央储备银行"曾笼络租界电车公司收受中储券，但人民仍不肯用中储券去购买车票。又如当时"四大公司"的资本家已同意接受中储券，但广大营业员坚决拒收，银行只得在营业间另设兑换处，凡以中储券购物者，须事先换成法币才能购买。③

第二，强迫各金融机构接收中储券存款。中储券首先以向上海各银行单位强迫存款的方式扩大其流通区域。汪伪政权派出特务人员持二千元中储券强行存储于上海中国银行，该行被迫照办，缺口打开后，中国银行又收到五万元中储券的存款，中央、交通、农民银行和一些商业行庄也都收到了类似的强迫存款。④ "强制"是汪伪政府推行中储券的政治手段，但上海各金融机构对其态度在最初还是颇为抵触的。如上海银钱业同业公会于"中央储备银行"上海分行开张之前曾表明立场，称："各业对于准备充实之法币，

---

① 《关于新杂钞商界立场严正：态度坚决一致不予推行》，《申报》1941年1月19日。

② 江苏省政协文史资料委员会编《汪伪政权内幕》，《江苏文史资料》编辑部1989年版，第241页。

③ 安慧《梦幻石头城：汪伪国民政府实录》，团结出版社1995年版，第116页。注：该书封皮误将"实录"写为"秘录"。

④ 林美莉：《抗战时期的货币战争》，第264—265页。

均认为中国唯一之通货，（银钱同业）表示始终拥护不渝。无论任何交易，自废两改元以及法币政策实行后，均以法币为之。对于未经核准之任何杂钞，（银钱同业）决定遵照国民公约所载信条，一致拒绝收受行使，不与往来，以重金融。并于银钱两业暨各友邦银行已商妥一致拒绝收受。钱兑业亦决定拒绝买卖，烟兑业拒绝兑换。"① 对于中国及交通两银行被迫于1月29日收受伪币存款之事，坐镇重庆的中国、交通总行虽在两天之后公开表示惊异，宣称"并未训令上海分行接受此项'钞票'（指中储券），现已进行调查此事，并严令上海分行，不准接受此项'新币'为存款矣"，② 但依然是鞭长莫及，且任变通。当然，上海各大银行被迫收钞之后，"仅予保管而已，未尝使之流通市场，而市场中除越界筑路之沪西歹徒外，应该两租界中人民则鲜有用之者"。③ 但伪财长兼"中央储备银行"总裁周佛海在上海分行开业当天的日记中已经说明存款政策对沪银行业的影响，"本日共收存款一千六百七十余万，送出新币存款收受者共十六家，此为事前万想不到之成功也"。④ 可见强迫各大银行收受伪券存款，尽管没有打开中储券的流通市场，但也为中储券向各大银行推销创造了机会。随着各行存储伪券缺口的打开及战争的进一步深入，中储券的银行存款将会越来越多，而银行对于中储券也必将逐渐习以为常。同样，租界中原来支持法币排斥中储券的各英美银行，态度也转变为暧昧，"新法币（即中储券）既为中国民众之通货，吾人当视中国人对新币采取如何之态度，然后决定态度"。⑤

第三，领券措施。"领券"是1935年法币改革时曾采取的制度，汪伪政府如法炮制，引诱各金融机构领用中储券。具体言之，由"中央储备银行"与领券行庄订立为期一年的"领用契约"，领用者以法币或其他物为准备金之担保来领取同等数额之伪券，这些伪券因各家而异，标有不同暗记。当这些伪券再次流回时，则由"中央储备银行"整理并通知各行庄补足准

---

① 《各业表示始终拥护法币——银钱同业一致拒收杂钞》，《申报》1941年1月7日。
② 《中交沪分行不收杂钞》，《申报》1941年2月1日。
③ 姚盛祥、沈家振：《汪伪中央储备银行始末》，参见朱佩禧《寄生与共生：汪伪中央储备银行研究》，第58页。
④ 周佛海：《周佛海日记全编》上编，中国文联出版社2003年版，第412页。
⑤ 林美莉：《抗战时期的货币战争》，第267页。

备金后得再行分别领出。领用准备金的年息为四厘。由于各行号所提供的多是法币，这就意味着"中央储备银行"可以用微少的利息换取大量法币。当然，"中央储备银行"对银行和钱庄所领用的额度是依等级而划分的。"参加钱业公会的行庄采用六成现金准备、四成保证金准备，其余行庄一律采用十足现金准备。如果情况特殊必须向总裁和副总裁请示，特准后方可对外接洽。"① 同时按照《业务局和发行局两局关于券务及准备之相互办法》中的相关规定对领用中储券的业务程序进行严格控制。到 1941 年 7 月时，领券所占比例竟达到了 49.2% 的高峰。② 而到当年年底，各地与"中央储备银行"签约的行庄达 98 个，共领用中储券 2 亿余元。③ 可以说，在汪伪政府发行中储券的第一个年度，民间钱庄与银行的领券行为，对于中储券的推广发挥了不小的作用。

第四，利用并进一步制造辅币恐慌，推行中储券辅币。趁上海法币辅币短缺，大力发行辅币也是汪伪政府推广中储券的重要手段之一，但法币之辅币恐慌并非汪伪政府为始作俑者，且这种恐慌也并不局限于上海一地。可以说，战时华中大部分地区皆存在辅币短缺的情形。如 1939 年 12 月上海爆发法币辅币危机，"沪市分币恐慌尚未解除之际，而角币忽亦感缺乏。……各行所先后发行之辅币券为数甚巨，足敷市场流通。最近之市场（辅币）缺乏恐慌，显系有人收藏牟利"。④ 江阴也于次年 4 月发生辅币短缺，"本邑金融，迩来纷乱更甚，前因辅币缺乏，将邮票代分。后以易于污损，商界一致拒用。旋将铜元一枚暂作一分辅币，流通使用，讵为时未久突又拒用，商店与顾客迭起纠纷"。⑤ 江阴的小额辅币短缺与上海的情况基本相同。而"中央储备银行"正是利用这次危机，自 1940 年 8 月起大肆收购四大行的法币辅币券，进一步加重了上海的辅币危机。由于中储券辅币形式与法币颇类，致使很多民众难以区别。敌伪将中储券辅币大量用于街头报纸贩卖及电车、

---

① 朱佩禧：《寄生与共生：汪伪中央储备银行研究》，第 59 页。

② 宋佩玉：《抗战前期上海外汇市场研究（1937.7—1941.12）》，上海人民出版社 2007 年版，第 98 页。

③ 曲振涛、张新知：《外国货币侵华与掠夺史论（1845—1949）》，中国财政经济出版社 2007 年版，第 223 页。

④ 《各银行调剂辅币券恐慌》，《银行周报》第 23 卷第 48 期，1939 年，第 2 页。

⑤ 《江阴辅币恐慌》，《金融周报》第 9 卷第 17 期，1940 年，第 20 页。

汽车运输等，在"找零"时用中储券辅币瞒天过海欺骗买报者或乘客。而受骗者往往一时难以发现，等发现之后也只得勉强接受。由是中储券辅币对"市民心理之影响则尤恶劣，盖司空见惯，势将无复是非，浸至由辅币而主币，造成不可收拾之局"。①

对此，重庆国民政府在 1941 年初令四行竭力调剂上海市场的辅币，之后"除由中央银行上海分行发行一分五分分币券，及委托上海银行业公会发行铝制辅币外，并由各友邦银行汇丰、麦加利等，由港运沪大批一元券以及一角二角辅币券。今中央银行之一角二角新版票已分批运抵上海，归汇丰银行代为发行。凡银钱业与该行有往来者，予以尽量兑换。惟对烟兑业则拒绝兑换。深恐该业乘机牟利。一元券中央银行亦可换兑……阴历新年，零找辅币当足敷用有余"。② 然而，事态并未得到有效控制。至该年 9 月初，虽然国民政府声称四行将继续针对辅币发兑调剂，并号召"市民幸勿自相惊扰"，③ 但"中央储备银行"对法币辅币的消极阻碍行为，也使得中储券在民间的交易范围扩大。

第五，进一步修订货币条例，以强化中储券的流通。如前所述，"中央储备银行"在成立之后不久所颁行的《整理货币暂行办法》中，对于人民完粮纳税及其他对于伪政府之支付，是允许新法币"同样行使"的。然而到 8 月 16 日，汪伪政府发布新的训令，规定在新法币流通区域内"所有关、盐、统各税及其他中央税收，一律收用中央储备银行发行之新法币"。④ 用周佛海的话说，改变法规是因为"中央储备银行成立，已逾半载，各重要地方分支行办事处，均经先后择要设立。新法币发行数额，已逾八千万元。流通范围，已随自然需要而日渐扩大。新法币的基础日渐稳固，民众之信仰，亦日益深切。流通数额，既足资周转。人民使用，已无所不便"。⑤ 故自货币法规修改后，人民不得已在关、盐、统税及中央一切税收的缴纳中易

---

① 林美莉：《抗战时期的货币战争》，第 267 页。

② 《新辅币券发行：汇丰银行尽量兑与同业》，《申报》1941 年 1 月 15 日。

③ 《沪市辅币券绝无缺乏之理》，《申报》1941 年 9 月 2 日。

④ 《周财政部长为规定国税一律收用新法币发表谈话》，《中华法令旬刊》第 2 期第 11 号，1941年，第 1 页。

⑤ 《周财政部长为规定国税一律收用新法币发表谈话》，《中华法令旬刊》第 2 期第 11 号，1941年，第 1 页。

法币为中储券。对此，伪报纸乐观地宣称："国府规定三项大税，以新法币缴纳后，人民信仰益坚，工商各业纷纷以资金存入该分行（中央储备银行上海分行），是以营业日形发达，迄至最近该分行接收存款已达三万万余元，其对于国内汇兑业务，平均日达百万元。"[①] 这种表述虽有自我吹嘘之意，但也证明中储券的流通领域得到了进一步的扩张。

2. 中储券与军票

中储券的发行以完成华中甚至华北沦陷区币制统一为目标，包括对军票的整理和回收。"军用票与日圆系等值联系，其价值如跌落，不仅影响其对我沦陷区物资之抢购，亦可间接影响日圆。……但军票之发行过多，尽量维持，结果不免使敌国内物资供需失调。二十九年（1940年）敌并曾因此将敌国对'华中'之输出，在数量与价格上予以相当之限制。可知军票之发行，对敌国亦为一种负担，如有伪钞可资代替，自愿及早予以收回。"[②]《中央储备银行成立备忘录》中明确规定共同致力于解决军票问题，但在实际的运行中军票与中储券之间一直存在很大矛盾。

当时，日本军部和兴亚院对于华中货币问题有着较严重的分歧。"日本军部禁止直接干涉政治虽有宪典规定，而实际上以特殊之名义，掌握着很大的特殊权限……军部虽不直接干涉政治，但是实际上比直接干涉还要甚，军部的政治实力已超过直接干涉政治以上的力量了。这种政治实力在战时之今日，当然发挥了最排他的性能。"[③] 军票的推广和发行得到日军军部的大力支持，因为军方大多力主军事优先，采用较为激烈的手段击溃法币，使军票成为华中唯一货币，从而免于日本国内的军费支持。而直属于日本内阁的殖民统治机构兴亚院则主张华兴券依附法币逐渐增大流通量，通过与之并行的方式逐渐驱逐法币。因此，军部与兴亚院之间存在着巨大分歧，二者皆认为对方的主张是华中货币发行的障碍，所以互不相让。为保证日军侵华顺利进展，军部与兴亚院最终达成妥协，决定以"发行中储券回收华

---

① 《新法币流通普遍，中储行存户日增》，《北华月刊》第2卷第1期，1941年，第43页。
② 钱大章：《沦陷区敌军用票之收回与伪中储券之跌价》，《金融知识》第3卷第1期，1944年，第101页。
③ 《军部干政的危机》，《敌情研究》1939年第14期，第56页。

兴券，条件是必须维持军票的流通"，① 这样双方的争执以军部的暂时胜利而告终。

对"中央储备银行"的成立而言，前藏相青木一男制定的《华中通货方针草案》起到了至关重要的作用。该草案重点强调："在我方指导下"成立新"中央银行"，逐渐通过新银行券取代军票。② 对此，青木一男曾回顾道："华中派遣军就该问题多次召开由参谋长主持的会议，但由于经理部的军票派和我提倡的新银行券发行派之间针锋相对、各不相让，最终决定全权由总司令官西尾（寿造）大将进行裁决。司令官当机立断，选择了我提出的方案，两派的意见终于得到统一。"③ 但以中储券取代军票的方案在后来的执行过程中遇到了很大阻碍。在青木一男结束东京的工作回到南京之时，日本华中派遣军主计大佐新庄就对他说："我们军方势力绝不同意成立新银行，也不会让新银行发挥任何作用。"他还强调，"军票属统帅事项"，为了维持军票的流通区域，必须限制中储券的流通区域，他们会一直主张对中储券进行限制。④ 被新庄大佐的言语所激怒的青木一男也不甘示弱，说道："我马上就返回东京向陆军省首脑反映你们总军不讲信用的行径以及无政府状态。"最终使得新庄大佐被调离工作岗位。在青木一男"放心回到南京"之时，参谋辻政信又带着两名士兵兴师问罪，对青木一男威胁道："你这是在侵犯军队的统帅人事权，就凭这一点就可以将你杀掉。"而青木一男则愤慨地回应道："我不想再在这个是非之地多待一分一秒，明天我就回东京。"最终还是由总参谋长板垣征四郎大将向青木一男道歉，并将参谋辻政信调到了其他工作岗位，以平息骚动。⑤ 因此，中储券的推行基本上在不妨碍军票行使的情况下进行，很难达到其最初统一各种货币的目的。

《中央储备银行法》第十八条规定，中储券"是中华民国的新法币，无

---

① 董爱玲：《汪伪中央储备银行成立原因探析——兼论日本占领华中初期的通货政策》，《求索》2012 年第 8 期，第 112 页。

② 中国派遣军総司令部『支那事変軍票史』（1943 年 11 月）、日本銀行調査局編『日本金融史資料　昭和編』第 29 巻、226 页。

③ 青木一男『聖山随想』、186 页。

④ 原純夫「中央儲備銀行の設立とその概要」（1940 年 10 月 11 日）、多田井喜生編『続・現代史資料 11　占領地通貨工作』、374 页。

⑤ 青木一男『わが九十年の生涯を顧みて』、156 页；青木一男『聖山随想』、187 页。

限制流通"，但"中国联合准备银行作为华北金融的重心，要致力于本银行的健康发展，联银券的流通区域目前维持现状"，所以新法币不能在华北流通。并且通过华兴券征收的关税是以 6 便士为基准的拟制名义货币，这就要求华兴券和军票之间要相互配合，所以虽然说中储券是"新法币"，但在流通过程中一直受到很多限制。

综上所述，法币改革为战前中国经济统一和全面抗战期间经济资源的动员提供了基础。全面抗战初期，日本的货币政策以摧毁中国"经济抗战力"为首要目标，采取设立傀儡银行、强制推行伪币、强制贬低法币对伪币汇率、设立外贸银行渗入贸易结算、套取法币等手段展开货币攻击，并辅以物资管制、经济封锁、制造通货膨胀等手段。中国则展开了以维持币值、防止套购、利用租界维持贸易、在贸易结汇中反渗透、开放市场吸引走私为主的对抗措施，保证了长期抗战的金融基础。除中国的对抗措施外，战争早期日本军部不尊重经济规律的决策和日方多头货币政策，也是日本在货币战中失败的主要原因。

第 十 三 章

全面抗战时期的货币战Ⅱ：1942—1945

太平洋战争爆发后，日本对华货币政策转为全面的、赤裸裸的直接掠夺，先后实施以增发军票和中储券为主的通货膨胀政策，企图单纯以增发纸币维持侵略战争，但最终因中国的对抗措施而无法获得足够的物资，导致其伪币信用崩溃。这一时期，中国的对抗措施是全面的战略物资管制和破坏日伪币信用等，中国民众对于民族货币的坚定支持则是重要因素之一。

一　日本"以战养战"的货币政策

（一）太平洋战争前的货币政策与物资抢购

1940 年 9 月 27 日，德日意三国缔结同盟条约，日本与英美等国的国际关系急剧恶化，日本进一步筹划对英美开战。而一旦开战，日本将无法从英美获取战略物资，其所积累的外汇也将没有用处。为此日本开始采用两项策略：一是动员所有外汇储备在上海市场进行套现，用来获取所需物资；二是设立特别日圆账户，以应对美元丧失结算货币地位后的外汇结算，建立以日圆为主导的贸易圈，通过中国市场强制囤积物资。1940 年 11 月 8 日，日本政府在兴亚院会议以及内阁会议上做出《对华经济紧急对策》决定，"就地增加重要资源的开发增产并通过中国市场确保今后在第三国无法筹集的物资"，通过有计划卖出军票筹集法币，筹集 5000 万日元购买军用米 14 万吨，并用 4000 万日元购买日本国内所需要的棉花。同时从日本国内提供外汇资金（主要是美元），"主要通过上海租界渠道获得"今后由第三国无法进口的重要物资。①

日圆区的各"中央银行"，"为了应对极有可能在 1940 年末到 1941 年春季期间开始的美国对日本以及日系资金的冻结制裁，……需要尽快对其拥有的外汇资金进行更安全的处置，为此采取的方法是让日本买入这部分外汇资金"。② 1941 年 1 月末，"中央储备银行"、"中国联合准备银行"、汪伪政府、伪蒙疆银行、伪华兴商业银行存储于横滨正金银行的美元净额共计 2138 万美元，还有上海海关存储的美元和英镑 1198 万美元。2 月 14 日，"中国联合准备银行"将存储于横滨正金银行纽约分行的外汇决算用美元转移到横滨正金银行天津分行。1941 年 3 月 3 日，兴亚院通过《关于华北外汇政策问题》的决定，要求"中国联合准备银行现在保有的或者将来必须保有的英镑以及其他外汇资金通过特别日圆账户核算；在中国联合准备银行东京代理店横滨正金银行东京支店开设特别日圆账户；特别日圆可以和中国联合准备银行指定的外汇以 $23\frac{7}{16}$ 美元的基准进行相互转换"。③ 于是，3 月 6 日到 18 日"中国联合准备银行"将价值 5000 万日元的美元和英镑卖给横滨正金银行，开设特别日圆账户。"中国联合准备银行"的特别日圆是卖出外汇获得日圆，"在横滨正金银行东京支店开设为中国联合准备银行专用的特别日圆账户……通过该账户实现外汇集中"。④ 之前的外汇基金 100 万美元和特别外汇基金 530 万美元也转换为特别日圆账户，统合为外汇基金，作为向第三国或者华中、华南进口紧急必需品的基金。同时，"中国联合准备银行"实施的外汇集中制也被修改为"面向第三国的货物出口以及向华中、华南的货物交易发生的外汇结算都通过特别日圆账户进行"。⑤

---

① 中国派遣軍総司令部『支那事変軍票史』（1943 年 11 月）、日本銀行調査局編『日本金融史資料 昭和編』第 29 巻、194—195 頁。

② 日本銀行外事局『特別円制度の現状と将来』（1943 年）、日本銀行調査局編『日本金融史資料 昭和編』第 29 巻、212 頁。

③ 桑野仁『戦時通貨工作史論：日中通貨戦の分析』、96—97 頁。

④ 中国派遣軍総司令部『支那事変軍票史』（1943 年 11 月）、日本銀行調査局編『日本金融史資料 昭和編』第 29 巻、213 頁。

⑤ 桑野仁『戦時通貨工作史論：日中通貨戦の分析』、98 頁。

　　1941 年 7 月，美英对日本实施资金冻结制裁，7 月 31 日伪华北政务委员会修改海关布告，将美元价格基准更改为特别日圆基准。与此同时，在华中的横滨正金银行也开设特别日圆账户，将其所持有的外汇中的 410 万美元在上海市场卖出，获得法币 7700 万元，并且决定用该笔资金"立即在华中采购物资，并用于向日本出口的贸易交易之中"。日方认为，资金"与其以美元形式被冻结在纽约，不如将其兑换成法币资金存放在上海。即使美国冻结中国资金使法币本身失去转换为美元的便利性，但仍然可以利用法币在中国收购物资"。① 因此，日本政府决定重启"日圆兑法币的直接外汇交易，无需考虑军票对法币的市场价格，通过外币裁定决定日圆对法币汇价，以此促进对日出口的发展"。在美国对日实行资金冻结制裁的情况下，日本并非通过军票或联银券、中储券，而是在法币和日圆之间通过外汇裁定方法制定外汇价格，即特别日圆的汇价。"由于作为裁定标准的法币兑美元汇价和法币安定资金委员会裁定的法定汇价以及黑市价格之间出现了价差，根据当年 9 月 18 日美元纸币价格以及金条价格推算的黑市价格将特别日圆汇价裁定为 20.5 日元卖出、23 日元买入；10 月 24 日以后通过瑞士法郎等的媒介作用裁定，特别日圆价格被修改为 15 日元卖出、18 日元买入，1942 年 3 月 9 日以后一直沿用以上汇价。"② 总之，日本积极在特别日圆和法币之间进行交易，谋求通过中国市场强制囤积物资，"新形势对日本经济产生的影响必然会反映在我国对中国经济政策的变化上，应该增强日本经济和中国经济之间的相互依存关系"。③

　　随着对美英开战的临近，日本"强化国防经济的自给自足"，不仅在中国筹集法币，还从日本国内调集资金抢购物资。兴亚院决定在 1941 年 10 月至 1942 年 3 月的 6 个月间，"尽可能将（原有的）旧法币用于购买尽可能多的物资"。预计用于购入物资的总资金，除购入大米的 2.6 亿元外仍然需要

---

　　① 日本銀行外事局『特別円制度の現状と将来』（1943 年）、日本銀行調査局編『日本金融史資料　昭和編』第 29 巻、214 頁。

　　② 日本銀行外事局『特別円制度の現状と将来』（1943 年）、日本銀行調査局編『日本金融史資料　昭和編』第 29 巻、214—215 頁。

　　③ 「国際情勢ノ急転ニ応ズル対支緊急施策」（1941 年 7 月 1 日）、多田井喜生編『続・現代史資料 11　占領地通貨工作』、578—592 頁。

9.56 亿元，这些法币资金主要通过 8 家日资银行以及伪华兴商业银行、"中央储备银行"筹措，并通过鸦片、在华纺织品、小麦、猪毛等商品销售补充，但仍然有 3.7 亿元的缺口，这部分主要通过从日本向上海市场出口黄金进行筹集。其中，这些物资中的 47% 直接用于对日本国内的供给。在英美做出对日资产冻结令之后，由于"占我国贸易额的六成以上特别是进口的75% 都要仰仗对第三国贸易，除了南洋以及南美的少数国家地区之外几乎全面被停止"，所以必须急迫地"通过中国筹集物资"。[①]

（二）对华货币政策及其转变

1941 年 12 月 7 日，日军偷袭珍珠港，发动太平洋战争。12 月 8 日凌晨开始接管租界，对华北的天津租界，北京、青岛、烟台、威海的汇丰、花旗等外国银行及其十五家代理店进行接管。除中国、交通两银行的北京分行之外，对国民政府的中央、中国、交通三家银行的营业机构进行全面接管。自"中国联合准备银行"成立以来，日本一直虎视眈眈的天津租界的现银 5253 万元终于到了日本手上。其中，1250 万元作为"中国联合准备银行"的资本金，其余的由伪华北政务委员会接管，存入"中国联合准备银行"。在华中，日军"进驻上海租界，并根据预定计划由陆海军接收了敌对银行的权益，将其掌控在军部的管理之下"。[②] 日军在上海租界接管银行的法币总额达到了 11.2 亿元，其中包括汇丰银行 2.45 亿元、渣打银行 9400 万元、花旗银行 1.28 亿元等。"由于处于法币安定委员会管控之下的英美系银行保有的旧法币 4.76 亿元在性质上明确属于敌产，故而予以没收，已交至军部管理之下，存储在横滨正金银行上海支店。而且这些旧法币根据中央决定的《华中通货处理纲要》精神在服务于击溃旧法币的目的之下，主要被用于军需物资的采购"，[③] 供当地军队使用。

---

① 参见经济联盟事务局案「日支贸易对策（特二支那ニ於ケル重要物资获得ノ应急的对策ニツイテ）」（1941 年 9 月 11 日）、兴亚院「中支ニ於ケル物资购入ニ要スル法币资金调达ニ关スル件」（1941年 10 月 20 日）、多田井喜生编『続・现代史资料 11　占领地通货工作』、558—568 页。

② 中国派遣军総司令部『支那事变军票史』（1943 年 11 月）、日本银行调查局编『日本金融史资料　昭和编』第 29 卷、213 页。

③ 中国派遣军総司令部『支那事变军票史』（1943 年 11 月）、日本银行调查局编『日本金融史资料　昭和编』第 29 卷、261 页。

　　11 月 5 日，即太平洋战争爆发前，日本召开第 7 次御前会议，下达对英、美、荷开战的命令。大藏大臣贺屋在就占领地货币政策的发言中说："在我国占领了……南方作战地区之后……在相当长的一段时间内还无法顾及当地一般民众的生活问题，我认为当前制定所谓的剥削性方针是不得已而为之。……我方以当地自给自足之方针尽力实现自我维持，从日本运往当地的物资要控制在为维持当地治安以及使用当地劳工时所需的最低限度，为了使占领工作顺利地进行下去，首先要置货币价值下跌以及由此造成的当地经济混乱于度外。"① 在 11 月 20 日召开的联络会议上，通过了《南方占领地区行政实施要领》。该文件指出："在占领地迅速获得重要国防资源，有助于作战部队确保自己的军需。""只要不对作战带来不利影响，占领军应该采取尽可能的措施获得并开发重要的国防资源；在占领地开发或者获得的重要国防资源都要作为中央物资计划的一部分；……占领军要实施对贸易以及外汇的管理……不得已还需要使用原来的当地货币时，必须使用外币表示军票。"②《关于南方军经理工作的指示》中明确提出："占领地使用的货币最理想的是由军队掌控当地存在的货币制度，据此可以自由地操纵支配当地财富，利用当地的资源丰衣足食。"③

　　1941 年 11 月 11 日，兴亚院制定并通过《为强化整治对华通货政策当面必须采取的紧急对策》，其基本方针是"考虑到当前紧迫的国际形势以及法币暴跌的现状，对中国货币政策应该顺应风云变幻的国际形势，调整当前的工作重点，特别是为了让华中的中储券可以随时随地取代旧法币，必须建立强有力的货币管理基础，并将政策方针迅速转移到指导实际工作之中"。④考虑到开战之后外汇市场将不复存在，日圆和英美货币之间的联系将被切断，"中国各地区货币的发行准备必须使用特别日圆或者金圆（日圆）……各地区之间的结算或者收支账户平衡关系调整也要根据特别日圆进行"。"共荣圈建立的经济意义一是要增加东亚各国地区贸易额，在必需物资方面调剂有

　　① 参谋本部编『杉山メモ』上、原书房、1994、427—428 页。

　　② 外务省编纂『日本外交年表竝主要文书』下卷"文书"、562 页。

　　③ 多田井喜生编『続・现代史资料 11　占领地通货工作』、1 页。

　　④ 参见兴亚院会议决定「对支通货政策ノ整备强化ニ関スル当面ノ紧急对策」（1941 年 11 月 11日）、多田井喜生编『続・现代史资料 11　占领地通货工作』、462—465 页。

无，同时更重要的是使用日圆进行结算。"① 12 月 28 日，日本政府发表《外汇官方牌价制定纲领》，规定："政府直接决定各国货币和我国货币之间的换算率"，"政府将以本次决定为基础，以我国为中心，建立以日圆为中心的大东亚金融圈，以推进新的对外金融政策。"②

1. 加强"中国联合准备银行"的地位和指导权

按照日本兴亚院制定的《为强化整治对华通货政策当面必须采取的紧急对策》实施要领，"考虑到国际关系的急剧变化，要根据现状迅速建立各地区的核心货币"，"华北及蒙疆依旧推行以联银券和蒙银券为中心货币的现行政策，并且坚持和日圆平价关联的当前方针，结合华中货币具体发展情况另寻时机谨慎分析今后的政策方向"。具体措施如下。第一，确立日方对"中国联合准备银行"的指导权，通过让日本职员直接参与该行的管理工作等方式改变其职能，强化该行对其他金融机构的统制指导力。第二，尽可能减少日方货币在当地的投放流通额以及对当地政权的财政弥补，努力增加日方物资的供应量，通过这些措施维持联银券的价值，并在既定路线方针基础上进行整治强化。第三，对华中运进运出的交易逐渐以特别日圆本位为原则，使用军票本位作为例外措施，之后对军票和联银券进行比价，使其在形式上保持等价，在本质上根据价值关系强化对华中汇兑的管理，采取相应措施保持汇兑关系的稳定。第四，对与第三国进行的进出口交易等全部采用特别日圆本位，逐渐向使用特别日圆进行结算过渡。第五，强化对贸易以及外汇的管理，特别是要强化并完善对申汇的管制，强化对联银券对中储券乃至法币实质汇兑价格的管制。第六，在坚持联银券和金日圆之间等价关系的前提下，根据华中地区货币政策的实际执行情况进行具体措施的补充和完善。③

根据兴亚院 1941 年 11 月 8 日的谅解备忘《中国联合准备银行指导权确立以及银行机能刷新的方策（试案）》《加强中国联合准备银行对中国银行

---

① 企画院研究会『国防国家の綱領』新紀元社、1941、124 頁。

② 多田井喜生編『続・現代史資料 11　占領地通貨工作』、1 頁。

③ 参见興亜院会議決定「対支通貨政策ノ整備強化ニ関スル当面ノ緊急対策」（1941 年 11 月 11 日）、多田井喜生編『続・現代史資料 11　占領地通貨工作』、462—465 頁。

及钱庄的统制指导力方策（试案）》①，"中国联合准备银行"顾问室实力大幅增强，顾问室成员由 1938 年 3 月成立时的 15 人增加到 1942 年 12 月的 123 人。同时根据 1941 年 12 月 11 日公布实施的《金融机构监管规则》②，"中国联合准备银行"的指导权大幅度加强。《金融机构监管规则》规定，由"中国联合准备银行"代为行使伪华北政务委员会财务总署的部分权限，并且其有权任命其他金融机构代为行使权限。包括："金融机构将吸收存款按华北政务委员会财务总署规定的比率存入中国联合准备银行，也可以使用华北政务委员会财务总署指定的有价证券替代上述存款存入中国联合准备银行"；"根据需要要求金融机构提交有关业务报告，或者在认为必要时要求金融机构提交有关账簿资料"；"根据需要随时对金融机构的业务以及财产情况进行检查"。这些规定大大扩展了"中国联合准备银行"对华北金融的统制权限。

1942 年 10 月 14 日，在华北票据交换所联合会成立时，"中国联合准备银行"总裁汪时璟说："联银之交易，今后于原则上限于官厅、银行及银号之存款、借贷、汇兑等业务"，"关于一般存款自十月十五日起停止受理，过去之存款，亦同样自十月十五日起，以新利率计算，即自十二月一日至十五日间，实行一般存款整理……达成中央银行之使命。又关于一般之借贷，一俟期限到达，即行逐次整理。国内汇兑，亦行全面移让与普通银行管理。但对山西省临汾、运城、潞安，山东省威海卫、龙口，及江苏省宿县、淮阴方面间之汇兑，仍暂由联银照常办理。其他地区之汇兑，则将从来一千元以上，改为五千元以上。"③"中国联合准备银行"对一般存款进行分期整理，并拟定期限设置新的利率以吸引存款；对于一般贷款，亦拟定逐次整理之期限；而对于国内汇兑，则由"中国联合准备银行"暂理晋、鲁、苏三省部分地区的事务，而其他地区的汇兑限额则增加五倍。

---

① 連絡委員会諒解「中国聯合準備銀行指導権ノ確立及銀行機能ノ刷新ニ関スル方策（試案）」（1941 年 11 月 8 日）、連絡委員会諒解「中国聯合準備銀行ノ支那側銀行及錢荘ニ対スル統制指導力ノ強化ニ関スル方策（試案）」（1941 年 11 月 8 日）、多田井喜生編『続・現代史資料 11 占領地通貨工作』、460—461 頁。

② 華北政務委員会「金融機関取締規則」（1941 年 12 月 11 日）、多田井喜生編『続・現代史資料 11 占領地通貨工作』、621—623 頁。

③《中国联合准备银行亟图确立华北金融新体制》，《内外经济情报》第 8 卷第 12 期，1942 年，第 12 页。

为进一步强化信用，巩固"中国联合准备银行"在华北地区的金融中枢地位，日本于1943年3月10日再向"中国联合准备银行"借款一亿元，"由政府与友邦（即日本）银行团重行签订契约，提供该行（中国联合准备银行）发展业务之用。该行得此巨额资金，其钞券之流通、金融之信用自必益臻发达"。[①] 与此同时，"中国联合准备银行"在各地接受中国与交通等银行共11所，作为其子机构。所有这些银行都由"中国联合准备银行"出资50%，并代表其分掌各地农、商、轻工等部门的储贷业务，以加强金融统制。

2. 强化中储券的流通

按照日本兴亚院制定的《为强化整治对华通货政策当面必须采取的紧急对策》实施要领，在华中地区"积极推进建立中储券的货币体系，致力于扩大中储券的流通范围，迅速认清旧法币的敌对货币本质，逐步限制旧法币的流通范围，在国际关系急转直下发生转变之时充分注意旧法币的动向，为应对今后斩断新旧法币之间等价关系的局势做好所有准备"，同时"慎重考虑军票和中储券之间的关系"。"在华南可以参照华中的做法行事，但海南岛需要单独考虑应采取的政策措施。" 对于华中的具体措施包括以下12个条款。第一，必须加强日方对"中央储备银行"的指导，实现日方对该行的一元化领导，同时加强该行顾问队伍的实力。第二，为提高"中央储备银行"在国内外的信誉，加强银行管理层的管理能力，在国际关系急剧变化之时，可临时派遣日方职员帮助银行开展工作。第三，为加强汪伪政府的财政实力，不管形势如何变化，都要为保持财政收支的适度性进行指导，特别是要避免法币的贬值对财政收入的影响，通过适当途径对确保并迅速增加财政收入的方法进行分析。第四，顺应国际关系的急速变化，及时对贸易以及外汇进行管理，按照既定方针采取相应的措施对海关进行实质性管控。第五，在尽量减少日方货币在当地投放量的同时，努力增加日方物资的供应量，按既定的路线方针开展当地货币价值的维持工作。第六，努力促进中储券的印制，特别指导中央银行印制百元券以及其他大面额纸币。第七，建立中储券的基础并根据中储券流通情况，按地区和部门积极地致

---

① 《总裁言论：关于友邦协助中国联合准备银行》，《中储行报》1943年第12期，第2页。

力于对法币的渐进式流通限制。第八，在切断中储券与法币等价关系上，不仅要关注法币的价值变动，还要考虑中储券的基础、中储券流通范围、法币与中储券的兑换要求等各种形势。如果接受使用法币兑换中储券的申请，要根据不同时期的比价形成中储券的独立价值。特别是在国际形势急转直下之时，更要充分关注法币的走势，使用事先制定的各种方法尽可能迅速地切断中储券和法币的等价关系。第九，在金日圆和军票对中储券乃至法币的比价上，要根据形势采用合适比价；在金日圆对中储券的比价上，在中储券与法币等价关系切断之后要适时确立两者之间的汇兑价格。第十，在与日本进行出口贸易时，原则上使用军票进行结算，进口贸易也在原则上使用军票本位，但今后要逐渐增加特别日圆本位的交易。第十一，在对贸易以及外汇进行管制的前提下，与第三国之间进行的进出口贸易都要使用特别日圆本位，并且尽可能迅速地向特别日圆结算转变。第十二，与华北进行的物资商品转移交易，原则上要通过特别日圆本位进行，其收支账户余额平衡结算也要通过特别日圆本位进行。此外，华南的厦门、广州及汕头基本按照华中的思路并根据形势变化考虑让中储券流通，对海南岛另外进行研究规划。[1]

在华中地区，要"培育强化中储券排除旧法币，建立中储券在华中的统一货币地位，进而通过中储券取代军票，对军票进行回收"。[2] 对于该方针，华中日军、日伪政府以及日本中央并没有异议，但在具体如何对法币采取攻势上，意见却分成两派。一派是"激进处理方案"，认为"旧法币本质上是敌对性货币"，诸如"作为重庆国民政府军事委员会所属银行"的中国农民银行"1940年以后的旧法币券"都不能和中储券进行交换，日伪通过驱逐"敌对地区"的法币，对华中地区货币进行整治。另一派是"渐进处理方案"，强调考虑到"旧法币金额庞大以及中储券印刷的问题"，可以和法币进行交换使用。前一种意见的代表是兴亚院和汪伪政府行政院全国经济委员最高顾问青木一男以及"当地大使馆"，后者的代表是"当地中日经济

---

① 参见興亜院会議决定「对支通貨政策ノ整備强化ニ関スル当面ノ緊急対策」（1941年11月11日）、多田井喜生编『続・现代史资料11　占领地通貨工作』、462—465頁。

② 中国派遣军総司令部『支那事変军票史』（1943年11月）、日本銀行調査局编『日本金融史资料　昭和编』第29巻、223頁。

界实力人物以及在当地直接负责货币金融工作的陆海军等"。①

1942 年 3 月 6 日兴亚院会议通过《伴随着大东亚战争开始华中通货金融暂定处理纲要》，该纲要在很大程度上是对之前《为强化整治对华通货政策当面必须采取的紧急对策》的具体化，向有关部门通告废除中储券与法币的等价交换，废除日圆对法币的汇价机制，控制使用法币兑换中储券，将法币驱逐到敌对地区，进而逐渐在沦陷区全面禁止法币的流通，同时强化"中央储备银行"作为"银行的银行"指导华中金融的作用。其具体内容如下。

伴随着大东亚战争开始华中通货金融暂定处理纲要②
1942 年 3 月 6 日　兴亚院会议决定

一、积极开展以打倒旧法币为目标的声势浩大的运动，使中储券与旧法币之间的等价关系相分离。为此：

（一）为加速处理重庆四家银行的问题，将中央银行及中国农民银行这两家银行按照我方方针判定为敌对性质银行，进行关闭清算处理。为稳定金融界秩序，对中国、交通两家银行按照中日协议，在采取和重庆方面断绝往来的适当措施之后进行改组，承认这两家银行的继续存在，但通过公告宣布废除其货币发行权。通过上述举措宣告旧法币的敌对货币性质，这不仅会使旧法币价值下跌，而且使中央、农民两银行券与中国、交通两银行券之间产生价差。但从汪政府掌握民心的观点来看，允许中国、交通两银行在进行改组之后继续开展业务是恰当的举措。

（二）为获得物资以及满足我方需要，制定相应措施将目前被扣押的旧法币以及可供我方使用的旧法币积极投放出去，尽可能将这些旧法币投放到敌占区以及与敌接壤的地区。

（三）在将旧法币驱逐到敌占区的思想指导下，按地区分部门积极在公私各领域逐渐扩大中储券的流通范围，促进对旧法币实施渐进式禁止流通的工作。为推进中储券扩大流通区域，可以根据需要通过法律手段禁止旧法币的流通使用，同时根据形势变化，考虑今后在占领地区全

---

① 多田井喜生编『続・現代史資料11　占領地通貨工作』、li—lii 頁。
② 興亜院会議決定「大東亜戦争開始ニ伴フ中支通貨金融暫定処理要綱」（1942 年 3 月 6 日）、多田井喜生编『続・現代史資料11　占領地通貨工作』、469—471 頁。

面禁止旧法币的流通使用。

（四）中央储备银行应立即控制使用旧法币兑换中储券（包括使用旧法币进行中储券储蓄）业务，并采取同样的态度对待将旧法币储蓄改变为中储券储蓄的业务。

（五）应采取措施立即废止中央储备银行中储券和旧法币的等价交换。关于新旧法币的交换，在宣布根据市场价格进行交换以及在汪政府宣布放弃中储券与法币之间的等价关系之后，根据汪政府或者中央储备银行是否就中储券与法币的比价制定乃至公布新的比率等形势，采取适当的措施。

（六）与（三）和（五）相关，制定相应的措施使中央和地方财政收入都只接受中储券。

（七）制定日圆对中储券的合理汇价，根据形势变化适时进行调整，同时废除日圆对旧法币的汇价机制。

二、中央储备银行作为银行的银行可以起到指导华中金融的作用。为加强对中国方面银行以及钱庄的管控：

（一）不仅在长江三角洲地区，还要在汉口等地区迅速设置中央储备银行的店铺营业机构。

（二）迅速实施对贸易以及外汇的管理，剥夺旧法币作为贸易货币的职能，禁止旧法币流出敌占区，遮断旧法币在占领区和非占领区之间的资金流动。同时通过南方地区外汇向中央储备银行的集中，强化储备银行作为中央银行的职能。

（三）由中国方面的普通银行接受汪政府新发行的公债，中央储备银行对此进行监管指导。

三、竭尽全力迅速使中央储备银行成为我方军费以及其他所需资金的筹措银行。为将政策设想落到实处，对银行的顾问制度进行整治完善，加强我方对银行的全面把控；为让中央储备银行的运营沿着我方政策方向进行，作为我方获得新银行券的方法，积极推动中央储备银行对日本银行的存储和放贷业务，在时机成熟时承认日圆存储。

四、关于国债处理问题。要对汪政府进行指导，让汪政府就此问题积极发表公开声明。对扣押公债特别是中国事变后发行的公债尽全力迅速通过市场进行处理；关于对外债务，将其作为恢复和平之后的问题进行处理。

五、关于军票问题。只要情况允许，应迅速废止军票的新增发行；中央和当地之间在相互协调沟通的基础上围绕该问题制定相应的措施，开展工作。

备考：广东、厦门等华南地区（海南岛除外）也要推进中储券的流通，参照本纲要内容通过建立中央储备银行分支行，迅速采取必要的措施开展工作。

极密谅解事项：本文第五项中关于军票的新增发行停止日期计划定在本年上半年。

该文件要求禁止法币流通，并附加极密谅解事项——"关于军票的新增发行停止日期计划定在本年上半年"，从而引发前述激进派和渐进派之间的对立。3月7日，日方召开紧急军票对策委员会会议，并发表财务当局谈话——"之前正金银行规定的军票汇价适用于中储券和旧法币，3月9日以后仅适用于中储券"。横滨正金银行军票汇价的变更，意味着中储券和法币开始脱离等价关系。从3月9日早上起，市场上掀起抢购军票的热潮，军票买入意味着投资者"先将旧法币兑换为军票，然后在将来中储券稳定之时再兑换成中储券"。[1] 然而，由于"中央储备银行"曾经将柜台兑换额限制在每人每天法币300元，"军方担心兑换者会出现暴动，因此将该问题上升到治安问题，予以高度重视"。[2] 3月13日，在上海召开的货币对策委员会会议上，日本海军当局反映强烈，提出："旧法币出现崩溃现象不能放任不管。从治安角度看，特别是考虑到上海的实际情况，必须采取相应的措施加以解决。"陆军当局也对此表示赞同，认为3月6日兴亚院的会议决定放任并助长了"（法币的）价值低落"，这与日军中央"在宗旨上多少出现了乖离"，会议通过法币整治办法，决定允许"旧法币按照一定比率和中储券或

---

① 小原财务官致为替局长电文（1942年2月27日）、多田井喜生编『続・現代史資料11　占領地通貨工作』、668頁。

② 「最近ニ於ケル旧法幣整理ノ経過ニ就テ」（1942年5月30日）、多田井喜生编『続・現代史資料11　占領地通貨工作』、704頁。

者国债进行兑换"。①

3 月 18 日，日本陆军报告中指出："货币不安导致惜售行为出现，助长收藏隐匿行为，以物易物盛行无异于杀人行为，3 月 9 日的政策规定影响了物价的稳定，出现一天多次兑换行为，民众对当前的混乱局面表示出恐惧。"② 次日，海军当局也称："有鉴于上海中储券当前的流通情况，我们认为中央案的实行为时尚早。"为此，日本中央当局决定"修改对旧法币进行激进改革的部分方针"。5 月 12 日，兴亚院通过《关于华中通货整理措施问题》，决定采用渐进改革路线，"考虑到最近华中的货币金融形势，为避免出现过度经济混乱和社会不安，需要对旧法币进行更加彻底的攻击"，决定实行除中国银行券、中国农民银行券以外的法币的全面兑换。5 月 18 日，在南京召开的新货币对策委员会会议决定，"中储券与旧法币的兑换比率以1：2为目标，在近期市场上依次开始实施"。③ 两派争论的结果是中储券与法币按照规定的兑换率继续进行兑换。

3. 以中储券强制回收法币

关于中储券与法币的兑换比率，"（1942 年）五月二十日旧法币百元，对储备券比率，由七七折改为七四折，二十一日改为七一折，二十二日改为六六折，二十三日改为六零折，二十五日再改为五三折，二十六日再改为五零折。即储备券一元，掉换旧法币二元"。④ 中储券与法币的等价兑换关系已经结束，取而代之的是对法币1：2的兑换比率。从 1942 年 6 月 8 日开始，日伪首先在苏浙皖三省和上海、南京按照1：2的比率进行兑换，法币的辅币券暂照中储券辅币券半价流通。凡以法币单位订立或约定的债权债务应以中储券对法币1：2比率，并以中储券为单位，之后以法币为单位所订立的契约或约定全部无效。⑤ 上述三省两市内流通的法币据推算总额约为 30 亿

① 重光大使 1942 年 3 月 15 日电文第 293 号、1942 年 3 月 15 日电文第 294 号，多田井喜生编『続・現代史資料 11　占領地通貨工作』、670—671 頁。

② 中国派遣軍総参謀長 1942 年 3 月 18 日電文「軍票対儲備券公定相場発表ノ影響」、多田井喜生編『続・現代史資料 11　占領地通貨工作』、672—673 頁。

③ 中国派遣軍総参謀長 1942 年 5 月 19 日電文、多田井喜生編『続・現代史資料 11　占領地通貨工作』、685 頁。

④ 《中储券与旧法币变更换算率》，《银行周报》第 26 卷第 19、20 期合刊，1942 年，第 1 页。

⑤ 参见《整理旧法币条例》，《国民政府公报》1942 年第 337 号，第 1 页。

元，其中上海的法币流通额约为 22 亿元。然而，截止到兑换期限即 21 日，法币的回收额不过 10.43 亿元，为此兑换期限延长三天，在内地延长至月末，但回收的法币只有 11.28 亿元，仅为专家估算金额的一半左右。[①] "本次旧法币回收之所以未达到预期效果是由于在 3、4、5 三个月期间，人们没有用旧法币去购买中储券、军票，而是将资金用于在内地（大部分是在沦陷地区内，流出沦陷区的仅占极小比例）购买土特产物资囤积以对抗物价上涨。"[②] "在近一二个月期间物价上涨两倍"，因此很多日本人认为，一比一的交换比率也许更为合理。降低兑换比率，对法币进行强制性兑换当然会造成物价上涨。[③]

继苏浙皖三省之后，7 月 10 日起华南的广东、厦门等地，8 月 10 日起武汉地区也开始法币的兑换，同时公布禁止法币使用办法。在华中地区，规定应回收法币范围为除五角以下辅币券之外的中国、中央、交通三行法币，但券面印有"上海""汉口"以外地名（如天津、保定、山东、青岛、重庆等）的法币则不在回收之列。办理收兑事务的银行，分别是"中央储备银行"，中江、上海、广东、中南、盐业等华商银行，以及正金、台湾、汉口等日商银行，其他钱庄银号亦在此列。对于非金融机关所有法币，"（甲）办理收兑事务之银行庄号，对本办法所定之收兑旧币，按照旧法币二对一之比率，以中央储备银行券收回之；（乙）前项收兑期间，自民国三十一年八月十日起，至同月二十三日止，以十四日为限；（丙）中央储备银行以外之收兑行庄号，收兑上项旧币后，应在上项规定期间内，随时交付中央储备银行，由中央储备银行按照旧法币二对一之比率，以中央储备银行券交付之"。[④] 而金融机关所有法币，必须在 1942 年 8 月 20 日前交付"中央储备银行"。并且，"上项旧法币，按照二对一之比率，兑为中央储备银行券，按其半数，付给中央储

---

① 参见兴亚院经济部第四课「中南支ニ於ケル新旧法币全面交换并ニ旧法币使用禁止状况一览」、多田井喜生编『続・现代史资料 11　占领地通货工作』、717—718 页。

② 中国派遣军総司令部『支那事变军票史』（1943 年 11 月）、日本银行调查局编『日本金融史资料　昭和编』第 29 卷、244 页。

③ 中国派遣军総司令部『支那事变军票史』（1943 年 11 月）、日本银行调查局编『日本金融史资料　昭和编』第 29 卷、245 页。

④ 《武汉金融志》办公室、中国人民银行武汉市分行金融研究所编《武汉银行史料》，武汉金融志编写委员会办公室 1987 年版，第 271—272 页。

备银行券，其余半数，则作为存于中央储备银行之存款"。① 12 月 1 日到 30 日为苏浙皖三省的最后兑换期，自 12 月 1 日起全面禁止携带、使用法币。

在华南沦陷区，先是规定 7 月 10 日至 23 日为法币兑换中储券的最后期限，继而又于 1943 年 1 月 10 日至 25 日在广东沦陷区实行特别兑换。"至此，法币被强制回收并被逐出沦陷区的通货流通领域。伪钞流通领域扩展到西至湖北，南抵广东，北达徐州以南的整个华中华南沦陷区。"② 不仅如此，在广州湾的法租界，也被迫于当年 5 月 25 日改法币单位为中储券单位。③ 据统计，到 1942 年 9 月时，日伪收回法币 112830 万元。④ 然而，其同时进行的金融公债却很不景气，总额不到 500 万元。

1943 年以后，在华南、武汉最终回收的法币总额为 16.2 亿元。⑤ 日方认为，实行法币全面回收措施，至少"在苏浙皖三省自 1935 年以来美英蒋合作建立的牢固根据地，对抗战起到有力支持作用的旧法币完全被驱逐出境"。⑥ 但是，"敌方地区及与敌接壤地区依然在使用旧法币"，并且"为我方及占领区的民生安定所必需的物资还无法在本地区内实现自给自足，回收的旧法币又不能为购买所需物资再次放出"，所以"旧法币今后还是不能忽视的存在"。⑦ 实际上，早在 1942 年 6 月 11 日，日伪新货币政策委员会通过《全面交换实施后日本使用旧法币的措施要领》决定，将回收的法币在敌占区和与敌接壤地区放出，用于购买军需物资、对日满华北进行供应，以及原材料采购。7 月 17 日，将在苏浙皖三省回收的法币 11.3 亿元分别分配给陆军 7.75 亿元、日本方面民需 1.89 亿元、中国方面民需 1.66 亿元，⑧ 武汉和

① 《武汉金融志》办公室、中国人民银行武汉市分行金融研究所编《武汉银行史料》，第 272 页。

② 魏宏运主编《民国史纪事本末》第 5 册，辽宁人民出版社 1999 年版，第 601 页。

③ 《广州湾改用中储券本位》，《银行周报》第 27 卷第 21、22 期合刊，1943 年，第 25 页。

④ 柴田善雅、单冠初：《日本帝国主义在中国占领地的金融活动》，《党史研究与教学》1989 年第 2 期，第 72 页。

⑤ 参见大東亜省支那事務局理財課「中南支ニ於ケル旧幣回収状況」、多田井喜生編『続・現代史資料 11　占領地通貨工作』、726—728 頁。

⑥ 「軍票対儲備券公定相場発表ノ影響」（1942 年 3 月 18 日）、多田井喜生編『続・現代史資料 11　占領地通貨工作』、672—673 頁。

⑦ 「軍票対儲備券公定相場発表ノ影響」（1942 年 3 月 18 日）、多田井喜生編『続・現代史資料 11　占領地通貨工作』、672—673 頁。

⑧ 新通貨対策委員会「全面交換実施ニ於ケル本邦側ノ旧法幣使用措置要領」、多田井喜生編『続・現代史資料 11　占領地通貨工作』、715—716 頁。

华南地区也采取相同的政策，"用于该地区需要"。对于中方而言，日伪通过压低法币与中储券的比价来提高沦陷区内货物的法币价格，借此引诱国统区商人将物资输送至沦陷区，"不少奸商和国民党军队的军官不仅将土产输出，而且将以前从沦陷区抢购而来的生活必需品和战略物资，又重新运回沦陷区资敌"。① 更为重要的是，用法币抢购国统区物资直接导致法币向大后方的回流，加速了国统区的通货膨胀。

4. 以中储券收兑军票

1942 年 3 月，日本宣布军票、法币、中储券之间的交易由"正金军票牌价"改为"正金中储券牌价"，从而使军票与中储券之间建立起价值联系，当时二者之间的兑换比率被定为 100∶18。及至 1942 年 8 月 7 日，日本兴亚院会议通过《有关废止军票新规发行措施》，提出最迟至翌年 4 月 1 日将发布完全废除华中华南沦陷区军票的政策。而在 4 月 26 日，日军公开宣称应视军票的废除与原先的推行政策同为军队任务，各兵团务必各自贯彻之。军方原为军票最大受益者与支持者，而他们此时的言论，无疑表明日本内部已就中储券回收军票问题达成一致。

1943 年 2 月 27 日，日伪通过《废止军票新规发行实施纲要》，其内容为："（一）军票之新规发行已决定自四月一日起废止，然已在市面流通之军票，今后仍得自由流通，不直接收回。（二）各金融机关，自四月一日以后，于支付存款放款及汇款时，均应折合中储券价而支付之，但收军票及军票票据则不在此限。（三）以往日商银行所办理兑换军票及中储券事宜，于本年四月一日起，仅限于一般民众，以军票兑换中储券而不得以中储券兑换军票。（四）各金融机关，自四月一日以后，仍继续办理以军票计算之存款，并得依存户之希望而改为以中储券计算之存款。（五）银行于支付以军票计算之存款时，应以军票十八元折合中储券百元之折合率，而支付中储券，然存户不希望支付军票现货，而欲汇兑支付票据交换之支付者则不在此限。（六）又存款以外之债权债务，及金融机关支付放款时，均以中储券为准，于折合时，亦应根据军票十八元折合中储券一百元之折合率云。"② 也

---

①　陈建智：《抗日战争时期国民政府对日伪的货币金融战》，《近代史研究》1987 年第 2 期，第 57 页。

②　《废止军票新规发行实施要纲内容》，《中联银行月刊》第 5 卷第 3 期，1943 年，第 234—235 页。

就是说，其一，对于 1943 年 4 月 1 日之前已经发行的军票，听其流通，不做收回处理；其二，只允许一般民众将手中军票换为中储券，而不得反易之；其三，"除海南岛和香港以外的华南华中地区，国库金支出、银行存款、借贷、汇兑等支付，不再使用军票"。[①] 对此，汪伪政府发布财政部训令积极配合，"嗣后中储券与日元联系，其兑换率仍保持一百元对一十八元之比。除由本部发表谈话，并分行外，合亟令仰该公会，迅即转知各同业，自本年（1943 年）四月一日起，所有国库支出，凡用军票者，一律改用中储券，而银行钱庄之存款、借款、汇兑等项之支付，亦不得再用军票"。[②] 至 1943 年 3 月，日伪宣布正式从 4 月 1 日起废止军票，一切金融活动原则上改用中储券。据统计，截至 3 月底军票在华中的流通总额约为 1.8 亿日元，另外，在内地偏僻地区、日军和日本商社那大约还有 2000 万日元未被统计。从 4 月 1 日起实施回收后，至 9 月共回收 1.44 亿日元，尚在流通中的约为 6338 万日元，占总额的 29% 左右。[③]

当时，日本已经陷入维持军票价值的困境，而用中储券作为华中统一货币，正是其推行"以战养战"货币政策的重要步骤。正如时人所总结，"（一）军用票与日圆系等值联系，其价值如跌落，不仅影响其对我沦陷区物资之抢购，亦可间接影响日圆。故敌必设法维持之，因有所谓'华中军票交换用物资配给组合'之设立，使凡持有军票者均可用以购到敌货，以维持其信用。但军票之发行过多，尽量维持，结果不免使敌国内物资供需失调。二十九年（1940 年）敌并曾因此将敌国对'华中'之输出，在数量与价格上予以相当之限制。可知军票之发行，对敌国亦为一种负担，如有伪钞可资代替，自愿及早予以收回。（二）自敌寇嗾使伪组织于三十二年（1943 年）一月九日向英美宣战后，宁伪（即汪伪——引者注）在名义上已成参战国家，敌寇自可名正言顺，将所需一切资源，以共同作战为理由，责成伪组织供给，而不必再由地方以军票自行搜购。军票之用途既减，其存在自无必要。（三）敌既口口声声以共存共荣之平等盟邦对待宁伪，而军票之流通

---

① 曹大臣：《论日本侵华时期的军票政策》，《江海学刊》2001 年第 6 期，第 120 页。

② 《武汉金融志》办公室、中国人民银行武汉市分行金融研究室编《武汉近代货币史料》，武汉地方志编纂委员会办公室 1982 年版，第 204 页。

③ 参见曲振涛、张新知《外国货币侵华与掠夺史论（1845—1949）》，第 119 页。

则殊有碍宁伪之颜面。当此军票已成赘瘤之时，自亦乐得收回，既示宁伪以小惠，而使伪中储券成为'华中'、'华南'沦陷区内唯一流通之'国币'，尤可使宁伪多一欺骗人民之口实"。① 汪伪政府也宣称，日本"废止军票的新发行，以加强我战时经济政策，谋我国（伪政权之自称）通货问题彻底的一元化。……并且积极的将其在华之国库的支出，及其银行存款借款汇兑等项之支付，不再使用军票，以陆续收回，自后我储券的价值，益趋稳固，民生日趋安定，当无疑意地'如视诸掌'了"。②

军票收回之后，沦陷区便形成华中、华南的中储券与华北的联银券并存局面，成为中日货币战中日伪最主要的力量。联银券与中储券的汇兑关系一开始是以军票为媒介。军票与联银券原同属于日圆系集团，为1：1兑换关系，以前上海联银券对中储券的黑市比价多在1：4左右。而当军票开始只收不发之后，中储券与联银券逐渐发生直接汇兑关系，比率为100：18。"因之联银券对中储券之黑市比价亦随之提高不少，计已在五元以上。此种发展，至少在学理上言之，是能使华北的物价水准下落的，即联银券的购买力增强。"③ 也就是说，军票停止发行之后，联银券与中储券的直接汇兑关系会提高联银券的价值，从而起到降低华北物价的作用，当然这只是理论上的关系。军票的停发与回收，标志着"中央储备银行"地位的特殊化。随着军票的回收，日本开始向华中地区直接转嫁军费，给沦陷区人民带来了更为深重的灾难。

二　制造假币、套购物资的斗争

日本为打击法币，除筹划设立伪银行，还同时开展直接针对法币的阴谋工作。虽然制造假币的阴谋计划早在1938年中期就已经正式启动，但大量假币作为攻击武器投入市场则是到1941年太平洋战争爆发之后。1938年6月24日日本召开的五相会议通过《今后中国事变的指导方针》，"以本年内达成战争目的为前提，动员内外所有的方策为其服务"。谋略之一是由"中

---

① 钱大章：《沦陷区敌军用票之收回与伪中储券之跌价》，《金融知识》第3卷第1期，1944年，第101页。

② 《军票废止新发行》，《大道月刊》第1卷第4期，1943年，第18—19页。

③ 李权时：《军票停发与中国币制》，《申报月刊（复刊）》1943年第4期，第5页。

国一流人物"汪精卫出面，在南京组织成立新政府。第五条关于"使法币崩溃"的谋略则由专门从事谋略工作的参谋本部第八课"继续开展研究"。7月12日，日本五相会议上又通过《针对当前时局的对华谋略》，其主要方针是"为在击垮敌方抗战势力的同时，使中国现中央政府垮台或者使蒋介石下台，需要强化现在实行的计划"。该计划要领重申"启用中国名人削弱中国现政府以及中国民众的抗战意识，同时蕴酿成立新政权的大势环境"；"通过让法币崩溃获取中国的在外资金等手段使中国现中央政府陷于财政性毁灭困境"。①

1938年12月完成《对中国经济谋略实施计划》，任命该月到第八课赴任的冈田芳政少佐为该谋略工作主任。该实施计划的具体内容如下。

对中国经济谋略实施计划②

一、方针

通过实施使蒋政权的法币制度崩溃方策，搅乱中国国内经济，使该政权丧失经济方面的抗战能力。

二、实施要领

1. 本工作匿名为"杉工作"。

2. 为了让该工作秘密进行，参与该项工作的有关人员限定如下。

（1）陆军省

大臣、次官、军务局长、军事课长、责任（负责）课员

（2）参谋本部

总长、次长、第一部长、第二部长、第八课长、责任（负责）参谋以及部属将校

（3）兵器行政本部

本部长、总务部长、资材课长

3. 谋略资材的生产制作在陆军第九科学研究所（以下简称为"登户研究所"）内进行，如有需要可在得到大臣批准之后利用民间工厂资

---

① 外務省編纂『日本外交年表竝主要文書』下卷"文書"、389 頁。
② 多田井喜生編『続·現代史資料11　占領地通貨工作』、xxxiii 頁。

源，但必须做好相应的保密工作。

4. 向登户研究所下达生产制作谋略资材的相关命令，由陆军省及参谋本部的相关责任人员在进行协商之后直接向登户研究所所长下达。

5. 谋略资材生产制作完成之后要将资材种类和数量等相关信息向陆军省及参谋本部报告。

6. 经陆军省及参谋本部进行研究之后决定谋略资材的运送地，并添附押运人名单，文件以极密级别及时上报。

7. 在中国成立本谋略执行机构（以下使用该机构的匿名"杉机关"）。暂时将该机构本部设在上海，可以将支部或办事处设置在敌对贸易的关键地区以及便于情报收集的地区。

8. 由于本项工作以对敌进行隐蔽连续性活动，搅乱经济为主要目的，所以原则上通过法币进行一般商业交易，购入军需及民用物资。

9. 获得的物资按照军部的定价进行采购，并将物资按种类运送到指定的军需补给工厂，按采购形式获得的资金用于打击法币专项资金，但如有其他规定则不在此限制范围之内。

10. 杉机关必须随时记录工作用资金以及资材获得情况，并于每月月末将资金以及资材情况向陆军省以及参谋本部报告。

11. 作为活动经费，送达杉机关的法币中的两成，杉机关可以自由支配使用。

可见，该谋略的核心就是制造假币，冲击法币在市场上的流通，抢购物资，制造混乱。在更早的 1936 年 6 月 19 日，天津军参谋池田纯久在外务省就"华北金融及经济统制限度"问题进行商讨时就曾经报告："虽然据推测在华北目前各银行纸币的伪造总额约为 200 万元，但在距俄国边界附近的地区则在大规模地印制着伪造纸币，工艺都十分精巧。"[①] 原田少佐作为上海杉机关（俗称"阪田机关"）的机关长于 1939 年 10 月到上海赴任。他命令

---

① 参见「北支金融及経済統制限度ニ関スル天津軍池田参謀及毛里嘱託打合要領」、多田井喜生編『続・現代史資料11　占領地通貨工作』、121 頁。

当地负责人阪田诚盛秘密和中国的青帮组织取得联系，开展工作。他们以每百元换真法币 60 元的价格，卖给钱摊，使伪币进入市场，以假乱真。曾任汪伪政权实业部长的袁愈佺曾回忆说，川本芳太郎负责主持松机关（特务机关），主要任务就是组织特殊贸易，利用假钞票搜刮华中地区的战略物资，并"在驻各地日军的庇护下，组织大规模的走私活动"。①

登户的第九科学研究所于 1940 年 4 月由东京向杉机关运送"可以以假乱真的 10 元纸币（法币）"，一开始数量并不大，但在太平洋战争开始后缴获国民政府在香港的纸币印刷工厂，获得机器设备和印刷用纸，从而可以进行"大量真纸币的印制"。这样的伪法币被称为"B 兵器"，其发行额在 1941 年为 3000 万元，1944 年为 13 亿元。② 1942 年 11 月 14 日，财政部缉私署人员在安徽篁墩截获中统局特派员高子文运输的法币 197 万元，这批钞票中的一部分是中央银行在香港沦陷时遗失的钞票，一部分则是日方后来利用原版加印的钞票。③ 但由于这一时期法币发行量也大大膨胀，1944 年末的法币发行额为 1895 亿元，日军伪造法币（13 亿元）只占法币发行额的 0.7% 。因此他们总结说，这样的伪法币数量并"无法对敌人的抗战力给予决定性打击"。④ 除伪造法币外，日方也在各地伪造各种地方货币，其中以广东的毫券最多，因该类毫券纸质较劣，且印刷又不甚精，伪造较容易，其售价为每百元只需真正毫券 65—70 元，一些罔顾国家民族利益的奸商贪图小利，冒险在偏僻乡村行使，就近抢购物资。⑤

面对日方制造假币、抢购物资、压迫法币的态势，国民政府除加强缉私外，也仿效日伪办法，伪造沦陷区伪政权的货币，进行对抗。1942 年，戴笠请美国代印汪伪政府中储券和华北联银券两种假钞票，分为一元、五元两种，原则上利用伪军和阴阳地带（即三不管地区）的游击队，向敌区购买

---

① 陆坚心、完颜绍元编《20 世纪上海文史资料文库》第 2 册，上海书店出版社 1999 年版，第 96—97 页。

② 参见多田井喜生编『続·现代史资料 11　占领地通货工作』、xxxiii—xxxiv 頁。

③ 参见林美莉《抗战时期的货币战争》，第 145 页。

④ 冈田芳政「中国纸币伪造事件の全貌」『歴史と人物』1980 年 10 月号、50 頁。

⑤ 参见林美莉《抗战时期的货币战争》，第 130 页。

物资。当时行使假钞票，分东南与华北两路。东南地区，军统实力较强，由忠义救国军下面的游击队、浙江淳安的货运局长负责，由东南办事处李崇诗指挥，把假钞票从重庆运到江西上饶，再从福建转至浙江，最后转运至敌后上海、杭州等地。[①]"在上海西南约二百里中美合作所的第一营地……变成了一个把伪造日军占领区的伪币，走私运进这个人口稠密、商业繁盛地区的骗子。……每次开到第一营地去的卡车队，平均在十辆车中，总有一二辆是装满了一捆捆的纸。……多少年来，他们一直都是在克尽厥职的仿造日本人发行的伪币，散发出去……每一个月总有数百万元小钞流通到市面去"，在黑市中购买各种物资，从上海设法偷运出来。[②]华北方面，从重庆用专车把假钞运到老河口，由河南转运至华北各地。"当时戴笠在重庆缫丝厂大量印制假钞，源源不断地运到洛阳，交由第一战区调查统计室主任张严佛保管和运用。此后，深入敌占区抢购物资的资本，边区各站组的特务经费，贿赂汉奸将领的开支等，都在源源运到的假钞中开销。"[③]

三　通货膨胀与伪币信用崩溃

（一）主要伪币的发行量及通货膨胀状况

全面抗战爆发之后，满银券的发行额大大增加，至日本投降前夕，其发行额为80.85亿元，而根据最后的清理，其发行总额已超过136亿元。[④] 具体发行状况及对物价的影响如表13－1所示。表13－1中的物价指数也仅仅是日本官方的公定价格，这一价格实际上是有行无市，在日本战败前，黑市价格已达到公定价格的3000倍。蒙银券流通于绥远、察哈尔、内蒙古及山西北部一带，到抗战胜利为止，共发行35.29亿元。[⑤] 联银券到1945年10

①　邓葆光：《国民党军统对日伪的经济战点滴》，参见中国人民政治协商会议江苏省委员会文史资料研究委员会编《江苏文史资料选辑》第十三辑，江苏人民出版社1983年版，第110页。

②　梅乐斯：《另一种战争》，转引自林美莉《抗战时期的货币战争》，第143—144页。

③　邢建榕：《非常银行家——民国金融往事》，东方出版中心2014年版，第74页。

④　周舜莘：《战后东北币制之整理》，《东北经济》第1卷第1期，1947年，第3页。

⑤　参见刘锡龄《抗战胜利后敌伪钞券之清理》，《财政评论》第18卷第2期，1948年，第84页。

月被接收和清理时，其发行额共计 1951.03 亿元。[1] 同样，表 13 - 1 中所列
物价指数也是日本当局所编制的，同实际的市场价格存在很大差距。中储券
到 1942 年 6 月底共发行 12.12 亿元，此后的发行数字处于保密状态。1945
年 8 月日本投降时，其发行量共计为 46618.47 亿元，而实际流通量可能比
这一数字还要多，[2] 从而使上海的物价从 1941 年 1 月到 1945 年 8 月上涨了
12743 倍。

表 13 - 1　日军占领区的纸币发行额与物价指数

单位：百万元

日期	伪满洲中央银行 纸币发行额	长春批发 物价指数	"中国联合准备银行" 纸币发行额	华北批发 物价指数
1936 年 12 月	274.69	55.16		
1937 年 12 月	329.91	69.00		
1938 年 3 月			20.71	
1938 年 12 月	452.90	82.52	161.93	
1939 年 12 月	657.35	100.00	458.04	100.00
1940 年 12 月	991.23	124.49	715.15	144.01
1941 年 12 月	1317.04	137.18	966.46	182.10
1942 年 12 月	1728.15	147.77	1592.51	411.29
1943 年 12 月	3079.79	164.75	3828.27	1176.67
1944 年 10 月			10551.31	6481.19
1944 年 12 月	5876.85	197.63	16225.18	
1945 年 7 月	8085.00		73120.75	
1945 年 10 月	142399.85			

注：指数：1939 年 12 月 = 100。

资料来源：吴冈编《旧中国通货膨胀史料》，上海人民出版社 1958 年版，第 42、45—48 页；杨培新
编著《旧中国的通货膨胀》，生活·读书·新知三联书店 1963 年版，第 55—56 页。

---

[1]　参见刘锡龄《抗战胜利后敌伪钞券之清理》，《财政评论》第 18 卷第 2 期，1948 年，第 84 页。
[2]　财政部财政年鉴编纂处编《财政年鉴第三编（1948 年）》（下册），财政部财政年鉴编纂处 1948
年版，第 10 篇第 2 章，第 5 页。

虽然各个伪银行从成立之日起，所发行的钞票一直逐月增长，但相对而言，1941 年前的增长率仍算相对温和，而自太平洋战争爆发后日本推行"以战养战"货币政策以来，其发行量也开始大大增加。以华北的"中国联合准备银行"来看，通货膨胀危机已经愈演愈烈。"华北迄三十一年末，中联券之发行额约为十六万万元。此种通货膨胀现象，在战时体制下，实为任何国家所不能避免。就我国论，以华北与华中南及重庆方面相较，华北通货之增加可谓微乎其微。……此项膨胀原因虽为对生产事业之放款，或为收买棉花及食粮等放款；然华北区域内忽有大量通货之增加，对物价之影响当不可忽视。"① 1942 年 5 月 23 日日军制定的《华北物价紧急对策纲要（草案）》要求"日华官民团结一致，根据制定的政策阻止华北物价的上涨趋势，将物价稳定在资金冻结之前的安定期水平。……对主要物资制定恰当的价格，进行市场操作"②。然而，华北的物价水平在 1942 年 5 月却比 1941 年的平均水平上升了 40%。

在华中，将法币人为贬值到中储券价值的 1/2，予以强制回收，使得物价反弹。前文提到华北物价 10 个月上涨了 40%，而在华中仅花了不到 3 个月的时间。当时"中央储备银行"副顾问吉川智慧丸感慨："光专注于通货工作，而忽视了物价方面的影响。"③ 1942 年 3 月，中储券对联银券的兑换确定为 100 元兑 30 元的价格水平，但由于华中物价相对于华北上涨速度更快，"和实际价值相比，30 元的价格水平使中储券价格虚高，并且由于严格限制华中的物资运出，卖出较为集中，所以本行出现中储券资金累积困难的情况。汇兑集中开始之后不得不停止中储券汇兑的买入……自然交易只有在黑市才能进行"，④ 新申汇仅仅存在了半年就被黑市申汇所取代。1943 年春季前后黑市申汇的买卖交易量每天平均达到联银券 50 万元，而"中国联合准备银行"的申汇买卖交易金额在 1942 年全年仅为 280 万元，大大低于华

①　冯忠荫：《中国联合准备银行在华北金融统制上之重要性》，《中联银行月刊》第 6 卷第 5、6 期合刊，1943 年，第 12—13 页。

②　日光市史編さん委員会『秋元文書』第 96 号三、日光市史編さん委員会、1976。

③　吉川智慧丸「中央儲備銀行ノ横顔」（1944 年 4 月）、多田井喜生編『続・現代史資料 11　占領地通貨工作』、425 頁。

④　中国連合準備銀行顧問室編『中国連合準備銀行五年史』（1944）、『明解企業史研究資料集旧外地企業編』第 4 巻、クロスカルチャー、2012、55 頁。

北和华中经济协定中所规定的 1000 万元的申汇结算计划额度。[1] 1943 年 4 月 1 日军票新增发行停止之后，华中、华北之间"不仅申汇汇兑，银行券的交换以及其他货币结算"都按照中储券 100 元兑换联银券 18 元的比价直接进行结算。

（二）军费筹集与银行互存

1943 年 2 月，上海和北京的物价比前一年分别上涨 1.4 倍和 0.8 倍，物价的上涨对日本的军费预算造成压力，"若维持对日圆的汇兑换算率"，临时军费特别会计预算就会出现膨胀，这就需要增发公债，而增加公债发行的追加预算需要得到议会的同意。因此，陆军建议"通过外国资源获得"，即通过筹集当地货币充当军费支出。1943 年 2 月 5 日，日本陆军省、海军省、企画院、大藏省、大东亚省就"在当地筹集中国支出的临时军费特别会计所需资金问题"进行商议，决定将原来通过发行临时军费特别会计公债筹集当地军费修改为"华北、蒙疆部分从朝鲜银行，华中、华南部分从横滨正金银行借入，朝鲜银行和正金银行根据需要将所需的联银券资金或者中储券资金通过中国联合准备银行、朝鲜银行间存款协议或者中央储备银行、横滨正金银行间的互存协议进行筹集"。[2] 显然，日本将军费筹集方法更改为借入的原因主要是当地物价的高涨。从 1943 年 4 月 1 日开始，分别向朝鲜银行、横滨正金银行以及南方开发金库借款，之后由外资金库继续充当这样的角色。截止到 1945 年 2 月末，换算成日圆共筹集联银券 51 亿日元、中储券 206 亿日元、南发券 111 亿日元，合计达到 368 亿日元，是日军侵华战争、太平洋战争临时军费特别会计年收入额 1733 亿日元的 21%。其中，1943 年度、1944 年度联银券和中储券合计借款分别为 36 亿日元、221 亿日元，分别占当地军费支出额 43 亿日元、278 亿日元的 84% 和 79%。[3] "从当地金融机构借入作战费"意味着只有日本逃离了由巨额军费开支加剧的当

---

[1] 大東亜省「匯申為替ニ就テ」（1943 年 4 月 16 日）、多田井喜生編『続・現代史資料 11 占領地通貨工作』、634—636 頁。

[2] 「支那ニ於テ支出セラルル臨時軍事費特別会計所要資金ノ現地調達ニ関スル件」（1943 年 2 月 5 日）、多田井喜生編『続・現代史資料 11 占領地通貨工作』、746—747 頁。

[3] 参见多田井喜生編『続・現代史資料 11 占領地通貨工作』、lx—lxi 頁。

地通货膨胀的影响，并且意味着作战所需费用无须日本承担而是由当地承担，对由通货膨胀引起的当地经济的破绽，日本不仅不采取对策，还敬而远之。从这个意义上来说，当地借款制度是要抛弃本来是命运共同体的大东亚共荣圈内各个国家的第一步。1945 年 3 月 1 日成立的外资金库就是为了遮断中国以及南方各国通货膨胀对军费影响的措施。①

如上章所述，早在 1938 年 6 月，朝鲜银行就已经与"中国联合准备银行"签订了共存协议，后来横滨正金银行也加入该协议。1942 年末互存账户结转余额 14.38 亿日元，其中朝鲜银行为 10.84 亿日元，横滨正金银行为 3.53 亿日元，占联银券发行额的 96%。"中国联合准备银行"提出共存协议的修改方案，要求朝鲜银行互存账户结转余额上限为 10 亿日元，横滨正金银行为 3.5 亿日元，并且每年减少 10%。资金的使用方法应限定在日本政府的国库金、外汇买卖等方面，目的是改变横滨正金银行和朝鲜银行"即使没有金日圆硬通货准备也可以自由使用联银券的现状"。② 虽然"中国联合准备银行"和日本方面银行就互存问题协定进行了多次谈判，但单纯依靠限制资金使用的方法仍不能抑制联银券增发问题。"中国发行货币中的大部分都是为满足我方军费、其他国库金支出以及经济开发等战争绝对需要而发行的，由于货币的用途被限定在仅有的几个方面，所以对支出所进行的调整极为有限。"③

在华中，随着对法币的兑换、清理和全面禁止流通，以及军票发行的停止，日伪决定在横滨正金银行和"中央储备银行"之间通过互存方式筹集日本方面需要的中储券。1942 年 8 月 10 日，横滨正金银行和"中央储备银行"之间签署互存协议。协议书中虽然没有包括供给中储券资金的用途限制，但作为相关人员之间的"谅解"，用途被限制在维持货币价值（平衡资金）以及对日物资供给，一般商业资金通过"中央储备银行"的一般账户

---

①　多田井喜生编『続·現代史資料 11　占領地通貨工作』、lxi 頁。

②　塩沢清宜「聯銀卜正金及鮮銀卜ノ預金協定改訂二関スル件」（1943 年 3 月 1 日）、多田井喜生編『続·現代史資料 11　占領地通貨工作』、748 頁。

③　「支那通貨二関スル考察」（1944 年 10 月 4 日）、多田井喜生編『続·現代史資料 11　占領地通貨工作』、931 頁。

筹集。① 然而，通过互存方式筹集的中储券资金金额，在 1942 年 8 月设置为 1 亿日元（5.55 亿元）的限额之后就开始不断地被追加，在 1942 年 12 月末为 3.8 亿日元，1943 年 3 月为 24 亿日元，4 月末为 37 亿日元，6 月末为 66 亿日元，9 月末达到 89 亿日元，11 月则超过 100 亿日元。随着中储券发行的迅速膨胀，当地通货膨胀水平在一年间上涨 2.9 倍，通货膨胀让"国库金支付金额"不断膨胀，进而又导致通货膨胀进一步加剧，中储券在流通中的信用也在不断下降。面对这一局面，在"中央储备银行"顾问室与大东亚省的主持下，"中央储备银行"和横滨正金银行之间进行了针对互存协议的谈判和修改。然而，互存协议修改之后中储券的新增发行并没有得到抑制，事态发展与预期完全相反。1944 年 1 月新增发行的中储券为 200 亿元，1944 年 7 月新增发行额则超过 400 亿元，6 个月之间增加了一倍。而在新的互存协议正式达成之后的 1944 年 8 月，仅一个月就增加 82 亿元，9 月为 148 亿元，10 月为 151 亿元，新增发行额迅速增加，11 月超过了 1000 亿元。在 4 个月的时间里发行量增加 1.5 倍，形势发展完全处于异常状态。并且在 1944 年 1 月至 9 月新增发行的 467 亿元之中，通过互存方式增加的金额达到 438 亿元，占 94%。"也就是说，储备券的新增发行几乎都是由于我方互存筹集的需要形成的，互存方式筹集的资金全部被用于我方国库金的支付。"②

正如当时大东亚省中国事务局总务课调查官渡边诚的报告分析，"中国人通常单纯地相信货币数量说，他们认为货币发行量达到几倍，物价自然就应该上涨几倍，物价上涨几倍货币发行量也自然而然地就应该上涨相应的倍数"。的确，1943 年华中和华南的军费支出总额达到 176 亿元，为此中储券发行量也从 48.7 亿元增加 4 倍，达到 245.8 亿元。同时，上海的物价指数如果以 1936 年为 100，1943 年 3 月的物价指数为 6772，1944 年 3 月为 34070，同比上涨 4 倍。很明显，巨额的军费支出是"中储券通胀的最大原因"，"能够阻止事态恶化的唯一方法首先是必须放弃在华通过印钞机筹集我方所需经费的态度，我方经费要通过我方的努力筹集，要采取相应的措

---

① 「中央儲備銀行卜横浜正金銀行卜ノ間二預ケ合勘定契約締結二関スル件」（1942 年 7 月 22 日）、多田井喜生編『続・現代史資料 11 占領地通貨工作』、776—777 頁。
② 参见多田井喜生編『続・現代史資料 11 占領地通貨工作』、lxiii 頁。

施，尽可能不对中储券带来厄运"。①

为治理通货膨胀，从 1943 年 12 月起，日方实施向市场投放金条的措施，但几乎没有实现预期的效果。截至 1944 年 2 月末担任大藏大臣的贺屋兴宣认为，"投放物资也是一样的效果，中国人不可能像我们期待的那样使用钱财。我们的政策也不能一直持续下去，当然没有效果"；"在上海和华北没有物资作保证……这还不是问题，即使投入黄金使物价得到一时的稳定，但这种效果能持续多久？就像给病人看病治疗一样，医生让他服用了一副解热剂还是无法让病人痊愈的"。② 因此，就像日方担心的那样，"中储券到了无可救药的地步。……华中经济土崩瓦解，然后波及华北、蒙疆、满洲，最终将对日本战争经济造成威胁"。③

（三）通过黄金回收货币的失败

当华中的法币回收工作完成以后，日伪开始将通货政策集中在解决物价问题上。1942 年 10 月 7 日，兴亚院制定《关于中储券放出的回收对策（草案）》，开始考虑"通过卖出金块吸收闲置资金以及内地放出资金的回流问题"。1943 年上半年卖出黄金 94 公斤，回收 1.4 亿元中储券。但由于这一时期中储券的发行量增加了 58 亿元，卖出黄金的市场操作虽然使得市场出现平稳态势，但"总趋势还是囤积旺盛，各种物价暴涨不止"。④ 1943 年 7 月 14 日，日本政府联络会议通过《对华紧急经济对策》，"在当前形势处于决战阶段之时，我方对中国提供物资的期待越来越高，然而中国经济却呈现出物价暴涨，加速走向破灭的困局。因此，通过日华合作在各个方面迅速坚决地实施各项应急对策，以拯救中国经济，防止中国经济走向破灭"。决定从日本国内调集金块 25 吨运往华中和华北，"通过市场卖

---

① 「对支経済施策（其ノ二）—通货対策」（1944 年 11 月 15 日）、多田井喜生编『続・现代史资料 11 占领地通货工作』、945—950 页。

② 大蔵省编『戦时财政金融史』、76 页。

③ 「对支経済施策（其ノ二）—通货対策」（1944 年 11 月 15 日）、多田井喜生编『続・现代史资料 11 占领地通货工作』、949 页。

④ 横浜正金银行编『毎半季为替及金融报告』、日本银行调查局编『日本金融史资料 昭和编』第 28 卷、大蔵省印刷局、1970、518 页。

出用以回笼货币，同时将该批黄金的一部分用于棉纱棉布收购"。[1] 对投机最大对象"棉纱棉布进行强制收购，使其形成合理价格并销往内地回收中储券，同时起到诱导内地土特产物资流通的作用，使上海内地之间的物资交流得以顺利进行，以此消除物价暴涨的根源"。[2] 8 月 9 日，汪伪政府公布《棉纱棉布收购暂行条例》和该条例的实施纲要，之后日方为实现计划方案的目标又向中国市场追加投放金块 25 吨。

然而，"拯救中储券"的行动在实际执行过程中遇到了阻碍，原因有三。第一，棉纱棉布收购是日方"无视上海商界人士的意向强行使用的管制政策"，针对所有的商品以低价收购，没有得到中方的同意。中方要求"先收购在华日商手中的商品，然后再收购华商的商品"，[3] 致使作为金条收购对象的棉纱棉布的收购工作大幅度地被拖延。第二，用于收购棉纱棉布的 10 吨金块是 1943 年 10 月 8 日由横滨正金银行以每根金条 4 万元的价格卖给"中央储备银行"，作为横滨正金银行从互存中储券中取出 12.9 亿元的代金。但使用的互存中储券金额仅 10 月就增加了 13.28 亿元，10 月末的使用量达到 89.62 亿元。在这个时点上，10 吨金块仅仅相当于一个月的军费开支，规模过小。第三，在收购棉纱棉布的同时，"为了回收中储券，防止金条黑市价格暴涨，以维持中储券的价值"，日方准备在上海市场上以市场价格卖出的 10 吨金块，在大幅度延迟后才运抵上海。这是将金块改铸为上海规格的金条时，大阪造币局的生产能力不足所致，11 月才着手加工铸造，最初的 3 吨 9600 根金条运抵上海已经是 12 月，并且还有 6454 根金条被挪用于收购棉纱棉布，当初设想的市场操作被延迟，且规模过小。[4]

收购棉纱棉布是"解决战时华中经济混乱的最后王牌，各方面都对此

---

[1] 外務省政務局第二課「对支緊急経済施策」（1944 年 1 月）、多田井喜生編『続·現代史資料 11 占領地通貨工作』、800—801 頁。

[2] 横浜正金銀行編『毎半季為替及金融報告』、日本銀行調査局編『日本金融史資料 昭和編』第 28 巻、572 頁。

[3] 岡田酉次『日中戦争裏方記』、270 頁。

[4] 参见多田井喜生編『続·現代史資料 11 占領地通貨工作』、lxivi 頁。

抱有极高期待"，① 这也是日本政府倾力投入的措施。当时日本黄金保有量不超过 150 吨，最终将 50 吨投放到中国市场，然而黄金资源投入之后换来的效果不过是大藏大臣贺屋形容的给病人"服用了一副解热剂"而已。1944 年华中的物价进一步暴涨，日方只好袖手旁观，已经没有解决问题的任何手段了。② 有日本官员认为："关于中国货币政策的根本方针，内阁并没有一致的见解，仅仅是一时的对策而已。"③ 关于收购的棉纱棉布如何处置，中国方面和外务省、大东亚省都要将其作为稳定物价的手段，而大藏省则主张利用这些物资满足日本物资需求。并且，大藏省为防止中国的通胀压制日圆，欲对日圆与元的比价进行修改，但内阁"却从要掌握中国民心出发主张维持当前的比价"。④

尽管中国地区没有发生大规模的作战行动，但 1942 年的军费为 15 亿日元，1943 年上升到 43 亿日元，1944 年更是增加到 278 亿日元，这是当地物价上涨的最大原因。结果是临时军费特备会计支付的总额度在 1940 年为 57 亿日元，1941 年上升为 95 亿日元，1942 年为 188 亿日元，1943 年为 298 亿日元，1944 年更是达到了 735 亿日元，几乎每年都是以成倍的速度增加。⑤ 根据横滨正金银行上海分行的报告，所有的原因都是用"蒸发银行"发行中储券，支付没有物资做保障而又不断膨胀的军费。"华中的通货膨胀今后就像患了急性肠炎的患者将迅速恶化"，中国的通货膨胀也将会表现为"最恶性的通货膨胀"，最终归结为和同盟国在经济和物资方面的差距。⑥ 也就是从这时开始，本来已经被完全驱逐的法币又在上海恢复势力，1942 年中储券与法币交换价格为 100 元兑 200 元，但在 1944 年 1 月变为 100 元兑 123 元，10 月为 100 元兑 69 元，在香港则是 100 元兑 33 元，⑦ 法币完全将中储券踩在了脚下。

① 外务省政务局第二课「对支紧急经济施策」（1944 年 1 月）、多田井喜生编『続・現代史資料 11 占領地通貨工作』、808 頁。

② 参见多田井喜生编『続・現代史資料 11 占領地通貨工作』、lxivii 頁。

③ 深井英五『枢密院重要議事覚書』岩波書店、1953、311 頁。

④ 深井英五『枢密院重要議事覚書』、311 頁。

⑤ 多田井喜生编『続・現代史資料 11 占領地通貨工作』、lxx—lxxi 頁。

⑥ 横浜正金銀行上海支店『中国インフレ対策管見』（1943 年 6 月 20 日）、多田井喜生编『続・現代史資料 11 占領地通貨工作』、788 頁。

⑦ 深井英五『枢密院重要議事覚書』、421 頁。

四　中日货币战的总体态势

1939 年底，在华北流通的联银券为 4.58 亿日元，在华中的军票为 5600 万日元、华兴券为 500 万日元，还有少量冀南银行券、未回收的河北省银行券、伪冀东银行券，以及其他省的纸币、金属辅币、商业银行券等也在流通。按照 1939 年 12 月的汇价，将上述各类日伪货币折算成法币，其流通总额大约为 5.56 亿元，仅占中国地区货币总量的 15% 左右。同时，1940 年 6 月末在华的日本六家银行保有的日系货币包括日本银行券 3065 万日元、朝鲜银行券 1249 万日元、台湾银行券 144 万日元，合计为 4458 万日元。和沦陷区的各项指标占全国的比例（比如工业生产额为 94%、工厂数为 92%、煤炭生产为 86%、耕地面积为 47%、棉花生产为 61% 等）相比，货币比例 15% 非常小，只是和沦陷区面积占全国面积的 16% 相近。[1] 尽管日本通过设立伪银行、发行伪币和军票套取了中国大量外汇，甚至通过制造假币掠夺了大量物资，但就中日双方的货币战争进程而言，日本似乎始终没有占据优势。

作为华中地区最重要的日系货币，军票的流通额在最高峰时期——1942 年 5 月也不过 1.84 亿日元，而同一时期在全国流通着的法币则有 249 亿元。在华北地区，到 1942 年末各种货币的流通额为联银券 8.92 亿日元、河北省银行券和伪冀东银行券共 300 万元、法币 2.39 亿元、共产党抗日根据地发行货币 7800 万元、其他货币 700 万元。[2] 如果按照申汇市场的管制汇价 20 元进行换算，仅联银券的占比就超过了华北地区全部流通货币的 90%。然而，法币加上抗日根据地的货币流通额和全面抗战爆发前几乎相等。1942 年 7 月，华北地区的天津租界已经被日军接管，华中地区则进行了中储券兑换法币的更替，法币完全处于被驱逐的状态。在与敌占区接壤地区，法币对联银券的比价下降到 10—16 元水平，1943 年下半年进一步下跌到创纪录的 5—6 元。在这个时期，华北地区的法币仍然保持如此大量的流通，使得日本人感到非常不可思议，"接近 9 亿元的联银券流通量并非取代旧法币和其

---

[1]　相关数据参见東亜研究所編『支那占領地経済の発展』、13—17 頁。

[2]　東亜研究所編『支那占領地経済の発展』、493 頁。

他各种货币的通货，反而可以被认为是在那些货币基础上的叠加"。[1] 同时，这也是日本在中国沦陷区货币工作的真实写照，即"联银券仅限于在城市和铁道沿线我方占领地区流通，离开这些地区向内地多迈出一步，根本没有联银券的流通身影"。[2]

随着战争的推进，日本加强从中国沦陷区筹集战略物资，但伴随着强行收购物资、发出货币并通过当地货币支付军费，沦陷区各地的通胀不断加速。假定以 1936 年的平均值为 100，1940 年 12 月各地区的批发价格指数是，东京 160、天津 409、上海 567、新京（长春）233。这就导致"物资朝着物价高昂地区流动。物价在日本最便宜，满洲、华北、华中越来越高……重庆最高。……援蒋通道并非某些人之所为，说得更直白一些，日本自身强制推行愚蠢的'低物价政策'，特意向地方运送了物资"。当时 1 两黄金的价格在日本国内为 15 日元，朝鲜为 20 日元，满洲为 50 日元，华北为 70 日元，上海为 80 日元，于是大量黄金从日本、朝鲜走私到满洲、华北甚至华中。这些走私的黄金"最终在香港落地……大部分被出口到美国，成为重庆政权的在外资金。……不仅使我国战时财政吃紧，而且起到强化敌对重庆政权经济力的作用，可以说是十分可怕的利敌行为"。[3]

为了纠正货币汇率和价格在各地的扭曲现象，同时保证对物资的掠夺，日本采取进行外汇管制和加强走私出口管理的措施。1940 年 9 月 2 日，日本政府通过《对关东州、满洲以及中国的贸易进行调整的相关事宜》[4]，由东亚出口联合会对日本向日圆区出口的物资征收价格调整费，即日本国内和出口地之间的价格差（留存部分），以此作为从日圆区进口者的进口补偿金，以补偿由维持日圆和法币平价造成的损失，调整费率最高为 20%。该调整费制度不能以相同的调整费率对各地价格差进行调整，所以要在各地分别设置调整费率，1941 年 1 月 27 日兴亚院进一步通过《关于调整费征收的

---

① 東亜研究所編『支那占領地経済の発展』、493 頁。

② 多田井喜生編『続・現代史資料 11　占領地通貨工作』、xli 頁。

③ 外務省通商局『朝鮮・満洲よりの金密輸出事情報告』（1940 年 7 月）、国立公文書館アジア歴史資料センター、B09040535700。

④ 「昭和十二年法律第 92 号第 1 条及第 3 条ノ規定ニ依リ関東州、満洲及支那ニ対スル貿易ノ調整ニ関スル件左ノ通定ム」、多田井喜生編『続・現代史資料 11 占領地通貨工作』、546—548 頁。

规定》，将调整费率分为 A 档（70%）、B 档（30%），"B 档调整费率可以由当地根据物价形势做出适当调整"。[①] 可以看出，日方自身所定汇率和价格的扭曲，以及中国政府所采取的阻止行为，对日本在中国的物资掠夺起了一定的阻碍作用。

随着战局朝着不利于日本的方向转变以及物价暴涨愈演愈烈，扶持伪政权的"日中一体化战略"被抛弃，所谓"大东亚共荣圈"在事实上也宣告解体。日本在七七事变之后，在沦陷区先后成立"中国联合准备银行"、伪蒙疆银行、伪华兴商业银行、"中央储备银行"等，发行军票和各种伪币，与国民政府的法币展开激烈的货币战争。同时，日本陆军还在 1939 年成立专门机构杉机关，进行法币的伪造工作，太平洋战争爆发后又利用在香港接收的纸币印刷工厂制作"真法币"，投入与沦陷区接壤的地区，抢购物资。通过这些措施，军票在华中将法币驱逐"出境"，并创下法币 100 元兑军票 $7\frac{7}{8}$ 日元的纪录。但随着日本为在中国沦陷区收集物资而滥发货币，以中储券为代表的伪币 1943 年以 4.2 倍、1944 年以 6.3 倍、1945 年上半年以 4.3 倍的速度增发，出现最严重的通货膨胀，伪币信用逐渐崩溃。中储券和联银券等伪币逐渐被驱逐，流通范围越来越小，中日之间的货币战争也逐渐出现攻守转换。1945 年 7 月 23 日，日本大藏省金融局国库课制定的《通货谋略》中写道："敌人以扰乱我方货币流通为目的会采取各种谋略手段，我方着眼于防止出现货币整体上的不安和动摇，迅速根据实际情况采取有效手段进行应对，以打破敌人的企图。"[②] 中日之间货币战争的攻守态势已经完全逆转。

---

① 興亜院「調整料徴収ニ関スル件」（1941 年 1 月 27 日）、多田井喜生編『続・現代史資料 11 占領地通貨工作』、441—446 頁。

② 参见多田井喜生編『続・現代史資料 11 占領地通貨工作』、lxviii—lxxix 頁。

第 十 四 章
战时中国政府的货币应对政策

全面抗战时期，面对日方以摧毁中国"经济抗战力"和掠夺战略物资为主要内容的货币攻击，国共两党采取一系列货币政策予以应对。国民政府在抗战初期主要采取临时性的紧急金融管制措施维持法币的稳定，之后逐渐强化战时金融管理机构，有目的地制订了一系列计划措施对日伪货币政策进行反击，维持法币流通和战略物资的获取。中国共产党领导下的根据地发行了一系列"边币""抗币"抵制日伪的货币金融侵略，并为根据地开展独立自主的抗战奠定了经济基础。

一 国民政府战时货币金融政策（1937—1941）

（一）抗战初期的金融管制措施

1. 制定《非常时期安定金融办法》

全面抗战爆发后，中国金融受到急剧冲击，进而引发社会经济混乱。为此，财政部令金融机构一律休假二日（1937年8月13日、14日），由时任国务委员兼中国银行董事长宋子文、财政部长徐堪在上海紧急邀集银钱业领袖，以及外国在华财政金融顾问罗杰士（C. Rogers）、阿瑟·杨格等商讨对策，并于1937年8月15日公布《非常时期安定金融办法》。该法令主要内容为："（一）自八月十六日起，银行、钱庄各种活期存款，如须向原存银行、钱庄支取者，每户只能照其存款余额，每星期提取百分之五，但每存户每星期至多以提取法币一百五十元为限。（二）自八月十六日起，凡以法币支付银行、钱庄续存或开立新户者，得随时照数支取法币，不加限制。
（三）定期存款未到期者不得通融提取，到期后如不欲转定期者，须转作活
期存款，但以原银行、钱庄为限，并照本办法第一条规定为限。（四）定
期存款未到期前，如存户商经银行、钱庄同意承做抵押者，每存户至多以
法币一千元为限，其在二千元以内的存款，得以对折作押，但以一次为
限。（五）工厂、公司、商店及机关之存款，如发付工资或与军事有关须
用法币者，得另行商办。（六）同业或客户汇款，一律以法币收付之。
（七）本办法于军事结束时废止。"① 为便利民间生活，8 月 31 日对有关小
额存款、定期存款的条款进行了修改，"所有存款数额在 3000 元以下者，
其支取法币得不受该办法第一条 5% 之限制，即自 9 月 1 日起实行"；"定
期半年利息最高提取额为 3900 元，全年为 7800 元，在定额内应准提取法
币，余额应即转入定期或转特存"。②

　　在地方，如湖南省由于尚未受战火波及，对《非常时期安定金融办法》
第一条内容在该省的实施做如下变通，"以湘省为后方安全区域，对财部安
定金融办法，为适合地方情形起见，拟略予变通。即于财部规定凡各种活期
存款之支取时，每户存款余额，每星期提取 5%，但至多以 150 元为限之规
定，暂定为在 100 元以内者可随时尽量支取，其在 100 元至 2000 元者，每
星期至多支取 100 元，其在 2000 元以上者，及其余各条之规定，仍均遵部
令办理"。③ 而在上海，考虑到其是中国金融枢纽，各地金融皆赖调剂，故
在《非常时期安定金融办法》制定之后，又拟定《安定金融补充办法》。规
定："（一）银钱同业所出本票，一律加盖同业汇划戳记，此项票据只准在
上海同业汇划，不付法币及转购外汇；（二）存户所开银钱同业本年八月十
二日以前所出本票与支票，亦视为同业汇划票据；（三）银行钱庄各种活期
存款，除遵照部定办法支付法币外，其在商业部往来，因商业上之需要，所
有余额，得以同业汇划付给之；（四）凡有续存或新开存户者，银行钱庄应

---

① 参见中国第二历史档案馆编《中华民国史档案资料汇编》第五辑第二编财政经济（三），江苏
古籍出版社 1997 年版，第 1 页。
② 中国第二历史档案馆、中国人民银行江苏省分行等合编《中华民国金融法规档案资料选编》，
第 1086—1087 页。
③ 廉泉：《非常时期安定金融办法》，《中山周报》1937 年第 143 期，第 5 页。

请注明法币或汇划，支取时仍分别以法币或汇划支付之。"①《安定金融补充办法》的出台，为商业和货物流转提供了流动筹码，在限制提存的同时保证了商业上的流转需要。此外，上海为防止资金外逃与竞购外汇，于1939年6月22日起施行新安定金融办法，主要内容为："（一）六月二十二日以前，各银行已开出本票及拨款单，又已通知之汇款解条，到期仍可支取；（二）六月二十二日以前到期未收支票，概照部令办理；（三）六月二十二日起存入法币款项支取时，不在限制之列；（四）同业存款，依照向例办理；（五）'八一三'以后定期存款，如做押款，其数量仍照前安定金融办法办理；（六）存款人发放工资，其数目在五百元以上者，亦得援照前安定金融办法办理。"② 将上海每周支取活期存款的法币上限调整至500元。该新办法是《非常时期安定金融办法》的修订版，在安定金融方面更为适合上海的具体情况，也是维持沪市金融稳定的临时应急办法。

国民政府颁布《非常时期安定金融办法》的目的，一方面是维护金融机构稳定，遏制货币投机。因为人心浮动和国家信用收缩，战时银行的放款出现无法收回和资金严重外流现象，"在卢沟桥事变初起的头两天，上海一埠卖出的外汇，即达六千万元。由此可见资金逃避的激烈了。如果实施限制提取存款的办法，那么银行的大额存户，遂无法提取大量款项以购买外汇，资金便无从流出了"。③ 当时，全国银行存款总余额已超45亿元，仅上海法币额便有15亿—20亿元，如果让存户全部提取现钞，即使把全部货币发行量15亿元作为支付筹码，也应付不了上海一个地区。④ 假使任这种态势发展下去而不加以制止，将导致金融秩序的大动荡，不仅各银行、钱庄会因存户的无限制提存而无法应付，甚至可能会导致各金融机关因被挤兑而倒闭。同时，若不对战时货币支取加以管制，将会导致商人投机，影响金融稳定，"往往少数奸商重利昧义，不顾国家利害，一遇有事，即乘机投机囤积，操纵将资金外流，引起金融恐慌，扰乱后防，为害社会国家，影响整个抗战，

---

① 《安定金融补充办法》，《金融周报》第4卷第7、8期合刊，1937年，第23—24页。
② 释庐：《记财部安定金融新办法》，《商业月报》第19卷第7号，1939年，第1—2页。
③ 胡小米：《战时安定金融办法的检讨》，《国闻周报》第14卷第49期，1937年，第12页。
④ 参见洪葭管《中国金融通史》第四卷，中国金融出版社2008年版，第320页。

实非浅鲜"。①

另一方面是安定外汇，保障法币流通。币制改革之后，法币采用外汇本位制，与英镑、美元挂钩，且政府所定对外汇价，维持在对英镑 1 先令 2.5 便士或每百元法币等于美金 29.5 元。若不对战时资金提取加以限制，会致使其大量外逃并购取外汇，"结果外汇遂起激烈之变动，将使法币政策，无法维持。所以财政当局采取限制提款的办法，使大量资金，无法逃避，对外汇兑，维持稳定，那么法币政策，遂远不至于崩溃了"。② 因此，通过对法币存款和货币流通量进行控制，也可以缓降外汇市场的压力，进而稳定金融秩序。

2.《妨害国币惩治暂行条例》的施行与修订

《妨害国币惩治暂行条例》最早实施于 1935 年，当时是为保障货币改革而制定。至 1937 年，由于金融形势危急，国民政府不得不进行修正以适应战时情况。"查《妨害国币惩治暂行条例》，前经制定公布施行，并经明令将该条例施行期间自二十六年（1937 年）7 月 15 日起延展二年各在案。兹将该条例酌加修正，应再通饬施行。"③ 在表 14-1 中，我们对 1935 年《妨害国币惩治暂行条例》与 1937 年修订的《妨害国币暂行条例》进行对比可以发现，新的《妨害国币暂行条例》较之 1935 年的条例已经有明显的变化。

表 14-1　1935 年与 1937 年妨害国币暂行条例的比较

	1935 年《妨害国币惩治暂行条例》	1937 年修订的《妨害国币暂行条例》
第一条	意图营利，销毁银币或中央造币厂厂条者，处一年以上七年以下有期徒刑，得并科一千元以下罚金	意图营利，私运银币、铜币、中央造币厂厂条或银类出口者，处死刑、无期徒刑，或七年以上有期徒刑，得并科币额或价额五倍以下罚金。意图营利，销毁银币、铜币或中央造币厂厂条私运出口者，亦同
第二条	意图营利，私运银币、中央造币厂厂条或银类出口者，处死刑、无期徒刑或七年以上有期徒刑，得并科币额或价额五倍以下罚金	意图营利，销毁银币、铜币或中央造币厂厂条者，处一年以上七年以下有期徒刑，得并科币额或价额三倍以下罚金

① 廉泉：《非常时期安定金融办法》，《中山周报》1937 年第 143 期，第 6 页。

② 胡小米：《战时安定金融办法的检讨》，《国闻周报》第 14 卷第 49 期，1937 年，第 12 页。

③ 中国第二历史档案馆编《中华民国史档案资料汇编》第五辑第二编财政经济（三），第 2 页。

续表

	1935 年《妨害国币惩治暂行条例》	1937 年修订的《妨害国币暂行条例》
第三条	伪造或变造中央造币厂厂条,或减损其分量,或行使或意图行使而收集或交付者,分别依刑法伪造货币罪各条之规定处断	伪造或变造中央造币厂厂条,或减损其分量,或行使或意图行使而收集或交付者,分别依刑法伪造货币罪各条之规定处断
第四条	销毁或私运出口之银币、厂条或银类,不问属于犯人与否没收之	意图行使之用而伪造币券者,处无期徒刑或五年以上有期徒刑,得并科五千元以下罚金。意图供行使之用而收集、伪造、变造币券者,亦同
第五条	本条例之未遂犯罚之	犯前四条之罪者,其银币,铜币,厂条,银类,或伪造、变造之币券,不问属于犯人与否,没收之
第六条	本条例实施期间为二年	本条例之未遂犯罚之
第七条	本条例自公布日施行	本条例实施期间为二年
第八条		本条例自公布日施行

资料来源:《妨害国币惩治暂行条例》,《广西省政府公报》1935 年第 84 期, 第 1 页;《妨害国币暂行条例》,《云南省政府公报》第 9 卷第 69 期,1937 年, 第 4 页。

首先,进一步明确对销毁、私运金属货币出口的立法。"市面通行银币为数颇巨,销毁甚易,而铸造则甚艰。上海新设造币厂,虽称东方最大之造币厂,每日造币能力仅二十万元,全月十足计算,不过六百万元,全年约七千二百万元,假定全国流通银币为二十亿元,则欲使新币足敷流通,非有三十年之期不可。倘销毁旧币过速,颇有演成通货紧缩之危险,不可不取缔。"[①] 虽然新旧条例中对销毁金属货币皆有禁止性规定,其所指"销毁"是以"意图营利"为主观动机的,表现为在利益诱使下的一切故意熔炼、切割等行为。但是"销毁"只是手段,它的目的则分为在国内使用和走私出口两种情况。走私出口银类、厂条等货币,不仅使国家贵金属外流,妨害金融秩序,甚至可能用于资敌。而且,全面抗战爆发前后日本从我国大量搜罗、走私白银,如不明确认定"销毁"货币目的,就无法起到预防这类犯罪的作用。因此,新条例明确"销毁""私运"行为之间的差异,加重对以"私运"为目的的"销毁"行为的处罚,以减少金属货币私运的风险。1939 年,财政部再次颁布禁令,重申"内地人民带运银币银类不向就近中中交

[①]　马寅初:《马寅初全集》第十卷,浙江人民出版社 1999 年版, 第 264 页。

农四行兑换法币而运至他处者，显有绕越偷运之嫌。似应照章予以没收，以期内地银类，无从偷运出口。沿海及游击区域地方，诚属易滋流弊，应即严予查禁"。①

其次，增加对铜类货币的禁止性规范。战前财政部认为，"如商民在内地贩运制钱，确无不法企图，原可不必禁止"。②但事实上，铜币的流失在当时已经出现，有资料记载"财政部近据密报，各地铜元铜料私运出口者甚多"。③而全面抗战爆发后，铜金属不仅是日本急需之物，也是我方兵器之材料，"惟现值抗战时期，铜为兵工器材及机件重要原料，亟应严防转入敌手"。④因此新条例增加对"铜币"的管制，分别规定意图营利之下的私运、出口及销毁铜币等行为的刑事责任。

最后，增加伪造法币的罪名。战时，法币伪造活动在沦陷区十分猖獗，如华南之广东省，在1939年曾接财政部密电："据报敌现将仇货及伪造中、中、交三行纸币源源运汕，潜运内地，企图破坏我经济金融。……亟应切实查禁，除电令总税务司转饬所属海关一体严密注意，勿任进口外，特电请查照，转饬所属一体严禁贩仇货暨行使伪造法币，一经查获，应以汉奸处治，以昭炯戒。"⑤假币一旦大量流入，最直接的影响是扰乱内地金融市场，加速通货膨胀。同时，敌人利用假法币兑换外汇，也会破坏法币的外汇基础。因此，新的《妨害国币暂行条例》特别加入伪造法币罪，规定："意图行使之用而伪造币券者，处无期徒刑或五年以上有期徒刑，得并科五千元以下罚金。意图供行使之用而收集、伪造、变造币券者，亦同。"总之，新修订的《妨害国币暂行条例》，对于整顿战时金融秩序、保护法币具有积极作用。

（二）稳定法币的计划和措施

1. 管理外汇，维持法币价值

在全面抗战初期，国民政府主要通过稳定外汇价值来维持法币价值，法

---

① 《财部令禁随带银币银类出口》，《商业月报》第19卷第3号，1939年，第7页。

② 《财部令禁制钱铜料出口》，《商业月报》第19卷第3号，1939年，第7页。

③ 《私运铜元及各种铜料出口禁令之重颁》，《中国国民党指导下之政治成绩统计》1936年第3期，第81页。

④ 《财部令禁制钱铜料出口》，《商业月报》第19卷第3号，1939年，第7页。

⑤ 《查禁贩卖仇货及行使伪钞》，《广东省政府公报》1939年第445期，第51页。

币的对内价值并未受到应有的重视。由于法币实行的是外汇本位制度，维系其对内及对外信用的基础并不相同。对外而言取决于国家外汇储备的多寡，对内而言则取决于货币发行数量与社会所需货币数量之间的比率。[①] 因此，法币的外汇价值与其对内价值之间并没有必然关联。国民政府视外汇价值为法币根本，故而不惜一切代价予以维护，这实际上给日方套取外汇创造了可乘之机。抗战爆发之初，日军在天津大量劫掠金银及外汇，上海也出现竞相提款抢购外汇风波。国民政府虽然颁行了《非常时期安定金融办法》，但对于外汇依然无限制供给，对前来汇兑者不问国民与用途，均允兑之。于是官民纷纷抢购外汇，导致"资金大量流出，最多时每天达二十多万英镑。甚至还出现卖外汇给日本正金银行和日商企业的情形。政府库存外汇因而迅速枯竭"。[②] 外汇的流失大大削弱了法币基础，使其币值逐渐跌落。

为了管理外汇，财政部于 1938 年 3 月 10 日开始实行《购买外汇请核办法》，其内容为："（一）银行因顾客正当需要，须购买外汇时，除于其本行商业所取得及其自有者相抵外，如有不敷，得向中央银行总行或其香港通讯处，申请购买。（二）申请银行应依照规定格式，填具申请书，送交中央银行总行或其香港通讯处。前项申请书格式由财政部规定之。（三）中央银行总行或其香港通讯处，于每星期四晨十时，截止收受申请书，即依次审核，至迟于次日晨十时，将核定通知书送交原申请银行，如遇休假，则于休假后开业日办理之。（四）申请银行接到核定通知书后，得于即日凭购外汇。（五）银行购取外汇后，中央银行总行或其香港通讯处，得向索外汇用途清单，以备稽考。（六）本规则于财政部公布之日施行。"[③] 从其内容来看，该办法首先是通过一系列的审核程序限制外汇的使用与支配；其次，规定申请外汇的范围和数额，取消无限制供应的政策；最后，通过规定审核机关，巩固中央银行对外汇的统制地位。

《购买外汇请核办法》不仅是国民政府维持外汇政策的需要，也是为了防御敌伪在华北沦陷区的货币侵略，"自北平'联合准备银行'于廿七年三月十日开业以后，发行无担保不兑现之纸币，拟以之换取沦陷区内流通法

---

①　参见林美莉《抗战时期的货币战争》，第 45 页。

②　林美莉：《抗战时期的货币战争》，第 47 页。

③　《财政部规定购买外汇请核办法》，《中央银行月报》第 7 卷第 3 期，1938 年，第 376—377 页。

币，购买外汇；果遂其愿，则目前北方沦陷区内流通之二万万元法币，及其在外之外汇准备，皆将为彼攫之以去，影响我国通货基础者实巨。财部为保存国力计，逐不能不有断然处置，因于三月十四日起，实施外汇请核办法，从此我国之自由汇兑与无限制买卖政策，加以摈弃，而开始踏进直接统制外汇之阶段"。① 然而，《购买外汇请核办法》虽然对巩固法币基础，抵制日伪直接套汇起到了一定作用，但在实施过程中也出现了很多问题。其中以外商银行的投机干扰最为明显，它们采用的方法如下。"（一）利用海上某某公用公司名义，请求外汇，银行则从中提取相当佣金。其请求之数，约为每周全体商人请求外汇全数之半，并无一纸汇票为根据，皆属空中楼阁，中央当局，往往不察，亦按百分之几比例供给之，以其为大公司，且有银行为之担保，故不疑其有诈。（二）利用客家已结汇票，冒其名而代请求之，此则由银行会同买办，共同为之。（三）对个人请求外汇，原为便利外侨而出之，乃有无耻外侨，与丧心病狂之汉奸，利用时机，从中渔利；其法：一人化数名，与银行通同请求之，其所得之数，则照市价售之商人；其更有甚者，则以重价售之日银行。（四）有意提高申请额，以待中央银行之核减。（五）并无进货之计划，但希求获得外汇计，伪称新定货若干，以期中央之核准，复将所得之外汇，转售他人以牟利。"②

在这种情势下，为保证外汇兑换，维持法币的汇率和对外价值，国民政府于 1939 年 3 月 10 日与英国订立《外汇平准协定》。"信用借款五百万镑，由汇丰银行出资三百万镑，麦加利银行出资二百万镑，再由我国之中国、交通二银行，合出资五百万镑，共计筹足一千万镑，专充平准外汇之基金，由中英双方组织外汇平准基金委员会，保管此款，指定上列四行，依照当时汇市价格八便士又四分之一之汇率，供给外汇，平准汇价。"从当时局面来看，敌伪"强踞我沿海之海关，劫掠我海关之税收，影响我财政收入非小；加以伪华兴银行准备成立，发行伪钞，破坏法币，汇市人心惶惑，逃资日众"。③ 一千万英镑的基金不到三个月便已用罄，1939 年 7 月 18 日宣布完全

---

① 中国国民经济研究所编《中外经济年报》（民国二十八年），台湾文海出版社1939年版，第43页。
② 中国国民经济研究所编《中外经济年报》（民国二十八年），第44页。
③ 漆琪生：《论外汇平准基金》，《建设研究（月刊）》第5卷第3期，1941年，第55—56页。

停止供应，放弃维持黑市汇价，于是汇价狂跌，而汇市也进入放任状态。①

1940 年，国民政府与英、美进行了长达五个月的"平准基金"谈判，最终于 1941 年 4 月在华盛顿签订中美、中英平准基金协定，并成立"平准基金管理委员会"。"（1940 年）十一月末汪日签订辱国条约，旋有美参院银行委员会与众院货币委员会一致通过政府以一万万美元贷华之决定。其时英国正遭遇本身莫大之艰苦，在于生死争斗之会，但对于英国远东之一贯政策，丝毫未受影响，亦宣布以英金一千万镑贷华之举。"② 中美、中英平准基金协定虽为分别签署，但在财政上属于平行援助。平准基金管理委员会由五位委员组成，其中中方三人，英美方各一人，分别由其财政部推荐，并经中方任命。协议的签订，对这一时期中国货币金融具有很大的稳定意义。当时各大报刊纷纷刊载此事，版面甚至超过了军事消息。"两个协定的成立，证实了中英美在金融方面的密切合作，因而英美在中国的金融机关，亦必然的与中国金融界，在固有关系上，更加强其合作。这种合作的价值不是五千万元或五百万镑的数字所能代表的。……中英美经济的政治的密切合作，可以成为中国抗战的一支生力军，也是中国最后胜利的保证。"③ 平准基金管理委员会严格外汇请核政策，"规定每百元法币兑英汇 3.1872 便士，及美汇 0.0534375 美元，凡经该会核准的申请，按牌价售给外汇，但该会不直接与商人往来，由指定银行代为办理"。④ 到 1941 年底太平洋战争爆发，上海的英美银行均被日军接管，外汇市场亦随之停顿。1942 年 7 月之后，日本下令严禁在上海市场买卖外汇，于是沦陷区的外汇交易也不得不停止公开进行。

对于外汇平准基金政策，时人认为它并不能从根本上维持法币汇价稳定，"有限的基金，不能填塞这（指汇价）无底的深壑。法币汇价终有不能维持的一日。所以外汇平准基金的作用，只能稳定汇兑上的小波动，维持汇价水准于短期内不致大变。至于汇价长期下跌的趋势，不是外汇平准基金所可以挽回的"。⑤ "外汇平准基金为应付投机家之用，虽仅一二万万元已绰有余裕。至于国外贸易

---

① 参见林美莉《抗战时期的货币战争》，第 48 页。

② 《我国外汇平准基金之演进》，《财政评论》第 6 卷第 1 期，1941 年，第 190 页。

③ 《我国外汇平准基金之演进》，《财政评论》第 6 卷第 1 期，1941 年，第 193 页。

④ 林美莉：《抗战时期的货币战争》，第 49—50 页。

⑤ 《外汇平准基金浅释》，《妇女新运通讯》第 3 卷第 9、10 期合刊，1941 年，第 5 页。

长期入超，则汇兑平准基金决难为力。譬如中国今日抗战，物价高涨，假定增加一倍，依上例，中美汇兑每1美元应自法币5元涨至10元，则汇价与物价平衡，为自然之势。今若不从抑低物价着想，硬将汇价压低，如是，中国进口货物必多，出口货物必少。假定今年入超2万万元，准备金即少2万万元。明年入超3万万元，准备金又少3万万元。如此继续下去，纵有极大平准基金，终有罄尽之一日。故汇兑平准基金，只在对付投机家，对于国外贸易之不平衡，决无能为力。"① 也就是说，平准基金虽然对于抵制投机有一定的效果，但无法在长期贸易入超的情势之下弥补外汇损失。

2. 放松准备金，调节法币发行

1939年，国民政府制定《巩固金融办法纲要》，对战时状态下法币的准备金、审核预算标准、外汇审核、吸纳社会游资等做出具体规定，要求法币准备金于原有之金银及外汇外，得加入"短期商业票据""货物栈单""生产事业之投资"，且"国民政府发行之公债充作准备金，不得超过准备金全额十分之四"。② 这一办法的施行，主要是由于抗战初，国民政府为维持法币对外汇价从而稳定币值，采行无限制买卖金银、外汇的政策，致使金银、外汇存量大减，现金准备严重不足，限制了法币的发行量，而同时社会对货币的需求有增无减，至为殷切，国民政府便放宽现金准备。③ 1941年12月，国民政府修订《非常时期管理银行暂行办法》，对银行普通存款的准备金比率进行调整，规定普通存款应以所收存款总额的20%为准备金，转存当地中中交农四行，并由收存行给以适当存息。④

小额币券用于零星支付，是日常经济生活之不可少。为此，国民政府四联总处在三年金融计划里，要求四行尽快实现金融网计划，在西南、西北地区普设分支机构，发行小额币券30亿元。⑤ 1940年7月，制定《管理各省省银行发行一元券及辅币办法》，在控制地方币的同时，对各省省银行或地

---

① 马寅初：《通货新论》，商务印书馆2010年版，第92—93页。
② 四联总处秘书处编《四联总处文献选辑》，四联总处秘书处1948年版，第1页。
③ 刘慧宇：《中国中央银行研究（一九二八——一九四九）》，中国经济出版社1999年版，第104—105页。
④ 《非常时期管理银行暂行办法》，《经济建设季刊》1942年创刊号，第379页。
⑤ 姜宏业：《四联总处与金融管理》，《中国经济史研究》1989年第2期，第125页。

方银行一元券辅币券及准备金缴存保管等事项也都做出规定。其后由于物价上涨和法币贬值，小额币券的意义渐失，市场对大额币券需求日增，故为满足市面需要，同时为解决券料紧张及运输困难问题，国民政府又制定《调剂钞券缺乏办法》，准许四家银行（中央、中国、交通、农民）将旧印未发行的 50 元和 100 元面额的法币，加盖重庆地名章，搭配发行。① 从而较好地解决了券钞印刷以及大小券价差的问题。

3. 对敌经济封锁，防止法币套购

全面抗战时期，国民政府为保障物资供给和防止法币套购行为，采取对敌封锁措施，禁止敌货入境及国货资敌。1938 年 10 月 27 日，国民政府颁行《查禁敌货条例》与《禁运资敌物品条例》，以期通过管制对日贸易来实现对敌经济封锁。《查禁敌货条例》共 20 条，限定敌货范围包括："敌国及其殖民地或委任统治地之货物"；"前款区域外工厂商号，由敌人投资经营者之货物"；"第一款区域外工厂商号，为敌人攫夺统制或利用者之货物"。② 一律禁止敌货进口、运销至国内，已经购买的敌货需进行登记，并由地方主管官署发给登记准单并按件附以明显标识。对未经登记或虽经登记而改用标识的敌货，或以敌货改装、冒充国货及他国货物等行为进行严惩。

《禁运资敌物品条例》共 11 条，规定了对中国国内物品资敌的查禁及处理问题。其中，禁止运往之地包含"敌国及其殖民地或委任统治地"，以及"前款区域外之地方，已被敌人暴力控制者"，③ 政府指定禁运物品由地方主管官署及关卡严密查禁。1941 年 9 月 3 日，国民政府又分别对《查禁敌货条例》及《禁运资敌物品条例》进行修正。按照政府公布的几份查封敌货表，④ 当时上海、武汉（包含汉口、武昌）、广州等地是敌货较为集中的区域，而在山西、河南、山东青岛等地也查抄出了不少敌货。其中最主要的敌货是棉、布等项纺织物以及颜料等工业用料，其余则是鞋类、香烟、火柴等。《查禁敌货条例》及《禁运

---

① 陆仰渊、方庆秋主编《民国社会经济史》，中国经济出版社 1991 年版，第 562 页。

② 《查禁敌货条例》，《立法院公报》1938 年第 98 期，第 80 页。

③ 《禁运资敌物品条例》，《立法院公报》1938 年第 98 期，第 83 页。

④ 参见《查禁敌货条例第二条第一项第三款敌货表（第五次）》，《黄岩县政府公报》1941 年第 18 期，第 12 页；《查禁敌货条例第二条第一项第三款敌货表（第八次）》，《潭风》第 1 卷第 2 期，1941 年，第 88 页；《第七次查禁敌货条例第二条第一项第三款敌货表》，《湘桂周刊》1941 年第 122 期，第 1359 页等。

资敌物品条例》，是战时对敌经济封锁和统制外贸政令的保障，不同程度上抵制了日货入境倾销和国货非法外运。

4. 抵制敌伪货币，维持法币流通

1939 年 1 月，财政部公布《取缔敌伪钞票办法》，规定："一、凡敌伪钞票，无论在任何地方，一律禁止收受行使。……二、凡各战区之军队或其他机关，如查有为敌方收藏、转运或行使敌伪钞票者，除将钞票全部没收外，并应将人犯送由当地或就近军法机关依惩治汉奸条例第二条帮助敌国扰乱金融论罪。其意在图利，以法币及金银或汇兑方式换取敌伪钞票者，亦同。"① 这是民国政府针对伪币的直接对抗措施，直指敌伪当时发行的各种货币。国民政府还于同年公布《敌人伪造法币对付办法》及《沦陷区克复后准人呈缴伪钞票汇送处理办法》，在阻止日伪货币流向国统区的同时，兼顾收复沦陷区后被迫持有伪钞者的生存问题与社会秩序。这几项法令，在一定程度上起到了抵制日伪钞票的作用。留在上海、天津租界内的国家银行，通过租界当局及外商银行的配合，在租界内继续行使法币，不接受伪币及军票，战区人民拒用日伪钞券，使日伪银行的钞券只能流通于日军武力控制的点、线，既保持法币在沦陷区继续流通一段相当长的时间，又维系了沦陷区人民与大后方的国民政府的联系，增强了抗战信心。②

1939 年 5 月 3 日，财政部针对"华兴券"的发行做出决策，电令中国、中央、交通、农民四行与全国金融行业"一律拒用该项伪币，绝对勿与往来，使该伪行陷于孤立，以减少其诡恶伎俩之流毒，而保持我正当之权利"。③ 同年 9 月，四联总处电令上述金融行业及各级法院，任何债权债务"若有基于伪钞而成立者，在法律上应为无效在案"。④ 1939 年 12 月，四联总处理事会针对当时对敌货币战发布决议，认为"日伪对我金融破坏无外乎以敌伪钞票换取法币、破坏四行业务、抢掠物资、套取外汇、以战养战等

① 中国第二历史档案馆编《中华民国史档案资料汇编》第五辑第二编财政经济（三），第 151 页。

② 参见中国银行行史编辑委员会编著《中国银行行史（一九一二——一九四九）》，中国金融出版社 1995 年版，第 455 页。

③ 重庆市档案馆、重庆市人民银行金融研究所合编《四联总处史料》（上），档案出版社 1993 年版，第 406 页。

④ 重庆市档案馆、重庆市人民银行金融研究所合编《四联总处史料》（上），第 410 页。

项，而我方则应就下列事项多做准备"。"（一）政府已有经济游击队办法，以破坏敌伪在沦陷区的经济为主要任务，似应责成主管人员从速努力进行者。（二）抢购战区及沦陷区物资工作更须加紧进行，并利用外籍商行代为购运。（三）防范敌货输入后方工作，似应严令各地关卡切实执行，并由各战区军事机关严密防范。（四）维持法币在沦陷区域继续流通，实为目前急务。否则流通地域日缩，通货膨胀愈速，于整个法币制度影响甚巨。……（五）金融经济情报及宣传机关似应集中划一，最好以一机关负审查之责，如消息确实关系重要者，再陈请领袖核示或发表。……（六）破坏敌伪金融经济之实行，应由游击区军政机关及战区司令长官暨战区经济委员会、经济游击队切实负责。而中央特种经济调查处，更应进一步为行动上之表现。"①

针对日伪的金融攻势，国民政府采取了一系列对抗措施。其一，大力宣传伪钞券的发行是无价值无准备的欺骗行径，并通过外交手段禁止其流通于租界。其二，为维持法币的对外汇价，设法使可靠商业银行、钱庄到沦陷区复业或营业以流通法币。其三，针对敌伪抢购后方物资，令我方严加防范，并加紧抢购沦陷区物资。其四，针对敌伪对沦陷区的金融破坏，通过金融情报信息工作集中划一，利用经济游击队对敌进行反破坏。这是自全面抗战爆发以来国民政府采取的最为细致的对敌货币对抗计划和措施。

总之，"考自中日开衅以来，我国在经济上战略，侧重防御，其方式与军事行动相仿。日方则提出速战速决之口号，妄图于短期内削弱我资源实力，故其战术，纯为进攻式的行动，只求达其目的，一切猛烈毒辣之手段，无所不用其极。对于我法币基础之破坏与实业资源之攫取，尤为火力集中之所在"。② 开战三年以来，日本用尽各种手段对华进行货币战，在沦陷区遍设金融机关，发行各种伪钞，强迫推行军票，强制收兑法币，限制法币流通，并利用法币套取外汇。就当时流通的各种货币与法币之间的关系，正如国民政府中统局的分析和总结，"法币的联系，可分为两个系统，一为英镑、美元及港币，此数种货币之价值以法币为稳

---

① 重庆市档案馆、重庆市人民银行金融研究所合编《四联总处史料》（上），第412—413页。
② 许性初：《对日经济战之前瞻》，《财政评论》第4卷第1期，1940年，第10页。

定，故可视为法币之上联。另一个系统即所谓圆系通货，包括日钞、鲜钞、满钞、华北联钞、蒙疆银行钞、日本军用票以及华兴银行钞等在内。此等货币对外无自由市场，其在暗市（即黑市）之价值较法币为不定，故可视为法币之下联"。① "伪联钞对外之真实价值借天津对上海之汇价及法币对英、美汇价之两种关系，以表现为伪联钞对外价值无独立之支持力量，是以法币汇价缩时，彼亦跟随下跌，法币汇价高时，彼对外之支付能力亦高。"② 军票兑成日本纸币极不自由，但"因军用票可以易成法币，法币可以购买外汇之故，故亦不能谓军用票对外全无价值，其价值亦系借法币以表现，即视军用票对法币之比价及法币对外汇价之两重关系以定之。其对外之支付能力，系依存于法币，是以法币汇价缩时，彼之价值亦随之下跌"。③ 而对于"华兴券"，则与前述货币不同，其"发行有限，缴纳关税者无从购得，惟有仍以法币缴纳，但法币之价值起落无定，彼仍将华兴钞价定为对英六便士，法币对外汇价纵有涨跌，但彼照比率套算"。④ 因此，法币事实上已成为日本"圆系通货"之工具，如无法币存在，"A. 日本对华中之出超将失去其意义，因出超部分不能获得外汇。B. 东三省之向外获得商货将更困难，物价将更高涨，民生及一般经济情形将更恶劣，因无从经由联钞利用法币汇市取得外汇，以支付一部分之入口货价。C. 华北之物资缺乏及经济情形之恶劣将见更甚，因不能利用法币购买外汇以抵付入口货价。D. 日本对华北之出超亦将失去意义，因其所得货款不能转成外汇。E. 华中之军用票及华兴钞亦将失去其根据，因此两种纸币之价值事实上亦以法币为基础"。⑤

二　国民政府战时货币金融政策（1942—1945）

太平洋战争爆发后，货币对抗形势和内容都发生了变化。这一时期，国

---

① 中国第二历史档案馆编《中华民国史档案资料汇编》第五辑第二编财政经济（三），第164页。
② 中国第二历史档案馆编《中华民国史档案资料汇编》第五辑第二编财政经济（三），第173页。
③ 中国第二历史档案馆编《中华民国史档案资料汇编》第五辑第二编财政经济（三），第173页。
④ 中国第二历史档案馆编《中华民国史档案资料汇编》第五辑第二编财政经济（三），第174页。
⑤ 中国第二历史档案馆编《中华民国史档案资料汇编》第五辑第二编财政经济（三），第175页。

民政府所采取的货币对抗措施主要有两种：一是强化金融管制，阻止法币内流；二是抢购沦陷区物资。这在对抗日伪新的金融攻势、保障后方金融机构和货币流通量，以及军费筹措等方面都发挥了很大作用。

（一）强化金融管制，阻止法币内流

太平洋战争爆发后，国民政府对上海及各沦陷区、有遭侵袭隐患的香港及其他英美战区内的我国各金融机构，分别采取不同策略以预防敌伪金融攻击。在上海及国内沦陷区，国民政府命令"四行"向总行报告资产负债情况，并停止汇款收兑；所有在后方的商业银行总行或分支行，对沦陷区行处的收解随时陈报政府核准办理；禁止各金融机构接受敌伪命令，人民不得行使伪钞，以伪钞交易的契约不受政府承认及法律保护等。而对香港以及其他在国外英美战区的我国金融机构，令各行办事人员内撤，空运留于香港的法币回桂林、南雄等地，必要时销毁之。同时，尽量保持与英美荷等各国的银行的联络。[①]

面对新形势，国民政府采取了一系列相关金融管制措施，其主要内容如下。第一，进一步调节法币发行。包括加紧在国外印制法币并内运；由财政部直接统筹法币发行；在重庆设立票据交换所，使用定额本票，以减少法币流通额。第二，吸收游资。包括继续推广节约国储运动、邮政储蓄，吸收商业银行及省立银行缴纳的存款准备金，参酌各地情形提高定期存款利率，劝募公债等。第三，严格审核投资放款。规定四行等金融机构办理工商业投资放款的原则，以及停做一切政府机关经费预算等。第四，管理外汇。将中英美"联合平准基金"全数移至后方运用，由政府特许银行办理买卖外汇。第五，管理金融市场。包括严格按照《非常时期管理银行暂行办法》审核省银行及商业银行的放款用途，限制市场放款利率，不准新设银行，限制增设分行；四行应与邮汇局及各省银行分支行处加紧配合，以促成金融网络的形成；限制县银行的设立等。第六，建立实业证券市场。第七，要求公私金融机关特别注意节用物力。第八，取消国内携钞出口的限制，撤销收兑金银机关而由中央银行办理，停销中央造币厂小额

硬币。①

随着沪、港两地的沦陷，黑市消失，外汇市场移至后方，法币流出国统区对于外汇已无影响，资金外逃也已无足考虑。为防止沦陷区法币回流造成国统区通货膨胀，需要改变以往限制钞票流通的方案并加以防范。1942 年 1 月 16 日，国民政府四联总处会议通过《关于法币流通的意见》，提出控制法币回流国统区的对策。第一，取消 1940 年 8 月国民政府曾实施的限制民众携带法币出国统区的政策，因为"今防止资金逃避之作用既已消失，且为便利后方商民前往边省商埠购货内运，充实后方物资供应计，此项办法似有正式公布取消之必要"。第二，全面停止对国统区法币外流的限制，"今后法币之由自由区（即国统区）流往沦陷区，其于资金逃避扰乱汇市之作用，既已消失，则其主要用途，乃为购买沦陷区之物品。在此种形势下，法币之流出于我有利无害。盖一方面可借以增加后方物资之供给，一方面可以减少自由区法币流通数量，以及争取法币在沦陷区之流通，似不应再予限制"。第三，限制沦陷区法币流回国统区。敌伪回输法币路径有二，一是利用奸商以法币购买大后方物资；二是由沦陷区归来的投诚民众携法币以自用。前者数量较巨，防止之最根本办法在于"严禁自由区（国统区）物品运往沦陷区，盖法币体小质轻，便于隐藏，不易检查，物品体大质重，不利偷蔽，易于发觉。故限制法币内流难而限制物品运出易。倘禁止物品运出能执行有效，则此种方式内流之法币，自可减少"。而对于后者，可"劝令其购买储券、公债或长期存于国家银行"。②

在此基础上，国民政府财政部在 1942 年 1 月 26 日做出将法币输入敌伪地区，以购买物资的战略决议，又于当年 11 月公布防止法币内流的具体政策措施。"沦陷区人民因不堪敌伪压迫倾诚来归者，每人携带之法币数目在一万元以内者（为由沦陷区到达后方必须之旅费），由海关验明放行。在一万元以上，应即缴存海关，由海关询明其携运最终目的地，代为觅定银行承汇至该项地点，并以汇款总数百分之七十作为一年以上定期存款，百分之三十作为活期存款，此项活期存款并规定每月准提取百分之十作为生活费用。

---

① 参见四联总处秘书处编《四联总处文献选辑》，第 52—56 页。
② 重庆市档案馆、重庆市人民银行金融研究所合编《四联总处史料》（上），第 476—477 页。

至由沦陷区运法币来后方者，应由后方收受人先行将数目、用途、起卸地点专案报部核准，方得入口。未经报准者，以私运论。"①

（二）抢购沦陷区物资

在敌伪无法利用法币套取外汇，进而强行驱逐法币，并用回收的法币大肆抢购大后方物资，导致大量法币回流的状况下，1942 年 4 月 22 日，行政院、经济部、财政部、交通部、四联总处、军政处和物资局在行政院秘书处举行会议，商议日后经济作战方案。一是明确今后应以争取物资为经济作战的最主要内容；二是确定物资种类及作战办法。就物资种类而言，矿产类中，钨、锑等敌需矿物严禁输出；煤、铁等方面，应破坏敌人之矿场和运输，并煽动沦陷区工人罢工；盐在沦陷区甚丰富，宜设法鼓励偷运。农产品类中，棉花为敌最需要，应防止输出并用高价收购。"至在沦陷区域出产者，则应善价吸收，其不能吸收之地，并应运用宣传力量，使民众减出生产。"② 粮食应严防走私输出；中药之中有余者，应准输出以换必需物品；工业产品中，奖励走私输入纱布、五金材料和西药至大后方。为争取物资，应采取的方法如下。第一，在沦陷区域有资本内运者，鼓励其以物资（不以法币）内运。第二，后方不需要的物品，准其走私外运，以达以货易货之目的。第三，邻近沦陷区域的关卡，应向后移，以期减少抢运物资的商人的查缉麻烦。第四，一方面政府物资机关应尽力购运，另一方面鼓励商人抢运。第五，由物资局在邻近沦陷区域的据点，设立机构，善价收购。③

通过政、经机关会商，国民政府在金融政策方面的改变，最明显的就是确立以物资争夺为货币战的核心内容，即抵制法币输入，并鼓励输出法币采购物资的策略。围绕这一核心，对于生产军民必需品的农工矿物，皆采取严禁出口与鼓励进口的基本原则。鼓励非法币资本内运、非必需品的物物交

---

① 重庆市档案馆、重庆市人民银行金融研究所合编《四联总处史料》（上），第 508—509 页。

② 中国第二历史档案馆编《中华民国史档案资料汇编》第五辑第二编财政经济（五），江苏古籍出版社 1997 年版，第 671 页。

③ 参见中国第二历史档案馆编《中华民国史档案资料汇编》第五辑第二编财政经济（五），第 671—672 页。

易，并在沦陷区设立据点收购。1942 年 5 月 11 日，国民政府公布《战时管理进出口条例》，同时废除之前的《查禁敌货条例》及《非常时期禁止进口办法》。按照新条例确立以下原则和标准。第一，明确"进出口管制"的空间含义，包括国界及依封锁敌区交通办法规定的封锁线。第二，明确管理进出口物品检查事宜的办理机关，即有海关或缉私处所的地区由以上机关办理，没有的则由财政部指定或委托其他机关办理。第三，依物品种类分别确定限制进出口的层次，包含绝对禁止进口、科教文卫宗教事业之外的禁止进口、主管机关核准进口、绝对禁止出口、政府机关报运出口、特许出口、结汇后允许出口、先特许后结汇出口、专管机关特许后结汇出口等项目和类别。① 随着形势的变化，国民政府对各种物品的管制方式和强度都进行了重新调整和更为细致明确的划分。

《战时管理进出口条例》是太平洋战争爆发后国民政府应对货币战变化而做出的重大政策调整。经过近四年鏖战，1941 年时大后方的原材料已极为匮乏，生产陷入僵局，加之越南、缅甸先后被侵占，国际援华通道尽塞，国民政府面临的经济形势非常严峻。"后方生产能力，本极薄弱，而国外物资，又因运输困难，不能大量输入。战时我国物资之缺乏，自在意中。"② 该条例的核心目的在于获得更多物资以缓解大后方的物资短缺，以充实抗战实力。其基本原则是放松对进出口物品的管制，准许商人将国防建设和日常生活必需品，以及以前的禁运物品自由运销各地。③ 只是对于非必需品，一部分可以申请特许进口，另外一部分则绝对不许进口。这一规定虽然违背国民政府曾颁布的与敌切断一切经济联系的政策，如条例颁布后，在 1943 年、1944 年来自德、日的商品进口额在中国进口总额中所占比重分别为 45.5% 和 34.6%，④ 但作为战时经济策略的制定者，政府最主要的任务便是竭力获取必需物资以保证抗战顺利进行，这一策略在很大程度上解决了大后方物资短绌的问题。

---

① 参见中国第二历史档案馆编《中华民国史档案资料汇编》第五辑第二编财政经济（二），江苏古籍出版社 1997 年版，第 28—29、39—46 页。

② 黄卓：《论战时物资通货与物价》，《中央银行经济汇报》第 5 卷第 3 期，1942 年，第 15 页。

③ 郑会欣：《试析战时贸易统制实施的阶段及其特点》，《民国档案》2005 年第 3 期，第 110 页。

④ 参见陈晋文《对外贸易与中国现代化》，知识产权出版社 2010 年版，第 286 页。

为鼓励和保障抢购物资的顺利进行，1942 年 6 月 26 日，国民政府进一步颁布《战时争取物资办法大纲》。其主要内容为：由行政院指定负责抢购物资的机关，该机关得于必要地点设立分支机关或委托其他机关代办；抢购物资的种类由经济部随时呈报行政院指定的政府机关，需要的物资得委托主管机关购运；指定抢购的物资得由各公司行号或人民（下称"抢购人"）自备资本赴沦陷区或国外抢购；主管机关的收购价格按照抢购人所报运成本加合法利润计算，所报成本超过标价时，主管机关除按规定价格收购外额外加给奖金；抢购物资之资金，得由抢购人请求主管机关商请国家及地方金融机关予以汇兑之便利；抢购人保障抢购物资，得向中央信托局投保兵险但须由主管机关证明。① 《战时争取物资办法大纲》的主要目的是保证抢购指导权、提高购运效率和增大购运物资的便利性。依照"大纲"，政府各部在办理具体抢购物资事项时，首先能够实现专管专责，做到指挥灵便顺畅。其次，对随情事变化而需要的货物，在专管部门负责下及时购运，提高办事效率。再次，采用政府机关与个人购运结合的灵活方式，最大限度地便于物资运入大后方。最后，在符合规定的条件下给予抢购人奖金，增强个人赴沦陷区或国境外为政府抢购物资的积极性。"这些法令的颁行预示着国民政府开始承认了利用走私方式从沦陷区输入必需品的合法性。"② 可以说，《战时管理进出口条例》和《战时争取物资办法大纲》构成了太平洋战争爆发后国民政府关于进出口贸易统制的基本方策。

此外，国民政府财政部于 1943 年 4 月 5 日正式成立专责抢购沦陷区物资的"货运管理局"，由戴笠担任局长。从其"组织规程"来看，该局隶属财政部，设立的最主要目的是争取物资的内运，管理物资向沦陷区输出输入问题。该局组织结构分为管理、业务、运输、财务、总务五处。③ 为规范货运管理局的工作，国民政府先后制定《封锁线输出输入实物结算办法草案》《封锁线输出输入商人及货运登记实施办法草案》《抢运物资征发运输工具实施办法草案》《争取物资奖金发给实施办法草案》《封锁敌区交通办法》等规定。货运管理局的主要工作方针是管制对沦陷区物资的输出输入，实行

① 《战时争取物资办法大纲》，《经济建设季刊》第 1 卷第 2 期，1942 年，第 320—321 页。
② 孙宝根：《抗战时期国民政府缉私研究（1931—1945）》，中国档案出版社 2006 年版，第 265 页。
③ 《财政部货运管理局组织规程》，《广东省政府公报》1943 年第 931 期，第 4 页。

实物结算制度，限制输出，奖励输入，以增加后方必需物资的供应；发动并鼓励商民在沦陷区抢购抢运物资；自设业务及运输机构，办理商民无力经营的抢购抢运工作；破坏敌人的金融与经济工作。[①]

三　中国共产党领导下的货币战

抗日战争时期，中国共产党领导下的各根据地先后发行"边币""抗币""西农币""北海币""琼崖券"等货币。这些货币，一方面是对日金融作战的有力武器，另一方面也防止了国民党对根据地的经济破坏，成为战时货币体系中的一支重要金融力量。

（一）华北各抗日根据地的货币发行

1. 陕甘宁边区银行的边币

1935年10月红军到达陕北后，便以"中华苏维埃共和国国家银行西北分行"名义统一发行货币，该行成为陕甘宁苏区唯一有货币发行权的银行。1937年陕甘宁边区政府成立后，将中华苏维埃共和国国家银行西北分行改组为陕甘宁边区银行，总行设在延安，下设绥德、关中、三边、陇东四个分行及一些支行、办事处。陕甘宁边区银行成立初期，不仅没有发行货币，而且将原中华苏维埃共和国国家银行西北支行所发行的90万元纸币陆续收回，只使用国民政府的法币。由于辅币短缺，边区政府于1938年3月以光华商店的名义发行光华商店代用券，面额为二分、五分、一角、二角、五角、七角五分六种，同法币相辅流通。此时，进入陕甘宁边区的法币主要是国民党给边区的军饷及国外人士的捐款，流入商品主要是国统区的棉花、布匹等生活必需品。

皖南事变之后，为筹集资金、巩固边区并坚持抗战，中国共产党提出自力更生的方针，边区政府决定发行自己的货币，禁止法币在辖区内流通。1941年1月30日，陕甘宁边区政府为巩固根据地金融，防止法币外流资敌，发布《关于停止法币行使的布告》。其主要内容是：从布告发布之日停止法

---

① 参见孙宝根《抗战时期国民政府缉私研究（1931—1945）》，第269—270页。

币在边区的流通使用；民间收藏法币者，须向边区银行总分行或光华商店总分店兑换边币行使；禁止私带法币出境等。[①] 同年 2 月 18 日，陕甘宁边区政府公布《关于发行边币的布告》，称："政府为巩固边区金融，便利资金流通，保障法币不外流资敌，兹决定发行边区银行一元、五元、十元钞票三种，自本布告之日起流通行使，仰军民人等一体知照。"[②] 2 月 22 日，边区政府分别颁布《关于宣传发行边币的训令》和《关于停用法币使用边币的布告》，使边币的发行越来越趋向于规范化、制度化，边币也逐渐取代法币成为陕甘宁边区的唯一合法货币。

然而直至抗战结束，始终未能彻底在陕甘宁边区清除法币。在一些时期，法币在边区货币流通量中的比重甚至高达 50%；在一些沿边地区，法币更占有明显的优势。这是因为两个经济体之间始终存在商品贸易和物资输送关系，1941 年上半年（边币）输入为 6637000 元，输出仅为 2147000元，入超达 4490000 元，边区对国统区的经济依赖严重，且输出小于输入，导致大量法币流通于陕甘宁边区。而经营边区进口贸易的商人用法币从国统区购买商品到边区销售，可以获得很高的利润，但其所得不是法币而是边币，因而不能再去购买新的进口商品，"为了实现下一个资金的周转，进口商一是要求销售的货物用法币支付，或是将销售所得边币兑换成法币。而由于贸易入超，边区银行并没有足够的法币可供兑换，因而只有法币在边区市场上流通才能使进口商获得周转的法币资金"[③]。另外，陕甘宁边区与国统区边境犬牙交错，31 个县市中有 24 个县市与国统区毗连，又因为这些地带缺乏市集，90% 以上的交易需要在国统区进行，而在那里法币是唯一的交换媒介。[④] 因此，陕甘宁边区的金融领域始终保持了边币与法币的并行流通。

边币的发行和流通使"银行投资主要地日益转到生产方面来，并用合

① 参见西北五省区编纂领导小组、中央档案馆编《陕甘宁边区抗日民主根据地》（文献卷·下），中共党史资料出版社 1990 年版，第 341—342 页。

② 陕西省档案馆、陕西省社会科学院编《陕甘宁边区政府文件选编》第三辑，陕西人民教育出版社 2013 年版，第 133 页。

③ 杨荣绅：《对边币和法币同时流通的历史回顾》，《理论月刊》1986 年第 11 期，第 51—52 页。

④ 杨荣绅、杨帆：《简论边币与法币的同时流通》，《近代史研究》1987 年第 5 期，第 167 页。

作社、公营企业及广大民众的力量来保证边钞的信用"。[1] 边币发行之初，与法币的比价是 1∶1，不久边币的价值逐渐下降，物价也随之上涨。在 1941 年 5 月以前，下降和上涨的速度还比较缓慢，边币在边区各地都可使用。到了 5 月以后，发生金融波动，兑换比率为边币 1.5 元换法币 1 元。5 月比 4 月上涨了 30%，6 月又比 5 月上涨了 46%。这一方面是由于 5 月时局紧张，人民不愿保存边币，以及日伪用大批货物在碛口套取法币，致使绥德一带法币需求量大，进而影响到边币的地位。另一方面是因为在开始推行边币的时候，对干部、群众缺乏维护边币的教育，一些地方拒用边币，从而引发这次金融和物价波动。[2] 边币于 1941 年 2 月起发行，至 1944 年 6 月共发行 342321 万元。[3] 1944 年 6 月，西北财经办事处和边区政府发行陕甘宁边区贸易公司商业流通券，规定"流通券"与法币的兑换率为 1∶20。从 1945 年 6 月起，流通券成为陕甘宁边区的本位货币，边币被陆续收回。抗战时期的陕甘宁边区银行及其发行的边币，不仅为抗战筹备了资本，也为中国共产党的金融管理工作积累了相当丰富的经验。

2. 晋察冀边区银行的边币

晋察冀边区处于晋、察、冀三省交界处，靠近津浦、平绥、同蒲、正太、平汉等铁路。晋察冀边区对日寇的牵制也表现在经济方面，"敌人所谓的'以战养战'计划，由于我们控制了这样一块大的地区，遭受了很大的打击。比方单就棉花来说，河北的棉花过去供给日本是占一个很大的数目的。自从我们在这个地方建立根据地后，一方面我们禁止棉花出口，另一方面我们劝人民少种棉花，多种粮食。敌人虽然想尽了办法，在敌占区附近发给老百姓种子强迫种棉花，结果也没有很大用处"。[4]

全面抗战爆发时，晋察冀地区的货币行用较为紊乱，法币与冀、晋、察等地区的省钞、杂钞、土票同时流通，加之日伪察南银行、蒙疆银行、冀东

① 高岗：《抗战四年来陕甘宁边区的建设》，《解放》1941 年第 131、132 期合刊，第 15 页。
② 李祥瑞：《抗日战争时期的陕甘宁边区银行》，《西北大学学报》（哲学社会科学版）1985 年第 3 期，第 27 页。
③ 参见中国人民银行陕西省分行、陕甘宁边区金融史编辑委员会编《陕甘宁边区金融史》，中国金融出版社 1992 年版，第 12 页。
④ 聂荣臻：《晋察冀边区工作的经验》，《八路军军政杂志》第 2 卷第 5—8 期合刊，1939 年，第 56 页。

银行、中国联合准备银行等伪银行的设立，给根据地造成巨大金融威胁。为形成自己的本位货币，改变流通市场的混乱局面，边区政府于 1938 年 3 月 20 日成立晋察冀边区银行，发行晋察冀边币。晋察冀边区银行的主要业务包括发行货币，代理金库，承募外债，经办活期、定期存款，投资生产运销，办理边区各地汇兑，收买生金银，兑换法币、外币等，同时还肩负着对敌伪和国民政府货币的斗争。

然而，晋察冀边币发行伊始并未改变上述金融乱局，而是与法币、察钞、晋钞、杂钞、土票同时流通，边币处于被动地位。"我们的边币，这时还不是独占边区流通界的地方法币，而是信用纸币。在发行伊始，其发行总额只有几万元，但发出去即兑回，在流通界的阵地很难稳定。"[①] 1938 年 6 月，晋察冀边区实施"边币在边区独占发行"策略。禁止法币、杂钞等流通于市；人民有正当理由需携带法币或杂钞出境者，可随时持边币到银行兑换；允许人民储藏法币，但不许流通法币；边币与法币的兑换率为 1:1，而与其他各钞比率依照市价。这使得边币逐渐垄断根据地金融市场，法币与边币的兑换也被边区政府严格控制。1939 年 4 月，晋察冀边区开始进一步肃清河北伪钞，此前边区已经"根本禁用敌伪新发行的河北省钞（新冀钞），但对于七七事变以前发行的旧冀钞，仍继续允许它和边币按市价兑换，而且实际上成为我们和敌区贸易之交换媒介"。[②] 在皖南事变之后，由于国共关系紧张，边区遂巩固边币，"决定边区银行及税收贸易机关，停止接受法币。银行只抛出法币，不收入法币，持有边币者可以无限制地到银行兑换法币，持法币到银行换取边币者则拒兑。这样法币立刻贬价二成或三成，每元法币只换边币八角或七角。于是边币获得了独立自主的地位，实质上脱离了法币的控制，脱离了对法币的依附"。[③]

日伪发行联银券、蒙银券之后，晋察冀边区利用法币、边币与之做长期斗争，并取得良好效果。"目前金融流通主要是靠地方流通券之发行，以法币作准备金，因为地方性质，敌人便无法收买与抵制，法币信用方能提高，

---

① 彭真：《关于晋察冀边区党的工作和具体政策报告》，中共中央党校出版社 1981 年版，第 111 页。
② 彭真：《关于晋察冀边区党的工作和具体政策报告》，第 113 页。
③ 彭真：《关于晋察冀边区党的工作和具体政策报告》，第 114 页。

敌币伪币无法支配。"① 在战事激烈的情况下，中央实在难以派员新设地方银行，不如由受到民众拥护的晋察冀边币行使三省本币职能，再另订法令管理其发行。边区政府通过节约开支巩固边币信用，"除了公粮、田赋、税收以外，还要从各级政权中间来节省，把公费减少到最低的限度，把节省来的部分由村、区一直送到边区政府，作为我们财政收入。使边区的钞票收回一部分来，同时也可以巩固边区的纸币"。② 边币在民众中间普遍取得了信任，贸易货币金融政策的初步成功，打击了敌伪钞票，争取到了货币战的主动地位，沟通了三省经济。③ 总之，晋察冀边币在抗战中出色地完成了抗击日伪经济侵略、促进边区生产的重要任务。

3. 冀南银行与冀钞

晋冀鲁豫边区与国统区、沦陷区犬牙交错。河北省中部南宫县的冀南银行总行创建于 1939 年 10 月 15 日，是在冀南行政主任公署监督下开设的边区金融机构，其发行的货币为冀南银行钞（简称"冀钞"）。冀钞的物质保证是工农业产品，在 1939 年通过的《晋冀豫区党委关于经济建设问题的决议》中就指出，促进冀钞流通的最好办法是发展低利借贷事业，要与工业生产和农业生产相结合，整理各地低利借贷所，扩大其规模，使之普遍设立，并掌握在农民抗日救国会手里。④ 考虑到信用未著和通货膨胀的问题，冀钞最初发行十分谨慎。1940 年 9 月，彭德怀在北方局高级干部会议上指出："发行钞票，必须有一定之基金，并发行一定量之辅币整币，以适合当地经济条件为原则，一般的在根据地内流通的货币数目，不得超过全人口每人三元。"⑤ 根据这一精神，根据地形成了一个限制纸币发行量的"三元标

---

① 《朱德复国民政府军事委员会冬电》，1939 年 5 月 2 日，中国国民党党史馆藏特种档案，特 4/90.1，转引自张燚明《抗战期间国民政府对中共晋察冀边币的应对与处理》，《抗日战争研究》2014 年第 2 期，第 65—66 页。

② 聂荣臻：《晋察冀边区工作的经验》，《八路军军政杂志》第 2 卷第 5—8 期合刊，1939 年，第 62 页。

③ 《晋察冀边区政府工作的成就——从边区行政委员会成立起》，《解放》1939 年第 91、92 期合刊，第 23 页。

④ 晋冀鲁豫边区财政经济史编辑组等编《抗日战争时期晋冀鲁豫边区财政经济史资料选编》第一辑，中国财政经济出版社 1990 年版，第 203 页。

⑤ 《中共中央北方局》资料丛书编审委员会编《中共中央北方局：抗日战争时期卷》上册，中共党史出版社 1999 年版，第 276—277 页。

准"，因此冀钞从发行之初到1943年，是保守而被动的。冀钞在发展的最初阶段多用于支付部队和财政用度，对生产发展的扶植远为不够。这种情况在1942年后有了扭转，冀南银行以冀钞贷出大量农业及手工业贷款，在一定程度上促进了农业以及家庭手工业、副业的发展。

在冀南银行刚成立时，边区金融十分混乱，日伪钞、法币、冀钞、鲁钞、土票、杂钞等各种钞票同时流通使用。这种情况不仅令根据地金融秩序混乱，更使其经济陷入无序。为确保晋冀鲁豫根据地本位币的独占发行，1940年7月冀南行政主任公署与太行、太岳两区抗日民主政府商定，确定冀南银行钞为冀南、太行、太岳三区的法定本位币。1940年8月1日，根据地成立冀南、太行、太原行政联合办事处（简称"冀太联办"），它的一项重要职责就是发行晋冀鲁豫边区的钞票。同年12月10日，冀太联办召开第二次专员、县长会议，作出《关于巩固冀钞的十项决定》，确定在1941年2月之前实现冀钞的一元化。具体措施包括以收买囤积的物资为发行准备，保证投资，发展农工商业，增加输出，增加对外汇兑，扩大贸易，平抑物价，建立兑换所对照所，增加冀钞基金，开源节流等。[1] 该决定通过扫清其他货币、确定发行物资准备等手段保证冀钞在晋冀鲁豫边区通货的唯一性。1941年5月10日和7月5日，冀太联办先后颁发《晋冀豫区禁止敌伪钞暂行办法》和《晋冀豫区保护法币暂行条例》，禁止根据地军民存有、使用敌伪钞票及汇票等，防止敌伪吸收、套换法币，奸商走私、操纵法币。[2] 通过对敌货币斗争，晋冀鲁豫边区冀钞一元化基本在1943年得以完成，敌伪币基本被肃清。

4. 其他货币

在华北抗日根据地还流通晋绥边区西北农民银行的西农币、山东根据地北海银行的北海币，以及晋冀鲁豫边区山东省西部抗日根据地鲁西银行的鲁钞等。

晋绥边区成立于1940年1月，于同年5月成立晋绥边区西北农民银行

---

① 参见中国人民银行河北省分行编《冀南银行》（全二册·1），河北人民出版社1989年版，第96—97页。

② 晋冀鲁豫边区财政经济史编辑组等编《抗日战争时期晋冀鲁豫边区财政经济史资料选编》第二辑，中国财政经济出版社1990年版，第713—714页。

并发行西北农民银行币（简称"西农币"）。西农币发行初期并非法定本位币，而只是用于解决流通手段不足问题的信用货币。由于没有明确宣布禁用白洋，部队机关解决冬衣问题时，动用了银行白洋基金，以致金融市场紊乱，白洋排挤西农币，成为主要货币。[①] 西农币不能发挥正常的职能，影响到根据地巩固与军民物质生活，因此晋绥行署于1941年2月宣布新的金融政策，以西农币为根据地唯一本位币，禁用伪币，银洋与法币只准储存但不得使用。西农币发行于晋西北根据地经济困难时期，在对抗日伪金融侵略过程中，它的本位货币地位逐渐巩固，为晋西北根据地经济发展提供了有力支持，也为抗战胜利发挥了积极作用。1947年9月，晋绥边区西北农民银行与陕甘宁边区银行合并，简称"西北农民银行"。

山东根据地的北海银行于1938年8月18日成立于胶东区，1939年初由于战况恶化，北海银行撤出原驻地后不再存在，同年又在胶东重新筹建。山东境内各游击区杂钞互不统属，故直到1942年时北海币才被山东分局财委会宣布为根据地唯一本位币。北海银行及其北海币的发行与流通，打破了日伪对根据地的经济封锁，扩大了物资来源，增加了山东根据地的收入。

晋冀鲁豫边区山东省西部抗日根据地于1940年3月成立鲁西银行，发行鲁西银行币（简称"鲁钞"）。1941年7月，鲁西区与冀鲁豫区合并，冀南银行冀鲁豫办事处并入鲁西银行，鲁西银行从此成为冀鲁豫边区的地方银行，合并前冀鲁豫区发行的冀钞和冀南农民合作社兑换券停止发行，逐步收回。[②] 除此之外，鲁西银行还兼边区东南部杂票的回收、整理工作，其流通地域范围以及发行量都没有超过冀钞。

（二）　华中华南各抗日根据地的货币发行

中国共产党领导下的华中根据地，由新四军所开辟，有苏中、淮南、苏北、淮北、鄂豫皖、苏南、皖中、浙东八大战略区。华南抗日根据地则有广东东江地区的广东人民抗日游击队东江纵队和海南岛五指山的琼崖抗日独立游击队。这些根据地发行和使用的货币也各有特点。

---

① 参见刘建生、刘鹏生等《山西近代经济史》，山西经济出版社1997年版，第903页。
② 参见姜宏业主编《中国地方银行史》，湖南出版社1991年版，第808页。

1. 苏中区的江淮银行币

苏中区位于江苏中部，是新四军第一师的活动区域。1940 年 11 月 1 日，中共中央作出《关于建立与巩固华中根据地的指示》，提出设立银行的构想。1941 年皖南事变后，中共中央华中局为自主发展经济，于当年 4 月成立江淮银行。江淮银行由新四军军部财经部筹建，总行设于盐阜区的盐城县，随后又筹建江淮印钞厂。该银行内部设营业、会计、秘书三科，其业务主要是印刷和发行江淮银行币（简称"江淮币"），开展对敌货币斗争。江淮银行成立后江淮币尚未印刷，故仍使用法币，在盐城本部和分支行处用间接方式办理汇往上海的汇款。1941 年七八月，由于敌人的扫荡，成立才三个月的江淮银行被迫随部队转移。反扫荡胜利后，根据地得到巩固和发展，江淮银行苏中分行改称江淮银行总行，受新四军第一师、苏中军区和苏中行政公署领导；总行以下，军分区和专员公署设支行；县和县级行署设办事处。[①] 1942 年 11 月 1 日，苏中行政公署发布《关于发行江淮银行钞票的布告》，颁订《苏中区发行江淮银行钞票及兑换法币暂行办法》，正式发行江淮币。江淮币以实物基金为准备，苏中行政公署以 1942 年苏中各县征起田赋粮食项下拨出粮食十万市担为实物基金。为解决筹码不足问题，江淮银行规定所属分支行可发行江淮银行总行的各种"抗币"，各地按规定发行的本票可与江淮币等价使用。江淮币主要流通于江都、宝应、高邮、兴化、泰兴、泰县、靖江、海安、如西、南通、东台、如皋、启东、海门等县的广大地区及江南苏中第五和第六分区。主要用于发放各项贷款、救济款、救灾款及以工代赈款；收购农副土特产品；收购外汇（中储券、法币、申票）和黄金、白银；党、政、军、民人员的经费开支；采购军需民用物资等。[②]

早在江淮币尚未发行之时，苏中区根据地已经依照中共中央"实行新的货币金融政策，保护法币，抵制伪钞，以便同敌人作货币斗争"[③] 的指示，禁止日伪货币的流入。太平洋战争爆发后，上海租界沦陷，法币在华中沦陷区被逐渐驱除，流通地位愈下，苏中区由于毗连淞沪，受到很大影响。随着日寇对苏中根据地进行军事和经济封锁，中储券也不断进入根据地。

---

① 参见姜宏业《中国金融通史》第五卷，中国金融出版社 2008 年版，第 153 页。

② 参见江苏省钱币学会编《华中革命根据地货币史》，中国金融出版社 2005 年版，第 40、191 页。

③ 李富春：《对抗日根据地财政经济政策的意见》，《共产党人》1941 年第 18 期，第 10 页。

"为抵制敌汪排斥法币，实施经济掠夺'以战养战'之阴谋毒计，以保护根据地广大人民之利益，坚持执行经济抗战之政策，除设立贸易局管理物资出口，奖励进口外，复于根据地设立银行，发行江淮银行钞票，票额分五角、一元、五元、十元四种。……事关抗战利益，与敌人作货币斗争，为争取最后胜利必要措施。务望各界人士，共喻斯首，如有拒绝使用或暗中破坏以及伪造等情事，显属违反法纪破坏抗战，一经举发或查觉，定即依法治罪从严惩处，不稍姑宽。除分别出令各抗日部队，各级政府，各地群众团体外，为特此布告周知。凡我抗日根据地各界人士仰即一体遵照。"①《苏中区发行江淮银行钞票及兑换法币暂行办法》规定："江淮票不论买卖交易、完粮纳税一律保证通用，并决定江淮票为苏中抗日根据地本位货币。""江淮票与法币为一对五元之比率（即江淮票一元等于法币五元），法币兑换江淮票即依此比率计算。""江淮票发行后，所订立之债权债务与各种契约以及政府所规定之司法及行政罚金与各种税率均以根据地本位货币江淮票计算之。"②随着发行量和环境的变化，其兑换比率的具体变化情况见表14－2。

表14－2　江淮币与法币兑换比率

单位：元

时间	江淮币	法币
1942 年 11 月	1	5
1942 年 12 月	1	8—10
1943 年 1 月—3 月	1	5
1943 年 7 月	1	9
1944 年 1 月	1	10
1944 年 10 月	1	50

资料来源：中国人民政治协商会议江苏省海门县委员会文史资料委员会编《海门县文史资料》第10辑，1991 年版，第120 页。

为了有效对抗敌伪货币，根据地党委在客观评估敌我力量的基础上，于1943 年 7 月末发出《关于伪币斗争问题给各级党委的指示》，指出"我们今

天只能提出适当的要求。把伪币泛滥横流的趋势加以阻止，使敌汪推行伪币的政策经常受到阻碍而不能顺利的实现"，"在伪币斗争中，我们既要反对上述过左的急性病，同时也要反对相当严重的麻木不仁的过右毛病"。同时提出对抗伪币的四点具体方略。第一，分期没收伪币，每期采取不同的限额。第二，充分发动政治攻势，有计划地散布和传播不利于伪币的消息，引起伪币在市场上的波动不安，并用各种方式来教育和组织群众不用伪币，坚决与伪币斗争，研究宣传斗争的方式方法。第三，"保证在斗争中更加提高我党在群众中政治威信，扩大我党的政治影响，使群众亲切体味到我们是关心群众的切身利益，是替他们的利益着想，因而与我们更加接近靠紧"。第四，"要督促各级政府将贸易管理局组织起来。贸易局一天不组织好，物资即一日不能统制管理，而伪币亦就一日不能拒绝内流"。① 因此，苏中抗日根据地与敌伪的货币战，是经济手段和政治宣传并举，在以江淮银行币回收、打击伪币的同时，充分利用政治攻势使人民坚定地排斥伪币、保护江淮币，并且通过加强贸易统制，阻止伪币的内流。1945 年 8 月 1 日，华中银行总行在盱眙建立，并于 8 月下旬开始发行华中币。不久之后，江淮币也被华中银行以华中币收回，江淮银行的使命遂告结束。

2. 苏北区的盐阜银行币

苏北区位于江苏北部，东起黄海，西至运河，南迄盐城，北抵陇海线。中共苏北区党委与苏北区军区成立于 1942 年，由黄克诚任区党委书记，分别建立盐阜区行政公署及淮海区专员公署。1942 年 4 月 10 日，在苏北盐阜区行政公署的领导下，以 50 万元暂定资本成立盐阜银行，并于 16 日开始营业。依照《盐阜银行章程》，盐阜银行的业务主要包括存款、工农业生产小本贷款及商业贷款、汇兑、代理信托、遵照政府规定发行地方流通券、代理政府金库、代理政府发行公债、其他呈准政府之业务等八项。该行最高权力机关为董事会，盐阜区行政公署主任及各处首长皆为董事，并以财经处长为董事长，负责主持该行业务。另设经理、副经理，之下分设业务、会计、出

---

① 《苏中区党委关于伪币斗争问题给各级党委的指示》，参见江苏省财政厅等合编《华中抗日根据地财政经济史料选编（江苏部分）》第二卷，档案出版社 1986 年版，第 96—97 页。

纳、发行、总务五科，各设科长一名，于各县各市镇设立办事处或代理处。① 但由于日伪的扫荡与清乡，除东坎办事处外，各县的机构并未设立起来。发放农贷，收兑金银、法币，均由当地财经、税务机关代办。盐阜银行币也只能流通于盐城、盐东、阜宁、阜东、建阳、射阳、滨海、涟东、淮安等苏北地区。

盐阜银行币是苏北区的本位货币，面值分为一角、二角、五角、一元、二元、五元、十元七种，与法币兑换率为 1∶5。由于纸币市场供给不足，1943 年盐阜银行增发了一种江淮银行钞票，1 元当盐阜银行币 5 元，折合法币 25 元，下印有"盐阜"二字，只在盐阜区通用。这种货币的发行对缓和市场货币供求矛盾起到了积极作用。1942—1943 年，根据地行署决定由盐阜银行发行一百元和二百元两种本票，分别折合法币五百元、一千元，一律通用于完粮纳税。截至 1946 年下半年，盐阜银行共计发行货币 6700 余万元。②

由于苏北区屡经敌伪扫荡，经济封锁严重，且中储券实力雄厚，苏北区政府根据敌我形势主要采取了以下措施。一是对于盐阜中心区域的敌伪货币，一律没收；对于黑市，尽量予以取缔。二是在边区和游击区，先是对敌伪货币采取没收和禁用政策；后为照顾边区、游击区人民，根据地在那些敌伪占优势的地区，对日伪货币主要采取抵制和限制的政策。三是为解除边区、游击区人民缴纳粮税的困难，同时为吸收一些伪币作为对外支付手段，根据地也贬值征收一些伪币。③ 在盐城、盐东、射阳一些充斥着伪币的接敌地区，在人民缴纳税收时，征收机关万不得已时可酌收伪币。四是采用"以伪制伪"的对策，即预先吸收相当数量的伪币在手，当伪币上涨或商人需要伪币较多时，就将伪币抛售出去，使伪币不能"行时"，当伪币跌价时，就牺牲一点公款，将手头的伪币一起抛出去，使伪币威信更快下降。④ 总之，盐阜银行的成立及盐阜银行币的发行，对保障根据地的经济独立、支持抗日物资

---

① 《盐阜银行章程》，参见盐城市金融志编纂委员会编《盐城市金融志》，中国金融出版社 1999 年版，第 383—384 页。

② 参见熊烈、戎东亚《盐阜银行币发行简述》，《中国钱币》1988 年第 4 期，第 46 页。

③ 参见江苏省钱币学会编《华中革命根据地货币史》，第 97—98 页。

④ 骆耕漠：《盐阜区两年来的货币斗争》，参见江苏省财政厅等合编《华中抗日根据地财政经济史料选编（江苏部分）》第二卷，第 346 页。

供给、保护人民财产发挥了很大作用。

3. 鄂豫皖根据地的货币发行

鄂豫皖根据地包括湖北中、东部，河南南部及安徽西部，主要位于三省交界处的大别山区，是在 1927 年 11 月黄安、麻城农民起义的基础上发展起来的，也是新四军第五师的活动区域。全面抗战初期，鄂豫皖根据地金融市场上流通有法币、军票、中储券、银元等，十分紊乱。1941 年 4 月，在京山向家冲召开的边区第二次军政代表大会上，根据地通过创办边区建设银行的提案。因为敌伪操纵金融，破坏法币信用，法币遭受种种限制，仅有最少数的几种能够在市面流通，其余大多不能使用，尤其是角票和一元的法币，已经破得不堪使用，而后方又不能大批运来接济，致使找零不便，商业萧条，物价高涨，生活成本日益提高。办事处成立之后，即以边区合作金库名义发行流通券数千元，在石板河一带行使，大受人民欢迎，流通范围颇广，而各县亦纷纷请求大量发行。"现在已经准备接受各方要求，组织正式的金融机构，大量发行此项流通券，以应各方的需要。"[①] 同时，边区建设银行成立并发行"建设币"。建设币主要有一元、二元、三元、五元及十元五种面额，发行之初，数量不大，准备金充分。广大人民对建设币的信任甚至超过法币，这一方面是由于边区政府受到群众的广泛信任，另一方面也是因为建设币的小额钞票弥补了法币辅币的不足。建设币发行流通之后，主要用于根据地的农业、商业贷款，支持生产和对抗日伪货币。

太平洋战争爆发后，日伪将沦陷区收兑的法币大量投放至鄂豫皖边区，妄图引起边区的通货膨胀。面对这一形势，1942 年 4 月鄂豫皖边区决定以建设币为本位货币大量发行，并对法币实施贬值，以加强对日货输入的抵制。但当时根据地的困难是"边币发行最少，现又发了五十万亦不能满足流通之需要，故一刻实难以统制通货市场。且发现大量敌印之伪边币，捣乱我金融。加以贸易统制我毫无基础，合作社及贸易局，可说无人主持"。因此，边区政府"拟将一部分法币打记号，作为边区流通工具以斩断我区与

---

① 鄂豫边区财经史编委会等编《华中抗日根据地财经史料选编——鄂豫边区、新四军五师部分》，湖北人民出版社 1989 年版，第 125 页。

敌据点及国民党区之来往，而利流通"。① 同时"动员党政军公营商店、合作社，收回笼之法币随时交给贸易局，向境外换物资，建立我边区的边币市场。在我货币占领市场后，组织商品供应，进一步稳定边币价值，巩固货币阵地"。② 至 1945 年，共发行相当于 1 亿 5000 万元法币的建设币，数目相当庞大。③

4. 皖江、淮北、浙东根据地的货币发行

皖江抗日根据地建立于 1940 年，1942 年成立皖江行政公署，管辖皖中、皖南两个专员公署。1943 年 6 月，皖江根据地成立大江银行，其主要任务是发行"大江币"，收兑日伪币和法币，代理金库，发放农业贷款和工商业贷款，配合货检、税收、外贸等部门调剂市场金融。大江币的发行原则为"三防一基金"，即"一防粗制滥造，盲目发行，印数须经区党委批准；二防与日伪法币混杂流通，须建立和巩固本位币阵地；三防日伪蒋造假。一基金即要有物资储备，是指分散存放在群众家里的粮食和集中在公企的食盐等"。④ 大江币分为一角、五角、一元、五元、十元、二十元等面额，至 1946 年为止，共发行 2000 万元。

淮北区位于安徽东北部及江苏西北部，是新四军第四师的活动区。1942 年 6 月初成立"淮北地方银号"，发行 8 种面额的抗币，流通于淮泗、泗县、铜陵、泗南及洪泽湖西北等地区。淮北地方银号的业务范围主要是代理金库，发行货币，开展低利贷款，吸收存款，外汇和硬币兑换，在特定情况下收购粮食、花纱布等。⑤ 至 1946 年，淮北区抗币发行总额为 4381 万元。

浙东区位于浙江东部，为新四军浙东支队的活动区域。浙东银行成立较晚，直到 1945 年 4 月抗战胜利前夕才设立。浙东银行的主要业务是发行浙东银行币，经理政府金库收支。中共中央华中局曾对发行浙东银行币做出指示：首先，确定其是抗日政府的本位货币，并在与法币联合同伪币斗争过程

---

① 鄂豫边区财经史编委会等编《华中抗日根据地财经史料选编——鄂豫边区、新四军五师部分》，第 320—321 页。

② 赵学禹：《鄂豫边区建设银行与边区经济建设》，《武汉大学学报》（社会科学版）1985 年第 3 期，第 60 页。

③ 参见林美莉《抗战时期的货币战争》，第 280 页。

④ 姜宏业主编《中国地方银行史》，第 824 页。

⑤ 参见姜宏业《中国金融通史》第五卷，第 150 页。

中要力争主动；其次，与法币之比价不宜过低，且在比价确定之后再定发行货币的面值与数量；最后，在浙东银行币发行后，必同时开展贸易管理，使货币斗争与贸易斗争相互配合并支持，以稳定物价，防止通货膨胀。[①] 1945年9月，浙东银行随着新四军浙东支队北撤而结束业务，仅仅存在了5个月。中共浙东区委和浙东行署决定，将浙东根据地内粮站仓库里的粮食、布匹等物资卖给人民群众，然后将收回来的抗币全部销毁，未收回的抗币在确认后仍可调换人民币。发行浙东银行币的主要目的并非打击伪币，而是建立属于自己的金融地盘，巩固在该区内的实力。

5. 华南琼崖纵队的货币发行

琼崖东北区政府成立于1941年11月，于1942年开始发行琼崖东北区抗日民主政府代用券，与法币、光洋等通货等价流通。发行代用券主要是为应对日寇扫荡与金融侵扰。1942年秋，日伪大规模扫荡琼崖根据地，为加强金融掠夺，横滨正金银行、台湾银行分别在海口、榆林、北黎、加积等市镇设立分支机构，滥发军票、伪钞，强迫农民拿光洋兑换伪钞，并压低国币价值。[②] 针对这种局面，根据地使用代用券与敌币进行斗争，这同时有助于缓解根据地的财政紧张，方便域内商品流通。琼崖东北区抗日民主政府代用券主要流通于海南文昌、琼山、澄迈、临高、澹县等地，面额先是一元，后加印五角、二角、一角。预期发行额为40万元，但受战争影响，使用地域并不广泛，只发行了20万元。1944年开始回收，但因深受民众爱护，有的被保存到海南解放后才拿出来兑换人民币。除琼崖东北区抗日民主政府代用券外，琼崖根据地还发行有临高县人民券、大众合作光洋代用券、西区专员公署光洋辅币券、琼崖临时政府光洋代用券等通货。

（三）根据地货币与法币、日伪币的关系

1. 各根据地货币与法币的关系

皖南事变之前，各根据地或以法币为主币流通，或使之与边币并行流通。日伪利用法币套购外汇，根据地也需要对境内的法币进行保护。"敌人

---

① 参见《浙江省金融志》编纂委员会编《浙江省金融志》，浙江人民出版社2000年版，第105页。
② 参见中国钱币学会广东分会等编《华南革命根据地货币金融史料选编》，广东省怀集人民印刷厂1991年版，第146页。

一则吸收中、中、交三行法币以购外汇，二则将中农票、山西土货兑换券跌价，甚至在太原一时完全拒用，以捣乱我方金融，并企图排此币至我区，以达到将我区法币（中、中、交）挤至敌区之目的。"① 日伪的经济强势和根据地经济的相对弱势是客观存在的事实，而我方货币金融体系的薄弱也决定了抵制日货输入不易，因此利用法币作为基金来对抗日货也就成为根据地的主要任务。"在根据地内以法币做基金，印行地方钞票，以代法币之流通，那么私人到敌区内购货，地方钞票是不可能的，必须到政府去调换法币，这时政府便可视其所要办之货物是否为根据地内所需要，而定调换与否，如是私人营业也便不能随便将不必要的仇货输入到根据地里面来了。"② 因此，当时各根据地的主要金融策略就是"保护法币，抵制伪钞，以便同敌人作货币斗争"。③ 在争取发展本位货币的同时，注意联合与保护法币，使之尽量避免流入沦陷区。

皖南事变之后，各根据地相继开始依靠自己所积累的货币发行经验，建立独立的货币金融系统，同时与法币进行斗争。由于历史原因，各根据地在货币发行之初都借助于法币，以 1 : 1 的比率流通。当法币膨胀贬值时，各解放区的货币不可避免地也要跟着贬值。一旦自己掌握了大量物资，力量得到了充实，就设法使货币摆脱同法币的固定联系，其货币价值的稳定，主要依靠物价的稳定来维持，使自己的货币拥有完全独立自主的地位。④ 当然，由于各边区根据地本身存在差异，它们对法币的限制与禁止的具体步骤不尽相同。如地处抗日后方的陕甘宁边区，抗战初期曾以法币为最主要货币，至皖南事变之后始发行边币禁用法币；晋察冀边区最先以边币、法币及诸杂土钞币并行流通，后来逐渐整理，到皖南事变之后完全脱离对法币的依附。

在根据地禁止法币流通的过程中，也有一些地区未能彻底贯彻这一政策，导致在沦陷区已经出现严重贬值的法币，仍然在根据地具有很高的购买力。1942 年 5 月，山东根据地开展对法币的斗争，但对停用法币的意义认识不足，各方面工作不够完善，导致第一次排斥法币策略失败。1943 年 7

---

① 《边区的财政经济》，《解放》1938 年第 51 期，第 24 页。

② 谈锋：《从抵制仇货谈到抗日根据地的生产与贸易问题》，《西线》第 2 卷第 8 期，1939 年，第 9 页。

③ 李富春：《对抗日根据地财政经济政策的意见》，《共产党人》1941 年第 18 期，第 10 页。

④ 参见姜宏业主编《中国地方银行史》，第 734 页。

月，展开第二次排斥法币的工作，中共山东分局先后发出《关于对敌货币斗争的指示》和《关于停用法币的指示》，指出"货币斗争在某些地区的失败，首先由于不调查市场供求规律，用感情代替政策，其次由于官僚主义，单纯依靠政府法令，不知动员自己支配下的一切力量，不顾民众的利益，不解决商人的困难"，"党的领导机关，必须亲自来研究这个问题，亲自来组织和领导这个货币斗争工作"。[①] 这次行动有了很大成效，但依旧未能彻底驱离法币。后经 1944 年的第三次排斥法币行动，才获得完全成功。

华中各抗日根据地对法币的斗争，则是"随着军事政治形势的变化而采取相应的政策"。华中各区由于受日寇长期扫荡，在抗战初期并未设立银行，或虽已设立而未及发行货币，故仍以法币为主。太平洋战争爆发后，由于法币在华中优势地位的动摇，各区便从 1942 年起纷纷发行抗币。1942 年 6 月，汪伪政府在沦陷区先后禁用法币，法币大幅贬值，使华中各根据地人民遭受到极大损失。面对这一情况，苏北抗日根据地银行除增加货币发行量外，还采取了三项措施：将票面 1 元的根据地货币当作法币 5 元使用；对 13 种大宗出口物资实行易货办法；停用中国农民银行钞票，只限用中央银行、中国银行、交通银行三家银行法币。[②] 随着 1943 年反扫荡的结束，华中各根据地对法币的限制进一步加强，在根据地内税款的征收和贷款的回收一律使用本币而不得使用法币，使法币的价格一再被压低，其所占市场日趋压缩。

2. 各根据地货币与日伪币的关系

由于联银券的发行时间长、流通区域广，除陕甘宁边区外，华北各根据地几乎皆有流通。各根据地针对伪币的基本斗争方式，分为阵地斗争与比价斗争两种。阵地斗争，是根据地本位币在占领各自市场，巩固自身信用的同时排斥联银券。"在新根据地，阵地斗争的任务主要是肃清伪币和使用本币占领市场；在巩固地区，则是保证本币单一的流通；在边沿区和游击区则是尽可能压缩敌币市场和扩大本币市场；在暂时退却的地区，则是如何保持货币阵地不被敌人完全摧毁，防止本币急骤向中心区集中等等。"[③] 比价斗争，

---

① 姜宏业：《中国金融通史》第五卷，第 194—195 页。
② 参见中国人民银行编著《中国共产党领导下的金融发展简史》，中国金融出版社 2012 年版，第 83 页。
③ 贾秀岩、陆满平：《民国价格史》，中国物价出版社 1992 年版，第 325 页。

是通过运用比价变动，保证根据地货币的对外购买力，摆脱法币和伪币贬值给根据地经济带来的影响。比价斗争不仅可以阻止敌伪低价抢购根据地物资，同时能够以有利价格向沦陷区购买必需品。

虽然华北各区皆流通有冀钞，但由于受到封锁分割，不得不采取分区流通的方法，在票面上加有"太行""太岳""平原"等地区字样，规定不得跨地区流通使用。抗战初期，各边区对货币斗争的长期性、复杂性认识不足，"对伪联银券同边区经济和边区人民生活的关系认识不足，只是从政治上着眼……因此，对伪联银券的斗争着重于使用行政力量，一律拒用，限期禁止流通"。[1] 尤其是 1939 年 2 月日伪在沦陷区强制推行联银券一元化、驱除法币之后，根据地也相应地严厉禁止在域内携带、使用、私相授受伪币，否则以汉奸罪论。这虽然使根据地本币地位得以巩固，在一定时期内扩展了本币流通市场，但在与敌伪的长期拉锯战中，边区不可避免地会与伪币发生联系，一部分边区人民也不得不在一定情况下使用伪币。若持续强行采取行政手段，不仅会损害边区部分被迫使用联银券民众的利益，更不利于弥补敌人扫荡根据地造成的本币币值下降的损失。鉴于以上情势，晋冀鲁豫边区于1942 年改变斗争策略，变行政打击为经济管制，除解除伪币流通禁令外，还以经济手段对之加强管制与利用。具体包括：汇价管理，即以联银券为"外汇"进行管理；进出口贸易管制，即将进出口货物分为奖励、许可、限制、禁止等类区别对待，由政府统一组织输出输入；市场管理，即采取措施变分散交易为集中交易等，从而更有效地打击伪币、维护本币。

抗战初期，在晋察冀根据地，边币与法币等并行流通，起到了共同抵御伪币联银券的作用。"不管敌人发多少伪钞，我们边区的广大群众却是反对使用伪钞，拥护我们的法币和边区政府的钞票的。所以边区的存在，和边区钞票的发行，是伪币跌价的最大原因。""敌人也曾用了不少的方法来破坏我们的钞票，如看见我们的法币和边区银行的钞票，就扯毁或焚烧，甚至用打折扣的方法，使法币跌价，结果都没有用处，最后，甚至伪政权也用起我们的钞票来了。这证明了只要我们的政策好，我们是可以与敌人在敌后进行

---

①　袁远福主编《中国金融简史》，中国金融出版社 2005 年版，第 183 页。

胜利的经济战争的。"① 当时的斗争方式，一是深入宣传伪币的敌对性质；二是控制市集，组织教育牙纪，使之保证以边币计价，并在棉花市、牲口市等登记成交付款中保证使用边币，逐渐增加其成数等，从而为边币的独立发行打下了良好的基础。

随着日寇对根据地进行疯狂扫荡，边币渐弱，日伪联银券渐强。除市场缩小之外，晋察冀根据地的贸易活动也使边币对联银券的比价出现下跌趋势。同时，在打击伪币过程中，也暴露出一些不足和问题，"在打击伪钞过程中没有把组织工作赶上去，表现松懈，合作社、集委会、兑换所等，在打击伪钞过程中没按要求建立健全起来，行政与经济工作脱节，货币力量使用上有的用打击伪币专款作机关生产，用边钞换伪币去作买卖，还有的单纯收买物资把款推出去，把掌握物资弄成囤积物资，对（使）边币购买力也受到些影响"。根据地对联银券的情报工作掌握也并不完善，对"我区情况及时搜集研究汇报不够，以致内部比值、物价、伪钞活动情形到今还不能做到具体了解，因而不能对奸商票贩暗行伪钞作有效的打击"。② 尽管存在诸多局限性，但整体上而言，华北各根据地对联银券的斗争还是取得了不错的效果，"敌人所发行的伪联合银行及朝鲜银行华北分行等四万万元以上的钞票，只能在敌占的几个大城市或据点内强迫使用，一离开那里，就完全成为废纸；它使敌人（除了军事掠夺以外）不能用伪钞从我根据地及游击区买得一粒米，一束柴，因而给了敌人'以战养战'的阴谋以重大的打击"。③

在华中各根据地，抗币与中储券的斗争更为复杂，各地对待中储券的方略依时期和区域等情况也存在很大不同。大体上，在抗日根据地内，对伪币一律没收，严格取缔黑市。在边沿区和游击区，则从实际出发，对小额中储券暂时不加没收，以免给这些地区的人民生活增加困难，但严格禁止内流，限期肃清。具体而言，在苏中区，为进行与中储券的竞争，根据地实施的是控制对沦陷区贸易以及管理物资的手段，先行对粮食及其他必需品进行严密

---

① 聂荣臻：《晋察冀边区工作的经验》，《八路军军政杂志》第 2 卷第 5—8 期合刊，1939 年，第 56 页。

② 中共河北省委党史研究室编《冀中历史文献选编》（中），中共党史出版社 1994 年版，第 433—434 页。

③ 郭洪涛：《论敌后抗日根据地的政治、经济、文化的建设（续）》，《解放》1941 年第 123 期，第 22 页。

管理。在管理已见成效的地区开始完全禁用伪币，在不能完全禁用伪币的地区，则须根据具体情形将伪币价格逐步压低。[①] 虽江淮币与中储券处于竞争地位，但根据地也并非完全排斥后者，在打击中储券的同时，也利用中储券取得给养。在苏北区，由于受日伪经济封锁严重，该区主要将取得的中储券作为给养，同时利用法币打击中储券。在鄂豫皖边区，最初流通有法币、军票、中储券以及银元，1941 年建设币发行之后，与法币同时流通。建设币最先与军票进行斗争，其方法是在边区各地成立合作社，规定在合作社购物、缴纳农业税时不得使用军票。虽然对中储券也始终进行抵制，但却没有完全禁止。1945 年初，该区内中储券对法币持续贬值到只有 40%，直到抗战结束时中储券才被彻底驱离。

总之，中国共产党领导下各根据地的货币发行不仅在抵制日伪金融侵略方面发挥了很大作用，而且对发展根据地财政，为抗日军队提供财力支持，保障最终胜利做出了不可磨灭的贡献。

---

① 参见江苏省财政厅等合编《华中抗日根据地财政经济史料选编（江苏部分）》第三卷，档案出版社 1986 年版，第 267 页。

第 十 五 章
总　结

　　货币是一种具有完全流动性的金融资产，货币制度不仅决定了货币政策的效果，而且也是一国经济和金融发展的基础。近代中日货币战争从 19 世纪末日本殖民势力进入中国开始，一直延续至抗日战争结束。其对抗形式、采用的策略及其效果在很大程度上由当时的货币制度所决定。

一　竞争性货币市场

　　近代时期西方各国主要使用黄金作为货币，而中国则从明代中叶完成货币白银化，19 世纪初期各国先后改行金本位制，中国货币仍然主要以白银为基础。由于中国政府建立统一的本位货币制度的失败和中央银行制度发展的滞后，为应对贵金属白银货币供给的不足和现银交易的不便，大宗商品交易和区域经济发展不得不完全依赖于各地商人团体或行会组织所建立的关系网络和信用体系，这是晚清时期区域性货币市场发展和竞争性货币市场形成的制度基础。

　　近代中日货币对抗从我国东北地区开始，在九一八事变前东北一直是中日货币争夺的核心区域。1890 年前，东北对外贸易几乎全部经上海转口，外商还基本无法直接参与对东北的贸易。19 世纪 90 年代，特别是中日甲午战争前后，日本对营口的贸易才开始逐渐扩大。但直到 19 世纪末之前，相继侵入中国的俄日金融机构，仍然无力改变中国内贸形成的交易和支付体制，出于赢利和降低交易成本的考虑，反而不得不积极利用营口与上海间汇兑机制以求扩大对本国的贸易。由于外商和外国机构难以理解华商的信用特征，也不理解当时中国商业的风险何在，这为他们最初介入东北商业设置了很大障碍，他们不得不选择直接嫁接在当地信用体系上营业，这很容易引起华商与外商之间的矛盾。此后，日本逐渐展开对东北经济特别是大豆贸易的调查，开始致力于讨论如何获取东北贸易的主导权。随着外资银行，尤其是横滨正金银行提供的汇兑机制，以及日商的活动嵌入，加上清廷统治的衰落和日本殖民势力的入侵，营口乃至整个东北原有的商业贸易和支付机制逐渐遭到破坏。

早在日俄战争时期，日本利用军事占领和军管发行军票并企图废除过炉银制度，同时对上海与营口的汇市和货币交易市场进行干预。日俄战争之后，虽然营口也处于日本的势力范围之内，但由于以营口与辽河流域为主体的地区的豆货集散体制有着极为精致的构造，其集散功能可通过期货市场与货币及汇兑市场上相互联系的金融与商品交易而实现。由于其支付功能采用无形的信用交易，其实物交易要求熟练运用多形态、多商品、多币种、多期限的交易组合，以及往返运输、商品赊购、账面处理等与集散地及产地活动组合而成的综合成本体系，拥有不同货币体系、投资方式、成本核算方法的外商长期无法理解和适应这一体系。从而使日本对东北的政策转向"扶植大连、抑制营口"的方向，实行扶植大连与安东、打压营口的经济和交通政策。日商也大量进入中国，在不平等条约的保护下，以大连和满铁附属地市场为中心争夺东北的贸易权益。

日俄战争后，面对日本的金融入侵，盛京将军赵尔巽出资设立奉天官银号，铸造和发行以小洋为主的金属铸币和小洋票，形成日本金融资本、东北地方政府和民间商业行会之间对货币发行权的争夺和博弈格局。官银号的设立不仅是为了从列强手中回收货币发行权，也包含压制民间金融机构及其货币发行，改由政府统一发行货币的意图。随着东北地区贸易中心的变化，过炉银等民间货币的辐射范围大大缩小，各种中外货币的广泛流通和外国势力的介入，特别是日本的干涉，过炉银制度等民间货币制度的演变与以往相比呈现完全不同的特征。民间货币逐渐开始依附于官方发行的货币，而无法保持自身的独立性，但因各方势力互相抗衡与博弈，以过炉银制度为代表的民间货币制度并没有很快走向消亡，而是在一定范围内得以延续。1918—1919年的西义顺破产风波标志着官方对金融市场管理的强化，过炉银作为一种民间货币逐渐走向衰落。西义顺银炉破产案的发生、破产救济、政府监管和过炉银制度的衰落，也从一个侧面反映了近代竞争性货币市场的运行及民间货币的最终命运。因此，到北洋政府时期，虽然货币市场的多方博弈和竞争仍然在继续，但地方军阀和日本金融资本相对于民间货币逐渐取得优势，而民间货币（如镇平银、过炉银等）都先后被替代或废止。

在东北地区，直到九一八事变前，各种货币仍然处于相互交织、竞争的态势。在东北南部以沈阳为中心主要流通奉票和官方货币，吉林主要流通的也是官方货币吉林官帖，但在长春除官帖外，金票、钞票、奉票、现大洋、哈大洋票、圆银和元宝银等货币也都通行无阻。在安东、营口、盖平等地区，在很长一段时期内，仍然以镇平银、过炉银、抹银等民间货币为主要交易媒介。在大连和南满铁路附属地区以日系货币为主导，经历了由日本军用手票到横滨正金银行钞票，再到朝鲜银行金票的过程。

二　货币本位之争与币制统一

在上述竞争性货币市场背景下，中国的币制改革提案早在19世纪八九十年代就已出现，在近40年的时间里，一直存在着各种提案和围绕提案的争论，主要包括金本位、金汇兑本位、银本位、金银复本位等不同的制度主张。从清末开始，外国列强就试图通过币制借款来"帮助"中国实现货币改革和币制统一，进而瓜分中国金融和经济权益。日本最初是作为列强诸国银团中的一员参与联合贷款，随着局势的变化，日本逐渐开始寻求独占中国市场，在货币金融领域挤占其他国家的利权。1917—1918年，日本试图通过"西原借款"和《金券条例》控制中国的财政金融，并以金本位制为目标，在中国发行和流通与日圆等价的纸币，使中日货币一体化。但这次由日本主导的币制借款和《金券条例》因遭受多方抵制和列强干涉而无法实行，日本全面控制中国金融的野心归于失败。

1928年，南京国民政府在全国财政会议上决定，暂且实行废两改元，确立银本位制，之后再逐步采用外汇金本位制的币制改革方针。1933年，国民政府实行了废两改元，确定银本位制度，将货币的制定、铸造、管理等权力收归中央政府，促进了币制的统一。1934年，国民政府为应对美国的白银政策，采取一系列措施，如禁止依据外汇市场来结算标金交易，征收白银出口平衡税，对汇率市场进行管理，给中央银行增资，强化政府对中国银行及交通银行的支配权，大大增强了其对金融市场的统治力。1935 年 11月，实施管理货币制度，进行法币改革。这次币制改革得到了英、美两国的支持，但直接激化了与日本的矛盾，遭到其有预谋的排击和破坏。日本军部及中国驻屯军一面压制国内外舆论，宣扬币制改革必定失败的论调；一面阻止华北白银的南运，积极策动华北金融独立。试图通过舆论、外交、军事几方面的压力，迫使国民政府放弃币制改革，接受日本"援助、指导"，重新进行币制改革。形势的发展和日方干预、对抗的不断升级，最终推动了战事的发展，将局部抗战带向全面抗战。

另外，日本殖民势力进入中国东北以来，也一直存在金银货币制度的对立和矛盾，面对采用何种货币制度的问题，不仅在中日之间，而且在日方不同利益团体之间也始终存在矛盾和冲突，日本政府长期在对华货币政策上摇摆不定。日俄战争后，日本最初计划以横滨正金银行发行的银本位钞票争夺东北币制主导权，但受到了殖民机构关东都督府与满铁的抵制，后来逐渐转变为以朝鲜银行发行的金票推行金本位货币制度的策略。与此同时，日本政府试图在大连交易所强行推行金本位货币，却遭到来自各方的压力与抵抗，很快又退回金银货币并行。随着日本军国主义的兴起，日本政府逐渐认识到，单纯依靠市场竞争无法统一东北地区的货币，只有进行金融统制才能统一货币，并与朝鲜和日本的货币相一致，达到其经济侵略的目的。

金银本位制的实施与争论是近代日本对华货币政策的集中体现，近代日本对华货币政策的几次转变，都是伴随着金银本位的此消彼长而展开的。其焦点主要为以下三个方面：其一，是采用金本位制，还是银本位制；其二，是一举以金本位制货币强制统一，还是在承认当地货币多样性的基础上分阶段实现统一；其三，应如何对待中国传统金融机构。表现为金融资本家通过经济手段争夺贸易、金融主导权的目标，与产业资本及侨民中小资本希望以政治军事行动迅速获取殖民地的目标的冲突，反映了对华采取直接殖民化经济政策还是间接殖民化经济政策的对立。在这一过程中，日本方面在金银本位制的选择问题上多次反复，呈现银本位—金银本位并行—金本位—银本位的态势。在日本确立了金本位和在其殖民地朝鲜实行金本位的背景下，日本国内开始出现在中国东北地区推行金本位的声音，但这一要求遭到了银本位派的强烈反对。日本政府在各方压力下逐渐采取双本位的措施，希望能够在竞争中寻找有力的解决方案。随后，在日本"民主化"的大背景下，代表中小工商业者的利益，实施直接殖民化经济政策的主张逐渐占上风，日本也由此开展了一系列强制推行金本位的实践，但招致各方的反对，不仅在政策实施效果上打了折扣，也加剧了货币市场的混乱，进而使得日本产生强行全面统制金融的动机。

在伪满洲中央银行成立以后，日本迅速采取措施，统制东北地区的货币金融。但由于国际经济形势的动荡，在货币政策与货币本位方面再次发生论争，实质上也是前一阶段未解决问题的延续。作为金银本位争论的结果，满银券采用的是以白银为价值基准的不兑现纸币制度，但为了消除白银和纸币之间的价差，最初实行的是允许任意兑换现银的办法，以保障新货币的可信度。通过对银块和上海汇兑的买卖操作，致力于消除市场上钞票、白银和满银券纸币之间的价差，以保持货币价值的稳定。

1934 年 6 月美国国会通过购银法案，导致银价上涨和物价下跌，伪满洲国当局决定和上海两脱钩，有计划地在关内收购白银，并积极向华北地区进行货币金融渗透。1935 年 11 月发布《汇兑管理法》，在伪满洲国全境，实施汇兑管理政策；禁止对满银券、金票和钞票进行投机买卖；对购买外国货币和外汇以及向国外汇款进行限制；禁止买卖现大洋和现小洋；限制外国货币的流入；限制金银的出口和运送。1935 年 11 月，国民政府实施法币改革，从银本位转换为汇兑本位。在这一背景下，日伪政府不仅推行汇兑管制，全面禁止金银自由流通；而且发表声明，达成维持日圆和满银券汇率等价、统一伪满洲国货币等协议，即通过《日满汇兑等价协议》将满银券正式纳入日圆货币体系。至此，满银券从形式上脱离银本位基础，变为和日圆等价挂钩的货币，满银券被纳入日圆货币体系，从而在经济金融领域也实现了日本对伪满洲国的控制和占领。

三　货币兑换与汇率冲击

从 19 世纪 70 年代开始，主要资本主义国家先后仿效英国采用金本位货币制度，到一战前的这段时间被认为是金本位货币制度最为稳定的时期。近代中国的货币主要以白银为基础，不仅各地通用白银货币具有不同的"平、色、兑"，而且还有铜钱、各种不同的信用货币。竞争性货币市场和多种货币同时流通造成了非常复杂的货币兑换关系，日本在中国发行的钞票、金票及其他银行券等日系货币仅仅是在当时的竞争性货币市场中加入新的货币因素，使得汇兑行市更加复杂。

从理论上来看，在金属本位时代，贵金属的实际价值决定了其所属货币的实际汇率，而市场供求则决定了其名义汇率。由于存在市场套汇机制（输金点、输银点），实际汇率和名义汇率虽然在短期内可能发生偏离，但长期来看名义汇率会围绕实际汇率进行波动。然而，在实际的经济运行中，汇率的决定和变化机制可能非常复杂：一是因为金银生产率的不同、市场需求的不同，其实际价值会不断变化；二是从金属储备到金银本位货币的制度设计的不同和政策变化也会对名义汇率和实际汇率产生冲击。按照著名的开放经济政策"三角难题"，一国不能同时保持开放的资本市场、固定汇率，并实施独立的货币政策（如增加货币供给）。一个政府只能选择完成其中的任何两个目标，但不能完成全部三个目标。在近代，资本市场是开放的，由金属货币价值决定的汇率是固定汇率。因此，主要资本主义国家只能选择通过关税政策、"封金"政策、部分放弃金本位甚至完全放弃金本位来实施其货币政策，保护本国经济。

1916 年的奉天兑换危机和 20 世纪 20 年代的奉票问题，就是中日之间围绕纸币兑换问题的直接交锋，其本质则是日系货币与中国地方政府的信用货币之间的市场竞争。兑换危机以中方的完全停兑而结束，并对日本在东北推行日系货币政策形成强有力的制约。兑换危机和奉票问题的解决是中日多方共同博弈的结果，同时受国际金银比价的冲击和影响。第一次世界大战期间，主要资本主义国家（包括日本）为应对危机，纷纷采用"封金"政策，禁止现金（黄金）自由流动，同时铸造银辅币作为货币补充，不仅使得金本位在世界范围内向不兑现本位发展，也在一定程度上影响了黄金的国际市场价格，使得金银比价出现短期下跌。金跌银涨使得小洋票和大洋票逐渐强势，而日本金票则由强转弱，日本在兑换问题上从攻势转入守势。20 世纪 20 年代后，各国陆续采取"金解禁"政策，重新允许黄金自由流动，金银比价又开始重新上涨（金涨银跌）。20世纪20年代奉票问题的直接原因是奉票发行过量和奉系军阀战争的失败，但其与日本的货币金融冲突则同时受国际金银比价的影响。如1926年4月，受银价暴跌余波影响，哈大洋票惨跌，金票大有取代哈大洋票之势，东省特别行政区长官为排斥金票，发表重要训令，公布哈大洋票维持办法，引起重大争议。

总体来看，在北洋政府时期，日本向中国政府提出诸如维持奉票与金票的行市、聘请日本人做顾问以及成立中日合资银行等诉求，并试图通过金融渗透和货币竞争来获取在中国的权益，但由于受货币制度和汇率冲击，这些措施都没有达到日本政府所预期的效果。1929年的大萧条动摇了世界金本位格局，对使用金本位货币的日本经济及我国东北地区的经济造成了严重冲击。使得刚刚在1930年1月进行"金解禁"的日本，又不得不在1931年底完全放弃金本位货币制度。受美国白银收购法案的冲击，中国政府也于1935年进行了法币改革。中日两方货币都摆脱了金属本位和固定汇率的制约，通过货币政策来动员经济资源的能力大大增强，其货币对抗也更为激烈。

四　战时的货币政策与资源争夺

全面抗战爆发后，日本先以朝鲜银行券、横滨正金银行券等日本银行券和军票为军费支付工具，军需品则从伪满洲国和日本本土跟进运送。但随着战争的深入，这些货币无法满足日军的需求，无法起到"作战货币"的作用，日本政府和军方不得不在中国沦陷区扶植建立伪银行并发行蒙银券、联银券、华兴券、中储券等伪币，逐步回收日本银行券和军票。虽然这些银行完全由伪政府出资和管理，日本人仅仅担任顾问，但实际上其自身并没有任何自主权。一方面，日本将伪币与日圆通过等价兑换加入日圆集团，成为与伪满央行相同的殖民地金融机构；另一方面，通过与日本银行签订共同存款协议，当日方需要资金时，只要在伪银行日圆存款账户上进行登记，就可以随意支取伪币，作为军费，从而使得伪银行完全沦为日本侵华的帮凶和工具。

除直接从伪银行获取军费外，日本还强制贬低法币对伪币的汇率、设立外贸银行渗入贸易结算、套取法币换取外汇资金。从七七事变至 1939 年 6 月 7 日，日本共夺取国民政府约 250 万英镑的外汇储备，同时通过"汇兑集中制"在华北获得大约 120 万英镑的巨款。日伪政府还企图用伪币回收法币，禁止法币流通来直接使法币崩溃。日军还在 1939 年成立专门的机构杉机关，进行法币的伪造工作，太平洋战争爆发后又利用在香港接收的纸币印刷工厂制作"真法币"，投入沦陷区与中国统治地区接壤的地区抢购物资。总之，在全面抗战初期，与正面的军事战争类似，日本在货币战中也处于攻势，中国政府则处于守势。但是，虽然日本通过套取法币和统制汇兑获得了大量外汇资金，但其直接崩溃法币、摧毁中国"经济抗战"的目标却远远没有实现。中国政府虽然在有限开放市场、维持币值稳定的过程中损失了大量法币和外汇，但在很大程度上维护了法币信用和人民对法币的信心，在租界、农村和黑市中，法币始终保持着对日伪货币的优势，从而为动员资源，进行长期抗战奠定了良好的金融基础。

1939 年底，按照 1939 年 12 月的汇价，将各类日伪货币折算成法币，其流通总额大约为 5.56 亿元，仅占中国地区货币总量的 15% 左右。和沦陷区的各项指标占全国的比例（比如工业生产额为 94%、工厂数为 92%、煤炭生产为 86%、耕地面积为 47%、棉花生产为 61% 等）相比，日伪货币总量所占比例大体上只和沦陷区面积占全国面积的 16% 相当。[①] 尽管日本通过设立伪银行，发行伪币和军票，甚至制造假币掠夺了大量物资，但就中日双方的货币战争进程而言，日方并没有完全占据优势。

1940 年 9 月 27 日，德日意三国缔结同盟条约，日本与英美等国的国际关系急剧恶化，日本开始采用两项策略：一是动员所有外汇储备，在上海市场套现，用来获取所需物资；二是设立特别日圆账户，以应对美元丧失结算通货后的外汇结算，建立以日圆为主导的贸易圈，通过中国市场强制囤积物资。随着对美英开战的临近，日本"强化国防经济的自给自足"，急迫地"通过中国筹集物资"，不仅在中国筹集法币，还从日本国内调集资金抢购物资。1941 年 12 月太平洋战争爆发后，日圆和英美货币之间的联系被切断，日本进一步通过外汇管制建立以日圆为中心的"大东亚金融圈"。"共

---

① 相关数据参见東亜研究所編『支那占領地経済の発展』、13—17 頁。

荣圈建立的经济意义一是要增加东亚各国地区贸易额，在必需物资方面调剂有无，同时更重要的是使用日圆进行结算。""中国各地区货币的发行准备必须使用特别日圆或者金圆……各地区之间的结算或者收支账户平衡关系调整也要根据特别日圆进行。"[①] 但日方自身所定汇率和价格的扭曲，以及中国政府所采取的对抗策略，一定程度上阻碍了日本对中国地区的物资掠夺。例如，如果以 1936 年批发价格指数的平均值为 100，1940 年 12 月各地区批发价格指数为东京 160、天津 409、上海 567、新京（长春）233，这导致"物资朝着物价高昂地区流动"，相当于日本"特意向地方运送了物资"。当时黄金 1 两的价格行情在日本国内为 15 日元，朝鲜为 20 日元，满洲为 50日元，华北为 70 日元，上海为 80 日元，于是从日本、朝鲜向满洲、华北、上海"大量进行黄金走私"。[②]

随着战争进程的进一步发展，到 1943 年初，日本为从中国沦陷区筹集战略物资并直接转嫁军费负担，开始推行"以战养战"的货币政策，通过扶持伪政权建立的"日中一体化"金融圈被抛弃，日本将军费筹集方法直接更改为"从当地金融机构借入作战费"。截止到 1945 年 2 月末，借入款项换算成日圆共筹集联银券 51 亿日元、中储券 206 亿日元、南发券 111 亿日元，款项合计达到了 368 亿日元，是日军侵华战争、太平洋战争临时军费特别会计年收入额 1733 亿日元的 21%。其中，1943 年、1944 年联银券和中储券合计借款分别为 36 亿日元、221 亿日元，分别占到了当地军费支出额 43亿日元、278 亿日元的 85% 和 79%。[③]

中储券等伪币的通货膨胀成倍加速，出现"最恶性的通货膨胀"，给沦陷区人民带来了深重灾难。1943 年华中和华南的军费支出总额达到 176 亿元，相应地，中储券发行量也从 48.7 亿元增加 4 倍，达到 245.8 亿元。同时，上海的物价如果以 1936 年为 100，1943 年 3 月的物价为 6772，1944 年3 月为 34070，正好同比上涨 4 倍。[④] 随着日本为在中国沦陷区收集物资而滥

---

① 企画院研究会『国防国家の綱領』、124 頁。

② 参见外務省通商局『朝鮮・満洲よりの金密輸出事情報告』（1940 年 7 月）、国立公文書館アジア歴史資料センター、B09040535700。

③ 参见多田井喜生編『続・現代史資料 11 占領地通貨工作』、lx—lxi 頁。

④ 参见多田井喜生編『続・現代史資料 11 占領地通貨工作』、945—950 頁。

发货币，以中储券为代表的伪币 1943 年以 4.2 倍、1944 以 6.3 倍、1945 年上半年以 4.3 倍的速度增发，所以出现最严重的通货膨胀，伪币信用逐渐崩溃。1942 年中储券兑法币的价格为 100 元兑 200 元，但在 1944 年 1 月变为 100 元兑 123 元，10 月为 100 元兑 69 元，在香港则是 100 元兑 33 元，法币对中储券重新取得优势。[①] 中储券和联银券等伪币逐渐被驱逐，流通范围越来越小。中日之间的货币战争逐渐出现了攻守转换，也预示着正面战场的军事抗战必然会取得胜利。

纵观整个抗战时期，国民政府在抗战初期主要采取临时性的紧急金融管制措施维持法币的稳定，之后逐渐强化战时金融机构管理，有目的地制定了一系列计划措施对日伪货币进行反击，以维持币值、防止套购、利用租界维持贸易、在贸易结汇中反渗透、开放市场吸引走私为主。太平洋战争后，进一步采取全面的战略物资管制和破坏日伪币信用等手段予以对抗。中国共产党领导下的根据地发行了一系列"边币""抗币"，按照各个根据地的具体状况采用灵活多样的合作和斗争方式，不仅在抵制日伪金融侵略方面发挥了很大作用，而且为发展根据地财政、根据地开展独立自主的抗战提供了财力支持，并最终取得了对日货币战争的全面胜利。

综上所述，通常意义上的货币战争是指资本主义国家或集团之间，在货币领域为争夺世界市场及金融霸权而展开的斗争。而近代中日货币战争，并不完全等同于一般意义上两国之间的货币战争，而是在近代特定的政治经济背景下，围绕货币和金融领域展开的一场侵略与反侵略的对抗和斗争。先后经历了晚清时期的东北贸易和货币主导权的冲突，清末至 20 世纪 30 年代前的围绕奉票兑换、货币市场竞争和币制借款等问题的相互博弈，20 世纪 30 年代围绕币制统一和法币改革的相互斗争，以及全面抗战时期围绕摧垮或动员"抗战经济力"的对抗等四个阶段。尽管在各个时期有不同的形式和内容，但各个阶段之间都存在着内在的密切联系，构成了一个长期持续的历史过程，反映了近代商业、贸易和产业政策背后的国际货币金融对抗，战时经济背后的货币和金融策略。近代中日货币战争的具体形式、策略及其效

[①]　深井英五『密院重要議事覚書』、421 頁。

果在很大程度上由当时的货币制度所决定。虽然当前的货币制度与近代已经有所不同，但总结历史上中日货币战争的表现和规律，为我们深入理解中国当前与其他国家之间的贸易竞争、货币金融竞争的历史源泉，制定人民币的国际化策略，以及处理国际金融和贸易关系等都提供了有益的历史借鉴。

参考文献

中文文献

（一）著作（含译著、文集和资料汇编等）

〔美〕查尔斯·威维尔：《美国与中国财政和外交研究（1906—1913）》，张玮瑛、李丹阳译，社会科学文献出版社1990年版。

〔美〕费正清、费维恺编《剑桥中华民国史（1912—1949年）》（下卷），刘敬坤等译，中国社会科学出版社1994年版。

〔美〕弗雷德里克·V. 斐尔德：《美国参加中国银行团的经过》，吕浦译，商务印书馆1965年版。

《淮阴市金融志》编纂委员会编《淮阴市金融志》，中国金融出版社2006年版。

《武汉金融志》办公室、中国人民银行武汉市分行金融研究室编《武汉近代货币史料》，武汉地方志编纂委员会办公室1982年版。

《武汉金融志》办公室、中国人民银行武汉市分行金融研究所编《武汉银行史料》，武汉金融志编写委员会办公室1987年版。

《浙江省金融志》编纂委员会编《浙江省金融志》，浙江人民出版社2000年版。

《中共中央北方局》资料丛书编审委员会编《中共中央北方局：抗日战争时期卷》上册，中共党史出版社1999年版。

安慧编《梦幻石头城：汪伪国民政府实录》，团结出版社1995年版。

毕匡克（A. W. Pinnick）：《银与中国》，褚保时、王栋译，商务印书馆

1933 年版。

财政部财政年鉴编纂处编《财政年鉴第三编（1948 年）》（下册），财政部财政年鉴编纂处 1948 年版。

财政部钱币司编《币制汇编》，北洋政府财政部 1919 年版。

财政科学研究所、中国第二历史档案馆编《民国外债档案史料》，档案出版社 1990 年版。

陈安仁：《中日战时经济之比较》，中华正气出版社 1943 年版。

陈晋文：《对外贸易与中国现代化》，知识产权出版社 2010 年版。

重庆市档案馆、重庆市人民银行金融研究所合编《四联总处史料》（上），档案出版社 1993 年版。

独立出版社编《中日货币战》，独立出版社 1939 年版。

鄂豫边区财经史编委会等编《华中抗日根据地财经史料选编——鄂豫边区、新四军五师部分》，湖北人民出版社 1989 年版。

高平叔、丁雨山：《外人在华投资之过去与现在》，山西人民出版社 2014 年版。

国民出版社编《中日货币战》，国民出版社 1939 年版。

何孝怡编《东北的金融》，中华书局 1932 年版。

洪葭管：《中国金融通史》第四卷，中国金融出版社 2008 年版。

洪葭管主编《中央银行史料（1928.11—1949.5）》上卷，中国金融出版社 2005 年版。

侯树彤：《东三省金融概论》，太平洋国际学会 1931 年版。

黄美真主编《日伪对华中沦陷区经济的掠夺与统制》，社会科学文献出版社 2005 年版。

吉林省金融研究所编《伪满洲中央银行史料》，吉林人民出版社 1984 年版。

贾士毅等编《抗战与财政金融》，独立出版社 1939 年版。

贾士毅编纂《民国财政史》，商务印书馆 1917 年版。

贾秀岩、陆满平：《民国价格史》，中国物价出版社 1992 年版。

江苏省财政厅等合编《华中抗日根据地财政经济史料选编（江苏部分）》第二、三卷，档案出版社 1986 年版。

江苏省钱币学会编《华中革命根据地货币史》，中国金融出版社 2005 年版。

江苏省政协文史资料委员会编《汪伪政权内幕》，《江苏文史资料》编辑部 1989 年版。

姜宏业：《中国金融通史》第五卷，中国金融出版社 2008 年版。

姜宏业主编《中国地方银行史》，湖南出版社 1991 年版。

晋冀鲁豫边区财政经济史编辑组等编《抗日战争时期晋冀鲁豫边区财政经济史资料选编》第一、二辑，中国财政经济出版社 1990 年版。

居之芬主编《日本对华北经济的掠夺和统制——华北沦陷区经济资料选编》，北京出版社 1995 年版。

雷慧儿：《东北的豆货贸易（1907—1931 年）》，台湾师范大学历史研究所 1981 年版。

林美莉：《抗战时期的货币战争》，台湾师范大学历史研究所 1996 年版。

刘慧宇：《中国中央银行研究（一九二八——一九四九）》，中国经济出版社 1999 年版。

刘建生、刘鹏生等：《山西近代经济史》，山西经济出版社 1997 年版。

陆坚心、完颜绍元编《20 世纪上海文史资料文库》第 2 册，上海书店出版社 1999 年版。

陆仰渊、方庆秋主编《民国社会经济史》，中国经济出版社 1991 年版。

马寅初：《马寅初全集》第十卷，浙江人民出版社 1999 年版。

马寅初：《通货新论》，商务印书馆 2010 年版。

彭真：《关于晋察冀边区党的工作和具体政策报告》，中共中央党校出版社 1981 年版。

清营口银行编辑《东盛和债案报告十六卷》卷一，商务印书馆 1908 年版。

曲振涛、张新知：《外国货币侵华与掠夺史论（1845—1949）》，中国财政经济出版社 2007 年版。

陕西省档案馆、陕西省社会科学院编《陕甘宁边区政府文件选编》第三辑，陕西人民教育出版社 2013 年版。

上海市档案馆编《日本在华中经济掠夺史料》，上海书店出版社 2005 年版。

沈泓：《民国纸币收藏与投资》，安徽美术出版社 2011 年版。

四联总处秘书处编《四联总处文献选辑》，四联总处秘书处 1948 年版。

宋佩玉：《抗战前期上海外汇市场研究（1937.7—1941.12）》，上海人民出版社 2007 年版。

孙宝根：《抗战时期国民政府缉私研究（1931—1945）》，中国档案出版社 2006 年版。

孙瑞芹译《德国外交文件有关中国交涉史料选译》第三卷，商务印书馆 1960 年版。

汪敬虞：《外国资本在近代中国的金融活动》，人民出版社 1999 年版。

王芸生编著《六十年来中国与日本》第七卷，生活·读书·新知三联书店 1981 年版。

魏宏运主编《民国史纪事本末》第 5 册，辽宁人民出版社 1999 年版。

吴承明编《帝国主义在旧中国的投资》，人民出版社 1955 年版。

吴冈编《旧中国通货膨胀史料》，上海人民出版社 1958 年版。

吴景平等：《抗战时期的上海经济》，上海人民出版社 2001 年版。

西北五省区编纂领导小组、中央档案馆编《陕甘宁边区抗日民主根据地》（文献卷·下），中共党史资料出版社 1990 年版。

邢建榕：《非常银行家——民国金融往事》，东方出版中心 2014 年版。

徐世昌撰《东三省政略》，台湾文海出版社 1965 年版。

许涤新、吴承明主编《中国资本主义发展史》（第二、三卷），人民出版社 2003 年版。

许毅主编《从百年屈辱到民族复兴——北洋外债与辛亥革命的成败》，经济科学出版社 2003 年版。

严中平等编《中国近代经济史统计资料选辑》，科学出版社 1955 年版。

盐城市金融志编纂委员会编《盐城市金融志》，中国金融出版社 1999 年版。

杨培新编著《旧中国的通货膨胀》，生活·读书·新知三联书店 1963 年版。

殷汝耕编《冀东防共自治政府成立周年纪念专刊》（上、下卷），伪冀东防共自治政府 1936 年版。

袁远福主编《中国金融简史》，中国金融出版社 2005 年版。

翟文选、臧式毅、王树枏等编纂《奉天通志》，1934 年刊本。

张辑颜：《中国金融论》，商务印书馆 1930 年版。

张锡昌等：《战时的中国经济》，科学书店 1943 年版。

章立凡选编《章乃器文集》（上、下卷），华夏出版社 1997 年版。

郑伯彬：《日本侵占区之经济》，资源委员会经济研究室 1945 年版。

中共河北省委党史研究室编《冀中历史文献选编》（中），中共党史出版社 1994 年版。

中国第二历史档案馆、中国人民银行江苏省分行等合编《中华民国金融法规档案资料选编》，档案出版社 1989 年版。

中国第二历史档案馆编《中华民国史档案资料汇编》第三辑金融，江苏古籍出版社 1991 年版。

中国第二历史档案馆编《中华民国史档案资料汇编》第五辑第二编财政经济，江苏古籍出版社 1997 年版。

中国国民经济研究所编《中外经济年报》（民国二十八年），台湾文海出版社 1939 年版。

中国钱币学会广东分会等编《华南革命根据地货币金融史料选编》，广东省怀集人民印刷厂 1991 年版。

中国人民银行编著《中国共产党领导下的金融发展简史》，中国金融出版社 2012 年版。

中国人民银行河北省分行编《冀南银行》全二册，河北人民出版社 1989 年版。

中国人民银行陕西省分行、陕甘宁边区金融史编辑委员会编《陕甘宁边区金融史》，中国金融出版社 1992 年版。

中国人民银行上海市分行编《上海钱庄史料》，上海人民出版社 1978 年版。

中国人民银行总行参事室编《中华民国货币史资料（第一辑）》，上海人民出版社 1986 年版。

中国人民银行总行参事室编《中华民国货币史资料（第二辑）》，上海人民出版社 1991 年版。

中国人民政治协商会议江苏省委员会文史资料研究委员会编《江苏文史资料选辑》第十三辑，江苏人民出版社 1983 年版。

中国银行行史编辑委员会编著《中国银行行史（一九一二—一九四九）》，

中国金融出版社 1995 年版。

中国银行总管理处编《东三省经济调查录》，台湾文海出版社 1987 年版。

周佛海：《周佛海日记全编》，中国文联出版社 2003 年版。

周宪文、孙礼榆：《抗战与财政金融》，商务印书馆 1938 年版。

朱佩禧：《寄生与共生：汪伪中央储备银行研究》，同济大学出版社 2012 年版。

邹宗伊：《中国战时金融管制》，财政评论社 1943 年版。

左治生主编《中国财政历史资料选编》第十一辑（北洋政府部分），中国财政经济出版社 1987 年版。

（二）近代报刊

《“华兴商业银行”发行之回顾》，《银行周报》第 25 卷第 30 期，1941 年。

《安定金融补充办法》，《金融周报》第 4 卷第 7、8 期合刊，1937 年。

《巴黎金融界奇现象将成国际金融市场》，《东三省官银号经济月刊》第 2 卷第 2 期，1930 年。

《北京特别通信——金券条例难以实行》，《申报》1918 年 8 月 17 日。

《边区的财政经济》，《解放》1938 年第 51 期。

《财部令禁制钱铜料出口》，《商业月报》第 19 卷第 3 号，1939 年。

《财部令禁随带银币银类出口》，《商业月报》第 19 卷第 3 号，1939 年。

《财政部规定购买外汇请核办法》，《中央银行月报》第 7 卷第 3 期，1938 年。

《财政部货运管理局组织规程》，《广东省政府公报》1943 年第 931 期。

《查禁敌货条例》，《立法院公报》1938 年第 98 期。

《查禁敌货条例第二条第一项第三款敌货表（第五次）》，《黄岩县政府公报》1941 年第 18 期。

《查禁敌货条例第二条第一项第三款敌货表（第八次）》，《潭风》第 1 卷第 2 期，1941 年。

《查禁贩卖仇货及行使伪钞》，《广东省政府公报》1939 年第 445 期。

《大连交易所金建变更之影响》，《中外经济周刊》1924 年第 45 期。

《大连交易所金银两本位并用》，《新闻报》1923 年 10 月 27 日。

《大连强行金建之呼吁》，《四民报》1921 年 12 月 17 日。

《大连日官之暴横——因金本位问题驱逐华人》，《新闻报》1921 年 5 月
21 日。

《第七次查禁敌货条例第二条第一项第三款敌货表》，《湘桂周刊》1941
年第 122 期。

《东三省商会反对金建》，《新闻报》1922 年 1 月 13 日。

《妨害新法币治罪暂行条例》，《国民政府公报》1941 年第 149 号。

《非常时期管理银行暂行办法》，《经济建设季刊》1942 年创刊号。

《废两改元问题面面观》，《银行周报》第 16 卷第 27 期，1932 年。

《废两改元问题之具体化》，《银行周报》第 16 卷第 29 期，1932 年。

《废两用元之先决问题》，《银行周报》第 12 卷第 16 期，1928 年。

《废止军票新规发行实施要纲内容》，《中联银行月刊》第 5 卷第 3 期，
1943 年。

《奉天财政金融状况》，《银行周报》第 3 卷第 49 期，1919 年。

《奉天金建问题解决》，《顺天时报》1921 年 10 月 8 日。

《附录：营口炉银最近情形的调查》，《东三省官银号经济月刊》第 1 卷
第 6 期，1929 年。

《各业表示始终拥护法币——银钱同业一致拒收杂钞》，《申报》1941
年 1 月 7 日。

《各业讨论废两改元问题》，《银行周报》第 16 卷第 31 期，1932 年。

《各银行调剂辅币券恐慌》，《银行周报》第 23 卷第 48 期，1939 年。

《关金兑换券发行办法》，《银行周报》第 15 卷第 16 期，1931 年。

《关于新杂钞商界立场严正：态度坚决一致不予推行》，《申报》1941
年 1 月 19 日。

《广东中央银行之改组》，《银行周报》第 13 卷第 20 期，1929 年。

《广州湾改用中储券本位》，《银行周报》第 27 卷第 21、22 期合刊，
1943 年。

《哈埠日本金票地位动摇》，《银行周报》第 8 卷第 17 期，1924 年。

《沪市辅币券绝无缺乏之理》，《申报》1941 年 9 月 2 日。

《华北"集中汇兑制度"之转变与现状》，《东亚经济月刊》第 1 卷第 4
期，1942 年。

《华兴银行的失败》，《国际通讯》1940 年第 10 期。

《冀东伪行钞票大批到津》，《银行周报》第 21 卷第 38 期，1937 年。

《冀东伪组织滥发伪钞币》，《银行周报》第 21 卷第 11 期，1937 年。

《江阴辅币恐慌》，《金融周报》第 9 卷第 17 期，1940 年。

《节营号报告书》，《中国银行业务会计通信录》1915 年第 5 期。

《金建问题最近经过情形》，《银行月刊》第 1 卷第 11 期，1921 年。

《金涨风潮华商之影响》，《东三省官银号经济月刊》第 2 卷第 3 期，1930 年。

《金涨银跌与对外贸易影响贸易平衡变化之危险》，《东三省官银号经济月刊》第 2 卷第 3 期，1930 年。

《晋察冀边区政府工作的成就——从边区行政委员会成立起》，《解放》1939 年第 91、92 期合刊。

《禁运资敌物品条例》，《立法院公报》1938 年第 98 期。

《军部干政的危机》，《敌情研究》1939 年第 14 期。

《军票废止新发行》，《大道月刊》第 1 卷第 4 期，1943 年。

《可怖可惊之（满）（鲜）一贯新政策》，《东三省官银号经济月刊》第 1 卷第 3 期，1929 年。

《联银之汇兑集中制度》，《东亚经济月刊》第 1 卷第 2 期，1942 年。

《辽宁财政厅管理营口炉银暂行章程》，《东三省官银号经济月刊》第 1 卷第 3 期，1929 年。

《民国廿三年会计年度及该期以后财政情形报告》，《统计季报》1936 年第 8 期。

《南京之货币现状》，《中外经济拔萃》第 4 卷第 7、8 期合刊，1940 年。

《轻质铜元充斥原因》，《民国日报》1921 年 4 月 23 日。

《日本对华之贸易政策颇缓和》，《东三省官银号经济月刊》第 2 卷第 4 期，1930 年。

《日本金解禁对于商业之影响》，《东三省官银号经济月刊》第 2 卷第 4 期，1930 年。

《日本浪人偷运铜元一览》，《国讯》1937 年第 160 期。

《日本三井银行将在大连设立支行，银行界受影响竞争或趋激烈》，《东三省官银号经济月刊》第 1 卷第 6 期，1929 年。

《日本银行数减》，《东三省官银号经济月刊》第 1 卷第 8 期，1929 年。

《日商银行收买法币企图捣乱决难成功》，《申报》1938 年 11 月 21 日。

《日人伪造我国纸币案》，《申报》1915 年 9 月 21 日。

《日拓殖省之荒谬处置》，《东三省官银号经济月刊》第 1 卷第 3 期，1929 年。

《日英美三国物价之比较》，《东三省官银号经济月刊》第 2 卷第 12 期，1930 年。

《日正金银行又收束两支行》，《东三省官银号经济月刊》第 3 卷第 3 期，1931 年。

《上海方面之抚顺煤销路全停顿》，《东三省官银号经济月刊》第 2 卷第 1 期，1930 年。

《十年来我国重要财政设施》，《中央日报》第 1 卷第 6 期，1937 年。

《势在必行之废两改元问题》，《银行周报》第 16 卷第 30 期，1932 年。

《私运铜元及各种铜料出口禁令之重颁》，《中国国民党指导下之政治成绩统计》1936 年第 3 期。

《台湾银行调查录（一）》，《银行周报》第 2 卷第 49 期，1918 年。

《外部对大连金本位之抗议》，《钱业月报》第 1 卷第 6 期，1921 年。

《外汇平准基金浅释》，《妇女新运通讯》第 3 卷第 9、10 期合刊，1941 年。

《伪组织吸收津东现金》，《银行周报》第 19 卷第 15 期，1935 年。

《我国对日债务之调查》，《东三省官银号经济月刊》第 1 卷第 5 期，1929 年。

《我国外汇平准基金之演进》，《财政评论》第 6 卷第 1 期，1941 年。

《新法币流通普遍，中储行存户日增》，《北华月刊》第 2 卷第 1 期，1941 年。

《新辅币券发行：汇丰银行尽量兑与同业》，《申报》1941 年 1 月 15 日。

《信不信由你：华北法币涨价》，《血路》1938 年第 28 期。

《因银价低落日本对华贸易完全停顿》，《东三省官银号经济月刊》第 2 卷第 1 期，1930 年。

《银本位币铸造条例》，《立法专刊》1933 年第 8 期。

《银价暴落结果在日侨商衰落，灯消火灭冷落景象大阪商会长谓不用维持》，《东三省官银号经济月刊》第 2 卷第 1 期，1930 年。

《银价跌落下日煤进口减，开平等煤畅销》，《东三省官银号经济月刊》

第 2 卷第 2 期，1930 年。

《银价落声中日本生丝大受打击》，《东三省官银号经济月刊》第 2 卷第 3 期，1930 年。

《银价研究之一般》，《东三省官银号经济月刊》第 2 卷第 9 期，1930 年。

《英使通令英侨禁用现银》，《商业月报》第 15 卷第 11 期，1935 年。

《营口炉银归卯规则》，《银行周报》第 3 卷第 2 期，1919 年。

《营口炉银制竟被废除》，《黑白半月刊》第 1 卷第 3 期，1933 年。

《营口整理炉银新条例》，《中国银行通信录》1920 年第 57 期。

《在华北金融经济复兴中之中联银行业务概况》，《侨声》第 1 卷第 6 期，1939 年。

《战时争取物资办法大纲》，《经济建设季刊》第 1 卷第 2 期，1942 年。

《整理货币暂行办法》，《外交公报》1941 年第 25 期。

《整理旧法币条例》，《国民政府公报》1942 年第 337 号。

《中储券与旧法币变更换算率》，《银行周报》第 26 卷第 19、20 期合刊，1942 年。

《中国币制改革与日本》，《大公报》1935 年 11 月 11 日。

《中国联合准备银行亟图确立华北金融新体制》，《内外经济情报》第 8 卷第 12 期，1942 年。

《中国逐渐采行金本位币制法草案及理由书大要》，《东方杂志》第 27 卷第 16 号，1930 年。

《中交沪分行不收杂钞》，《申报》1941 年 2 月 1 日。

《中央储备银行法》，《社会部公报》1941 年第 15 号。

《周财政部长为规定国税一律收用新法币发表谈话》，《中华法令旬刊》第 2 期第 11 号，1941 年。

《总裁言论：关于友邦协助中国联合准备银行》，《中储行报》1943 年第 12 期。

《昨日各团体外交联合会之议案》，《北京益世报》1922 年 2 月 8 日。

蔼庐：《关金券与金本位》，《银行周报》第 15 卷第 15 期，1931 年。

蔼庐：《大连金建问题》，《银行月刊》第 1 卷第 6 期，1921 年。

蔡世勋译《日本经济生活总计算（续）》，《东三省官银号经济月刊》

第 2 卷第 11 期，1930 年。

陈柏青：《最近日本对华经济侵略之积极》，《东三省官银号经济月刊》第 3 卷第 2 期，1931 年。

成绪：《重庆市之废两改元》，《银行周报》第 14 卷第 50 期，1930 年。

褚绳武：《日本与吾东三省经济上之关系》，《东三省官银号经济月刊》第 1 卷第 5 期，1929 年。

崔尚辛：《伪中国联合准备银行》，《全民周刊》第 1 卷第 20 号，1938 年。

大民：《目前东省金融之整顿方策》，《东三省官银号经济月刊》第 1 卷第 2 期，1929 年。

大民：《物价涨落之原因及其调节之方策》，《东三省官银号经济月刊》第 2 卷第 11 期，1930 年。

戴魁三：《改造辽宁金融市场组织以期彻底整理省钞议》，《东三省官银号经济月刊》第 1 卷第 4 期，1929 年。

调查股：《去年十二月内银价暴落之回顾》，《东三省官银号经济月刊》第 3 卷第 1 期，1931 年。

调查股：《日本财政经济现状之一般》，《东三省官银号经济月刊》第 2 卷第 11 期，1930 年。

调查股：《日本金融界紧缩政策之根本情势》，《东三省官银号经济月刊》第 2 卷第 11 期，1930 年。

调查股：《日本政友会经济调查委员报告之摘要》，《东三省官银号经济月刊》第 2 卷第 10 期，1930 年。

冯忠荫：《中国联合准备银行在华北金融统制上之重要性》，《中联银行月刊》第 6 卷第 5、6 期合刊，1943 年。

高岗：《抗战四年来陕甘宁边区的建设》，《解放》第 131、132 期合刊，1941 年。

高尚仁：《一年来中国的金融问题》，《中国公论》第 4 卷第 4 期，1941 年。

龚家麟：《论"华兴券"之发行前途及对策》，《东方杂志》第 36 卷第 21 号，1939 年。

顾义：《营口炉银及银炉之状况并维持之意见》，《银行周报》第 4 卷第

1 期，1920 年。

顾祖德：《东省金融整顿刍议》，《东三省官银号经济月刊》第 1 卷第 4 期，1929 年。

郭洪涛：《论敌后抗日根据地的政治、经济、文化的建设（续）》，《解放》1941 年第 123 期。

侯树彤：《废两改元与币制改革前途（续）》，《大公报》（天津版）1932 年 7 月 26 日。

胡小米：《战时安定金融办法的检讨》，《国闻周报》第 14 卷第 49 期，1937 年。

黄亚东口述、汪毅久整理《营口炉银的沿革》，《东三省官银号经济月刊》第 1 卷第 6 期，1929 年。

黄卓：《论战时物资通货与物价》，《中央银行经济汇报》第 5 卷第 3 期，1942 年。

霍维周：《整顿东省金融的根本方策》，《东三省官银号经济月刊》第 1 卷第 4 期，1929 年。

籍茜斋：《整理东北金融的彻底方法》，《东三省官银号经济月刊》第 2 卷第 4 期，1930 年。

江干之译《日本在中国使用军票之回顾（续）》，《经济月报》第 2 卷第 5 期，1944 年。

晋笙：《金钞之现势》，《东三省官银号经济月刊》第 1 卷第 3 期，1929 年。

李耳：《最近之日本军用票维持办法》，《银钱界》第 4 卷第 7、8 期合刊，1940 年。

李富春：《对抗日根据地财政经济政策的意见》，《共产党人》1941 年第 18 期。

李权时：《军票停发与中国币制》，《申报月刊（复刊）》1943 年第 4 期。

黎小生：《安东之货币市场》，《中东经济月刊》第 8 卷第 6 期，1932 年。

廉泉：《非常时期安定金融办法》，《中山周报》1937 年第 143 期。

林泉清：《奉票问题之一考察》，《东三省官银号经济月刊》第 1 卷第 4 期，1929 年。

刘凤文：《五年来我国金融货币的改革》，《时事月报》第 16 卷第 3 期，

1937 年。

刘锡龄：《抗战胜利后敌伪钞券之清理》，《财政评论》第 18 卷第 2 期，1948 年。

卢洪量：《日本对华中军用票之措施》，《日本评论》第 1 卷第 4 期，1940 年。

马寅初：《废两改元问题》，《银行周报》第 16 卷第 27 期，1932 年。

马寅初：《我国银本位应放弃乎？抑应维持乎？》，《大公报》1935 年 6 月 5 日—8 日。

马寅初：《银价低落与人民生活之关系》，《东三省官银号经济月刊》第 2 卷第 4 期，1930 年。

马寅初：《银价跌落救济问题》，《东三省官银号经济月刊》第 2 卷第 3 期，1930 年。

聂荣臻：《晋察冀边区工作的经验》，《八路军军政杂志》第 2 卷第 5—8 期合刊，1939 年。

漆琪生：《论外汇平准基金》，《建设研究（月刊）》第 5 卷第 3 期，1941 年。

钱大章：《沦陷区敌军用票之收回与伪中储券之跌价》，《金融知识》第 3 卷第 1 期，1944 年。

史亚肇：《辽宁金融激变之原因》，《东三省官银号经济月刊》第 1 卷第 1 期，1929 年。

史亦闻：《日本推行"华兴券"计划之检讨》，《东方杂志》第 36 卷第 17 号，1939 年。

释庐：《记财部安定金融新办法》，《商业月报》第 19 卷第 7 号，1939 年。

谈锋：《从抵制仇货谈到抗日根据地的生产与贸易问题》，《西线》第 2 卷第 8 期，1939 年。

王恒智：《银价暴跌问题述要》，《东三省官银号经济月刊》第 2 卷第 4 期，1930 年。

王廉之：《中国可实行通货膨胀政策乎？》，《大公报》1935 年 6 月 13 日。

王元黉：《东三省官银号之沿革》，《东三省官银号经济月刊》第 1 卷第 1 期，1929 年。

许性初：《对日经济战之前瞻》，《财政评论》第 4 卷第 1 期，1940 年。

杨成章：《东三省日本经济势力之概况及其今后之新计划》，《东三省官银号经济月刊》第 2 卷第 4 期，1930 年。

杨尔理译《华北物价的检讨》，《经济汇报》第 1 卷第 4 期，1939 年。

杨一：《整顿东省金融之实际方法》，《东三省官银号经济月刊》第 1 卷第 4 期，1929 年。

姚孟年：《东北金融之危机及其救济方法》，《东三省官银号经济月刊》第 1 卷第 4 期，1929 年。

邮政储金汇业局：《中华民国二十四年度邮政储金汇业事务年报》，《银行周报》第 21 卷第 5 期，1937 年。

张素民：《法币在公开市场的三度贬值》，《自修》1939 年第 73 期。

张素民：《怎样解决币制问题》，《文化建设月刊》第 1 卷第 4 期，1935 年。

张一正译《"中国联合准备银行"设立的意义》，《文摘》1938 年第 15 期。

郑铁如：《征收白银出口税之我见》，《宇宙旬刊（香港）》1934 年创刊号。

直心译《奉天华银行兑换问题沿革》，《东三省官银号经济月刊》第 1 卷第 3 期，1929 年。

直心：《无限制定价作汇对奉票之影响及奉票之根本整顿方策刍议》，《东三省官银号经济月刊》第 1 卷第 2 期，1929 年。

周启邦：《中央造币厂之沿革》，《中央银行月报》第 4 卷第 10 号，1935 年。

周舜莘：《战后东北币制之整理》，《东北经济》第 1 卷第 1 期，1947 年。

周宪武：《当地信托会社之营业近况》，《东三省官银号经济月刊》第 1 卷第 1 期，1929 年。

朱广心：《华北的伪币"新体制"与我国法币》，《时代批评》1939 年第 20 期。

朱胜愉：《海关金单位计算法之今昔》，《银行周报》第 19 卷第 15 期，1935 年。

朱偰：《世界通货战争之现阶段及中国应取之对策》，《东方杂志》第 32 卷第 13 期，1935 年。

竹溪：《最近金银价大变动的研究》，《东三省官银号经济月刊》第 2 卷第 4 期，1930 年。

（三）当代期刊

柴田善雅、单冠初：《日本帝国主义在中国占领地的金融活动》，《党史研究与教学》1989年第2期。

曹大臣：《论日本侵华时期的军票政策》，《江海学刊》2001年第6期。

陈建智：《抗日战争时期国民政府对日伪的货币金融战》，《近代史研究》1987年第2期。

戴建兵：《抗战时期的中日货币战》，《党史文汇》1995年第1期。

戴建兵：《抗日战争时期国民政府货币战时策略初探》，《抗战史料研究》2012年第1期。

董爱玲：《汪伪中央储备银行成立原因探析——兼论日本占领华中初期的通货政策》，《求索》2012年第8期。

姜宏业：《四联总处与金融管理》，《中国经济史研究》1989年第2期。

李安庆：《伪中国联合准备银行浅析》，《历史档案》1984年第1期。

李祥瑞：《抗日战争时期的陕甘宁边区银行》，《西北大学学报》（哲学社会科学版）1985年第3期。

李宗远：《中日债务——析战前日本财阀对华经济侵略》，《抗日战争研究》2009年第2期。

齐春风：《抗战时期大后方与沦陷区间的法币流动》，《近代史研究》2003年第5期。

魏明：《论北洋军阀官僚的私人资本主义经济活动》，《近代史研究》1985年第2期。

吴景平：《抗战时期天津租界中国存银问题——以中英交涉为中心》，《历史研究》2012年第3期。

夏良才：《清末币制实业借款的几个问题》，《学术月刊》1986年第2期。

熊烈、戎东亚：《盐阜银行币发行简述》，《中国钱币》1988年第4期。

燕红忠：《本位与信用：近代中国白银货币制度及其变革》，《中国经济史研究》2019年第6期。

燕红忠、高宇：《清末时期的过炉银危机与制度调整》，《中国经济史研究》2017年第2期。

杨荣绅、杨帆：《简论边币与法币的同时流通》，《近代史研究》1987年第 5 期。

杨荣绅：《对边币和法币同时流通的历史回顾》，《理论月刊》1986 年第 11 期。

姚会元：《探研日本侵华战争中的货币战》，《福建论坛》（人文社会科学版）2015 年第 9 期。

曾业英：《日本对华北沦陷区的金融控制与掠夺》，《抗日战争研究》1994 年第 1 期。

张天政：《上海银行公会与国民政府对日伪的货币金融战》，《抗日战争研究》2005 年第 4 期。

张新知：《伪中国联合准备银行及其发行的货币》，《江苏钱币》2013年第 3 期。

张燚明：《抗战期间国民政府对中共晋察冀边币的应对与处理》，《抗日战争研究》2014 年第 2 期。

赵学禹：《鄂豫边区建设银行与边区经济建设》，《武汉大学学报》（社会科学版）1985 年第 3 期。

赵学禹：《抗日战争时期日寇的货币侵略》，《武汉大学学报》（社会科学版）1989 年第 2 期。

郑会欣：《试析战时贸易统制实施的阶段及其特点》，《民国档案》2005年第 3 期。

日文文献

（一）日文书籍（含资料汇编等）

中山経済研究所『時局下に顕れ隠れた金融界の旧人や新人』集美堂印刷所、1944。

安冨歩、深尾葉子編『「満洲」の成立——森林の消尽と近代空間の形成』名古屋大学出版会、2009。

安冨歩『「満洲国」の金融』創文社、1997。

阪谷芳直『三代の系譜』みすず書房、1979。

閉鎖機関整理委員会編著『閉鎖機関とその特殊清算（一）』クレス出版、2000。

参謀本部編『杉山メモ』上、原書房、1994。

柴田善雅『占領地通貨金融政策の展開』日本経済評論社、1999。

朝鮮銀行編『大連取引所建値問題經緯』朝鮮銀行東京調査部、1922。

朝鮮銀行編『鮮満経済十年史：朝鮮銀行創業十周年紀念』朝鮮銀行、1919。

朝鮮銀行調査局編『奉天支那銀行兌換問題沿革』朝鮮銀行調査局、1917。

朝鮮銀行調査課編『法幣を繞る支那経済の動向』朝鮮銀行調査課、1939。

朝鮮銀行史編纂委員会編『朝鮮銀行略史』朝鮮銀行史編纂委員会、1960。

朝鮮銀行史研究会編『朝鮮銀行史』東洋経済新報社、1987。

赤松祐之『昭和十年の国際情勢』日本国際協会、1936。

川村得三『蒙疆経済地理』叢文閣、1941。

滝川政次郎編著『日文新民六法全書』（蒙疆法規）、新民印書館、1939。

大蔵省編『明治大正財政史』第 15 巻、財政経済学会、1938。

大蔵省編『戦時財政金融史』大蔵省大臣官房調査企画課、1978。

大蔵省大臣官房財政経済調査課編『法幣制度と日支事変』大蔵省大臣官房財政経済調査課、1939。

旦睦良、池永省三『満洲通貨及金融』上巻、満洲日日新聞社、1912。

島田俊彦、稲葉正夫編『現代史資料 8　日中戦争（一）』みすず書房、1964。

東京銀行編集『横浜正金銀行全史』第 1 巻、東京銀行、1980。

東京銀行編集『横浜正金銀行全史』第 4 巻、東京銀行、1982。

東京銀行集会所調査課編『国民政府の戦時金融対策』東京銀行集会所、1939。

　　東京銀行集会所調査課『満洲の財政・金融・物価』東京銀行集会所、1942。

　　東亜同文会編纂『清国商業綜覧』第二巻、東京丸善株式会社、1906。

　　東亜問題調査会編『蒙疆』（朝日東亜リポート第 5 冊）、朝日新聞社、1939。

　　東亜研究所編『日本大陸政策の発展』東亜研究所、1940。

　　東亜研究所編『支那占領地経済の発展』龍渓書舎、1944。

　　多田井喜生編『続・現代史資料 11　占領地通貨工作』みすず書房、1983。

　　児玉謙次『中國回想録』日本週報社、1952。

　　飯島幡司『支那幣制論』有斐閣、1940。

　　防衛庁防衛研修所戦史室『戦史叢書　北支の治安戦（1）』朝雲新聞社、1968。

　　防衛庁防衛研修所戦史室『戦史叢書　支那事変陸軍作戦 . 1』朝雲新聞社、1975。

　　奉天商工会議所編『奉天経済三十年史』奉天商工公会、1940。

　　岡田西次『日中戦争裏方記』東洋経済新報社、1974。

　　高木翔之助『冀東政権の正体』北支那社、1937。

　　高橋亀吉『支那経済の崩壊と日本』千倉書房、1936。

　　宮下忠雄『支那貨幣制度論』宝文館、1938。

　　宮下忠雄『支那戦時通貨問題一斑』日本評論社、1943。

　　古海忠之『忘れ得ぬ満洲国』経済往来社、1978。

　　古屋哲夫編『日中戦争史研究』吉川弘文館、1984。

　　関東都督府陸軍経理部編『満洲誌草稿』第一輯、クレス、2000。

　　関東都督府民政部庶務課編『満洲ニ於ケル棉布及棉絲』関東都督府民政部庶務課、1915。

　　関東庁財務部編『東三省官銀号論』関東庁財務部、1929。

　　関東都督府民政部『満蒙経済事情』第 8 號、関東都督府民政部、1917。

　　横浜正金銀行編『毎半季為替及金融報告』、日本銀行調査局編《日本

金融史資料　昭和編》第 28 巻、大蔵省印刷局、1970。

　　横浜正金銀行頭取席調査課編『満洲中央銀行沿革史』横浜正金銀行頭取席調査課、1933。

　　加藤末郎編『清国出張復命書』農商務省商工局、1899。

　　今村忠男『支那新通貨工作論』高山書院、1939。

　　酒井哲哉『大正デモクラシー体制の崩壊』東京大学出版会、1992。

　　臼井勝美、稲葉正夫編『現代史資料 9　日中戦争（二）』みすず書房、2004。

　　臼井勝美『日中戦争：和平か戦線拡大か』中央公論社、1967。

　　駒井徳三『大満洲国建設録』中央公論社、1933。

　　栃倉正一『満洲中央銀行十年史』満洲中央銀行、1942。

　　関東都督府陸軍部編『明治三十七、八年戦役満洲軍政史』第五、七巻、小林又七印刷所、1915。

　　関東都督府陸軍部編『明治三十七、八年戦役満洲軍政史』第一巻、小林又七印刷所、1916。

　　鹿島平和研究所編『日本外交史 . 20　日華事変（下）』鹿島研究所出版会、1971。

　　満鉄調査部編『支那経済年報』（昭和 15 年版）、改造社、1940。

　　南満洲鉄道株式会社上海事務所編『上海市場の圓爲替と満洲の通貨』（上海満鉄調査資料第四編）、満鉄上海事務所、1927。

　　満州中央銀行史研究会編『満州中央銀行史』東洋経済新報社、1988。

　　満洲経済研究会編『満洲国通貨問題の研究並に資料』満洲経済研究会、1935。

　　満洲事情案内所編『満洲に於ける通貨・金融の過去及現在』満洲事情案内所、1936。

　　満洲中央銀行調査課編『熱河興業銀行史』満洲中央銀行、1936。

　　蒙疆銀行総裁室調査股編『蒙疆地域通貨金融事情』蒙疆銀行総裁室調査股、1939。

　　南満洲鉄道株式会社経済調査会編『満洲国通貨金融制度統一略史』、波形昭一等編『近代日本金融史文献資料集成』第 42 巻、日本図書センタ

一、2005。

　　南満洲鉄道株式会社経済調査会『満洲通貨金融方策』、立案調査書類
第二十五編第一巻第一号、南満洲鉄道株式会社、1936 年 2 月。

　　南満洲鉄道株式会社経済調査会『満洲通貨金融方策』、立案調査書類
第二十五編第一巻第一号（続）、南満洲鉄道株式会社、1936 年 4 月。

　　南満洲鉄道株式会社調査課編『南満洲経済調査資料　第六　営口』
南満洲鉄道株式会社、1911。

　　南満洲鉄道株式会社調査部『支那・立案調査書類・第三編第一巻其
一支那通貨金融方策』南満洲鉄道株式会社調査部、1937。

　　南満洲鉄道株式会社調査部支那抗戦力調査委員会編『支那抗戦力調
査委員会総括資料』南満洲鉄道株式会社、1940。

　　南満洲鉄道株式会社庶務部調査課編『奉天票と東三省の金融』満蒙
文化協会、1926。

　　南満洲鉄道株式会社庶務部調査課編『満洲に於ける日本取引所』南
満洲鉄道株式会社、1928。

　　南満洲鉄道株式会社総務部調査課編『大連を中心として観たる銀市
場と銀相場の研究』南満洲鉄道株式会社、1930。

　　南満洲鉄道株式会社経済調査會編『満洲通貨統計 B 貨幣相場編』南
満洲鉄道株式会社、1932。

　　農商務省商務局編『対清貿易ノ趨勢及取引事情』農商務省商務局、
1910。

　　農商務省商工局編『上海及営口事情　商工彙纂第三十四号』農商務
省商工局、1915。

　　平竹伝三『興亜経済論蒙疆・北支篇』大阪屋号書店、1942。

　　斉藤栄三郎『大東亜共栄圏の通貨工作』光文堂、1942。

　　企画院研究会『国防国家の綱領』新紀元社、1941。

　　浅田喬二編『日本帝国主義下の中国―中国占領地経済の研究』楽游
書房、1981。

　　秦郁彦『日中戦争史』河出書房新社、1961。

　　秦郁彦編『日本陸海軍総合事典』東京大学出版会、1991。

青木一男『わが九十年の生涯を顧みて』講談社、1981。

青木一男『聖山随想』日本経済新聞社、1959。

日本学術振興会満蒙支経済第二特別委員会編『支那の通貨と貿易』有斐閣、1942。

日本銀行百年史編纂委員会編『日本銀行百年史』第4巻、日本銀行、1984。

日本銀行外事局『特別円制度の現状と将来』（1943年），日本銀行調査局編『日本金融史資料　昭和編』第29巻、大蔵省印刷局、1971。

日本銀行調査局編『図録　日本の貨幣10　外地通貨の発行1』東洋経済新報社、1974。

日本銀行調査局編『図録　日本の貨幣11　外地通貨の発行2』東洋経済新報社、1976。

日光市史編さん委員会編『秋元文書』第96号三、日光市史編さん委員会、1976。

桑野仁『戦時通貨工作史論：日中通貨戦の分析』法政大学出版局、1965。

森久男『関東軍の内蒙工作と蒙疆政権の成立』『岩波講座　近代日本と植民地Ⅰ　植民地帝国日本』岩波書店、1992。

山本憲蔵『陸軍贋幣作戦―計画・実行者が明かす日中戦秘話』現代史出版会、1984。

深井英五『枢密院重要議事覚書』岩波書店、1953。

松浦正孝『財界の政治経済史―井上準之助・郷誠之助・池田成彬の時代』東京大学出版会、2002。

樋口弘『日本の対支投資』慶応書房、1940。

拓殖局編『拓殖局報第二五　大豆ニ関スル調査』博文館、1911。

外務省編纂『日本外交年表竝主要文書』下巻、原書房、1966。

外務省通商局編『満洲事情第四辑』（第二回）（牛荘）、外務省通商局、1921。

外務省通商局編『満洲事情第二辑』（牛荘、安東）、外務省通商局、1911。

外務省通商局編『鉄嶺事情』外務省通商局、1908。

外務省通商局『通商彙纂』第 23、28 号、外務省通商局、1908。

外務省通商局編『満洲ニ於ケル通貨事情』外務省通商局、1919。

外務省通商局編『清国商況視察復命書』元真社、1902。

外務省外交史料館編『日本外交文書』外務省、1969。

東京日日新聞社編『国際戦を呼ぶ爆弾支那』東京日日新聞社、大阪毎日新聞社、1935。

篠崎嘉郎『満洲金融及財界の現状』上巻、大阪屋號書店、1927。

篠崎嘉郎『満洲金融及財界の現状』下巻、大阪屋號書店、1928。

星野直樹『見果てぬ夢：満州国外史』ダイヤモンド社、1963。

岩武照彦『近代中国通貨統一史：十五年戦争期における通貨闘争』みすず書房、1990。

野沢豊編『中国の幣制改革と国際関係』東京大学出版会、1981。

有竹修二『昭和大蔵省外史』中巻、昭和大蔵省外史刊行会、1969。

原田熊雄述『西園寺公と政局』第六巻、岩波書店、1951。

支那調査会編『支那通商』文献社、1901。

中国連合準備銀行顧問室編『中国連合準備銀行五年史』（1944）、『明解企業史研究資料集旧外地企業編』第 4 巻、クロスカルチャー、2012。

中国派遣軍総司令部『支那事変軍票史』（1943 年 11 月）、日本銀行調査局編『日本金融史資料　昭和編』第 29 巻、大蔵省印刷局、1971。

（二）日文期（報）刊

「満洲国幣制統制問題」『満鉄調査月報』第 16 巻第 4 号、1936 年 4 月。

阪谷芳郎氏「支那幣制問題に就て（二）」『東京経済雑誌』第 77 卷第 1947—1948 号　、1918 年 3 月 30 日、4 月 6 日。

「専門家は楽観支那幣制の前途をトする東商主催の座談会」『中外商業新報』、1935 年 12 月 11 日。

大竹慎一「日満通貨統制と金銀二重経済」『一橋論叢』1976 年第 75 巻第 5 号。

久保亨「南京政府の関税政策とその歴史的意義」『土地制度史学』第86 号、1980 年 1 月。

菊池道男「日本の大陸膨張と横浜正金銀行の対外業務（3）」『商経論叢』第 31 巻第 1 号、2016 年 9 月。

松野周治「帝国主義確立期日本の対満洲通貨金融政策」、京都大学『経濟論叢』1977 年、第 120 巻第 1—2 号。

藤村欣市朗「貨幣は語る―国際金融の50 年―フレデリック・リース・ロス卿自叙伝（3）」、外国為替貿易研究会『国際金融』629 号、1979 年 8 月 11 日。

藤村欣市朗「貨幣は語る―国際金融の50 年―フレデリック・リース・ロス卿自叙伝（49）」、外国為替貿易研究会『国際金融』711 号、1983 年 9 月 1 日。

永井和「日本陸軍の華北占領地統治計画について」、京都大学『人文学報』第 64 号、1989 年 3 月。

岡田芳政「中国紙幣偽造事件の全貌」『歴史と人物』1980 年 10 月号。

中西仁三「舊満洲国の貨幣金融機構確立の経緯（一）」、同志社大学経済学会『経済学論叢』第 4 巻第 1 号、1952 年 10 月。

（三）日文档案

『華盛頓会議参考資料（通商局監理課調書第十四号）大連重要物産取引所金建問題』『準備/準備参考資料附属第四巻』国立公文書館アジア歴史資料センター、B06150947400。

『満蒙地方ニ於ケル金建取引普及ニ関スル建議　同十一月』『外国貿易ニ関スル官民ノ調査報告雑纂　第七巻』国立公文書館アジア歴史資料センター、B10073873900。

『横浜正金銀行牛荘支店ニ於テ小銀貨取引開始後ニ於ケル状況報告ノ件』国立公文書館アジア歴史資料センター、B11090633000。

『横浜正金銀行満洲統括店ニ関スル件』国立公文書館アジア歴史資料センター、B11090633000。

『横浜正金銀行満洲統括店臨検ニ関スル報告ノ件』国立公文書館アジ

ア歴史資料センター、B11090633000。

　　『過炉銀整理』国立公文書館アジア歴史資料センター、B10074217300。

　　『各国事情関係雑纂/支那ノ部/長春』第一巻、国立公文書館アジア歴史資料センター、B03050390700。

　　『関東州及南満洲鉄道附属地ニ於ケル朝鮮銀行銀行券ノ適用ニ関スル件ヲ定メ〇明治三十九年勅令第二百四十七号横浜正金銀行ノ関東州及清国ニ於ケル銀行券ノ発行ニ関スル件中ヲ改正ス』国立公文書館アジア歴史資料センター、A01200137900。

　　『軍用切符発行並満洲ニ於テ横浜正金銀行一覧払手形発行一件（清人趙爾巽横浜正金銀行ト協同出資ノ銀行設立計画ノ件）』（1905 年 12 月 16 日）、国立公文書館アジア歴史資料センター、B11090633100。

　　『軍用切符発行並満洲ニ於テ横浜正金銀行一覧払手形発行一件（清人趙爾巽横浜正金銀行ト協同出資ノ銀行設立計画ノ件）』（1906 年 3 月 9 日、1906 年 3 月 17 日、1906 年 4 月 3 日、1906 年 4 月 6 日、1906 年 4 月 7 日、1906 年 4 月 16 日、1906 年 4 月 24 日、1906 年 5 月 5 日、1906 年 5 月 9 日、1906 年 5 月 17）、国立公文書館アジア歴史資料センター、B11090632800。

　　『軍用切符発行並満洲ニ於テ横浜正金銀行一覧払手形発行一件（清人趙爾巽横浜正金銀行ト協同出資ノ銀行設立計画ノ件）』（1906 年 5 月 18 日、1906 年 5 月 28 日、1906 年 6 月 3 日、1906 年 6 月 4 日、1906 年 6 月 6 日、1906 年 6 月 7 日、1906 年 6 月 19 日、1906 年 6 月 24 日、1906 年 7 月 21 日、1906 年 8 月 3 日）、国立公文書館アジア歴史資料センター、B11090632900。

　　『軍用切符発行並満洲ニ於テ横浜正金銀行一覧払手形発行一件（清人趙爾巽横浜正金銀行ト協同出資ノ銀行設立計画ノ件）』（1906 年 8 月 10 日、1906 年 8 月 20 日、1906 年 8 月 31 日、1906 年 9 月 12 日、1906 年 9 月 14 日、1906 年 10 月 17 日、1906 年 10 月 22 日）、国立公文書館アジア歴史資料センター、B11090633000。

　　『御署名原本・明治三十九年・勅令第二百四十七号・横浜正金銀行ノ関東州及清国ニ於ケル銀行券ノ発行ニ関スル件』国立公文書館アジア歴

史資料センター、A03020684900。

　　『公議会銀行ニ関スル件』（1906 年 6 月 25 日）、国立公文書館アジア
歴史資料センター、B10074241600。

　　『高等捕獲審検所検定書並抗議書類（明治 37、38 年戦役）39・北平
号載貨』国立公文書館アジア歴史資料センター、A06040007200。

　　『佐世保捕獲審検所書類 15、北平号捕獲事件訴願記録 3』国立公文書
館アジア歴史資料センター、A06040033400。

　　『在奉天帝国総領事館管轄区域内事情』（1909 年 10 月）、国立公文書
館アジア歴史資料センター、B03050396500。

　　『支那商務総会ニ関シ取調方ノ件』国立公文書館アジア歴史資料セン
ター、B10074345200。

　　『支那駐屯軍の対支抗議に関する件』国立公文書館アジア歴史資料セ
ンター、C01004224400。

　　『取引所関係雑件／開原取引所、鉄嶺取引所附関東州内重要物産取引
市場ニ関スル勅令改正ノ件』第一巻、国立公文書館アジア歴史資料セン
ター、B11090111000。

　　『昭和財政史資料』第 6 号第 66 冊、国立公文書館アジア歴史資料セン
ター、A09050542400。

　　『清国ニ於ケル利権回収熱ニ基ク各種企業及保護政策ノ調査ニ関スル
件』（1909 年 9 月 17 日）、国立公文書館アジア歴史資料センター、
B11090794800。

　　『中国ニ於ケル貨幣関係雑件／幣制改革問題』第一巻、国立公文書館
アジア歴史資料センター、B08060894600。

　　『中国ニ於ケル貨幣関係雑件／幣制改革問題』第一巻、国立公文書館
アジア歴史資料センター、B08060894700。

　　『中国ニ於ケル貨幣関係雑件／幣制改革問題』第二巻、国立公文書館
アジア歴史資料センター、B08060895300。

　　『中国ニ於ケル貨幣関係雑件／幣制改革問題』第三巻、国立公文書館
アジア歴史資料センター、B08060896000。

　　『中国ニ於ケル貨幣関係雑件／幣制改革問題』第六巻、国立公文書館

アジア歴史資料センター、B08060898400。

『豆、豆粕関係雑件』第一巻、国立公文書館アジア歴史資料センター、B11091342900。

『豆、豆粕関係雑件』第一巻、国立公文書館アジア歴史資料センター、B11091343300。

『日、支関税条約関係一件：差等税及債務整理問題』国立公文書館アジア歴史資料センター、B04013587700。

『日清合資機関銀行設立に関する件』（1906 年 6 月 9 日）、国立公文書館アジア歴史資料センター、B11090632900。

『日清合資銀行開設ノ件ニ関シ更ニ将軍ヘ照会ノ件』（1906 年 7 月 13 日）、国立公文書館アジア歴史資料センター、B11090632900

『日清合資銀行開設ノ件ニ関シ更ニ将軍ヘ照会ノ件』（1906 年 8 月 16 日）、国立公文書館アジア歴史資料センター、B11090633000。

『日清合資銀行開設ノ件ニ関シ再ヒ将軍ヨリ回答ノ件』（1906 年 7 月 31 日）、国立公文書館アジア歴史資料センター、B11090633000。

『日清合資機関銀行開設ノ件ニ関シ将軍ヨリ回答ノ件』（1906 年 8 月 24 日）、国立公文書館アジア歴史資料センター、B11090633000。

「幣制改革（対英借款）問題と支那の情勢」（1935 年 11 月 21 日）、参謀本部『支那時局報』第 37 号、国立公文書館アジア歴史資料センター、C11110594300。

『奉天兌換停止問題一件（営口西義順破産ヲ含ム）』国立公文書館アジア歴史資料センター、B11090661300。

『北支に於ける通貨対策の現状送付の件』（1938 年 10 月 25 日）、国立公文書館アジア歴史資料センター、C07090926800。

『北支事情参考書類・第一类北支一般情勢』国立公文書館アジア歴史資料センター、A09050867200。

『本邦外国間合弁銀行関係雑件/正隆銀行』第一巻、国立公文書館アジア歴史資料センター、B10074243600。

『本邦外国間合弁銀行関係雑件/正隆銀行』第一巻、国立公文書館アジア歴史資料センター、B10074243700。

『本邦外国間合弁銀行関係雑件/正隆銀行』第一巻、国立公文書館ア
ジア歴史資料センター、B10074243800。

『満洲幣制整理ニ関スル件』（1916 年 5 月 19 日）、国立公文書館アジ
ア歴史資料センター、B11100067900。

『明治 37—38 年戦時書類巻 72　拿捕船舶（1）没収之部（1）明治
37—38』国立公文書館アジア歴史資料センター、C09020125300。

河野清『長春地方大豆事情』上編、1912、国立公文書館アジア歴史
資料センター、B11091383900。

外務省通商局『朝鮮・満洲よりの金密輸事情報告』（1940 年 7 月）、
国立公文書館アジア歴史資料センター、B09040535700。

外務省通商局『清国ニ於ケル利権回収熱ニ基ク各種企業並ニ保護政
策調査報告』第一輯、1910、20—21 頁、国立公文書館アジア歴史資料セ
ンター、B10070479800。

外務省東亜局『昭和十一年度執務報告』国立公文書館アジア歴史資
料センター、B02031352200。

軍務局軍務課『冀東銀行に関する書類の件』（1936 年 10 月 3 日）、国
立公文書館アジア歴史資料センター、C01003169300。

小山秋作『奉天ニ於ケル経済界ノ恐慌報告』（1906 年 2 月 29 日）、国
立公文書館アジア歴史資料センター、C13010133000。

小山秋作『奉天ニ於ケル経済界恐慌ノ救済』（1906 年 3 月 7 日）、国
立公文書館アジア歴史資料センター、C13010133000。

小山秋作『奉天官銀行紙幣発行ノ状況』（1906 年 3 月 10 日）、国立公
文書館アジア歴史資料センター、C13010133500。

小山秋作『奉天官銀号ニ関スル調査報告』（1906 年 3 月 5 日）、国立
公文書館アジア歴史資料センター、C13010133300。

小田切万寿之助『営口還附条件に関する横浜正金銀行請願』国立公
文書館アジア歴史資料センター、C03027371900。

東亜同文会『東亜同文会ノ清国内地調査一件/営口駐在班ノ部』第三
巻、1907、国立公文書館アジア歴史資料センター、B03050510700。

陸軍省経理局主計課『自明治 36 年 5 月至明治 39 年 5 月　明治 37—8

季戦役に関する業務詳報』国立公文書館アジア歴史資料センター、C10071721000。

英文文献

"Memorandum by the Under Secretary of State（Phillips）" in *Foreign Relations of the United States Diplomatic Papers*, *1935*, Volume III, the Far East.

Paul Reinsch, *An American Diplomat in China*, Doubleday, Page & Company, 1922.

Stephen L. Endicott, *Diplomacy and Enterprise：British China Policy 1933 – 1937*, Manchester University Press & University of British Columbia Press, 1975.

Tim Wright, "The Manchurian Economy and the 1930s World Depression", *Modern Asian Studies*, Vol. 41, No. 5（Sep. , 2007）.

Young, Arthur Nichols, *China's Nation – Building Effort*, *1927 – 1937*, Hoover Institution Press, 1971.

后　记

　　本书是我主持的国家社科基金重大项目"近代中国金融市场发展与运行研究"（16ZDA133）的重要成果之一。该项研究主要从货币金融发展的国际因素和内外部力量交互影响的视角，探讨了在近代日本对我国殖民渗透和经济侵略的过程中，中日之间围绕货币发行和货币市场竞争、币制借款和币制改革、银行制度和金融策略、汇率制度和汇兑市场等领域进行的争夺和对抗，反映了近代中国金融市场发展过程和运行特点的一个重要方面。

　　这项研究的准备工作始于2012年前后，最初的规划是与日本武藏野大学高宇教授进行共同合作研究，但非常遗憾的是高宇教授因突发重病而无法继续工作，后由上海杉达学院王万光老师承担了课题研究必需的日文资料的整理和翻译工作。王万光老师不仅出色地完成了日文资料的翻译，还参与了第九章和第十二章第二节部分内容的助研工作。博士研究生许晨和李裕威参与了北洋政府时期相关资料的整理；刘成虎副教授协助处理了部分国民政府币制改革方面的资料；博士后刘俊协助搜集整理了全面抗战时期的部分中文资料。在此对各位的协助和贡献予以感谢！由于个人能力所限，特别是获取资料的途径和语言问题，本书中可能还存在一些疏漏，对资料的翻译和把握可能还存在不准确的地方，期待得到学界前辈、同人和朋友们的批评指正！

　　本书入选"国家哲学社会科学成果文库"，首先要感谢上海财经大学科研处陈正良副处长的组织协调和上海财经大学出版社黄磊先生的大力支持，否则我将错过这次申报的机会。同时特别感谢九位评审专家给予的高度评价和进一步修改意见、建议。限于出版截止时间，对于部分很好的建议，如关于我国当前与其他国家之间的贸易竞争、产业竞争和货币竞争的延展解读和对策研究尚没有来得及进一步处理，但这些将是我今后进一步研究的方向。

在此对各位领导和同行专家的鼓励和支持致以诚挚的感谢！

最后，感谢社会科学文献出版社陈凤玲老师在成果文库申报和本书出版过程中给予的大力支持和帮助；感谢宋淑洁老师在本书编校出版过程中所付出的大量心血和辛勤努力！

燕红忠

2020 年 12 月 8 日

图书在版编目（CIP）数据

中日货币战争史：1906－1945 / 燕红忠著 . －－北
京：社会科学文献出版社，2021.4（2022.3 重印）
（国家哲学社会科学成果文库）
ISBN 978－7－5201－8150－1

Ⅰ.①中…　Ⅱ.①燕…　Ⅲ.①货币史－中国、日本－
1906－1945　Ⅳ.①F822.9②F823.139

中国版本图书馆 CIP 数据核字（2021）第 052342 号

· 国家哲学社会科学成果文库 ·

中日货币战争史（1906—1945）

著　　者 / 燕红忠

出 版 人 / 王利民
组稿编辑 / 陈凤玲
责任编辑 / 宋淑洁
文稿编辑 / 许文文
责任印制 / 王京美

出　　版 / 社会科学文献出版社 · 经济与管理分社（010）59367226
　　　　　　地址：北京市北三环中路甲 29 号院华龙大厦　邮编：100029
　　　　　　网址：www.ssap.com.cn
发　　行 / 社会科学文献出版社（010）59367028
印　　装 / 北京盛通印刷股份有限公司

规　　格 / 开　本：787mm × 1092mm　1/16
　　　　　　印　张：36　字　数：586 千字
版　　次 / 2021 年 4 月第 1 版　2022 年 3 月第 2 次印刷
书　　号 / ISBN 978－7－5201－8150－1
定　　价 / 198.00 元

读者服务电话：4008918866